自由自在 中学国語

From Basic to Advanced

受験研究社

はじめに

私は国語の教科書が好きな、ちょっと変わった少年でした。学校で配布されたその日に全部読んでしまうのが常でした。とても素直《すなお》だったのかもしれません。でも、文学の研究者になって国語の教科書を編集し、入試問題の研究をし始めてからは、ずいぶんちがってきました。

特に入試国語では、誰《だれ》が読んでもわかるような文章は出題できません。内容が難しいだけでなく、適度に悪文でなければならないのです。極端《きょくたん》に言えば、設問は悪文の添削《てんさく》のようなものかもしれません。「やがて樹木は消《しょう》滅《めつ》し、その後砂漠《さばく》が広がった」という文章で、「やがて」がどの語にかかるかと問うことがあります。「消滅し」が答えですが、それならはじめから「樹木はやがて消滅し」と書けばいいだけです。「やがて樹木は〜」のほうが私は好きですが、たとえば「悪文の添削」とはこういうことです。

文法ではよく「れる・られる」の意味が問われます。「校長先生がお話をされる」の「れる」は、受け身・自発・可能・尊敬のうちの尊敬でしかありえないのでしょうか。校長先生が誰か偉《えら》い人にお説教を「されている」可能性はないのでしょうか。これなら受け身です。「れる・られる」の意味は固定されてはいません。この文章の中で「れる・られる」がどういう意味を持ちうるかを問うているのです。その意味を決めるのは見えない文脈です。

では、いまの文章に文脈はあるでしょうか。「傘《かさ》をさして行こう」と言ったとします。雨が降っていると思うでしょう。これが見えない文脈です。でも、晴れた日に好きな人に傘を差しだしてこう言った可能性はないのでしょうか。私たちはふつうその文章が最もよく使われる文脈において、それを読みます。気づかずにその文脈に従うだけでは個性的な人(=こうありたい自分)にはなれません。見えない文脈に気づき、ちがった文脈を想像すること、このクリエイティブな力が国語力です。書かれていないことを想像できるのがクリエイティブな読みです。これは論説文の読解にも小説の読解にも、すべての文章の読解に言えることです。

古典では動詞に線が引いてあって「主語を答えなさい」と問われます。日本語は敬語などで動作主がわかるような言語です。それは英語に比べて不便でしょうか。「英語はいちいち主語を明示しなければ理解できなくて不便だ」となぜ感じないのでしょうか。そう感じられることが国語力です。そう、国語力とは文化を学ぶ力なのです。

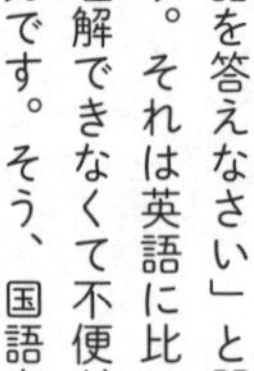

監修者
石原 千秋

この本を使うみなさんへ

中学生のみなさんは、国語という教科をどのようなイメージでとらえているでしょうか。国語で扱《あつか》われる言葉の大部分はみなさんが日頃《ひごろ》接している言葉であるだけに、ひょっとすると他の教科に比べて目新しさを感じられないという人もいるかもしれません。また、いざまとまった量の文章となって目の前に現れた途端《とたん》、多くはこれまで目にしたことのある言葉の集積であるはずなのに、文字数の多さにちょっと読む気持ちがなえてしまう。そんな人もいることでしょう。改めて普段使っている日本語を通して日本語で書かれたものを学ぶことに、マンネリや早合点などもあり、かえって難しさが生じてしまうのかもしれません。

そのようなイメージをもっている人にとっては、国語という教科の学習のポイントがなかなか見えにくいのではないかと思います。勉強するにもどこから手をつけていいかわからないままでは、ついつい国語の学習は後回しになってしまうことでしょう。まずは、学習の方向性をつかむ必要があります。

この本では、国語の学習内容を、「読解の力」「文法の力」「表現する力」「語彙《ごい》の力」の4つに分けています。どの力も国語を学ぶ中で求められる、高めていかねばならない不可欠な力です。それぞれの力を養うために、具体的に何を学習していけばよいかを項目《こうもく》に分けて整理し、わかりやすく示しています。

この本を手にしたみなさんは、その整理された項目の中から、自分の苦手な項目を選び出して読んでいくこともできますし、得意なものをより深く学習することもできます。読解から語彙の学習まで、国語で必要な項目はすべて網羅《もうら》されています。

また、学習したことが身についたかどうか、学習したところについてはすぐ確かめることが大事です。この本では、既習《きしゅう》事項が直ちに確認できるように、例題をはじめ、それぞれの学習事項のまとまりごとに練習問題・章末問題と、確認・復習のための問題をきめ細かく設けてあります。さらに、近年求められる「思考力・表現力」に対応した記述式の問題も多数収録しました。

この本で示している国語の4つの力は、一朝一夕に身につくものではありません。急がば回れで、じっくりと国語の力を培《つちか》い、自分のものとしてください。この本がその一助となることを願ってやみません。

編著者しるす

▶ 問題演習

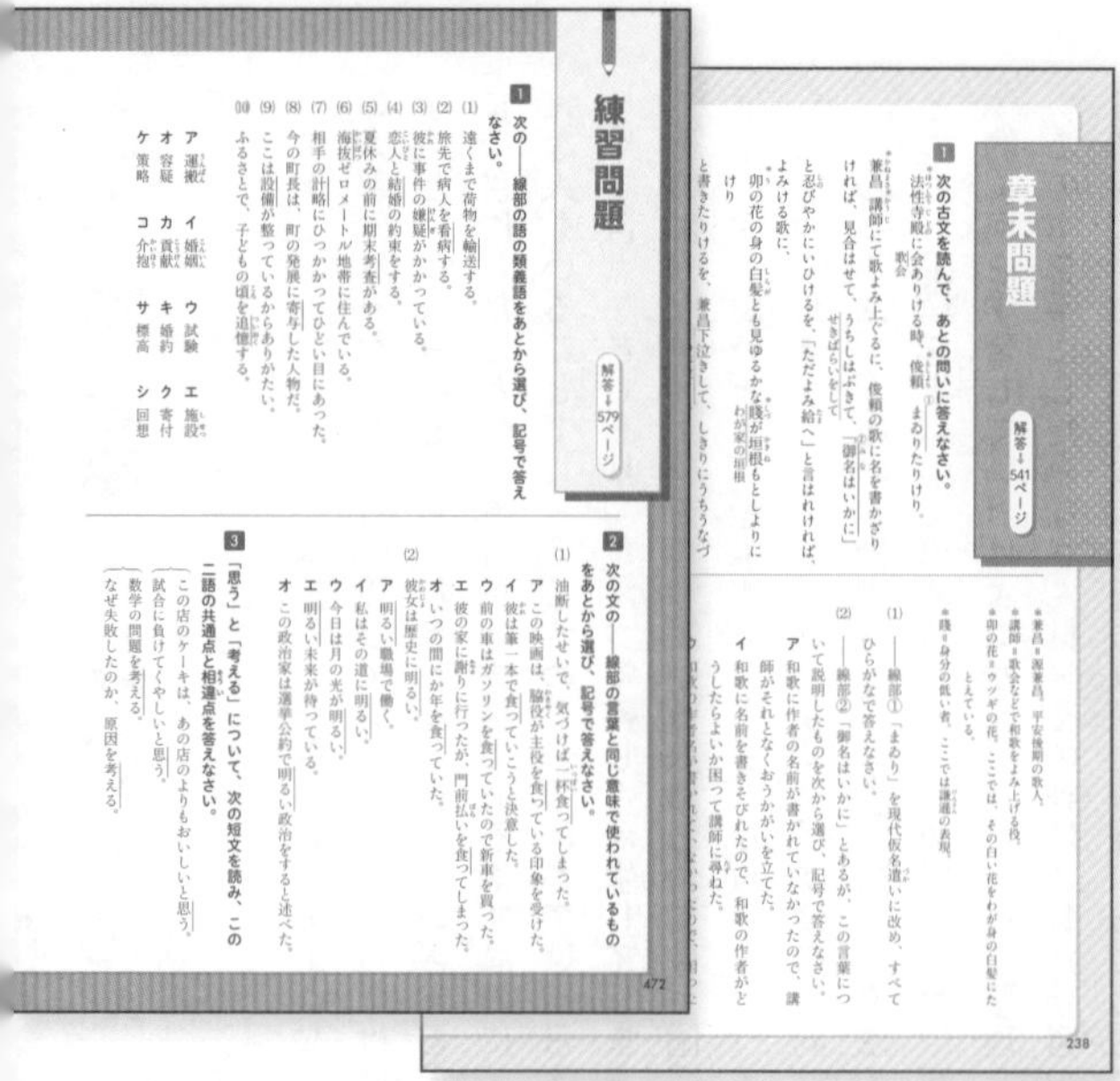

練習問題と章末問題

まとまりごとに，それまで学んだ内容を演習する練習問題があります。また章末問題では，実際に高校入試で出題された問題を掲載《けいさい》しています。

▶ 理解を深める

ちょっとブレイク

その章に関連する面白いエピソードや豆知識を掲載しています。

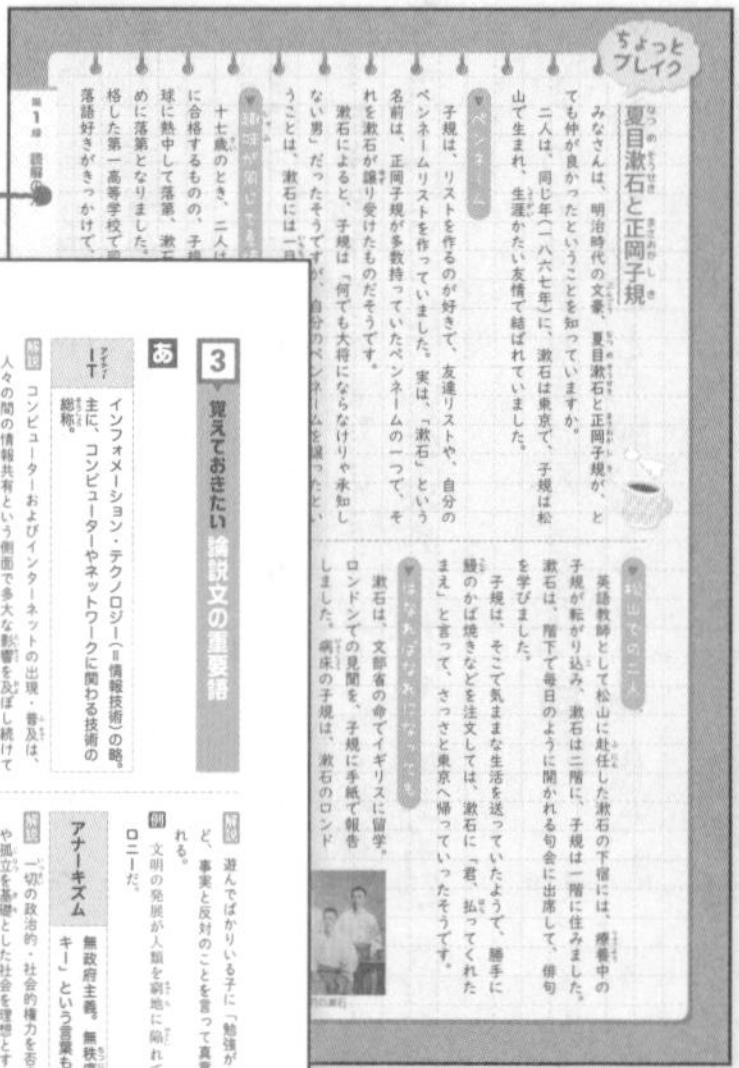

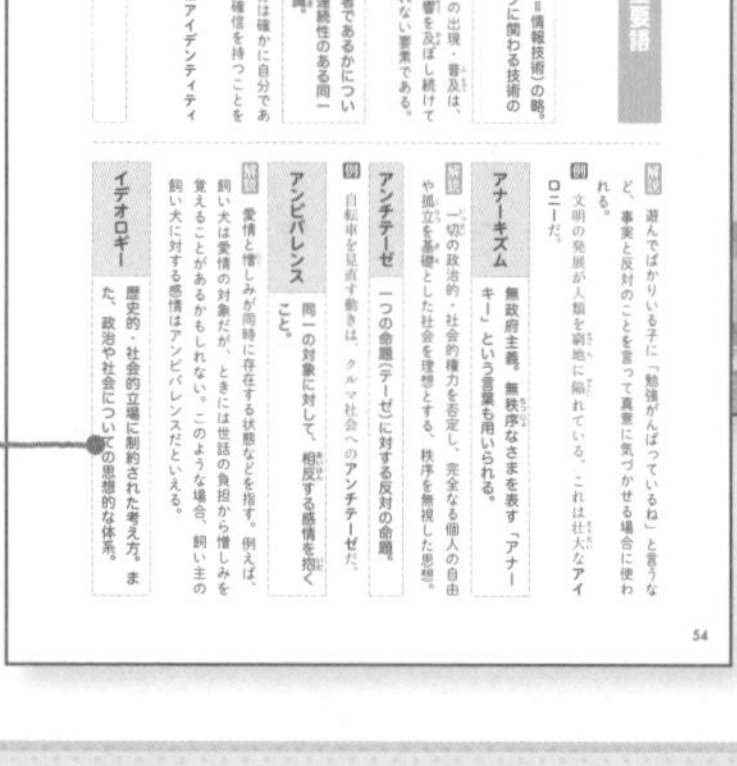

覚えておきたい論説文の重要語／古典文学作品／重要古語など

ぜひとも覚えておきたい論説文の重要語や古典文学作品などについてまとめて解説しています。

特長と使い方

▶ 解説ページ

入試重要度

高校入試での重要度を★で示しています（★→★★→★★★の３段階で★★★が最重要）。

丁寧《ていねい》な解説文

最重要語句は色文字，重要語句は黒太字，そのまま覚えておきたい重要な解説文には色下線を入れています。

例題と解答・解説

単元の学習内容ごとに，学んだことが理解できているかどうかを確認できます。

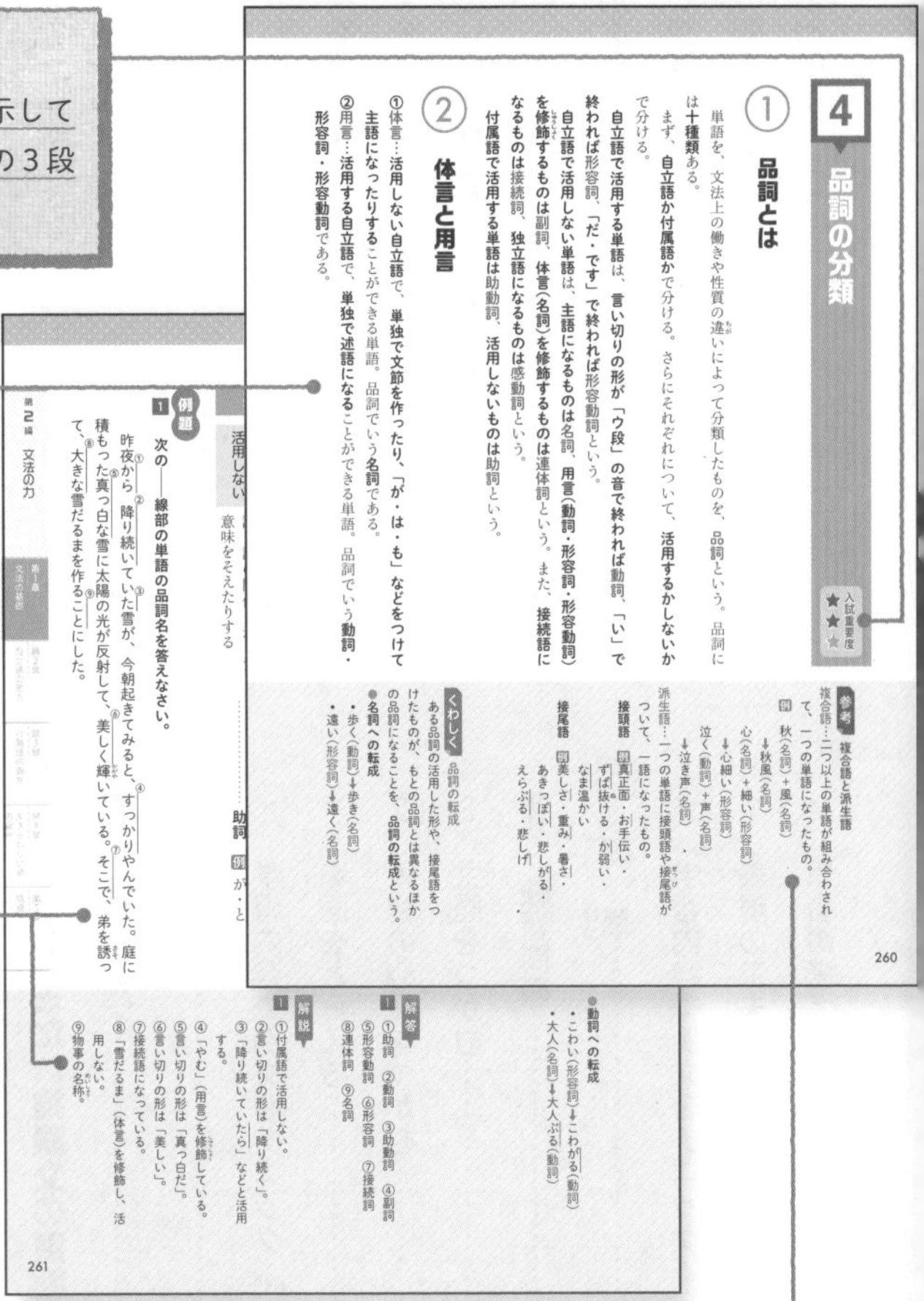

4 品詞の分類

入試重要度 ★★☆

① 品詞とは

単語を，文法上の働きや性質の違《ちが》いによって分類したものを，品詞という。品詞には十種類ある。

まず，自立語か付属語かで分ける。さらにそれぞれについて，活用するかしないかで分ける。

自立語で活用する単語は，言い切りの形が「ウ段」の音で終われば動詞，「い」で終われば形容詞，「だ・です」で終われば形容動詞という。

自立語で活用しない単語は，主語になるものは名詞，用言(動詞・形容詞・形容動詞)を修飾《しゅうしょく》するものは副詞，体言(名詞)を修飾するものは連体詞という。また，接続語になるものは接続詞，独立語になるものは感動詞という。

付属語で活用する単語は助動詞，活用しないものは助詞という。

② 体言と用言

①体言…活用しない自立語で，単独で文節を作ったり，「が・は・も」などをつけて主語になったりすることができる単語。品詞でいう名詞である。

②用言…活用する自立語で，単独で述語になることができる単語。品詞でいう動詞・形容詞・形容動詞である。

参考 複合語と派生語

複合語…二つ以上の単語が組み合わされて，一つの単語になったもの。

例 秋(名詞)＋風(名詞)
↓秋風(名詞)
心(名詞)＋細い(形容詞)
↓心細い(形容詞)
泣く(動詞)＋声(名詞)
↓泣き声(名詞)

派生語…一つの単語に接頭語や接尾語《せつび》がついて，一語になったもの。

接頭語 例 真正面・お手伝い・ずば抜ける・か弱い・なま温かい

接尾語 例 美しさ・重み・暑さ・あきっぽい・悲しがる・えらぶる・悲しげ

くわしく 品詞の転成

ある品詞の活用した形や，接尾語をつけたものが，もとの品詞とは異なるほかの品詞になることを，品詞の転成という。

●名詞への転成
・歩く(動詞)↓歩き(名詞)
・遠い(形容詞)↓遠く(名詞)

●動詞への転成
・こわい(形容詞)↓こわがる(動詞)
・大人(名詞)↓大人ぶる(動詞)

260

第2編 文法の力

例題 1

次の――線部の単語の品詞名を答えなさい。

昨夜①から②降り続いてい③た雪が，今朝起きてみると，④すっかりやんでいた。庭に積もった⑤真っ白な雪に太陽の光が⑥反射して，美しく輝《かがや》いている。⑦そこで，弟を誘《さそ》って，⑧大きな⑨雪だるまを作ることにした。

解答 1

①助詞 ②動詞 ③助動詞 ④副詞 ⑤形容動詞 ⑥形容詞 ⑦接続詞 ⑧連体詞 ⑨名詞

解説 1

①付属語で活用しない。
②言い切りの形は「降り続く」。
③「降り続いていたら」などと活用する。
④「やむ」(用言)を修飾《しゅうしょく》している。
⑤言い切りの形は「真っ白だ」。
⑥言い切りの形は「美しい」。
⑦接続語になっている。
⑧「雪だるま」(体言)を修飾し，活用しない。
⑨物事の名称《めいしょう》。

261

役に立つ関連事項《じこう》の解説

参考 解説文中に出てくる事項に関連した，知っておくべき知識の解説をしています。

注意！ 解説文中に出てくる事項の，気を付けるポイントを解説をしています。

くわしく 解説文中に出てくる事項の，詳細《しょうさい》な解説をしています。

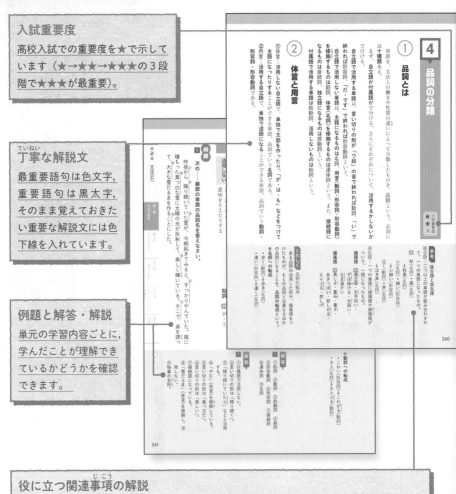

もくじ

第2編 文法の力

第1章 文法の基礎《きそ》

第4編 語彙《ごい》の力

カバー写真：山鉾巡行（京都）
※祇園祭開催期間中の 7/17・7/24，京都市内中心部で山鉾巡行が行われ，御池通には有料観覧席が設置されます。お問い合わせは公益社団法人京都市観光協会まで。

装丁デザイン：ブックデザイン研究所
本文デザイン：A.S.T DESIGN
図　　版：デザインスタジオ エキス.
イラスト：ホンマ ヨウヘイ
マ ン ガ：青木 麻緒
写真提供：公益財団法人日本近代文学館
大学共同利用機関法人 人間文化研究機構 国立歴史民俗博物館

本書に関する最新情報は，小社ホームページにある**本書の「サポート情報」**をご覧ください。（開設していない場合もございます。）

なお，この本の内容についての責任は小社にあり，内容に関するご質問は直接小社におよせください。

第1編 読解の力

01 ここからスタート！

第1編　読解の力

START!

文章を正確に読み、内容を理解し、自分のうちに吸収し活かせるようになることは、国語学習の最終到達点《とうたつてん》。けれども、そこに至る道のりは険しい。正しく読むには、論説文や小説、随筆《ずいひつ》、古典など、さまざまな文章の特徴《とくちょう》をおさえ、どのように読み取っていくのか、いわば読みの基本姿勢を理解する必要がある。ここでは、それぞれの文章の種類に応じた読み方のコツを学んでいこう。

日本文学史を代表する文豪
夏目漱石
1867-1916
政府の命令で文学について学ぶためイギリスに留学だが訳《わけ》がわからなくなり「文学って何!?」と大号泣
大丈夫？
帰国後は東大で英語を教えたが不人気
前の小泉八雲《やくも》先生の方がよかったよな
作家になったのはそのあと意外に遅《おそ》くて38歳《さい》のとき
苦悩《くのう》で胃を病みながらも「三四郎」「こころ」などの名作を残した
苦悩を極《きわ》めた男！
「走れメロス」でおなじみ
太宰治《だざいおさむ》
1909-1948
芥川龍之介を崇拝 全力で芥川賞を狙《ねら》った
だが選考委員の川端康成《かわばたやすなり》は
私生活に問題がある
激怒《げきど》した太宰は「刺《さ》す。そうも思った。」と、雑誌で反論
私を見殺しにしないでください
次に候補になった時には選考委員の佐藤春夫《さとうはるお》に長さ4mの手紙を書いた
だが結局受賞できなかった
その生き方にもファン多数！
ノーベル文学賞受賞
川端康成
1899-1972
美術にも造詣《ぞうけい》が深く古美術をコレクションしていた
国宝もあります
そのせいで借金を抱《かか》えるも持ち前の目力でお金を借りた
貸してください
そんなに立派な生活なのか？
基本的に真顔の写真ばかりだが有名女優との写真は満面の笑みだった
日本的な美意識を世界に知らしめた！
どう？みんな強烈《きょうれつ》な個性の持ち主でしょ？
へえ～「刺す」って今だったら問題になりそう…
でも文豪って意外と面白い人たちなんだね
何だか身近に感じてきたぞ！
よし、実際に本を読んでみるよ！全部借ります！
え、全部!?

第1章 現代文

1 読解の基礎《きそ》

① 係り受けを正しくとらえる

係り受けとは、文中の主語と述語、修飾《しゅうしょく》語と被《ひ》修飾語の対応のことである。文章読解の基本は、これらの係り受けを正確にとらえ、一文一文の表す意味を誤りなく読み取ることである。

係り受けのとらえ方

●読点などを手がかりに、文の成分や構造を把握《はあく》する。

例 やがて 樹木は 消滅《しょうめつ》し、その後 砂漠《さばく》が 広がった。
〈読点の前後が、それぞれ一つのまとまり〉

●修飾語の意味や品詞・活用形にも注意する。

例 たぶん 実験は 成功しないだろうと 思われた。
〈「たぶん…だろう」と呼応する(呼応の副詞)〉

それぞれの**言葉を直接つないでみて文意が通じれば**、**正しい係り受け**である。

例題1

書くことで、飛躍《ひやく》的に読む力が伸《の》びるといっても過言ではない。

問 ——線部が係る言葉を次から選びなさい。

ア 読む　**イ** 力が　**ウ** 伸びると　**エ** 過言では

例題2

人間は、好奇《こうき》心が強い生き物と言われています。

問 ——線部の主語を次から選びなさい。

ア 人間は　**イ** 好奇心が　**ウ** 強い　**エ** 生き物と

例題3

どうも日本人を相手に話すときには、お金のことを口にするのが恥《は》ずかしい。

問 ——線部が係る言葉を次から選びなさい。

ア 相手に　**イ** 話す　**ウ** 口にするのが　**エ** 恥ずかしい

例題 4

欠点を指摘《してき》されると、つい私たちは、自分が人より劣《おと》っているると思ってしまう。

問 ――線部が係る言葉を次から選びなさい。

ア 私たちは　イ 人より
ウ 劣っていると　エ 思ってしまう

例題 5

これから先何百年と時が経過しても、古典の時代から存在してきた敬語は、日本においてそう簡単にはなくならないと私は思う。

問 ――線部が係る言葉を次から選びなさい。

ア 古典の時代から　イ 存在してきた
ウ そう簡単には　エ なくならないと

例題 6

人類が地球上に誕生して以来、自然と人間は、共存の関係、恩恵《おんけい》を与《あた》え合う関係、対立する関係に分かれて関わり合ってきた。

問 ――線部の主語（主部）を次から選びなさい。

ア 人類が　イ 自然と人間は
ウ 共存の関係　エ 対立する関係に

例題 7

まとめ、というのは、実際やってみると、なかなか、たいへんな作業であるのがわかる。その面倒《めんどう》さにてこずったことのある人は、①だんだん、整理したり、文章にまとめたりすることを敬遠するようになる。そして、ただ、②せっせと本を読む。読めば知識はふえる。材料はいよいよ多くなるが、それだけ、まとめはいっそうやっかいになる。

（外山滋比古《とやましげひこ》「思考の整理学」）

(1) ――線部①「だんだん」が係る言葉を次から選びなさい。

ア 整理したり　イ まとめたり
ウ 敬遠するように　エ なる

(2) ――線部②「せっせと本を読む」のは、どんな人か。次から選びなさい。

ア まとめという作業を実際にやってみた人。
イ まとめが大変な作業であることがわからない人。
ウ まとめの面倒さにてこずったことのある人。
エ 本を読んで、知識をふやしたいと思う人。

解答解説は次のページから

① 解答解説 係り受けを正しくとらえる

例題1

解答 ウ

解説 「飛躍《ひやく》的に」は「急激に向上する」という意味の形容動詞「飛躍的だ」の連用形なので、ア「読む」か、ウ「伸《の》びると」に係ると考えられる。直接つないで確認してみると、

ア 飛躍的に——読む →**文意が通じない** ×

ウ 飛躍的に——伸びる →**文意が通じる** ○

となるので、ウの「伸びると」に係ることがわかる。
「飛躍的にどうするのか」→「伸びる」と考えてもよい。

例題2

解答 ア

解説 「好奇心《こうきしん》が強い生き物と」は「言われています」を修飾《しゅうしょく》している修飾部である。「人間は」のあとに読点があることに着目すれば、「言われています」の主語は「人間は」であることがわかる。

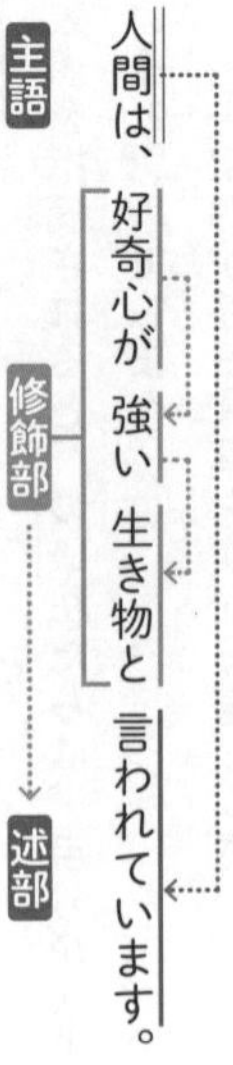
人間は、
好奇心が
強い
生き物と
言われています。
主語
修飾部
述部

例題3

解答 エ

解説 「どうも」は「何だか・何となく」の意味の副詞。つなげて意味が通るものを考える。

ア どうも——相手に
イ どうも——話す
ウ どうも——口にするのが } ×
エ どうも——恥《は》ずかしい○

とつなぐと文意が通じるので、エが正しいとわかる。

どうも
日本人を
相手に
話す
ときには、
お金の
ことを
口に
するのが
恥ずかしい

例題4

解答 エ

解説 「つい」は、「思わず・うっかり」などの意味を表す副詞なので、呼応関係にある「思ってしまう」に係ると考えるのが適切である。確認してみると、

ア つい——私たちは
イ つい——人より
ウ つい——劣《おと》っている(と) } ×
エ つい——思ってしまう○

なお、「思ってしまう」は、主語「私たちは」の述部でもある。

……、つい 私たちは、 自分が 人より 劣っていると
思ってしまう。

主語（私たちは、） 修飾部（自分が 人より 劣っていると） 述部（思ってしまう。）

例題 5

解答 **エ**

解説 「経過しても」のあとに読点があることに注意する。「古典の～敬語は」の部分が主部なので、このあとから、「経過しても」どうなのかと述べられている部分をとらえる。

エ 経過しても――なくならない○

とつなぐと文意が通じるので、**エ**が正しいことがわかる。

例題 6

解答 **イ**

解説 「人類が～誕生して以来」は、――線部の修飾部である。「自然と～」以降の関係を図示してみると、

自然と人間は
［・共存の関係
・恩恵《おんけい》を与《あた》え合う関係
・対立する関係］ に分かれて
関わり合ってきた

となるので、**イ**の「自然と人間は」が主部だと判断できる。

例題 7

解答 (1) **エ** (2) **ウ**

解説 (1) 「だんだん」は程度を表す副詞で、呼応関係から「だんだん――なる」と係る。

(2) 二文目の指示語「その」は「まとめ」を指すことをおさえて、二文目、三文目の主部が「まとめの面倒《めんどう》さにてこずったことのある人」であることをとらえる。

［まとめ］、というのは、実際やってみると、なかなか、たいへんな作業であるのがわかる。［その］面倒さにてこずったことのある人は、①だんだん、整理したり、文章にまとめたりすることを敬遠するようになる。そして、ただ、②せっせと本を読む。

［まとめの面倒さにてこずったことのある人は］

② 指示語の内容を正しくとらえる

指示語とは、本文中に一度出てきた事柄《ことがら》について、同じ表現を繰《く》り返さずにその内容を指し示すために使われる言葉である。**「これ」「それ」「あれ」「この」「その」「あの」**などがある。

指示内容を探す手順

「繰り返しを避《さ》ける」という目的から、**指示内容は指示語より前にくる**ことが多い。ただし、いきなり前を探すのではなく、**指示語を含《ふく》む一文を最後まで読んでから考える**必要がある。その一文の中で、指示内容を受けて説明を展開していることが多いので、指示内容を探す上でヒントになる。

次の手順をおさえること。

①指示語を含んだ一文をすべて読み、内容をつかむ。
②指示語より前から、①でおさえた内容に合う指示内容を短めの言葉で探す。
③見つけた短めの言葉に本文中の語句を補い、指示内容を明確にする。
④解答を指示語にあてはめ、一文を読んで意味が通るかどうか確認する。

例題 1

机の上に、分厚い本がある。これは、ぼくが昨日買ってもらったものだ。

問 ――線部の指す内容を次から選びなさい。

ア 机　**イ** 分厚い本　**ウ** ぼく　**エ** 昨日

例題 2

家に向かって夜道を急ぎ足で歩いていると、遠くに明るい光が見えた。あれはいったい何だろう。

問 ――線部の指す内容を次から選びなさい。

ア 夜道　**イ** 明るい光　**ウ** いったい　**エ** 何

例題 3

つらい時、ぼくはいつもこうつぶやいて自分をはげます。「ぼくなら必ずできる」と。

問 ――線部の指す内容を次から選びなさい。

ア つらい時、自分をはげますこと
イ ぼくがいつもつぶやいていること
ウ 「ぼくなら必ずできる」
エ つらい時のこと

例題 4

彼《かれ》は口にしたことは必ず実行に移す。そうして彼は成功をつかみ取ってきたのだ。そして、それが彼の良いところだとも思う。

問 ——線部の指す内容を次から選びなさい。

ア 彼の良いところ
イ 彼が口にしたこと
ウ 必ず実行に移すところ
エ 口にしたことを必ず実行に移すところ

例題 5

試験が始まり、問題を解き始めると、私は愕然《がくぜん》としてしまった。一夜漬《づ》けで完璧《かんぺき》に覚えたはずの内容はまるで身についておらず、時間は過ぎていくばかりだ。先生が「日々の復習が大切だ」と言っていた理由はこれだったのか、と思った。

問 ——線部の指す内容を次から選びなさい。

ア 試験が始まり、問題を解き始めたこと
イ 問題を解き始めると、愕然としてしまったこと
ウ 一夜漬けでは学習内容が身につかないこと
エ 時間が過ぎていくばかりであること

例題 6

良好な人間関係はいかに多くのソトの人を持つかにかかっている。気心の知れた友人が少数しかいないのは当たり前であって、単純に友人の多い少ないで人間関係のよしあしをはかることなどできはしない。だから、良好な人間関係を構築するには、まず自分の不安を克服《こくふく》すること、まわりを味方で固めなくてもだいじょうぶなだけの確固たる自我《じが》を確立することである。そうすれば、少数のウチ以外の人は大切なソトの人間として丁重《ていちょう》に扱《あつか》わなければならないという気持ちになるだろう。

（浅田秀子《あさだひでこ》「敬語で解く日本の平等・不平等」）

問 ——線部「少数のウチ以外の人は大切なソトの人間として丁重に扱わなければならないという気持ちになる」ために必要なこととは何か。次から選びなさい。

ア 友人の多い少ないで人間関係のよしあしをはかること
イ 良好な人間関係を構築すること
ウ 自分の不安を克服し、確固たる自我を確立すること
エ ウチ以外の人を丁重に扱おうという気持ちになること

解答解説は次のページから

② 解答解説 指示語の内容を正しくとらえる

例題 1

解答 **イ**

解説 「これ」を含《ふく》む一文を確認《かくにん》すると、「これ」と「もの」とが同じものを指し示していることがわかる。しかし、そのまま言い換《か》えることはできないため、直前の一文にさかのぼって内容を確認する。直前の一文には、「机」と「分厚い本」があるが、「机」は「机の上」というまとまりで「分厚い本」がある場所を説明しているだけであり、「これ」にあてはめても意味が通らない。「分厚い本」は、「これ」や「もの」にあてはめると意味が通るので、**イ**「分厚い本」が正解である。

！ 指示語は、話し手に近いものについては「これ」「ここ」「この」などを使い、聞き手に近いものについては「それ」「そこ」「その」などを使う。両者から離《はな》れているものについては「あれ」「あそこ」「あの」などが一般《いっぱん》的である。

例題 2

解答 **イ**

解説 「あれ」を含む一文の中には、「あれ」を言い換えられる物事がないため、直前の一文を確認すると、**ア**「夜道」と**イ**「明るい光」という二つのものがある。

ア「夜道」は「明るい光」が見える場所を説明しているが、「あれ」にあてはめると文意が通じないため正解ではない。

イ「明るい光」は「あれ」にあてはめたときに文意が通じるため正解である。

例題 3

解答 **ウ**

解説 「こう」を含む一文には、「こう」を言い換えられる表現がないため、あとの一文を確認する。この一文の「ぼくなら必ずできる」という表現のあとに、引用を示す「と」という表現があることから、「こう」の内容が「ぼくなら必ずできる」であることがわかる。また、「こう」にあてはめても意味が通るため、**ウ**が正しい。

！ 指示語の指示内容は、指示語より前にくることがほとんどであるが、まれに指示語よりあとにくることがある。指示語よりも前にある表現が指示語の言い換えでない場合には、指示語のあとからも探すようにしよう。

例題 4

解答 **エ**

解説 「それ」を含む一文を確認すると、「それ」が指し示すのは、「彼《かれ》の良いところ」のくわしい内容であることがわかる。よって**ア**「彼の良いところ」は正解ではない。これを踏《ふ》まえて、「彼の良いところ」がどのようなところであるかを、前の部分からおさえる。最初の文には、「彼」は「口にしたこと」を「必ず実行に移す」とある。この部分を「それ」にあてはめてみると、「口にしたことを必ず実行に移すところ」が「彼の良いところ」となり、文意が通じる。よって**エ**が正解である。

! **ウ**「必ず実行に移す」だけでは、言い換えるべきすべての内容をおさえていないため不十分である。「それ」と置き換えて読んでみることで確かめられる。

例題 5

解答 **ウ**

解説 「これ」を含む一文を確認し、先生が「日々の復習が大切だ」と言っていた理由を前の部分から探す。それぞれの選択肢《せんたくし》は前の部分の内容を含んでいるが、**ウ**の「一夜漬《づ》けでは学習内容が身につかないこと」を「これ」にあてはめると文意が通じるので、**ウ**が正解である。

例題 6

解答 **ウ**

解説 ——線部を含む一文の内容を確認する。「そう」が指すことをすると、——線部という気持ちになると述べられているが、ここだけでは「そう」の内容が不明なため、直前の一文にさかのぼって内容を確認する。ここでは、「良好な人間関係を構築する」ために必要なこととして、「自分の不安を克服《こくふく》すること」と「確固たる自我《じが》を確立すること」の二点が挙げられている。この二点が「そう」の内容であり、——線部のために必要だと考えられる。よって**ウ**が正解である。

! この問題のように、直接には指示語の内容を問われていない問題でも、指示語の内容をおさえることによって初めて解答できる問いがある。また、正確に文章を理解するためにも、指示語の内容は必ずおさえておくようにしよう。

③ 接続語の働きを正しくとらえる

接続語とは、**語句や文、段落をつないで、前の事柄《ことがら》とあとの事柄との関係を表す言葉**のことである。接続語の働きを正しくとらえることで、文章の展開や構成を理解することができる。

接続語の働きの種類ととらえ方

接続語には以下のような種類がある。

- **順接**…前に述べた事柄が原因・理由となって、順当にあとの事柄が起こる。**「だから」「それで」「したがって」**など。
- **逆接**…前に述べた事柄とあとに述べる事柄が逆の関係になる。**「しかし」「ところが」「けれども」**など。
- **並列(並立)・累加《るいか》**…前に述べた事柄と並べたり、それにつけ加えたりする。**「また」「そして」「なお」「しかも」**など。
- **対比・選択《せんたく》**…前に述べた事柄と比べたり、どちらかを選んだりする。**「あるいは」「それとも」「もしくは」**など。
- **説明・補足**…前に述べた事柄を言い換《か》えたり、補ったり、まとめたりする。**「つまり」「要するに」「ただし」**など。
- **転換《てんかん》**…前で述べていた話題を変える。**「ところで」「さて」「それでは」**など。

例題1

明日はたくさん歩く必要がある。□、持っていく荷物は軽い方がいいだろう。

問 □に入る接続語を次から選びなさい。

ア たとえば　**イ** だが
ウ だから　**エ** また

例題2

彼《かれ》はクラスでいちばん足が速い。□、球技も得意だ。

問 □に入る接続語を次から選びなさい。

ア なぜなら　**イ** しかも
ウ たとえば　**エ** つまり

例題3

外国に住む友人に、久しぶりに会いに行った。□、その友人には会えなかった。

問 □に入る接続語を次から選びなさい。

ア それで　**イ** しかし
ウ しかも　**エ** 要するに

例題 4

問 対比・選択を表す接続語を含《ふく》むものを次から選びなさい。

ア 朝早く起きられなかった。だから、学校に遅《おく》れた。
イ あの人は母の妹だ。つまり、ぼくの叔母《おば》だ。
ウ 彼の意見は間違《まちが》ってはいない。しかし、賛成はできない。
エ 明日、または、明後日《あさって》には連絡《れんらく》をください。

例題 5

バスケットでは、守るほうのチームは、攻めるほうのボールを持っている選手を複数の選手で取り囲み、孤立《こりつ》させる。□狭《せま》い領域で数的な優位を作り出す戦術を取る。

問 □に入る接続語を次から選びなさい。

ア すなわち　イ けれども
ウ ただし　エ あるいは

例題 6

コントロールが具体的に「手入れ」と大きく違うところは、①容易にマニュアル化されるということである。マニュアルとは、特定の目的を果たすために必要な手続きを、きちんと定めたものである。だから、相手が変化しない、あるいは単純なときにはうまくいく。しかも、手続きがきちんと保証されていると、人間は安心する傾向《けいこう》がある。だから、すぐにマニュアル人間ができる。②しかし、そこには落とし穴がある。手続きをきちんと果たしていると、相手の状態が変わり、目的が変わったときでも、そのことに気づかなくなってしまう。科学も同じである。科学は手続きが厳密だから、手続きに従ってやっている限り、たとえ目的が間違《まちが》っていても、正しいことをやっていると、本人が思い込《こ》む可能性がある。（養老孟司《ようろうたけし》「いちばん大事なこと」）

(1) ——線部①「容易にマニュアル化される」のはどのようなときか。次から選びなさい。

ア 特定の目的が果たされたとき。
イ 相手が変化しないときや、単純なとき。
ウ 手続きが具体的に定められているとき。
エ 手続きが人間によって保証されているとき。

(2) ——線部②「しかし」の前の部分とあとの部分の関係を次から選びなさい。

ア 前が原因を、あとが結果を表している。
イ 前の内容を、あとで言い換えている。
ウ 前の内容を、あとで否定的に述べている。
エ 前の内容について、あとで例を示している。

解答解説は次のページから

③ 解答解説 接続語の働きを正しくとらえる

例題 1

解答 **ウ**

解説 接続語の問題では、必ず前後の関係を見極《きわ》める。ここでは「たくさん歩く」という事柄《ことがら》と「荷物は軽い方がいい」という事柄をつなぎ、前に述べた内容があとに述べた内容の理由になっているので、順接の接続語が入る。よって**ウ**「だから」が入る。

❗ 前の文の内容から順当につながる内容があとに続くときは、順接の接続語。

例題 2

解答 **イ**

解説 「足が速い」ことと「球技も得意だ」ということは、どちらも「彼《かれ》」についての説明である。ここでは、「足が速い」という事柄に「球技も得意だ」という事柄をつけ加えているので、並列・累加《るいか》の接続語が入る。よって**イ**「しかも」があてはまる。

❗ 同様の内容を並べたり、追加したりするときは並列・累加の接続語。

例題 3

解答 **イ**

解説 「友人に会いに行った」という前の事柄と、「会えなかった」というあとの事柄をつなぐ接続語が入る。この二つの文は、あとの文が、前に述べた「会いに行った」ことから予想されること(友人に会うこと)とは反対の結果(「友人には会えなかった」)になっている。このような関係を「逆接」という。よって逆接の接続語である**イ**「しかし」が正しい。

例題 4

解答 **エ**

解説 対比・選択を表す接続語には、前の事柄とあとの事柄を比べたり、そのどちらかを選択したりする働きがある。それぞれの文を確認してみると、

アは、「朝早く起きられなかった」ことと「学校に遅《おく》れた」ことは、順接の関係。

イは、「母の妹」であることと「ぼくの叔母《おば》」であることは、説明・補足の関係。

ウは、「彼の意見は間違《まちが》ってはいない」ことと「賛成はできない」ことは、逆接の関係。

エは、「明日」と「明後日《あさって》」のどちらかに「連絡《れんらく》をください」といっている。よって、**エ**が正しい。

❗ **イ**の「つまり」には、あとの事柄で前の事柄を言い換《か》える働きがある。

例題5

解答 **ア**

解説 「守るほうのチームは……孤立《こりつ》させる」という内容の文を、あとの「狭《せま》い領域で……戦術を取る」という文で言い換えている。あとの文で前の内容を端的《たんてき》にまとめた内容を示しているのである。

例題6

解答 (1) **イ** (2) **ウ**

解説 (1) ――線部①のあとを確認する。「マニュアル」がどのようなものであるかを説明したあとに、「だから」という順接の接続語がある。さらに、そのあとに「〜ときにはうまくいく」という表現があるので、「だから」以降に、「容易にマニュアル化される」ときの説明があると考えられる。「相手が変化しない、あるいは単純なときにはうまくいく」とあるので、**イ**が正解。

(2) 「しかし」の直前では「すぐにマニュアル人間ができる」とあり、直後では「そこには落とし穴がある」と、前に述べた事柄と対立する事柄が述べられている。よって**ウ**が正しい。

❗「しかし」は、前に述べた事柄とは対立している事柄や、相反する事柄を述べるときに用いる。

④ 言い換《か》えを正しくとらえる

筆者や登場人物の考え、その文章で強調したい主題などは、**別の表現を使って繰《く》り返し述べられている**ことが多い。

言い換えの例

●言い換《か》えの**接続語**が使われているところ

「いわば」や「つまり」「すなわち」などの接続語には、前に述べた事柄《ことがら》を言い換えたり、補ったりする役割がある。

例 彼《かれ》は、オリンピックのマラソンで一位になった。**すなわち**、金メダリストである。

〈オリンピックのマラソンで一位になる＝金メダリスト〉

●**比喩《ひゆ》表現**

比喩表現を使ってわかりやすく説明することによってイメージがつかみやすくなる。

例 ぼくの母はいつも明るくて、元気いっぱいで、我《わ》が家の**太陽のような**存在だ。

〈「明るくて、元気いっぱい」であることを、「太陽のような」という比喩で表現している。〉

例題1

私は、この伝記に書かれた人物に大きな影響《えいきょう》を受けた。

問 この文を言い換えた文を次から選びなさい。

ア 私はこの伝記に書かれた人物に大きな影響を与《あた》えた。
イ この人物は私が大きな影響を受けた伝記を書いた。
ウ この伝記は私に大きな影響を受けた人物を書いた。
エ この伝記に書かれた人物は私に大きな影響を与えた。

例題2

近年、環境《かんきょう》を破壊《はかい》せず維持《いじ》し、次世代へ継続《けいぞく》できる社会、つまり、持続可能な社会の必要性が議論されている。

問 ――線部を言い換えた表現を次から選びなさい。

ア 近年　イ 持続可能な社会
ウ 必要性　エ 議論

例題3

まるで果物のように丸い顔をした赤ちゃんが、ぼくをのぞき込《こ》むように見てにっこり笑った。その瞬間《しゅんかん》、ぼくは心が温かくなるのを感じた。天使の笑顔だ。

問 ――線部の様子を言い換えた表現を次から選びなさい。

ア 果物　イ のぞき込む
ウ 心が温かくなる　エ 天使の笑顔

例題4

たしか寺田寅彦《てらだとらひこ》であったろうか、花火のなかには「序・破・急」のリズムがある、と書いた随筆《ずいひつ》家があった。始めはゆっくりと動きを起こし、なかほど激しく開花すると、やがて暗闇《くらやみ》にむかって永遠に消えて行く。この三段の生成のリズムは、古くから日本の伝統的な芸術の骨格をかたちづくって来た。

（山崎正和《やまざきまさかず》「混沌《こんとん》からの表現」）

問 ――線部を言い換えた表現を次から選びなさい。

ア 花火
イ 三段の生成のリズム
ウ 日本の伝統的な芸術
エ 芸術の骨格

例題5

蚕は自らのはく糸でマユをつくり上げて、その中におさまる。知識人もいくらか蚕に似ている。せっせと知識、ことばの糸をはりめぐらせて、ことばのマユをつくり上げる。いったんマユができれば、その外へは出られない。蚕はそれで不幸ではないが、ことばの殻《から》に封《ふう》じ込《こ》められた人間は蚕ほど幸福というわけにはいかないだろう。

（外山滋比古《とやましげひこ》「木石片々録61ことばの殻」）

問 ――線部を言い換えた表現を次から選びなさい。

ア 知識人　イ ことばの糸
ウ ことばの殻　エ 幸福

例題6

現代社会は、基本的な科学の素養を身につけた人々によって動いていることが、かつてと大きく違《ちが》っている点なのです。

しかし、問題があります。科学の内容があまりに日常を離《はな》れ、また難しくなっているため、自分たちには理解できないと感じられてしまうことです。専門家もわかりやすく解説してくれないし、本を読んでも難しい数式が平気で出てくる。科学が理解できる素地があるのに、科学が疎遠《そえん》になっているのです。

（池内了《いけうちさとる》「科学の考え方・学び方」）

問 ――線部を言い換えた表現を次から選びなさい。

ア 現代社会
イ 専門家
ウ 難しい数式
エ 科学が理解できる素地

解答解説は次のページから

④ 解答解説 言い換《か》えを正しくとらえる

例題 1

解答 エ

解説 主体と客体をしっかりととらえる。「私は」「(この伝記に書かれた)人物に」「影響《えいきょう》を受けた」という文であり、これと同意なのは**エ**の「(この伝記に書かれた)人物は」「私に」「影響を与《あた》えた」という文。主体と客体を入れ替《か》えた文であるため、「影響を受けた」が「影響を与えた」になっている点に注意する。**ア**は主体と客体の関係が逆の文になってしまっている。**イ**は「この人物は」「書いた」という文であり、元の文と関係ない意味になっている。**ウ**「伝記は」「書いた」という文であり、適切でない。

例題 2

解答 イ

解説 ――線部の直後に「つまり」という接続語がある。「つまり」には、前に述べた事柄《ことがら》を言い換える役割があるので、「つまり」以降に注目するとよい。――線部には「社会」という表現があるので、この点にも注目しよう。これらの点から**イ**「持続可能な社会」が正解とわかる。

❗ 「つまり」の他に、「すなわち」や「いわば」「要するに」などの接続語も同様の働きがある。

例題 3

解答 エ

解説 最後の文の「笑顔」は、――線部中の「笑った」と類似する表現である。「にっこり笑った」様子を「天使の笑顔」にたとえて言い換えている。よって**エ**が正しい。このように、「ように」などの比喩《ひゆ》を表す言葉を用いずに言い換える場合もある。

❗ 「まるで〜ように」「〜ように」という比喩を表す表現も用いられているが、最初の「まるで〜ように」は「丸い顔」を「果物」にたとえたもので、次の「のぞき込《こ》むように」は「見て」の様子を説明したものである。

例題 4

解答 イ

解説 ――線部中に「リズム」という表現があり、「序・破・急」と三つに分けられて表現されていることから、**イ**の「三段の生成のリズム」であるとわかる。他の選択肢《せんたくし》では――線部を言い換えられないことからも、**イ**が正解とわかる。

❗ 「リズム」のように同じ言葉が使われていることも、言い換え表現を探す手掛《が》かりになる。

例題 5

解答 ウ

解説 ――線部より前の部分から、「ことばのマユ」は、「知識人」が「ことばの糸」でつくるものであることがわかる。よって、**ア**「知識人」と**イ**「ことばの糸」は、「ことばのマユ」を言い換えた表現ではないとわかる。また、**エ**「幸福」は心情表現のため、「ことばのマユ」の言い換え表現とはいえない。一方、**ウ**「ことばの殻《から》」は、「ことば」という表現が共通していること、「マユ」も「殻」も外界と中身を隔《へだ》てるものであることから、言い換え表現として適切である。よって**ウ**「ことばの殻」が正解である。

! 「マユ」を「殻」と言い換えたように、形や役割がよく似ているものに言い換えることもよくある。

例題 6

解答 エ

解説 ――線部中の「基本的」「素養」という、「科学」に関する表現に注目しよう。これらの表現と似た表現に、**エ**「素地」がある。**ウ**「難しい数式」では、――線部の表現とは逆の内容である。また、**ア**「現代社会」、**イ**「専門家」の選択肢では、――線部を言い換えられない。よって**エ**が正解。

! 類似《るいじ》の表現に注意する。第4編で学習する類義語(→462ページ)なども積極的に覚えて、似た意味を表す言葉に対する感覚を鍛《きた》えるようにしよう。

2 論説文

入試重要度 ★★★

論説文とはどのような文章なのか

論説文とは、**筆者が、ある物事についての主張や見解を、読み手に納得《なっとく》させるために、筋道を立てて説明した文章**のことである。

論説文の読解は、**筆者の主張をつかむ**ことが大目標である。そのためには、筆者がどのような話題について、どのような根拠《こんきょ》に基《もと》づいて、どのように論を展開しているかを理解しなければならない。論説文は、複数の段落で構成されており、例えば、話題を提示する段落、その話題について説明する段落など、段落それぞれが役割を担《にな》っている。したがって、**段落ごとの要点**をつかみ、その役割を明らかにし、それぞれがどのようにつながって論が展開されているか、**その相互《そうご》関係をとらえる**必要がある。

また、筆者は、自分の主張に説得力を持たせるために、さまざまな工夫をこらして論を展開している。特に重要なのが、**具体と抽象《ちゅうしょう》の関係・対比の関係**である。これらを的確にとらえることが、筆者の主張を読み取ることにつながる。

学習内容を例文でチェック①

1 読書という行為《こうい》は、読み終わった時点で終わりというのではない。ある意味で、読書は、読み終わったときにこそ本当に始まる。ページを捲《めく》りながら、自分なりに考え、感じたことを、これからの生活にどう生かしていくか。——読書という体験は、そこで初めて意味を持ってくるのである。

参考 **説明文と論説文の違《ちが》い**

説明的な文章は、その文章の主眼が、事実の説明なのか、筆者の主張なのかによって、説明文と論説文に分けることができる。

説明文…実験や観察の結果わかったことや物事の仕組みや由来などについて、事実を説明した文章。

論説文…筆者が、自分の主張や見解を、筋道立てて論理的に説明した文章。

① **段落の要点と相互関係をとらえる** →38ページ

各段落の要点と相互関係は以下の通り。

1【話題提示】読書は、読み終わってから意味を持つ行為・体験である。

↓

2～5【説明】

2 速読とスロー・リーディングの対比。

3 速読の欠点。

4 スロー・リーディングの優《すぐ》れた点。

5 〈2～4〉を踏《ふ》まえたまとめ。

↓

6【主張】スロー・リーディングは、読書を個人の体験として読後に生かす、個性的な読書のために不可欠な技術だ。

2 速読は、読書を読み終わった時点で終わらせてしまう読み方である。しかし、スロー・リーディングは、読書を読後に生かすための読み方である。

3 ザッと目を通したという程度では、人と語り合う際にも、曖昧《あいまい》で、どことなく自信なさそうな語り口となってしまう。相手に話をふられても、「うん、ちゃんと読んでないんだけど……」だとか、「細かいところは、覚えてないんだけど……」などと、不本意な言い訳をしなければならなかったという経験は誰《だれ》にでもあるのではないだろうか？　そうすると、相手は、この人は、本を読んでも、何も感じない、自分の意見一つ満足に持てない人なのだと見なしてしまうものだ。普段《ふだん》、よく会話をする友達ならともかく、初めて会う人は、そうした言動から相手を判断するしかないのである。

4 見方を変えれば、読書は、コミュニケーションのための準備である。自分の考えをうまく人に伝えられないと悩《なや》む人は多いが、いきなり人前に出て、考えてもみなかった事態に対して、何か意見を言ってくれと言われても、難しいのは当然である。読書は、そうした現実に備えて、様々な状況《じょうきょう》を仮想的に体験させてくれる。そして、スロー・リーディングを通じて、そうした中で、自分だったら、どう感じ、どう行動するかをじっくりと時間をかけて考えておけば、思いがけない事態に直面したときにも、気負わず、普段、考えている通りのことを言えばいいのである。

5 一冊の本を読むという体験は、誰にとっても同じものではない。独善的にならず、まずは作者の意図を正確に理解し、その上で、自分なりの考えをしっかりと巡《めぐ》らせることができれば、読書はその人だけの個性的な体験となる。

6 スロー・リーディングは、個性的な読書のために不可欠な技術である。

（平野《ひらの》啓一郎《けいいちろう》「本の読み方　スロー・リーディングの実践《じっせん》」）

② 具体と抽象の関係をとらえる →42ページ

具体…読書は、様々な状況を仮想的に体験させてくれる。その中で「自分だったらどうするか」を考えておけば、思いがけない事態にも対処できる。

抽象…「読書は、コミュニケーションのための準備である」

③ 対比の関係をとらえる →46ページ

速読…読書を読み終わった時点で終わらせてしまう読み方。

スロー・リーディング…読書を読後に生かすための読み方。

④ 筆者の主張をつかむ →50ページ

スロー・リーディングは個性的な読書のために不可欠な技術だ。

学習内容を例文でチェック②

1 生物界のなかでヒトという種を特徴《とくちょう》づけてみると、すぐれた学習能力がほぼ一生にわたって維持《いじ》される、ということが第一にあげられるであろう。

2 もともとサルの仲間は、他の大型哺乳類《ほにゅうるい》のように、はっきりした身体的な特徴を持ってはいない。たとえば、クジラは水中生活に便利なように体型が変化しており、またライオンやトラは筋肉が発達し、敏捷《びんしょう》で、しかも鋭《するど》い牙《きば》や爪《つめ》を備えている。したがって、ある環境《かんきょう》条件下では餌《えさ》を手に入れ、種族を維持《いじ》していくことが容易である。反面、これらの大型哺乳類は、限られた環境下においてのみ繁栄《はんえい》しうる。クジラはもはや陸上で生活することはできないし、ライオンやトラは比較《ひかく》的大きな草食獣《じゅう》が手に入らなくなったらおしまいである。

3 これに対してサルの仲間は、そういった身体構造上の特徴をもっていない。さらにまた、生まれつきの行動の仕組みが比較的少なく、加えて雑食性でもあるところから、さまざまな環境に適応しうる。いわば、他の大型哺乳類が特殊《とくしゅ》化するという方向で進化してきたのに対し、サルの仲間はむしろ、環境に対する柔軟《じゅうなん》性において進化してきたということができるであろう。

4 したがって、サルの仲間では、経験にもとづいて外界についての知識を身につけることが、個体の生存にとっても、また種の維持にとってもそれだけ重要になってくる。いいかえると、サルはもともと学習する種である、と考えてよい。外界についての知識を得ること——それによって、どこが安全か、どのようにしたら食物が手に入るか、などを的確に判断できることが生存のために不可欠なのである。

① 段落の要点と相互《そうご》関係をとらえる →38ページ

1【話題提示・主張】ヒトという種の特徴とは何か（話題提示）→すぐれた学習能力がほぼ一生にわたって維持されるということ（主張）

2〜4【説明1】サルの仲間について。
- 2 他の大型哺乳類の例。
- 3 サルの仲間の特徴。
- 4 サルの仲間の特徴のまとめ。

5・6【説明2】ヒトについて。
- 5 サルの仲間との違《ちが》い。
- 6 ヒトの特徴のまとめ。

7・8【説明3】補足説明。
- 7 学習という言葉の意味。
- 8 知識という言葉の意味。

9【主張】ヒトは情報の体系、世界のイメージをもつことで生きのびてきた。

② 具体と抽象《ちゅうしょう》の関係をとらえる →42ページ

具体…他の大型哺乳類と比較した、サルの仲間の特徴。

↓ いいかえると

5 しかし、このような事情は、ヒトにおいてよりいっそう顕著《けんちょ》に認められる。ヒトは他の類人猿《るいじんえん》とくらべてさえ、生まれつきの行動の仕組みが少ない。このために、チンパンジーの子どもとヒトの子どもとを双生児《そうせいじ》のように育ててみると、はじめの数ヶ月間は、むしろヒトの子どものほうが知的にも劣《おと》っているという印象を与《あた》えるほどなのである。

6 さらにヒトの場合には、それぞれの個体が、みずからの直接の経験にもとづいて知識を集積するばかりでなく、他の個体の経験を、言語などを媒介《ばいかい》にして利用することもできる。つまり、学習が社会的な性格をもつに至っている。ヒトの個体の生存や種族維持は、それぞれの個体ごとの経験にもとづく知識にばかりでなく、文化という形で集積された他の個体の経験を摂取《せっしゅ》しうることにも依存《いぞん》している、とさえ言ってもよいであろう。こうして集積された知識がなければ、ヒトはいかにも無力な動物なのである。

7 ここで、学習とか知識とかいう用語が、必ずしも日常的用語と意味において一致《いっち》していないことを注意しておこう。ここでの学習とは、さまざまな経験に基づいて外界についての知識を獲得《かくとく》することとほぼ同義である。

8 また知識というのも、個別的な事実についての知識（いわゆる断片《だんぺん》的な知識に近い）や、判断・実行の手続きについての知識ばかりではなく、外界の事物、自分自身、およびその関係についてのある程度体系だった情報（概念《がいねん》的知識とよんでおく）を含《ふく》む。

9 ヒトはこのような情報の体系、ないしは世界のイメージをもつことによって生きのびてきたのだし、また現在の社会でもこれによってはじめて有能に行動しうるのである。

（稲垣《いながき》佳世子《かよこ》・波多野誼余夫《はたのぎよお》「人はいかに学ぶか」）

抽象…「サルはもともと学習する種である」（4）
具体…サルの仲間と比較した、ヒトの特徴。
↑ つまり
抽象…「学習が社会的な性格をもつに至っている」（6）

③ 対比の関係をとらえる →46ページ

他の大型哺乳類とサルの仲間の対比
サルの仲間…はっきりした身体構造上の特徴をもっていない・さまざまな環境に適応しうる・環境に対する柔軟性
サルの仲間とヒトの対比
ヒト…生まれつきの行動の仕組みが少ない・他の個体の経験を言語などを媒介にして利用できる・文化という形で集積された他の個体の経験を摂取しうる

④ 筆者の主張をつかむ →50ページ

ヒトという種の特徴は、すぐれた学習能力がほぼ一生にわたって維持されるということであり（1）、それにより、生きのびるために必要な、情報の体系・世界のイメージをもつことができる（9）。

① 段落の要点と相互《そうご》関係をとらえる

1 段落の要点をとらえる

一字下げで始まる文のまとまりを形式段落という。文章の内容を理解するためには、**形式段落ごとのキーセンテンス(中心文)をおさえて、段落の要点をとらえる**とよい。

段落の要点をとらえる上では、その文章がどんな話題について述べたものなのかを把握《はあく》する必要がある。話題は、段落中のキーワードや問題提起に着目してとらえる。

2 段落相互《そうご》の関係をとらえる

形式段落を意味上のつながりからまとめたものを意味段落という。**段落ごとの要点をもとに、文章全体を意味段落に分け、相互の関係をとらえる**ことで、その文章の論理展開や主張の流れを読み取ることができる。

意味段落は、**指示語や、段落初めの接続語を手がかりにしてとらえていく**。多くの文章は序論・本論・結論の部分に分けられ、結論の位置により三つの型に分けられる。

- **頭括型《とうかつがた》**…結論が最初にある文章。
- **尾括型《びかつがた》**…結論が最後にある文章。
- **双括型《そうかつがた》**…結論が最初と最後にある文章。

例題

1 **次の文章を読んで、あとの問いに答えなさい。**

1 この国には太古の昔から異質なものや対立するものを調和させるという、いわばダイナミックな運動体としての和があった。この本来の和からすれば、このような現

くわしく キーワードとキーセンテンス

キーワード…読解の鍵《かぎ》(キー)となる重要な言葉(ワード)のこと。文章中に繰《く》り返し出てくる言葉や、文章の題名に盛《こ》り込まれている言葉がヒントになる。

キーセンテンス…各形式段落の要点を端的《たんてき》に示した文。最終段落にあるものは特に重要で、結論が示されることが多い。

くわしく 問題提起とは

筆者が解決を要すると考える課題や疑問を持ち出すこと。「…だろうか」などの形がある。

くわしく 論の名称《めいしょう》と役割

序論…話題提示
本論…中心となる説明
結論…筆者の主張・まとめ

解答

1 (1)本来の和
(2)エ

代の生活の片隅《かたすみ》に追いやられてしまっている和服や和食や和室などはほんとうの和とはいえない。たしかにそれは本来の和が生み出した産物にはちがいないが、不幸なことに近代以降、固定され、偶像《ぐうぞう》とあがめられた和の化石であり、残骸《ざんがい》にすぎないということになる。

[2] では、異質なもの、対立するものを調和させるという本来の和は現代において消《しょう》滅《めつ》してしまったか。決してそんなことはない。それは今も私たちの生活や文化の中に脈々と生きつづけているのだが、私たちは和の残骸を懐《なつ》かしがってばかりいるものだから、本来の和が目の前にあるのに気づかないだけなのだ。

[3] 近代化された西洋風のマンションの中に一室だけ残された畳《たたみ》の間。ふつうその畳の間だけを和の空間と呼ぶのだが、本来の和はそれとは別のものである。むしろ西洋化された住宅の中に畳の間が何の違和感《いわかん》もなく存在していること、これこそ本来の和の姿である。同じようにパーティで洋服の中に和服の人が立ち交じっていようと何の不思議もない。

（長谷川櫂《はせがわかい》「和の思想」）

(1) ——線部「異質なものや対立するものを調和させるという、いわばダイナミックな運動体としての和」とあるが、それを言い換えた言葉を本文中から四字で抜《ぬ》き出しなさい。

(2) [3]段落の働きを説明したものとして最も適切なものを次から選びなさい。

ア [2]段落の内容を別の観点から考察している。
イ [2]段落の内容と反する具体例を挙げている。
ウ [1]・[2]段落をまとめて、新たな話題に移っている。
エ [2]段落の内容を補って具体的な例を挙げている。

解説

[1]
(1)直後に「この本来の和」とある。これがこの文章の話題であり、キーワードである。
(2)キーワード「本来の和」に着目して[2]段落を読むと、「本来の和は現代において消滅してしまったか」という問題提起と、「本来の和が目の前にあるのに気づかないだけなのだ」という筆者の主張(結論)がある。[3]段落では、この筆者の主張を補う具体例(「畳の間」と「和服の人」)が述べられている。

各段落の要点と相互関係は以下の通り。

[1]【話題提示(序論)】
「本来の和」…異質なものや対立するものを調和させること。
↓
[2]・[3]【問題提起・主張(結論)】
[2] **問題提起**…「本来の和は現代において消滅してしまったか」
主張…「本来の和が目の前にあるのに気づかないだけ」
[3] **具体例**…「畳の間」「和服の人」

例題

2 次の文章を読んで、あとの問いに答えなさい。

1 村の暮らしには安心感がある。**（ア）**村では過疎《かそ》化も高齢《こうれい》化もすすんでいる。**（イ）**グローバル化していく市場経済は村の経済活動をこわしつづける。**（ウ）**そう考えていくと、今日の村ほど不安な社会はないはずなのに、村に暮らしていると不思議な安心感をおぼえる。**（エ）**

2 私は、それを、記憶《きおく》と理性の違《ちが》いだと思っている。長い人類史をへてつくられた人間の記憶は、村は永遠の安心感につつまれていると感じさせる。畑や森や川があり村がある。村人たちは、畑のつくり方も、森の扱《あつか》い方も知っている。村人のなかにある人類史の記憶は、ここには何も困ることのない世界がひろがっていると感じさせる。ところが、それだけではすまない現在の村の現実を理性は知っている。ここでは、記憶と理性は一致《いっち》しない。この記憶と現在の不一致を感じながら過ごす時間が、私は好きだ。

3 もうひとつ、村で暮らす方が好きな理由がある。それは、村で暮らしていると、私たちは一代ではつくりだしえないものに支えられて生きていると感じられる、という点にあって、そのことが、ある時代を生きている人間とは何かを、自然に考えさせてくれる。自然の長い歴史。村の長い歴史。村で暮らすために必要なさまざまな技をつくり、伝えてきた長い歴史。そういった一代ではつくりだせないものに支えられて、人はある時代を生きる。

4 もちろん、村で暮らしていなくても、私たちは、記憶と理性のくい違いや、人は何に支えられて生きているかを、感じることはできるだろう。村の方が、そういうこ

解答

2 (1)ア (2)**エ**

解説

2 (1)まず脱文《だつぶん》の内容を確認する。脱文には「そんなはずはない」とあり、前に書かれた内容（＝「そんな」が指すもの）を否定している。次に、1段落の文章の内容を確認する。すると、一文目では村の暮らしを肯定《こうてい》的にとらえているが、二文目には「過疎化」「高齢化」、三文目には「市場経済は村の経済活動をこわしつづける」とあり、否定的な面が述べられていることがわかる。したがって、脱文は**ア**の位置に入る。

(2) 1～3段落は、「村の暮らしには安心感がある」という主張を受けた説明。4～6段落は、4の「人にそのようなことを感じさせ……ローカルな世界のなかにあるということである」という主張を受けた説明。7段落は、それまでの

とがよくみえる、というだけである。むしろ、重要なのは次のことにある。それは、人にそのようなことを感じさせ、考えさせる場所は、ローカルな世界のなかにあるということである。

[5] 人の奥底《おくそこ》にある深い記憶が静かに開かれていく世界も、人は長い時間の蓄積《ちくせき》に支えられながら生きていると感じられる世界も、自分が生きている時間や空間を深くみつめることのできる日々のなかからしか発見できない。そして、この深くかかわれる場所は、人間にとってはそれほど大きなものではない。

[6] 私たちは、大きな世界とかかわろうとすれば、浅くかかわるしか、あるいは一面的にかかわるしかなくなる。グローバル化していく経済にかかわろうとすれば、経済という一面から世界と関係することになってしまうように。また、ときには、環境《かんきょう》という一面から世界とかかわるように。

[7] もちろん、私はそれらをすべて否定しているわけではない。大きな世界とかかわればかかわるほど、浅く一面的な関係になっていくことを、忘れてはいけない、と考えているだけである。深くかかわり、深く考えさせてくれる場所は、ローカルな世界のなかにしかないのだ、と。

（内山節《うちやまたかし》「『里』という思想」）

(1) [1]段落には次の一文が抜《ぬ》けている。本文中の（ア）〜（エ）のどこに入れるのが最も適切か選び、記号で答えなさい。

いや、そんなはずはない。

(2) 本文の段落の関係を表したものとして適切なものを次から選び、記号で答えなさい。

ア [1]—[2][3][4]—[5][6][7]
イ [1][2]—[3][4][5][6]—[7]
ウ [1][2][3][4]—[5]—[6][7]
エ [1][2][3]—[4][5][6]—[7]

内容を受けたまとめである。よって**エ**が正解。

各段落の要点と相互《そうご》関係は以下の通り。

[1]【主張1】
村の暮らしには安心感がある。

[2]・[3]【説明1】
[2] 村では、記憶と理性は一致しないが、そのことを感じつつ時間を過ごせる。
[3] 村では、長い歴史に支えられて生きていることが感じられる。

↓

[4]【主張2】
[2]・[3]を感じさせる場所はローカルな世界のなかにある。

[5]・[6]【説明2】
[5] ローカルな世界では自分が生きている時間や空間を深くみつめることができる。
[6] 大きな世界とは、浅く、一面的にしかかかわれない。

↓

[7]【まとめ】深くかかわり、深く考えさせてくれる場所は、ローカルな世界のなかにしかない。

② 具体と抽象《ちゅうしょう》の関係をとらえる

論説文では、具体的な例が根拠《こんきょ》として提示されたうえで、抽象《ちゅうしょう》化された筆者の考えや意見が導き出されることがある。**具体的な例と抽象的表現をきちんと区別し、両者の関係を読み解き、筆者の主張を読み取る**ことがたいせつである。

1 具体・抽象とは

具体とは、**姿や形、内容を備えていて、はっきりと目に見えること**をいう。論説文では、**筆者自身の体験**や社会的な出来事などのほか、**他者の文章の引用や比喩《ひゆ》**によってたとえられる事柄《ことがら》などがある。

一方、**抽象**とは、**多くの物事が共通にもつ一般《いっぱん》的な性質だけを抜《ぬ》き出すこと**である。論説文では、**多くの事柄にあてはまる普遍《ふへん》的な主張**として筆者自らの説を展開することが多い。

2 具体と抽象の関係の現れ方

文章の中では、具体と抽象の関係は次のように現れる。

例 私の家では動物を飼っている。それはロンという名前の犬だ。
（動物：抽象　ロン：具体）

例 体調が悪い時には、おかゆやうどんのような消化の良いものを食べるとよい。
（おかゆやうどん：具体　消化の良いもの：抽象）

例題 1 次の文章を読んで、あとの問いに答えなさい。

1 私たちが美貌《びぼう》や健康を重んじるのは、それがいずれ失われることが確実だからで

くわしく 具体と抽象

具体と抽象の関係を図で示すと、次のようになる。たとえば、「犬」は、飼われている犬にはそれぞれ固有の名前があるが、「犬」と抽象化できる。さらに、「犬」は「哺乳類《ほにゅうるい》」と抽象化でき、「哺乳類」はさらに「動物」と抽象化できる。抽象化によって、より広い範囲《はんい》の事柄《ことがら》が含《ふく》まれるようになる。

場合によって、具体→抽象と抽象→具体を使い分ける。抽象化することによって、一歩進んで、個々のものに共通するパターンや法則性について論じることができる。その一方、抽象的な説明ばかりだと読者の理解が追いつかない。そこで、具体化して身近な例などを示すことによって、説明をわかりやすくする。

ある。私たちがおのれの①「生命」をいとおしむのは、それがこの瞬間《しゅんかん》も一秒一秒失われていることを私たちが熟知しているからである。

2 しかし、そんな話も「生きる愉悦《ゆえつ》」がどうやっても感じられないという人の耳には雑音にしか聞こえまい。その方々にはもうしばらく不機嫌《ふきげん》なままでいていただくことにして、こちらは問いをもう一歩進めてみよう。なぜ、②「うつろうもの」は私たちを魅惑《みわく》するのか？

3 ここに美しいカットグラスがあるとする。私はこれを大切に取り扱《あつか》う。それはちょっとした不注意でそれが砕《くだ》け散ることを知っているからである。だが、そんな気づかいをしないでも済むように、踏《ふ》んでも叩《たた》いても割れないグラスを使えばいいじゃないかと言われても、おいそれとそれを＊肯《うべな》うわけにはゆかない。どれほど造形的に美しくても、私は「割れないグラス」に「割れるグラス」と同じような愛情を感じることができないからである。

（内田樹《うちだたつる》「街場の現代思想」）

＊肯う＝同意する。従う。

(1) ――線部①「『生命』」とあるが、それを説明したものとして最も適切なものを次から選び、記号で答えなさい。

ア「美貌や健康」と同じく、誰《だれ》にでも備わっているものの例として挙げられている。

イ「美貌や健康」と同じく、いずれ失われるものの例として挙げられている。

ウ「美貌や健康」よりも、うつろいやすいものの例として挙げられている。

エ「美貌や健康」が失われる原因の例として挙げられている。

(2) ――線部②「『うつろうもの』」とあるが、その最も具体的な例として挙げられているものを本文中から六字で抜き出しなさい。

解答

1 (1) **イ**
(2) カットグラス

解説

1 (1) 1段落では、「美貌や健康」を「いずれ失われる」もののたとえとしてあげており、同様に『生命』も「一秒一秒失われている」もののたとえとしてあげている。「いずれ失われる」「一秒一秒失われている」は抽象的表現であり、「美貌や健康」・『生命』はそれらの具体例である。

(2)「うつろう」には「変わっていく・衰《おとろ》えていく」という意味がある。ここでは、――線部②を含《ふく》む一文の「なぜ」という問いかけに対して、3段落で答えを述べているため、3段落から答えを探す。3段落では、「ちょっとした不注意で」『砕け散る』ものとして「カットグラス」があげられている。「割れるグラス」ともあるが、より具体的な「カットグラス」と答える。

3 事実と主張（意見）

論説文において、具体と抽象は、**事実の説明**と**筆者の主張**という形で現れることがある。論説文の筆者は、意見に説得力を持たせるために、事実を積み重ねることで論を進めていく。読解の上では、**どこからどこまでが事実の説明であり、どこからどこまでが筆者の意見なのか**を見極《きわ》めることが必要である。

例 昼間は暑かったが、急に気温が下がってきた。（事実）→ 一雨来るかもしれない。（主張（意見））

例 実際、このごろの子どもたちの中には、話を聞いているとき、ただ向こう（語り手）から来るものを受けとるだけといった聞き方をする子が目立ちます。それも、「受けとめる」のではなくて、「受け流す」という感じです。次から次へ新しいことが起こる話だと、それにつられて聞いているが、くりかえしがあると、「ああ、またか」という顔をします。先を予想しながら聞く、話の進展に自分も関心をもって聞くというのではなくて、ただ受け身で聞いていて、ちょっとした刺激《しげき》を求めているのでしょう。そういう気がします。ということは、外へ働きかけよう、自立しようという意欲がないということ。そして、その意欲は、子どもたちの成長へのエネルギーのもとになるもの、人格の〝核《かく》〟のようなものですから、そういうところが弱くなっているということは、実に＊由々《ゆゆ》しいことだと考えざるを得ません。

（松岡享子《まつおかきょうこ》「こども・こころ・ことば」）

＊由々しい…そのままほうっておくと、とんでもない結果を引き起こすことになること。

くわしく 論理展開の二つの種類

演繹法《えんえき》…一般《いっぱん》的な事実（抽象）から具体的な事柄《ことがら》を導き出す方法。

例 人は必ず死ぬ。（抽象）だから私も死ぬ。（具体）

帰納法《きのう》…複数の具体的な事柄から、一般的な真理（抽象）を導き出す方法。

例 先週、夕焼けの次の日は晴れた。昨日も夕焼けの次の日は晴れた。（具体）だから夕焼けの次の日は晴れるものだ。（抽象）

解答

2 (1)自分の行動の選択肢を増やし、より自由になる

解説

2 (1)――線部の直前の「その」という指示語に注目して前の内容を確認する。ここでは、「私たちがいろ

事実…このごろの子どもたちの一部は、話の聞き方が受け身で、自ら外へ働きかけよう、自立しようという意欲に欠けている。

主張（意見）…その意欲は、子どもたちの成長へのエネルギーのもとになるもの、人格の〃核〃のようなもので、（とても大事である。）それが弱くなっていることは深刻な問題だ。

例題 2 次の文章を読んで、あとの問いに答えなさい。

1 赤ちゃんは、成長の過程でスプーンやフォーク、お箸《はし》の持ち方を学びます。手づかみだと熱いものは食べられないけれど、それらを使えば、ある程度熱いものでも食べられるし、手も汚《よご》れなくて済みます。

2 お箸を持つ練習をしたら、食事をするうえでの「自由」が手に入るわけです。もちろん手づかみで食べてもいいけれど、お箸も使えるようになれば、食べるときの選《せん》択肢《たくし》が増えるからです。

3 このように選択肢が増え、目的に応じて選べることを「自由」と言います。私たちが知識やスキル、ノウハウを身につけようとするのは、この意味での自由を手に入れるためなのです。私たちがいろいろなことを学ぶのは、自分の行動の選択肢を増やし、より自由になるためです。その限りでは、自分のために学ぶのです。これが原点です。

（汐見稔幸《しおみとしゆき》「人生を豊かにする学び方」）

(1) ――線部「自分のために学ぶ」とあるが、筆者は学ぶことでどうなると考えているか。本文中から二十一字で抜《ぬ》き出しなさい。

いろいろなことを学ぶのは、自分の行動の選択肢を増やし、より自由になるため」とある。つまり、「学ぶ」ことで「自分の行動の選択肢」が増え、「より自由になる」。だから、そのために学ぶというのである。したがって、この部分から抜き出すとよい。

この文章は、以下のように、一つの「具体例」から徐々《じょじょ》に抽象度を上げる形で説明がなされている。

【具体例】スプーンやフォーク、お箸の持ち方を学ぶ。
←
【抽象化1】熱いものも食べられ、手も汚れない。
←
【抽象化2】食べるときの選択肢が増える。
←
【抽象化3】目的に応じて選択肢を選べるようになる。
←
【抽象化4】「自由」が手に入る。

③ 対比の関係をとらえる

1 対比とは何か

対比とは、**性質の異なる二つのものを引き比べて、その違《ちが》いを明確にさせること**をいう。論説文では、筆者があえて自分の意見とは異なる意見を掲《かか》げて、それを否定したり自分の意見と比べたりすることがある。このように、対比の関係を用いるのは、**相反する主張と比べながら説明するほうが、単独で説明するよりも筆者の主張の特徴《とくちょう》をわかりやすく伝えることができる**ためである。

筆者の主張を理解するためには、**何と何が対比的に説明されているのか、そのどちらが筆者の主張なのか**を正確に把握《はあく》することが重要である。

2 対比の関係のとらえ方

本文中に出てくる対比を示す表現に注目する。**「Aと比べてBは……」「Aに対してBは……」「Aは〜である。一方、Bは……である」**などの表現がある場合には、対比の関係があることを意識して読み取ろう。その際、AとBが「何を基準として」、「どう異なるのか」をきちんとおさえるようにしよう。

例題

1 **次の文章を読んで、あとの問いに答えなさい。**

[1] 日本の文化は根底に自然が在り、①自然主義といわれるわけも、よく理解できる。水墨《すいぼく》画や山水画とよばれる東洋画に現れた東洋の自然思想、ことに日本人の自然観は、自然と接しながらも自然は人間と対峙《たいじ》する関係にあり、つねに自然を征服《せいふく》しようとする

解答

1 (1)人間至上主義 (2)表現の主役 (3)ウ

解説

1 (1)「自然主義」は、ここでは日本(東洋)の自然観のこと。この文章では日本と西洋の思想が対比的に述べられているので、西洋の思想について述べた、[2]段落の「人間至上主義」が適切。——線部①に「主義」という言葉が使われていることも手掛《てが》かりになる。

(2)——線部②を含《ふく》む一文は、西洋の芸術について述べている。直後で「なりえなかった」と否定されているので、西洋の思想と対比されて、日本の自然主義の表現について述べた部分から探す。[3]段落の冒頭《ぼうとう》に「(自然が)表現の主役を演じる場合も少なくない」、つまり、「表現の主役」を演じること

人間の強い意志が文化の裏側に脈々と流れている西洋の思想とはまったく正反対である。

2　人間至上主義の西洋の芸術表現に見る自然の対象は、あくまで、人間を主体とする表現の従属的な存在であり、装飾《そうしょく》のモチーフとしては多用されているものの、決して②表現の主体的なモチーフにはなりえなかったのである。

3　日本美術では名もない野草や昆虫《こんちゅう》や小動物が表現の主役を演じる場合も少なくない。十九世紀中頃《なかごろ》、西欧《せいおう》に強烈《きょうれつ》なジャポニスムを巻き起こし、印象派絵画に影響《えいきょう》を与《あた》えたのは、斬新《ざんしん》な余白を活かした構図や斜《なな》めのコンポジション、平面的な描写《びょうしゃ》ばかりでなく、自然の景観を愛《いと》しいほどていねいに描写し、野草や小動物までも、表現の主役としてしまう日本人の自然主義の徹底《てってい》ぶりであった。西欧の人々は、はじめは驚《おどろ》き、奇《き》異《い》な目で眺《なが》めていたものの、ついには③彼《かれ》らに欠けていた精神性を自覚し、やがて日本人の目指す自然主義的な感性に共感しはじめたのである。（三井秀樹《みついひでき》「形の美とは何か」）

(1)　――線部①「自然主義」と対比されている言葉を本文中から六字で抜《ぬ》き出しなさい。

(2)　――線部②「表現の主体的なモチーフ」と同じ意味の言葉を本文中から五字で抜き出しなさい。

(3)　――線部③「彼らに欠けていた精神性」とあるが、その説明として最も適切なものを次から選び、記号で答えなさい。

ア　自然を人間と対峙するものとしてとらえること。
イ　自然を征服できるものとしてとらえること。
ウ　自然を自らとともにあるものとしてとらえること。
エ　自然を自らの従うべき脅威《きょうい》としてとらえること。

もあると述べられている。

(3)「彼ら」とは「西欧の人々」のことであり、その「彼らに欠けていた」というのだから、対比関係にある日本人の「精神性」がどのようなものであるかを考えればよい。

本文中の対比の関係を整理しよう。

1　日本と西洋の思想の対比
日本の文化＝根底に自然が在る（自然主義）
⇔　対比
西洋の思想
＝自然は人間と対峙する関係
＝自然を征服しようとする人間の強い意志

2　西洋の芸術表現（具体例）
・人間至上主義
・自然は人間を主体とする表現の従属的な存在
↓表現の主体的なモチーフにならない

3　日本美術（具体例）
・野草や小動物が、表現の主役になる
←
・西欧の人々は、自分たちに欠けていた精神性を自覚し、自然主義的な感性に共感する

例題 2　次の文章を読んで、あとの問いに答えなさい。

1 「真実」と「真理」とはどこが違《ちが》うか。

2 「真実」という言葉は、漢語として古くから日本で使用されていて、*管見《かんけん》の及《およ》ぶかぎりでは遅《おそ》くとも中世の仏教文献《ぶんけん》の書き下し文には頻出《ひんしゅつ》しています。しかし「真理」という言葉はこの時期には見当たりません。この言葉は、近代以降、欧米《おうべい》語が輸入されてから訳語として作られたのではないでしょうか。

3 ちなみにドイツ語では、「真実」と「真理」とを分けています。「真実」はWirklichkeit《ヴィルクリヒカイト》、「真理」はWahrheit《ヴァールハイト》です。明治の翻訳《ほんやく》家・哲学《てつがく》研究者たちは、Wirklichkeit と Wahrheit とのふたつの類義語を訳し分ける必要を感じて後者に「真理」という訳語を当てたのだと推定されます。

4 ところで日本語におけるこのふたつの言葉の使用例の違いを考えてみましょう。たとえば「事件の真実が判明した」とは言いますが「事件の真理が判明した」とは言いません。逆に、「学問は真理探究を目的とする」とは言いますが「学問は真実探求を目的とする」とはあまり言いません。この違いによってわかるように、「真実」という言葉はドイツ語 Wirklichkeit と同じように、事実、現実、そのつどの本当のこと、いままでわかっていなかったが新しく知らされたこと、という*含意《がんい》を持っています。また「真理」のほうは、私たち人間に現在知られていようがいまいが、時間や空間に耐《た》える永遠普遍《ふへん》の本当のこと、という理念的な意味合いが強く感じられます。

5 日本語の「しんじつ」という音声が「真実」にも「信実」にも当てられることから考えて、この言葉は人の心にとって本当だと感じられ信じられること、という含意があり、「まこと(真事＝真言＝誠)」という和語の概念《がいねん》にぴたりと重なり合います。

参考　論説文で頻出《ひんしゅつ》の対比関係にある言葉

近代社会…「個人」が重要視される社会のこと。
伝統的社会…共同体が重要視される社会のこと。個人の自由よりも、共同体の伝統や慣習が優先される。

主観…自分だけのものの見方や考え方のこと。
客観…みなに共通するものの見方や考え方のこと。

・日本(文化)と西洋(文化)
・創造と模倣《もほう》　・自己と他者
・理性と感性　・時間と空間　など

したがってこの言葉の重点は、客観的論理的に解き明かされた「本当」にあるよりも、むしろ主体的につかみとられた「本当」のほうにあり、だからこそ同時に倫理《りんり》的な「正しさ」の概念も包摂《ほうせつ》しているのでしょう。

6 それは、ある具体的な事実や心の状態との間にいつも接点を保持しています。「しんじつ」には「私の確信」が必ず関与《かんよ》しています。だから「しんじつ」が構成されるために、現にここにある「こころ」が、いつもその条件となることができるのです。

7 これに対して「真理」のほうは、その基本概念からして、もともと客観的であることをその成立条件としており、「私にとってだけの真理」というようなものはありえません。そこには自他の間に差異があってはならないのです。

（小浜逸郎《こはまいつお》「日本語は哲学する言語である」）

＊管見＝自分の見解や知識をへりくだっていう言い方。　＊含意＝表面に現れない意味。

(1) 次の文章の[A]〜[D]に入る言葉をそれぞれ答えなさい。なお、[A]・[B]は本文中から三字以内で抜《ぬ》き出し、[C]は二十字以内、[D]は十五字以内で答えること。

本文では、「真実」と「真理」が表す意味の違いについて、それぞれの言葉が使用され始めた[A]や[B]の比較《ひかく》から考察を深めている。それらをまとめると、次のようになる。

・「真実」という言葉が日本で古くから使用されてきたのに対して、「真理」という言葉は、近代以降に[C]ために訳語として作られた。
・「真実」は、「私」という視点から見えていなかったことが明らかになること、すなわち主観的にとらえられた本当のことを意味するところに重きが置かれている。
・「真理」は、「私」を含《ふく》めた人間が知っているかどうかと関わりなく、[D]を意味するところに重きが置かれている。

解答 2

(1) A 時期（2字）
B 使用例（3字）
C 例ドイツ語の「真実」と「真理」を訳し分ける（20字）
D 例客観的で永久普遍の本当のこと（14字）

解説 2

C 2段落で、それぞれの言葉が使われるようになった時期について触れているが、特に「真理」という語が近代以降に使われるようになった理由については3段落で説明されている。

D 4段落で「真実」と「真理」それぞれの言葉の意味の違いが、ドイツ語の類義語を引き合いに対比的に説明され、さらに、5・6段落では「真実」の、7段落では「真理」の特徴が説明されている。「真実」についてまとめた設問文と対比的な内容になるように解答を作る。

④ 筆者の主張をつかむ

論説文には、**筆者が言いたいこと（考えや意見）**が必ず述べられている。筆者は、論説文の中でいくつもの主張を述べるのではなく、たいていの場合、**一つの主張について、具体例や対比を用いたり、表現を変えたりしながら論を展開**している。したがって、文章中に繰《く》り返し登場するキーワードや各段落に含《ふく》まれる**キーセンテンス**に注目し、それによって筆者の最も中心的な主張をつかむことが、論説文の読解のポイントである。

1 筆者の主張であることを示す表現

筆者は、自分の主張を読者に伝えるために、**言い換《か》え・対比・強調表現・譲歩《じょうほ》表現**など、さまざまな表現方法を用いる。**強調表現**には、**「〜べきだ」・「〜である」・「〜こそ…だ」・「〜ではないだろうか」**という言葉や、強調したい言葉に**カギカッコ**をつける手法などがある。また、**「つまり」**や**「すなわち」**などの**接続語のあとに筆者の意見が述べられることが多い**ため、接続語にも注意が必要である。

譲歩表現としては、**「もちろん〜しかし…だ」**・**「確かに〜しかし…だ」**というものがある。これらの表現は、一度他の意見を認めておいて、あとで自分の意見を強調しているため、「しかし」という接続語のあとの内容を重視する必要がある。

例 もちろん、こうした問題に対しては、一人ひとりが常日頃《ひごろ》より自分の頭で考えて自己の責任で準備をしておくべきなのだろう。しかし、すべてを個人に委《ゆだ》ねるのは無理があるのではないだろうか。

くわしく 譲歩表現の効果

上段で示した譲歩表現で、「もちろん」「確かに」のあとには、多くの場合、**一般《いっぱん》的にしばしば言われていたこと**、いわゆる**常識とされるもの**のほか、**筆者と対立する意見**なども示される。

なぜわざわざこのような論じ方をするのだろうか。

これには、反対意見を含《ふく》め一般に主張される意見について、筆者がそれらをきちんと視野に入れ、十分踏《ふ》まえたうえで論じていることを示すねらいがある。それにより、筆者自身の主張が独りよがりのものでないことを読者に対して示し、ひいては自らの意見に説得力を与える効果が期待できるというわけである。

例題 1 次の文章を読んで、あとの問いに答えなさい。

[1] コミュニケーションという言葉は、現代日本にあふれている。コミュニケーション力が重要だという認識は、とみに高まっている。プライベートな人間関係でも仕事でも、コミュニケーション力の欠如《けつじょ》からトラブルを招くことが多い。仕事に就く力として第一にあげられるのも、コミュニケーション力である。

[2] では、コミュニケーションとは何か。それは、端的《たんてき》に言って、意味や感情をやりとりする行為《こうい》である。一方通行で情報が流れるだけでは、コミュニケーションとは呼ばない。テレビのニュースを見ている行為をコミュニケーションとは言わないだろう。やりとりする相互《そうご》性があるからこそコミュニケーションといえる。

[3] やりとりするのは、主に意味と感情だ。情報伝達＝コミュニケーション、というわけではない。情報を伝達するだけではなく、感情を伝え合い分かち合うこともまたコミュニケーションの重要な役割である。何かトラブルが起きたときに、「コミュニケーションを事前に十分とるべきであった」という言葉がよく使われる。一つには、細やかな状況《じょうきょう》説明をし、前提となる事柄《ことがら》について共通認識をたくさんつくっておくべきであったという意味である。もう一つは、情報のやりとりだけではなく、感情的にも共感できる部分を増やし、少々の行き違《ちが》いがあってもそれを修復できるだけの信頼《しんらい》関係をコミュニケーションによって築いておくべきであった、ということである。

（齋藤孝《さいとうたかし》「コミュニケーション力」）

(1) 筆者の主張をまとめた次の文の a ・ b に入る言葉を、本文中からそれぞれ四字と十四字で抜《ぬ》き出しなさい。

コミュニケーションにおいては、 a だけでなく、 b も重要な役割である。

解答

1 (1) a 情報伝達
b 感情を伝え合い分かち合うこと

解説

1 (1) [3]段落の「情報を伝達するだけではなく、感情を伝え合い分かち合うこともまたコミュニケーションの重要な役割である」が、この文章のキーセンテンスである。「コミュニケーション」という言葉は、「情報」伝達という意味でとらえられがちだが、「感情」の伝達という要素もあるのだと、筆者は述べている。

2 要旨《ようし》のまとめ方

論説文全体で述べられている中心的な事柄《ことがら》のことを**要旨**という。
要旨は、次のような手順でまとめる。

①文章の話題をとらえる
題名や**キーワード**を手掛《てが》かりに、何について述べた文章かを把握《はあく》する。

②意味段落ごとの要点を踏《ふ》まえる
意味段落ごとのまとまりを意識し、論の展開を理解する。

③結論をとらえる
キーセンテンスをもとに、筆者の主張をおさえる。

④最終的に①〜③を踏まえ、具体例などは省き、筆者の主張を簡潔にまとめる

例題 2 次の文章を読んで、あとの問いに答えなさい。

1 研究者にとって軍事研究の最大の魅力《みりょく》は、研究資金（資材や人材の補給も含《ふく》め）が豊かであることだ。どのような形であれ研究予算が欲しいというのが科学者の本音だから、研究予算で釣《つ》られれば簡単に軍事研究に飛びつくことになる。第二次世界大戦中に多くの研究者が科学動員を受け入れたのは研究費を稼《かせ》ぐためであったし、研究者のアンケートで「研究の自由がもっとも実現されていたのは、第二次世界大戦中であった」という回答が最も多かったのも、軍からの研究費が潤沢《じゅんたく》に使えたためであろう。研究費が多ければ研究の自由度も大きいと感じられるのだ。

2 現在、国立大学では経常研究費がスズメの涙《なみだ》ほどの少額になっているし、国立の研究機関では大型プロジェクトには潤沢に金が付くが、自由な研究に使える小口の研

くわしく 要約とは

文章の内容を短い字数でまとめたものを要約という。要旨を踏まえたうえで、文章全体を的確にまとめることが求められる。要約の際は以下の点に注意しよう。

- **頭括型《とうかつがた》・尾括型《びかつがた》**（→38ページ）いずれの場合でも、文章の流れに沿ってまとめることを心がけ、**要旨**は必ず盛り込《こ》む。
- **具体**と**抽象**《ちゅうしょう》を読み分け、**具体例**は原則として入れないようにする。
- **意味段落**を一文ずつにまとめ、**接続語**を使ってそれらをつなげていくことをイメージするとよい。
- 本文中の言葉を使うのが基本だが、字数調整のために、自分の言葉でまとめてもよい。その際は、文章の内容をゆがめないように、特に注意する。

解答 2
(1)経済的徴兵制
(2)**エ**

解説 2
(1)「動員」とは、戦争のために、兵士を招集すること。「科学動員」

究費に不足する状態になっている。競争的資金に応募《おうぼ》してもほとんど採択《さいたく》されない研究者にとって、防衛省のファンディング*制度は助け船と感じられるのかもしれない。しかし、この制度は研究者を救うためではなく、軍事研究に引っ張り込《こ》むために創設されたことを忘れるべきではない。これは研究者に課せられた「経済的徴兵《ちょうへい》制」なのである。

3 企業《きぎょう》にとっては、軍事開発は実にありがたい資金源となる。軍事開発という名目で初期投資を軍に肩《かた》代わりさせられるから、採算を考えず新製品の開発ができるし、成功すれば軍需《ぐんじゅ》品生産のための設備投資だって期待できるからだ。企業は軍に寄生することで、膨大《ぼうだい》な投資が節約できるのだ。さらにスピンオフ*に成功すれば、独占《どくせん》的に商売ができるし、軍需製品を輸出すればいっそう大儲《もう》けができる。日本がアメリカから高い装備を買わされているように、軍需品は売り手市場であるからだ。軍に金を出させて開発し、製品を独占的に販売《はんばい》する、こんないい商売はないだろう。軍産複合体が強固に存在し続けられるのは、このような儲ける手口が豊富にあるからで、企業も研究者もその魅力から離《はな》れられないのは明らかである。

（池内了《いけうちさとる》「科学者と戦争」）

*ファンディング…資金提供。　*スピンオフ…副産物。または、それを生み出すこと。

(1) ——線部「科学動員」とあるが、これと同じ内容の表現を本文中から六字で抜《ぬ》き出しなさい。

(2) この文章の要旨として最も適切なものを次から選び、記号で答えなさい。

ア 研究者にとって軍事研究は、資金が豊富なことが最大の魅力である。

イ 国立大学の研究費は少額で、常に不足する状態になっている。

ウ 日本がアメリカから高い装備を買うのは、軍需品が売り手市場だからである。

エ 研究者や企業が軍事研究や開発に魅力を感じるのは、資金源となるからだ。

は戦時中のことだが、2段落で、現代の防衛省のファンディング制度について、筆者は「研究者に課せられた『経済的徴兵制』」であると述べている。この段落には、「しかし」という接続語や、「〜なのである」という強い表現が見られ、筆者がファンディング制度に否定的であることが読み取れる。

(2) 本文では、研究者や企業と、軍事研究・開発との関係性を説明している。研究者と企業に共通していることは何かを読み取ろう。

各段落の要点は以下の通り。

1 研究者にとっての軍事研究の最大の魅力は、資金を提供されること。

2 具体例…研究者の置かれている現状と、防衛省のファンディング制度

3 企業にとっての軍事開発の魅力は、資金源となること。

↓

主張…研究者や企業が軍事研究・開発に魅力を感じるのは、資金源となるからだ。

3 覚えておきたい論説文の重要語

あ

IT《アイティー》 **インフォメーション・テクノロジー（＝情報技術）の略。主に、コンピューターやネットワークに関わる技術の総称《そうしょう》。**

解説 コンピューターおよびインターネットの出現・普及《ふきゅう》は、人々の間の情報共有という側面で多大な影響《えいきょう》を及《およ》ぼし続けており、現代社会を論じるうえでは避《さ》けて通れない要素である。

アイデンティティ **自己同一性。自分が何者であるかについての自己定義。自己が連続性のある同一のものであるという認識《にんしき》。**

解説 自分は何者かという疑問に対して、自分は確かに自分である、他とは異なる唯一《ゆいいつ》の個性があるという確信を持つことを「アイデンティティの確立」という。

例 絶対の自信を持っていた競技で敗れ、彼《かれ》は**アイデンティティ**を喪失《そうしつ》してしまった。

アイロニー **皮肉・反語。**

解説 遊んでばかりいる子に「勉強がんばっているね」と言うなど、事実と反対のことを言って真意に気づかせる場合に使われる。

例 文明の発展が人類を窮地《きゅうち》に陥《おとしい》れている。これは壮大《そうだい》な**アイロニー**だ。

アナーキズム **無政府主義。無秩序《ちつじょ》なさまを表す「アナーキー」という言葉も用いられる。**

解説 一切《いっさい》の政治的・社会的権力を否定し、完全なる個人の自由や孤立《こりつ》を基礎《きそ》とした社会を理想とする、秩序を無視した思想。

アンチテーゼ **一つの命題（テーゼ）に対する反対の命題。**

例 自転車を見直す動きは、クルマ社会への**アンチテーゼ**だ。

アンビバレンス **同一の対象に対して、相反《あいはん》する感情を抱《いだ》くこと。**

解説 愛情と憎《にく》しみが同時に存在する状態などを指す。例えば、飼い犬は愛情の対象だが、ときには世話の負担から憎しみを覚えることがあるかもしれない。このような場合、飼い主の飼い犬に対する感情はアンビバレンスだといえる。

イデオロギー **歴史的・社会的立場に制約された考え方。また、政治や社会についての思想的な体系。**

解説 もとは、人々が無意識にその影響《えいきょう》下にあり、自らの思想や行動などを制約されている観念を指す言葉。一般《いっぱん》には、政治・社会に対する基本的な考え、思想傾向《けいこう》を指す。

例 彼《かれ》の意見は、現実より**イデオロギー**にとらわれている。

エコロジー（＝エコ） ①生態学。生物と、生物を取り巻く環境《かんきょう》について研究する学問。②人間が環境に与《あた》える影響《えいきょう》を少なくしていこうとする環境保護の考え方や取り組み。

エゴイズム 利己《りこ》主義。自分の利益だけを考え、他人や社会全般《ぜんぱん》を考えようとしないこと。「エゴ」（自己・自我）に「イズム」（主義）がついた語。

解説 利己主義者のことを「エゴイスト」という。

演繹《えんえき》 一般《いっぱん》的な前提から具体を導き出すこと。↔帰納《きのう》

解説 例えば、「すべての生物は死ぬ」という一般的な前提から、「人間は死ぬ」という具体的な結論を出すことを指す。公式に従って数式の値《あたい》を求めるのも演繹である。

オプティミズム（＝楽天主義） 世界および人生を肯定《こうてい》的にとらえる考え方。↔ペシミズム（＝厭世《えんせい》主義）

か

懐疑《かいぎ》 物事の意味や価値などについて、疑いを持つこと。

例 地球温暖化の進行を食い止められるかどうかについては、**懐疑**的な意見が多い。

概念《がいねん》（＝コンセプト） 物事に対する、枠《わく》組みとしてのとらえ方。

解説 例えば、与《あた》えられた多くの図形の中から正しく三角形を選び出すことができるとき、三角形の概念を理解しているといえる。

カオス（＝混沌《こんとん》） 秩序《ちつじょ》のない混乱した状態。

解説 すでに信号が故障していたのに、その情報が外部に伝わっておらず、大渋滞《じゅうたい》を引き起こして収拾がつかなくなるという状況《じょうきょう》も、カオスの一例である。

仮説 ある現象を理論的に説明するために仮定された説。

解説 仮説は常に観察や実験などで検証される必要がある。

カテゴリー（＝範疇《はんちゅう》） 物事を分類するときの枠《わく》組み。

例 動物を、魚類・両生類・は虫類・鳥類・哺乳《ほにゅう》類などといった**カテゴリー**に分類する。

観念　各人の頭の中にある考え、イメージ。

解説　個人的な思い込《こ》みや先入観も観念の一種。また、容易に変えられない強い思い込みを「固定観念(→57ページ下)」という。

帰納《きのう》　具体から一般《いっぱん》的な原理や法則を導き出すこと。↔演繹《えんえき》

解説　「人間は死ぬ」「犬も死ぬ」「虫も死ぬ」という個々の事実から、「すべての生物は死ぬ」という結論を出すこと。

逆説（＝パラドックス）　一見、真理に背《そむ》いているようだが、よく考えると真理である説。

解説　「急がば回れ」「負けるが勝ち」など。

客観　物事を、第三者の立場から観察したり、考えたりすること。また、誰《だれ》から見てもその通りだと思える一般《いっぱん》性を備えていること。↔主観

例　**客観**的に見て、あの作品は美しいと思う。

共生　共に生きていくこと。異種の生物が、一緒《いっしょ》に生活している状態。

例　人間と自然の**共生**という観点に立つと、「持続可能な開発」を進めることは非常に重要だ。

具体　物事が実体を持ち、形や内容を備えていること。↔抽象《ちゅうしょう》

例　**具体**的な解決策を考える。

グローバリゼーション（＝グローバル化）　国家や地域社会という枠《わく》を超《こ》えて、ヒト・モノ・金・情報などが自由に行き交い、世界的な規模で経済・文化などの交流が拡大する現象のこと。

解説　自由貿易の促進《そくしん》や、多国籍企業《たこくせききぎょう》が自由に経済活動を行えるのもグローバリゼーションの進展によるものである。

形而上《けいじじょう》　形がないもの・精神的なもの。

解説　神や仏は形而上の存在である。これに対して動植物などのように、形があり、物質的なものを「形而下《か》」という。

さ

ジェンダー　社会的・文化的に形成される性差。「男(女)は〇〇するべき(〇〇するのはよくない)」といったもの。

解説　こうした意識を解放する取り組みを「ジェンダー・フリー」という。一昔前までは、技術科は男子だけ、家庭科は女子だけが学習する教科だったが、現在は男女ともに学習している。これもジェンダー・フリーの一つである。

実存主義　自己の存在を、普遍《ふへん》的・客観的な本質存在ではなく、個別的・具体的な一回限りの人間存在とする立場。

解説　実存主義の哲学者《てつがくしゃ》として、キルケゴール、ニーチェをはじめ、サルトルやハイデガーなどが挙げられる。

シニカル　他人を見下した冷ややかな態度。皮肉な態度をとるさま。

解説　シニカルもアイロニーも「皮肉」の意味を持つが、前者は「一方的に相手を見下すような皮肉」、後者は「冗談《じょうだん》めいたユーモアのある皮肉」を指す。

修辞　言葉の技術や技巧《ぎこう》を用いて、効果的で適切な表現をすること。

解説　修辞法として倒置《とうち》・対句《ついく》・反復・反語・比喩《ひゆ》などがある。修辞学のことを「レトリック（↓61ページ下）」ともいう。

主観　物事を、自分の立場から観察したり考えたりすること。↕客観

例　あくまでも**主観**に過ぎないが、あの作品は美しいと思う。

象徴《しょうちょう》（＝シンボル）　直接には知覚できない事象を、それを連想させるような具体的なもので言い表すこと。

解説　例えば、「平和」は具体的なもので表現することができないので、その象徴として「鳩《はと》」が用いられる。

人工知能　コンピューターに知的行動を行わせる技術。

解説　記憶《きおく》・推論・判断・学習など、人間の脳の知的機能を機械に代替《だいたい》させることを目的とした研究や、そのシステムのことで、「AI」とも呼ばれる。

心象《しんしょう》　心に浮《う》かんだ姿や像。「象」は「かたち」を意味する。

例　自然という言葉から私が思い浮かべる**心象**風景は、澄《す》み切った秋空の下、田んぼで稲穂《いなほ》が垂れているというものだ。

ステレオタイプ（＝固定観念）　ものの見方や考え方が、一定の固定的な型にはまっていること。紋《もん》切り型。

絶対　他との比較《ひかく》・関連によらずに存在すること。↕相対

解説　教育評価の一つで、設定された教育目標に対し、個人がどの程度達成したか評価する方法を「絶対評価」という。

相対　他との比較《ひかく》・関連によって存在するもの。↕絶対

解説　教育評価の一つで、個人の学力について、集団内で占《し》める位置を評価する方法を「相対評価」という。

た

対象　人間の意識作用が、物的・心的を問わず向けられるもの。

例　このテーマパークは、お年寄りから子どもまで、あらゆる世代を**対象**としている。

タブー（＝禁忌《きんき》・禁句）　宗教的・社会的に、神聖なもの、もしくは忌《い》まわしいものに対して接触《せっしょく》や接近を禁止し、それに違反《いはん》すると災厄《さいやく》に見舞《みま》われるとされる観念・風習。

例　受験生にとって「落ちる」という言葉は**タブー**である。

抽象《ちゅうしょう》　多くの事物から、共通する側面を抜《ぬ》き出すこと。↔具体

解説　「ある中学校の生徒であるAくん、Bさん、Cさん」という具体に対し、「中学生」は抽象である。抽象により、複数の個別対象や現象を概念《がいねん》的にまとめて扱《あつか》うことができる。

ディレンマ（＝ジレンマ）　二つの事柄《ことがら》の間で、一方を選択《せんたく》すると他方が必然的に不都合な結果になるために選択をしかねて、板挟《いたばさ》みになっている状態。

例　ダイエット中だが、デザートの食べ放題に行きたいという**ディレンマ**に陥《おちい》っている。

淘汰《とうた》　不用なものを取り除くこと。環境《かんきょう》に適応するものが生き残り、そうでないものが滅《ほろ》びること。

解説　進化論を確立したダーウィンは、生物の生存競争で少しでも有利な形質を持つものが生存して子孫を残し、適さないものは滅びるという「自然淘汰」の概念《がいねん》を提唱した。

例　規制緩和《かんわ》によって多くの企業《きぎょう》が参入した結果、この業界は**淘汰**の時代に突入《とつにゅう》した。

な

二元論　①異なる二つの原理で、あらゆるものを説明しようとする考え方。②哲学《てつがく》で、世界や事象を相対立する二つの原理または要素によって説明しようとする立場。

解説　②について、神話や宇宙論においては、「光と闇《やみ》」、「陰《いん》と陽」などが挙げられる。哲学史上では、形相《けいそう》と質料（プラトンやアリストテレスが提唱）、精神と物質（デカルトが提唱）、理性と感性（カントが提唱）が挙げられる。

ニヒリズム（＝虚無《きょむ》主義）　この世の一切《いっさい》の真理や価値、秩序《ちつじょ》・権威《けんい》を否定する考え方。

ニュアンス　色・音・意味・感情などの微妙《びみょう》な差異や意味合い。

二律背反《はいはん》 相互《そうご》に矛盾《むじゅん》する二つの事柄《ことがら》が同等に存在すること。

解説 「友情をとるか、それとも恋愛をとるか」のように、両方に納得《なっとく》できる根拠《こんきょ》がある場合。あちらを立てれば、こちらが立たないという状態。

認識《にんしき》 物事をとらえ、その意味や本質を理解すること。心理学的には「認知」と表現する。

解説 「事の重要性を認識した」のように使う。

ノスタルジア 過去や故郷を懐《なつ》かしむ気持ち。郷愁《きょうしゅう》。

は

バイアス 考え方やものの見方、意見に偏《かたよ》りを生じさせるもの。偏見《へんけん》のこと。

パラダイム アメリカの科学史家クーンの方法概念《がいねん》で、科学の歴史の中での支配的な思考の枠《わく》組みのこと。ニュートンの物理学や、相対性理論など。

解説 今日では科学以外の分野にも一般《いっぱん》化して「ある時代の人々のものの見方や考え方を根本的に支配している概念的な枠組み」という意味合いで用いられている。また、ある時代や集団を支配する考え方が新しいものに劇的・非連続的に変化することを「**パラダイムシフト**」という。

フィクション 虚構《きょこう》。↔現実

解説 文学では、小説がフィクションであるのに対し、旅行記や伝記など、事実を伝える作品をノンフィクションという。

普遍《ふへん》 例外なくすべてのものにあてはまること。↔特殊《とくしゅ》

例 すべてのものに引力があるという万有《ばんゆう》引力の法則は、**普遍**的な法則である。

ペシミズム（＝厭世《えんせい》主義） 世界および人生を否定的かつ悲劇的に考える立場。↔オプティミズム

解説 コップに水が半分入っている状態を見て、「半分しか入っていない」ととらえるのがペシミズム、「半分も入っている」ととらえるのがオプティミズムである。

弁証法 対立・矛盾《むじゅん》する二つの概念《がいねん》を統一して、より高次元の概念に統合・発展させようとする思考方法。

解説 この方法は、議論の場で一見両立しない意見の対立点を発展的に解消し、取りまとめるために用いられる。

ポストモダン　「ポスト」は「次」の意味。「モダン」は「近代」のこと。近代の次の時代やその思潮を指す言葉。

解説　近代が単一性を志向したのに対し、ポストモダンは多様性を主張する。進歩を重視した近代を批判する考え方。

ま

マイノリティー　少数者、少数派のこと。↔マジョリティー

解説　少数民族など、ある集団において、数が少ない集団を指すことが多い。

マクロ　巨大《きょだい》であること。巨視的であること。↔ミクロ

例　経済を**マクロ**の視点から展望する。

マスコミュニケーション（＝マスコミ）　「マス」は「大衆・大量」の意味。新聞・テレビなどを通じて、不特定多数の人々に大量の情報を伝達すること。

解説　マスコミによる情報の伝達は、送り手（新聞やテレビなど）から受け手（大衆）へ向けて間接的・一方的に行われる。

メタファー　比喩《ひゆ》の一方法である「隠喩《いんゆ》（暗喩）」。

解説　「私の心は青空のようにさわやかだ。」は、「…のように」「…のようだ」という表現を用いてたとえているので「直喩《ちょくゆ》」、「私の心はさわやかな青空だ。」は「…のように」「…のようだ」を用いずにたとえているので「隠喩」である。メタファーは、身の回りのものに象徴《しょうちょう》性を見《み》いだしていく試みである。

メディア　①媒体《ばいたい》・手段。②記憶《きおく》媒体。

解説　①について、特に新聞・テレビ・ラジオなどの情報媒体を指す。

モチーフ（＝モティーフ）　①文学・音楽・芸術などで創作の動機となった、中心的な題材や思想のこと。②模様の構成単位。

例　これはおとぎ話を**モチーフ**にして描《か》いたイラストだ。

モラトリアム　猶予《ゆうよ》期間《きかん》。社会に出る準備として、社会的な責任や義務が免除《めんじょ》される一定の期間のこと。

解説　特に、青年期に自己形成の状態にとどまり、大人社会に同化できない人間を「モラトリアム人間」という。

モラル（＝道徳）　社会の中でそうあるべきと見なされる振《ふ》る舞《ま》い。

解説 昔の社会では知らない人にも挨拶《あいさつ》をすることが道徳的とされたが、現在は必ずしもそうではないように、時代や社会が異なればモラルも異なってくる。

や

有機 ①生命力や生活機能を有すること。②生物体のように、全体を構成している各部分が、互《たが》いに密接な統一と関連を持っていること。③「有機化学」「有機化合物」「有機物」の略。↔無機

ユニバーサルデザイン 障害の有無や国籍《こくせき》、年齢《ねんれい》、性別などに関わらず、すべての人が使いやすいように設計された製品・情報・環境《かんきょう》のデザイン。

解説 エレベーターはその一例。後ろ向きになれない車椅子《いす》の人には、中に鏡をつけると安全な移動がしやすくなる。また、視覚障害者には、音声案内などを取り入れている。

ら

理性 物事を論理的に考える頭の働き。↔感性・感情

リテラシー 読み書きの能力。また、ある分野に関する知識やそれを活用する能力。

解説 情報化社会においては、情報を取捨選択《せんたく》して、その情報をうのみにせず批判的にとらえることが求められている。これを「メディアリテラシー」という。

例 現代はあふれる情報に対する**リテラシー**が求められる。

倫理《りんり》 社会生活で人が守るべき道理。人間の行動規範《きはん》や善悪の判断における普遍《ふへん》的な規準。

解説 個人の自覚を伴《ともな》うという点が道徳よりも明確である。「生命倫理」「環境《かんきょう》倫理」など、さまざまな学問の領域において取り入れられている。

レトリック ①修辞学・美辞学。②言葉を巧《たく》みに用いて美しく効果的に表現すること。また、その技術。修辞。（↓57ページ上）

ロゴス 言葉・理性・理法・論理などの意味を表す古典ギリシア語。英語の「ロジック」は「ロゴス」を語源としている。↔ミュトス（神話）

解説 古代哲学《てつがく》や神学において重要な概念《がいねん》である。他の動物が持たない、人間特有のものである理性や言語と深く関わっている。

練習問題

解答 ↓ 524ページ

1 次の文章を読んで、あとの問いに答えなさい。

[1] 他の生物の言葉とはその大部分が目前で起きている事《こと》柄《がら》、経験、あるいは意思の伝達である。それは生物にとってその瞬間《しゅんかん》に起きている身体的経験にほぼ近いものにすぎない。それはいまこの瞬間の、あるいはこれから起こりうるであろうことの表現であり、意思疎通である。他の生物の持つ言葉とは、あまりにも＊卑近《ひきん》かつ現実的なものである。

[2] [A]人間の持つ言葉がそれら生物の言葉と大きく異なるのは、その言葉が取り扱《あつか》う時間的、空間的範囲《はんい》があまりにも広大であることだ。それが「精神」と呼ばれるものである。

[3] 人間は世界の物や現象、出来事などに名を付けることによって、それが実際に目の前になくとも、あたかも身近にあるかのように扱うことができるのである。

[4] たとえば「コート」という言葉がある。私はこの言葉によって目の前にあるコートを指し示すことができる。しかし言葉の本当の価値は、目の前にあるものを指示することではなくて、①目の前に「ないもの」をも指示できるということにある。

[5] もしこのコートが目の前になくてクロゼットの中にあったとしても、私はそのクロゼットの中にあるコートを思い浮《う》かべることができるのだ。私はそのコートを見ることも触れることもできないのだが、しかし私は誰《だれ》か人を呼んで、そのコートをクロゼットから出してもらうこともできるのである。

[6] [B]私はそのコートを買ったときのいきさつ、何年前にどこの店で買ったのか、そのとき誰《だれ》と一緒《いっしょ》だったのかを思い出すこともできる。さらに私がいつか歳《とし》をとってこのコートを着なくなったとき、誰に譲《ゆず》り渡《わた》そうかと「いま」考えることもできるのである。

[7] クロゼットの中にある見えないコート一つとっても、それを指示したり、またそのコートにまつわる過去や未来のことまで想起したりすることができるのも、すべて言葉によって生まれた精神のおかげなのである。

[8] このように人間が手にした言葉とは、目の前の出来事に対応するための個体間のコミュニケーションツールというきわめて限定的なものではなく、現実には眼《め》にもしていなければ経験もしていないような遠い場所での出来事や事物、あるいはその瞬間には存在していない過去や未来の出

来事や事物までも自らの経験範囲の中に収めてしまうという、②まったく質的に異なったものなのである。

（三好由紀彦《みよしゆきひこ》「哲学《てつがく》のメガネ ―哲学の眼で〈世界〉を見るための7つの授業―」）

＊卑近＝身近でありふれていること。

(1) A・B に入る言葉の組み合わせとして最も適切なものを次から選び、記号で答えなさい。

ア A ただ　B または
イ A しかし　B また
ウ A たとえば　B つまり
エ A また　B たとえば

(2) ――線部①「目の前に『ないもの』をも指示できる」とあるが、このことについて述べた次の文の a ・ b に入る言葉を、本文中からそれぞれ五字と十二字で抜《ぬ》き出しなさい。

人間は、ものに a ことで、目の前になくても、そのものを身近にあるかのように扱うことができる。このことを筆者は b のおかげだと言っている。

(3) ――線部②「まったく質的に異なったもの」とあるが、どのような点でそのようにいえるのか。次の文の□に入る言葉を、「範囲」という言葉を使って、十字以上、十五字以内で答えなさい。

人間の言葉は、□の出来事や事物を自らの経験範囲の中に収めてしまう点。

〔千葉―改〕

---

2 次の文章を読んで、あとの問いに答えなさい。

[1] 「逆境をプラスに変える」というと、「物事をよい方向に考えよう」というポジティブシンキング＊を思い出す人もいるかもしれない。しかし、雑草の戦略は、そんな気休めのものではない。雑草は、具体的な形で逆境を利用して、成功するのである。

[2] たとえば、雑草が生えるような場所は、よく草刈《くさか》りをされ、耕される。普通《ふつう》に考えれば、草刈りや耕起＊は、植物にとっては生存が危ぶまれるような①大事件である。しかし、雑草は違《ちが》う。草刈りや耕起をして、茎《くき》がちぎれちぎれに切断されてしまうと、ちぎれた断片の一つ一つが根を出し、新たな芽を出して再生する。□、ちぎれちぎれになったことによって、雑草は増えるのである。

[3] また、きれいに草むしりをしたつもりでも、しばらくすると、一斉《いっせい》に雑草が芽を出してくることもある。一般《いっぱん》に種子は、暗いところで発芽をする性質を持っているものが

多いが、雑草の種子は、光が当たると芽を出しはじめるものが多い。草むしりをして、土がひっくり返されると、土の中に光が差し込《こ》む。光が当たるということは、ライバルとなる他の雑草が取り除かれたという合図でもある。そのため、地面の下の雑草の種子は、チャンス到来《とうらい》とばかりに、我先にと芽を出しはじめるのである。こうして、きれいに草むしりをしたと思っても、②それを合図にたくさんの雑草の種子が芽を出して、結果的に雑草が増えてしまうのである。

4 草刈りや草むしりは、雑草を除去するための作業だから、雑草の生存にとっては逆境だが、雑草はそれを逆手に取って、増殖《ぞうしょく》するのである。

5 「ピンチはチャンス」という言葉がある。③逆境を逆手に取って利用する雑草の成功を見れば、その言葉は説得力を持って私たちに響《ひび》いてくることだろう。

6 生きていく限り、全ての生命は、何度となく困難な逆境に直面する。雑草は自らが逆境の多い場所を選択《せんたく》した植物である。しかし、逆境の全くない環境《かんきょう》などあるのだろうか。雑草がこれだけ広くはびこっている様子を見れば、自然界は逆境であふれていることがわかるだろう。

7 逆境に生きるのは雑草ばかりではない。私たちの人生にも、逆境に出くわす場面は無数にある。そんなとき、私たちは、道端《みちばた》にひっそりと花をつける雑草の姿に、自らの人生を照らし合わせて*センチメンタルになるかもしれない。しかし、雑草は逆境にこそ生きる道を選んだ植物である。そして、逆境に生きる知恵《ちえ》を進化させた植物である。決してしおれそうになりながら耐《た》えているわけでもなく、歯を食いしばって頑張《がんば》っているのでもない。雑草の生き方は、もっとたくましく、したたかなのである。

8 逆境を敵ではなく、味方にしてしまう。これこそが、雑草の成功戦略の真骨頂と言えるだろう。幾多《いくた》の逆境を乗り越《こ》えて、雑草は、生存の知恵を獲得《かくとく》して驚異《きょうい》的な進化を成し遂《と》げた。逆境こそが彼らを強くしたのである。

9 逆境によって強くなれるのは雑草ばかりではない。私たちもまた、逆境を恐《おそ》れないことできっと強くなれるはずなのである。ピンチはチャンス。ゆめゆめ逆境を恐れてはいけないのだ。

（稲垣栄洋《いながきひでひろ》「植物はなぜ動かないのか ―弱くて強い植物のはなし―」）

*ポジティブシンキング＝積極的な考え方をすること。
*耕起＝土を掘《ほ》り起こして耕すこと。　*センチメンタル＝感傷的。

(1) ――線部①「大事件である」を述部とする一文の主部

に当たる二文節を、本文中から抜《ぬ》き出しなさい。

(2) □に入る最も適切な言葉を次から選び、記号で答えなさい。

ア それとも　**イ** ところが

ウ つまり　**エ** ただし

(3) ――線部②「それを合図にたくさんの雑草の種子が芽を出して」とあるが、雑草が芽を出すのは、その種子にどのような性質があるからか。[3]段落から十字以上十五字以内で抜き出しなさい。

(4) ――線部③「逆境を逆手に取って利用する雑草の成功」とあるが、雑草の成功について説明した次の文の[a]・[b]に入る言葉を[3]〜[7]段落からそれぞれ四字以内で抜き出しなさい。

草刈りや草むしりという[a]をうまく利用し、[b]ことが雑草にとっての成功である。

〔愛媛―改〕

3 次の文章を読んで、あとの問いに答えなさい。

[1] そもそも時間というものは、ビッグ・バンで宇宙が生まれたときに、空間とともにはじまったものだそうだが、すくなくとも人間が経験で知っているかぎりの世界では、時間にははじめもなく、終わりもない。これがほんとうの最初の年、最初の月、最初の日というものは、人間には知られてない。□、そこから数えれば「なん番めの年」になり、「なん番めの月」になり、「なん番めの日」になる、と言えるような、わかりやすい目安になる時点は、自然界には存在しない。

[2] そういうわけで、たくさんの人間が寄り集まって、どの時点から数えることにしようと協定するか、だれかに適当に決めてもらうしかない。こうした取り決めが「クロノロジー（年代）」というものである。

[3] 時間というものは、そういうふうに、①きわめて人工的なはかりかたしかできない。自然界には、絶対的な時間の経過を示すものは、なにもない。

[4] だから、時計とか暦《こよみ》とかのない社会では、時間の経過を決めるのは人間の気持ちによる。人が「いまだ」と思ったときが「そのとき」だというのが、そうした社会の時間の感覚である。こうした時間の感覚は、絶対的な時間とか、時刻とかに置きかえることはできない。[ア]

[5] たとえば、いまでもオーストラリアのアボリジニの社会では、お祭りのはじまる時刻は、夜ということぐらいは決まっているが、なん時ちょうどにはじまるなどということは、だれも申し合わせていない。祭りの場に集まってが

やがやっているうちに、なんとなくみんなが気分が高揚《こうよう》してきて、そろそろだなと思ったときがそのときだとなって、お祭りがはじまるというのがふつうだ。

6 われわれ現代人の感覚では、時間というものは、無限の過去からはじまって、規則正しくチクタクチクタクと、同じ歩調で現在にむかって進行してきて、現在からは、無限の未来にむかって、チクタクチクタクと同じ歩調で一直線に進行していくものだ、となっている。［イ］

7 こうした時間の感覚は、決して自然なものではなくて、文明が創りだしたものだ。明日という日が来るかどうかは、ほんとうを言うと、だれにもわからない。そういう時間の感覚のほうが自然だ。というわけで、人間にとっては、時間は取り扱《あつか》いにくいものだが、その取り扱いにくい時間がかかわってくるのが歴史なのである。

8 歴史は、世界を空間だけに沿って見るものではなくて、時間に沿っても見るものだ。その時間をどう認識するかは、人間の集団ごとに、ひじょうに違《ちが》う。［ウ］

9 去年のことでも、三年まえのことでも、百年まえのことでも、ただ「むかし」というだけで区別しない人たちもいれば、今日の午前に起こった事件と、あとの午後に起こった事件の時間の差を問題にして、区別する人たちもいる。時間の認識のしかたは文化なのである。

10 時間の観念は文化だから、文明によって、社会によって、おおいに違う。また違って当然だ。だから、時間の管理のしかたも、文明によって違ってくる。［エ］

11 ②時間を一定不変の歩調で進行するものだと考えて、日・月・年に一連番号を振《ふ》って、暦を作り、時間軸《じく》に沿って起こる事件を暦によって管理して、記録にとどめるという技術は、きわめて高度に発達した技術であって、人類が自然に持っているものではない。

12 時間と空間の両方にまたがって、人間の世界を説明する歴史というものも、自然界にはじめから存在するものではなくて、文化の領分に属するものである。歴史は文化であり、人間の集団によって文化は違うから、集団ごとに、それぞれ「これが歴史だ」というものができ、ほかの集団が「これが歴史だ」と主張するものと違うということも起こりうる。

13 しかも、暦を作って時間を管理することと、記録をとることだけでは、歴史が成立するのに十分な条件にはならない。

14 歴史の成立には、もう一つ、ひじょうに重要な条件がある。それは、事件と事件の間には因果関係があるという感覚だ。これこれこういう事件は、時間ではそのままにあったこれこれこういう事件の結果として、あるいはその影響《えいきょう》で、起こったというふうに考える。

15 これは、この世界で起こる事件は、それぞれ関連がある、あるいはあるはずだと考えることだ。こういう考えかたは、現代人、ことに日本人のあいだでは、ごくあたりまえの考えかただけれども、実は世界のなかでは、人類のなかでは、どうも少数派の感じかた、考えかたらしい。

16 ここで念を押《お》すと、直進する時間の観念と、時間を管理する技術と、文字で記録をつくる技術と、ものごとの因果関係の思想の四つがそろうことが、歴史が成立するための前提条件である。言いかえれば、こういう条件のないところには、本書で問題にしている、比喩《ひゆ》として使うのではない、厳密な意味の「歴史」は成立しえないということになる。

（岡田英弘《おかだひでひろ》「歴史とはなにか」）

(1) □に入る言葉として最も適切なものを次から選び、記号で答えなさい。

ア しかし　**イ** ところで
ウ 言い換《か》えれば　**エ** さらに

(2) ――線部①「きわめて人工的なはかりかたしかできない」とあるが、筆者がこのように言うのはなぜか。二十五字以内で答えなさい。

(3) 本文中の［**ア**］～［**エ**］のいずれかに、次の一文が入る。最も適切な位置はどこか。記号で答えなさい。
それが人間本来の、時間の自然な感じかただ。

(4) 段落の働きを説明したものとして最も適切なものを次から選び、記号で答えなさい。

ア 7段落は、それまでの内容をまとめ、主題へと導いている。
イ 9段落は、具体例を列挙し、仮説を裏づけようとしている。
ウ 13段落は、前段落までを総括《そうかつ》し、独自の見解を述べている。
エ 15段落は、例外的な場合に触《ふ》れ、新たな論を展開している。

(5) ――線部②「時間を一定不変の歩調で進行するものだと考えて」とあるが、「時間が一定不変の歩調で進行する」ととらえると、時間は歴史の成立にどのように関わってくると筆者は考えているか。「…と考えている。」に続くように、五十字以内で答えなさい。

〔栃木〕

4 小説

入試重要度 ★★★

小説とはどのような文章なのか

小説とは、**作者の想像によって創作された人物が、架空《かくう》の設定・出来事の中で生きる様子を描《えが》いたもの**である。**出来事の流れや結末**、それに伴《ともな》う**人物の心の動きや行動、考え方や生き方**などが描写《びょうしゃ》されている。

作者は、最も読者に訴《うった》えたい事柄《ことがら》すなわち主題を、それらの描写によって間接的に表現しているのである。小説の読解では、それぞれの**場面**における**登場人物の心情**の読み取りが中心となる。それらを丁寧《ていねい》に読み取り、最終的に作者が描き出そうとした主題に迫《せま》っていく。

学習内容を例文でチェック ①

古いスニーカーを履《は》いて家を出た。ブレザーも、ブラウスのリボンも、チェックのスカートも、古いスニーカーも今日でお終《しま》い。最後の通学。いつもの道を通って、まずはもちろんカナダ通りへ。太陽はまだ顔を出したばかりで、朝の冷気が気持ちいい。卒業式なので、気分が高揚《こうよう》している。だから景色がいつもと違《ちが》って輝《かがや》いて見える。

カナダ通りもそうだった。いつもとはやっぱり違う。

「おはよう。卒業おめでとう」

「おはよう。今日で最後だな。よくがんばったな」

参考 小説の視点

小説は、どのような視点から描かれているのかによって、主に次の二種類に分けられる。

一人称《いちにんしょう》小説…「私」「ぼく」など、物語の中の語り手の主観的な視点から描かれた小説。

三人称小説…客観的な視点から描かれた小説。三人称小説には、主人公の視点を中心としたものもあれば、完全に客観的な視点から描かれたものもある。

① **場面をとらえる**

↓72ページ

時…卒業式の日の朝

場所…家 ←カナダ通り 学校

登場人物…・「私」（主人公）
・カナダ通りの人々（ベーカリーのおじさん 喫茶店のおじさん 沙織さん など）

出来事…「私」の高校最後の通学

ベーカリーのおじさんと、喫茶店《きっさてん》のおじさんの挨拶《あいさつ》もいつもと違っていた。

「おはよう。いってらっしゃい」

沙織《さおり》さんはいつもと同じだった。

「おはようございます。いってきます」

「帰りはどうするの？　お家の人とどこかにいくの？」

でもやっぱり違っていた。

「いいえ。ちゃんとカナダ通りを歩いて帰ります。そうじゃないとゴールしたってことにならないから」

「そう。よかった。お店に寄ってね。厚志《あつし》さんがささやかな卒業パーティーをやろうって。といっても、いつもと同じで紅茶を飲んでケーキを食べるだけだけど」

「はい。うれしいです。いってきます」

少し先まで歩いてからカナダ国旗を見上げた。風がないので垂れ下がっていて、朝日を浴びて気持ちよさそうだった。三年間、ずっと私を見守ってくれたカナダ通りのシンボル。ありがとう、これからもずっとそこにいてね。心の中で語りかけた。

家を出てから一時間四十分後、学校に到着《とうちゃく》した。ゆっくり歩こうと思っていたのにいつもと同じになってしまった。

角を曲がって校門が見えた時、心がふわっと軽くなった。何だかうれしくなった。

歩いて片道一時間四十分。無遅刻《ちこく》無欠席。高校生活の、自分だけの記念がやっと完成した。まだ帰りの歩きが残っているけど、やり遂《と》げた気分だった。

焼きたてのスフレ。ふわっと軽くなった心はそんな気分だった。

（川上健一「カナダ通り」）

② 人物の心情をつかむ →74ページ

卒業式に向かうときの高揚した気分
← 朝の冷気が気持ちいい
景色が輝いて見える

ゴール＝目標を達成するために、自分の決めたことを最後まできっちりと果たそうとする気持ちが表れている。

三年間無事に通学を続けることができたことへの感慨《かんがい》
← 自分を見守ってくれたカナダ国旗への感謝の言葉となって表れている。

③ 主題をつかむ →78ページ

片道一時間四十分の通学を三年間、無遅刻無欠席で続けるという自分だけの目標をやり遂げたことへの達成感。

学習内容を例文でチェック②

師走《しわす》が近い。介護施設《かいごしせつ》のなかも、はやばやと金銀のモールや豆電球のイルミネーションで、クリスマスの飾《かざ》りつけをしてあった。

芙美恵《ふみえ》は昔、オルガンを習っていた。「メリーさんのひつじ」や「ロンドン橋落ちた」などの簡単な曲をどうやら弾《ひ》けるぐらいのころ、クリスマスが近づいて「きよしこの夜」の練習をはじめた。

ある晩、仕事からもどった父が「おとうさんもクリスマスの曲を弾けるぞ。」と自慢《じまん》そうに云《い》った。鍵盤《けんばん》などさわったこともないはずの人が――そのときもドの鍵盤を芙美恵に確認するほどだったのに――オルガンに向かった。

右手の人差し指だけで「もろびとこぞりて」のはじめの一小節を弾いたのだ。たしかに「もろびとこぞりて」だった。芙美恵はびっくりした。思いがけなかった。口のなかで歌詞にあわせて拍子《ひょうし》をとりながらドシラソファミレドと弾けば「もろびとこぞりて」になるのだ。

その単純さと意外さに、芙美恵はよっぽど目を輝《かがや》かせ、とびきりの笑顔を浮《う》かべたのだろう。また、それを見て父もうれしかったのだろう。よろこびがあふれた。母がこしらえたチキングリルが、ことのほかおいしかった。

同じ手は一度しか通じないのに、その後もクリスマスのたびに「おとうさんも弾けるぞ。」と去年のことを忘れ去ったかのように、父は何度でもくりかえした。芙美恵はあるとき「それはもう知ってるよ。」と素っ気なく云い、ドシラソファミレドと自ら鍵盤をたたいて、つづきも弾き、父のささやかな楽しみを奪《うば》った。

① 場面をとらえる →72ページ

時…師走が近い時期
↓
昔のある晩～思春期の回想
↓
いま＝クリスマスの直前

登場人物…芙美恵（主人公）
父

出来事…父のいる介護施設へ、電話をかけている。

② 人物の心情をつかむ →74ページ

芙美恵…ドシラソファミレドと弾くだけで「もろびとこぞりて」の一小節を弾いてみせた父に驚《おどろ》き、感心する。
↓
父…芙美恵のとびきりの笑顔に対する、父の喜び。
↓
父…芙美恵の笑顔を見たいという気持ちから、クリスマスのたびに、「もろびとこぞりて」を弾く。
↓

なぜ、同じことをくりかえすのか不思議でならなかった。思春期にさしかかっていて、芙美恵は父をうっとうしくさえ思った。いつしかクリスマスの夜をいっしょに過ごすこともなくなった。

あれから長い時が過ぎ、いまは芙美恵にも父を労《いたわ》る気持ちがある。だが、彼女《かのじょ》の職場は歳末《さいまつ》が稼《かせ》ぎどきで休みをとりにくい。クリスマスの直前になって、ようやく時間をみつけて施設に電話をかけた。職員の人に、父を呼びだしてもらった。電話の向こうから「もろびとこぞりて」が聞こえてきた。施設でもクリスマスソングを流しているのだ。

けれども父はなにも反応しない。ボケてしまったのかと芙美恵は不安になり、「おとうさんの弾ける曲だね。」とほのめかしてみる。すると父は「ああ、だけど芙美恵のほうがうまいからな。」と遠慮《えんりょ》がちな声で云った。

芙美恵は、やっと自覚した。父に弾かせずに、自分が最後まで弾いてしまったあのとき以来、父はもう「もろびとこぞりて」のことを口にしなくなっていたのだ。

父が弾く「もろびとこぞりて」をはじめて聞いたときの芙美恵が、どれほど輝く目をしていたのか、どのくらいとびきりの笑顔で父を見つめたのか、彼女は記憶《きおく》をたどってそのときの表情を思いだそうとした。いまの自分の顔は見たくなかった。

目が潤《うる》んでくる。芙美恵はハンカチを取りだそうとして上着のポケットに手をいれた。プラスティックの星が出てきた。油性ペンでスマイルマークが描《か》きたしてある。子どものときの彼女のいたずら描《が》きだ。小さなしあわせで、いっぱいだった。

ドシラソファミレド。芙美恵は電話に向かい父に聞こえるように口ずさんだ。

（長野まゆみ「ドシラソファミレド」）

芙美恵…何度も同じことをくりかえす父をうっとうしく思い、父のささやかな楽しみを奪ってしまう。

クリスマスに「もろびとこぞりて」を弾いてみせても、初めてのときのような芙美恵の笑顔を見ることはできなかったことへの、父の寂《さび》しさ。

父が弾く「もろびとこぞりて」を初めて聞いたときの自分の純粋《じゅんすい》な気持ちを思い返し、いまの自分と比べている。

③ 主題をつかむ →78ページ

父の弾く「もろびとこぞりて」に目を輝かせ、とびきりの笑顔を浮かべた幼いときの自分の純粋さと、そんな娘《むすめ》の笑顔を何度も見たいという父の愛情を思い返し、過去をなつかしむ気持ち。

① 場面をとらえる

場面の基本要素

小説の場面をとらえるためには、まず「いつ」「どこで」「誰《だれ》が」「どうした」という場面の基本要素をおさえる。そのうえで、その場面で一体**どのようなこと(状況《じょうきょう》)が描《えが》かれているのか**をとらえていく。

例　由美は小学校へ行く途中《とちゅう》で同じクラスの真衣に会った。いつものように二人で仲良く話しながら歩いていると、校門のところで洋子に声をかけられた。真衣は、急に走り出して校舎の中に入ってしまった。校門のところには、由美と洋子がぽつんと残された。洋子は由美に「あとで話すね」と言って歩き始めた。

いつ　誰が　どこで　どうした
朝、由美と真衣が、校門で、洋子に声をかけられた場面。

どのようなこと(状況)が描かれているか

- 由美と真衣は友達である。→「いつものように二人で仲良く話しながら」
- 真衣と洋子は対立している可能性がある。→「真衣は、急に走り出して」
- このあとの場面で事態が展開する可能性がある。→「あとで話すね」という言葉

状況をとらえることで、人物と人物の関係や、心情の動きについての手掛《てが》かりを得ることができる。

くわしく　人物の属性
人物の名前や年齢《ねんれい》・性別・容姿・職業・出身地・役割など、その人物を表すさまざまな性質のこと。

注意!　小説における場面転換《てんかん》
小説では、一つの場面だけが描かれるのではなく、①時間の進行②場所の変化③新たな人物の登場などとともに場面が変わり、出来事が展開していく。これらを示す言葉に注目することは、場面の転換点をつかむうえで重要である。

注意!　小説内の時間
小説における時間は常に進んでいくものとは限らない。中には途中《とちゅう》で過去の回想の場面が挿入《そうにゅう》されるなど、過去と現在を行き来するようなこともある。

例題

1　次の文章を読んで、あとの問いに答えなさい。

その日はまるで戦争みたいだった。桜の花を水できれいに洗って、風に当てて、甕《かめ》

の中に塩で漬《つ》け込《こ》む。ぎしぎしと音がしそうなほどの塩を入れた。おばあさんはでき上がった桜漬けに湯を注いで桜茶を飲んだり、料理に使ったりするそうだ。明日は、ガラス瓶《びん》に保存してある桜の葉を使って「桜餅《さくらもち》」を作るという。

「みいちゃんは、まだうちの桜餅、食べたことないだろ？　恋《こい》の餅だよ」

「恋の餅？」

「うん、おじいさんが私の作る桜餅に惚《ほ》れてね、そいで結婚《けっこん》したのさ、あたしら」

おばあさんはうれしそうな顔をした。そうか、おじいさんは甘党《あまとう》だったんだ。私は見えないものが少し見えた気がして、おばあさんのしわくちゃの顔を感心して眺《なが》めていた。

それにしても不思議だ。桜の季節なのに桜餅は、一年前の桜の葉を使うのだ。「一年、待つのがいいのさ」とおばあさんは言った。今年作る桜の花の塩漬けも数カ月待たないと使えない。桜の葉の塩漬けも来年のために用意する。一年をゆっくりと待つ時間が大切なんだそうだ。

「楽しみはすぐには来ないもんだよ」とおばあさんは言った。

（稲葉真弓《いなばまゆみ》「おばあさんの桜餅」）

(1)「その日」、「私」は誰と何をしていたか。簡潔に答えなさい。
(2)「その日」の体験として、本文の内容と異なるものを次から一つ選び、記号で答えなさい。
ア おばあさんの「楽しみ」についての考え方に触れることができた。
イ おばあさんが続けてきた暮らしの一端《いったん》を体験することができた。
ウ おばあさんの家でのんびりとした時間を過ごすことができた。
エ おばあさんの今まで知らなかった過去について知ることができた。

解答
1 (1) 例おばあさんと、桜漬けを作っていた。
(2) **ウ**

解説
1 (1) 登場人物は「私」と「おばあさん」。二人が「どうした」かについては、「桜の花を水できれいに洗って、……でき上がった桜漬け」とある。「桜漬け」を作っていたのである。
(2)「私」が体験した出来事についてさらにくわしく読み取る。
・おばあさんと桜漬けを作った。
↓**イ**
・おばあさんからおじいさんとのなれそめ話を聞いた。↓**エ**
・おばあさんに「楽しみはすぐには来ないもんだよ」と言われた。
↓**ア**
冒頭《ぼうとう》に「まるで戦争みたいだった」とあることから、その日が戦争のように忙《いそが》しい一日だったことがわかるので、**ウ**は誤り。

② 人物の心情をつかむ

1 心情が直接述べられている部分に注目する

気持ちを表す言葉や、**人物の内面が描写《びょうしゃ》されている部分**は、心情を問う問題の答えの根拠《こんきょ》となることが多いので、特に注目する。

例 健太はうれしかった。こんな幸運なことは二度とないだろうと思った。

（うれしかった←気持ちを表す言葉）（こんな幸運なことは二度とないだろうと思った←人物の内面の描写）

2 人物の言動や様子に注目する

直接心情が書かれていなくても、**人物の言動や様子の描写**から、そのときの心情を類推できることが多い。

例 「今日は学校に行きたくないなあ。」と言って、由美は表情をくもらせた。

（「今日は学校に行きたくないなあ。」←気持ちの表れた言葉）（表情をくもらせた←気持ちの表れた様子の描写）

3 情景に注目する

人物の心情は、**描《えが》かれた情景に投影《とうえい》されている**こともある。

例 健太の気持ちを映し出したように雲一つない真っ青な空が広がっていた。

（雲一つない真っ青な空が広がっていた←気持ちの表れた情景描写）

また、情景は、象徴《しょうちょう》的・暗示的に描写されることもある。

例 二階の部屋に入ると、暗闇《くらやみ》の中に壁《かべ》が薄《うす》ぼんやりと浮《う》かび上がった。窓辺からは、家の前の道路脇《わき》の街灯が不規則な周期で明滅《めいめつ》しているのが見えた。

（暗闇の中に壁が薄ぼんやりと浮かび上がった。窓辺からは、…←人物の心情を象徴的に表した情景描写→不安）

くわしく 小説読解で重要な用語

言動…言葉と行動。

様子…表情や素振《そぶ》り、たたずまいといった、人物の心情が表れやすい表現のこと。

情景…見る人に特別な思いや情感を抱《いだ》かせるような光景のこと。単なる「風景」「光景」といった言葉とは意味合いが異なる。

情景の描写には、それを効果的なものにするために、比喩《ひゆ》や擬人《ぎじん》法、倒置《とうち》法《ほう》などの表現技法(→126ページ)が用いられることがある。

例題

1 次の文章を読んで、あとの問いに答えなさい。

目の端《はし》を、風とともに景色がすり抜《ぬ》けていく。いつしか街の景色が変わっていた。冬の空には、しなやかなふくらみがある。街路樹の木々の間から、さしこむ光がほおをわずかに刺激《しげき》したが、まぶしくはなかった。

走りながら吉竹は、やはり自分がいつもと違《ちが》う心持ちであることに気がつく。ふだんなら、前後の選手の呼吸を計ったり、残りの距離《きょり》を計算したり、あるいは自分のフォームやペースを保つことに心を砕《くだ》くか、調子が悪いときは、苦しさに飲みこまれるように、気持ちが落ちていくかだ。

だが今日は、そのいずれでもなかった。かねてはついぞ気にもとめたことのない周りの景色に、なぜか気持ちが向かうのだ。これまで吉竹には、移りゆく景色をこんなに美しく感じたことはなかった。

ふいに、吉竹の心に自分でも疑うような感情がこみ上げてきた。

ああ、楽しい。

走るというのは、なんと心地《ここち》よいことだろう。流れゆく雲はどこまでもたおやかで、木漏《こも》れ日は温かくしなやかだ。ほおをなでる風はくっきりと透《す》きとおっている。脚《あし》は確かに現実を走っているはずなのに、感じる世界は現実よりもずっとクリアだった。

（まはら三桃《みと》「白をつなぐ」）

(1) ——線部「流れゆく雲は～透きとおっている」とあるが、そこに表れた吉竹の気持ちとして最も適切なものを次から選び、記号で答えなさい。

ア 走ることの純粋《じゅんすい》な喜び　**イ** 自然の美しさへの驚《おどろ》き

ウ 走りの好調さからくる興奮　**エ** 勝利することへの執念《しゅうねん》

解答

1 (1) ア

解説

1 (1) 直前の部分に描かれている吉竹の心情を読み取る。「ああ、楽しい」「走るというのは、なんと心地よいことだろう」などの部分から、走ることへの純粋《じゅんすい》な喜びを感じていることがわかる。これまでの吉竹はレースのことに心を砕くか、苦しさに気持ちが落ちていくかのいずれかだった。しかし、このときの吉竹は、走ること自体を純粋に楽しんでいたため、目にする景色も美しく穏《おだ》やかなものとして映ったのである。

4 心情の移り変わりをとらえる

人物の心情は一定ではなく、**場面の移り変わりや何らかの出来事をきっかけとして変化する**ことが多い。そうした変化の過程は、描《えが》かれた場面や物語全体の中心をなし、小説の主題にも関わるので、注意して読み取る必要がある。

心情が直接述べられている部分や人物の言動・様子、情景などに注目して、**出来事の前後の心情**をとらえ、**心情がどのように変化したのか**、また、**その人物の心情を変化させた出来事が何であるのか**をしっかりとおさえる。心情の変化のきっかけとなる出来事は、多くの場合、物語のその後の展開を左右するような重要なものとなる。

例

場面①

出来事① 先日、彼《かれ》は友人と言い争いをした。

↓影響《えいきょう》

様子① 彼はうつむきながら歩いていた。
心情① 不安、後悔《こうかい》、後ろめたさ

変化 ↓　行動　変化 ↓

場面②

出来事② 翌日、彼は友人に謝り、和解することができた。

↓影響

様子② 昨日と同じ道を、彼はしっかりと前を見て歩いていた。
心情② 晴れやかな気持ち

くわしく **心情の変化と主題**

いわゆる心情(気持ち)の変化だけでなく、考え方や生き方といったものの変化も重要な読み取りのポイントである。これらは特に主題に関わるものとなる。

くわしく **心情の変化のきっかけ**

どのようなことをきっかけとして人物の心情が変化していくのかは、小説ごとにさまざまであるが、典型的なものとして次のようなバリエーションがある。

主人公の体験…主人公が何か大きな事件に出くわしたり、主人公自身が事件を引き起こしたりした結果として、置かれている状況《じょうきょう》が変わり、心情が変化していくといったもの。

主人公自身の気づき…主人公が物事を考えていく中で何かに気づき、それに伴《ともな》って心情も変化していくといったもの。

他の登場人物の影響…家族や友人、教師といった他の登場人物とのやりとりを通じて、主人公の気持ちや考え方が変わっていくといったもの。

例題 2 次の文章を読んで、あとの問いに答えなさい。

（中学生の「ぼく」は、山で自然保護活動をする大学教授のおじさんと山小屋に向かっていた。途中《とちゅう》、「ぼく」は疲労《ひろう》と暑さで何度も引き返したくなりながらも、何とか山腹の休憩《きゅうけい》所まで登ってくることができた。）


「ほら、見てみろ、あれが車で上って来た道路だ」

おじさんの指さす方を見た。休憩場所のむこう側は木々がまばらな急斜面《しゃめん》だった。

その木々の間からアスファルトの道がくねくねと見えている。かなり下の方だ。

「木に隠《かく》れて見えないけど、あのあたりが登り口だ」

おじさんの人さし指が下をむいていた。おじさんの指の先をのぞきこむようにして斜面に体を乗りだした。そして、すぐに歩いてきた登山道をふりかえった。

「こんなに登って来たんだ」

腹立ちまぎれに進めてきた一歩一歩が、この高度をかせいだのだと思うと不思議な気がする。そして、完全にあきらめた。もう行くしかないのだ。


（にしがきようこ「ぼくたちのP」）

(1) 登山道を登ってくるときの「ぼく」はどのような気持ちだったか。その気持ちが読み取れる言葉を本文中から六字で抜《ぬ》き出しなさい。

(2) ――線部「もう行くしかないのだ」とあるが、「ぼく」は、どのようなことをきっかけに、どのような気持ちになったのか。「〜気持ちになった。」に続く形で、五十字以上六十字以内で答えなさい。

解答

2 (1)腹立ちまぎれ
(2)例 歩いてきた登山道をふりかえり、自分がどれだけの高度をかせいできたかを目にしたことで、登り続けようと前向きな(気持ちになった。)(53字)

解説

2 (1)登山道を登ってきたときの「ぼく」の気持ちが読み取れる言葉を探す。最後のほうに「腹立ちまぎれに進めてきた一歩一歩」とある。前書きにもあるように「ぼく」は山道のあまりのきつさに、腹が立つのにまかせて登ってきたのである。
(2)――線部の前の「腹立ちまぎれに進めてきた一歩一歩が、この高度をかせいだのだと思うと不思議な気がする」に注目する。「ぼく」は自分がこれまで歩いてきた登山道をふりかえり、自分の足がかなりの高度をかせいできたことを目《ま》の当たりにした。引き返したいという気持ちから、このまま登山道を登りきろうという前向きな気持ちへと変化したのである。

③ 主題をつかむ

1 題材をおさえる

小説には恋愛《れんあい》や家族、スポーツなどさまざまな題材を扱《あつか》ったものがある。**何を題材としているのかは、その小説の主題と深く関わっている**ことが多い。

例 スポーツを題材とした小説 → 主題 {・主人公の努力する姿 ・成長 ・仲間との友情 など}

2 クライマックス(山場)や結末をおさえる

クライマックスや結末がどのように描《えが》かれているか、**そこでの人物の考え・心情・行動**などに注目することで、作者が作品を通じて表現しようとしていることを読み取れる。

3 人物の生き方・考え方をとらえる

作者自身が表現したいことは、**登場人物の生き方・考え方**を通して描かれる。**人物の内面や言動の描写《びょうしゃ》**に注目して、そこに間接的に現れる主題をとらえる。

例題

1 **次の文章を読んで、あとの問いに答えなさい。**

「君、勉強するってことは、なかなか大変だよ。遊びたい気持ちに勝たなければ駄《だ》目《め》、克己《こっき》って言葉知っている?」

「知っています。」

「自分に克《か》って机に向かうんだな。入学試験ばかりではない。人間一生そうでなけれ

くわしく 主題とクライマックス(山場)

主題…作者がその物語や、特定の場面において描こうとしている出来事、人物の心情、生き方・考え方などの中心。主題をつかむには、登場人物と同じ視点でなく、より高次の視点から文章に描かれた出来事を読み取る必要がある。

クライマックス(山場)…物語全体やその中のある場面において、最も盛り上がるところ。作者が最も力を込《こ》めて描くところでもあるので、重要な注目点となる。

注意! 心情変化と主題

前項《ぜんこう》でも見たように、人物の心情や生き方・考え方は変わることがある。その変化の過程が物語や場面の中心となることが多く、主題をつかむうえでのポイントとなる。

解答

1 (1)勉強をしなければ合格できないという冷酷な事実

(2)イ

ばいけない。」

鮎太《あゆた》は、この時、何か知らないが生《うま》れて初めてのものが、自分の心に流れ込《こ》んで来たのを感じた。今まで夢にも考えたことのなかった明るいような、そのまた反対に暗いような、重いどろどろした流れのようなものが、心の全面に隙間《すきま》なく非常に確実な速度と拡《ひろ》がり方で流れ込んで来るのを感じた。不思議な＊陶酔《とうすい》だった。

川に沿った道が、川から離《はな》れて、折返しに上り坂になる所まで来た時、大学生はふと立ち止まると、何かをびりっと裂《さ》いて、それをまるめると川の方へ投げた。

「じゃあ、もうお帰り。」

大学生の言葉で鮎太は頭を一つ下げると、そこから一人で坂を上って行った。

来年は都会の中学校へ入り、両親の許《もと》からそこへ通うことになることは、鮎太の心の中では漠然《ばくぜん》とした形ではあったが一つの既定《きてい》の事実となっていた。祖母もそう言っていたし、自分もまたそうなると思っていた。

しかし入学試験というものを、はっきりと意識し、勉強をしなければ合格できないという冷酷《れいこく》な事実が、彼《かれ》の前に立ちはだかって来たのは、この夜が鮎太にとっては初めてであった。

（井上靖《いのうえやすし》「あすなろ物語」）

＊陶酔＝うっとりとすること。

(1) 鮎太は大学生との会話からどのような事実を意識したのか。本文中から二十二字で抜《ぬ》き出しなさい。

(2) この文章の主題として最も適切なものを次から選び、記号で答えなさい。

ア 勉強のたいせつさ　**イ** 成長への自覚

ウ 人生への恐《おそ》れ　**エ** 進路の迷い

解説 1

(1) 入学試験のために、自分に克って勉強に励《はげ》むことのたいせつさを説く大学生の言葉をきっかけに、「漠然とした形ではあったが一つの既定の事実」となっていた「都会の中学校」に入ることに対する認識《にんしき》が変わり、「入学試験というもの」が、「彼の前に立ちはだかって来た」というのである。

(2) 鮎太の中に生まれた変化に注目して主題をとらえる。これまでの鮎太は、都会の中学校に入ることを「一つの既定の事実」としか認識していなかった。しかし、大学生の言葉を聞いて、初めて入学試験というものをはっきりと意識した。この文章は、このように鮎太が自分の将来について、はっきりと前向きな自覚を持つようになった変化を描いたものである。**ア**「勉強のたいせつさ」、**ウ**「人生への恐れ」は、鮎太が自覚したことではあると考えられるが、主題とはそれらを描くことで作者が表現したかった核心《かくしん》を指すので、不足。

練習問題

解答↓525ページ

1 次の文章を読んで、あとの問いに答えなさい。

合唱部の現*三役は新しい顧問《こもん》の力量を見定めようと話し合い、放課後に職員室へ向かった。そして、まだ部員たちの前で指揮を披露《ひろう》したことのない詠子《えいこ》先生に、こんなお願いをした。

「このうちのどれかを振《ふ》ってくれませんか?」

振るとは、音楽関係者の慣用語で、指揮をすることをいう。

三役が手にしていたリストには、「あしたはどこから」「恋歌《こいうた》」「ばら・きく・なずな」などの曲目が並んでいた。

「いますぐ?」

詠子先生が問うと、

*学指揮の坂本みなみが答えた。

「いえ、来週にでも」

彼女《かのじょ》たちが指定した日取りは、ちょうど一週間後の四月二十六日、合唱部の一年生が親睦《しんぼく》の遠足で不在の日だった。二、三年生しかいない場で顧問と、いわば*対峙《たいじ》しようというわけだ。新入生はまだどの曲も歌えないし、もしかしたら顧問に恥《はじ》をかかせるかもしれない場に彼《かれ》らを立ち合わせるわけにはいかない。そのために選んだ日取りだった。

「いいわよ。だったら——そうね、これにしましょう」

詠子先生はリストから「ばら・きく・なずな」を選んだ。

一週間が過ぎた日の放課後、音楽室に上級生が勢ぞろいした。

詠子先生が姿を見せると、室内に張り詰《つ》めた空気が流れた。今後の合唱部のゆくえを左右することになるひととき、信頼《しんらい》関係が築けるか否《いな》かを占《うらな》う「ここ一番」のひとときだ。

顧問の両手が指揮のかまえをとった。二十四人の生徒たちの視線が、さっと緊張《きんちょう》を帯びて集中する。ピアノに向かった錦野《にしきの》ユカリに目で合図をおくると、顧問の手はゆるやかな弧《こ》を描《えが》きだした。

淡《あわ》い花は／母の色をしている
弱さと悲しみが／混じり合った
温かな／母の色をしている

母の手は／菊《きく》の花に似ている
固く握《にぎ》りしめ／それでいてやわらかな
母の手は／菊の花に似ている

神様がたった一度だけ
この腕《うで》を動かして下さるとしたら
母の肩《かた》をたたかせてもらおう
風に揺《ゆ》れるぺんぺん草の／実を見ていたら
そんな日が本当に／来るような気がした

途中《とちゅう》で止めて生徒に指示を出すこともなく、いったん通しで演奏した。三分二十秒。

詠子先生の手がしずかに止まると、ピアノの音色も波紋《はもん》のように消えた。広い室内に静寂《せいじゃく》がおとずれる。

わずかな間をおいてから、詠子先生は口を開いた。

「淡い花って、どんなふうに淡いのかしら？」

ひとり言のように問いかけ、じっと生徒たちを見つめた。

答える者はいない。

「目の前にしっかり花が見えてなくては、母に似ている、なんて歌えないわよね？」

すこし語気が強まった。

顧問と目が合うと、①生徒は視線を落とし、困惑《こんわく》した表情になる。

「＊ハミングのところは、どう歌えばいいんですか？」

三年生のソプラノから質問の声があがった。

歌詞の「神様がたった一度だけこの腕を動かして下さるとしたら」のあと、楽譜《がくふ》には八小節ぶんハミングが入っている。

「なるほど。ハミングがあって、それから『母の肩をたたかせてもらおう』につながってるわね。あなたはどう思ってハミングしたの？」

詠子先生は質問した生徒に問い返した。

——どう思って？

自分が尋《たず》ねたわけではなかったけれど、錦野ユカリはピアノに向かったまま思いをめぐらせた。ハミングの指示があるからハミングをした。それではいけないのか？

「曲と歌詞とを整えるために間をとったのだと思います」

さっきの三年生が答えた。

「間をとった？　じゃあハミングは②埋《う》め草みたいなものかしら？」

「いえ、埋め草ってわけじゃ……」

さらに質問されて、声がしぼんでしまった。

発言する者は続かず、ふたたび静寂が顧問と生徒のあいだに流れた。

「作詞者のこと、知ってるでしょ？　事故で全身がほとんど動かなくなってしまった人。その人が想像したわけ、もし自分の腕が動いたらって。……あれもしたい、これもしたい。願いはきっと山ほどある。でも一度だけしか、かなわないとしたら」

そこで「ん？」と質問するように首をかしげ、生徒たちを右から左にゆっくり眺《なが》めた。

「だとしたら、母の肩をたたきたい。たたかせてもらいたい。万感の思いを込《こ》めて、この人はそう願ったんだと思う。ここは詩の行間みたいなものよね？　その言葉にならない思いをくみ取って、作曲者は八小節ぶんのハミングをここに入れたんじゃないのかしら。わたしはそんなふうに感じます。これは推測でしかないけど、どう？　みなさんもわかるでしょう？　③ハミングだからって、さらっと流さないでほしいの」

詠子先生はやさしく語りかけるような口調で言った。

（本田有明「歌え！　多摩川《たまがわ》高校合唱部」）

＊三役＝集団で、三つの重要な役職にある者。　＊学指揮＝学生指揮。
＊対峙＝本文では両者が向かい合い、決着をつけようとする意で用いられている。
＊ハミング＝口を閉じ、鼻に声を軽く響《ひび》かせながら歌うこと。

(1)　――線部①「生徒は視線を落とし、困惑した表情になる」とあるが、このときの生徒たちの心情の説明として最も適切なものを次から選び、記号で答えなさい。

ア　淡い花がどのような花か誰《だれ》も答えられず、詠子先生が怒《おこ》っていると思ったので、誰か早く答えてほしいとあせっている。

イ　詠子先生に指摘《してき》されて初めて花を思い描《えが》きながら歌うたいせつさに気づいたので、自分たちのふがいなさに落ち込んでいる。

ウ　途中で止められることもなく集中して歌い終えたと満足していたので、詠子先生の強い非難を受け入れられないでいる。

エ　淡い花のイメージを持たずに歌っていたので、詠子先生の思いがけない言葉にどう対応してよいのかわからないでいる。

(2)　――線部②「埋め草みたいなもの」とあるが、それはどういう内容を表しているか。最も適切なものを次から選び、記号で答えなさい。

ア　周りを引き立たせるための目立たないもの

イ　全体を完成させるために必要不可欠なもの

ウ　一連の流れに変化をつけるために区切るもの

エ　空白部分をなくすための取るに足りないもの

(3) ——線部③「ハミングだからって、さらっと流さないでほしいの」とあるが、詠子先生が生徒たちに望んでいるのはどのようなことか。次の言葉に続けて、本文中の言葉を用いて、二十字以上二十五字以内で答えなさい。

ハミングだからといってさらっと流すのではなく、

(4) ——線部「わずかな間をおいてから、詠子先生は口を開いた」以降の場面で、詠子先生と生徒たちはどのように描かれているか。その説明として最も適切なものを次から選び、記号で答えなさい。

ア 詠子先生と生徒たちとの間で合唱に対する認識《にんしき》のずれが広がっていく様子を、熱を帯びていく議論や繰《く》り返される静寂を印象づけながら象徴《しょうちょう》的に描いている。

イ 合唱を巡《めぐ》って対立しながらも詠子先生と生徒たちが少しずつ信頼関係を築いていく様子を、生徒たちの反応に揺れ動く詠子先生の視点を通して叙情《じょじょう》的に描いている。

ウ 歌詞に向きあう姿勢を問いかける詠子先生の指導に、生徒たちが戸惑《とまど》いつつ思いを巡らす様子を、会話や行動の描写を交互《こうご》に織り交ぜながら写実的に描いている。

エ 詠子先生の一方的な指導と生徒たちが合唱への自信を失っていく様子を、詠子先生の淡々《たんたん》とした口調と生徒たちの口数の少なさによって対照的に描いている。

〔鳥取〕

---

2 **次の文章は、＊俳句甲子園《こうしえん》出場を果たした航太《こうた》たち文芸部員が、他校と練習試合を行っている場面である。この高校は、五木島《いつきじま》という島にある。これを読んで、あとの問いに答えなさい。**

航太の句は先鋒《せんぽう》戦に出た。

（赤）撒水《さんすい》の暴れるホース飼いならす

（白）水の壁《かべ》に隔《へだ》てられたる＊河鹿《かじか》かな

「赤の句、詠《よ》まれているのは、水の勢いがよすぎて、ホースがどこへ飛び跳《は》ねるかわからない様子ですよね。それを、力一杯押《いっぱいお》さえつけてどうにかコントロールしている。それはわかりますが、『暴れる』と『飼いならす』という言葉の組み合わせはありきたりじゃないですか？」

「そうでしょうか？『暴れる』なら、［　　］とか、そういう困るようなニュアンスのほうが連想されると思います。でもこの句では、その扱《あつか》いにくいホースを飼いならしているんです。きっと作者は水しぶきを浴びているんでしょう、その水の気持ちよさも、『飼いならす』という作者の余裕《よゆう》のおかげで、よけいに引き立っています。ホースの水圧のすごさが夏の水撒《ま》きの楽しさも伝えている、そういう元気で明るい句になっているのは『飼いならす』という言葉があるからこそだと思います」

こんなふうに、いろんなことを話し合ってきたな。

今さらながら、そんな感想が浮《う》かぶ。

俳句甲子園を目指したりしなければ、絶対に知らなかった楽しさだ。「持て余す」と「飼いならす」で効果がどう違《ちが》うのか、なんて熱くなって議論することは、これから一生ないかもしれない。

続いて、航太の句への質問。

「白の句、『水の壁』というのがよくわからなかったのですが、この河鹿は水槽《すいそう》に入れられていてそこから出られない、水を隔てて見ている作者とはどうしても触《ふ》れ合うことができない、なんか、そういうことでいいんでしょうか」

「『水の壁』は、大きな水の塊《かたまり》である海のことです。ぼくたちの島にも河鹿はいます。でも、考えてみたら、周囲が海に囲まれた島に、どうやって河鹿は渡《わた》って来られたんだろう。そういうことを考えると不思議な気がしませんか？

ただ、とにかく河鹿はここで鳴いている。遠い昔のいつかに別れた仲間たちは、今も広い場所で群れを作っているんだろうに。そういう句です」

「それなら、ストレートに『海に隔てられた』と詠んだほうが伝わるんじゃないですか？」

「いや、海というのは、圧倒《あっとう》的な量の水でしょう。だから水で間違《まちが》ってないと思います」

「河鹿と水を取り合わせたら、普通《ふつう》は清流のほうに想像が働きますよ」

そこへ＊京《みやこ》が割って入った。

「この『水』は海じゃなくてもいいと思います。地球には膨大《ぼうだい》な量の水がある。その水が隔てているものは世界中に数え切れないほどあるでしょう。その数え切れないものを、か弱い声で鳴く河鹿が象徴《しょうちょう》している、そういう解釈《かいしゃく》をしてもいいと思います」

自分のチームの発言だというのに思わず拍手《はくしゅ》をしてしまってから、航太は気づく。

そうだ、これが楽しいんだ。自分が工夫した言葉の連なりなのに、ほかの人が自分の思いも寄らない受け取り方をしてくれる。自分の中の、自分でも気づいていなかった何かさえ、見せてくれる。

そういうのがいいんだ。

自分を、小さな流れで細々と生きている河鹿のようだと思っていた。でも、河鹿は膨大な量の水の向こうにもいて、そこでもやっぱり、自分の障害になる何かにいらだっているのかもしれない。

みんな、河鹿みたいなものかもしれない。

（森谷明子「南風吹《みなみふ》く」）

＊俳句甲子園＝創作俳句を競う高校生の全国大会。二チームが「赤」、「白」に分かれ、先鋒から大将までの選手がそれぞれ俳句を披露《ひろう》し、その句について質疑し合い、勝負を決する。
＊河鹿＝カジカガエル。渓流《けいりゅう》や湖などに生息する。
＊京＝航太と同じ文芸部員。

(1) □に入る言葉を、本文中から四字で抜《ぬ》き出しなさい。

(2) ――線部「みんな、河鹿みたいなものかもしれない」とあるが、このときの航太の心情を説明したものとして最も適切なものを次から選び、記号で答えなさい。

ア 狭《せま》く限られた世界にいても、信じ続けていれば、壁の向こうにいるみんなと一つになることができると気づいた。

イ 本当は河鹿たちもみんな、自分たちと同じように、高い壁を乗り越《こ》えようともがいているということに気づいた。

ウ 自分一人では困難に思えることでも、部員全員で協力すれば、必ず乗り越えていけるということに気づいた。

エ 誰《だれ》にもそれぞれ、自分にとっての壁となるものがあり、もどかしく思っているのは自分だけではないと気づいた。

(3) 本文中では、航太が俳句甲子園を目指す中で気づいた俳句の二つの楽しさについて、改めて実感した様子が述べられている。その二つの楽しさを、それぞれ四十字以内で答えなさい。

(4) 本文中の（赤）・（白）の俳句の表現の特徴《とくちょう》として最も適切なものを次から選び、記号で答えなさい。

ア （赤）の句は、擬人法《ぎじんほう》が用いられており、強い水圧によるホースの激しい動きが表現されている。

イ （赤）の句は、二句切れになっており、ホースに焦点《しょうてん》を当て、さわやかな夏の風景が表現されている。

ウ （白）の句は、「かな」という切れ字で結ばれており、水槽の中の河鹿の様子への驚《おどろ》きが表現されている。

エ （白）の句は、五・七・五の定型の句であり、河鹿の鳴き声の軽快なリズム感が表現されている。

〔山口〕

5 随《ずい》筆《ひつ》

入試重要度 ★★☆

随筆《ずいひつ》とはどのような文章なのか

随筆とは、**筆者が見聞きしたことや体験・経験・感想などを自由に記した文章**である。ごく身近な出来事や体験への感想をつづったものから、抽象《ちゅうしょう》的な思索《しさく》を中心としたものまで内容はさまざまで、形式的にも小説のような形をとったものから、どちらかというと論説文といってもよいようなものまである。

随筆の一般《いっぱん》的な特色として、

- 論理の厳密さにとらわれずに自由に展開し、表現の工夫も多彩《たさい》である。
- 筆者個人のものの見方・考え方を通して物事が語られる。
- 筆者の人となりが文章に色濃《いろこ》く映し出される。

などが挙げられる。

筆者独自の語り口や工夫された表現を味わいながら、**筆者が文章全体を通じて何を伝えようとしているのか**（**主題**）を読み取ることが重要である。そのために、一般的なものの見方と比べて、筆者の考え方のどういった点に独自性が見られるのか注目するようにしよう。

参考　随筆と随想

随筆の中でも、折りに触れ考えたことを中心としたものについては、特に「随想」と呼ぶこともある。

「随想」はもともと、十六世紀フランスの哲学者《てつがく》モンテーニュの『随想録（エセー）』から来ている言葉で、「エッセイ」の訳語である。

参考　古典の三大随筆 （↓214ページ）

日本の随筆文学は、古典の三大随筆と呼ばれる次の作品に起源を持つ。

- 清少納言《せいしょうなごん》「枕草子《まくらのそうし》」（平安時代中期）
- 鴨長明《かものちょうめい》「方丈記《ほうじょうき》」（鎌倉《かまくら》時代前期）
- 兼好法師《けんこうほうし》「徒然草《つれづれぐさ》」（鎌倉時代後期）

学習内容を例文でチェック

「雑草のようにたくましい」「雑草のように生命力が強い」という表現が、ほめ言葉としてよく使われる。でも「雑草のようにかわいい」とはぜったいに使われない。「あなたは雑草の花のようですね」などと言おうものなら、九九パーセント相手をまちがいなく怒《おこ》らせるにちがいない。言い方にもよるけれど、私なら残りの一パーセントの部類に入る。

私は早春の使者であるオオイヌノフグリの空色の花が大好きだし、セイヨウタンポポの横に座《すわ》ると、いつもほのぼのとした気分に包まれる。身近に雑草があることは、私を幸せにする。庭中やたらにはびこるハコベでさえ、白い星のような繊細《せんさい》な花をつけている。花びらは十枚のように見えるが、実際は一枚の花びらの根元が二つに分かれているのだ。だから花びらは五枚。雌《め》しべも雄《お》しべもちゃんとそろっていて、緑色の三角形のがくが花びらを支えている。虫眼鏡で調べるとこんな精巧《せいこう》なつくりなのに、だれもほめてくれる人がいないとは何と不公平なことだろう。人間の観賞用につくられた花壇《かだん》の花々とちがって、オオイヌノフグリもハコベも通りすぎるだけでは気づかない。人間の目は、対象がある程度以上大きくないと映らないのである。

雑草の花が目だたない、したがって美しく見えない理由は、人間の粗雑《そざつ》な目配りのせいだというほうが真実に近いだろう。もし私たちが蜂《はち》の目や蝶《ちょう》の眼《め》をもって眺《なが》めれば、雑草もバラの花のように美しく思えるはずである。

このように私たちのほかの動植物に対する価値判定は、もっぱら人間中心に行われている。でもそのような見方や考え方が、今日のような自然破《は》壊《かい》や灰色の町並みをもたらしてきてしまったとは言えないだろうか。

（加《か》藤《とう》幸子《ゆきこ》「私の自然ウォッチング」）

① 表現の工夫をとらえる →88ページ

自分が雑草にたとえられても怒らない少数派の一人であることを、ユーモアを交えた表現で語っている。

ハコベの花を「白い星」にたとえたり、花びらの数や花の構造を細かく描写《びょうしゃ》したりしている。筆者独自のきめ細やかな観察眼と、小さな雑草に対する愛着が伝わってくる表現である。

植物であるハコベの気持ちを代弁するかのような独特の表現をとっている。

② 筆者の考えをつかむ →92ページ

ほかの動植物に対する人間中心の見方や考え方が、現在の環境《かんきょう》問題を引き起こしているのではないかという自らの考えを、読者に対して問いかける形で提示している。

① 表現の工夫をとらえる

表現の工夫をとらえる

随筆《ずいひつ》の筆者は、独自の見方や感じ方で物事をとらえ、さまざまに表現を工夫することでそれを読者に伝えようとする。次のような表現に着目して、文章を読み味わい、筆者独自のものの見方や感じ方をつかむようにする。

- **文体の特徴《とくちょう》**…一文一文の長さや漢語・和語の割合、常体・敬体の違《ちが》いなど、**どのような文体で表現しているか**。例えば、常体の文章よりも敬体の文章のほうが、読み手を意識して丁寧《ていねい》に物事を伝えようとする姿勢が伝わってくる。
- **表現技法**…比喩《ひゆ》や倒置《とうち》法、体言止めなど。**表現技法によってどのような効果がもたらされているか**を考える。
- **特別な言葉遣《づか》い**…特定の用語を筆者なりに言い換《か》えたり、独自の使い方をしたりするなど独特の言葉づかいが用いられることがある。そうした独自の表現には特に注目して、**筆者の意図**を考えながら読むことが重要である。

例題

1 次の文章を読んで、あとの問いに答えなさい。

山野で取ってきた植物を都会に持って帰ると、やっかいなことも起こる。自然の植物には思いのほか、微小《びしょう》な昆虫《こんちゅう》の幼虫、時には秋など小さな鳴き虫などが付いていて、それをそのまま部屋に持ちこむはめになってしまうのだ。虫はしばらく花や葉などを食っているが枯《か》れはじめると居場所をなくし、マンションの砂漠《さばく》のよう

くわしく 文体と個性

文体とは、文章のスタイルのこと。筆者によって、漢語の多い硬《かた》い文体を好んだり、逆に和語の多いやわらかい文体を好んだりとさまざまである。また、緊迫《きんぱく》した状況《じょうきょう》を描《えが》くのには簡潔な文体を、細やかな情感を伝えるためには和語の多い文体を用いるというように、表現したいことによって文体が使い分けられることもある。

くわしく 常体と敬体

文末が「だ・である」調のものを「常体」、「です・ます」調のものを「敬体」という。

くわしく 表現技法の効果

随筆では、筆者が強く感じたことや発見した事実などが、表現技法を使って標語のように面白《おもしろ》おかしく表現されることがある。

例 エアコンが寒いほど効いた喫茶店《きっさてん》に行くたびに、私はこう思うのだ。夏は冬。

な部屋のなかを流浪《さまよ》うことになる。死を見るのは必至だ。山野ではどうでもよかった微小な虫に妙《みょう》に不憫《ふびん》を感じる。ごま粒《つぶ》ほどの小さな鳴き虫などが鳴いていても姿が見えず、足音を忍《しの》ばせて何時間も捜《さが》すこともある。虫を見つけると手で包みこみ、袋《ふくろ》のなかに入れる。そして街を徘徊《はいかい》する。虫を放つべき緑を捜すのである。

そういった視点を持って都会の街を歩いてみると都会にもちょっとした小庭や緑が思いのほか多いことに気づく。しかも都合の良いことは、田舎《いなか》も都会も季節は同時進行しているということだ。だから虫が付いていたものと同じ花を見つけるのは大層困難というわけでもない。

夜、たとえば私はその他人様の家の小庭を囲う塀《へい》の外から、そっと幼虫を投げこむ。そして足早に遠ざかる。なぜか、小さな犯罪を犯《おか》しているような気持ちに襲《おそ》われる。しかし幼虫が再び安住の地を見つけたであろうという思いが、私のそのうしろめたい気分を救ってくれる。

私はもうかれこれ十年ちかく、そのような七面倒《しちめんどう》くさいことをやりつづけている。

（藤原新也《ふじわらしんや》「名前のない花」）

(1) ――線部「安住の地」とあるが、筆者はこれとは対照的な場所を何にたとえているか。一語で抜《ぬ》き出しなさい。

(2) この文章の表現の特色として最も適切なものを次から選び、記号で答えなさい。

ア 小さな命をいつくしむ気持ちを、擬態語《ぎたいご》を用いて細やかに表現している。
イ 細かく観察した植物や虫の生態について、緻密《ちみつ》な文体で詳《くわ》しく説明している。
ウ 新たな視点を持って眺《なが》めた夜の都会の荒廃《こうはい》した風景を、印象的に描《えが》いている。
エ 自らのひそかな行動に伴《ともな》う微妙《びみょう》な心の動きを、直喩を用いながら描いている。

↓隠喩《いんゆ》と体言止めを用いて、暑いはずの夏にエアコンによって寒さを感じてしまう事実を強調して述べている。

解答

1 (1)砂漠 (2)**エ**

解説

1 (1)「安住の地」とは、安心して住むことのできる場所という意味。これとは逆に、虫たちが安心して暮らすことのできない場所とはどういうところかをとらえる。第二段落に、「虫はしばらく花や葉などを食っているが枯れはじめると居場所をなくし、マンションの砂漠のような部屋のなかを流浪うことになる。死を見るのは必至だ」とある。

(2)虫を放すときの筆者自身の心の動きが描かれている部分の表現に注目する。筆者はそのときの心情を「小さな犯罪を犯しているような気持ち」だと、直喩を用いて表現している。

例題 2 次の文章を読んで、あとの問いに答えなさい。

立春をとうに過ぎたのに、①しんしんと冷え込《こ》む夜だった。

「先生、ありがとうございました。」

「寒いから、ちゃんと身づくろいしてお帰りなさい。」

「はい。また来週お願いします。さようなら。」

そんな挨拶《あいさつ》を交わして、いつものようにお茶の先生の家を出、社中*の仲間としゃべりながら、のんびりと駅に向かった。

稽古《けいこ》の帰り道は、いつもと同じ景色がさえざえと見える。あたりは夜の闇《やみ》で、吹《ふ》きつける風は寒いけれど、空気が澄《す》んで、家々の明かりが滲《にじ》んで見えた。

その時、気づいた。そういえば、稽古場の門を出た時から、ほのかな香気《こうき》がひたひたとついてくる。②どこからともなく切れ切れに流れてくるメロディーのように、冷たい風に乗ってくる。

瞼《まぶた》を閉じ、夜気を深く吸い込んだ。

「……。」

胸の奥《おく》が冷えて、肺の在りかをはっきりと感じた。次の瞬間《しゅんかん》、私は甘美《かんび》な香《かお》りにふっくらと包み込まれた。

目を開くと、通りの向こうに大きな木が見えた。いつも前を素通《すどお》りしてきた木だった。見上げると、矢のように細い枝が空に向かってツンと伸《の》び、その枝々に、夜目にも白いものがぼんやりと見えた。

梅だ……。梅が咲《さ》いている。

2 解答

(1) 胸の奥が冷

(2) ウ

(3) 例 梅の本当の色や香りを心で受け入れることができるようになったこと。

2 解説

(1) 「冷え込む」様子が、体の感覚で表現されている部分をとらえる。

ハッとした。

これが梅の香りというものか……！

今まで、梅の香りを詠《うた》った歌や文章をどれほど読んできただろう。自分でも、手紙の中で幾度《いくど》となく、「梅の香る頃《ころ》となりました。」と書いてきた。なのに、知らなかった。この寒さの中でいじらしく咲く小さな花が、これほど甘《あま》くかぐわしく、あたり一帯を包み込むとは……。

その時から、③梅は私の人生の内側で咲くようになった。人は心で受け入れて初めて、本当の色や香りに触《ふ》れる。


（森下典子《もりしたのりこ》「こいしいたべもの」）

＊社中の仲間＝同じ先生に学ぶ仲間。

(1) ――線部①「しんしんと冷え込む夜だった」とあるが、その様子が体感的に表現されている一文を探し、初めの五字を抜《ぬ》き出しなさい。

(2) ――線部②「どこからともなく切れ切れに流れてくるメロディーのように、冷たい風に乗ってくる」の表現の特色として最も適切なものを次から選び、記号で答えなさい。

ア 語順を普通《ふつう》とは入れ替えて、香りの印象を強めて表現している。
イ 隠喩《いんゆ》を用いることで、香りのイメージをぼかして表現している。
ウ 直喩を用いることで、香りが漂《ただよ》ってくる様子を印象深く伝えている。
エ 言葉を反復することで、香りが強まっていく様子を表現している。

(3) ――線部③「梅は私の人生の内側で咲くようになった」とあるが、筆者はここでどのようなことを述べようとしているのか。簡潔に答えなさい。

〔奈良―改〕

少しあとの部分に、「胸の奥が冷えて、肺の在りかをはっきりと感じた」とある。空気が冷え込んでいるため、息を吸い込んだときに、肺で冷たさを感じるほどだったというのである。

(2)風に乗って漂ってくる香りを、「切れ切れに流れてくるメロディー」にたとえて表現している。「ような(ように)」などの言葉を用いて、あるものを別のあるものにたとえることを「直喩」という。

(3)すぐあとの「人は心で受け入れて初めて、本当の色や香りに触れる」に着目する。筆者は夜の闇の中で梅の香りをかぎ、夜目にその花を見て「心で受け入れ」ることを通じて、初めて本当の梅の色や香りに触れることができたと感じたことが読み取れる。筆者はこのような梅に対する感じ方の変化を、「梅」が「人生の内側で咲くようになった」と表現しているのである。

② 筆者の考えをつかむ

1 事実と考え・感想を読み分ける

ある話題に対して、筆者がどのような考えや感想を述べようとしているのかをとらえていく。文末表現などに注意して、**事実が書かれている部分と、考えや感想が書かれている部分を意識的に読み分ける**ことで、筆者の考えがとらえやすくなる。

例 空はすっきりと晴れわたっていた。（事実）心が洗われるような気がした。（考え・感想）

2 文章の主題をとらえる

文章中で断片的に語られる考えや感想を読み取ったうえで、最終的に**文章全体を通じて筆者が伝えようとしていること（主題）**をつかむのが、随筆《ずいひつ》の読み取りのポイントといえる。主題をつかむには、下段の くわしく で解説しているように、**筆者が考えていることと感じていることが現れている箇所《かしょ》に注目する。**随筆では、筆者独自の考え方や感じ方に基《もと》づいて、判断や評価が述べられていることが多い。それらをおさえることが主題をつかむ近道となる。

例題

1 **次の文章を読んで、あとの問いに答えなさい。**

大体、新しいものより古いものに心惹《こころひ》かれる。骨董《こっとう》品屋に入ると、何時間でも飽《あ》きずに見ている。そして、必要もない暖炉《だんろ》の掃除《そうじ》道具や、壊《こわ》れかけた椅子《いす》を買ってくる。

くわしく 筆者の考えや感想が書かれている箇所《かしょ》は？

①**文末表現**
考えや気持ち、推測、疑問や問いかけ、禁止などを表す文末表現に注目する。

例 「〜と思う。」（考え）
「〜気がする。」（気持ち）
「〜だろう。」（推測）
「〜ではないだろうか。」（問いかけ）
「〜ならない。」（禁止）

②**気持ちを直接表す言葉**
気持ちを直接表す言葉が用いられている部分に注目する。

例 「うれしい」「悲しい」など

③**筆者の価値判断の入った言葉**
「よい」「悪い」など、筆者自身の価値判断の入った言葉に注目する。

例 「すばらしい」「たいせつだ」「不適切だ」など

解答

1 (1)長い年月をかけ、ゆっくりとひっそりと忘れられていったような建物街を歩いていて古びた建物を見つけると、どうしても立ち止まってしまう。古さを売り物にするために手入れされたような建物よりは、長い年月をかけ、ゆっくりとひっそりと忘れられていったような建物がいい。

後継《あとつ》ぎがないまま閉鎖《へいさ》され、看板の文字も半分消えかかった個人病院。雑草の生えた中庭に空の植木鉢《ばち》が転がっている、木造三階建てのアパート。外壁《がいへき》はすっかり朽《く》ちているけれど、バルコニーや玄関《げんかん》ドアのデザインに優美さを残している洋館。……想像しただけでわくわくしてくる。

古くなるということは、そこに関わりを持った人たちの生きた証《あかし》が、それだけ深くしみ込《こ》んでいるということだ。建物に残った息遣《いきづか》いを感じ取ることで、名前も顔も知らない誰《だれ》かと通じ合うことができる。

だから、古い建物を見るとたまらなく入ってみたくなる。冷たいドアノブや、埃《ほこり》でざらついた床《ゆか》や、台所に忘れられた錆《さ》びたフライパンの感触《かんしょく》を味わってみたくなる。長い時間閉じ込められ眠《ねむ》っていた空気を、ほんの少しでいいから吸ってみたいと思う。

そうすることで、建物自身が隠《かく》し持っている魅力《みりょく》的な物語を、引き出せるような気がするのだ。

（小川洋子《おがわようこ》「妄想《もうそう》気分」）

(1) 筆者は古い建物の中でも特にどのような建物に心を惹かれているか。三十一字で抜《ぬ》き出しなさい。

(2) 筆者は古い建物のどのようなところに心を惹かれているか。次の a ・ b に入る言葉を、本文中からそれぞれ三字と十八字で抜き出しなさい。

建物に関わった人たちの a を感じ取ることで、 b に思いをはせることができるところ。

(2) a 息遣い
b 建物自身が隠し持っている魅力的な物語

解説 1

(1) 第二段落に注目する。筆者は同じ古い建物でも、「古さを売り物にするために手入れされたような建物」ではなく、「長い年月をかけ、ゆっくりとひっそりと忘れられていったような建物がいい」と述べている。

(2) 古い建物に対する筆者の考えが述べられている部分に注目する。筆者は第四段落で、古い建物は「そこに関わりを持った人たちの生きた証」つまり「息遣い」を感じ取ることができると述べている。さらに第六段落で、「そうすることで、建物自身が隠し持っている魅力的な物語を、引き出せるような気がする」とも述べている。ここでいう「引き出せる」とは、その一端《いったん》に触《ふ》れて思いをはせることができるということである。

例題 2 次の文章を読んで、あとの問いに答えなさい。

炎天下《えんてんか》。狭《せま》い庭の木々の影《かげ》も、くっきりと濃《こ》い。暑い。それでも、力なき目をふと凝《こ》らせば、何を求めているのか一心に蟻《あり》たちが地を経巡《へめぐ》っているのだ。「働き蟻」などと人間に勝手に名づけられ、しかも現代人の比喩《ひゆ》にまでされているが、①とんでもない。蟻たちは何万年も前から蟻、なのである。これはすごいことではないか。

　多少の進化はあるにせよ、虫や動物たちは生態を変えようとしない。蟻は列を往復し、セミは1週間鳴き続け、カラスは巣作りに熱心で、犬はオシッコの印をつける。暑さにやられたわが脳ミソは、何もやる気になれぬからこそ、*茫洋《ぼうよう》とした気分で②人間の*宿痾《しゅくあ》について思うのだ。なんで人間はこうも際限なく進化し続けるんだ、と。

　人間が作り出したAIが、人の仕事を奪《うば》う。「あなたの仕事は大丈夫《だいじょうぶ》？」などと予測データまで出たりしているが、本気で全人類的に危機感を持っているのならば、簡単な話、AIの進化をストップさせたら？　と思うのだ。便利で効率的、かつ労働が楽になるから、とテクノロジー発展に躍起《やっき》になって、結果、自らの首を絞《し》めている。やがては軍事、核《かく》、原発へと、③止まることのできぬ急坂を転げ落ちていくありさまだ。

　蟻やセミたちよりAIを創り出す人間は、知能が上かもしれないが、生活、生態の洗練からしたら、虫や動物たちの方がはるかにレベルが高いのではないか。動物と人間との違《ちが》い。一言でいえば、*足るを知る、についての違い、であろう。むろん、足るを知らない、のは人間の方である。欲望が無限大だからこそ、人間や文明の進化があるには違いないが、もう一つ、動物と人間の違いに、叡智《えいち》というものがあるだろう。経済や科学が暴走する未来を見据《みす》え、ここでストップしておこうというのが、歴史か

解答 2

(1)ウ

(2)足るを知らない(こと。)

(3)(人間が)テクノロジー発展に躍起になって、結果、自らの首を絞めている(こと。)(29字)

(4)例経済や科学が暴走する未来を見据え、ここでストップしておくべきである。

解説 2

(1)「蟻たちは何万年も前から蟻」であることを、筆者は「すごいこと」だと述べている。これに対して、「なんで人間はこうも際限なく進化し続けるんだ」と疑問を投げかけている。ここから、人間のように際限なく進化しようとせずに、ありのままでありつづけようとする蟻たちを、筆者は好意的にとらえていることがわかる。そのような蟻たちを、人間のたとえにすることを、筆者は「とんでもない」と述べているのである。

ら学んだ叡智のはずだ。

＊茫洋＝ぼんやりとした様子。
＊足るを知る＝満足することを知る。

＊宿痾＝長く治らない病気。

（藤沢《ふじさわ》周《しゅう》「叡智」）

(1) ——線部①「とんでもない」とあるが、なぜ「とんでもない」と筆者は考えるのか。最も適切なものを次から選び、記号で答えなさい。

ア 蟻は人間などよりもはるかに勤勉に働く生き物だから。
イ 蟻は人間よりもはるかに長い年月を働き続けてきたから。
ウ 蟻は人間と違って進化など望まずに生き続けてきたから。
エ 蟻は働いているように見えて実際には働いていないから。

(2) ——線部②「人間の宿痾」とあるが、筆者は「人間の宿痾」の原因とはどのようなことにあると考えているか。「こと。」に続くように、七字で抜《ぬ》き出しなさい。

(3) ——線部③「止まることのできぬ急坂を転げ落ちていく」とは、どのようなことの比喩か。次の□に入る言葉を本文中から三十字以内で抜き出しなさい。

人間が□こと。

(4) 筆者は人間の未来について、どうすべきだと考えているか。本文中の言葉を用いて答えなさい。

(2) 直後の文から、ここでいう「人間の宿痾」とは「際限なく進化し続ける」ことだとわかる。人間が「際限なく進化し続ける」理由は、あとの部分で述べられている。「足るを知らない、のは人間の方である」に注目する。

(3) 「止まることのできぬ急坂を転げ落ちていく」は、人間の現状について否定的に述べたもの。筆者が、人間のどのような現状について否定的に考えているのかをとらえる。

(4) 文章全体を通して筆者が伝えようとしていることは、最後の部分に書かれていることが多い。この文章も、最後の部分に注目すると、筆者の考えをとらえることができる。「経済や科学が暴走する未来を見据え、ここでストップしておこうというのが、歴史から学んだ叡智のはず」だと筆者は述べている。そのような「叡智」を働かすべきだと筆者は考えているのである。

練習問題

解答→526ページ

1 次の文章を読んで、あとの問いに答えなさい。

　今日のように、国境という仕切りが低くなって、人びとをつなぐ基準が世界的に共通になってくると、問われるのは、何が＊グローバル・スタンダードかということです。言葉はどうか。言葉というのは、どこまでも地域性に根ざすだけに、どうあってもグローバル・スタンダードにならないでしょう。今、世界の通用語とされる英語にしても、グローバル・スタンダードというのとは違《ちが》うように思います。英語にしても、おそろしく地域性がつよく、専門家であればどこの英語かほとんどわかると言います。シドニーはシドニー風英語、テキサスはテキサス風英語、＊ベルファストはベルファスト風英語というように。それでも英語が世界の通用語の位置をしめるようになったのは、英語くらい、言葉の完全さをでなく、言葉の不完全さを受けいれてきた言葉はすくないという歴史があるからだろうと思えます。国境を越《こ》える言葉は、完全な言葉でなく、［A］不完全な言葉なのです。たとえば、国境を越えて働きにゆく人たちのコミュニケーションをささえるのが、カタコト言葉と、表情と、身ぶりであるように、です。その意味では、不完全さこそ言葉の本質と言ってよく、言葉を言葉たらしめるものは、違いを違いとして受けとめられるだけの＊器量です。

　言葉には、おおざっぱに言って、二つあります。一つは、他者を確かめる言葉です。挨拶《あいさつ》の言葉。手紙の言葉。電話の言葉がいちばんいい例です。電話はだれかにかけるもの、そしてだれかからかかってくるものです。つまり、他人なしには存在しない道具です。それに、メディアの言葉。情報の言葉。わたしたちの日常のおおくの言葉は、そこに他者がいる、他者が感じられる、そういう言葉です。あるいは、他者を確かめるための方法としての言葉です。言葉には、もう一つの言葉があります。自分を確かめる言葉です。ここに自分がいると感じられる言葉、自分を確かめるための、あるいはそのための方法としての言葉です。本の言葉はいつもそうでしたし、今でもそうですが、歌や映画、マンガやドラマも、ただおもしろいというだけでなく、共感したり反発したり、ここに自分とおなじ人間がいる、そこに自分の世界があると感じられる、そうした「私」の言葉でできています。

　他者を確かめる言葉と、自分を確かめる言葉と、わたしたちがもつ言葉には二つの方向、二つの働きがあります。

技術革新の大波がおしよせてきてめざましくすすんだのは他人を確かめる言葉の技術ですが、自分を確かめる言葉の技術のほうはどうかと言えば、本なら本を開いて読む。歌なら、歌に耳をかたむける。映画なら映画館で、あるいは部屋でビデオを見る。マンガならページを追う。今も、そんなふうに個人的です。インターネットのような新しい空間がひろがって、他人を確かめる技術がとんでもなくすすんでも、自分を確かめる言葉のあり方が、だからといって変わってゆかないのは、自分を確かめる方法は心の働きだからです。万事に*ソリッドさ、堅固《けんご》さをつくりだしてきた技術革新のあり方とは違って、心というのは、かたちのない見えないものにすぎません。心、と簡単に言うことはできても、その心は、人の身体のどこにあるのか。心臓がどこにあるかはわかる。指がどこにあるか、眼球がどこにあるかもわかっています。しかし、心が身体のどこにあるのか。技術が働きかけることができるのは、そこにあるとわかっているもので、それを変えたりつくったりすることができる。けれども、心はどこにもないものだから、言葉でしか言えないのです。

　そのため技術革新の華《はな》やかな時代におろそかにされがちなのは、心の働きです。心の働きとか、あるいは*勘《かん》どころといった訳のわからないものは、もはや時代遅《おく》れに見えます。［B］流行は、すべてではありません。わたしたちのあいだには言葉でしか言えないもの、言葉でしか読みとれないものが、どうしたってあるからです。そもそも社会が、現実が、世界がそうです。社会や現実や世界は地図のうえにはないし、これがそうだとも指させない。にもかかわらず、わたしたちは社会というものがあると熟知しているし、現実というものをひしひしと実感しているし、世界というものがあるということも知りぬいています。どうやって？　言葉によって、です。言葉からしか感受できないものがある。そのことをわたしたちに教えてくれるのが、言葉です。

（長田弘《おさだひろし》「読書からはじまる」）

*グローバル・スタンダード＝国際標準。
*ベルファスト＝イギリス、北アイルランドの中心都市。
*器量＝ここでは、人の心の大きさのこと。
*ソリッドさ＝ここでは、かたちがあるということ。
*勘どころ＝はずしてはならない最も重要なところ。

(1) ［A］・［B］に入る言葉として最も適切なものをそれぞれ次から選び、記号で答えなさい。

ア やがて　**イ** せめて　**ウ** むしろ
エ しかし　**オ** たとえ　**カ** すると

(2) 第一段落の中で、筆者は「世界の通用語」について述べている。その説明として最も適切なものを次から選び、記号で答えなさい。

ア 国境を越えて働きに行く人たちが増えてきたため、どの国でも通用する最小限の基準が必要であり、その基準を満たしている言葉が世界の通用語となる。

イ 人々をつなぐ基準が世界的に共通になっているため、地域性の違いを乗り越え、表情や身ぶりといったコミュニケーションを必要としない言葉が世界の通用語となる。

ウ 人々の交流が世界的に広がっているため、それぞれの違いを認めるコミュニケーションが求められており、不完全であっても違いをたいせつにする言葉が世界の通用語となる。

エ 言葉とはそもそも地域性に根ざしたものであるため、互《たが》いの言葉の違いを認め、伝えるためのさまざまな工夫を受けいれられる言葉が世界の通用語となる。

(3) 次の文章は、第二段落以降の内容を、ある生徒がまとめたものである。①から⑨までの文の中から、本文に書かれていない考えを含《ふく》むものを一つ選び、記号で答えなさい。

①挨拶や手紙、電話は、相手を想定し、他者の存在を必要としたものであり、メディアの言葉も、伝える相手の存在が前提であって他者なしには存在しないものだといえる。②日常の言葉の多くは、他者が感じられる、あるいは、他者を確かめる方法としての言葉である。③一方、本の言葉、歌や映画、マンガやドラマの言葉は、登場人物と自分が同じである、そこに自分の世界があると感じることができる言葉である。④私たちは、これらの言葉を通じて、自分を確かめているといえる。⑤このとき、私たちは虚構《きょこう》の世界に自由に心を遊ばせ、登場人物とともに生きているといえるのである。⑥こうした自分を確かめる言葉のあり方は、いつの時代も個人的である。⑦それは、かたちとして見ることのできない、心の働きに関わっているからである。⑧技術革新が進み、他者を確かめる言葉の技術が大きく向上している。⑨しかし、どれだけ技術革新が進んだとしても、私たちは、心の働きといった、言葉でしか感受できないものの存在に、言葉によって気づくことができる。

〔愛知〕

6 近現代の作家と作品

1 明治期の作家

坪内逍遥《つぼうちしょうよう》　一八五九～一九三五

経歴　小説家・劇作家　岐阜県生まれ。新しい文学運動の中心人物の一人で、勧善懲悪《かんぜんちょうあく》的な文学観を排《はい》し、写実主義を提唱。文学の近代化に努めた。

作品　『小説神髄《しんずい》』『当世書生気質《とうせいしょせいかたぎ》』

二葉亭四迷《ふたばていしめい》　一八六四～一九〇九

経歴　小説家・翻訳《ほんやく》家　東京都生まれ。大学入学後ロシア文学に傾倒《けいとう》し、文学に関心を持つようになる。写実主義の描写《びょうしゃ》と言文一致《いっち》体の文学を実践《じっせん》した先駆《せんく》者。

作品　『浮雲《うきぐも》』　翻訳《ほんやく》『あひゞき』

幸田露伴《こうだろはん》　一八六七～一九四七

経歴　小説家　東京都生まれ。擬《ぎ》古典派の代表的作家。幸田文《あや》の父。

作品　『五重塔《ごじゅうのとう》』『運命』

正岡子規《まさおかしき》　一八六七～一九〇二

経歴　俳人・歌人　愛媛県生まれ。俳誌『ホトトギス』を主宰《しゅさい》。俳句、短歌の革新運動をおこす。自然をありのままに詠《よ》む写生文を提唱。

作品　『歌よみに与《あた》ふる書』『病牀六尺《びょうしょうろくしゃく》』『墨汁一滴《ぼくじゅういってき》』

尾崎紅葉《おざきこうよう》　一八六八～一九〇三

経歴　小説家　東京都生まれ。風俗《ふうぞく》写実小説に新境地を開く。幸田《こうだ》露伴《ろはん》と共に、古典芸術を規範《きはん》とする擬《ぎ》古典派の代表とされた。

作品　『金色夜叉《こんじきやしゃ》』『多情多恨《たじょうたこん》』

国木田独歩《くにきだどっぽ》　一八七一～一九〇八

経歴　小説家・詩人　千葉県生まれ。抒情《じょじょう》詩人として出発した後、人生の悲哀《ひあい》を客観的に描《えが》き出し、自然主義の先駆《せんく》者となる。

作品　『武蔵野《むさしの》』『牛肉と馬鈴薯《じゃがいも》』

田山花袋《たやまかたい》　一八七一～一九三〇

経歴　小説家　群馬県生まれ。対象をできる限り具体的に描写《びょうしゃ》する、日本の自然主義の確立者。自らの弟子との恋愛体験をモデルとした小説『蒲団《ふとん》』は「私小説」のはしりとされる。

作品　『蒲団』『田舎《いなか》教師』

森鷗外《もりおうがい》

一八六二〜一九二二

経歴 小説家・陸軍軍医総監《そうかん》・文学博士・医学博士
島根県生まれ。

本名林太郎《りんたろう》。代々津和野藩亀井家《つわのはんかめいけ》の典医《てんい》（主治医）の家柄《いえがら》で、その長男として生まれた鷗外は、幼少期から英才教育を受け、陸軍軍医となる。

一八八四年に陸軍省からの命令で、ドイツに留学し、ミュンヘン大学・ベルリン大学で衛生学を研究する。医学だけでなく、文学、哲学《てつがく》、美学への造《ぞう》詣《けい》を深める。帰国後、陸軍軍医として働くかたわら、文学活動も行う。

一八八九年には、訳詩集『於母影《おもかげ》』を発表、日本最初の本格的な文芸雑誌『しがらみ草紙《ぞうし》』を創刊。ベルリンを舞台《ぶたい》に、日本人留学生太田豊太郎《おおたとよたろう》と踊《おど》り子エリスの悲恋《ひれん》を雅《が》文体の手記形式で表した『舞姫《まいひめ》』に始まって、『うたかたの記』『文《ふみ》づかひ』をあいついで発表。ドイツ三部作と呼ばれる浪漫《ろうまん》的な作風によって近代文学の礎《いしずえ》を築く。

> **『舞姫』**（冒頭《ぼうとう》部分）
> 石炭をば早《は》や積み果てつ。中等室の卓《つくえ》のほとりはいと静にて、熾熱燈《しねつとう》の光の晴れがましきも徒《いたづら》なり。今宵《こよひ》は夜毎《よごと》にここに集ひ来る骨牌《かるた》仲間も「ホテル」に宿りて、舟に残れるは余一人のみなれば。

一八九二年に発表された翻訳《ほんやく》小説『即興詩人《そっきょうしじん》』は、作家アンデルセンの長編小説を翻訳し、原作以上の名訳として高い評価を得る。また、鷗外は啓《けい》蒙《もう》評論活動もめざましく、坪内逍遙《つぼうちしょうよう》との「没《ぼっ》理想論争」は話題となる。こうした攻撃《こうげき》的な文学活動をこころよく思わぬ者によって、一八九九年、九州の小倉《こくら》に左遷《させん》される。しかし、小倉時代は、鷗外に人間的な成熟をもたらし、その後の作品に大きな影響《えいきょう》を与《あた》えた。

一九〇七年、軍医として最高位である軍医総監となり、文学活動を再開する。一九〇九年に雑誌『スバル』が創刊されると、『半日』『ヰ《イ》タ・セクスアリス』『青年』『雁《がん》』などを次々に発表。一九一二年、乃木希典《のぎまれすけ》の殉死《じゅんし》に影響を受け、五日後に『興津弥五右衛門《おきつやごえもん》の遺書《いしょ》』を書き終えた。これを機に『阿部《あべ》一族《いちぞく》』『山椒大夫《さんしょうだゆう》』『高瀬舟《たかせぶね》』など多くの歴史小説を次々と発表し、史伝『渋《しぶ》江抽斎《えちゅうさい》』に結実する。一九二〇年頃《ごろ》から病臥《びょうが》することが多くなり、一九二二年に死去。

> **『山椒大夫』**（冒頭《ぼうとう》部分）
> 越後《えちご》の春日《かすが》を経て今津《いまづ》へ出る道を、珍《めづ》らしい旅人の一群《むれ》が歩いてゐる。母は三十歳《さい》を踰《こ》えたばかりの女で、二人の子供を連れてゐる。

その他の作品 『最後の一句』

夏目《なつめ》漱石《そうせき》

一八六七～一九一六

経歴 小説家・評論家・英文学者

東京都生まれ。

本名金之助《きんのすけ》。夏目家の五男で、後妻の末っ子であったため、余計者の扱《あつか》いを受けて里子に出され、さらに養子に出された。幼少期に冷遇《れいぐう》された記憶《きおく》は、父への憎悪《ぞうお》、母への思慕《しぼ》となって、作品全体に色濃《いろこ》く反映されている。

第一高等中学校で、同窓生として正岡子規《まさおかしき》と出会い、俳句を学んだ。この頃《ころ》に初めて「漱石」という筆名を使う（中国の故事「漱石枕流《ちんりゅう》」が由来。負け惜《お》しみの強いこと、変わり者のたとえ）。

帝国大学（のちの東京大学）卒業後、愛媛県の中学校に教師として赴任《ふにん》。このときの松山での体験から、のちに『**坊《ぼ》っちゃん**』が書かれた。

一九〇〇年、文部省より英文学研究のため英国（ロンドン）留学を命じられる。のちに、留学時代の思い出をもとに短編小説『倫敦塔《ろんどんとう》』を書いた。

帰国後、先任の小泉八雲《こいずみやくも》を押《お》しのける形で、東京帝国大学《ていこく》英文科で日本人初の英語教師となる。

また、正岡子規を通じて知り合った高浜虚子《たかはまきょし》の勧《すす》めで、一九〇五年に処女《しょじょ》作となる『**吾輩《わがはい》は猫《ねこ》である**』を句誌『ホトトギス』に発表した。これを皮切りに漱石は小説を書き始める。

> 『吾輩は猫である』（冒頭《ぼうとう》部分）
> 吾輩は猫である。名前はまだ無い。どこで生《うま》れたか頓《とん》と見当がつかぬ。何でも薄暗《うすぐら》いじめじめした所でニャーニャー泣いていた事だけは記憶《きおく》している。

一九〇七年、東京帝国大学を退職して朝日新聞社に専属作家として入社し、小説執筆《しっぴつ》に打ち込《こ》む。『**三四郎《さんしろう》**』『**それから**』に続く前期三部作の『**門《もん》**』を執筆中に胃潰瘍《いかいよう》を患《わずら》い生死をさまようも、その後、後期三部作『**彼岸過迄《ひがんすぎまで》**』『**行人《こうじん》**』『**こころ**』を発表。『**明暗《めいあん》**』の執筆途中《とちゅう》に未完のまま永眠《えいみん》。終始人間の孤《こ》独《どく》とエゴイズムを追求し、晩年は「則天去私《そくてんきょし》」（自分中心の考えを捨て、自然に身を任せること）の境地を求めた。

> 『坊っちゃん』（冒頭部分）
> 親譲《おやゆず》りの無鉄砲《てっぽう》で小供《こども》の時から損ばかりしている。小学校にいる時分学校の二階から飛び降りて一週間ほど腰《こし》を抜《ぬ》かした事がある。

その他の作品 『草枕《くさまくら》』『文鳥』『夢十夜』『道草』

島崎藤村《しまざきとうそん》　一八七二～一九四三

経歴　小説家・詩人　岐阜県生まれ。浪漫《ろうまん》主義の詩人から小説家に転じた。『破戒《はかい》』は夏目漱石《なつめそうせき》から本格的な自然主義小説として絶賛された。

作品　**『若菜集』『破戒』『夜明け前』**

樋口一葉《ひぐちいちよう》　一八七二～一八九六

経歴　小説家　東京都生まれ。近代以降、最初の職業女流作家。肺結核により若くして世を去った。

作品　**『にごりえ』『たけくらべ』**

泉鏡花《いずみきょうか》　一八七三～一九三九

経歴　小説家　石川県生まれ。江戸《えど》文芸の影響《えいきょう》を深く受けた怪奇趣《かいきしゅ》味《み》と、幻想《げんそう》的で美しいロマンティシズムを生かした作品を描《えが》いた。

作品　**『高野聖《こうやひじり》』『夜叉ケ池《やしゃがいけ》』**

柳田国男《やなぎたくにお》　一八七五～一九六二

経歴　民俗《みんぞく》学者　兵庫県生まれ。日本各地の伝承収集に力を注いだ、民俗学の祖。

作品　**『遠野物語《とおのものがたり》』『海上《かいじょう》の道《みち》』**

島木赤彦《しまきあかひこ》　一八七六～一九二六

経歴　歌人　長野県生まれ。アララギ派の中心として活躍《かつやく》。写実的な歌風を確立する。

作品　**『馬鈴薯《ばれいしょ》の花』『切火』『氷魚《ひお》』**

有島武郎《ありしまたけお》　一八七八～一九二三

経歴　小説家　東京都生まれ。雑誌『白樺《しらかば》』の創刊に参加。妻の死後、本格的に作家活動に入る。人間性を重んじる人道主義的作品を書く。

作品　**『カインの末裔《まつえい》』『或《あ》る女』**

与謝野晶子《よさのあきこ》　一八七八～一九四二

経歴　歌人・作家　大阪府生まれ。雑誌『明星《みょうじょう》』で近代浪漫《ろうまん》主義歌風を樹立した。反戦や女性解放を唱える。

作品　歌集**『みだれ髪《がみ》』『君死にたまふこと勿《なか》れ』**『新訳源氏物語』

長塚節《ながつかたかし》　一八七九～一九一五

経歴　歌人・小説家　茨城県生まれ。農民文学の最高峰《ほう》とされる小説『土』では、貧しい小作農の生活を描《えが》いた。

作品　『鍼《はり》の如《ごと》く』『土』

斎藤茂吉《さいとうもきち》　一八八二～一九五三

経歴　歌人・精神科医　山形県生まれ。医学のかたわら『アララギ』で活躍《かつやく》。ふるさと山形を愛した。

作品　歌集**『赤光《しゃっこう》』**『あらたま』

種田山頭火《たねださんとうか》　一八八二〜一九四〇

経歴　俳人　山口県生まれ。諸国《しょこく》を行脚《あんぎゃ》しながら俳句を詠《よ》んだ。自由律俳句の代表的俳人。

作品　分け入っても分け入っても青い山（『草木塔《そうもくとう》』より）

石川啄木《いしかわたくぼく》　一八八六〜一九一二

経歴　歌人・詩人　岩手県生まれ。一首三行分《わ》かち書きの短歌が特徴《とくちょう》。近代短歌の発展に大きく貢献《こうけん》した。

作品　詩集『あこがれ』　歌集『一握《いちあく》の砂』『悲しき玩具《がんぐ》』

2 大正期の作家

高村光太郎《たかむらこうたろう》　一八八三〜一九五六

経歴　彫刻家《ちょうこくか》・詩人　東京都生まれ。人道主義的立場から、人間と人間愛を力強くうたう詩を作った。

作品　『道程《どうてい》』『智恵子抄《ちえこしょう》』『典型』

志賀直哉《しがなおや》　一八八三〜一九七一

経歴　小説家　宮城県生まれ。白樺《しらかば》派の代表的作家。推敲《すいこう》を尽《つ》くした簡潔な文体は「無駄《むだ》のない文章」として評価された。読みやすい文体と内容の親しみやすさから、のちには「小説の神様」と言われるようになった。父との不仲は大きなテーマで、『大津《おおつ》順吉《じゅんきち》』に始まり『和解』で実を結ぶ。代表作の一つとして有名な『暗夜行路《あんやこうろ》』は、近代日本屈指《くっし》の長編小説である。

作品　『城《き》の崎《さき》にて』『小僧《こぞう》の神様』

武者小路実篤《むしゃのこうじさねあつ》　一八八五〜一九七六

経歴　小説家　東京都生まれ。白樺《しらかば》派の主導的作家。平和主義・人道主義に立つ、自由素朴《そぼく》な作品が多い。

作品　『お目出たき人』『友情』

北原白秋《きたはらはくしゅう》　一八八五〜一九四二

経歴　詩人・童謡《どうよう》作家・歌人　福岡県生まれ。日本の創作童謡に新分野を開拓《かいたく》し、今なお多くの童謡が歌い継《つ》がれている。

作品　詩集『邪宗門《じゃしゅうもん》』『桐《きり》の花』『雲母《きらら》集《しゅう》』童謡『ゆりかごのうた』『あめふり』

若山牧水《わかやまぼくすい》　一八八五〜一九二八

経歴　歌人　宮崎県生まれ。酒や旅、恋《こい》や自然などを題材に歌を詠《よ》んだ。

作品　『海の声』『山桜《やまざくら》の歌』

谷崎潤一郎《たにざきじゅんいちろう》　一八八六〜一九六五

経歴　小説家　東京都生まれ。情緒《じょうちょ》的かつ味わい豊かな想像力を駆《く》使《し》した文体で独自の世界を築いた。

作品　『痴人《ちじん》の愛』『春琴抄《しゅんきんしょう》』『細雪《ささめゆき》』

萩原朔太郎《はぎわらさくたろう》　一八八六〜一九四二

経歴　詩人　群馬県生まれ。近代人の心のありようを表現した口語自由詩の確立者。

作品　『月に吠《ほ》える』『純情小曲集』

室生犀星《むろうさいせい》　一八八九〜一九六二

経歴　詩人・小説家　石川県生まれ。近代詩の確立に大きな役割を果たしたあと、小説家としても活躍《かつやく》した。

作品　『愛の詩集』　小説『杏《あんず》っ子』

芥川龍之介《あくたがわりゅうのすけ》　一八九二〜一九二七

経歴　小説家　東京都生まれ。
一九一六年に発表した『鼻』が師の夏目漱石《なつめそうせき》に認められ、新進作家としての地位を確立する。作品はほとんど短編で、古典の説話文学から構想を得たものも多い（『羅生門《らしょうもん》』『鼻』『芋粥《いもがゆ》』などは『今昔《こんじゃく》物語集』や『宇治拾遺《うじしゅうい》物語』を題材にしている）。芸術派を代表する作家として活躍《かつやく》する一方、後年には自伝的な素材が多くなり、陰鬱《いんうつ》な傾向《けいこう》を強めていった。遺書に「唯《ただ》ぼんやりした不安」との理由を残し、服毒自殺した。

> 『羅生門』（冒頭《ぼうとう》部分）
> 或日《あるひ》の暮方《くれがた》の事である。一人の下人《げにん》が、羅生門の下で雨《あま》やみを待っていた。

作品　『地獄変《じごくへん》』『藪《やぶ》の中』『河童《かっぱ》』『トロッコ』『或《あ》る阿呆《あほう》の一生』

宮澤賢治《みやざわけんじ》　一八九六〜一九三三

経歴　童話作家・詩人　岩手県生まれ。
農学校で教職に就《つ》きながら、詩集『春と修羅《しゅら》』、童話集『注文の多い料理店』を刊行。ただし、生前は作家としてほとんど認められることがなかった。「イーハトーブ」という言葉は賢治が用いた造語で、出身地である岩手をエスペラント語風に読んだものといわれており、作品の中では理想郷として描《えが》かれている。

作品　『オツベルと象』『雨ニモマケズ』『銀河鉄道の夜』『風の又三郎《またさぶろう》』

横光利一《よこみつりいち》　一八九八〜一九四七

経歴　小説家・俳人　福島県生まれ。
新感覚派の作家として活躍《かつやく》。

作品　『蠅《はえ》』『日輪《にちりん》』『上海《シャンハイ》』『機械』

井伏鱒二《いぶせますじ》　一八九八〜一九九三

経歴　小説家　広島県生まれ。『山椒魚《さんしょううお》』など、独特のユーモアが漂《ただよ》う作品を発表。広島の原爆《げんばく》問題をとらえた『黒い雨』で、野間《のま》文芸賞を受賞。文化勲章《ぶんかくんしょう》を受章した。太宰治《だざいおさむ》の師匠《ししょう》。

作品　『屋根の上のサワン』『ジョン万次郎漂流記《まんじろうひょうりゅうき》』『荻窪風土記《おぎくぼふどき》』

梶井基次郎《かじいもとじろう》　一九〇一〜一九三二

経歴　小説家　大阪府生まれ。近代の倦怠《けんたい》や絶望を、簡潔な描写《びょうしゃ》と詩情豊かな表現で描《えが》いた。

作品　『檸檬《れもん》』『城のある町にて』『桜の樹《き》の下には』

3 昭和期の作家

三好達治《みよしたつじ》　一九〇〇〜一九六四

経歴　詩人　大阪府生まれ。感性と知性の美しいバランスのとれた詩を作った。

作品　詩『乳母車《うばぐるま》』　詩集『測量船』

川端康成《かわばたやすなり》　一八九九〜一九七二

経歴　小説家　大阪府生まれ。『新思潮《しんしちょう》』や『文藝時代《ぶんげいじだい》』を創刊。新感覚派の運動を始め、『伊豆《いず》の踊子《おどりこ》』などを発表する。一九六八年にはノーベル文学賞を受賞した。

作品　『雪国』『千羽鶴《せんばづる》』『山の音』

小林秀雄《こばやしひでお》　一九〇二〜一九八三

経歴　文芸評論家　東京都生まれ。戦前の日本の知性を代表する人物であり、近代批評の確立者。

作品　『無常といふ事』『本居宣長《もとおりのりなが》』『Xへの手紙』『考へるヒント』

草野心平《くさのしんぺい》　一九〇三〜一九八八

経歴　詩人　福島県生まれ。オノマトペ（特に擬声《ぎせい》語）を駆使《くし》しながら、蛙《かえる》を題材にした詩を多数書く。

作品　詩集『第百階級』『蛙』『定本　蛙』

小林多喜二《こばやしたきじ》　一九〇三〜一九三三

経歴　小説家　秋田県生まれ。プロレタリア文学作家として国家権力に抵抗《ていこう》する労働者の姿を描《えが》く。

作品　『蟹工船《かにこうせん》』『不在地主』『防雪林』

金子《かねこ》みすゞ　一九〇三〜一九三〇

経歴　詩人　山口県生まれ。命なきものに目を向けながら、小さな命を慈《いつく》しむみずみずしい詩を作った。

作品　『大漁』『私と小鳥と鈴《すず》と』

幸田文《こうだあや》　一九〇四〜一九九〇

経歴　随筆《ずいひつ》家・小説家　東京都生まれ。幸田露伴《こうだろはん》の次女。人間としての深みから生まれる美しく簡潔で繊細《せんさい》な文章を書いた。

作品　『黒い裾《すそ》』『**流れる**』『おとうと』

堀辰雄《ほりたつお》　一九〇四〜一九五三

経歴　小説家　東京都生まれ。胸を病んで療養《りょうよう》生活を送りながら、清新な心理描写《びょうしゃ》の作品を書いた。

作品　『聖家族《せいかぞく》』『**風立ちぬ**』『菜穂子《なおこ》』

坂口安吾《さかぐちあんご》　一九〇六〜一九五五

経歴　小説家　新潟県生まれ。敗戦後の混迷《こんめい》の中で、いちはやく戦後の本質を把握《はあく》、洞察《どうさつ》した無頼《ぶらい》派。

作品　『**堕落論**《だらくろん》』『桜の森の満開の下』

中原中也《なかはらちゅうや》　一九〇七〜一九三七

経歴　詩人・歌人・翻訳《ほんやく》家　山口県生まれ。天性のリズム感と童謡《どうよう》風な心象表現で、哀切《あいせつ》な喪失《そうしつ》感に満ちた詩を作る。

作品　詩集『**山羊**《やぎ》**の歌**』『在りし日の歌』

大岡昇平《おおおかしょうへい》　一九〇九〜一九八八

経歴　小説家・評論家・フランス文学翻訳《ほんやく》家　東京都生まれ。太平洋戦争時の経験を元に次々と作品を発表。日本の反戦文学の代表的作家。

作品　『**俘虜記**《ふりょき》』『野火』『レイテ戦記』

中島敦《なかじまあつし》　一九〇九〜一九四二

経歴　小説家　東京都生まれ。古典を題材に格調高い文体で、人間の生の極限《きょくげん》を追求する作品を書いた。

作品　『**山月記**《さんげつき》』『名人伝』『李陵《りりょう》』

井上靖《いのうえやすし》　一九〇七〜一九九一

経歴　小説家　北海道生まれ。描《えが》いた小説は大きく三種に大別され、知識人の孤独《こどく》な魂《たましい》を描いた現代を舞台《ぶたい》とするもの(『闘牛《とうぎゅう》』など)、自伝的要素の強いもの(『**しろばんば**』など)、日本や中国の歴史を取材したもの(『風林火山』『**敦煌**《とんこう》』など)がある。

作品　『あすなろ物語』『氷壁《ひょうへき》』『天平《てんぴょう》の甍《いらか》』『蒼《あお》き狼《おおかみ》』『流転《るてん》』『額田女王《ぬかたのおおきみ》』

松本清張《まつもとせいちょう》　一九〇九〜一九九二

経歴　小説家　福岡県生まれ。犯罪の背後にある社会背景にも注目した推理小説を数多く発表。「社会派推理小説」の始祖。

作品　『**点と線**』『ゼロの焦点《しょうてん》』『**砂の器**《うつわ》』『鬼畜《きちく》』

太宰治《だざいおさむ》　一九〇九～一九四八

経歴　小説家　青森県生まれ。

津軽《つがる》の大地主の六男として生まれ、裕福《ゆうふく》な家庭に育ったことなどで罪悪感を持ち続けることになる。井伏鱒二《いぶせますじ》に弟子入りして創作活動を開始するが、自虐的《じぎゃく》・反俗《はんぞく》的な作品が多く見られた。第二次世界大戦後、坂口安吾《さかぐちあんご》・織田作之助《おださくのすけ》らと共に**無頼派**《ぶらい》などと呼ばれた。

玉川上水《じょうすい》への入水《じゅすい》で生命を絶つ。遺体が発見された六月十九日は奇《く》しくも誕生日で、桜桃忌《おうとうき》として知られている。

> 『人間失格』（第一の手記　冒頭《ぼうとう》部分）
> 恥《はじ》の多い生涯《しょうがい》を送ってきました。
> 自分には、人間の生活というものが、見当つかないのです。

作品　『**富嶽百景**《ふがくひゃっけい》』『**走れメロス**』『津軽《つがる》』『**斜陽**《しゃよう》』『**人間失格**』『グッド・バイ』

高田敏子《たかだとしこ》　一九一四～一九八九

経歴　詩人　東京都生まれ。

日常生活に根ざした平明な詩を書き、「お母さん詩人」などと呼ばれた。

作品　『月曜日の詩集』『愛のバラード』

島尾敏雄《しまおとしお》　一九一七～一九八六

経歴　小説家　神奈川県生まれ。

特攻隊《とっこうたい》に身を置くも、出撃《しゅつげき》しないまま終戦を迎《むか》えた。重い日常を幻想《げんそう》に託《たく》した作風が特徴《とくちょう》。

作品　『**死の棘**《とげ》』『日の移ろい』

黒田三郎《くろださぶろう》　一九一九～一九八〇

経歴　詩人　広島県生まれ。

戦後社会に生きる市民の日常と生活感覚を平易な言葉でうたった。

作品　詩集『**小さなユリと**』

安岡章太郎《やすおかしょうたろう》　一九二〇～二〇一三

経歴　小説家　高知県生まれ。

弱者の視点から身近に潜《ひそ》むうそを描《えが》く。芥川《あくたがわ》賞などの選考委員も務めた。

作品　『陰気《いんき》な愉《たの》しみ』『**海辺**《かいへん》**の光景**』

石垣りん《いしがき》　一九二〇～二〇〇四

経歴　詩人　東京都生まれ。

働く女性の立場から、生活に根ざした詩を発表し続けた。

作品　『**表札など**』『略歴』

遠藤周作《えんどうしゅうさく》　一九二三～一九九六

経歴　小説家　東京都生まれ。

自らが信者として、キリスト教の精神に根ざした人間愛をテーマとした作品を描《えが》いた。

作品　『白い人』『**海と毒薬**』『**沈黙**《ちんもく》』

司馬遼太郎《しばりょうたろう》

一九二三〜一九九六

経歴　小説家　大阪府生まれ。「司馬史観」と呼ばれる独自の歴史解釈《かいしゃく》で歴史小説に新風を送り込《こ》んだ。

作品　『竜馬《りょうま》がゆく』『坂の上の雲』

外山滋比古《とやましげひこ》

一九二三〜二〇二〇

経歴　英文学者・言語学者・評論家・エッセイスト　愛知県生まれ。
幼児や子どもを対象に「ことば」による情操《じょうそう》教育・知育の重要性を提唱。

作品　『日本語の論理』『思考の整理学』

安部公房《あべこうぼう》

一九二四〜一九九三

経歴　小説家・劇作家・演出家
東京都生まれ。
先駆《せんく》的な前衛文学の中心的存在。

作品　『砂の女』『他人の顔』『箱男』

茨木のり子《いばらぎのりこ》

一九二六〜二〇〇六

経歴　詩人・童話作家　大阪府生まれ。
戦時下の女性の青春を描《えが》くなど、ヒューマニズムにあふれる詩を作った。

作品　『見えない配達夫』『鎮魂歌《ちんこんか》』『自分の感受性くらい』『倚《よ》りかからず』

三島由紀夫《みしまゆきお》

一九二五〜一九七〇

経歴　小説家　東京都生まれ。
二十四歳《さい》のときに『仮面の告白』で高い評価を得た。小説以外にも戯曲《ぎきょく》や評論などで美的探究を続け、ノーベル文学賞候補にも取り上げられた。
後年、《楯《たて》の会》を結成。一九七〇年に東京市ケ谷《いちがや》の自衛隊東部方面総監《そうかん》部に乗り込《こ》み、自衛隊の決起を促《うなが》したが果たせず、割腹《かっぷく》自殺した。

作品　『潮騒《しおさい》』『金閣寺《きんかくじ》』『近代能楽集』『サド侯爵《こうしゃく》夫人』『豊饒《ほうじょう》の海』

星新一《ほししんいち》

一九二六〜一九九七

経歴　小説家・SF作家　東京都生まれ。
「ショートショートの神様」と呼ばれる。現代社会を鋭《するど》く風刺《ふうし》した。

作品　『ボッコちゃん』『ノックの音が』

吉野弘《よしのひろし》

一九二六〜二〇一四

経歴　詩人　山形県生まれ。
人間愛の本質を追求する詩を書いた。

作品　『I was born』『消息』『虹《にじ》の足』

北杜夫《きたもりお》

一九二七〜二〇一一

経歴　小説家・精神科医　東京都生まれ。
歌人の斎藤茂吉《さいとうもきち》の次男。純文学のほかユーモラスな文章も得意とした。

作品　『どくとるマンボウ航海記』『夜と霧《きり》の隅《すみ》で』『楡家《にれけ》の人びと』

河合隼雄《かわいはやお》 一九二八〜二〇〇七

経歴 心理学者・心理療法《りょうほう》家　兵庫県生まれ。
ユング心理学の第一人者。

作品 『昔話と日本人の心』『こころの処方箋《しょほうせん》』『とりかえばや、男と女』

馬場《ばば》あき子 一九二八〜

経歴 歌人　東京都生まれ。
女性の情念を形象化した若々しく豊かな歌を詠《よ》む。古典にも造詣《ぞうけい》がある。

作品 歌集『桜花伝承《おうかでんしょう》』『晩花』

向田邦子《むこうだくにこ》 一九二九〜一九八一

経歴 小説家・放送作家　東京都生まれ。
テレビドラマの脚本《きゃくほん》のほか、小説やエッセイなどの作品も多く発表。

作品 『父の詫《わ》び状』『思い出トランプ』

新川和江《しんかわかずえ》 一九二九〜

経歴 詩人　茨城県生まれ。
比喩《ひゆ》を巧《たく》みに用いてさまざまな愛の姿をうたう。『現代詩ラ・メール』を創刊。

作品 『睡《ねむ》り椅子《いす》』『わたしを束ねないで』『名づけられた葉―なのだから』

開高健《かいこうたけし》 一九三〇〜一九八九

経歴 小説家　大阪府生まれ。
ベトナム戦争を取材するなど行動派。戦後文学の中心的作家。

作品 『裸《はだか》の王様』『日本三文オペラ』

野坂昭如《のさかあきゆき》 一九三〇〜二〇一五

経歴 小説家・作詞家 神奈川県生まれ。
自らを「焼《や》け跡闇市《あとやみいち》派」と称《しょう》し、戦争の悲惨《ひさん》さや人間の内面を描《えが》く。

作品 『おもちゃのチャチャチャ』(作詞)『エロ事師《ごとし》たち』『火垂《ほた》るの墓』

大岡信《おおおかまこと》 一九三一〜二〇一七

経歴 詩人・評論家　静岡県生まれ。
約三十年にわたり、朝日新聞で「折《おり》々《おり》のうた」を連載《れんさい》。

作品 詩集『記憶《きおく》と現在』　評論『紀《きの》貫之《つらゆき》』

谷川俊太郎《たにかわしゅんたろう》 一九三一〜

経歴 詩人・翻訳《ほんやく》家　東京都生まれ。
鋭《するど》く繊細《せんさい》で感受性豊かな詩を作る。

作品 『二十億光年の孤独《こどく》』『マザーグースのうた』『定義』『日々の地図』

三浦哲郎《みうらてつお》 一九三一〜二〇一〇

経歴 小説家　青森県生まれ。
短編小説の名手。

作品 『ユタと不思議な仲間たち』『拳銃《けんじゅう》と十五の短編』『白夜を旅する人々』

井上《いのうえ》ひさし　一九三四～二〇一〇

経歴　小説家・劇作家・放送作家　山形県生まれ。

独自のユーモア感覚と鋭《するど》い風刺《ふうし》、言葉遊びを駆使《くし》した言語感覚も特徴《とくちょう》。

作品　『ブンとフン』『手鎖心中《てぐさりしんじゅう》』『吉里吉里人《きりきりじん》』『私家版日本語文法』

大江健三郎《おおえけんざぶろう》　一九三五～

経歴　小説家　愛媛県生まれ。『飼育《しいく》』で芥川《あくたがわ》賞を受賞、戦後を代表する作家となる。長編エッセイ『ヒロシマ・ノート』では政治に対する姿勢を示すなど、社会的な発言も積極的に行っている。

一九九四年に、日本人としては二人目のノーベル文学賞を受賞した。

作品　『死者の奢《おご》り』『個人的な体験』『万延元年《まんえんがんねん》のフットボール』

4 平成期以降・現代の作家

養老孟司《ようろうたけし》　一九三七～

経歴　解剖《かいぼう》学者　神奈川県生まれ。

「脳」と「身体」をキーワードに、文化・社会を切れ味鋭《するど》く解説する。

作品　『バカの壁《かべ》』『身体の文学史』

長田弘《おさだひろし》　一九三九～二〇一五

経歴　詩人・児童文学作家　福島県生まれ。

親しみやすく平易な言葉で、現代社会のありようを描《えが》く。

作品　詩集『深呼吸の必要』

椎名誠《しいなまこと》　一九四四～

経歴　小説家　東京都生まれ。

『本の雑誌』を創刊。

作品　『新橋烏森口青春篇《しんばしからすもりぐちせいしゅんへん》』『岳《がく》物語』

池内了《いけうちさとる》　一九四四～

経歴　天文学者・宇宙物理学者　兵庫県生まれ。

現代社会の問題に警鐘《けいしょう》を鳴らす。

作品　『疑似《ぎじ》科学入門』『科学の限界』

河野裕子《かわのゆうこ》　一九四六～二〇一〇

経歴　歌人　熊本県生まれ。

みずみずしい女性ならではの感性を生かしながらも力強い歌が多い。

作品　『森のやうに獣《けもの》のやうに』

宮本輝《みやもとてる》　一九四七～

経歴　小説家　兵庫県生まれ。

人間の宿命を見つめ、生死や幸福について考えさせる作品を描《えが》く。

作品　『泥《どろ》の河《かわ》』『螢川《ほたるがわ》』『優駿《ゆうしゅん》』

鷲田清一《わしだきよかず》　一九四九〜

経歴　哲学《てつがく》者　京都府生まれ。身体に注目し、「臨床《りんしょう》哲学」を提唱。

作品　**『モードの迷宮《めいきゅう》』**『ちぐはぐな身体』『濃霧《のうむ》の中の方向感覚』

内田樹《うちだたつる》　一九五〇〜

経歴　フランス文学者　東京都生まれ。わかりやすい言葉で、現代社会について積極的に発信する。

作品　『先生はえらい』『日本辺境論』

村上春樹《むらかみはるき》　一九四九〜

経歴　小説家　京都府生まれ。軽妙《けいみょう》な文体と不思議な世界観が特徴《とくちょう》。**『ノルウェイの森』**は、大ベストセラーとなった。海外でも人気が高い。

作品　**『海辺のカフカ』『1Q84』**

浅田次郎《あさだじろう》　一九五一〜

経歴　小説家　東京都生まれ。「平成の泣かせ屋」の異名をもつ。歴史小説など多彩《たさい》な作風で人気を博す。

作品　『地下鉄《メトロ》に乗って』**『鉄道員《ぽっぽや》』**

村上龍《むらかみりゅう》　一九五二〜

経歴　小説家　長崎県生まれ。時代を敏感《びんかん》に嗅《か》ぎ取り、小説の背景にうまく組み入れて描《えが》く。

作品　『限りなく透明に近いブルー』**『コインロッカー・ベイビーズ』**『13歳のハローワーク』

あさのあつこ　一九五四〜

経歴　小説家・児童文学作家　岡山県生まれ。**『バッテリー』**で野間《のま》児童文芸賞受賞。

作品　『ランナー』**『弥勒《みろく》の月』**

川上弘美《かわかみひろみ》　一九五八〜

経歴　小説家　東京都生まれ。**『蛇《へび》を踏《ふ》む』**など幻想《げんそう》的な独特の世界観をもつ。

作品　『神様』**『センセイの鞄《かばん》』**『真鶴《まなづる》』

山田詠美《やまだえいみ》　一九五九〜

経歴　小説家　東京都生まれ。大人の恋愛《れんあい》のほか、子どもやいじめをテーマとした作品群も目立つ。

作品　『ベッドタイムアイズ』『風葬《ふうそう》の教室』**『ぼくは勉強ができない』**

辻仁成《つじひとなり》　一九五九〜

経歴　歌手・小説家　東京都生まれ。ロックバンドのボーカルとしてデビューすると同時に執筆《しっぴつ》活動も開始。

作品　**『海峡《かいきょう》の光』**『ピアニシモ』

宮部《みやべ》みゆき　一九六〇〜

経歴　小説家　東京都生まれ。社会派ミステリーの女王。時代小説やファンタジーも手がける。

作品　『火車《かしゃ》』『理由』『模倣犯《もほうはん》』

齋藤孝《さいとうたかし》　一九六〇〜

経歴　教育学者　静岡県生まれ。教育スタイルやコミュニケーションなどに言及《げんきゅう》した著書を多数出版。

作品　『読書力』『コミュニケーション力』『声に出して読みたい日本語』

茂木健一郎《もぎけんいちろう》　一九六二〜

経歴　脳科学者　東京都生まれ。脳と心の関係を平易な言葉で説明。

作品　『ひらめき脳』『挑戦《ちょうせん》する脳』

俵万智《たわらまち》　一九六二〜

経歴　歌人　大阪府生まれ。『サラダ記念日』でデビュー。日常語を取り入れた新しいスタイルの歌で、豊かに情緒《じょうちょ》を表現する。

作品　歌集『チョコレート革命』エッセイ『よつ葉のエッセイ』

重松清《しげまつきよし》　一九六三〜

経歴　小説家　岡山県生まれ。現代の家族の姿を描《えが》いた作品が多い。

作品　『ナイフ』『エイジ』『ビタミンF』『ブランケット・キャッツ』

江國香織《えくにかおり》　一九六四〜

経歴　小説家　東京都生まれ。美しい日本語で、繊細《せんさい》な世界を描《えが》く。

作品　『こうばしい日々』『間宮《まみや》兄弟』

吉本《よしもと》ばなな　一九六四〜

経歴　小説家　東京都生まれ。評論家の吉本隆明《よしもとたかあき》の次女。少女漫画《まんが》的な作風が特徴《とくちょう》で、海外でも人気。

作品　『キッチン』『TUGUMI』

恩田陸《おんだりく》　一九六四〜

経歴　小説家　青森県生まれ。『蜜蜂《みつばち》と遠雷《えんらい》』は直木賞を受賞した。

作品　『夜のピクニック』『ネバーランド』『ライオンハート』

池谷裕二《いけがやゆうじ》　一九七〇〜

経歴　脳科学者　静岡県生まれ。海馬などの脳科学の知識を紹介《しょうかい》した著書が多い。

作品　『進化しすぎた脳』『脳はなにかと言い訳する』『自分では気づかない、ココロの盲点《もうてん》』

夏目《なつめ》漱石《そうせき》と正岡《まさおか》子規《しき》

みなさんは、明治時代の文豪《ぶんごう》、夏目《なつめ》漱石《そうせき》と正岡《まさおか》子規《しき》が、とても仲が良かったということを知っていますか。

二人は、同じ年（一八六七年）に、漱石は東京で、子規は松山で生まれ、生涯《しょうがい》かたい友情で結ばれていました。

▼ペンネーム

子規は、リストを作るのが好きで、友達リストや、自分のペンネームリストを作っていました。実は、「漱石」という名前は、正岡子規が多数持っていたペンネームの一つで、それを漱石が譲《ゆず》り受けたものだそうです。

漱石によると、子規は「何でも大将にならなけりゃ承知しない男」だったそうですが、自分のペンネームを譲ったということは、漱石には一目《いちもく》置いていたのでしょうね。

▼趣味《しゅみ》が同じで急接近した二人

十七歳《さい》のとき、二人は大学予備門に合格するものの、子規は文学と野球に熱中して落第、漱石は胃痛のために落第となりました。その後、合格した第一高等学校で同級生になり、落語好きがきっかけで、急速に仲良くなりました。

▲高等学校時の子規

▼松山での二人

英語教師として松山に赴任《ふにん》した漱石の下宿には、療養《りょうよう》中の子規が転がり込《こ》み、漱石は二階に、子規は一階に住みました。漱石は、階下で毎日のように開かれる句会に出席して、俳句を学びました。

子規は、そこで気ままな生活を送っていたようで、勝手に鰻《うなぎ》のかば焼きなどを注文しては、漱石に「君、払《はら》ってくれたまえ」と言って、さっさと東京へ帰っていったそうです。

▼はなればなれになっても

漱石は、文部省の命でイギリスに留学。ロンドンでの見聞を、子規に手紙で報告しました。病床《びょうしょう》の子規は、漱石のロンドン便りをとても楽しみにして、次のような手紙を漱石に出しています。

「……僕《ぼく》ガ昔カラ西洋ヲ見タガツテ居タノハ君モ知ツテルダロー。ソレガ病人ニナツテシマツタノダカラ残念デタマラナイノダガ、君ノ手紙ヲ見テ西洋ヘ往《いっ》タヤウナ氣《き》ニナツテ愉快《ゆかい》デタマラヌ。……」

一九〇二年、子規は結核《けっかく》のため死去します。漱石は、帰国後、自身初めての小説「吾輩《わがはい》は猫《ねこ》である」を、子規創刊の句誌「ホトトギス」に発表しました。

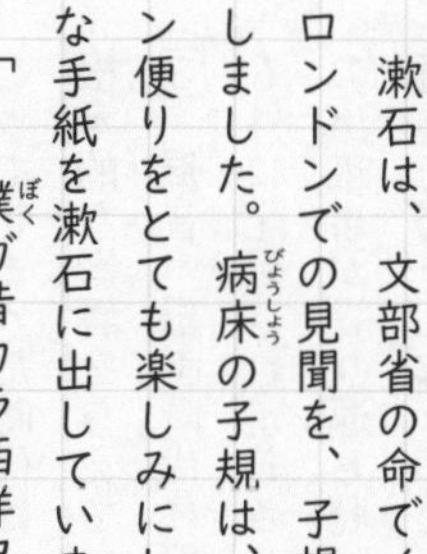
▲英国留学直前の漱石

章末問題

解答→527ページ

1 次の文章を読んで、あとの問いに答えなさい。

[1] 文字のない時代は、知識を伝えるには口から口へが基本です。落語もまた、師匠《ししょう》が喋《しゃべ》ることを書き取ったりせず、そのまま体に染み込《こ》ませていきます。文字化して固定し確定させていくものではありません。

[2] 一方、例えば、ⓐ演劇はチームで取り組むものですから、書き取って台本にしておかないと、演出家や芝居《しばい》をする人、舞台《ぶたい》をつくる人が共有できません。書物になったものは繰《く》り返し読まれ世界をつなぎ人類の遺産となれる。台本があるから時代を超《こ》えて繰り返し上演することができるわけです。ただし、文字化して固定することで、ある意味死んだ状態になるわけで、そこに息を吹《ふ》き込み、魂《たましい》を与《あた》えていくのが演出家であり役者であるという構造が生まれます。

[3] 他方、落語の面白《おもしろ》さは、演出も役者も小道具も、すべてを一人の人間がこなすというところにあります。つまり文字にして外化しなくても自分の中で完結するというところが、面白い。落語は今も口伝の世界に生きており、落語には、声の文化が持っていた一回限りの、喋ったら消えてしまうけれど、魂から出てくる魅力《みりょく》があると言えるのではないでしょうか。

[4] そして、現代では録音、録画技術の進歩で、文字化しなくても過去を魂の外に記録していくことが可能です。文字の歴史に比べれば、ほんの一〇〇年、個人ユース*では数十年の歴史しかありませんが、ⓑ録音・録画できるようになってしまった時代は、文化というもの、文化のあり方に根本的な影響《えいきょう》を与えているのです。

[5] 録音・録画時代に何が起きたかと言えば、「声の文化」も外に記録され定着されていくということです。一回限りの出来事が繰り返し聴《き》けることは、人類の歴史ではごく最近までありえなかった。文学は、書き手と書いたものが分《ぶん》離《り》できて、書いたものだけが残っていく文化でしたが、自分の身体に染み込ませ口伝で伝えていく落語は、*噺家《はなしか》と噺が分離できない。身体と共にあることが落語の根本的な魅力であるわけです。録音・録画時代には、過去に蓄積《ちくせき》されたすべての噺家がライバルになるということになります。

[6] 演奏家も同じですね。例えば、新進のヴァイオリニストが演奏を発表しようとしても、過去に蓄積されたすべてのヴァイオリニストの演奏と比較《ひかく》される。今、同時代に生きている人だけでなく、過去に活躍《かつやく》した（と言っても、録

音・録画が可能となって以降の、ですが）演奏家がすべて乗り越えていく対象になります。落語も演奏も歌唱も、かつては一瞬《いっしゅん》で消えていたものが保存・再現されるということで、「新しいもの」の意味が、つまり、同じ時間を共有するという意味が、変わってきたということも言えます。

7 とはいえ、落語の魅力はやはりライブであり場の共有であることは間違《まちが》いありません。噺家と噺が不可分であることの魅力は、実は、録音・録画では享受《きょうじゅ》できない。噺家の肉体が高揚《こうよう》したり、疲《つか》れたり、持ち直したり、「師匠、この噺の最後まで肉体《からだ》がもつのかなあ」という心配感まで含《ふく》めて、ライブの魅力。噺家の存在そのものを共に楽しむことができるということが、声（魂）の文化の醍醐味《だいごみ》なのです。

（黒崎政男《くろさきまさお》「哲学《てつがく》者クロサキの哲学超《ちょう》入門」）

＊ユース＝使うこと、利用。　＊噺家＝ここでは落語家。

(1) ――線部ⓐ「演劇はチームで取り組むもの」とあるが、これに対して落語はどのようなものか。十五字以内で答えなさい。

(2) 本文中の段落の関係を説明したものとして最も適切なものを次から選び、記号で答えなさい。

ア 2段落の人類の遺産については、3段落で述べられている。

イ 4段落の文字の歴史については、6段落で述べられている。

ウ 5段落の落語の根本的な魅力については、7段落で述べられている。

エ 6段落の「新しいもの」の意味の変化については、4段落で述べられている。

(3) ――線部ⓑ「録音・録画できる～影響を与えている」とあるが、その「影響」を次の三点にまとめた。各問いに答えなさい。

① 「得たもの」について、次の文の□に入る言葉を本文中から五字で抜《ぬ》き出しなさい。

落語や演奏などの「声の文化」を□できる便利さ。

② 「変化したもの」について、次の文の□に入る内容を二十五字以内で答えなさい。

ライバルとなる対象が変化し、□ようになった。

③ 「得られないもの」について、落語家を例に次のようにまとめた。Xは、入る言葉を六字で抜き出し、Yは、入る内容を六字で答えなさい。

落語と落語家の X を共に楽しめることが「声の文化」の醍醐味であり、録音・録画した落語からは、「 Y 」というライブの魅力は得られない。

〔秋田〕

2 次の文章を読んで、あとの問いに答えなさい。

[1] 現実の社会では、特定の専門家だけではとても解決できないような問題が溢《あふ》れかえっている。環境《かんきょう》危機、生命操作、医療《いりょう》過誤、介護《かいご》問題、食品の安全などなど。これら①現代社会が抱《かか》え込《こ》んだ諸問題は、もはやかつてのように政治・経済レベルだけで対応できることがらではないし、また特定の地域や国家に限定して処理しうる問題でもない。これらの問題は小手先の制度改革で解決できるものではなく、環境、生命、病、老い、食についてのわたしたちのこれまでの考え方そのものを、その根もとから洗いなおすことを迫《せま》るものである。

[2] これらの問題への取り組みにおいて、②「専門を究めた」個々のプロフェッショナルは、他のプロ、あるいは他のノン・プロと協同しなければ、何一つ専門家としての仕事をなしえない。（中略）

[3] ここで注意を要するのは、これら協同するプロたちにとって、組む相手はいずれも、じぶんの専門領域からすればアマチュアだということだ。とすれば、ほんとうのプロというのは他のプロとうまく共同作業ができる人のことであり、彼《かれ》／彼女《かのじょ》らにじぶんがやろうとしていることの大事さを、そしておもしろさを、きちんと伝えられる人であり、そのために他のプロの発言にもきちんと耳を傾《かたむ》けることのできる人だということになる。一つのことしかできないというのは、プロフェッショナルではなく、スペシャリストであるにすぎないのである。

[4] このことが意味しているのは、ある分野の専門研究者が真のプロフェッショナルでありうるためには、つねに同時に③「教養人」でなければいけないということである。「教養」とは、一つの問題に対して必要ないくつもの思考の補助線を立てることができるということである。いいかえると問題を複眼で見ること、いくつもの異なる視点から問題を照射することができるということである。このことによって一つの知性はより客観的なものになる。そのためには常日頃《つねひごろ》から、じぶんの関心とはさしあたって接点のない思考や表現にふれるよう、心懸《こころが》けていなければならない。じぶんの専門外のことがらに対していつも感度のいいアンテナを張っていること、そう、専門外のことがらに対して狩猟《しゅりょう》民族がもっているような感度の高いアンテナを、いつもじぶんのまわりに張りめぐらせていなければならない。要するに、狩猟民族が数キロメートル離《はな》れた地点での自然環境の微細《びさい》な変化に的確に感応するのとおなじような仕方で、同時代の社会の、微細だけれども根底的な変化を感知

するセンスをもつということである。（中略）

5 複眼をもつこととしての「教養」は、④同時代の社会の全体を遠近法的に見るということである。これはじぶんが立っている位置を、より大きなパースペクティヴ（視野）のなかで見定めるということである。遠近法とはこのばあい、知の使用をめぐる「価値の遠近法」（猪木武徳《いのきたけのり》）にかかわる。つまり、人が絶対に見失ってはならないものと、あってもいいけどなくてもいいものと、端的《たんてき》になくてもいいもの、絶対にあってはならぬものとの区別を、さしあたり大括《おおぐく》りに摑《つか》むことができるということである。それは社会のニーズに従うことではなく、ニーズに対して、それはほんとうに応えるべきニーズなのかと問うことである。

（鷲田清一《わしだきよかず》の文章）

---

(1) ――線部①「現代社会が抱え込んだ諸問題」とあるが、これを説明した次の文の a ・ b に入る言葉を、第1段落の中からそれぞれ十字以内で抜《ぬ》き出しなさい。

　a をしても解決できないものであり、社会のさまざまな物事に対するわたしたちの従来の考え方じたいを b ことを要求するものである。

(2) ――線部②『専門を究めた』～仕事をなしえない」とあるが、ほんとうのプロフェッショナルについて説明した次の文の□に入る言葉を、本文中の言葉を用いて五十字以内で答えなさい。

　他のプロと協力して一緒《いっしょ》に作業ができ、□ことができる人。

(3) ――線部③『教養人』でなければいけない」とあるが、教養人とはどのような人か。「一つの問題をいくつもの異なる視点から見ることで」という書き出しに続けて、「…人」に続くように、「客観的」「感知」の二語を用いて五十字以内で答えなさい。

(4) ――線部④「同時代の社会の全体を遠近法的に見る」とあるが、どういうことか。最も適切なものを次から選び、記号で答えなさい。

ア 社会のことがらについて、その必要性や重要度をひとまずより大きな視野でとらえていくということ。

イ 社会が本当に必要とすることを、大きな枠組《わく》みから一つに絞《しぼ》り込みその実現に尽力《じんりょく》するということ。

ウ 社会で需要《じゅよう》の高いことが、自分にとっても価値があるのかを大局的な視点から考えるということ。

エ 社会のニーズに対して、その実現の可能性がどれだけあるのかを検討しなおすということ。

〔香川―改〕

3 次の文章を読んで、あとの問いに答えなさい。

津軽《つがる》の商家に生まれた鶴《つる》は、父の平吉、母のきぬ、兄の亀《かめ》吉《きち》、使用人のいしと暮らしていた。ある日、平吉の旧友福沢から、鶴を福沢の養女にして、新設される開拓使《かいたくし》仮学校女学校に推薦《すいせん》したいという書状が届く。平吉もきぬも反対はせず、鶴自身の意志で決めるように言ってくれた。

＊常居《じょい》の間に一人残され、何度も福沢からの書状を読み返した。読めば読むほど、わくわくした。

福沢様が異国と見紛《まが》うばかりだと評した箱館《はこだて》へ渡《わた》り、母様が生まれ育った東京へ出る。そして、異人の女教師に英語を習い、異国の婦人たちに劣《おと》らぬ教養を身につける。わたしが……このわたしが……。

①夢見心地《ごこち》どころの話ではなかった。岩木山の頂にかかる雲にでも乗っているかのようだ。

「お鶴様、お鶴様ってば」

いしの声で我に返った。振《ふ》り向くと、いしが痰壺《たんつぼ》を袂《たもと》で隠《かく》して、通り庭からこちらに首を伸《の》ばしていた。

「昼飯の支度《したく》ば手伝ってけろ」

「ごめんなさい。今すぐ」

福沢の書状を手早く畳《たた》んで帯の間に納めた。立ち上がると同時に、②はっとした。

もしも、わたしが開拓使仮学校の女学校に入ったら、この家はどうなるんだろう。

いし一人では、女手は足りないに決まっていた。さりとて、商《あきな》いは細る一方で、女中を増やせるとも思えなかった。それに、いま母様と離《はな》れるのは……。

「早ぐしてけねば、亀吉様も戻《もど》って来るべ」

いしに急《せ》かされて、沓脱石《くつぬぎいし》の下駄《げた》を突《つ》っかけた。雲に乗った気分だったはずが、胸に黒雲が立ち込《こ》めていた。

それから何日も、気持ちが揺《ゆ》れ動き続けた。「お前が決めれば良い」と言ったのは本意だったとみえて、平吉は催《さい》促《そく》がましい言葉を一切口にしなかった。

上座敷《ざしき》の月光菩薩《ぼさつ》像を拝んでも答えは出ず、語らいたくても唯一《ゆいいつ》の知友であるあの＊馬も一向にやって来ない。思い悩《なや》むうちにねぷた祭りが過ぎ、今度は鶴に宛《あ》てて、福沢からの便りが届いた。

開拓使の東京＊権判官《ごんはんがん》から札幌《さっぽろ》と箱館の判官に、七月三日附《づけ》でとうとう通達が出されたというのだ。通達は『有志ノ者、推選《すいせん》、至急当地之《これ》＊御差出《おさしだし》下サル可《べ》ク候《そうろう》』と結ばれているため、早急に決断するように、とのことだった。

ねぷた囃子《ばやし》を耳にしたときのごとく、いや、それよりさらに激しく心がざわめいていた。鶴は、福沢の文《ふみ》を手にしたまま、離れ座敷へ続く廊下《ろうか》を急いだ。

襖《ふすま》の前に立つと、きぬの咳《せき》が聞こえた。

「んにゃにゃ。なんぼへずねこどだべ」*

いしがきぬの背中をさすっているのが見えるようだった。

「でも、鶴や亀吉は……こんな母を持ったばかりに、もっと辛《つら》い思いを、しているのだから……これしきは、辛抱《しんぼう》しなければ」

咳《せき》にむせびながら、きぬが応えた。

鶴は「母様！」と叫《さけ》びそうになるのをすんでのところで堪《こら》えた。ここで声を上げれば、③きぬの辛抱をふいにしてしまう。

「*御新造《ごしんぞう》様も津軽の女さなられたな。立派なじょっぱり*だじゃ」

いしの声が潤《うる》んでいた。

母様は、江戸を発《た》つ朝に今生《こんじょう》の別れを覚悟《かくご》して身内に挨《あい》拶《さつ》したと言っていた。わたしには、それができるだろうか。父様や兄様にならともかく、今の母様に……。

きぬが望んでくれたように、翼《つばさ》を広げて大きく羽ばたきたいのは山山だ。けれど、鶴の翼は、地吹雪《ふぶき》に襲《おそ》われた雀《すずめ》のそれに似て、凍《こお》りついてしまっていた。

（蜂谷涼《はちやりょう》「曙《あけぼの》に咲《さ》く」）

＊常居の間＝居間。　＊あの馬＝鶴が心を通わせている馬。

＊権判官＝明治時代の役職名。　＊差出＝提出すること。

＊へずね＝「苦しい」という意味の方言。

＊御新造＝他人の妻の敬称。

＊じょっぱり＝「強情《ごうじょう》っ張り」という意味の方言。

(1)　——線部①「夢見心地どころの話ではなかった」と対照的な鶴の心情について、隠喩《いんゆ》（暗喩）を用いて表した言葉を、本文中から十字以上十五字以内で探し、初めの四字を抜《ぬ》き出しなさい。

(2)　——線部②「はっとした」とあるが、この理由として最も適切なものを次から選び、記号で答えなさい。

ア　いしのことばによって空想から一気に現実に引き戻《もど》され、家事を全ていしに任せきりにしていたことへの罪悪感が芽生えたから。

イ　いしの呼びかける声には、本来しなければならない家事を怠《おこた》っていた自分を非難する調子が含《ふく》まれているように感じられたから。

ウ　いしとのやりとりをきっかけに、自分がこの家にとって欠かせない働き手の一人であるという事実を改めて認識《にんしき》させられたから。

エ　いしから声を掛《か》けられたことによって、身勝手な空想から覚めるとともに、急にきぬの死が現実的なものとして迫《せま》ってきたから。

(3) ——線部③「きぬの辛抱」とはどういうことか。最も適切なものを次から選び、記号で答えなさい。

ア 鶴が夢を実現する姿を見ることができるならば、どのような苦しみにも耐《た》え抜《ぬ》こうという覚悟《かくご》で、家族から離れた孤独《こどく》な闘病《とうびょう》生活を受け入れているということ。

イ 自分の深刻な病状を気遣《きづか》って鶴が夢を諦《あきら》めてしまうことは避《さ》けなければならないという思いから、強い意志で病の苦しみに負けないようにしているということ。

ウ 鶴に辛い思いをさせてきたとの負い目を感じていたので、鶴の前では意地でも弱音を吐《は》くまいと思い、いしにしか苦しみを訴《うった》えないようにしているということ。

エ 鶴が将来この家を支えてくれることを夢見ており、その夢の実現のために一日も早く回復しようと、家族との接触《せっしょく》を断って治療《ちりょう》に専念しているということ。

〔兵庫—改〕

---

4 次の文章を読んで、あとの問いに答えなさい。

今年に入って、東京では二回雪が降った。雪が降って、あっ、と思ったことが、このたびは二つほどあった。

最初の「あっ」は、名古屋に住む友人からの電話がもたらしてくれた。

「今ね、雪が降り始めたよ」と友人は言ったのだ。「今年、はじめての雪」

寒い日だったが、東京では雪は降っていなかった。そうか、東海地方は雪か、と思いはしたが、よそごとである。しばらく世間話をしてから、電話を切った。

ひさしぶりに街に出て映画でも見ようかと思って、そのあとすぐに家を出た。寒い。名古屋は雪、とつぶやきながら、襟《えり》をたてて歩く。見たい映画をやっていなかったので、本を二冊買って、本屋を出たところで、雪が降り始めた。

あっ、と思った。名古屋の雪が、東京までやってきたのである。名古屋は、ここからはずいぶん遠い場所だと思っていたのに、ほんとうはそんなことはなくて、日本という土地の中の地続きで、小一時間ほどで雪を降らせる雲も張り出してくる。あたりまえのことなのだが、ふだんは忘れている。ここ、今自分のいる場所だけが世界だと思いこんでいる。それ以外の場所は、違《ちが》う次元の場所のような気がしている。でも、そうじゃない。私のいるここは、私のいないあそこにつながり、さらに遠いどこかにつながっている。それを知って、あっと思ったのだ。

同じ日、すっかり夜も更《ふ》けたころ、一人で外に出てみた。長靴《ながぐつ》をはいて。しんとしている。チェーンを巻いたタイヤの音が、遠くからかすかに響《ひび》いてくる。電線から、ときおり雪のかたまりがぽたりと落ちる。長靴をはいた足を、まっさらの雪の中に踏《ふ》み出してみた。一歩。また一歩。柔《やわ》らかい雪が、小さなふきだまりのように積もっている場所がある。両足で、ぽとんと乗ってみた。

沈《しず》んだ。

あっ、とまた思った。沈むんだ。そりゃあ、沈むだろう。私の体重はけっこう重い。でも、ふだんは自分に重みがあることなんか、忘れている。アスファルトや床《ゆか》を踏んでいるときは、自分に重さがあって、それらのものが自分の重さを支えてくれているなんていうことは、忘れているのだ。それを、思い出させてくれた。ひさしぶりに積もった雪が。面白かった。そして同時に、いわれのない、そこはかとない不安も、感じた。

自分のいるここが遠くにつながっていることも、自分に重さがあることも、当然のことなのに、ふだんは忘れている。忘れているうかつさと、忘れていられる安らかさを、雪が教えてくれたのであった。

今年、あと何回、雪は降るだろう。

（川上弘美《かわかみひろみ》「ゆっくりさよならをとなえる」）

問 筆者が「あっ」と思った二つの体験と、それらの体験から感じたことについて、本文中で述べられている内容を次のようにまとめた。[a]・[b]に入る言葉を、それぞれ十三字と十二字で抜《ぬ》き出しなさい。また、[c]に入る内容を、本文中の言葉を用いて三十字程度で答えなさい。

○筆者が「あっ」と思った二つの体験
・名古屋に降った雪が東京でも降ったことから、名古屋と東京は[a]であり、自分のいる場所が[b]にあらためて気がついた。
・雪の上に乗ったときに沈んだことから、自分に重さがあることにあらためて気がついた。
○二つの体験から筆者が感じたこと
・[c]を雪が教えてくれた。

〔大阪―改〕

第2章 詩・短歌・俳句

1 詩

入試重要度 ★★★

詩とは

「詩」とは、**ある対象（事物や意識）から受けた感動を、作者の感性に基《もと》づき、韻律《いんりつ》（リズム）や独自の形式を用いて表現したもの**である。

まず、用いられている言葉や形式、詩の内容それぞれによって分類される**詩の種類**をおさえる。さらに、詩の中で用いられている**表現の工夫**をとらえて、描《えが》かれている情景と、**作者の感動の中心**である**主題**をつかんでいく。

学習内容を例文でチェック

あかとんぼのりぼん　高木《たかぎ》あきこ

頂上は　あそこ ④
③石ころだらけの広い斜面《しゃめん》を
あえぎながら　のぼっていく
スニーカーの　つま先を見つめて

参考 韻文と散文

韻文…韻律（リズム）による表現効果をもつ文。日本では詩、歌（和歌、短歌）、俳句のように、音節数によって分類される。

散文…韻文のような制限にとらわれない文。

くわしく 連とは

詩の意味上のまとまり。連と連の間は一行空けることが多い。

① **形式・表現の工夫をとらえる** →124ページ

●**詩の種類をとらえる。**
・音数に一定の決まりがない→**自由詩**
・作者の心情が中心　→**叙情詩《じょじょうし》**
・現代の言葉で書かれている→**口語詩**

●**表現の工夫をとらえる。**
①直喩《ちょくゆ》（明喩《めいゆ》）…「とつぜん　幻のように　あらわれた」「まるで　地上と天をむすぶ美しいりぼん」

立ちどまって　汗《あせ》をぬぐうと
つよい風がふきあげてきた
つめたい霧《きり》がながれてくる

①とつぜん　幻《まぼろし》のようにあらわれた
何百匹《ぴき》ものあかとんぼの群れ④
風にふかれて　上へ上へ
一本のふとく赤いすじとなって⑦

①まるで　地上と天をむすぶ美しいりぼん④
⑥あかとんぼ　あかとんぼ④
風にのって　風にあおられ
⑤⑥上へ上へ　⑤⑥空へ空へ

すきとおる　うすい羽④
②いのちのりぼん④
だれも　口をきかず
③あかとんぼのゆくえを　目で追っていた
霧《きり》がながれる山の斜面に
②ぴしっと打ち込《こ》まれた杭《くい》になって

②隠喩《いんゆ》（暗喩《あんゆ》）…「いのちのりぼん」「ぴしっと打ち込まれた杭になって」
③倒置法《とうち》…「あえぎながら　のぼっていく……つま先を見つめて」「あかとんぼのゆくえを……杭になって」
④体言止め…「頂上は　あそこ」「何百匹ものあかとんぼの群れ」「まるで　地上と天をむすぶ美しいりぼん」「あかとんぼ　あかとんぼ」「すきとおる　うすい羽」「いのちのりぼん」
⑤対句《つい》法…「上へ上へ」と「空へ空へ」
⑥反復法…「あかとんぼ　あかとんぼ」「上へ上へ」「空へ空へ」
⑦省略法…「一本のふとく赤いすじとなって（のぼっていく）」

② 情景・主題をつかむ

→128ページ

●詩の情景をとらえる。
・季節…秋（あかとんぼ）
・場所…山（頂上・広い斜面）
●詩の構成をとらえる。
・第一連・第二連…山登りの疲《つか》れ。
・第三連〜第五連…鮮《あざ》やかな光景。
●主題をとらえる。
・「あかとんぼ」の生命の輝《かがや》き。
・あかとんぼを見つめて立ちつくす人々の姿に深い感動が表れている。

① 形式・表現の工夫をとらえる

1 詩の種類

詩は、用いられている言葉（用語）と形式によって、次のように分類できる。

用語	**文語詩**	昔の文章語（文語）で書かれた詩。
	口語詩	現代の言葉（口語）で書かれた詩。
形式	**定型詩**	音数や行数に一定の決まりがある詩。
	自由詩	音数や行数に一定の決まりがない詩。
	散文詩	短い語句で改行せず、普通《ふつう》の文章（散文）のように文を続けて書いた詩。

詩の種類を表すときには、用語上の分類と形式上の分類をあわせて、「**文語定型詩**」、「**口語自由詩**」などとすることが多い。

また、詩の内容からは、次のように分類できる。

内容	**叙情詩《じょじょうし》**	作者の心情（感動）をうたった詩。
	叙景詩《じょけいし》	自然の風景をうたった詩。
	叙事詩《じょじし》	歴史的事件・神話・伝説などをうたった詩。

注意！ 文語と歴史的仮名遣《かなづか》い

文語は**文体**（文章の形式）、歴史的仮名遣いは**表記**の問題である。歴史的仮名遣いで書かれていても、口語の場合もある。

例 われ、かう思ひたり。→文語
私は、かう思ふ。→口語

注意！ 定型詩

部分的に音数が崩《くず》れていても、**詩全体として音数を一定に保とうとする作者の意図がくみ取れる**ならば、定型詩に分類する。

日本語では、七五調（七音・五音の繰《く》り返し）や五七調（五音・七音の繰り返し）が多い。**短歌**（**和歌**）や**俳句**なども定型詩の一種である。

参考 散文と散文詩

散文と散文詩を明確に区別するのは難しいが、散文の形式で、内容や調子が詩的な雰囲気《ふんいき》をもつものを散文詩という。

参考 叙事詩の例

日本では、『平家物語』などが、叙事詩の性格をもつ文学と言える。

※自然の風景が描写《びょうしゃ》されていても、作者の心情が中心にうたわれている詩は、叙景詩ではなく、叙情詩に分類する。

例題

1 次の詩を読んで、あとの問いに答えなさい。

ある日ある時　　黒田《くろだ》三郎《さぶろう》

秋の空が青く美しいという
ただそれだけで
何かしらいいことがありそうな気のする
そんなときはないか
空高く噴《ふ》き上げては
むなしく地に落ちる噴水《ふんすい》の水も
わびしく梢《こずえ》をはなれる一枚の落葉《おちば》さえ
何かしら喜びに踊《おど》っているように見える
そんなときが

(1) この詩の形式と用語を次から一つずつ選び、それぞれ記号で答えなさい。
ア 定型詩　**イ** 自由詩　**ウ** 散文詩　**エ** 文語詩　**オ** 口語詩

(2) この詩の内容を次から一つ選び、記号で答えなさい。
ア 叙情詩　**イ** 叙景詩　**ウ** 叙事詩

解答

1 (1)形式…**イ**　用語…**オ**
(2)**ア**

解説

1 (1)形式…音数に一定の決まりがない。
→自由詩。
用語…現代の言葉で書かれている。
→口語詩。
(2)・「秋の空が青く美しい」
＝日常の中の美しい情景
→「何かしらいいことがありそうな気のする」＝明るい気持ち。
・「むなしく地に落ちる噴水の水」「わびしく梢をはなれる一枚の落葉」
＝もの悲しい情景でさえも
→「何かしら喜びに踊っているように見える」＝明るい気持ち。
●主題　ささいな出来事によって、物事を明るい気持ちで受け止められるようになるときがあるものだ。
→作者の心情が中心…叙情詩。

2 表現技法

詩の表現技法には、主に次のようなものがある。

比喩《ひゆ》	あるものを他のものにたとえて、情景や意味をとらえやすくする。
直喩《ちょくゆ》(明喩《めいゆ》)	「まるで・あたかも・ように・みたいに」などを用いて、たとえていることを直接明らかにする。
隠喩《いんゆ》(暗喩《あんゆ》)	比喩を示す語を用いずにたとえる。
擬人法《ぎじんほう》	人間以外のものを人間にたとえる。
倒置《とうち》法	普通《ふつう》とは語順を逆にして、印象を強める。
体言止め	行の終わりを体言(名詞)で止めて、印象を強めたり、余韻《よいん》を残したりする。
対句《ついく》法	対照的な内容を、同じような構造で表現することにより、印象を強め、リズムを与《あた》える。
反復法	同じような言葉を何度も繰《く》り返して、印象を強めたり、リズムを生み出したりする。
省略法	文末や文中の言葉を省略して、余韻を残す。
押《おう》韻《いん》	行の初めか終わりに同一音か類似音を含《ふく》む言葉を並べ、詩にリズムをつける表現技法。

くわしく それぞれの表現技法の例

直喩 例 まるで氷のように冷たい手。
隠喩 例 彼は歩く百科事典だ。
擬人法 例 風が耳元でささやく。
倒置法 例 おいしいね、このパンは。
体言止め 例 初夏のさわやかな朝。
対句法 例 スポーツが 得意な 兄。
絵が 上手な 弟。
反復法 例 早くおいで。早くおいで。
省略法 例 空には白い雲がぽっかりと。

くわしく 押韻

頭韻…**初めの音**をそろえる。
例 さいた、さいた。
さくらの花が満開だ。

脚韻《きゃくいん》…**終わりの音**をそろえる。
例 雲間からさしこむ陽光。
その中を進むカルガモの一行。

参考 擬声《ぎせい》語と擬態語

擬声語…**声や音**に似せた言葉。擬音語ともいう。
例 雷《かみなり》がゴロゴロ鳴る。

擬態語…**態度や状態**に似せた言葉。
例 休みの日は家でごろごろしている。

例題

1　次の詩を読んで、あとの問いに答えなさい。

ばらの初夏

工藤直子《くどうなおこ》

①ばらの新芽の　しなやかなこと
ちいさな娘《むすめ》の　手首のように
いのちのながれが
すきとおってみえる
風が　ふいた
光が　ふった
ばらの新芽に
②てんとうむしが　とまった
てんとうむしは　まるで
ちいさな娘の　手首にひかる
ちいさな腕《うで》時計のようだ
耳にあてればコチコチ
③初夏の音がする

(1) 体言止めを用いた行の番号を答えなさい。

(2) ——線部①「ばらの新芽」、——線部②「てんとうむし」とあるが、これをたとえた言葉を、五字以上十字以内で詩の中からそれぞれ抜《ぬ》き出しなさい。

(3) 5行めと6行めに用いられている表現技法をそれぞれ答えなさい。

(4) この詩の中から擬声語を一つ抜き出しなさい。

(5) ——線部③「初夏の音がする」とあるが、これはどのようなことを表しているか簡潔に答えなさい。

解答

1
(1) 1
(2) ①ちいさな娘の手首(8字)
②ちいさな腕時計(7字)
(3) 対句法
(4) コチコチ
(5) 例 てんとうむしの姿に初夏を感じていること。

解説

1
(1) 1行め文末の「こと」が名詞。
(2) ①は2行めに「ように」、②は9～11行めに「まるで……ようだ」という、たとえを表す言葉がある。
(3) どちらも「何が　どうした」という同じ構造である。
(4) 「擬声語」は、声や音に似せた言葉。「コチコチ」は、時計の動く音を表す。
(5) 初夏に音はないから、「初夏の音」とは、初夏を感じさせる音を表す。ばらの新芽にとまったてんとうむしを「ちいさな娘の……腕時計」にたとえて、その命を刻む音を腕時計の音で表し、初夏の気配を感じ取っていることを表現している。

② 情景・主題をつかむ

詩を理解し、深く味わうためには、**作者がその詩を通して表現しようとしたこと**（**主題**）**は何かをつかむ**ことがたいせつである。そのためには、まずその詩が**どのような情景を描**《えが》**いたものか**を理解する必要がある。

1 情景のつかみ方

情景には、**題材とした物事に対する作者の姿勢**が表れている。したがって、情景を正しく理解することが、主題をとらえるために必要である。

●時・場所

・**時**…季節や時間帯（一日のいつ頃《ごろ》か）、時代などをおさえる。

・**場所**…屋外か屋内か、都会か自然の中か、などをおさえる。

※作者はどこにいるのか？　も考える。作者が詩の情景の中にいるとは限らない。

●内容

・**題材**（物・風景・出来事など）をおさえる。

例題

1 **次の詩を読んで、あとの問いに答えなさい。**

山頂から　小野十三郎《おのとおざぶろう》

山にのぼると

参考　時代をおさえた鑑賞《かんしょう》

次の詩は、第二次世界大戦末期に広島に投下された原爆《げんばく》の被害《ひがい》を受けた作者が、原爆の悲惨《ひさん》さを訴《うった》えたもの。時代背景を踏《ふ》まえて理解することがたいせつである。

『原爆詩集』序　峠三吉《とうげさんきち》

ちちをかえせ　ははをかえせ
としよりをかえせ
こどもをかえせ
わたしをかえせ　わたしにつながる
にんげんをかえせ
にんげんの　にんげんのよのあるかぎり
くずれぬへいわを
へいわをかえせ

解答

1 (1)例 季節…初夏
時間帯…日中
(2)山頂

海は天まであがってくる。
なだれおちるような若葉みどりのなか。
下の方で　しずかに
かっこうがないている。
風に吹《ふ》かれて高いところにたつと
だれでもしぜんに世界のひろさをかんがえる。
ぼくは手を口にあてて
なにか下の方に向かって叫《さけ》びたくなる。
五月の山は
ぎらぎらと明るくまぶしい。
きみは山頂よりも上に
青い大きな弧《こ》をえがく
水平線を見たことがあるか。

(1) この詩はいつのことを描いているか。季節と時間帯を答えなさい。

(2) この詩にはどこから見た風景が描かれているか。詩の中から抜《ぬ》き出しなさい。

(3) 日光を照り返す若葉の様子に「ぼく」の高揚《こうよう》感を重ねて表した言葉を、詩の中から五字で抜き出しなさい。

(4) この詩で作者が表現したかったのはどのようなことか。最も適切なものを次から選び、記号で答えなさい。

ア 豊かな自然の荘厳《そうごん》な美しさ　イ 雄大《ゆうだい》な自然の前の人間の小ささ
ウ 山頂に到達《とうたつ》した達成感　エ 無限にひろがる世界への感動

(3) ぎらぎらと
(4) エ

解説

1

(1)「五月の山」とあるので、初夏。「ぎらぎらと明るくまぶしい」のは日中である。昼間だとわかればよい。

(2)「きみは山頂よりも上に……見たことがあるか。」という問いかけには、自分が現に目にしているものに対する感動が含《ふく》まれている。

(3) 若葉が日光を照り返す「五月の山」の様子を表しているのは「ぎらぎらと明るくまぶしい」の部分。この「ぎらぎらと」という強い表現からは、山頂に立った「ぼく」の高揚した気分も伝わってくる。

(4) 山頂から大きな海をながめた「ぼく」は、「世界のひろさ」を実感し、「なにか下の方に向かって叫びたくなる」ほどの深い喜びに包まれている。「山頂よりも上に青い大きな弧をえがく水平線」という表現にも、ひろい世界を前にした感動が表れている。

2 主題のつかみ方

●**連**に注目して、**詩の構成**を理解する。
・形式や表現技法に注意して、**連ごとの情景・内容**をとらえる。（↓128ページ）
・各連の関係をとらえ、**主題を表している連はどこか**をつかむ。
●**題名**や、**繰**《く》**り返し現れる言葉**（キーワード）は、主題と深く関連していることが多いので注意する。

例題 1 次の詩を読んで、あとの問いに答えなさい。

花火
高田《たかだ》敏子《としこ》

花火　花火
夜空にひろがる
黄菊《きぎく》　*乱菊《らんぎく》

町からも　村からも
小さな家の窓からも
見上げている
おとなも　子どもも
としよりも
犬小屋の眠《ねむ》りかけた子犬まで

(1) 第一連で描《えが》かれている情景を、簡潔に答えなさい。
(2) 第二連で描かれている情景を、簡潔に答えなさい。
(3) この詩を通して作者が伝えようとしていることとして、最も適切なものを次から選び、記号で答えなさい。
ア どんな人の心も引きつけて夢中にさせる花火の華《はな》やかな美しさ。

くわしく 題名と表現技法から主題をつかむ

例
紙風船
黒田三郎《くろださぶろう》

落ちて来たら
今度は
もっと高く
もっともっと高く
何度でも
打ち上げよう
美しい
願いごとのように

詩の中にはないが、題に「紙風船」とあるので、軽《かろ》やかに空に打ち上げられる美しい紙風船のイメージを描いていることがわかる。しかし、それだけではない。打ち上げ続けられる「紙風船」を「美しい願いごと」にたとえることで、逆に「美しい願いごと」をあきらめずにいようというメッセージが伝わってくる。

解答
1 (1) 例 夜空に打ち上げられた花火を、

花火　花火
夜空にのぼる
滝《たき》よ　ふんすい
丘《おか》からも　川からも
小さな舟《ふね》の上からも
見上げている
つかれも　痛みも
さびしさも
心の重荷をみんなわすれて

花火よ　花火よ
世界中の火薬よ
花火になれ
世界中の火薬作りよ
花火をつくれ

＊乱菊＝菊の長い花びらが入り乱れた様子。また、その形のもよう。

イ 人が生きていくうえで欠かせない花火のような娯楽《ごらく》の重要性。

ウ 人の心を癒《い》やす花火に託《たく》した、世界が平和になるようにという願い。

エ 人の心を慰《なぐさ》める花火のすばらしさを世界中に広めたいという望み。

いろいろな場所で、誰《だれ》もが見上げている情景。

(2) 例 人々が、心にかかえたつらさからひととき解放されて花火にみとれている情景。

(3) ウ

解説

1

(1) この詩の題材は「花火」。「町からも……窓からも」とあり、いろいろな場所で見上げていることがわかる。見上げているのは「おとなも……としよりも」、誰も彼《かれ》もである。

(2) 第二連では、人々が「つかれも……心の重荷をみんなわすれて」見上げているとあり、見ている人たちの様子に触《ふ》れられている。

(3) 第一連で打ち上げ花火とそれを見ている者たち、第二連でその花火が人々に安らぎを与《あた》えていることを描き、第三連で呼びかけの技法を用いて花火に願いを託している。この第三連に主題がある。火薬を、人を傷つける武器ではなく、人の心を癒やす花火に用いようという呼びかけには、平和への願いが込《こ》められている。

練習問題

解答→529ページ

1 **次の詩を読んで、あとの問いに答えなさい。**

空をかついで　　　　石垣《いしがき》りん

肩《かた》は
首の付け根から
なだらかにのびて。
肩は
地平線のように
つながって。
人はみんなで
空をかついで
きのうからきょうへと。
子どもよ
おまえのその肩に
おとなたちは
きょうからあしたを移しかえる。
この重たさを
この輝《かがや》きと暗やみを
あまりにちいさいその肩に。
少しずつ
少しずつ。

（「石垣りん詩集　宇宙の片隅《かたすみ》で」所収）

(1) この詩の用語と形式を答えなさい。

(2) この詩で用いられていない表現技法を次から選び、記号で答えなさい。

ア 隠喩《いんゆ》法　**イ** 体言止め　**ウ** 反復法　**エ** 省略法

(3) ――線部「少しずつ／少しずつ」とあるが、ここに込《こ》められている作者の気持ちを説明した次の文の□に入る言葉を、十字以内で答えなさい。

子どもの「ちいさい」肩を思いやり、「移しかえ」を□という気持ち。

(4) この詩について説明した次の文の[a]・[b]に入る言葉を、[a]は十字以内、[b]は二十字以内で答えなさい。

「人はみんなで／空をかついで／きのうからきょうへと。」とは、人間がみんなで世界を支えて[a]ことを表している。そして、「子どもよ／……／移しかえる」の部分には、その世界を[b]という気持ちが描《えが》かれている。

2 次の詩を読んで、あとの問いに答えなさい。

生命《いのち》は　吉野弘《よしのひろし》

生命は
自分自身だけでは完結できないように
つくられているらしい
花も
めしべとおしべが揃《そろ》っているだけでは
不充分《ふじゅうぶん》で
①虫や風が訪《おとず》れて
めしべとおしべを仲立ちする

生命はすべて
その中に欠如《けつじょ》を抱《いだ》き
それを他者から満たしてもらうのだ

私は今日、
②どこかの花のための
虻《あぶ》だったかもしれない
そして明日は
誰《だれ》かが
私という花のための
虻であるかもしれない

（「吉野弘詩集　素直《すなお》な疑問符《ぎもんふ》」所収）

⑴ この詩は何連でできているか。漢数字で答えなさい。

⑵ ——線部①「虫や風が訪れて／めしべとおしべを仲立ちする」とあるが、「虫や風」が具体的にどうすることを意味しているか、二十五字以内で答えなさい。

⑶ ——線部②「どこかの花のための／虻」とあるが、これがたとえているものを説明した次の文の[a]・[b]に入る言葉を、詩の中からそれぞれ四字以内で抜《ぬ》き出しなさい。

他者の生命の[a]を[b]あげる存在。

⑷ この詩の主題として最も適切なものを次から選び、記号で答えなさい。

ア 花が美しく咲《さ》き続けるには他者の力が必要である。
イ 生命は不完全だからお互《たが》いに助け合うべきである。
ウ 生き物が自己完結を目指す生き方は間違《まちが》っている。
エ 生命あるものはお互いに支え合いながら生きている。

2 短歌

入試重要度 ★★★

短歌とは

「短歌」とは、**五・七・五・七・七の三十一音で成り立つ**定型詩である。日本古来、和歌としてうたわれてきたが、ここでは明治時代以降の、主に現代語で詠《よ》まれたものを扱《あつか》う。

短歌を読むときには、できれば音読して、リズムを感じ取るとよい。何が**題材**となっているかをおさえて、**表現の工夫**を味わう。そして、うたわれている**情景**を想像し、作者の感動の中心である**主題**をつかんでいく。

学習内容を例文でチェック

A　＊吾妻《あづま》やまに雪かがやけばみちのくの我《わ》が母の国に汽車入《い》りにけり　斎藤茂吉《さいとうもきち》

＊吾妻やま＝福島市西部にある山。

歌意 吾妻山に雪が輝《かがや》いており、私が乗った汽車がいよいよ(病む)母がいるふるさとに入ったことだ。

B　白鳥《しらとり》は悲しからずや空の青　海のあをにも染まずただよふ　若山牧水《わかやまぼくすい》

歌意 白い鳥は悲しくないのだろうか。空の青にも海の青にも染まらずに白い姿のまま漂《ただよ》っている。

参考 短歌と和歌

和歌とは、「日本の歌」という意味。「漢詩(中国の詩)」に対する呼び方。もともと「五七、五七、五七…」と続く「長歌」に対し、「五七、五七、七」で終わる歌を「短歌」といった。明治時代後半からは、西洋の詩歌《しいか》の影響《えいきょう》を受けて生まれた「新体詩」に対し、三十一音の形式を持つものを「短歌」と呼ぶようになった。

注意! 短歌の用語

主に現代語が用いられるが、歴史的仮《か》名遣《なづか》いや文語を用いる場合もある。

くわしく 短歌の別の呼び方

五・七・五・七・七を足すと三十一になることから、「みそひともじ(三十一文字)」ともいう。

① **形式・表現の工夫をとらえる** →136ページ

A　句切れなし。初句・四句が字余り。

B　**二句切れ。**「空の青」と「海のあを」が対句《ついく》。

C

ふるさとの訛《なまり》なつかし
停車場の人ごみの中に
＊そを聴《き》きにゆく

石川啄木《いしかわたくぼく》

＊そ＝「それ」。

歌意 ふるさとから離《はな》れていると、その訛がなつかしくなる。そんなときは(上野)駅へその訛を聴きに行くのだ。

D

海恋《こい》し潮の遠鳴りかぞへては少女《をとめ》となりし父母《ちちはは》の家

与謝野晶子《よさのあきこ》

歌意 ふるさとの海が恋しいなあ。遠くから聞こえてくる波の音を数えて成長してきた父母の家が恋しい。

E

向日葵《ひまわり》は金の油を身にあびてゆらりと高し日のちひささよ

前田夕暮《まえだゆうぐれ》

歌意 向日葵は金の油のような夏の日差しを浴びて、ゆらりと高く咲《さ》いている。その花を見上げると、その先にある太陽が小さく見えるよ。

F

群《むらが》れる＊蝌蚪《くわと》の卵に春日さす生《うま》れたければ生れてみよ

宮柊二《みやしゅうじ》

＊蝌蚪＝おたまじゃくし。

歌意 ひとところに集まっているカエルの卵の上に春の日が差している。おたまじゃくしたちよ、生まれたければ生まれてこい。

C **二句切れ**。四句が字余り。→体言止め。
D **初句切れ**。「家」は名詞。→体言止め。
E **四句切れ**。「金の油」は、夏の強い日差しをたとえた表現。→比喩《ひゆ》(隠喩《いんゆ》)。「身にあびて」は、向日葵を人間にたとえた表現。→擬人《ぎじん》法。
F **三句切れ**。結句が字足らず。

② 情景・感動の中心をつかむ →138ページ

A 「死にたまふ母」の題で詠まれたもの。母親の危篤《きとく》の報を受けて故郷に向かった作者の、いよいよ母親に対面するという緊張《きんちょう》感を描《えが》いている。
B 孤独《こどく》な心を、色彩《しきさい》の対比を用いて印象的に描いている。
C 上京した作者の、郷愁《きょうしゅう》に駆《か》られる気持ちを描いている。
D 聴覚《ちょうかく》的な記憶《きおく》をもとに生家を懐《なつ》かしむ気持ちを、初句切れで強調している。
E 真夏の太陽をも圧倒《あっとう》するほどの、向日葵の存在感を描いている。
F 下の句の命令形の強さに着目する。生に対する意志と努力のたいせつさを描いている。

① 形式・表現の工夫をとらえる

短歌の作者は、表現する内容にふさわしい**形式**を選び、さまざまな**工夫**を凝《こ》らす。これらをとらえることが、短歌を味わい理解することにつながる。

1 短歌の形式

●基本の音数…五・七・五・七・七

基本の音数よりも音が多い場合や少ない場合があり、音数が三十一音を**超《こ》えること**を**字余り**、音数が三十一音に**足りないこと**を**字足らず**という。

●句の呼び方と句切れ

短歌において、**意味の切れる部分**を**句切れ**という。**普通《ふつう》の文章として考えたときに、句点(「。」)が使われる部分が句切れ**、と考えるとよい。

上の句（初句・二句・三句）／下の句（四句・結句）

初句　二句　三句　四句　結句

五／七／五／七／七

初句切れ　二句切れ　三句切れ　四句切れ

※最後まで切れめがないとき…**句切れなし**

例　いつしかに春の名残《なごり》となりにけり(。)昆布干場《こんぶほしば》のたんぽぽの花　北原白秋《きたはらはくしゅう》

三句切れ

2 短歌の表現技法

比喩《ひゆ》	あるものを他のものにたとえて、情景や意味をとらえやすくする。

参考　句切れとリズムの呼び方

句切れ	リズム
初句切れ 三句切れ	七五調
二句切れ 四句切れ	五七調

くわしく　枕詞

和歌で用いられることが多いが、短歌でも見られる。

例　あかあかと一本の道とほりたり　たまきはる我《わ》が命なりけり　斎藤茂吉《さいとうもきち》

「たまきはる」は、「命」などにかかる枕詞。

主な枕詞

あかねさす↓日・昼・紫《むらさき》
あしひきの／あしびきの↓山・峰《を》
あらたまの↓年・月・日・春
くさまくら↓旅・旅寝《たびね》・むすぶ・ゆふ
たらちねの↓母・親
ちはやぶる↓神・氏《うじ》・宇治《うじ》
ぬばたまの↓黒・髪《かみ》・夜・月・夢
ひさかたの↓天・地・月

倒置法《とうちほう》	普通とは語順を逆にして、印象を強める。
体言止め	終わりを体言(名詞)で止めて、印象を強めたり、余韻《よいん》を残したりする。
反復法	同じような言葉を繰《く》り返して、印象を強めたり、リズムを生み出したりする。
枕《まくら》詞《ことば》	決まった組み合わせで特定の語を導き出す五音の言葉で、その言葉自体は特に意味をもたない。下段 くわしく 参照。

※他の表現技法については、詩の表現技法(→126ページ)を参照

例題

1 次の短歌を読んで、あとの問いに答えなさい。

A　大きなる手があらはれて昼深し上から卵をつかみけるかも　北原白秋《きたはらはくしゅう》

B　垂乳根《たらちね》の母が釣《つ》りたる青蚊帳《あおがや》をすがしといねつたるみたれども　長塚節《ながつかたかし》

C　白菜が赤帯しめて店先にうっふんうっふん肩《かた》を並べる　俵万智《たわらまち》

D　岡に来て両腕《りょうで》に白い帆《ほ》を張れば風はさかんな海賊《かいぞく》のうた　齋藤史《さいとうふみ》

(1)　三句切れの歌はどれか。一つ選び、記号で答えなさい。

(2)　字余りの歌はどれか。すべて選び、記号で答えなさい。

(3)　B～Dに用いられている表現技法をそれぞれ次からすべて選び、記号で答えなさい。

ア 擬人《ぎじん》法　**イ** 倒置法　**ウ** 体言止め　**エ** 反復法　**オ** 枕詞

(4)　「海賊のうた」とは、どのようなことをたとえているか。次の□に入る言葉を簡潔に答えなさい。

少女が空想の中で張った白い帆が、□こと。

解答

1　(1) A　(2) A・C・D　(3) B **イ・オ**　C **ア・エ**　D **ウ**　(4) 例 風を受けて勇ましく鳴っている

解説

1　(1) Aは「昼深し」で切れる。Bは四句切れ、C・Dは句切れなし。

(2) A・Cは四句が八音、Dは二句が八音で字余り。

(3) B「垂乳根の」は「母」などにかかる枕詞。「たるみたれどもすがしといねつ」が普通《ふつう》の語順。

C「白菜」が「肩を並べる」とあるので擬人法。「うっふんうっふん」は反復法。

D「うた」と名詞で終わっている。

(4) 「風」の激しい勢いを、「海賊」の勇ましさや荒々《あらあら》しさにたとえている。

② 情景・感動の中心をつかむ

短歌の形式・表現の工夫をとらえたら、それを踏《ふ》まえて情景を理解する。そして、描《えが》かれている**感動の中心**をつかみ、短歌を深く味わおう。

例　春の鳥な鳴きそ鳴きそあかあかと外《と》の面《も》の草に日の入《い》る夕《ゆふべ》　北原白秋《きたはらはくしゅう》

1 情景をつかむ

●**時**…季節や時間帯（一日のいつ頃《ごろ》か）などをおさえる。例では、春の夕方。

●**場所**…屋外か屋内か、都会か自然の中か、などをおさえる。例では、屋外で自然の中。

●**題材**…物・風景・出来事などをおさえる。例では、鳥の鳴き続ける声と、暮れゆく春の景色。

2 感動の中心をつかむ

①**情景を想像する**。例では、夕日が辺りをあかあかと染めながら沈《しず》んでいくなかで、鳥がもの悲しく鳴いている情景を思い浮《う》かべる。

②**句切れをおさえる**。→**句切れのところ＝感動の中心**。例は、**二句切れ**。

③**表現の工夫や心情を表す言葉**に注目する。例では、「な鳴きそ鳴きそ（鳴くな鳴くな）」が鳥の声を思い起こさせて聴覚《ちょうかく》を刺激《しげき》し、「あかあかと」が視覚に訴《うった》えてきて、春の夕暮れ時のしみじみとしたもの悲しさが伝わってくる。

例題

1 **次の短歌を読んで、あとの問いに答えなさい。**

A　くれなゐの二尺*伸《の》びたる薔薇《ばら》の芽の針*やはらかに春雨《はるさめ》のふる　正岡子規《まさおかしき》

参考　句またがり

音の句切れと意味の句切れが合わないことがある。このようなとき、前の句からあとの句に意味が続いている場合、「**句またがり**」という。この部分のズレが独特のリズムを生み、感動の中心を表す。

例　ゆっくりと／大地めざめて／ゆくように／動きはじめて／いる夏の船　俵万智

←意味上は

大地／めざめてゆくように／動きはじめている／夏の船

解答

1 (1) a 例 とげがやわらかそうな（10字）
b 例 春雨がやさしく降る（9字）
(2) A **イ**　B **エ**　C **ウ**　D **オ**　E **ア**

B 鳴く蟬《せみ》を*手握《たにぎ》りもちてその頭をりをり見つつ童《わらべ》走《は》せ来る　窪田《くぼた》空穂《うつぼ》

C 「寒いね」と話しかければ「寒いね」と答える人のいるあたたかさ　俵万智《たわらまち》

D はじめての雪見る鴨《かも》の首ならぶ鴨の少年鴨の少女ら　佐佐木幸綱《ささきゆきつな》

E 麻《あさ》の葉に雨降る姉といもうとの*遠世《とおよ》がたりに朝の雨降る　馬場《ばば》あき子《こ》

*二尺＝約六十センチメートル。　*針＝とげ。
*手握りもちて＝手に握りもって。
*遠世がたり＝思い出話。

(1) ——線部「やはらか」とあるが、これは二つの意味を表している。次の[a]・[b]に入る言葉をそれぞれ十字以内で答えなさい。

薔薇の芽の[a]様子と、[b]様子。

(2) A〜Eの鑑賞《かんしょう》文として最も適切なものをそれぞれ次から選び、記号で答えなさい。

ア 反復法を用いて、外から隔絶《かくぜつ》されたかのような中の世界のひそやかな語らいの様子を印象的に描いている。

イ 同じ音を繰《く》り返すことでリズムを生み出すとともに、植物のみずみずしい生命力を生き生きと描いている。

ウ 会話を自然に取り込《こ》み、日常生活のひとときを切り取り、対比を通して穏《おだ》やかな気持ちを描いている。

エ 子どものいきいきとした動きを通して、そのうれしそうな様子とそれを見守る温かい視線を描いている。

オ 擬人《ぎじん》法を用いて、遠くから来た生き物が冬の風物詩を好奇心《こうきしん》いっぱいに眺《なが》めている様子を描いている。

解説

1 (1) a 「薔薇の芽の針やはらかに」つまり、薔薇の芽のとげがやわらかそうだというのである。

b 「やはらかに春雨のふる」つまり、春雨がやさしく降っているというのである。

(2) A 「の」の音を繰り返すことで、流れるようなリズムが生まれている。また、植物の生長をうながす春の雨の中で、みずみずしい薔薇の芽の生命力が感じられる。

B 蟬をつかまえたことがうれしくて、作者に見せようと急いでいる子どもの様子を読み取る。

C 「寒いね」は二人の会話を表す。身体の寒さが、結句では心の「あたたかさ」に転じている。

D 「鴨の少年鴨の少女ら」と、鴨の雛《ひな》たちを人間のように表現して親近感を表している。

E 二句の「雨降る」で内容的には一度切れ、「姉と」は句またがりで「いもうと」に続いている。結句の「雨降る」との反復をおさえる。

練習問題

解答→530ページ

1 次の短歌を読んで、あとの問いに答えなさい。

A 森深く鳥鳴きやみてたそがるる木の間の水のほの明かりかも　島木《しまき》赤彦《あかひこ》

B 枯《か》れ野《の》踏《ふ》みて帰り来たれる子を抱《いだ》き何かわからぬものも抱《だ》きよす　今井《いまい》恵子《けいこ》

C 開け放つ虫かごよりぞ十方《じっぽう》にいきもののがれしたたるみどり　玉井《たまい》清弘《きよひろ》

D あすなろの高き梢《こずえ》を風わたるわれは涙《なみだ》の目をしばたゝく　木下《きのした》利玄《りげん》

(1) A～Dの中から字余りの歌を一つ選び、記号で答えなさい。

(2) A～Dのうち、人間のことを詠《よ》み込《こ》んだ歌を二つ選び、記号で答えなさい。

(3) A～Dのうち、生き物のもつ生命力の強さを生き生きと描《えが》いた歌を一つ選び、記号で答えなさい。

〔岩手―改〕

---

2 次の短歌についての説明として最も適切なものをあとから選び、記号で答えなさい。

夏のうしろ、夕日のうしろ、悲しみのうしろにきつと天使ゐるらむ　栗木《くりき》京子《きょうこ》

ア 夏が終わりゆくときの何かをやり残した感覚、夕日が沈《しず》んだあとの言葉にできない不安、急に訪《おとず》れる悲しみを救ってくれるのは「天使」だけだという確信を、「きつと」を用いて表現している。

イ 夏のあとには秋が、夕日が沈んだあとには夜が来て、悲しみのあとには喜びがやってくるというごく自然な日常のありさまを、「夕日」「うしろ」「ゐる」のようにイとウの音を多用して軽快に表現している。

ウ 夏の終わりの寂《さび》しさ、夕日の切なさ、何か悲しみを感じたときに、自分には見えなくても見守り支えてくれるものが存在するという思いを、同じ語の繰《く》り返しと読点を効果的に用いて表現している。

エ 夏の終わりや夕日が沈むときに誰《だれ》もが感じた悲しみは、「天使」がいるとしてもきっと消えはしないという過去にとらわれている思いを、下の句に歴史的仮名遣《かなづか》いを用いて表現している。

〔神奈川〕

3 **次の短歌を読んで、あとの問いに答えなさい。**

A 桜ばないのち一ぱいに咲《さ》くからに生命《いのち》をかけてわが眺《なが》めたり　岡本《おかもと》かの子《こ》

B おとうとよ忘るるなかれ天翔《あまか》ける鳥たちおもき内臓もつを　伊藤《いとう》一彦《かずひこ》

C 海にして太古の民《たみ》のおどろきをわれふたたびす大空のもと　高村《たかむら》光太郎《こうたろう》

D 街をゆき子供の傍《そば》を通る時蜜柑《みかん》の香《か》せり冬がまた来る　木下《きのした》利玄《りげん》

E のど赤き玄鳥《つばくらめ》ふたつ屋梁《はり》にゐて足乳根《たらちね》の母は死にたまふなり　斎藤《さいとう》茂吉《もきち》

F 砂原と空と寄合《よりあ》ふ九十九里の磯《いそ》行く人ら蟻《あり》のごとしも　伊藤《いとう》左千夫《さちお》

(1) A～Fから四句切れの歌をすべて選び、記号で答えなさい。

(2) A～Fから、枕詞とそれがかかる言葉をそれぞれ抜《ぬ》き出しなさい。

(3) B・Cに用いられている表現技法をすべて選び、それぞれ記号で答えなさい。

ア 比喩《ひゆ》　**イ** 倒置《とうち》法　**ウ** 体言止め　**エ** 反復法

(4) Aについて述べた次の鑑賞《かんしょう》文の a ・ b に入る言葉を、 a は歌の中から平仮名《ひらがな》で抜き出し、 b は十字以内で答えなさい。

「 a 」という言葉を二つ重ねて、今を盛《さか》りに精いっぱい咲いている桜の姿に打たれた作者が、ひたむきに b 姿を描いている。

(5) B～Fについての説明として最も適切なものをそれぞれ次から選び、記号で答えなさい。

ア 雄大《ゆうだい》な情景を目にして、それまでの不安が吹《ふ》き飛ぶような大きな感動を得たことを描いている。

イ 聴覚《ちょうかく》を通して感じた厳しい季節の到来《とうらい》を前に身が引き締《し》まる気持ちを描いている。

ウ ふとした日常の出来事から、季節の到来を感じ取ったことを描いている。

エ 見えなくても生きることの重さを心に留めておくたいせつさを伝えようとしている。

オ 広大な光景の中に見いだされる対象の姿が、ユーモアを含《ふく》んだ比喩《ひゆ》によってとらえられている。

カ 目の前の対象に焦点《しょうてん》をあて、両極にあるものの姿を対比することにより、自らの悲痛な心情をくっきりと表している。

3 俳句

入試重要度 ★★★

俳句とは

「俳句」とは、**五・七・五の音数で成り立つ定型詩**である。音数が少なく、限られているため、省略が多い。なお、ここでは明治期以降の作品を扱《あつか》う。

俳句を読むときには、まず**季語**をおさえて**季節**を理解し、**情景**を想像する。そして、**句切れ**に着目して感動の中心をとらえ、作者の思い（**主題**）を読み取る。

学習内容を例文でチェック

A　外《と》にも出よ／触《ふ》るるばかりに春の月　中村汀女《なかむらていじょ》

句意　「外に出ておいで」と家の中の人に呼びかけた。まるで触《さわ》れそうなくらい大きな春の月が出ている。

B　ひっぱれる糸まっすぐ**や**／甲虫《かぶとむし》　高野素十《たかのすじゅう》

句意　かぶと虫が力強く糸を引っ張っている。しばってある糸がまっすぐにぴんと張っていることだ。

C　谺《こだま》して山ほととぎす*ほしいまゝ　杉田久女《すぎたひさじょ》

*山ほととぎす＝山に住むほととぎす。

参考　俳諧《はいかい》と俳句

俳諧は、**俳諧連歌《はいかいれんが》**の略。古代から始まった連歌（短歌の上の句と下の句を別々に作り、続けていくもの）から生まれたもので、もとは滑稽《こっけい》で軽妙《けいみょう》な味わいなどを主とする文学である。

俳句は、俳諧から生まれた近代文芸。俳諧の発句《ほっく》（最初の五・七・五の部分）を独立させたもので、**明治時代に正岡子規《まさおかしき》が「俳句」と名づけた。**

① **形式・表現の工夫をとらえる** →144ページ

A　**初句切れ。**季語＝春の月→春
B　**二句切れ。**「や」が切れ字。季語＝甲虫→夏
C　句切れなし。季語＝山ほととぎす→夏
D　**初句切れ。**「や」が切れ字。季語＝新涼→秋
E　句切れなし。季語＝スケート→冬
F　句切れなし。季語＝去年今年→新年
G　**二句切れ。**「なり」が切れ字。季語＝桜貝→春
A「月」、B「甲虫」、D「うら」、F「も」

句意　ほととぎすが思いのままに鳴く声が山にこだまして、辺り一面響《ひび》きわたっている。

D　*新涼《しんりょう》や／白きてのひらあしのうら　川端茅舎《かわばたぼうしゃ》

*新涼＝秋の初めの涼《すず》しさ。

句意　夏の日差しで日焼けした顔や体と対照的に白い手のひらや足の裏を見て、ほっとひと息つくような涼しさを感じた。

E　スケートの紐《ひも》むすぶ間も*逸《はや》りつつ　山口誓子《やまぐちせいし》

*逸りつつ＝気持ちが先走って。

句意　スケート靴《ぐつ》の紐を結んでいる間も、早くすべりたくて仕方がない。

F　*去年《こぞ》今年貫《つらぬ》く棒の如《ごと》きもの　高浜虚子《たかはまきょし》

*去年今年＝新年にあたり、年の移り変わりを実感する気持ちを表す言葉。

句意　一年が終わり、また新しい一年が始まるけれど、時間は途切《とぎ》れずに続く。その間は目に見えない棒のようなもので貫かれているのだ。

G　眼《め》にあてて海が透《す》くなり／桜貝　松本《まつもと》たかし

句意　薄《うす》い桜貝を目にあてて見てみると、海がうっすらと透けて見えるよ。

の」、G「桜貝」は名詞→体言止め。

② 情景・感動の中心をつかむ

↓148ページ

A　大きな春の月を見た感動が「外にも出よ」という呼びかけに表れている。

B　この「糸」はかぶと虫を捕《つか》まえている糸。「ひっぱれる糸まっすぐや」に、かぶと虫の力強さが表れている。

C　「ほしいまゝ」は、自分の思い通りにふるまう様子を表す。ここでは、山ほととぎすが心ゆくまで鳴いているととらえたのである。

D　切れ字のある「新涼や」の部分に、夏の暑さが一段落した涼しさを感じて、ほっとする気持ちが表れている。

E　「逸りつつ」には、紐を結ぶのももどかしい気持ちが表れている。

F　年が移り変わっても、芯《しん》を貫くものは変わらない。その何かを「棒の如きもの」とたとえている。

G　切れ字のある「海が透くなり」の部分に、桜貝を通して見られる海の様子に感動する気持ちが表れている。

① 形式・表現の工夫をとらえる

1 俳句の形式

●基本の音数…五・七・五(十七音)

基本の音数(五音・七音)よりも音が多い場合や少ない場合もある。**音数が多い場合を字余り**、**音数が少ない場合を字足らず**という。

例　夏草に汽罐車《きかんしゃ》の車輪来て止《と》る　山口誓子《やまぐちせいし》
（八音↓字余り）

虹《にじ》が出るああ鼻先に軍艦《ぐんかん》　秋元不死男《あきもとふじお》
（四音↓字足らず）

2 俳句の表現技法

●句の呼び方と句切れ

俳句において、**意味の切れる部分**を句切れという。短歌と同様に、**普通《ふつう》の文章として考えたときに、句点(「。」)が使われる部分**を句切れと考える。

初句　二句　結句
五　／　七　／　五
初句切れ　二句切れ　※最後まで切れ目がないとき…**句切れなし**

例　鰯雲《いわしぐも》(。)人に告ぐべきことならず　加藤楸邨《かとうしゅうそん》
初句切れ

くわしく　自由律《りつ》俳句

五・七・五の定型にこだわらない俳句もあり、これを「自由律俳句」という。作者が心を動かされたことを、リズムをもって一行で表現することを俳句の本質ととらえれば、自由律俳句もまた俳句といえる。季語のない句も多い。

例　咳《せき》をしても一人　尾崎放哉《おざきほうさい》

句意　わびしい一人暮らしで、咳をしても、その音が響《ひび》くだけで誰《だれ》も案じてくれる人はいない。

↓五・七・五の定型になっておらず、季語として働いている言葉もない。

くわしく　中間切れ

第二句の途中《とちゅう》で切れる場合もあり、それを「中間切れ」という。

例　蒲公英《たんぽぽ》の　かたさや／海の　日も一輪　中村草田男《なかむらくさたお》
（初句　二句　結句）

↓二句の途中に「や」という切れ字があり、ここで意味が切れる。

解答

1 (1)Aや　Bや　Cかな　Dけり
(2)初句切れ…A　二句切れ…B

句意　空には明るい鰯雲が広がっている。一方、私の心の内の悩《なや》みは他人に告げてはならないものだ。

●切れ字

句中や句末にあって、言い切る働きをする語を**切れ字**という。強調を示す言葉で、句の切れ目となる。切れ字のある部分には、**作者の感動(詠嘆《えいたん》)**が表れている。

主な切れ字…**や・よ・ぞ・かな・けり・なり**

例　秋風や(。)模様のちがふ皿二つ　　原石鼎《はらせきてい》

（切れ字）（初句切れ）

例題

1　**次の俳句を読んで、あとの問いに答えなさい。**

A　春風や闘志《とうし》いだきて丘《おか》に立つ　　高浜虚子《たかはまきょし》

B　＊金剛《こんごう》の露《つゆ》ひとつぶや石の上　　川端茅舎《かわばたぼうしゃ》

C　かたまって薄《うす》き光の菫《すみれ》かな　　渡辺水巴《わたなべすいは》

D　赤い椿《つばき》白い椿と落ちにけり　　河東碧梧桐《かわひがしへきごとう》

＊金剛＝ダイヤモンド。とても硬《かた》いもの。

(1)　A～Dの俳句から切れ字を抜《ぬ》き出しなさい。

(2)　初句切れの俳句と二句切れの俳句を一つずつ選び、記号で答えなさい。

(3)　字余りの俳句を一つ選び、記号で答えなさい。

(4)　体言止めが用いられている俳句を一つ選び、記号で答えなさい。

(5)　金剛は何のどのような様子をたとえた表現か。十五字以内で答えなさい。

(3)D　(4)B

(5)例露の、美しく硬く見える様子。(14字)

解説

1　(1)切れ字は、「や」「かな」「けり」など。

(2)「春風や」と初句に「や」があるので、初句切れはA。「ひとつぶや」と二句に「や」があるので、二句切れはB。

(3)Dの初句は「あかいつばき」と六音で字余り。

(4)結句が「上」という名詞で終わっているので、Bが体言止め。

(5)「露」は本来すぐに消えてしまうはかないものである。しかし、ここでは、ダイヤモンドのように硬く見えると、存在の確かさをうたっている。また、ダイヤモンドはきらきらと輝《かがや》くものなので、美しさと硬さの二つをまとめる。なお、それぞれの季語と季節は、A「春風」で春、B「露」で秋、C「菫」で春、D「椿」で春。

3 季語

俳句では、原則として、**季節を表す言葉**である季語を**一つ**詠《よ》み込《こ》む。

俳句の季語は、**陰暦《いんれき》（旧暦）で考えるため、現在の季節感とは二か月ほどのずれがある。**

例 天の川・七夕…いずれも七月の行事に関わるが、陰暦の七月は秋なので**秋**の季語。

●季語の例

	時候・自然	行事・生活	動物	植物
春（陰暦一〜三月）	立春《りっしゅん》・啓蟄《けいちつ》・八十八夜 風光る・彼岸《ひがん》・春一番 東風《こち》・霞《かすみ》・薄氷《うすらい》・花冷《はなびえ》 苗代《なわしろ》・朧月夜《おぼろづきよ》・山笑う 雪解《ゆきどけ》・雪崩《なだれ》・陽炎《かげろう》	入学・卒業・朝寝《あさね》・凧《たこ》 花見・雛祭《ひなまつり》・お水取り 種蒔《たねまき》・麦踏《むぎふみ》・潮干狩《しおひがり》 初午《はつうま》・茶摘《ちゃつみ》・針供養	雲雀《ひばり》・山鳥・引鴨《ひきがも》・鶯《うぐいす》 雉《きじ》・燕《つばめ》・雀《すずめ》の子・帰雁《きがん》 囀《さえずり》・若鮎《わかあゆ》・蛤《はまぐり》・蛙《かわず》・蝶《ちょう》 猫《ねこ》の恋《こい》・鹿《しか》の角《つの》落《お》つ	蓬《よもぎ》・柳《やなぎ》・桑《くわ》・たんぽぽ つつじ・沈丁花《じんちょうげ》・若草 藤《ふじ》・椿《つばき》・桜・梅・土筆《つくし》 ふきのとう・菜の花
夏（陰暦四〜六月）	立夏《りっか》・麦秋《ばくしゅう》・短夜《みじかよ》・雷《かみなり》 秋近し・涼《すず》し・雲の峰《みね》 夏至《げし》・雪渓《せっけい》・梅雨《つゆ》・虹《にじ》 五月雨《さみだれ》・夕立・風薫《かお》る 青田・夕凪《ゆうなぎ》・土用《どよう》・滝《たき》	更衣《ころもがえ》・柏餅《かしわもち》・端午《たんご》・祭 団扇《うちわ》・風鈴《ふうりん》・吹《ふ》き流し 甲子園・麦藁帽《むぎわらぼう》・花火 海水浴・プール・蚊帳《かや》	郭公《かっこう》・時鳥《ほととぎす》・翡翠《かわせみ》・鰻《うなぎ》 目高・鵜《う》・初鰹《はつがつお》・金魚 鮎《あゆ》・雨蛙《あまがえる》・夜光虫《やこうちゅう》・蠅《はえ》 甲虫《かぶとむし》・蛍《ほたる》・空蝉《うつせみ》・蝸牛《かたつむり》	向日葵《ひまわり》・菖蒲《しょうぶ》・卯《う》の花 紫陽花《あじさい》・木下闇《このしたやみ》・万緑 新緑・若葉・牡丹《ぼたん》・瓜《うり》 筍《たけのこ》・葉桜・茄子《なす》・昼顔
秋（陰暦七〜九月）	残暑・夜寒《よさむ》・二百十日 行秋《ゆくあき》・天高し・天の川 新涼《しんりょう》・霧《きり》・名月・夜長 台風・鰯雲《いわしぐも》・待宵《まつよい》・露《つゆ》 十六夜《いざよい》・山装《やまよそお》う・野分《のわき》	七夕・稲刈《いねかり》・重陽《ちょうよう》・踊《おどり》 迎火《むかえび》・中元・月見・盆 新米・紅葉狩《が》り・墓参《はかまいり》 運動会・文化祭・豊年	啄木鳥《きつつき》・渡《わた》り鳥・稲雀《いなすずめ》 鴫《しぎ》・雁《かり》・鹿・馬肥ゆる 猪《いのしし》・落鮎《おちあゆ》・鮭《さけ》・秋刀魚《さんま》 鰯《いわし》・蜻蛉《とんぼ》・松虫・鈴虫《すずむし》	糸瓜《へちま》・銀杏《ぎんなん》・桔梗《ききょう》・桃《もも》 無花果《いちじく》・女郎花《おみなえし》・落穂《おちぼ》 柿《かき》・コスモス・桐一葉《きりひとは》 梨《なし》・稲《いね》・栗《くり》・朝顔・萩《はぎ》
冬（陰暦十〜十二月）	立冬《りっとう》・小春《こはる》・時雨《しぐれ》・凩《こがらし》 大寒・山眠《ねむ》る・年の内 年の暮れ・除夜・師走《しわす》 節分・三寒四温・霜柱《しもばしら》 北風・底冷え・枯野《かれの》	炬燵《こたつ》・蒲団《ふとん》・焚火《たきび》・餅《もち》 手袋・雑炊《ぞうすい》・火鉢《ひばち》・咳《せき》 七五三・豆まき・雪見 雪投《ゆきなげ》・竹馬・炭・歳暮《せいぼ》	鷲《わし》・鷹《たか》・鴨《かも》・梟《ふくろう》・寒雀《かんすずめ》 都鳥・水鳥・冬蜂《ふゆばち》・鮪《まぐろ》 初鯨《はつくじら》・鰤《ぶり》・河豚《ふぐ》・氷魚《ひお》 冬眠《とうみん》・熊・狐《きつね》・狸《たぬき》・兎《うさぎ》	枯葉《かれは》・枯木《かれき》・水仙《すいせん》・葱《ねぎ》 紅葉《もみじ》散る・寒椿《かんつばき》・蜜柑《みかん》 葉牡丹《はぼたん》・山茶花《さざんか》・人参《にんじん》 大根・冬菊《ふゆぎく》・木の葉

参考 陰暦（旧暦）

月の満ち欠けをもとに、太陽の運行を考え合わせて作られた暦《こよみ》（↓184ページ）。

参考 無季俳句

俳句には季語のないものもあり、これを無季俳句という。自由律俳句で季語がないものもあり、無季自由律俳句という。

無季俳句

例 戦争が廊下《ろうか》の奥《おく》に立つてゐた　渡辺白泉《わたなべはくせん》

無季自由律俳句

例 まつすぐな道でさみしい　種田山頭火《たねださんとうか》

注意！ 季重《きがさ》なり

俳句で、一つの句の中に季語が複数含《ふく》まれていることを「季重なり」という。通常は好ましくないとされる。

例 蝶《ちょう》の舌ゼンマイに似る暑さかな　芥川龍之介《あくたがわりゅうのすけ》

「蝶」は春の季語、「暑さ」は夏の季語。「蝶」は一年中いるが、「暑さ」は夏しかないので、「暑さ」が主たる季語となる。ここでは「蝶」を普通《ふつう》の言葉として扱《あつか》い、その「舌」をひんやり

新年 元日・去年《こぞ》・初春・初空・初日・初晴・門松《かどまつ》・書初《かきぞめ》・独楽《こま》・雑煮《ぞうに》・鏡餅《かがみもち》・七草がゆ
成人の日・初天神・初鶯《はつうぐいす》・伊勢海老《いせえび》・福寿草《ふくじゅそう》・若菜

間違《まちが》えやすい季語の例

- 雪崩…雪が解けて起こるから**春**。
- 麦の秋…「秋」は収穫《しゅうかく》の季節。麦は夏に収穫するから、麦にとっての「秋」は**夏**。
- 小春日和《びより》…春のように暖かい冬の日だから**冬**。

例題

1 次の俳句を読んで、あとの問いに答えなさい。

A 雀《すずめ》らも海かけて飛べ*吹流《ふきなが》し　石田波郷《いしだはきょう》
B いくたびも雪の深さを尋《たず》ねけり　正岡子規《まさおかしき》
C *いなびかり北よりすれば北を見る　橋本多佳子《はしもとたかこ》
D 卒業の兄と来てゐる堤《つつみ》かな　芝不器男《しばふきお》
E 初雀翅《はつすずめつばさ》ひろげて降りにけり　村上鬼城《むらかみきじょう》

*吹流し＝端午《たんご》の節句で、鯉《こい》のぼりと一緒《いっしょ》にたてて風になびかせるもの。
*いなびかり＝いなずまのこと。

(1) A～Dの俳句の、季語と季節をそれぞれ答えなさい。
(2) Eの俳句について説明した次の［a］・［b］に入る言葉をそれぞれ二字で答えなさい。
「初」にはその年最初という意味があり、［a］は、元日の朝に見かける雀をいう。「初春」「初空」などと同様に、［b］の季語である。

した「ゼンマイ」にたとえることで暑さを強調する効果を上げている。

参考 **歳時記《さいじき》**
季語を、季節ごとに分類・整理した本を「歳時記」という。

解答

1 (1) A季語…吹流し　季節…夏
B季語…雪　季節…冬
C季語…いなびかり　季節…秋
D季語…卒業　季節…春
(2) a 初雀　b 新年

解説

1 それぞれの句意は以下の通り。
A ゆうゆうと空に泳ぐ吹流しのように、雀たちも海を渡《わた》って飛んで行け。
B 病床《びょうしょう》で、外の雪が気にかかり、どのくらい積もったか何度も尋ねたことだ。
C 北の空に稲光《いなびかり》が見えたので、思わず北のほうを見た。なお、「雷《かみなり》」は夏の季語である。
D 卒業する兄と一緒に土手まで来たよ。
E よく見かける雀も元日の朝には何か改まった感じで降りてきたよ。

② 情景・感動の中心をつかむ

俳句の形式・表現の工夫をとらえたら、次はそこで描《えが》かれている**情景**を想像してみよう。そして、作者が表現しようとしている**感動の中心**をつかみ、俳句を深く味わおう。

例
A　柿《かき》くへば鐘《かね》が鳴《な》るなり法隆寺《ほうりゅうじ》　正岡子規《まさおかしき》
B　をりとりてはらりとおもきすゝきかな　飯田蛇笏《いいだだこつ》

1 情景をつかむ

①季語をおさえて季節感をつかむ。例 Aは、「柿」（**秋**）。Bは、「すすき」（**秋**）。

②情景を想像する。例 Aでは、柿を食べていたら法隆寺の鐘が鳴ったという情景、Bは、すすきを折り取って手に持った情景を思い浮《う》かべてみる。

2 感動の中心をつかむ

①題材をおさえる。例 Aでは、柿と、法隆寺の鐘の響《ひび》き。Bでは、すすきの重さ。

②句切れをおさえる。**→句切れのところ＝感動の中心**。例 Aは、切れ字「**なり**」があるので、**二句切れ**。鐘の音がしみじみと心に響いていることが伝わってくる。Bは句切れなしだが、三句に切れ字「**かな**」があるので、ここに感動の中心がある。

③表現の工夫をおさえる。例 Aでは、「法隆寺」という体言止めによって、歴史ある寺の風情《ふぜい》を感じさせている。Bでは、「はらりと」という軽《かろ》やかな感じを表す擬態《ぎたい》語を用いつつ、「おもき」と対照的な言葉を使うことで、すすきの生命の重みに対する感動を表現している。

参考 句またがり

短歌と同様に、音の句切れと意味の句切れが合わないことがある。前の句からあとの句に意味が続いているとき、「句またがり」という。この部分のズレが独特のリズムを生み、感動の中心を表す。

例 算術の／少年しのび／泣けり夏　西東三鬼《さいとうさんき》

←意味上は
少年しのび泣けり／夏

解答

1 (1)Aウ　Bエ　Cイ　Dア
(2)a小春日和　b授かりし

解説

1 (1)A 「空」以外は平仮名。結句に「かな」という切れ字があり、空から枝が伸《の》びているようなしだれ

例題 1 次の俳句を読んで、あとの問いに答えなさい。

A まさをなる＊空よりしだれざくらかな　富安風生《とみやすふうせい》
B つきぬけて天上の紺《こん》曼珠沙華《まんじゅしゃげ》＊　山口誓子《やまぐちせいし》
C 冬菊《ふゆぎく》のまとふはおのが＊ひかりのみ　水原秋櫻子《みずはらしゅうおうし》
D 白牡丹《はくぼたん》といふといへども紅《こう》ほのか　高浜虚子《たかはまきょし》
E 玉の如《ごと》き小春日和《こはるびより》を授《さず》かりし　松本《まつもと》たかし

＊まさをなる＝真っ青な。　＊曼珠沙華＝彼岸花《ひがんばな》のこと。　＊おのが＝自分の。

(1) A～Dの鑑賞《かんしょう》文として最も適切なものをそれぞれ次から選び、記号で答えなさい。
ア 自然を細かく観察したことで気づいた驚《おどろ》きと、対象の清楚《せいそ》な美しさを、色彩《しきさい》の対比と逆接の表現を用いて描いている。
イ 厳しい季節の弱い日差しのなかで、凜《りん》と咲《さ》く花の内から輝《かがや》く美しさを、擬人《ぎじん》法《ほう》を用いて描いている。
ウ 平仮名《ひらがな》を多用してやわらかな印象を与《あた》え、切れ字を用いて空を背景にした花の華《はな》やかさに対する詠嘆《えいたん》の気持ちを描いている。
エ 高く澄《す》んだ空に向かってまっすぐに伸《の》びる花のさわやかな姿を、鮮《あざ》やかな色彩の対比と体言止めを用いて描いている。

(2) Eの俳句について説明した次の[a]・[b]に入る言葉を、句中からそれぞれ四字で抜《ぬ》き出しなさい。

寒い冬に思いがけず訪《おとず》れた暖かな日を、天からの贈《おく》り物のようにすばらしいものととらえて喜び、感謝する気持ちが、「[a]」を「玉の如き」とたとえていることや、「[b]」という表現に表れている。

桜の華やかな美しさに対する詠嘆《えいたん》が表れている。
B 「つきぬけて」は、高く澄んだ空の様子と、まっすぐに伸びる花の姿を表している。空の「紺」と曼珠沙華の「赤」という色彩の対比が鮮やかである。
C 冬の庭で咲く冬菊に、弱い冬の日差しがあたる様子を、冬菊がひかりを「まとふ（身につける）」と擬人化して、内なる光で輝いているととらえている。
D 白牡丹を注意深く観察した結果、白とはいってもほのかに赤い色が差していると気づいた驚きを「いふといへども」という逆接の表現を用いて描いている。
(2) a 「玉の如き小春日和」とは、「小春日和」を美しくたいせつなものの代表である「玉」にたとえた表現。
b 結句の「授かりし（授かった）」という言葉は、神や目上の存在から貴重な物をいただくという意味。

練習問題

解答↓531ページ

1 **次の俳句と同じ季節を詠《よ》んだものをあとから一つ選び、記号で答えなさい。**

鐘《かね》つけば銀杏《いちょう》散るなり建長寺《けんちょうじ》　夏目漱石《なつめそうせき》

ア 菜の花のちりこぼれたる堤《つつみ》かな　瀧井孝作《たきいこうさく》
イ 独り碁《ご》や笹《ささ》に粉雪《こゆき》のつもる日に　中勘助《なかかんすけ》
ウ 頂上や殊《こと》に野菊《のぎく》の吹《ふ》かれ居《お》り　原石鼎《はらせきてい》
エ やはらかに金魚は網《あみ》にさからひぬ　中村汀女《なかむらていじょ》

〔栃木―改〕

2 **次の俳句の表現について説明したものとして最も適切なものをあとから一つ選び、記号で答えなさい。**

鈴《すず》おとのかすかにひびく日傘《ひがさ》かな　飯田蛇笏《いいだだこつ》

ア 季語を用いず心の動きを印象づけている。
イ 切れ字を用いて余韻《よいん》を残している。
ウ 体言止めを用いて作者の感動を強調している。
エ 反復法を用いてリズムを生み出している。

〔山梨〕

3 **次の俳句を説明したものとして最も適切なものをあとから一つ選び、記号で答えなさい。**

向日葵《ひまわり》の蕊《しべ》を見るとき海消えし　芝不器男《しばふきお》

ア 花の中心にある蕊へと視点を焦点《しょうてん》化していくことで、光り輝《かがや》く大海原《おおうなばら》のような向日葵畑から輝《かがや》きが失われてしまった悲しみを感覚的に表している。
イ 近景へと焦点を合わせていく映像的手法を用いることで、眼前の向日葵の印象を鮮明《せんめい》に浮《う》き上がらせながら、海の姿も意識されるように表現している。
ウ 一面に広がる向日葵畑の圧倒《あっとう》的な存在感に、まるでこちらへ迫《せま》ってくるような錯覚《さっかく》に陥《おちい》って海にいることさえ忘れてしまったという感動を描《えが》いている。
エ 太陽に向かい咲《さ》き誇《ほこ》っていた向日葵の花が蕊だけを残して枯《か》れ果てたことで、向日葵畑の背後にある海の存在感すら消え失《う》せたことを示している。

〔神奈川〕

4 **次の俳句を読んで、あとの問いに答えなさい。**

A 木がらしや*目刺《めざし》にのこる海のいろ　芥川龍之介《あくたがわりゅうのすけ》
B *くろがねの秋の風鈴《ふうりん》鳴りにけり　飯田蛇笏《いいだだこつ》
C 元旦《がんたん》や暗き空より風が吹く　青木月斗《あおきげっと》
D *萩《はぎ》の風何か急《せ》かるゝ《る》何ならむ　水原秋櫻子《みずはらしゅうおうし》
E 未来より滝《たき》を吹き割る風来たる　夏石番矢《なついしばんや》
F 夏嵐《なつあらし》机上《きじょう》の白紙飛び尽《つ》くす　正岡子規《まさおかしき》

*目刺＝イワシなどの魚を塩漬《しおづ》けにして、竹串《たけぐし》で数匹《すうひき》ずつ刺《さ》して干した食品。
*くろがね＝鉄の古い呼び名。
*萩＝植物の名前。

(1) つぶやくような自分自身への問いかけを描くことで、作者の内面にある、漠然《ばくぜん》としたあせりを詠《よ》んでいる俳句はどれか。最も適切なものをA～Fから選び、記号で答えなさい。

(2) 冷たく乾《かわ》いた風の吹きすさぶ様子を切れ字を用いて強調する一方で、眼前の小さなものが連想させる豊かな色彩《しきさい》のイメージを表現している俳句はどれか。最も適切なものをA～Fから選び、記号で答えなさい。

(3) 次の文章は、A～Fの俳句についての鑑賞《かんしょう》文である。この鑑賞文を読んで、あとの①・②の問いに答えなさい。

> この句で作者は、垂直に流れ落ちる水に向かっていく力強い風の様子を、「[a]」という言葉で表現している。想像される水の姿が大きければ大きいほど、それを「[a]」ために必要な風力は増すことになり、句のイメージはいっそう[b]なものとなる。
> また、作者は、この風を、[c]ととらえている。勢いよく現在の世界にやって来た、未来からの風として描くことによって、未来の世界の力強さや明るさを意識させる句となっている。

① この鑑賞文の[a]に入る言葉を、その句の中から四字で抜《ぬ》き出しなさい。

② [b]・[c]に入る言葉の組み合わせとして最も適切なものを次から選び、記号で答えなさい。

ア b 繊細《せんさい》　c 自然の偉大《いだい》な力を実感させるもの
イ b 広大　c 過去の記憶《きおく》をよみがえらせるもの
ウ b 壮大《そうだい》　c 本来の時の流れから解放されたもの
エ b 科学的　c 現在の世界の苦しさを和《やわ》らげるもの
オ b 感動的　c 多くの人間から長く親しまれたもの

〔福島〕

4 詩・短歌・俳句の鑑賞《かんしょう》

詩

私と小鳥と鈴《すず》

金子みすゞ

私が両手を広げても、
お空はちつとも飛べないが、
飛べる小鳥は私のやうに、
地面《じべた》を速くは走れない。

私がからだをゆすつても、
きれいな音は出ないけど、
あの鳴る鈴は私のやうに、
たくさんな唄《うた》は知らないよ。

鈴と、小鳥と、それから私、
みんなちがつて、みんないい。

形式…口語自由詩
技法…対句法
主題…多様性の肯定《こうてい》。

鑑賞のポイント
作者の最も言いたいことは、最後の行の「みんなちがって、みんないい。」に明確に表されている。「鈴」も「小鳥」も小さな取るに足らない存在と思われがちだが、作者はそれらに目を向けて、「私」にはない「よさ」を見《み》いだしている。また同時に、それらにはない「私」の「よさ」にも触れ、この世界に存在するものそれぞれの尊さをたたえる。

道程

高村光太郎《たかむらこうたろう》

僕《ぼく》の前に道はない
僕の後ろに道は出来る
ああ、自然よ
父よ
僕を一人立ちにさせた広大な父よ
僕から目を離《はな》さないで守る事をせよ
常に父の気魄《きはく》を僕に充《み》たせよ
この遠い道程のため
この遠い道程のため

形式…口語自由詩
技法…擬人法《ぎじんほう》
　　　比喩《ひゆ》（隠喩《いんゆ》）
　　　反復法（繰《く》り返し）
　　　倒置法《とうちほう》
主題…歩む者の決意。

鑑賞のポイント
一行目と二行目から、未来を開拓《かいたく》しようとする者の力強い決意が感じられる。「父」とはその前にある「自然」を言い換《か》えたもので、自分の外部の世界のこと。外部の世界は、本来は恐《おそ》れを抱《いだ》くものであるが、それらへ命令するかのような語り口からは、語り手の充実《じゅうじつ》した気概《きがい》が感じられる。

初恋《はつこひ》

島崎藤村《しまざきとうそん》

まだあげ初《そ》めし前髪《まへがみ》の
林檎《りんご》のもとに見えしとき
前にさしたる花櫛《はなぐし》の
花ある君と思ひけり

やさしく白き手をのべて
林檎をわれにあたへしは
薄紅《うすくれなゐ》の秋の実に
人こひ初めしはじめなり

わがこころなきためいきの
その髪の毛にかかるとき
たのしき恋《こひ》の盃《さかづき》を
君が情《なさけ》に酌《く》みしかな

林檎畠《ばたけ》の樹《こ》の下に
おのづからなる細道は
誰《た》が踏《ふ》みそめしかたみぞと
問ひたまふこそこひしけれ

形式…文語定型詩
技法…比喩（隠喩）
主題…初恋の強い思いと、女性の魅惑《みわく》。

鑑賞のポイント
恋の始まりを振《ふ》り返る視点から書かれている。「花のある君」「やさしく白き手」などの言葉に、「君」への好意が表されている。第四連は、『林檎畑に自然にできた細道は、誰《だれ》が踏み固めたのでしょうか』と問いかけられることもいとおしい」の意。情景から少女の言葉、そして少年の心情へと続く言葉の流れを味わいたい。音読すると、文語の響《ひび》きと七五調のリズムがよく感じられるだろう。

未知へ

木村信子《きむらのぶこ》

わたしが響《ひび》いている
透明《とうめい》な殻《から》の中で響いている
ありったけ響いている
外はもうすぐ春らしい

わたしが響いている
痛いほど響いている
あふれるほど響いている
もうすぐわたしは割れるのだ

わたしが響いている
おもてへこだまして響いている
まだ見たこともない山へ胸をときめかせて
わたしが響いている

形式…口語自由詩
技法…比喩（隠喩）・反復法
主題…新しい世界への期待と、これから成長していこうとする「わたし」。

鑑賞のポイント
第三連の「まだ見たこともない山へ胸をときめかせて」の部分だけリズムが崩《くず》れており、より強い印象を残す。「まだ見たこともない山」とは「未知」の世界を表しているのだろう。「響いている」の繰り返しから、「わたし」のあふれんばかりの希望と期待が伝わってくる。

秋の夜の会話

草野心平《くさのしんぺい》

さむいね
ああさむいね
虫がないてるね
ああ虫がないてるね
もうすぐ土の中だね
土の中はいやだね
痩《や》せたね
君もずゐぶん痩せたね
どこがこんなに切ないんだらうね
腹だらうかね
腹とつたら死ぬだらうね
死にたくはないね
さむいね
ああ虫がないてるね

形式…口語自由詩
技法…擬人《ぎじん》法
主題…冬眠《とうみん》前の蛙《かえる》の切なさ。二匹《ひき》の蛙が、寒さ・空腹・眠気《ねむけ》を感じている。

鑑賞のポイント

全編が蛙《かえる》の詩で統一されている詩集『第百階級』の冒頭《ぼうとう》に置かれている詩。二匹の蛙の会話という語り口が独特で面白い。素《そ》朴《ぼく》なやり取りの中に、しみじみとした味わいがある。

小景異情（その二）

室生犀星《むろうさいせい》

ふるさとは遠きにありて思ふもの
そして悲しくうたふもの
よしや
うらぶれて異土《いど》の乞食《かたゐ》となるとても
帰るところにあるまじや
ひとり都のゆふぐれに
ふるさとおもひ涙《なみだ》ぐむ
そのこころもて
遠きみやこにかへらばや
遠きみやこにかへらばや

形式…文語自由詩
技法…反復法（繰《く》り返し）
主題…ふるさとへの思いと、都会で生きる決意。

鑑賞のポイント

一行目は、「ふるさと」から遠く離《はな》れている境遇《きょうぐう》を、最後の「みやこにかへらばや」の繰り返しは、視点の人物が「みやこ」に暮らしていることを感じさせる。しかし「遠きみやこ」という表現からは、視点はあくまで「ふるさと」にあるとも読み取れる。ふるさとから遠い都会に身を置きながらも、心は故郷に拠《よ》ってしまうものなのである。

『春と修羅《しゅら》』序より

宮澤賢治《みやざわけんじ》

わたくしといふ現象は
仮定された有機交流電燈《でんとう》の
ひとつの青い照明です
（あらゆる透明《とうめい》な幽霊《ゆうれい》の複合体）
風景やみんなといつしよに
せはしくせはしく明滅《めいめつ》しながら
いかにもたしかにともりつづける
因果交流電燈の
ひとつの青い照明です
（ひかりはたもち その電燈は失はれ）

これらは二十二箇月《か》の
過去とかんずる方角から
紙と鉱質インクをつらね
（すべてわたくしと明滅し
　みんなが同時に感ずるもの）
ここまでたもちつゞ《づ》けられた
かげとひかりのひとくさりづつ
そのとほりの心象スケッチです

形式…口語自由詩
技法…比喩《ひゆ》（隠喩《いんゆ》）
主題…自分と世界のかかわりと、詩というものについての考え。

鑑賞のポイント
『春と修羅』という、詩集とも散文集ともいえる作品の冒頭《ぼうとう》部分。宮澤賢治特有の語彙《ごい》や言葉遣《づか》いがよく感じられる。「わたくし」という存在を、独立した確固たるものではなく、周囲の世界との関係の中で「明滅」する「照明」のような「現象」としてとらえている。作者は、この序に続く自らの詩を、過去二十二か月分の「わたくしといふ現象」を描《えが》いた「心象スケッチ」であるとしている。

相田みつを

つまづいたっていいじゃないか
にんげんだもの

◆

くるしいことだってあるさ
人間だもの
まようときだってあるさ
凡夫《ぼんぷ》だもの
あやまちだってあるよ
おれだもの

◆

ぐち
ぐちをこぼしたっていいがな
弱音を吐《は》いたっていいがな
人間だもの
たまには涙《なみだ》をみせたっていいがな
生きているんだもの

（『にんげんだもの』より）

形式…口語自由詩
技法…対句法
主題…「人間なんだから、失敗することがあってもいいんだ」というメッセージ。

鑑賞のポイント
三つの独立した作品。いずれも人間の弱さを自覚し、ありのまま受け入れようとする作者のあり方が、平易で素朴《そぼく》な語り口によって、力強いメッセージとして伝わってくる。
　作者は書家でもあり、詩は独特の書体で書かれている。

短歌

おほてらの　まろきはしらの　月かげを　つちにふみつつ　ものをこそおもへ

會津《あいづ》八一《やいち》

歌意 唐招提寺《とうしょうだいじ》の金堂の柱の、月の光でできた影《かげ》を踏《ふ》みながら、物思いにふけったことだ。

ゆく秋の　大和《やまと》の国の　薬師寺《やくしじ》の　塔《とう》の上なる　一ひらの雲

佐佐木《ささき》信綱《のぶつな》

歌意 秋も終わろうとするある日、大和の国の薬師寺を訪《おとず》れたところ、美しい三重の塔が立ち、その塔の上に一片《いっぺん》の白い雲が浮《う》かんでいる。

ぼたん花は　咲《さ》き定まりて　静かなり　花の占《し》めたる　位置のたしかさ

木下《きのした》利玄《りげん》

歌意 ぼたんの花は、咲いて定まっている状態で静かにそこにある。花が占めている位置の確かなことよ。

鑑賞のポイント

「おほてら」（大寺）とは唐招提寺のこと。「まろきはしら」（円き柱）とは、その金堂の柱のこと。唐招提寺は、奈良時代に中国(唐)から渡《わた》ってきた僧《そう》・鑑真《がんじん》が建立《こんりゅう》した寺院である。作者はその悠久《ゆうきゅう》の歴史に思いをはせたことだろう。

「の」を繰《く》り返すことにより、短歌にリズムが生まれている。また、場所を「大和の国」から「塔の上」まで動かしていくことによって、しだいに焦点《しょうてん》が定まっていくような心地《ここち》よさを与《あた》えられる。

花は、つぼみの状態から開き、咲いたあとに散っていく。一連の流れは連続しているはずだが、咲いているそのときは、確かにそこにしっかりと存在するように感じられる。「たしかさ」という体言止めがその印象を強めている。

死に近き　母にそい寝《ね》の　しんしんと　遠田《とほだ》のかはづ　天に聞こゆる

斎藤茂吉《さいとうもきち》

歌意 死期の迫《せま》った母のそばで添《そ》い寝をしていると、夜もしんしんとふけてきて、その静けさの中、遠くの田で鳴くかえるの声が、まるで天まで届きそうなくらい響《ひび》き渡《わた》って聞こえてくる。

石がけに　子ども七人　こしかけて　ふぐをつりをり　夕焼け小焼け

北原白秋《きたはらはくしゅう》

歌意 海辺の石崖《いしがけ》に、子どもが七人並んで腰《こし》かけ、無心にふぐを釣《つ》っていると、ちょうど夕焼けで空も海も赤く染まっている。

東海の　小島の磯《いそ》の　白砂《しらすな》に
われ泣きぬれて
蟹《かに》とたはむる

石川啄木《いしかわたくぼく》

歌意 さすらい暮らしの我《わ》が身の悲しさをかみしめながら、海岸で蟹とたわむれている。
「たはむる」＝たわむれる。遊ぶ。

静けさの中に響《ひび》くかえるの声が静と動の対照をもたらしている。それはまた生命力の象徴《しょうちょう》でもあり、作者のかたわらに寝ている母に近づく死を際立《きわだ》たせると同時に、これから母の魂《たましい》がゆく先である天国の存在を思い起こさせる。

海辺で釣りをする子どもたちを、優《やさ》しい視線で見つめる作者の温かさが伝わってくる。また、文の終わりを体言止めにすることによって、夕焼けに染まる美しい空と海、そして子どもたちの様子を印象づけている。

空から海を見下ろすと、大きな海を囲む小島が見える。その磯の白砂に、涙《なみだ》に暮れる男性が、カニをつついている様子が見える。石川啄木は自分の姿をこのように表現し、ありのままの自分をさらけ出している。

俳句

糸瓜《へちま》咲《さ》て　痰《たん》のつまりし　仏かな

正岡子規《まさおかしき》

句意　糸瓜が咲《さ》いたが、自分は痰が詰《つ》まって仏さまになるだろう。

季語＝糸瓜（秋）

風吹《ふ》けば　来るや隣《となり》の　こいのぼり

高浜虚子《たかはまきょし》

句意　風が吹くと我《わ》が家までやってくるよ。隣の家のこいのぼりが。

季語＝こいのぼり（夏）

分け入っても　分け入っても　青い山

種田山頭火《たねださんとうか》

句意　行けども行けども木々が茂《しげ》る山だ。

季語＝なし

鑑賞のポイント

正岡子規の「絶筆三句」といわれる句の一つ。子規は結核《けっかく》で病床《びょうしょう》にあった。糸瓜は当時薬として使われていたものだが、それが咲いたとしてももう間に合わず、自分は死んでしまうのだろうという意。死期にあっても自分を客観視する凄《すご》みを感じさせる。

こいのぼりが風に吹かれて悠々《ゆうゆう》と泳いでいるさまを表している。穏《おだ》やかな日和《ひより》であり、作者の内心のさわやかさも伝わってくるようである。中間切れ。

修行の旅を続ける途中《とちゅう》の、九州の山間部で詠《よ》んだ自由律俳句。出口が見つからない厳しい登山での孤独《こどく》な心情を、自分の人生にたとえて表している。

啄木鳥《きつつき》や　落葉をいそぐ　牧の木々
水原秋櫻子《みずはらしゅうおうし》

句意　啄木鳥が鳴いている。冬に向かって急ぐように、木から葉が落ちている。
季語＝啄木鳥（秋）

「いそぐ」は擬人法《ぎじん》。落葉《らくよう》が、まるで急いでいるかのようなスピードで進む情景を、惜《お》しむような気持ちで眺《なが》める様子が伝わる。

海に出て　木枯《こがらし》帰る　ところなし
山口誓子《やまぐちせいし》

句意　木枯らしが海まで吹き抜《ぬ》けていくと、もう陸地に戻《もど》ってくることはできない。
季語＝木枯（冬）

戦争末期の作。直接的な表現ができない時代だったため、「木枯」を特攻隊《とっこうたい》になぞらえて表現したと言われている。「帰ってきてほしい」という願いを「帰るところなし」と表現せざるを得ない切なさが漂《ただよ》う。

バスを待ち　大路《おおぢ》の春を　うたがはず
石田波郷《いしだはきょう》

句意　バスを待つ間、周囲の様子を見渡《みわた》すと、間違《まちが》いなく春がやってきていた。
季語＝春（春）

人々の服装は春らしくなり、街路樹も芽を出している。風や日差しからも春の訪《おとず》れが感じられ、その喜びが表現されている。

章末問題

解答↓532ページ

1 次の詩を読んで、あとの問いに答えなさい。

鉄棒　　　村野四郎《むらのしろう》

僕《ぼく》は地平線に飛びつく
僅《わずか》*に指さきが引つかかつた
僕は世界にぶら下つた
筋肉だけが僕の頼《たの》みだ
僕は赤くなる　僕は収縮する
足が上つてゆく
おお　僕は何処《どこ》へ行く
大きく　世界が一回転して
僕が上になる
高くからの俯瞰《ふかん》*
ああ　両肩《りょうかた》に柔軟《じゅうなん》な雲

＊僅に＝数量や程度などがほんの少しである様子。
＊俯瞰＝高いところから広く見渡《みわた》すこと。

問　この詩の鑑賞《かんしょう》文として最も適切なものを次から選び、記号で答えなさい。

ア　「鉄棒」を取り上げ、「高くからの俯瞰」などの視覚的な表現を用いてコマ送りのスロー映像のように表すことで、逆上がりの動きを読者にイメージさせやすくする工夫が感じられる。

イ　「鉄棒」を取り上げ、肉体運動の美を「僕は収縮する」などと直接的に表現する一方で、「僕は赤くなる」などの感動の表現によって読者の共感を呼ぼうとする工夫が感じられる。

ウ　「鉄棒」を取り上げ、挑戦者《ちょうせんしゃ》としての「僕」が「大きく世界が一回転して」の行を転機に、目標の達成者として爽快《そうかい》感をいだいている姿がいきいきと描《えが》かれているような印象を受ける。

エ　「鉄棒」を取り上げ、初心者であった「僕」が「僕は何処へ行く」に表された不安を払《はら》いのけ、技《わざ》の熟達者となった満足感に浸《ひた》っている姿が鮮《あざ》やかに描かれているような印象を受ける。

〔岩手─改〕

2 次の詩と鑑賞《かんしょう》文を読んで、あとの問いに答えなさい。

森　　川崎洋《かわさきひろし》

もしかすると
森は自身を一つの全体だと
思っているかもしれない
この僕は
もしかすると一つの全体ではないかもしれないように
森は終日むずがゆそうに揺《ゆ》れている
しかしいつも森全体が
ということではない
森の中央部が静まり返っていると
一方では
森の入口のあたりが騒《さわ》がしく
沼《ぬま》のまわりがおだやかだと
今度は少し離《はな》れたところがざわざわし出す
始終どこかしらが停《とま》っていて
始終どこかしらが動いている

　この詩は、風に揺れる森の様子を新鮮《しんせん》な見方で表しています。

　森は、たえず「A」というように、身体的な感覚を持つ存在として表現されています。また、森は「B」として存在するのではなく、始終どこかしらが「停ってい」たり「動いてい」たりする別々なものの集まりなのだとも表現されています。
　そして、森を見つめることで、「この僕」は自分という存在について考えます。「この僕」という存在もまた、この森と同じようなところがあるのではないか、という気づきがこの詩には表現されています。

(1) A・B に入る言葉を、この詩の中からそれぞれ十二字と五字で抜《ぬ》き出しなさい。

(2) この詩に用いられている表現技法として最も適切なものを次から選び、記号で答えなさい。
ア 擬音《ぎおん》語　**イ** 省略法　**ウ** 体言止め
エ 対句《ついく》法　**オ** 倒置《とうち》法

(3) この詩から読み取れる内容として最も適切なものを次から選び、記号で答えなさい。
ア 森同様、人間も多様な個性を持つ他者と共生しているため、互《たが》いに相手を理解する努力をすべきだ。
イ 森同様、人間も所属する集団ごとに果たすべき役割が異なるため、精神的に疲《つか》れてしまうものだ。

ウ 森同様、人間もさまざまな感情や体の部位から成り立つため、自分のことさえ思い通りにならないものだ。

エ 森同様、人間も状況《じょうきょう》に合わせて柔軟《じゅうなん》に対応しようとするため、本来の自分自身を見失ってしまうものだ。

オ 森同様、人間も自分では気づかない長所や短所があるため、他者の自分に対する評価にとまどうものだ。

〔福島―改〕

3 **次の短歌を読んで、あとの問いに答えなさい。**

A *みんなみの海のはてよりふき寄する春のあらしの音ぞ*とよもす　太田水穂《おおたみずほ》

B をとめらが泳ぎしあとの遠浅《とおあさ》に浮環《うきわ》のごとき月うかびいでぬ　落合直文《おちあいなおぶみ》

C 夏はきぬ相模《さがみ》の海の南風《なんぷう》にわが瞳《ひとみ》燃ゆわがこころ燃ゆ　吉井勇《よしいいさむ》

D しらしらと氷かがやき千鳥《ちどり》なく釧路《くしろ》の海の冬の月かな　石川啄木《いしかわたくぼく》

*みんなみ＝南。
*とよもす＝鳴り響《ひび》かせる。

(1) 静かな海の向こうにぽっかりと浮《う》かんでいる丸い月を、たとえを用いて表現している短歌はどれか。最も適切なものをA～Dから選び、記号で答えなさい。

(2) 強い風が吹《ふ》き荒《あ》れる様子を、聴覚《ちょうかく》を通して表現している短歌はどれか。最も適切なものをA～Dから選び、記号で答えなさい。

(3) 次の文章は、A～Dの中の二つの短歌の鑑賞《かんしょう》文である。この鑑賞文の[a]・[b]に入る言葉を、その短歌の中からそれぞれ十字と七字で抜《ぬ》き出しなさい。

この短歌は、自然の厳しさが作り出した風景を「[a]」という言葉で視覚的に表現したあとに、聴覚で感じ取った対象を詠《よ》み込《こ》み、歌全体として、月が照らし出す印象的な海の情景を表現している。
また別の短歌は、新たな季節の訪《おとず》れを実感し、潮風を身に受け、期待感に胸が躍《おど》るような心情をうたっている。「[b]」という言葉が、前の句と対応して力強いリズムを生み出すとともに、心情の高まりを率直《そっちょく》に表現している。

〔福島―改〕

4 **次の俳句についての文章を読んで、あとの問いに答えなさい。**

俳句に「写生」という方法を取り入れたのは、明治の俳句革新を行った正岡子規《まさおかしき》でした。絵画の「スケッチ」からヒントを得て、もののありのままの姿を描写《びょうしゃ》することにより、理屈《りくつ》や通俗《つうぞく》を脱《だっ》した近代の新しい俳句を生み出そうとしたのです。「写生」は俳句の手法として広まり、いまも尊重されています。ともすると何でも見たことをそのまま述べれば俳句になると思われがちですが、ありのままを描《えが》いて作品として成功するのは、じつはそこに作者の発見があるからです。つまり、俳句における発見とは、誰《だれ》も見たことのないものや奇抜《きばつ》なことがらではありません。誰もが見ているようで気がつかなかったもの、それを切り取ってみせることだといってよいでしょう。

薄氷《うすらい》の吹《ふ》かれて端《はし》の重なれる　　深見《ふかみ》けん二《じ》

この句はまさにそんな作品です。春先、水面にうっすらと張る氷や解け残った氷片《ひょうへん》を「薄氷」といいます。それをじっと見ていた作者は、風が吹いて薄氷どうしがわずかに重なるのを見逃《みのが》さなかったのです。ただ浮《う》いているだけでなく、かすかに動く薄氷から目を離《はな》さず、「端の重なれる」という一瞬《いっしゅん》をとらえたことが発見であり、「吹かれて端の重なれる」という表現に定着させることで、写生が完成したのです。この句が普遍性《ふへんせい》をもつのは、そういう瞬間を誰もが目にする可能性があり、その場面をありありと思い浮かべることができるからです。

（片山由美子《かたやまゆみこ》「NHK俳句　今日から俳句　はじめの一歩から上達まで」）

(1) 「薄氷の吹かれて端の重なれる」と同様に写生を主としたものを次から一つ選び、記号で答えなさい。

ア ねむりても旅の花火の胸にひらく　　大野林火《おおのりんか》
イ あはれ子の夜寒の床《とこ》の引けば寄る　　中村汀女《なかむらていじょ》
ウ よろこべばしきりに落つる木の実かな　　富安風生《とみやすふうせい》
エ 空をゆく一《ひ》とかたまりの花吹雪《ふぶき》　　高野素十《たかのすじゅう》

(2) 「薄氷の吹かれて端の重なれる」と同じ季節を詠んでいるものを次から一つ選び、記号で答えなさい。

ア 流れ行く大根の葉の早さかな　　高浜虚子《たかはまきょし》
イ あたたかくたんぽぽの花茎《くき》の上　　長谷川素逝《はせがわそせい》
ウ 晴天《せいてん》やコスモスの影撒《かげま》きちらし　　鈴木花蓑《すずきはなみの》
エ かたつむり甲斐《かい》も信濃《しなの》も雨のなか　　飯田龍太《いいだりゅうた》

〔高知―改〕

第3章 古典

1 古文

入試重要度 ★★★

日本で最初の文学といわれる『古事記』から近代に至《いた》るまで、私たちの祖先は古文という形でさまざまな言葉を紡《つむ》いできた。古文を学ぶ意義は、日本の先人の知恵《ちえ》やものの感じ方、考え方を知り、文化を味わうことにあると言えるだろう。

古文とはどのような文章なのか

古文とは、**日本の江戸《えど》時代までに書かれた文章**を指し、**言葉の意味や文の形、仮名《かな》遣《づか》い、文法などが、現代の文章とは異なっているもの**をいう。

古文で用いられる単語を**古語**、古文で用いられる仮名遣いを**歴史的仮名遣い**という。また、古文で用いられる文法を**文語文法**(または古典文法)という。こうした現代文と異なる古文の特徴《とくちょう》に注意して内容をとらえられるようにする。

学習内容を例文でチェック

①今は昔、竹取《たけとり》の翁《おきな》といふ《ウ》者ありけり。②野山

〔現代語訳〕
①今ではもう昔のことだが、竹取

参考 古典とは?
長い年月にわたって人々に愛され、手本となってきた作品のこと。国語では、古文と漢文を指す。

参考 古文の分類と主な作品 →214ページ

和歌集…『万葉集《まんようしゅう》』『古今《こきん》和歌集』
物語…『竹取物語』『平家《へいけ》物語』
日記…『土佐日記《とさにっき》』『更級《さらしな》日記』
随筆《ずいひつ》…『枕草子《まくらのそうし》』『徒然草《つれづれぐさ》』
説話…『今昔《こんじゃく》物語集』『宇治拾遺《うじしゅうい》物語』
紀行文…『おくのほそ道《みち》』

① **歴史的仮名遣い** →166ページ

古文は、現代仮名遣いとは異なる、歴史的仮名遣いによって表記されている。
いふ→いう　使ひ→使い
うつくしう→うつくしゅう　など

② **古文の特徴《とくちょう》** →168ページ

にまじりて竹を取りつつ、よろづ《ズ》のことに使ひ《イ》けり。③名をば、さぬきの造《みやつこ》となむ《ン》いひ《イ》ける。④その竹の中に、もと光る竹なむ《ン》一筋ありける。⑤あやしがりて寄りて見るに、筒《つつ》の中光りたり。⑥それを見れば、三寸ばかりなる人、いとうつくしう《シュウ》てゐ《イ》たり。⑦翁言ふ《ウ》や《ヨ》う、「わが朝ごと夕ごとに見る竹の中におは《ワ》するにて、知りぬ。子になりたまふ《モウ》べき人なめり。」とて、手にうち入れて、家へ持ちて来《き》ぬ。⑧妻《め》の嫗《おうな》に預けて養は《ワ》す。⑨うつくしきこと限りなし。⑩いとをさ《オ》なければ、籠《こ》に入れて養ふ《ウ》。

（「竹取物語《たけとりものがたり》」）

の翁という者がいた。②野や山に分け入って竹を取っては、いろいろなことに使っていた。③（翁の）名前を、さぬきの造と言った。④その竹の中に、根もとが光る竹が一本あった。⑤（翁が）不思議に思って近寄って見ると、竹の筒の中が光っている。⑥それ（光っている竹の中）を見ると、三寸（約9センチメートル）くらいの大きさの人が、たいへんかわいらしい様子で座《すわ》っていた。⑦翁が言うには、「わしが毎朝毎晩見ている竹の中にいらっしゃることで、わかった。（この子は）わしの子におなりになるはずの人だろう。」と言って、手の中にそっと入れて、家へ連れて帰った。⑧（そして）妻のおばあさんに預けて育てさせる。⑨（その子は）かわいらしいことはこの上もない。⑩たいへん小さいので、籠《かご》に入れて育てる。

古文には、現代文にはないさまざまな特徴がある。

①古語　今は昔→今となっては昔のこと
よろづ→いろいろな
あやしがる→不思議に思う
いと→たいへん・とても
うつくし→かわいらしい
言ふやう→言うことには

②文法　知りぬ→わかった
なめり→であるようだ

③省略
者ありけり→者（が）いた。
養はす→（翁が子を）育てさせる
いとをさなければ
→（その子が）たいへん小さいので

3 場面・出来事をつかむ →172ページ

いつ、誰《だれ》が、どこで、何をしているか、どんなことがあったかをとらえる。

「昔、竹取の翁が、野山で竹を取っているとき、小さな女の子を見つけた。連れて帰って育てることにした。」

4 主題をつかむ →176ページ

場面や出来事の中心をとらえる。

「竹取の翁とかぐや姫《ひめ》の出会い。」

① 歴史的仮名《かな》遣《づか》い

歴史的仮名遣いとその読み方

現代文で一般《いっぱん》に使われる仮名遣いを現代仮名遣いといい、古文で使われる仮名遣いを**歴史的仮名遣い**という。歴史的仮名遣いは、平安時代中期以前の発音に基《もと》づくもので、現代仮名遣いにはない文字（「ゐ・ゑ」）や、発音や表記の異なるものがある。

①語中・語尾《ごび》の「は・ひ・ふ・へ・ほ」→「ワ・イ・ウ・エ・オ」と読む。

例　翁《おきな》といふ→翁という　使ひけり→使いけり　こほり→こおり

※複合語は、二語に分けたときの語頭にくる語はそのまま読む。

例　つきひ→つき＋ひ（「ひ」はそのまま「ヒ」と読む）

※助詞の「は・へ」は現代仮名遣いの場合と同じく「は・へ」と表記し、「わ・え」と読む。

例　春はあけぼの（「は」はそのまま「ワ」と読む）

②ワ行の「ゐ・ゑ・を（助詞以外）」→「イ・エ・オ」と読む。

例　ゐたり→いたり　をさなければ→おさなければ　ゑむ→えむ

③母音が連続する〔au・iu・eu・ou〕**の音**→現代語では〔ô・yû・yô・ô〕と読む。

例のように、子音と合わせて「**よう・もう・しゅう・きょう**」と読む。

例　翁言ふやう〔yau〕→翁言うよう〔yô〕

子になりたまふ〔mau〕→子になりたもう〔mô〕

いとうつくしう〔siu〕→いとうつくしゅう〔syû〕

けふ〔keu〕（今日）→きょう〔kyô〕

参考　五十音図と歴史的仮名遣い

「あいうえお」から始まり「ん」で終わる五十音図は、現代では「ん」を含《ふく》めても四十六音しかないが、歴史的仮名遣いでは五十音ぴったりの図となる。

ア行・ヤ行・ワ行は、音の重なる部分があり、動詞の活用などでは区別して用いられる。また、ワ行の「ゐ」「ゑ」は、片仮名では「ヰ」「ヱ」と書き、古文では用いないが、漢文では用いることがある。

ア行	あいうえお	アイウエオ
カ行	かきくけこ	カキクケコ
サ行	さしすせそ	サシスセソ
タ行	たちつてと	タチツテト
ナ行	なにぬねの	ナニヌネノ
ハ行	はひふへほ	ハヒフヘホ
マ行	まみむめも	マミムメモ
ヤ行	や**い**ゆ**え**よ	ヤ**イ**ユ**エ**ヨ
ラ行	らりるれろ	ラリルレロ
ワ行	わ**ゐう**ゑを	ワ**ヰウヱ**ヲ

参考　いろは歌と歴史的仮名遣い

「いろは歌」は、四十七音の文字を一度ずつ用いて歌にまとめたもの。上は仮名のみの原文。下は漢字仮名交じりにし

※「たまふ」「いふ」「おもふ」などは、「たまう」「いう」「おもう」と読んでもよい。

④ダ行の「ぢ・づ」→サ行の「ジ・ズ」と直す。

例 よろづ→よろず　もみぢ→もみじ

※ただし、「みかづき（三日月）」は、現代仮名遣いでも「みかづき」と書く。使い方によって例外もあるので、気をつける必要がある。

⑤語中の「む」→「ン」と読む。

例 さかきの造《みやつこ》となむ言ひける→さかきの造となん言ひける
もと光る竹なむ→もと光る竹なん

⑥「くわ・ぐわ」→「カ・ガ」と読む。

例 くわし（菓子《かし》）→かし　ぐわん（願）→がん

例題

1 次の古文中の——線部①〜⑤を現代仮名遣いに直しなさい。

浦島太郎《うらしまたろう》は、一本《ひともと》の松の木陰《こかげ》に立ち寄り、あきれはててぞ①ゐたりける。太郎②思ふ③やう、亀《かめ》が与《あた》へしかたみの箱、④あひかまへてあけさせ⑤たまふなと言ひけれども、今は何かせん、あけて見ばやと思ひ、見るこそくやしかりけれ。

（「御伽草子《おとぎぞうし》」）

（帰ってきた）浦島太郎は、呆然《ぼうぜん》としてしまっていた。太郎が思うには、亀がくれた形見の箱を、（亀は）決してお開けになさいますなと言ったけれども、今はどうしようもない、開けて見ようと思って、見たのは残念なことだった。

て濁点《だくてん》を施《ほどこ》したもの。歴史的仮名遣いの読み方に従うと、意味のある文章になる。

いろ**は**《ワ》に**ほ**《オ》**へ**《エ》と　色は匂《にほ》へど
ちりぬるを　散りぬるを
わかよたれそ　我《わ》が世誰《たれ》ぞ
つねなら**む**《ン》　常ならむ
う**ゐ**《イ》のおくやま　有為《うゐ》の奥山《おくやま》
け《キョ》**ふ**《ウ》こえて　今日《けふ》越《こ》えて
あさきゆめみし　浅き夢見じ
ゑ《エ》**ひ**《イ》もせず　酔《ゑ》ひもせず

解答

1 ①いたり　②思う　③よう
④あいかまえて　⑤たも（ま）うな

解説

1 ①ワ行の「ゐ」はア行の「い」になる。
②ハ行の「ふ」はア行の「う」になる。
③「やう(yau)」は「yô」と読み、「よう」と書く。
④ハ行の「ひ」はア行の「い」に、「へ」は「え」になる。
⑤「まふ(mau)」は「mô」と読み、「もう」と書く。

② 古文の特徴《とくちょう》

1 古語（→188ページ）

古文に用いられている語を「古語」という。「古語」は、「現代語」に対して用いられる言葉で、**古代から江戸《えど》時代に至るまで使われた言葉**を指す。

①現代では使われない語がある。

例 いみじく泣く 訳 ひどく泣く　いみじき絵師 訳 すばらしい絵師

〈終止形は「いみじ」。程度のはなはだしい様子を表す。〉

竹の中におはするにて 訳 竹の中にいらっしゃる(こと)によって

〈終止形は「おはす」。「ゐる」の尊敬語で主語への敬意を表す。〉

②現代語とは異なる意味を持つ語がある。

例 思はずに、あさましくて 訳 意外なことに驚くばかりで、

〈現代語の「あさましい」と間違《まちが》えないように注意する。〉

あやしがりて寄りて見るに 訳 不思議に思って近寄って見ると

〈「あやしがり」は形容詞「あやし」に接尾語《せつびご》「がり」がついたもの。「あやし」は、現代語の「あやしい(怪《あや》しい)」と間違えないように注意する。〉

③慣用的に用いられる表現がある。

例 今は昔 訳 今となっては昔のことだが

「昔々・昔」と同じ。説話や物語の冒頭《ぼうとう》に用いられる。

翁《おきな》言ふやう 訳 翁が言うことには　太郎《たろう》思ふやう 訳 太郎が思うことには

会話文や心中会話の直前部で用いられる。

くわしく 現代語とは異なる意味を持つ語の例

・**ありがたし**＝めったにない。
※「感謝」の意味ではない。
・**としごろ**＝長年の間。数年間。年配。
※「ちょうどいい年」という意味ではない。
・**やさし**＝上品だ。感心だ。
※「優《やさ》しい」という意味ではない。
・**あたらし**＝もったいない。惜《お》しい。
※「今までにない」という意味ではない。

注意! 複数の意味を持つ語

古語には、複数の意味を持ち、文脈によって使い分けられるものが多い。たとえば「あやし」は、「不思議だ」を原義とするが、そこから派生して、「変だ・あやしい・身分が低い・粗末《そまつ》だ」などの意味でも用いられる。古語の学習では、一語一語の意味と同時に、文脈に即《そく》した意味をとらえることがたいせつである。

くわしく 係り結び

文末はふつう終止形か命令形で結ばれるが、**文中に特定の係助詞(ぞ・なむ・や・か・こそ)があると、特定の形に変化する。**そのきまりを「係り結び」という。

2 文法（→194ページ）

古文の文法（文語文法）は口語文法と異なる点がある。特に大きく異なる点をおさえておこう。

①現代語とは動詞や形容詞、助動詞などの形や用法が異なる。

例 **動詞**…竹取の翁といふ者ありけり。 訳 竹取の翁という者がいた。

「あり」は終止形も「あり」。現代語では「ある」。

形容詞…うつくしうて 訳 かわいらしい様子で

「うつくしう」の終止形は「うつくし」。現代語では「うつくしい」。

助動詞…ありけり 訳 いた（そうだ）

「けり」は過去を表し、現代語の「～た」「～たそうだ」にあたる。

②係り結び（下段参照）と呼ばれる、古文に特有の係り受けのきまりがある。

例 もと光る竹**なむ**一筋あり**ける** 訳 根もとの光る竹が一本あった

「なむ」は強意の係助詞で、文末を連体形で結ぶ。
「ける」は過去の助動詞「けり」の連体形。

あきれはてて**ぞ**ゐたり**ける** 訳 呆然《ぼうぜん》としてしまっていた

「ぞ」も強意の係助詞で、文末を連体形で結ぶ。

見る**こそくやしけれ** 訳 見たのは残念だ。

「こそ」は強意の係助詞で、文末を已然形《いぜんけい》で結ぶ。
「くやしけれ」は形容詞「くやし」の已然形。「くやしけれ」で一語なので注意。

※「けり」や「くやし」の活用は、194ページからの活用表を参照

係助詞	意味	結び
ぞ なむ	強意	連体形
や か	疑問・反語	連体形
こそ	強意	已然形

例 いづこ[か]行き[ける]
過去の助動詞「けり」の連体形
訳 どこへ行ったのだろうか〔疑問〕

例 何の甲斐《かひ》[か]あら[む]
推量の助動詞「む」の連体形
訳 何のかいがあろうか、いや、何のかいもない。〔反語〕

くわしく 已然形

「已然形」は、「すでにそうなっている」ことを表す形で、文語文法に特有のもの。①「こそ」の結びになる。②あとに「ば・ど・ども」がついて、理由や逆接などを表す。

例 行けども、道遠し
「行く」の已然形
訳 進むけれども、道は遠い

3 省略

古文ではしばしば言葉の省略が見られる。古文を読むときには、**〈主語と述語〉の関係**や、**〈誰《だれ》が、いつ、何を、どうする〉などの文型**に注意し、省略されている語を補って読むようにする。

①主語の省略

主語の省略は頻繁《ひんぱん》に見られる。述語が表している内容をおさえて、主語を確定する。

例 あやしがりて寄りて見るに　訳 翁《おきな》が不思議に思って近寄ってみると

うつくしきこと限りなし　訳 その子はかわいらしいことはこの上もない

②助詞の省略

主語や目的語などを表す助詞がしばしば省略される。

例 竹取《たけとり》の翁といふ者ありけり。　訳 竹取の翁という者がいた。

(亀《かめ》が)かたみの箱、あひかまへてあけさせたまふな(と言ふ)

訳 亀が形見の箱を、決してお開けになってはいけませんと言う

③体言の省略

「こと」「もの」「とき」「人」などの名詞はしばしば省略される。

例 雨など降るもをかし。　訳 雨が降るのも趣《おもむき》がある。

④目的語や補語の省略

直近で既出《きしゅつ》の目的語なども省略される。

例 (翁は)妻《め》の嫗《おうな》に預けて養はす　訳 翁は妻の嫗にその子を預けて育てさせた

(太郎《たろう》は)あけて見ばやと思ひ　訳 太郎はその箱を開けてみようと思い

参考 日本語における主語の省略

日本語は、英語などに比べると、現代文でも主語を省略することが多い。たとえば、「君は行くか？」と問われたら、「はい、行きます。」と答え、いちいち「はい、私は行きます。」とは言わない。このように、日常会話の中でも、言わなくても明らかな語は省略している。

古文では、日本語のこのような特徴《とくちょう》が、よりはっきりとあらわれていると言える。このことを意識し、省略されている言葉をひとつひとつ丁寧《ていねい》に補って読む癖《くせ》をつけると、古文を読むことにも慣れてくるだろう。

特に、日記や随筆《ずいひつ》など、一人称《いちにんしょう》(私)の視点で書かれた文章は、主語の省略が多いので、注意して読む必要がある。

⑤述語の省略

前後の文脈によって判断できる場合は述語も省略される。

例 春はあけぼの(をかし) 訳 春は夜明けがよい。

けふは心しづかに(物語りせむ) 訳 今日は落ち着いて語り合いましょう。

例題

1 次の古文と現代語訳を読んで、あとの問いに答えなさい。

①うつくしきもの。瓜《うり》にかきたるちごの顔。雀《すずめ》の子の②ねず鳴きするにをどり来《く》る。二つ三つばかりなるちごの、いそぎて這《は》ひ来《く》る道に、いと小さき塵《ちり》のありけるを、目ざとに見つけて、③いとをかしげなる指《および》に④とらへて、大人《おとな》ごとに見せたる、いとうつくし。尼《あま》にそぎたるちごの、目に髪《かみ》のおほひたるを、⑤かきはやらで、⑥うちかたぶきて物など見たるも、いとうつくし。

(「枕草子《まくらのそうし》」)

かわいらしいもの。瓜に描《えが》いてある幼児の顔。雀の子がねずみの鳴きまねをすると飛び出てくる(のもかわいらしい)。二、三歳《さい》くらいの幼児が、急いで這ってくる途中《とちゅう》に、とても小さいごみなどがあったのを、目ざとく見つけて、とても愛らしい指につかんで、大人などに見せているのも、とてもかわいらしい。尼そぎにした幼児が、目に髪がかぶさっているのを、かきのけないで、(顔を)少し傾《かたむ》けて何かを見ている(様子も)、とてもかわいらしい。

(1) ——線部①「うつくしき」・③「いと」の意味を現代語で答えなさい。

(2) ——線部②「ねず鳴きする」の主語、④「とらへて」の目的語を答えなさい。

(3) ——線部⑤「かきはやらで」・⑥「うちかたぶきて」の現代語訳にあたる部分を、抜《ぬ》き出しなさい。

解答

1 (1)①かわいらしい ③とても

(2)②人(私・作者)(が) ④塵(ごみ)(を)

(3)⑤かきのけないで ⑥少し傾けて

解説

1 (1)①「うつくし」は現代語と意味の異なる言葉。③「いと」は現代では使われない言葉。頻出《ひんしゅつ》の基本語である。

(2)②「ねず鳴き」をすると、雀の子が(主語)、飛び出てくる(述語)のだから、ねず鳴きをするのは、雀ではなく人である。「ねず鳴き」は、ねずみの真似《まね》をしてちゅっちゅっと鳴くこと。④幼児が(主語)、「塵」を見つけて、その塵を(目的語)指でつかんでいる。

(3)⑤は「かきはやる」を打ち消した形。「で」が「～ないで」という意味を表す古語に特有の助詞。「尼そぎ」は、髪を肩《かた》の辺りで短く切りそろえた髪型のこと。⑥は「うち」が「少し」という意味を添《そ》える、古語に特有の接頭語である。

③ 場面・出来事をつかむ

1 場面・出来事のとらえ方

古文の読解では、次のことに注意しながら、**いつ、誰《だれ》が、どこで、何をしているか**、また、**出来事がどのように変化しているか**をとらえていく。

①背景となる時間（**時代・季節・時間帯**など）をとらえる。

例 寿永《じゅえい》二年の秋の頃《ころ》、鎌倉《かまくら》の兵衛佐頼朝《ひょうえのすけよりとも》は、…（「唐糸《からいと》さうし」）
時代　季節　（人物）

②舞台《ぶたい》となる場所（**戸外か室内か・周囲の様子**など）をとらえる。

例 中納言のおはする高層のまへの前栽《せんざい》、ことにおもしろく見渡せば、…（「浜松中納言物語《はままつちゅうなごんものがたり》」）
（人物）　場所　周囲の様子

訳 中納言がいらっしゃる高い建物の前の植木を、特に趣《おもむき》深く見渡《わた》してみると、…

③登場人物（**人物を示す言葉・人物の様子や行動**など）をとらえる。

その際には、主語の省略や、主述関係、会話文に注意する。

例 惟光《これみつ》入りて、めぐるめぐる人の音する方やと見るに、…（「源氏《げんじ》物語」）
人物　行動　行動　行動

訳 惟光が（中に）入って、歩き回って人の音のする方はどこかと見るが、…

④出来事の流れ（**時間の推移を表す言葉・出来事の変化**など）をとらえる。

例 やうやう時雨《しぐれ》はれゆくほどに、かくて四、五日にもなりぬれば、…（「木幡《こわた》の時雨」）
出来事の変化　時間の推移

訳 だんだん時雨がやんでいくうちに、こうして四、五日にもなったので、…

参考 古文の文章の種類

- 物語
  - 作り物語…虚構《きょこう》の物語。
  - 歌物語…和歌を中心とした物語。
  - 歴史物語…歴史を物語の形式で書いたもの。
  - 軍記物語…武士の活動を中心にしたもの。
- 説話…民間伝承を主体とした物語。仏教の考えを教訓として伝える話も多い。
- 日記…個人の日記として書かれたもの。
- 随筆《ずいひつ》…感想や経験したことを気の向くままに書いたもの。
- 紀行文…旅の日記。

どのような文章であっても、読解の際には、**時・場所・人物や出来事の流れ**をおさえながら読むという点は共通する。
そのことを常に意識し、文脈に即《そく》して丁寧《ていねい》に読んでいくことがたいせつである。

くわしく 流れをとらえる

出来事の流れをとらえる際には、時間の経過を表す言葉のほかに、接続助詞の働きにも注意するとよい。

例 見れば、羚羊《かもしか》なりけり。
↓条件を受けて、話題が転換《てんかん》する。

例題

1 次の古文と現代語訳を読んで、あとの問いに答えなさい。

過ぎにし頃、城の東、小目川村のほとり、七まがりといふ坂に、鬼出《おにい》づと言ひ出でたり。我《われ》も人をうち連れて見に行きけり。見きと言ふものあり。または見ざりきと言ふもありたり。（中略）形も一定《いちぢやう》ならず聞こえしかば、いよいよ鬼なめりとて、皆々《みなみな》西へ後ろ見せぬはなく（城の東なればなり。）、この事、言はぬ人もなし。よく見たる人の語りしには、鬼にてはあらざりけり、けものなりと言ふ。(a) 我は顔《がほ》に構へて高くしたる人は、我が徳にて、名に負ふけものの出でしにやと思ひたる(b)もありけらし。その後、狩人《かりうど》、銃丸《じゅうがん》にて打ち留めたるを見れば、羚羊《かもしか》なりけり。ここらにては暮らししと言ふ。

以前、城の東、小目川村のはずれ（にある）、七まがりという坂に、鬼が出るという噂《うわさ》が立った。私も人を連れて見に行った。（鬼を）見たという者がいる。また見なかったという者もいた。（話によれば）形も一定でないと聞こえたので、たしかに鬼なのだろうといって、皆西へ逃《に》げない者はなく（（鬼の出る場所が）城の東だからである。）、このことを言わない人もいない。よく見た人が言うには、鬼ではなかったよ、けものであると言う。得意な顔をして偉《えら》そうにしている人は、知ったような振《ふ》りで、名高いけものが出たのではないかと思った者もあったようだ。その後、猟師《りょうし》が、鉄砲《てっぽう》で撃ち止めたのを見ると、かもしかであったよ。（かもしかが）その辺りに住んでいたのだと言う。

（「関《せき》の秋風《あきかぜ》」）

(1) 時を示す言葉を五字で、場所を示す言葉を二十一字で古文中から抜《ぬ》き出しなさい。

(2) ══線部a「言ふ」・b「思ひたる」の主語は誰か。古文中の言葉で答えなさい。

(3) 出来事の流れによって古文を二つに分け、後半の初めの三字を答えなさい。

(4) この古文では、誰の視点で、どんな出来事が語られているか答えなさい。

解答

1

(1)（時）過ぎにし頃
（場所）城の東、小目川村のほとり、七まがりといふ坂

(2) a よく見たる人
b 我は顔に構へて高くしたる人

(3) その後

(4) 例 作者（我）の視点で、鬼が出たという騒《さわ》ぎと、鬼の正体が明らかになった出来事が語られている。

解説

1

(1) 冒頭《ぼうとう》に、時と場所が示されている。「過ぎにし頃」は、今より前の出来事で、遠い昔ではなく、少し前の時間を指す。

(2) 主語と述語の対応をおさえる。よく見てものを言う人と、知ったかぶりでものを言う人とが対比されている。

(3) 鬼が出たと騒いでいる場面と、正体がはっきりした場面に分かれる。

(4)「我も人をうち連れて見に行きけり。」という一文に注目し、「我」＝作者が見聞きしたことをまとめる。

2 会話文・心中会話のとらえ方

文中に登場する**人物の思い**は、会話や心中会話に示されていることが多い。テキストではついている場合もあるが、古文では本来、会話文の「 」はつけられていない。その場合には、前後の表現に注意して、会話文の範囲《はんい》をきちんとおさえる必要がある。その際の注意点は次の通りである。

①**会話文の語り手は誰《だれ》か、聞き手は誰か、**に注意して読む。

②会話文では、引用の助詞「**と・とて**」を伴《ともな》う「**言ふ・申す**」、心中会話では「**思ふ**」などが手がかりになる。

③心中会話（「心中思惟《しい》」ともいう）の場合は、**誰の、どのような思いを表しているか、**に注意して、語り手の心情や考えをとらえる。

例 今は昔、唐《もろこし》に、孔子《こうし》、道を行き給《たま》ふに、八つばかりなる童《わらは》会ひぬ。孔子に問ひ
（中国で）八歳《さい》くらいの少年に会った。（童が）孔子にお尋《たず》ね
申すやう、日の入る所と洛陽《らくよう》と、いづれか遠きと。孔子いらへ給ふやう、日の入る所
することには、「日の入る所と洛陽の都とは、どちらが遠いか」と。孔子がお答えなさるには、「日の入る所
は遠し。洛陽は近し。童の申すやう、日の出《ゐ》で入る所は見ゆ。洛陽はまだ見ず。され
は遠い。洛陽は近い」と。童が（孔子に）「日が出たり入ったりする所は見える。洛陽はまだ見た
ば、日の出づる所は近し、洛陽は遠しと思ふと申しければ、孔子、かしこき童なりと、
ことがない。だから、日の出る所は近い、洛陽は遠いと思う」と申し上げると、「かしこい少年だ」と、
感じ給ひける。
孔子は感心なさった。

（「宇治拾遺物語《うじしゅういものがたり》」）

くわしく 会話文や心中会話を示す言葉の例

・言ふやう＝言うことには
・思ふやう＝思うことには

解答

2 (1)比叡の山 (2)a (田舎の)児 b僧 (3)①僧 ②(田舎の)児 (4)我が父の作

例題 2 次の古文と現代語訳を読んで、あとの問いに答えなさい。

これも今は昔、田舎《いなか》の児《ちご》の比叡《ひえ》の山へ登りたりけるが、桜のめでたく咲《さ》きたりけるに、風のはげしく吹《ふ》きけるを見て(a)、この児さめざめと泣きけるを見て(b)、僧のやはら寄りて、①「などかうは泣かせ給《たま》ふぞ。この花の散るを惜《を》しう覚えさせ給ふか。桜ははかなきものにて、かく程なくうつろひ候《さふらふ》なり。されども、さのみぞ候」と慰《なぐさ》めければ、②「桜の散らんは、あながちにいかがせん、苦しからず。我《わ》が父《てて》の作りたる麦の花の散りて、実の入らざらん思ふが侘《わび》しき。」といひて、さくりあげて、よよと泣きければ、うたてしやな。

（現代語訳）田舎の子どもが比叡山《ひえいざん》へ　桜が見事に咲いていたところに、風が激しく吹いたのを　（ある）僧がそっと近づいて、「どうしてこんなにお泣きになるのか。惜しくお思いになるのか。桜ははかないもので、このようにまもなく散ってしまうのです。けれども、それだけでございますよ」「桜が散るようなことは、無理にはどうしようもありません。ただ、私の父が作っている麦の花が散って、実がならないのではないかと思うと悲しい。」と言って、しゃくりあげて、おいおいと泣いたので、がっかりさせられた。

（「宇治拾遺物語」）

(1) 場所がわかる言葉を、古文中から抜《ぬ》き出しなさい。
(2) ══線部a「見て」・b「見て」の主語はそれぞれ誰か。古文中の言葉で答えなさい。
(3) ①・②の会話文の語り手はそれぞれ誰か。古文中の言葉で答えなさい。
(4) ――線部「よよと泣きければ」とあるが、泣いた理由がわかる部分を古文中から一文で探し、初めの五字を答えなさい。

2 解説

(1) 冒頭《ぼうとう》に、田舎の児が「比叡の山」に登ったと書かれている。比叡山を舞台《ぶたい》にした話である。
(2) a 田舎の**児が**（主語）、比叡山へ登り（述語1）、桜に風が吹いたのを見て（述語2）、泣いた。
b 児が泣くのを見て（述語1）、**僧が**（主語）（児に）近寄って（述語2）、言葉をかけた。
(3) 児が泣いているのを見て、①**僧が**慰めの言葉をかけた。それに対して、②**児が**、自分が泣いている理由を答えている場面である。
(4) 僧は、児が、桜が散るのを惜しんで泣いているのだと思って慰めたのだが、児は、食物になる麦の花が散ることを惜しんで泣いていた。児の泣く理由を風流な悲しみだと独り合点していた僧は、本当の理由が卑しいとわかり、がっかりさせられたのである。

④ 主題をつかむ

作者がその文章の中で訴《うった》えようとしていること、中心となる話題や考え方などを、「**主題**(テーマ)」という。古文でも、現代文と同じように、主題をとらえることが読解の大目標である。

主題のとらえ方

主題をとらえるには、**時・場所・人物・展開**などの要点をおさえながら読み、さらに**作者の考え**をとらえることが求められる。以下のポイントを手がかりに考えていく。

①物語などでは、場面の最初に話題が提示されていることがある。

例 世界の男、貴《あて》なるも卑《いや》しきも、いかでこのかぐや姫《ひめ》を得てしがな*、見てしがな*と、をとに聞きめでて、惑《まど》ふ。 (「竹取《たけとり》物語」)

*てしがな＝〜したい。自分の動作が実現することへの願望を表す終助詞。

訳 世の中の男たちは、高貴な者も身分の低い者も、なんとかこのかぐや姫を手に入れたい、結《けっ》婚《こん》したいと、うわさに聞いて愛《いと》おしく思い、家の辺りをさまよい歩く。

→主題は、**かぐや姫に求婚する男たちの様子**。

②説話などでは、話の最後に、語り手や作者の感想や意見が述べられることが多い。

例 (ある老尼《ろうに》が、騙《だま》されていることにも気づかず仏がいると信じ続け、最後には仏の顔を見て極楽往生《ごくらくおうじょう》をとげたという話のあとに、)されば心にだにも*深く念じつれば、仏も見え給ふなりけりと信ずべし。 (「宇治拾遺《うじしゅうい》物語」)

*だにも＝せめて〜だけでも。でさえ。

訳 だから心にさえ深く祈《いの》れば、仏も姿をお見せになるのだと信じるのがよい。

参考 読解の手順

①場面や人物をとらえる。
②出来事の流れをとらえる。
③作者の言いたいこと(主題・テーマ)をとらえる。

この手順は、現代文の文章や小説などを読解する場合も同じである。ただし、古文では、上に示したように、物語や説話、随筆などの各分野の性質によって、主題の把握《はあく》や内容の鑑賞の仕方が異なる面もある。念頭に置いておくとよい。

↓主題は、**信じることのたいせつさ。**

③随筆《ずいひつ》などでも、最初や最後に主題を示す言葉が書かれていることが多い。

例 思はむ子を法師に*なしたらむこそは、いと心苦しけれ。（「枕草子《まくらのそうし》」）

＊なしたらむ＝したとしたら（それは）。「む」はここでは仮定の意味を表す。

訳 **かわいいと思っている子を法師にしている親は、とても気の毒である。**

↓主題は、**子を法師にする親は気の毒だということ。**

例 （仁和寺《にんなじ》の法師が、せっかく行ったのに本殿《ほんでん》をお参りせずに帰ってきて、自分ではそのことに気づいていない、という話の最後に、）すこしのことにも、先達《せんだち》は*あらまほしき事なり。（「徒然草《つれづれぐさ》」）

＊あらまほしき＝あってほしい。理想的だという意味を表す形容詞「あらまほし」の連体形。

訳 **ちょっとしたことにも、指導者はいてほしいものである。**

↓主題は、**指導者のたいせつさ**という教訓。

④歌物語や歌（和歌）を含《ふく》む場面では、和歌が主題を表すことがある。

例 （離《はな》れて暮らす母から別れの手紙がきて、母に死が迫《せま》っていることを知ったあとで、）かの子、いたううち泣きてよめる、「世の中に*さらぬ別れのなく*もがな千《ち》代《よ》もといのる人の子のため」（「伊勢《いせ》物語」）

＊さらぬ別れ…避《さ》けられない別れ。死別の意を表す慣用的な表現。

＊もがな…〜であるといいのに。願望の意を表す終助詞。

訳 **手紙を受け取った子どもは、たいそう泣いてこのような歌を詠《よ》んだ「世の中に死別の悲しみがないといいのに。千年も長生きしてほしいと祈る子どもの私のために」**

↓主題は、**母との死別の悲しみ。**

参考 無常観と文学

無常観とは、いっさいのものは滅び、変わらぬものはないという仏教に根ざした考え方。例えば、「平家物語」の冒頭（→220ページ）の「諸行無常」という言葉はまさしくその考え方を表しており、この頃《ころ》の文学作品の中にしばしば主題的に現れる。ほかに「徒然草」「方丈記」などにもその影響《えいきょう》は見て取れる。

例題

1 次の古文と現代語訳を読んで、あとの問いに答えなさい。

くらもちの皇子《みこ》は、心たばかりある人にて、おほやけには、筑紫《つくし》の国に、ゆあみに
心に策略《さくりゃく》のある人で、　朝廷《ちょうてい》には、　「九州のほうに、温泉に行っ
まからむとて、暇《いとま》申して、かぐや姫《ひめ》の家には、玉《たま》の枝《え》とりになむまかると言はせてく
てまいります」と言って、　「蓬莱《ほうらい》の玉の枝をとりにまいります」と（人に）
だり給《たま》ふに、仕《つか》ふまつるべき人々みな難波《なには》まで御送りしける。皇子、いと忍《しの》びてとの
言わせて下りなさるとき、（くらもちの皇子に）お仕え申し上げている人々は　「人目を避《さ》けて」と
たまはせて、人もあまた率《ゐ》ておはしまさず。近う仕ふまつるかぎりして出《い》で給ひぬ。
おっしゃって、家来も多くは連れていらっしゃらない。近くお仕えしている人々だけで出発なさった。
御送りの人々見たてまつり送りて帰りぬ。おはしましぬと人には見え給ひて、三日ば
（玉の枝を探しに）いらっしゃったと人目には見せ
かりありて漕《こ》ぎ帰り給ひぬ。　　（「竹取物語」）
なさって、三日ほどたってから船で帰っていらっしゃった。

＊くらもちの皇子＝かぐや姫に求婚《きゅうこん》した貴公子の一人。かぐや姫から「蓬莱《ほうらい》の玉の枝」を所望された。
＊たばかり＝策略・謀略《ぼうりゃく》。たくらみ。　＊筑紫の国＝九州地方。　＊難波＝大阪の地名。港の名。

(1) くらもちの皇子は、①朝廷と②かぐや姫の家に、それぞれ何と言って出かけたのか。古文中から抜《ぬ》き出しなさい。

(2) ――線部「おはしましぬと人には見え給ひて」は、くらもちの皇子のどんな様子を表しているか。簡潔に答えなさい。

(3) この場面の主題を、古文中の言葉を用いて二十字以内で答えなさい。

解答

1 (1)①筑紫の国に、ゆあみにまからむ　②玉の枝とりになむまかる
(2) 例 見せかけて実際には行かなかった様子。
(3) 例 くらもちの皇子は心にたばかりのある人だ。(20字)

解説

1 皇子はうそを言って出かけ、出かけたふりをして帰ってきた。冒頭《ぼうとう》で主題（皇子が「たばかりある人」であること）を端的《たんてき》に示し、次からその様子を具体的に述べている文章である。

例題 2 **次の古文と現代語訳を読んで、あとの問いに答えなさい。**

ある人、清水《きよみづ》へ参りけるに、老いたる尼《あま》の行きつれたりけるが、道すがら「くさめ*くさめ」と言ひもて行きければ①、「尼御前《あまごぜ》、何事をかくはのたまふぞ」と問ひけれども②、応《いら》へもせず、なほ言ひ止《や》まざりけるを、度々《たびたび》問はれて、うち腹たちて、「やや、鼻ひ*たる時、かくまじなはねば死ぬるなりと申せば、養ひ君の、比叡《ひえい》の山に児《ちご》にておはしますが、ただ今もや鼻ひ給《たま》はんと思へば、かく申すぞかし」といひけり③。有り難《がた》き*志なりけんかし。

（「徒然草」）

ある人が、清水寺へ参詣《さんけい》したときに、老いた尼さんで、道連れになった人が、道々、言いながら行くので、「尼さん、何をそんなふうにおっしゃっているのか」(尼は)返事もせずに、なお言うのをやめなかったが、「ああ(うるさい)、くしゃみしたとき、このようにまじないをしないと死ぬのだというので、(自分が)育てた御方《おかた》が、この今もくしゃみをしていらっしゃるだろうと思うので、このように申すのです」めったにない(尊い)気持ちというべきであろう。

＊くさめくさめ＝くしゃみをしたときに唱えるまじないの言葉。
＊鼻ひる＝くしゃみをする。　＊有り難し＝めったにない。立派だ。

(1) ——線部①〜③の主語を、古文中の言葉で答えなさい。
(2) ═線部「と思へば」とあるが、誰《だれ》が、どんなことを思うのか。現代語で簡潔に答えなさい。
(3) 話を聞いて、作者が思ったことを、古文中から抜き出しなさい。
(4) この話の主題を、二十字以内で答えなさい。

2 解答
(1) ①(老いたる)尼　②ある人　③(老いたる)尼
(2) 例 尼が、養い君(自分の育てた子)がくしゃみをしているのではないかということ。
(3) 有り難き志なりけんかし
(4) 例 自分の育てた子を思う尼の気持ちの尊さ。(19字)

2 解説
「ある人」から聞いた話を紹介《しょうかい》しながら、作者自身が自分の感想を述べている文章である。主題は、作者の感想の中心にある考えをとらえてまとめる。

練習問題

解答↓533ページ

1 次の古文を読んで、あとの問いに答えなさい。

春はあけぼの①。やうやう②白くなりゆく山ぎは、少しあかりて、紫《むらさき》だちたる雲の細くたなびきたる。

夜明けの頃《ころ》／山と接する辺りの空が／紫がかった雲が

夏は夜。月のころはさらなり、やみもなほ、蛍《ほたる》の多く飛びちがひたる。また、ただ一つ二つなど[a]、ほのかにうち光りて行くもをかし③。雨など降るもをかし。

月の明るい頃は言うまでもない、闇夜《やみよ》でもやはり、蛍がたくさん飛び交《か》っている／飛んで行くのも

秋は夕暮。夕日のさして山の端《は》いと近うなりたるに、からすの寝所《ねどころ》へ行くとて、三つ四つ、二つ三つなど[b]飛び急ぐさへあはれなり④。まいてかりなどの連ねたるが、いと小さく見ゆるはいとをかし。日入りはてて、風の音《おと》、虫の音《ね》など、はた言ふべきにあらず⑤。

空と接する山のへりに／三羽四羽、二羽三羽と群がって飛び急ぐ姿までも／まして雁《かり》などが列を作って飛んで行くのが／夕日がすっかり沈《しず》んでしまって／また言うまでもない

冬はつとめて⑥。雪の降りたるは言ふべきにもあらず。霜《しも》のいと白きも、またさらでも⑦いと寒きに、火など急ぎおこして、炭持て渡る《わた》も、いとつきづきし。昼になりて、ぬるくゆるびもていけば、火桶《ひをけ》の火も、白き灰がちになりてわろし。

そうではなくても／炭火を（あちこちへ）持って行くのも、たいそう似つかわしい／寒さがゆるんでいくと、火鉢《ひばち》の火も、白い灰ばかりになってよくない

（「枕草子《まくらのそうし》」）

(1) ――線部①とあるが、「春はあけぼの」がどうだというのか。あとに省略されている言葉を、現代語で答えなさい。

(2) ――線部②～④の言葉を現代仮名遣《かなづか》いに直しなさい。

(3) ――線部②・④・⑥の言葉の意味をそれぞれ答えなさい。

(4) ＝＝線部a「ただ一つ二つなど」・b「三つ四つ、二

つ三つなど」という表現は、どのような効果を上げているか。それを説明した次の文の[　]に入る最も適切な言葉をあとから選び、記号で答えなさい。

数が具体的に示されることで、飛んでゆくものの姿が目の前に見えるような[　]を与《あた》えている。

ア 緊張感《きんちょう》　イ 悲愴感《ひそう》
ウ 臨場感　エ 不安感

(5) ――線部⑤「言ふべきにあらず」とあるが、筆者は何の、どのような様子を評価しているのか。簡潔に答えなさい。

(6) ――線部⑦「さらでもいと寒きに」を、「さ」の内容を明らかにして現代語訳しなさい。

(7) 本文全体からうかがえる作者の、季節に対する美意識として、適切でないものを次から一つ選び、記号で答えなさい。

ア その季節にしかない固有の表情を大事にしている。
イ 季節を感じさせる色彩《しきさい》や明暗の対比に敏感《びんかん》である。
ウ 季節を快適に過ごすための工夫に美を感じている。
エ 季節ごとの情景を時間の推移の中で見つめている。

---

2 次の古文を読んで、あとの問いに答えなさい。

*福原《ふくはら》へ都をうつされて後、平家の人々夢見も悪《あ》しう、常は心さわぎのみして、*変化《へんげ》のものどもおほかりけり。ある夜*入道《にふだう》のふし給《たま》へるところに、*一間《ひとま》にはばかる程の面《おもて》いできて、のぞき奉《たてまつ》る。*入道相国《しやうこく》ちつともさわがず、①*ちやうどにらまへておはしければ、②ただぎえに消えうせぬ。岡の御所《ごしょ》と申すは、あたらしうつくられたれば、しかるべき大《たい》木《ぼく》もなかりけるに、ある夜大木のたふるる音して、人ならば二三十人が声して、どつとわらふことありけり。これはいかさまにも天狗《てんぐ》の所為《しよゐ》といふ沙汰《さた》にて、*ひきめの当番となづけてよる百人ひる五十人の番衆をそろへて、③*ひきめを射させらるるに、天狗のあるかたへむいて射たるときは音もせず、ない方《かた》へむいて射たるとおぼしき時はどつとわらひなどしけり。

（「平家物語《へいけものがたり》」）

*福原へ都をうつされて＝平清盛《たいらのきよもり》による福原（現・兵庫県神戸市）への遷都《せんと》を指す。
*変化のもの＝化け物。　*入道・入道相国＝平清盛のこと。
*一間にはばかる＝非常に大きい様子。
*ちやうど＝にらむさま。はったと。
*ひきめ＝矢の一種。先が空洞《くうどう》で魔除《まよ》けに用いる。
*番衆＝番人。宿直して主君の警備にあたった武士。

(1) ――線部①をすべて現代仮名遣《かなづか》いに直しなさい。

(2) ——線部②・③の主語を、古文中の言葉で答えなさい。

(3) ‖‖線部「これ」は何をさしているか。わかりやすく答えなさい。

(4) 古文の中で「入道」はどのような人物として描《えが》かれているか。最も適切なものを次から選び、記号で答えなさい。

ア 何事も自分の思い通りにしようとする我儘《わがまま》な人物。
イ 目の前の怪異《かいい》にあわてふためくだけの臆病《おくびょう》な人物。
ウ 不思議なことにも少しも動じない度胸のある人物。
エ 化け物の存在を信じずに行動する勇気のある人物。

(5) この古文に描《えが》かれている出来事は、どのようなことを背景に起こったのか。古文中の言葉を用いて、わかりやすく答えなさい。

3 次の古文を読んで、あとの問いに答えなさい。

むかし、天智《てんじ》天皇と申すみかどの、野にいでて*鷹狩《たかが》りせさせ給《たま》ひけるに、御鷹、風にながれてうせにけり。むかしは、*野をまもる者ありけるに、*召《め》して、「御鷹うせにたり。たしかにもとめよ」と[A]仰《おほ》せられければ、かしこまりて、「御鷹は、かの岡の松の*ほつえに、南に向きて、*しか侍《はべ》る」と[B]申しければ、おどろかせ給ひにけり。「そもそもなんぢ、[C]地にむかひて、かうべを地につけて、ほかを見る事なし。いかにして、①こずゑにゐたる鷹のあり所を知る」と問はせ給ひければ、野守《のもり》のおきな、「民《たみ》は*公主におもてをまじふる事なし。*しばのうへにたまれる水を、かがみとして、かしらの雪をもさとり、おもてのしわをもかぞふるものなれば、そのかがみを*まぼりて、御鷹の*木居《きこ》を知れり」と[D]申しければ、そののち、野の中にたまれりける水を、野守のかがみとは②いふなり、とぞいひつたへたる。

（俊頼髄脳《としよりずいのう》）

*鷹狩りせさせ給ひけるに＝鷹狩りをなさっていたところ。
*野をまもる者＝狩猟《しゅりょう》用の野原の番人。　*召して＝呼んで。
*ほつえ＝上の枝。　*しか＝そのように。　*公主＝君主。
*しばのうへ＝草の生えているあたり。　*まぼりて＝見つめて。
*木居＝木の枝にとまっていること。

(1) ‖‖線部①「こずゑ」・②「いふなり」を現代仮名遣《かなづか》いに直しなさい。

(2) ——線部A〜Dのうち、主語が他と異なるものを一つ選び、記号で答えなさい。

(3) ——線部「御鷹は、かの岡の松のほつえに、南に向きて、しか侍る」について、この言葉に対して、天智天皇はどのような感情を持ったか。最も適切なものを次から選び、記号で答えなさい。

ア 鷹狩りに使うほどの強い鷹が、風に流されてしまったのは残念でならない。

イ 野守が身分の違《ちが》いをわきまえず、とっさに口を開いたことが腹立たしい。

ウ 野守が頭を地につけたままで、鷹の居場所を言ったことにはおどろいた。

エ 風に流されていなくなった鷹が、実際は近くにいたのは、拍子抜《ひょうしぬ》けする気持ちだ。

(4) 〰〰線部「そのかがみ」は何を指しているか。一字で答えなさい。

(5) この文章の主題を次のようにまとめた。[a]に入る言葉として最も適切なものをあとから選び、記号で答えなさい。また、[b]に入る言葉を十字以内の現代語で答えなさい。

野守のおきなの、[a]についての逸話《いつわ》から、[b]を「野守のかがみ」と言うようになった。

ア 天皇をもおそれぬ態度

イ 仕事に対する誇《ほこ》り

ウ 筋を通す実直さ

エ 自然と身についた機知

---

4 次の古文を読んで、あとの問いに答えなさい。

昔、林の中にして*定《ぢやう》を修《しゆ》する者ありけり。心を静めて修せんとするに、林に鳥集まりて、*かまびすしかりければ、仏にこの事を嘆《なげ》き申すに、「その鳥に、羽一羽《はねいちは》づつ乞《こ》へ。」と宣《のたま》ふ。さて帰りて乞ひければ、一羽づつ*食ひ抜《ぬ》きて、取らせけり。また次の日乞ひける時、鳥共《ども》のいはく、「我等《われら》は羽をもちてこそ、空を翔《かけ》りて、食《じき》をも求め、命をも助くるに、日々に乞はれんには、みな翼《つばさ》*欠けてむず。この林に住めばこそ、*かかる事もあれ。」とて、飛び去りぬ。

（「沙石集《しゃせきしゅう》」）

*定を修する者＝精神を集中して修行する者。
*かまびすしかりければ＝騒々《そうぞう》しかったので。
*食ひ抜きて＝口にくわえて抜き取って。
*欠けてむず＝なくなってしまう。
*かかる事もあれ＝このようなこともあるのだ。

(1) この古文における仏の助言を次のようにまとめた。[a]・[b]に入る言葉を、それぞれ二十字以内と十五字以内で答えなさい。

[a]ためには、[b]ことをすればよい。

(2) ――線部「飛び去りぬ」とあるが、鳥はなぜそうしたのか。次の[ ]に入る言葉を三十字以内で答えなさい。

[ ]と考えたから。

2 見てわかる古文の常識

入試重要度 ★★★

1 陰暦《いんれき》と二十四節気《にじゅうしせっき》

明治五年に太陽暦が採用されるまでは、陰暦（太陰太陽暦）が使われていた。これは月の満ち欠けをもとにした暦《こよみ》で、一年が三百五十四日となるため、三年で約ひと月近くずれが生じてしまう。そこで時折、閏《うるう》月《づき》を挿入《そうにゅう》し、一年を十三か月として、調整した。

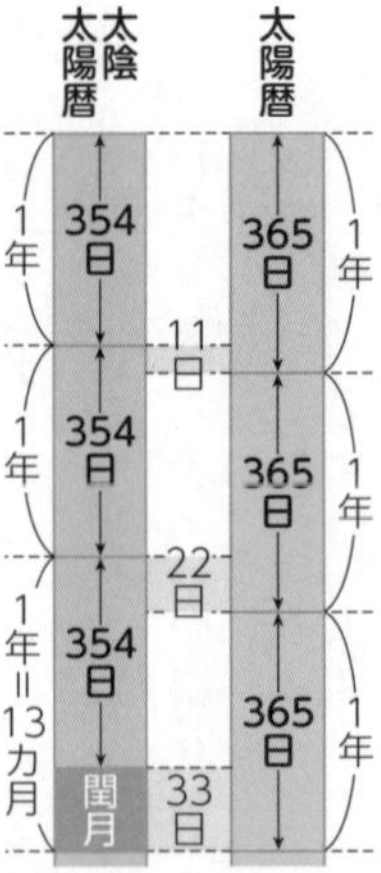

また、太陽の運行をもとに、一年を二十四等分して季節を表す二十四節気も用いられた。

季節	月	異名	二十四節気	
春	一月	睦月《むつき》	立春《りっしゅん》	雨水《うすい》
	二月	如月《きさらぎ》	啓蟄《けいちつ》	春分《しゅんぶん》
	三月	弥生《やよい》	清明《せいめい》	穀雨《こくう》
夏	四月	卯月《うづき》	立夏《りっか》	小満《しょうまん》
	五月	皐月《さつき》	芒種《ぼうしゅ》	夏至《げし》
	六月	水無月《みなづき》	小暑《しょうしょ》	大暑《たいしょ》
秋	七月	文月《ふづき》《ふみづき》	立秋《りっしゅう》	処暑《しょしょ》
	八月	葉月《はづき》	白露《はくろ》	秋分《しゅうぶん》
	九月	長月《ながつき》	寒露《かんろ》	霜降《そうこう》
冬	十月	神無月《かんなづき》《かみなづき》	立冬《りっとう》	小雪《しょうせつ》
	十一月	霜月《しもつき》	大雪《たいせつ》	冬至《とうじ》
	十二月	師走《しわす》	小寒《しょうかん》	大寒《だいかん》

2 月齢《げつれい》と呼び名

陰暦において、ひと月は、月の満ち欠けの一サイクルであった。したがって、陰暦を用いていた時代の人々は、空を見上げ、月の形によって日付を確かめることができた。

日付	月の形	月の出	月の呼び名
30	新月	5時30分	新月・つごもり
3		9時	三日月
8	十日余りの月	14時	八日月
11		16時30分	十日余りの月
13	望月	17時30分	十三夜月・小望月《こもち》
15		18時	望月《もちづき》・満月
16	立待月	18時30分	十六夜《いざよい》月
17		19時	立待月《たちまち》
18	臥待月	20時	居待月《いまち》
19		20時30分	臥待月《ふしまち》・寝待月《ねまち》
20	二十日余りの月	21時	更待月《ふけまち》
22		22時	二十日余りの月

3 五行《ごぎょう》・十干《じっかん》・十二支《じゅうにし》・干支《えと》

五行
万物を構成するとされた木《もく》・火《か》・土《ど》・金《ごん》・水《すい》の五つの要素。

十干
五行をそれぞれ陽（兄《え》）と陰（弟《と》）に分けたもの。

十二支
天を十二に分け、動物の名をあてはめ、時刻や方位を表すのに用いられた。

干支
十干と十二支の六十通りの組み合わせで年月や時刻などを表すのに用いられた。

五行	木		火		土		金		水	
十干	木兄《きのえ》	木弟《きのと》	火兄《ひのえ》	火弟《ひのと》	土兄《つちのえ》	土弟《つちのと》	金兄《かのえ》	金弟《かのと》	水兄《みずのえ》	水弟《みずのと》
	甲《コウ》	乙《オツ》	丙《ヘイ》	丁《テイ》	戊《ボ》	己《キ》	庚《コウ》	辛《シン》	壬《ジン》	癸《キ》

十二支	子《ね》（鼠《ねずみ》）	丑《うし》（牛）	寅《とら》（虎《とら》）	卯《う》（兎《うさぎ》）	辰《たつ》（竜《たつ》）	巳《み》（蛇《へび》）	午《うま》（馬）	未《ひつじ》（羊）	申《さる》（猿《さる》）	酉《とり》（鶏《にわとり》）	戌《いぬ》（犬）	亥《い》（猪《いのしし》）

干支									
1 甲子《きのえね》	2 乙丑《きのとうし》	3 丙寅《ひのえとら》	4 丁卯《ひのとう》	5 戊辰《つちのえたつ》	6 己巳《つちのとみ》	7 庚午《かのえうま》	8 辛未《かのとひつじ》	9 壬申《みずのえさる》	10 癸酉《みずのととり》
11 甲戌《きのえいぬ》	12 乙亥《きのとい》	…	20 癸未《みずのとひつじ》						
… 33 丙申《ひのえさる》	34 丁酉《ひのととり》	35 戊戌《つちのえいぬ》	36 己亥《つちのとい》	37 庚子《かのえね》	38 辛丑《かのとうし》	39 壬寅《みずのえとら》	40 癸卯《みずのとう》		
… 53 丙辰《ひのえたつ》	54 丁巳《ひのとみ》	55 戊午《つちのえうま》	56 己未《つちのとひつじ》	57 庚申《かのえさる》	58 辛酉《かのととり》	59 壬戌《みずのえいぬ》	60 癸亥《みずのとい》		

甲子園《こうしえん》球場は、「甲子」の年（一九二四年）に完成したことから名づけられた。

4 時刻と方位

時刻は、一日を十二等分し、二時間（一刻）ごとに十二支を順に当て、さらに一刻を四分した。

古時刻

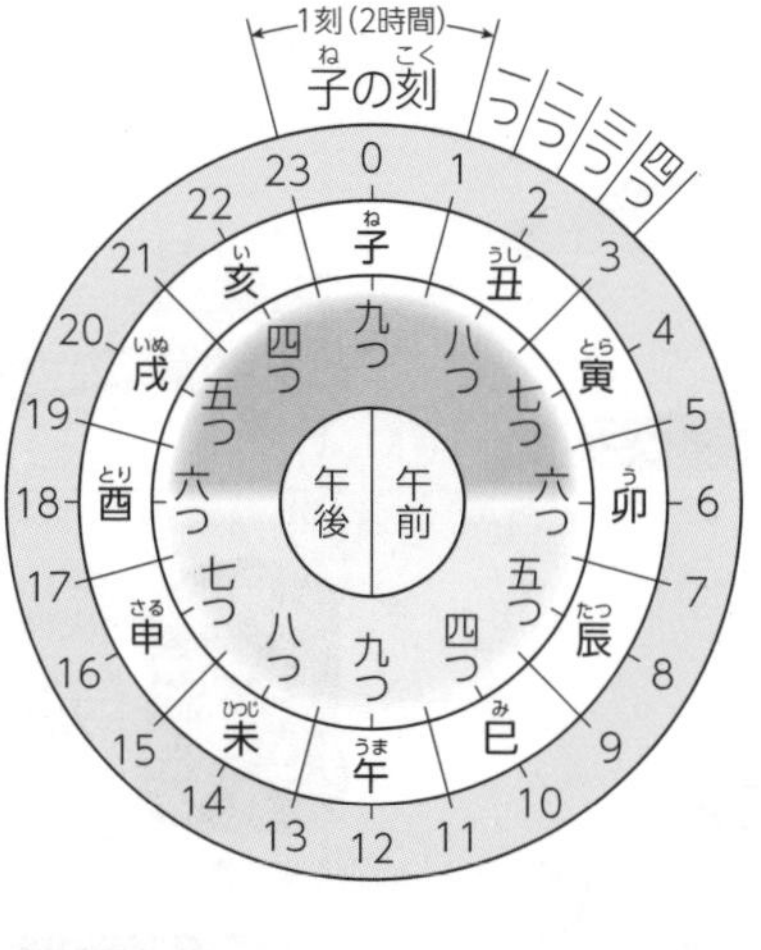

古方位

方角は、三百六十度を十二に分け、十二支をあてはめて表した。北が「子」、南が「午」、東が「卯」、西が「酉」となる。

＊玄武・青龍・朱雀・白虎は、それぞれ北・東・南・西の守護神。

古文の一日

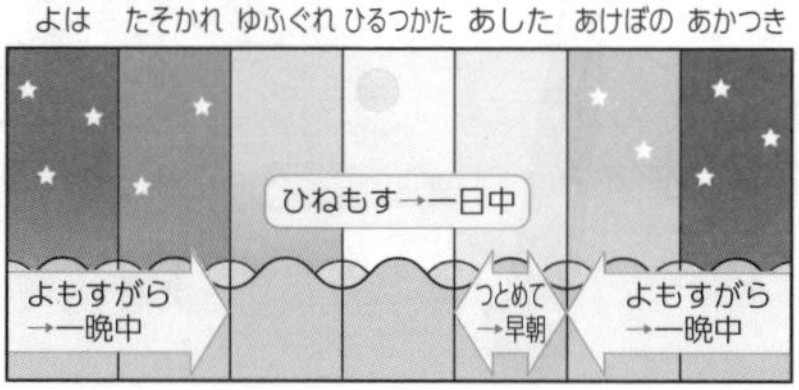

5 服装

束帯《そくたい》（公家の正装《せいそう》）

直衣《のうし》（公家《くげ》の平常服）

狩衣《かりぎぬ》（鷹《たか》狩《が》りの服。のち平常服）

唐衣《からぎぬ》と裳《も》（正装。十二単《ひとえ》）

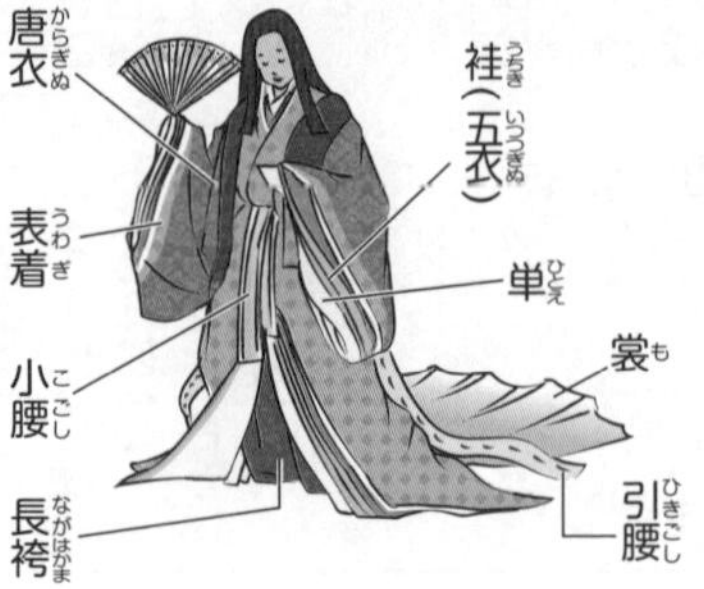

袿袴《うちぎはかま》（公家の平常服）

6 乗り物・調度品・楽器

牛車《ぎっしゃ》

網代車《あじろぐるま》

唐車《からぐるま》

火桶《ひおけ》
火鉢《ひばち》

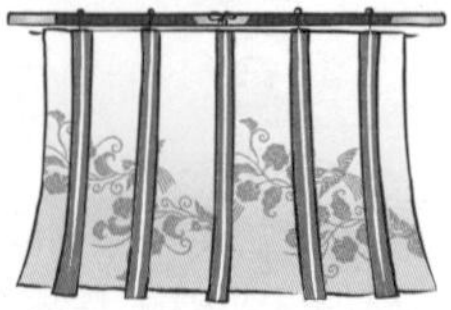
几帳《きちょう》

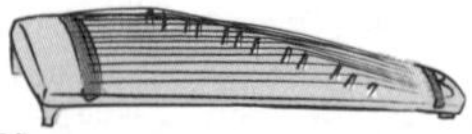
箏《そう》

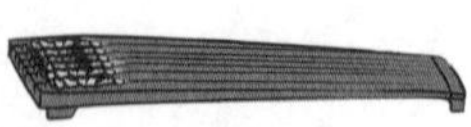
和琴《わごん》

琵琶《びわ》

笙《しょう》

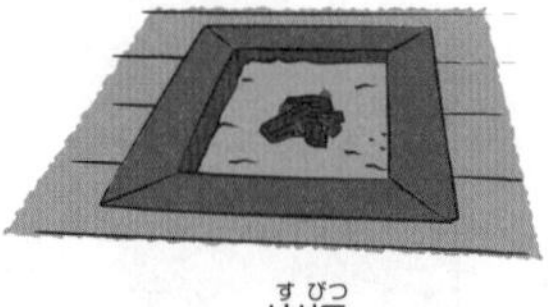
炭櫃《すびつ》

脇息《きょうそく》

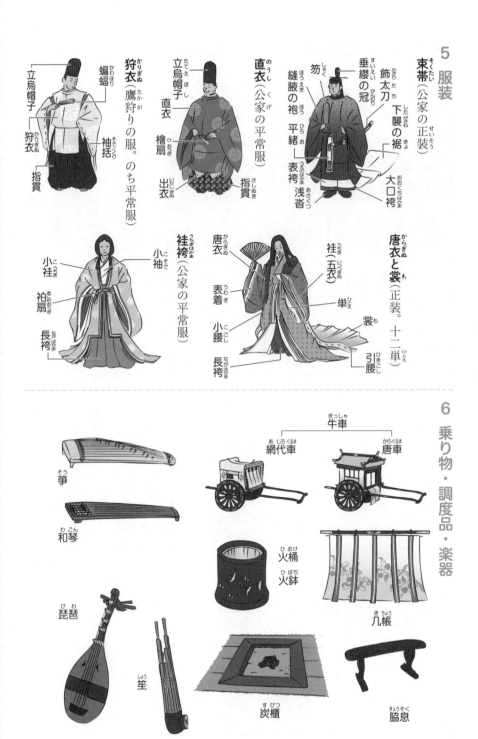

7 建物と地理

寝殿造《しんでんづくり》…平安時代に完成した貴族の建築様式。周囲に築地《ついじ》がめぐらされ、中央に寝殿が配される。渡《わた》り廊下《ろうか》でつながれた対屋《たいのや》があり、敷地《しきち》の南側は、行事や宴会《えんかい》を行うための庭園が設けられた。

平安京と大内裏《だいだいり》の建物…平安京は、七九四（延暦《えんりゃく》13）年、桓《かん》武《む》天皇によって建設された都で、東西・南北に碁盤《ごばん》の目のように道路が走る。朱雀大路《すざくおおじ》をはさんで左京と右京に分かれ、平安京の中央北部には、当時の行政施設《しせつ》が集まっていた。

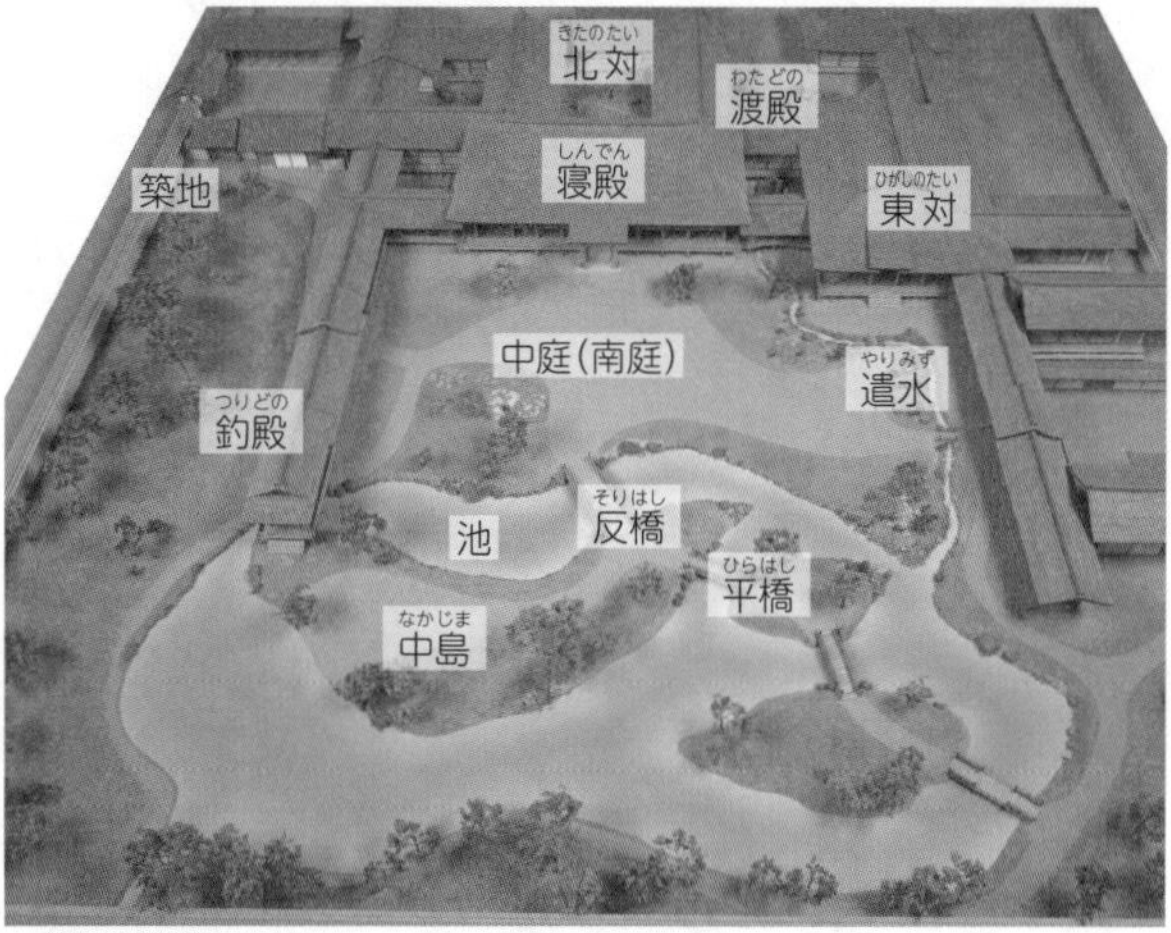

▲**東三条殿《ひがしさんじょうどの》**（国立歴史民俗博物館所蔵）

▲**平安神宮大極殿《へいあんじんぐうだいごくでん》** 朝堂院の正殿。写真は、大極殿を模して建てられた平安神宮の外拝殿《がいはいでん》。

▲**羅城門《らじょうもん》** 平安京の正門。写真は、羅城門の復元模型。

〈平安京平面図〉

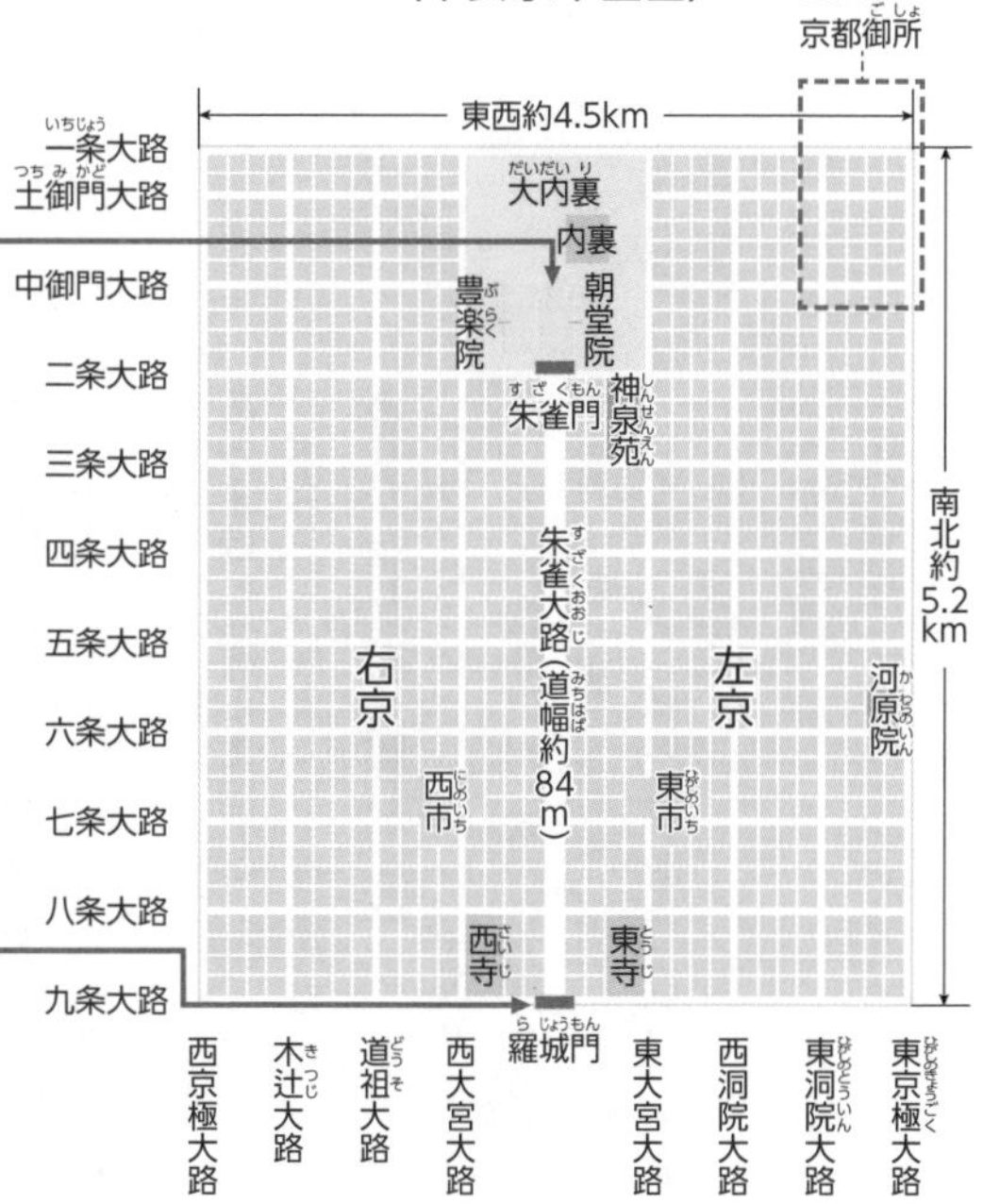

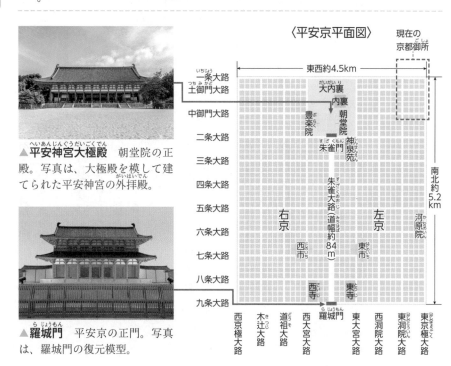

3 覚えておきたい重要古語

名＝名詞　動＝動詞　形＝形容詞　形動＝形容動詞　副＝副詞　助動＝助動詞　助＝助詞

あ

あいなし 形
①気にくわない・つまらない　②筋が通らない

あからさまなり 形動
ほんのちょっと・一時的に
例 十月のつごもりがたに、あからさまに来てみれば〔十月の末頃《ごろ》に、ほんのちょっと来てみると〕〈更級日記《さらしなにっき》〉

あきらむ（明らむ） 動
①明らかにする　②心を晴れやかにする
例 さらに一人二人の力もて、ことごとくあきらめつくすべくもあらず〔決して一人や二人の力で、すべてを明らかにしつくすことはできるものではない〕〈玉勝間《たまかつま》〉

あさまし（浅まし） 形
①驚《おどろ》きあきれる　②情けない・嘆《なげ》かわしい
例 思はずに、あさましくて「こはいかに。かかるやうやはある」とばかり言ひて〔思いがけないことに、驚きあきれて、「これはどうしたことだろう。このようなことがあるものだろうか」とだけ言って〕〈十訓抄《じっきんしょう》〉

あし（悪し） 形
①悪い　②不快だ　③醜《みにく》い

あそぶ（遊ぶ） 動
管弦《かんげん》を演奏する・詩歌を詠《よ》む

あだなり（徒なり） 形動
①はかない　②無駄《むだ》だ　③不誠実だ

あたらし（惜し） 形
惜《お》しい・もったいない
例 際《きは》ことに賢《かしこ》くて、ただ人にはいとあたらしけれど〔特別に優《すぐ》れていて、臣下にするにはたいそうもったいないが〕〈源氏物語《げんじものがたり》〉

あぢきなし 形
①どうしようもない　②役に立たない・無駄《むだ》だ　③苦々しい

あてなり（貴なり） 形動
①高貴だ・身分が高い　②上品だ・優美だ

あはれなり 形動
しみじみとした趣《おもむき》がある
例 夕暮れの静かなるに、空の気色《けしき》いとあはれに〔夕暮れの静かな頃《ころ》に、空の様子はたいそうしみじみとした趣があって〕〈源氏物語〉

あやし（①怪し・奇し　②賤し） 形
①不思議だ・奇妙《きみょう》だ　②身分が低い・粗末《そまつ》だ

あらまほし（有らまほし） 形
望ましい・好ましい・理想的だ

ありがたし（有り難し） 形
①めったにない・珍《めずら》しい　②立派だ
例 ありがたきもの。舅《しうと》にほめらるる婿《むこ》。また、姑《しうとめ》に思はるる嫁《よめ》の君〔めったにないもの。舅にほめられる婿。姑に思われる嫁。〕〈枕草子《まくらのそうし》〉

いかが（如何） 副
①【疑問】どうして・どのように～か　②【反語】どうして～か、いや～でない

いかで（如何で） 副
①【疑問】どうして～か　②【反語】どうして～か、いや～でない　③【願望】どうにかして・ぜひとも

いそぎ（急ぎ） 名
①準備・支度《したく》　②急用

いたづらなり（徒らなり） 形動
①無駄《むだ》である・役に立たない　②むなしい
例 さし寄りて、据《す》ゑなほして去《い》にければ、上人《しやうにん》の感涙《かんるい》いたづらになりにけり〔近づいて、元に戻《もど》して去ってしまったので、上人の涙《なみだ》は無駄になってしまった〕〈徒然草《つれづれぐさ》〉

いつしか（何時しか） 副
①（待ち望む気持ちで）早く　②いつの間にか
例 いつしかその日にならなむと、いそぎおし歩くも、いとをかしや〔早くその日になってほしいと、急いで押《お》し合いながら歩く様子も、たいそう趣《おもむき》がある〕〈枕草子〉

いと 副
たいそう・非常に

いとほし 形
①かわいそうだ・気の毒だ　②かわいい
例 翁《おきな》をいとほし、かなしと思《おぼ》しつることも失《う》せぬ〔翁をかわいそうで、気の毒だと思う気持ちもなくなってしまった〕〈竹取《たけとり》物語〉

いみじ 形
①たいそう・はなはだしい　②とても良い　③とても悪い

うし（憂し） 形
①つらい・憂鬱《ゆううつ》だ　②気が進まない・嫌《いや》だ

うつくし（①愛し　②美し） 形
①かわいい・愛《いと》しい　②きれいだ・立派だ
例 父母《ちちはは》を見れば尊し妻子《めこ》見ればめぐしうつくし〔父母を見ると尊い、妻子を見ると愛しくかわいい〕〈万葉集〉

うつつ（現） 名
①現実　②正気

うるはし（美し・麗し・愛し） 形
①端正《たんせい》で美しい　②美しく立派だ

え 副
（下に打ち消しの語を伴い）とても～できない
例 この玉たはやすくえ取らじを〔この玉は容易に取ることはできないだろうが〕〈竹取物語〉

おとなし（大人し） 形
①思慮《しりよ》分別がある　②大人びている
例 かくおとなしくならせたまひにける御《おん》齢《よわひ》のほども〔このように大人びているようになられたご年齢《ねんれい》からして〕〈源氏物語〉

おどろく（驚く） 動
①目を覚ます　②はっと気づく
例 秋来《き》ぬと目にはさやかに見えねども風の音にぞおどろかれぬる〔秋が来たと目でははっきりと見えないが、風の音ではっと気づかせられたことだ〕〈古今和歌集〉

おはす（御座す） 動
①【尊敬語】いらっしゃる　②【尊敬の補助動詞】～ていらっしゃる
例 ここにおはするかぐや姫《ひめ》は〔ここにいらっしゃるかぐや姫は〕〈竹取物語〉

おぼえ（覚え） 名
①評判　②寵愛《ちようあい》

おほす（仰す） 動
①【尊敬語】おっしゃる　②命じる
例 あの花どもは、いづち去《い》ぬるぞとおほせらる〔あの花々は、どこへ行ってしまったのかとおっしゃる〕〈枕草子〉

おろかなり（疎かなり） 形動
①いい加減だ ②十分に言い尽《つ》くせない
例 帝の御使ひをば、いかでかおろかにせむ。〔天皇のご使者を、どうしていい加減にできようか、いや、できまい。〕〈竹取物語〉

か

かしこし（①畏し ②賢し） 形
①おそれ多い ②優《すぐ》れている

かしづく（傅く） 動
たいせつに育てる

かたくななり（頑なり） 形動
①頑固《がんこ》だ ②愚《おろ》かで教養がない

かたち（形・容貌） 名
①姿・外形 ②顔立ち・容姿 ③美しい外見

かたはらいたし（傍ら痛し） 形
①恥《は》ずかしい ②見苦しい

かち（徒・徒歩） 名
歩いて行くこと

かなし（①愛し ②悲し・哀し） 形
①いとおしい ②悲しい・あわれだ

きこしめす（聞こし召す） 動
①【尊敬語】お聞きになる ②【尊敬語】召《め》しあがる ③【尊敬語】お治めになる

きこゆ（聞こゆ） 動
①聞こえる ②評判になる ③【謙譲《けんじょう》語】申し上げる ④【謙譲の補助動詞】お～申し上げる

ぐす（具す） 動
①【他動詞】連れて行く ②【自動詞】共に行く

くちをし（口惜し） 形
①残念だ・情けない ②つまらない・物足りない
例 過ぎて往《い》ぬるもくちをし〔通り過ぎてしまうのも残念だ〕〈枕草子〉

けしき（気色） 名
①様子・態度・状態 ②兆候《ちょうこう》

げに 副
なるほど・本当に

こころにくし（心憎し） 形
奥《おく》ゆかしい・心ひかれる

こころもとなし（心許なし） 形
①待ち遠しい ②不安だ
例 夜の明くるほど、いとこころもとなし〔夜が明けるときが、たいそう待ち遠しい〕〈枕草子〉

ことわり（理） 名
道理・筋道

さ

さうざうし 形
物足りない・心寂《さび》しい

さすがに 副
そうはいってもやはり

さぶらふ（侍ふ・候ふ） 動
①【謙譲語】お仕えする ②【丁寧《ていねい》語】あります・ございます

さらなり（更なり） 形動
言うまでもない

さらに（更に） 副
（下に打ち消しの語を伴い）決して～ない

したたむ（認む） 動
①整理する ②用意する

しのぶ（①忍ぶ ②偲ぶ） 副
①こらえる・隠《かく》す ②思い慕《した》う

すさまじ（凄じ） 形
①つまらない・興ざめだ　②物寂《さび》しい

すずろなり（漫ろなり） 形動
①わけもなく　②むやみに　③不意に

そうす（奏す） 動
①【謙譲語】（天皇・上皇・院に）申し上げる
②音楽を奏《かな》でる

た

たてまつる（奉る） 動
①【謙譲語】差し上げる　②【尊敬語】召《め》しあがる・お召しになる　③【補助の謙譲語】お～申し上げる

たまはる（給はる・賜はる） 動
①【謙譲語】いただく・～させていただく
②【尊敬語】お与《あた》えになる

たまふ（給ふ・賜ふ） 動
①【尊敬語】お与えになる　②【尊敬の補助動詞】お～になる・～なさる　③【謙譲の補助動詞】～させていただく

たより（頼り・便り） 名
①よりどころ　②よい機会　③手紙

ちぎり（契り） 名
①約束　②宿縁《しゅくえん》　③男女の縁

つきづきし 形
ふさわしい・似つかわしい

つとめて 名
①早朝　②翌朝

つゆ（露） 副
（下に打ち消しの語を伴い）少しも～ない

つれづれなり（徒然なり） 形動
退屈《たいくつ》だ・手持ちぶさただ

としごろ（年頃） 名
長年の間（「月ごろ」は「数か月の間」）

な

な 副
（「な～そ」の形で）～するな・～してくれるな

なかなか 副
①中途半端《ちゅうとはんぱ》だ　②かえって
例　むなしう帰りまゐりたらんは、なかなかまゐらざらんよりあしかるべし〔このまま無駄《むだ》に帰っていくのは、かえってやってこないよりも悪いだろう〕〈平家《へいけ》物語〉

ながむ（眺む） 動
①物思いにふける　②ぼんやりと見やる

なごり（名残） 名
①余韻《よいん》　②面影《おもかげ》　③別れ

なさけ（情け） 名
①情緒《じょうちょ》　②思いやり

なつかし（懐かし） 形
①心ひかれる　②親しみやすい
例　にはかにしもあらぬ匂《にほ》ひいとなつかしう住みなしたり。〔急にしたというのでもない香りが漂《ただよ》って、たいそう心がひかれる様子で暮らしていた。〕〈徒然草〉

など 副
①【疑問】どうして～か
②【反語】どうして～か、いや～でない

なほ 副
①やはり　②さらに・いっそう

なんぞ 副
①【疑問】どうして～か
②【反語】どうして～か、いや～でない

ねんごろなり（懇ろなり） 形動
①熱心だ　②細やかに心を配っている
③親密だ

ねんず（念ず） 動
①我慢《がまん》する ②心の中で祈《いの》る

ののしる（喧る） 動
①大声で騒《さわ》ぐ ②評判になる

は

はかなし（果無し・果敢無し） 形
①頼《たよ》りない・あてにならない
②ちょっとした

はづかし（恥づかし） 形
①（こちらが気後《きおく》れするほど相手が）立派だ ②気が引ける
例 みな、いとはづかしき中に〔みな、たいそう立派な人たちである中でも〕〈枕草子〉

はべり（侍り） 動
①【謙譲語】お仕えする ②【丁寧語】あります・おります ③【丁寧の補助動詞】です・ます

はらから（同胞） 名
兄弟姉妹

ひねもす（終日） 副
一日中

ふびんなり（不便なり・不憫なり） 形動
①不都合だ・具合が悪い
②かわいそうだ・気の毒だ

ほいなし（本意無し） 形
不本意だ・残念だ・物足りない
例 過ぎ別れぬること、かへすがへすほいなくこそおぼえはべれ〔別れていってしまうことは、とても残念に思われます〕〈竹取物語〉

ま

まうす（申す） 動
①【謙譲語】申し上げる ②【謙譲の補助動詞】お～申し上げる

まうづ（参づ・詣づ） 動
①参拝する
②【謙譲語】参上する・うかがう

まかる（罷る） 動
①【謙譲語】退出する・おいとまする
②【謙譲語】参る ③死ぬ
例 憶良《おくら》らは今はまからむ〔憶良めはもう退出しましょう。〕〈万葉集〉

まさなし（正無し） 形
①よくない ②見苦しい

まねぶ（学ぶ） 動
①まねをする ②学ぶ ③伝える

まめなり（忠実なり・真実なり） 形動
①誠実だ ②実用的だ
例 いとまめに実用《じちよう》にて、あだなる心なかりけり〔たいそう誠実で実直で、不誠実な気持ちがなかった〕〈伊勢物語〉

むげなり（無下なり） 形動
①まったくひどい・最低だ ②むやみに

むつかし（難し） 形
①不快だ・うっとうしい ②面倒《めんどう》だ
例 女君は、暑くむつかしとて、御髪《みぐし》すまして〔女君は、暑くてうっとうしいと言って、髪《かみ》を洗い清めて〕〈源氏物語〉

めづ（愛づ・賞づ） 動
①愛する・かわいがる ②心ひかれる

めづらし（珍し） 形
①すばらしい ②真新しい・新鮮《しんせん》だ
③めったにない

めでたし 形
①すばらしい・見事だ ②祝うべきだ

や

やうやう（漸う） 副
次第に・だんだんと

やがて 副
①そのまま ②すぐに

やさし（①〜②恥し ③〜⑤優し） 形
①恥《は》ずかしい・肩身《かたみ》が狭《せま》い ②遠慮《えんりょ》がちだ ③上品だ・優美だ ④健気《けなげ》だ・殊勝《しゅしょう》だ・感心だ ⑤情が深い

やむごとなし 形
①高貴である ②格別である
例 いと**やむごとなき**際《きは》にはあらぬが、すぐれて時めきたまふありけり［それほど**高貴な**身分ではない方で、とりわけ帝《みかど》のご寵愛《ちょうあい》を受けていらっしゃる方があった］〈源氏物語〉

ゆかし 形
①知りたい・見たい・聞きたい ②恋《こい》しい

ゆめ（努・勤） 副
（打ち消しの表現を伴い）まったく〜ない

よ（世・代）／よのなか（世の中） 名
①世間・俗世《ぞくせ》 ②男女の仲 ③政治

よし（良し・好し・善し） 形
①優《すぐ》れている ②美しい

よし（由） 名
①理由 ②事情 ③縁《えん》 ④由緒《ゆいしょ》 ⑤趣《おもむき》 ⑥〜という趣旨《しゅし》

よもすがら（夜もすがら） 副
一晩中・夜通し

よろし（宜し） 形
①悪くない・だいたいよい ②適当だ・ふさわしい ③好ましい・満足できる
例 若く、**よろしき**男の、下種女《げすをんな》の名、呼び馴《な》れていひたるこそ、憎《にく》けれ［若くて、**悪くはない**身分の男が、身分の低い女の名を呼び馴れて言っているのは、憎らしい］〈枕草子〉

ら

らうたし 形
かわいい・愛らしい
例 かいつきて寝《ね》たる、いと**らうたし**［しがみついて寝たのは、たいそう**かわいい**］〈枕草子〉

わ

わたる（渡る） 動
①川や海を渡《わた》る ②行く・来る・通る ③広く通じる・行き渡る ④年月を過ごす ⑤（多くは「わたらせ給《たま》ふ」の形で）〜（て・で）いらっしゃる・おありになる ⑥一面に〜する・〜し続ける

わびし（侘びし） 形
①がっかりだ ②心細い・寂《さび》しい ③つらい・やりきれない

わりなし（理無し） 形
①筋が通らない・めちゃくちゃだ ②どうしようもない・やむを得ない

わろし（悪し） 形
よくない・好ましくない

ゐる（①居る ②率る） 動
①座《すわ》る・座っている ②引き連れる
例 皇子《みこ》は、立つもはした、**ゐる**もはしたにて、**ゐ**たまへり［皇子は、立っても落ち着かず、**座っ**ても落ち着かず、居心地《いごこち》が悪いようで、**座っ**ていらっしゃった］〈竹取物語〉

をかし 形
①趣《おもむき》がある ②興味深い

4 くわしく学ぶ文語文法

入試重要度 ★★★

文語文法とは、**古文において用いられる文法**のことである。現代の文法である口語文法(↓244ページ)に対していう。

1 動詞

動作や存在を表す言葉で、ほとんどの動詞は**言い切りの形がウ段の音**になる。文中では主に述語となる。

●活用形と活用の種類

活用する単語の活用形や活用の種類は、基本的に口語文法と似ているが、**口語文法で仮定形にあたるもの**を**已然《いぜん》形**という。したがって、文語文法における活用形は、**未然形・連用形・終止形・連体形・已然形・命令形**の六つである。

「書く」の活用	活用形に続く主な言葉
書か［**未然形**］	ず（**打ち消しの意味の助動詞**）
書き［**連用形**］	たり（**完了《かんりょう》の意味の助動詞**）
書く［**終止形**］	—。（**言い切りの形**）
書く［**連体形**］	とき（**名詞**）
書け［**已然形**］	ども（**接続助詞**）
書け［**命令形**］	—。（**命令の意味の言い切りの形**）

くわしく 已然形とは

已然形とは、「已《すで》に然《しか》り」＝「すでにそうなっている」という意味で、「ども」や「ば」がついて、「すでにそうなっている」という意味の確定条件を表す形である。

参考 仮定条件と確定条件

口語の仮定形が表すのは、「**もしそうなったら**」（**＝まだそうなっていない**）という意味の仮定条件である。文語の已然形が表すのは、「**すでにそうなっている**」という意味の確定条件である。

例 〈**口語**〉 雨が降れ（仮定形）ば、傘《かさ》をさす。
＝まだ降っていない↓仮定条件

〈**文語**〉 雨降れ（已然形）ば、傘させり。
＝すでに降っている↓確定条件

文語で仮定条件を表すには、未然形に「ば」をつければよい。

例 雨降ら（未然形）ば、傘ささむ。
＝まだ降っていない↓仮定条件

現代でも、古くから伝えられてきたことわざなどには、この区別が残っている。

また、動詞の活用の種類は、次の九種類である。

①四段活用 例 飽《あ》く・出《い》だす・放つ・請《こ》ふ・富む
活用語尾《ごび》が「**a・i・u・u・e・e**」と変化する。

基本形	行	語幹	未然形	連用形	終止形	連体形	已然形	命令形
思ふ	ハ	おも	は	ひ	ふ	ふ	へ	へ
主な続き方			ず	たり	。	とき	ども	。

②上一段活用 例 着る・煮《に》る・似る・干《ひ》る・射る・居《ゐ》る・率《ゐ》る
活用語尾が「**i・i・iる・iる・iれ・iよ**」と変化する。

基本形	行	語幹	未然形	連用形	終止形	連体形	已然形	命令形
見る	マ	(み)	み	み	みる	みる	みれ	みよ
主な続き方			ず	たり	。	とき	ども	。

③上二段活用 例 生《い》く・朽《く》つ・恋《こ》ふ・閉づ
活用語尾が「**i・i・u・uる・uれ・iよ**」と変化する。

基本形	行	語幹	未然形	連用形	終止形	連体形	已然形	命令形
過ぐ	ガ	す	ぎ	ぎ	ぐ	ぐる	ぐれ	ぎよ
主な続き方			ず	たり	。	とき	ども	。

例
未然形 急がば回れ(急がば＝急ぐのなら)
＝まだ急いでいない↓仮定条件
已然形 住めば都(住めば＝住んでみたら)
＝すでに住んでいる↓確定条件

参考 **上一段・上二段・下一段・下二段**

それぞれ、活用語尾の変化が、五十音図で上のほうか下のほうか、また何段にわたるかを表している。
上一段…イ段(i)の一段
上二段…イ・ウ段(i・u)の二段
下一段…エ段(e)の一段
下二段…ウ・エ段(u・e)の二段

④下一段活用　蹴《け》る（一語のみ）

活用語尾が「**e・e・eる・eる・eれ・eよ**」と変化する。

基本形	行	語幹	未然形	連用形	終止形	連体形	已然形	命令形
蹴る	カ	（け）	け	け	ける	ける	けれ	けよ
主な続き方			ず	たり	。	とき	ども	。

⑤下二段活用　例　得《う》・受く・果つ・老ゆ・消ゆ・流る

活用語尾が「**e・e・u・uる・uれ・eよ**」と変化する。

基本形	行	語幹	未然形	連用形	終止形	連体形	已然形	命令形
受く	カ	う	け	け	く	くる	くれ	けよ
主な続き方			ず	たり	。	とき	ども	。

⑥カ行変格活用（カ変）　来《く》（一語のみ）

基本形	行	語幹	未然形	連用形	終止形	連体形	已然形	命令形
来	カ	（く）	こ	き	く	くる	くれ	こ・こよ
主な続き方			ず	たり	。	とき	ども	。

参考　**動詞の音便（連用形語尾）**

イ音便・ウ音便・促《そく》音便・撥《はつ》音便の四種類ある。

●**イ音便**
例　聞きて→聞いて
注ぎて→注いで

●**ウ音便**
例　忍《しの》びて→忍うで
給《たま》ひて→給うて

●**促音便**
例　放ちて→放つて
思ひて→思つて

●**撥音便**
例　読みて→読んで
飛びて→飛んで

注意！　**二段の活用をする動詞**

文語文法では、上二段・下二段活用という、**イ・ウ段**／**ウ・エ段**の二段にわたって活用をする動詞がある。上段の活用表からわかるように、口語文法とは、終止形・連体形・已然形に違《ちが》いが見られる。

例
受く（文語・終止形）
受ける（口語）
果つる（文語・連体形）
果てる（連体形）

⑦サ行変格活用（サ変） す（為）・おはす（二語のみ） ※「す」の複合動詞（「奏す」「念ず」など）もある。「おはす」は動詞・補助動詞の二つの場合がある。

基本形	行	語幹	未然形	連用形	終止形	連体形	已然形	命令形
す	サ	（す）	せ	し	す	する	すれ	せよ
主な続き方			ず	たり	。	とき	ども	。

⑧ナ行変格活用（ナ変） 往《い》ぬ（去《い》ぬ）・死ぬ（二語のみ）

基本形	行	語幹	未然形	連用形	終止形	連体形	已然形	命令形
死ぬ	ナ	し	な	に	ぬ	ぬる	ぬれ	ね
主な続き方			ず	たり	。	とき	ども	。

⑨ラ行変格活用（ラ変） あり・居《を》り・侍《はべ》り・いまそかり（四語のみ）

基本形	行	語幹	未然形	連用形	終止形	連体形	已然形	命令形
あり	ラ	あ	ら	り	り	る	れ	れ
主な続き方			ず	たり	。	とき	ども	。

［老ゆれ（文語・已然形）
［老いれ（口語）

2 形容詞

もの の性質や状態を表す言葉で、**言い切りの形が「し」**になる。
形容詞の活用の種類は、**ク活用・シク活用**の二種類である。

活用の種類	基本形	語幹	未然形	連用形	終止形	連体形	已然形	命令形
ク活用	高《たか》し	高	(く) から	く かり	し	き かる	けれ	かれ
シク活用	美《うつく》し	美	(しく) しから	しく しかり	し	しき しかる	しけれ	しかれ
主な続き方			ず ば	なる けり	。	とき	ども	。

活用表の「(し)から」「(し)かり」「(し)かる」「(し)かれ」の四つを「**カリ活用**」と呼ぶ。主にあとに助動詞が続くときに用いる。

例題

1 次の古文中から形容詞を抜《ぬ》き出し、活用形を答えなさい。

(1) 火桶《ひをけ》の火も白き灰がちになりてわろし。
(火桶の火も、白い灰が多くなりよくない。)

(2) よろづに、その道を知れる者はやむ《(ん)》ごとなきものなり。
(何かにつけて、その道を知る人は尊い人である。)

くわしく 形容詞の例語

●**ク活用**
白し・多《おほ》し・細《ほそ》し・おもしろし
かたし・かしこし・清し・憎《にく》し・なし

●**シク活用**
悪《あ》し・怪《あや》し・いみじ・かなし・恋《こひ》し
はづかし・珍《めづら》し・をかし

参考 形容詞の音便

●**イ音便(連体形の語尾《ごび》)**
例 苦しき→苦しい
よき→よい

●**ウ音便(連用形の語尾)**
例 悲しく→悲しう
早く→早う

●**撥《はつ》音便(連体形の語尾)**
例 多かるめる→多か(ん)める

解答

1 (1)白き—連体形・わろし—終止形
(2)やむごとなき—連体形

解説

1 (1)「白し」の連体形と、「わろし」の終止形。
(2)「やむごとなし」の連体形。

3 形容動詞

ものの性質や状態を表す言葉で、**言い切りの形が**「**なり**」「**たり**」になる。
形容動詞の活用の種類は、**ナリ活用・タリ活用**の二種類である。

活用の種類	基本形	語幹	未然形	連用形	終止形	連体形	已然形	命令形
ナリ活用	静《しづ》かなり	静か	なら	なり に	なり	なる	なれ	なれ
タリ活用	堂々《だうだう》たり	堂々	たら	たり と	たり	たる	たれ	たれ
主な続き方			ず ば	なる けり	。	とき	ども	。

タリ活用の語幹は主に漢語であり、『平家物語』のような漢文調の軍記物語などで用いられることが多い。

例題 1 **次の古文中から形容動詞を抜き出し、活用形を答えなさい。**

(1) 我《わ》が身とすみかとの、はかなくあだなるさま…
(私の身と住む家との、はかなく頼《たよ》りない様子で…)

(2) 雨など降り徒然《つれづれ》なる日…
(雨が降って手持ち無沙汰《ぶさた》の日に…)

くわしく 形容動詞の例語

●ナリ活用
例 明らかなり・あはれなり・おろかなり・はるかなり・安らかなり・らうたげなり

●タリ活用
例 荒涼《くわうりやう》たり・整然たり・平然たり・漫々《まんまん》たり・悠々《いういう》たり・洋々たり

参考 形容動詞の音便

●撥音便（連体形の語尾）
例 清げなるめり→清げな(ん)めり

解答 1
(1)あだなる―連体形
(2)徒然なる―連体形

解説 1
(1)「あだなり」の連体形。
(2)「徒然なり」の連体形。

4 助動詞

助動詞とは、**活用のある付属語**である。

主な助動詞	主な意味〈訳例〉	用例
る・らる	可能〈～できる〉／自発・受け身	のどへ入れられず。（のどに入れることができない。）
す・さす・しむ	使役《しえき》〈～させる〉／尊敬〈お～になる〉	驚《おどろ》かせ給《たま》ふ。（お驚きになる。）
き・けり	過去〈～た〉	翁《おきな》ありけり。（老人がいた。）
つ・ぬ	完了《かんりょう》〈～た・てしまう〉	秋来ぬと…（秋が来たと…）
たり・り	完了〈～た〉／存続〈～ている〉	光りたり。（光っていた。）
ず	打ち消し（否定）〈～ない〉	見知らず。（見知っていない。）
む（ん）	推量〈～だろう〉／意志〈～う〉	深き故《ゆゑ》あらむ。（深いわけがあるのだろう。）
べし	推量〈きっと～だろう〉／意志〈～う〉／当然〈～はずだ〉／	この一矢に定むべしと思へ。（この一本の矢で決めようと思え。）
じ・まじ	打ち消し推量〈～ないだろう〉／打ち消し意志〈～ないつもりだ〉	ただ今は見るまじ。（今すぐに見ないつもりだ。）
たし・まほし	希望〈～たい〉	聞かまほし。（聞きたい。）
なり	断定〈～である〉	桃《もも》太《た》郎《ろう》なり。（桃太郎である。）
ごとし	比況《ひきょう》〈（まるで）～のようだ〉	山のごとし。（山のようだ。）

くわしく その他の推量の助動詞の主な意味

- **らむ（ん）**…現在推量〈～ているだろう〉・現在の理由の推量〈どうして～のだろう／～だから～のだろう〉
- **らし**…推定〈～らしい〉
- **けむ（ん）**…過去推量〈～ただろう〉・過去の理由の推量〈どうして～たのだろう／～たから～たのだろう〉
- **まし**…反実仮想〈もし～ならば…だろうに〉
- **めり**…推定・婉曲《えんきょく》〈～ようだ〉

5 助詞

助詞とは、**活用のない付属語**である。

●格助詞「が」…①主格 ②連体修飾《しゅうしょく》格 ③同格

②〜の 例 軒《のき》近き梅《むめ》が枝《え》に…（軒の近くの梅の枝に…）〈十訓抄《じっきんしょう》〉

●格助詞「の」…①主格 ②連体修飾格 ③同格

①〜が 例 日の未《いま》だ明《あか》かりければ…（日がまだ明るかったので…）〈今昔《こんじゃく》物語〉

③〜で 例 白き鳥の嘴《はし》と脚《あし》と赤き…（白い鳥で口ばしと脚とが赤い…）〈伊勢《いせ》物語〉

●接続助詞「ば」…①順接の仮定条件〈未然形＋ば〉 **②順接の確定条件**〈已然《いぜん》形＋ば〉

①もし〜ならば 例 雨降らばやめむ。（もし雨が降ったならばやめよう。）

②〜ので・〜すると 例 雨降ればやめむ。（雨が降ったのでやめよう。）

●接続助詞「ども」…①逆接の確定条件〈已然形＋ども〉

①〜けれども 例 損ありといへども…（損だと言うけれども…）〈徒然草《つれづれぐさ》〉

●副助詞「だに」…①類推 ②最低限度の限定

②せめて〜だけでも 例 ものをだに言はむ。（せめて言葉だけでもかけよう。）〈竹取物語〉

●副助詞「ばかり」…①限定 ②程度

①〜だけ 例 月影《つきかげ》ばかりぞ…（月の光だけが…）〈源氏物語〉

②〜ほど・〜くらい 例 蛍《ほたる》ばかりの光だになし。（蛍ほどの光さえもない。）〈竹取物語〉

●終助詞「ばや」…①（自分の）願望

①〜たい 例 いかで見ばやと思ひつつ…（何とかして見たいと思い続け…）〈更級《さらしな》日記〉

●終助詞「そ」…①禁止〈前に副詞「な」を伴《ともな》い、「な〜そ」の形式をとることが多い〉

①〜してくれるな 例 な起こしたてまつりそ。（お起こし申し上げるな。）〈宇治拾遺《うじしゅうい》物語〉

参考 **助詞の種類**（↓329ページも参照）

格助詞…主に体言につき、あとに続く言葉とどのような関係にあるかを示す。

接続助詞…活用する語につき、いろいろな関係で前後の言葉をつなぐ。

副助詞…意味をつけ加えたり、述語の意味を限定したりする。

係助詞…意味をつけ加える。一部は**係り結び**によって、文末に影響《えいきょう》を与《あた》える。

終助詞…文や文節の末尾《まつび》につき、話し手・書き手の気持ちや態度を示す。

間投助詞…語調を整え、意味をつけ加える。

6 係り結び

係り結びとは、古文に特有の係り受けの決まりである。本来、文末は終止形で結ぶが、**係助詞の「ぞ・なむ・や・か」がある場合は文末が連体形に、「こそ」がある場合は文末が已然《いぜん》形になる。**（↓169ページ）

7 敬語

敬語とは、**相手に敬意を表す表現**である。古文では、地位や身分を表すことの重要度が高いので、読解のうえでも注意する必要がある。

敬語の表し方には、口語と同じように、特別な動詞を用いる場合と、補助動詞や助動詞を用いる場合がある。

尊敬語の特別な動詞

敬意のない古語	尊敬の動詞	現代語訳
あり・居《を》り	おはします・おはす・いまそかり	いらっしゃる・おいでになる
言ふ	仰《おほ》す・のたまふ	おっしゃる
見る	御覧《ごらん》ず	ご覧になる
思ふ	おぼしめす・おぼす	お思いになる
来《く》・行く	おはします・おはす	いらっしゃる・おいでになる
与《あた》ふ	給《たま》ふ(四段)・たぶ	お与えになる

参考 **敬語の種類**（↓362ページ）

尊敬語…自分より地位や身分の高い相手、目上の人物の動作につけて、相手に対して敬意を表す。

謙譲語…いろいろな人の動作につけて、その人を、動作の相手より低めることで、相手への敬意を表す。

丁寧語…相手の地位や身分にかかわりなく、聞き手を敬うために用いる。

着る・食ふ	聞こし召《め》す・召す・奉《たてまつ》る・参る	お召しになる・召し上がる
す	あそばす	～なさる
聞く	聞こし召す	お聞きになる

謙譲《けんじょう》語の特別な動詞

敬意のない古語	謙譲の動詞	現代語訳
あり・居り	侍《はべ》り・候《さぶら》ふ	お仕えする
言ふ	奏《さう》す・啓《けい》す・申《まう》す	申し上げる
来・行く	参る・まうづ・まかづ・まかる	参上する・退出する
与ふ	参らす・参る・奉る	差し上げる
受く	給ふ・賜《たま》ふ(下二段)	いただく
す	つかうまつる	して差し上げる
聞く	承る	うかがう

丁寧《ていねい》語の特別な動詞

敬意のない古語	丁寧《ていねい》の動詞	現代語訳
あり・居り	侍り・候ふ	あります・おります・ございます

参考 特別な敬語

●**最高敬語(二重敬語)**
天皇・皇后《こうごう》・中宮《ちゅうぐう》・上皇・皇太子などに用いる敬語。
例 聞こし召す・おはします
おぼしめす・のたまはす
しろしめす・せたまふ
させたまふ

●**絶対敬語(謙譲語)**
決まった相手にしか用いない敬語。
・奏す…天皇・上皇・院に用いる。
・啓《けい》す…皇后・中宮・皇太子に用いる。

●**自敬表現**
本来、話し手は自身の行為《こうい》に尊敬語を使うことはないが、天皇は自分から自分への敬意を表す表現を用いる。

※位は読みは現代仮名遣い。

5 和歌・古典俳句

入試重要度 ★★☆

和歌とは何か

和歌は、もともと**漢詩に対して、日本古来の定型歌を総称《そうしょう》したもの**で、「やまとうた」とも呼ばれる。長歌・短歌・旋頭歌《せどうか》・仏足石歌《ぶっそくせきか》などを含《ふく》むが、一般《いっぱん》的に、古文の「和歌」として学ぶのは、**「五・七・五・七・七」の形式をもつ、五句三十一音から成る短歌**を指すことが多い。

学習内容を例文でチェック①

次の和歌を、歌われている情景や作者の心情を想像しながら読んでみよう。

A 春過ぎて夏来《きた》るらし白《しろ》たへの衣干《ほ》したり天《あめ》の香具山《かぐやま》　持統《じとう》天皇（「万葉集《まんようしゅう》」）

訳 春が過ぎて夏が来たらしい。真っ白な衣が干してあるよ、天の香具山に。

B 山里は冬ぞさびしさまさりける人目も草もかれぬと思へば　源宗于《みなもとのむねゆき》（「古今《こきん》和歌集」）

訳 山里は（四季のうちで）冬が最も寂《さび》しさがまさっているよ。人の訪《おとず》れもなくなり草も枯《か》れてしまうと思うと。

C 朝ぼらけ有明《ありあけ》の月と見るまでに吉野の里に降れる白雪　坂上是則《さかのうえのこれのり》（「古今和歌集」）

訳 ほのぼのと夜が明ける頃《ころ》、有明の月（夜が明けても空に残る月）の光かと思うくらい吉野の里には雪が真っ白に積もっていることだよ。

D 駒《こま》とめて袖《そで》うちはらふ陰《かげ》もなし佐野《さの》のわたりの雪の夕暮《ゆふぐれ》　藤原定家《ふじわらのさだいえ》（「新古今和歌集」）

訳 馬をとめて（雪の降り積もった）袖をはらう物陰もない。佐野のあたりの雪の降る夕暮れよ。

---

① 形式・表現の工夫をとらえる →206ページ

A 二句切れ、四句切れ。「白妙の」は「衣」にかかる枕詞《まくらことば》。

B 三句切れ。「かれ」が「離《か》れる」と「枯れる」の掛詞《かけことば》。「離れる」は、遠ざかること。

C 区切れなし。「白雪」が体言止め。

D 三句切れ。万葉集の「苦しくも降り来る雨か三《み》輪《わ》の崎狭野《さの》の渡《わた》りに家もあらなくに」を本歌とする本歌取り。

② 情景・感動の中心をつかむ →210ページ

A 春から夏への季節の移り変わり。

B 山里の冬の寂しさ。

C 雪の光のまばゆい明るさ。

D 雪の厳しさ、旅路の寂しさ。

くわしく 俳諧から古典俳句への歴史的経緯《けいい》

俳諧とは、もともと「こっけい、たわむれ、自由な遊び心」という意味。和歌には、五七五と七七を別々の人が詠《よ》み、

古典俳句とは何か

俳句は、もともと和歌や連歌《れんが》の流れを汲《く》む俳諧《はいかい》連歌から起こった。**連歌や俳諧の第一句（「五・七・五」の句）を発句《ほっく》といい、発句が独立したものが「俳句《はいく》」である**（↓下段）。江戸期までは「俳諧」の呼称《こしょう》が一般的で、古文で「俳句」として学ぶのは、この「俳諧」のことである。

学習内容を例文でチェック ②

次の俳句を、現代語訳を参考にしながら読んでみよう。

E ねぶらせて養ひたてよ花のあめ　松永貞徳《まつながていとく》

訳 雨が花を養い育てるように、飴《あめ》をねぶらせてお子さんを育てなさいよ。

F 枯《か》れ枝に烏《からす》のとまりけり秋の暮れ　松尾芭蕉《まつおばしょう》

訳 ああ、枯れ枝に烏がとまっているよ。秋の夕暮れの寂しさの中。

G 月天心貧しき町を通りけり　与謝蕪村《よさぶそん》

訳 月は空のてっぺんにあり、私は一人、月下の貧しい町を通ってゆくよ。

H ふるさとや寄るもさはるもばらの花　小林一茶《こばやしいっさ》

訳 はるばるやってきた故郷であるのに、人々はいばらのとげのように私を傷つける。

I 梅一輪一輪ほどの暖かさ　服部嵐雪《はっとりらんせつ》

訳 寒梅《かんばい》が一輪だけ咲いている。わずか一輪ながら近づく春の暖かさが感じられた。

それをつなげていく「連歌」と呼ばれる形態があった。その中でもこっけい味を主として作られた連歌を俳諧連歌といい、江戸時代初期に松尾芭蕉が芸術性を高めた蕉風俳諧を確立した。次第に発句のみが重視されるようになり、**明治時代以降、発句を俳句と呼ぶようになった。**

① 形式・表現の工夫をとらえる ↓206ページ

E「花」が季語で、春を表す。季語としての「花」は、「桜」のこと。「養ひたてよ」が切れ字。

F「秋の暮れ」が季語で、秋を表す。「烏のとまりけり」が切れ字。

G「月」が季語で、秋を表す。「通りけり」が切れ字。

H「ばらの花」が季語で、夏を表す。「ふるさとや」が切れ字。

I「梅」が季語で、冬を表す。

② 情景・感動の中心をつかむ ↓210ページ

E 子育てへの視線。

F 枯れ枝と烏という情景の寂しさ。

G 通った町の静けさ、寂しさ。

H 故郷と自分の関係の変化。

I わずかながら感じ取れる春の訪れ。

① 形式・表現の工夫をとらえる

1 和歌の形式

和歌は、五音と七音の音数律をもつ定型の歌。さまざまな形式があるが、特に「**五・七・五・七・七」の音数律をもつ短歌を「和歌」と呼ぶ**ことが多い。

2 和歌の種類

和歌には古来、次のような形式の歌が伝えられている。旋頭歌《せどうか》・仏足石歌《ぶっそくせきか》は、数はわずかだが、短歌・長歌として形が定まる前の面影《おもかげ》をとどめる貴重な記録である。

- **短　歌**…**五七五七七**の形式。『万葉集』に四千二百八首あり、以後和歌の中心となった。
- **長　歌**…**五七五七……五七七**の形式。『万葉集』に二百六十首あまり収められている。
- **旋頭歌**…**五七七五七七**の形式。『万葉集』に六十首あまり、『古事記』に二首ある。
- **仏足石歌**…**五七五七七七**の形式。『万葉集』『古事記』『播磨国風土記《はりまのくにふどき》』に一首ずつ。

3 和歌の表現技法

和歌には、次のような表現技法がある。

①句切れ…意味の切れ目。

- **二句・四句切れ**…五七調（荘重《そうちょう》）。『万葉集』に多い。
- **初句・三句切れ**…七五調（軽快）。『古今和歌集』『新古今和歌集』に多い。

②枕詞《まくらことば》…**一定の語を導き出すための修飾語《しゅうしょくご》**。主に五音から成る。訳さなくてよい。

例 ひさかたの　光のどけき春の日にしづ心なく花の散るらむ　紀友則《きのとものり》（『古今和歌集』）

訳 光がのどかに降り注ぐこの春の日に、落ち着いた心もなく桜はどうして散ってゆくのだろう。

参考 さまざまな和歌の例

旋頭歌

うつくしと吾《あ》が思《も》ふ妹《いも》は早も死なぬか生けりとも吾によるべしと人の言はなくに　柿本人麻呂《かきのもとのひとまろ》（『万葉集』）

訳 いとしいと私が思っているあの人は、（いっそのこと）早く死ねばよい。生きていても私になびいてくれるとは誰《だれ》も言ってくれないから。

長歌と反歌

瓜食《うりは》めば　子ども　思《おも》ほゆ　栗食《くりは》めば　まして偲《しの》ばゆ　何処《いづく》より　来《きた》りしものぞ　まなかひに　もとなかかりて　安眠《やすい》しなさぬ

反歌

銀《しろがね》も金《くがね》も玉《たま》も何せむに勝《まさ》れる宝子に及《し》かめやも　山上憶良《やまのうえのおくら》（『万葉集』）

訳 瓜を食べると、子どものことが思われる。栗を食べると、さらに強く子どものことが思われる。どこからやってきたものか、目の間に（子どもの）面影がちらついて、安眠《あんみん》できない。金銀の財宝も美しい玉もどれほどのことがあろうか。（それよりもずっと）すばらしい宝物に子ども以上のものがあるだろうか（ありはしない）。

③序詞《じょことば》…ある語を導き出すために創作された修飾句で、七音以上から成る。

例 あしひきの山鳥の尾《を》のしだり尾のながながし夜をひとりかも寝《ね》む
柿本人麻呂《かきのもとのひとまろ》(「拾遺和歌集《しゅういわかしゅう》」)

訳 山鳥の長く垂れている尾のように、長い長い夜をひとりで寂《さび》しく寝ることだよ。

④掛詞《かけことば》…同音異義の語を利用して、一つの語に二つの意味をもたせる技法。

例 このたび(→度・旅)は幣《ぬさ》も取りあへず手向山紅葉《たむけやまもみぢ》の錦《にしき》神のまにまに
菅原道真《すがわらのみちざね》(「古今和歌集」)

訳 この度の旅は(急なことで)神に捧《ささ》げる幣も用意できないので、手向山の紅葉を捧《ささ》げてゆくよ。

⑤縁語《えんご》…ある語を中心に、それと関連(縁)のある言葉をちりばめて情感を高める技法。

例 青柳《あおやぎ》の糸よりかくる春しもぞ乱れて花のほころびにける
紀貫之《きのつらゆき》(「古今和歌集」)

訳 青柳の(細い枝が風に吹かれて)糸のようによれている春には、花も乱れて盛《さか》んに咲《さ》くことだよ。

⑥本歌取り…有名な古歌(＝本歌)を取り入れ、新たな要素を加えて作りかえる技法。

例 ほのぼのと春こそ空に来《き》にけらし天の香具山《あまのかぐやま》かすみたなびく
後鳥羽上皇《ごとばじょうこう》(「新古今和歌集」)

訳 明け方ほんのりと春は空に来たらしい。天の香具山に(春のしるしの)霞《かすみ》がたなびいているよ。

[本歌] ひさかたの天の香具山この夕べ霞《かすみ》たなびく春立つらしも
柿本人麻呂《かきのもとのひとまろ》(「万葉集」)

訳 天の香具山に、今日のこの夕暮れ、霞がたなびいているよ。春になったらしいなあ。

⑦体言止め…結句を体言(名詞)で止めることによって、余情や余韻《よいん》を残す技法。

例 心なき身にもあはれは知られけり鴫《しぎ》立つ沢《さわ》の秋の夕暮れ
西行《さいぎょう》(「新古今和歌集」)

訳 出家した身の上にもしみじみとした風情《ふぜい》は感じられるよ、鴫の飛び立つ水辺の秋の夕暮れは。

※反歌とは、長歌にそえた短歌形式の歌で、長歌を要約したり補足したりする。

くわしく 主な枕詞(下はかかる言葉)
・あかねさす→日・昼・紫《むらさき》
・あしひきの／あしびきの→山・峰《を》
・あをによし→奈良
・からころも／からごろも→着る・裁《た》つ・袖《そで》
・くさまくら→旅・度・旅寝・仮《かり》
・たらちねの→母・親
・ぬばたまの→黒・闇《やみ》・夜・月・夢
・ひさかたの→空・光・天《あめ》・雲

くわしく 上の本歌取りの例では、本歌の「夕べ」を、夜明けの情景に転じている。

4 俳句の形式

俳句は、「五・七・五」の三句から成る十七音の形式。季語と切れ字のきまりがある。

5 季語

句に詠《よ》み込《こ》んで季節を表す言葉を「**季語**」という。**季語が表す季節は陰暦《いんれき》による。**

陰暦の季節は次の通り。それぞれの月の名称《めいしょう》と合わせて覚えておこう。

春＝一～三月　**夏**＝四～六月　**秋**＝七～九月　**冬**＝十～十二月

例 五月雨《さみだれ》の降りのこしてや光堂《ひかりどう》　芭蕉《ばしょう》（「**五月雨**」が**夏**を表す）

訳 五月雨がそこだけ降り残しているのだろうか。長い年月に耐《た》えて立つ光堂の美しさよ。

菜の花や月は東に日は西に　蕪村《ぶそん》（「**菜の花**」が**春**を表す）

訳 一面に菜の花が咲《さ》いているなあ。月はその空の東方に昇《のぼ》り、日は西方に沈《しず》んでゆくよ。

6 切れ字

句の途中《とちゅう》や句末に用いて、句を切る働きをする言葉を「**切れ字**」という。**切れるとは、そこで「。」がつけられるということ**である。

切れ字のある部分を「**句切れ**」といい、**感動の中心を表す**ことが多い。

俳句の句切れは、「**初句切れ**」「**二句切れ**」「**句切れなし**」の**三種類**である。

例 古池や蛙《かはづ》飛びこむ水の音　芭蕉（「**や**」が切れ字、初句切れ）

訳 古池よ。蛙が水に飛びこんだ音がし、再び春の静けさが広がった。（「蛙」が春を表す）

月天心貧しき町を通りけり　蕪村（「**けり**」が切れ字、句切れなし）

訳 月は空のてっぺんにあり、私は一人、月下の貧しい町を通ってゆくよ。（「月」が秋を表す）

参考 「川柳《せんりゅう》」とは

俳諧《はいかい》の普及《ふきゅう》とともに、江戸《えど》中期には、「雑俳《ざっぱい》」と呼ばれるおかしみを詠み込《こ》んだ文芸的な遊びが流行した。選者として活躍《かつやく》していた柄井川柳《からいせんりゅう》の名をとって、「川柳」と呼ばれるようになった。

川柳には、「季語」や「切れ字」のきまりがない。もっぱら笑いや風刺《ふうし》を詠み込むことで広く人気を博し、流行した。

例 役人の子はにぎにぎをよく覚へ　「俳風柳多留《はいふうやなぎだる》」

訳 役人の子は、赤ん坊の頃《ころ》からわいろを求める仕草を覚える。

「にぎにぎ」は、幼い子どもが手をにぎったり開いたりする動作。それを役人が「わいろ」をもらうことに見たてて皮肉った句。

参考 切れ字十八字

古くから受け継《つ》がれてきた十八の切れ字を「切れ字十八字」という。

かな・もがな・ぞ・か・や・よ（助詞）
けり・ず・じ・ぬ・つ・らむ（助動詞）
け・せ・へ・れ（動詞の命令形語尾《ごび》）
し（形容詞の終止形語尾）
いかに（感動詞・副詞）

例題 1

次の『万葉集《まんようしゅう》』の和歌から、①「枕詞《まくらことば》」と、②それがかかる語を抜《ぬ》き出しなさい。また、③何句切れかを答えなさい。

(1) あかねさす紫野《むらさきの》行き標野《しめの》行き野守は見ずや君が袖振《そでふ》る　額田王《ぬかたのおおきみ》

訳 紫野へ薬草摘《つ》みの野へ行って野守は見ないだろうか。あなたが(私に)袖を振るのを。

(2) あしひきの山のしずくに妹《いも》待つと我《われ》立ちぬれぬ山のしずくに　大津皇子《おおつのみこ》

訳 山の雫《しずく》に濡《ぬ》れながらあなたを待っていて私はずぶ濡れになってしまったよ、山の雫で。

(3) わが園に梅の花散るひさかたの天より雪の流れ来るかも　大伴旅人《おおとものたびと》

訳 わが家の庭に梅の花が散るよ。(それに誘《さそ》われて)空から雪が降ってくるかもしれない。

例題 2

次の句から、①「季語」を抜き出し、②その季節を答えなさい。また、③「切れ字」を答えなさい。

(1) 梅が香《か》にのつと日の出る山路《やまぢ》かな　芭蕉

訳 梅の香のただよう山道を歩いていたら(突然《とつぜん》目の前に)ぬっと太陽が現れたよ。

(2) 五月雨や大河を前に家二軒《けん》　蕪村

訳 五月雨で水量が増した大河を前に小さな家が二軒(心細そうに)身を寄せているよ。

(3) 涼風《すずかぜ》の曲がりくねつて来《き》たりけり　一茶《いっさ》

訳 せまい路路の奥《おく》なので、せっかくの涼《すず》しい風も曲がりくねってくることだ。

解答 1

(1)①あかねさす　②紫　③四句切れ
(2)①あしひきの　②山　③四句切れ
(3)①ひさかたの　②天　③二句切れ

解説 1

(1)「野守は見ずや」で切れる。
(2)「我立ちぬれぬ」で切れる。
(3)「梅の花散る」で切れる。この歌は、『万葉集』に多い二句切れの五七調の歌である。

解答 2

(1)①梅　②春　③かな
(2)①五月雨　②夏　③や
(3)①涼風　②夏　③けり

解説 2

(1)「梅」が季語。「香」まで入れないように。切れ字が第三句に用いられている、句切れなしの句である。
(2)「や」で切れる、初句切れの句である。
(3)「けり」まで切れない、句切れなしの句である。「涼風」は、夏の終わりに吹《ふ》く涼しい風。

② 情景・感動の中心をつかむ

情景・感動の中心のとらえ方

和歌や俳句では、一首・一句の中に表現されている**季節や情景**、**そこに託《たく》された作者の思い（感動の中心）を理解し、味わうことがたいせつ**である。手順は次の通り。

①**季節（俳句では季語）や情景を表す言葉**をとらえる。
②**心情を表す言葉**をとらえる。
③**感動の中心**をとらえる。特に**句切れ（俳句では切れ字）の前には強い心情が表れていることが多い**ので、注意して味わう。

例 (①-1)防人《さきもり》に行くはたが背《せ》と問ふ人を見るが(②)[ともしさ](③)／(①-2)物思《ものも》いもせず　防人《さきもり》の妻（「万葉集」）

訳 防人に行くのは誰《だれ》の夫なのと尋《たず》ねている人を見るのは[うらやましい]ことだよ。（夫を防人に送り出す私と違《ちが》って）何の心配もないのだから。

①-1**見送りで人々が話をしている場面。**
①-2**見送りの人々の様子。**
②作者の心情＝**うらやましい。**
③**四句切れ。**句切れの前の「ともしさ」に作者の強い心情が表れている。
→**〈防人として夫を送り出す妻の嘆《なげ》き〉**を歌った歌。

例 草の戸も(②)[住み替《か》はる代《よ》ぞ](③)／(①)ひなの家《いへ》　芭蕉《ばしょう》

参考 「部立て」とは

和歌には「部立て」と呼ばれる分類がある。時代や歌集によっても異なるが、おおよそ次のように分けられる。
・**春歌・夏歌・秋歌・冬歌**（季節を四季に分類し、季節感を歌いあげたもの）
・**恋歌**（『万葉集』では「相聞《そうもん》」。恋愛《れんあい》や親愛の情を詠んだ歌）
・**哀傷歌《あいしょうか》**（『万葉集』では「挽歌《ばんか》」。死を悼《いた》む歌のこと）
・**物名歌**（物の名を詠み込《こ》んだ歌）
・**雑歌《ぞうか》**（どの分類にも入らない歌）など

このほかに、『万葉集』では、「**東歌《あずまうた》**」として、「**防人の歌**」を含《ふく》む東国地方の歌が収められている。「防人の歌」とは、九州北辺の防御《ぼうぎょ》に徴兵《ちょうへい》された東国地方の人々とその家族の、離別《りべつ》の悲しみや旅の感慨《かんがい》、残してきた家族への思いなどを歌ったもので、例の「防人の妻」の歌も、防人の歌に分類される。

訳 (これまで私が一人で住んでいた)わびしい草庵《そうあん》も、住む人が変わる時だ。ひな人形をかざる(はなやかな)家になることであろう。

①季語「ひな」→春
②作者の心情＝**住む人が変わる時だ。**
③**二句切れ**(「ぞ」が切れ字)
→旅立ちにあたって、**〈これまでのわびしい住まいが、明るくにぎやかな家になることを祝福する気持ち〉**を、春の明るい季節感を背景に詠《よ》んだもの。

例題 1 次の和歌を読んで、あとの問いに答えなさい。

玉の緒《を》よ絶《た》えなば絶えね永《なが》らへば忍《しの》ぶることの弱りもぞする
式子内親王《しょくしないしんのう》(「新古今和歌集」)

訳 私のこの命よ。絶えるならば絶えてしまえ。生きながらえていると、(胸に秘めた思いを)こらえることができなくなって(外に漏《も》れて)しまうから。

(1) この和歌は何句切れか、答えなさい。
(2) この和歌の作者が最も強調したいことは何か。最も適切なものを次から選び、記号で答えなさい。

ア 自分の命など絶えてしまえと思うほど強い恋《こい》の思い。
イ 生きながらえることへの悲観的な思い。
ウ 胸に秘めた思いをこらえることができないという自分の弱さ。
エ 思いが外にもれてしまうという恥《は》ずかしさ。

参考 俳句の鑑賞《かんしょう》

俳句では、句の中に心情を直接表す言葉が用いられていないことが多い。それに代わるものとして用いられるのが切れ字であり、情景に思いを託すことである。**言葉にならないどんな思いが込《こ》められているのか**、ということを考えながら読むと理解が深まる。

なお、右ページの例の芭蕉の句は『おくのほそ道』に出てくる最初の句。

解答

1 (1)初句切れ・二句切れ
(2)ア

解説

1 (1)句切れが二つあることに注意。
(2)句切れに感動の中心がある。この歌は、『新古今和歌集』の「恋歌一」に、「忍恋《しのぶこひ》を」という詞書《ことばが》きとともに掲載《けいさい》されているもので、「忍恋」とは、心に深く秘めた(人には知られない)恋のこと。式子内親王は「忍恋」の歌の名手として知られる。

練習問題

解答→537ページ

1 **次の和歌について、あとの問いに答えなさい。**

① あをによし奈良の都は咲《さ》く花のにほふがごとくいまさかりなり　小野老《おののおゆ》

② ぬばたまの夜のふけゆけば久木《ひさき》生《お》ふる清き河原に千鳥しば鳴く　山部赤人《やまべのあかひと》

③ 山里は冬ぞさびしさまさりける人目も草もかれぬと思へば　源宗于《みなもとのむねゆき》

④ 駿河《するが》なる宇津《うつ》の山べのうつつにも夢にも人にあはぬなりけり　在原業平《ありわらのなりひら》

⑤ 秋の野に人まつ虫の声すなり我《われ》かと行きていざとぶらはむ　よみ人知らず

⑥ 鈴鹿山《すずかやま》憂き世をよそにふり捨てていかになりゆくわが身なるらむ　西行法師《さいぎょうほうし》

(1) ①・②の歌から枕詞《まくらことば》とかかる言葉を抜《ぬ》き出しなさい。

(2) 掛詞《かけことば》が用いられている歌を二首探し、どの言葉に何と何がかけられているかをそれぞれ答えなさい。

(3) a序詞《じょことば》が用いられている歌と、b縁語《えんご》が用いられている歌を一首ずつ選び、歌の番号で答えなさい。

2 **次の古文を読んで、あとの問いに答えなさい。**

同じ帝《みかど》の①御時、*躬恒《みつね》を召《め》して、月のいとおもしろき夜、*御遊びなどありて、月を弓はりといふは、なにの心ぞ。*そのよしつかうまつれと②おほせたまうければ、*御階《みはし》のもとにさぶらひて、つかうまつりける。

照る月を弓はりとしもいふことは山べをさして*いればなりけり

（「大和物語」）

*躬恒＝凡河内躬恒《おおしこうちのみつね》(平安時代の歌人)。
*御遊び＝詩歌や管弦《かんげん》の遊び。
*そのよしつかうまつれ＝その理由を歌で答えよ。
*御階＝宮殿《きゅうでん》の階段。
*いれ＝「入れ」と「射れ」の掛詞《かけことば》。

(1) ――線部①とあるが、ここでの「時」の意味として最も適切なものを次から選び、記号で答えなさい。

ア 治世　**イ** 習慣　**ウ** 時機　**エ** 宮殿

(2) ――線部②とあるが、このとき帝が言ったことを古文中から抜き出し、初めと終わりの三字を書きなさい。

(3) この古文に続く部分で、歌を聞いて感心した帝は、躬恒にほうびを与《あた》えた。この歌のおもしろさの説明として最も適切なものを次から選び、記号で答えなさい。

ア 山からゆっくりと昇《のぼ》っていく半月を、矢を放つ弓にたとえたこと。

イ 半月が沈《しず》むまでの時間の経過を、飛ぶ矢の速さにたとえたこと。

ウ 夜ごとに月が形を変える様子を、矢を射るときの弓にたとえたこと。

エ 山に向かって沈む半月を、山に向けて矢を射る弓にたとえたこと。

〔奈良〕

3 次の古文を読んで、あとの問いに答えなさい。

＊鼠《ねず》の関を越《こ》ゆれば越後《えちご》の地に歩行《あゆみ》を改めて、越中《えつちゆう》の国＊市《いち》振《ふり》の関に到《いた》る。この間《かん》九日、＊暑湿《しよしつ》の労に＊神《しん》をなやまし、病《やまひ》おこりて＊事をしるさず。

文月や六日も常の夜には似ず　〔A〕

荒海《あらうみ》や佐渡《さど》に横たふ天河《あまのがは》　〔B〕

（松尾芭蕉「おくのほそ道」）

＊鼠の関＝出羽国《でわのくに》（今の山形県・秋田県）と越後国《えちごのくに》（新潟県）の国境にある関所。

＊市振の関＝越後（新潟県）と越中《えつちゆう》（富山県）との境にある関所。

＊暑湿＝暑さと湿度。

＊神をなやまし＝神は心の意で、病気になったことをいう。

＊事をしるさず＝旅行記を書かなかった。

(1) ――線部「文月」の読み方を答えなさい。また、陰暦《いんれき》何月のことか。漢数字で答えなさい。

(2) A・Bの俳句の季語と季節をそれぞれ答えなさい。

(3) Aの句の「六日も常の夜には似ず」には、どのような思いが表現されていると考えられるか。それをまとめた次の文の a ・ b に入る言葉を、それぞれ漢字二字で考えて答えなさい。

明日は a だと思うと、 b とは異なる、特別な夜のように思える。

(4) Bの句の切れ字と、感動の中心となる表現をそれぞれ答えなさい。

6 覚えておきたい古典文学作品

現存する最古の和歌集

万葉集《まんようしゅう》

成立・編者

奈良時代後期、**大伴家持**《おおとものやかもち》らが携《たずさ》わってまとめられたと考えられている、現存する日本最古の和歌集。

紹介

全二十巻、約四千五百首もの歌が収められており、歌の作者は庶民《しょみん》から天皇まで幅広《はばひろ》い階層にまたがる。短歌だけでなく、主に公の場で詠《よ》まれてきた長歌なども収められ、防人《さきもり》歌や東《あずま》歌などもある。素朴《そぼく》で力強く、感動をありのままに表現する男性的な歌風は「万葉調」と呼ばれ、江戸《えど》時代に賀茂真淵《かものまぶち》により「**ますらをぶり**」と評された。表記は主に漢字を表音文字として使う「万葉仮名《がな》」を用いた。現在の元号「令和」は、巻五の梅花の歌の「序」が典《てん》拠《きょ》となっている。代表歌人は、天智《てんじ》天皇・額田王《ぬかたのおおきみ》・持統《じとう》天皇・柿本人麻呂《かきのもとのひとまろ》・山上憶良《やまのうえのおくら》・山部赤人《やまべのあかひと》・大伴家持《おおとものやかもち》など。

主な和歌

あかねさす紫野《むらさきの》行き標野《しめの》行き野守《のもり》は見ずや君が袖振《そでふ》る　額田王

歌意

紫草の生えている御料地《ごりょうち》の野をあちこち歩きながら、あなたがそんなにも袖を振っているのを、野の番人に見られないかしら。

当時は天智天皇の妻であった額田王が、狩《か》りのあとの宴会《えんかい》で、天皇の弟で前夫の大海人皇子《おおあまのみこ》に呼びかけて詠んだ歌。

東《ひむがし》の野にかぎろひの立つ見えてかへり見すれば月傾《かたぶ》きぬ　柿本人麻呂

歌意

東の野のほうで、夜明け前の光がさし始めて赤くなっているのが見えたが、振り返ってみると、月が西に傾《かたむ》いて沈《しず》もうとしていた。

春の苑《その》くれなゐにほふ桃《もも》の花下照《で》る道に出《い》で立つをとめ　大伴家持

歌意

春の庭の紅色《べにいろ》に美しく色づいている桃の花が、その木の下まで照り映《は》えている道に出てたたずむ少女よ。

韓衣裾《からころむすそ》に取りつき泣く子らを置きて来《き》ぬや母《おも》なしにして　防人歌《さきもりのうた》

歌意

着物の裾にすがりついて泣く子どもたちを置いてきてしまったよ。母親も既《すで》にいないというのに。

現存する最古の物語

竹取物語《たけとりものがたり》

成立・作者

平安《へいあん》時代の九世紀後半～十世紀前半頃《ごろ》に、漢籍《かんせき》の教養がある男性（学者や僧侶《そうりょ》）により漢文体で書かれたと推定される。それが平仮名《ひらがな》文体に翻訳《ほんやく》されたものが、現存の『竹取物語』だと考えられている。日本最古の物語で、『源氏《げんじ》物語』の中では「**物語の出《い》で来《き》はじめの祖《おや》**」といわれている。

紹介

「**かぐや姫《ひめ》の物語**」としても知られる。竹取の翁《おきな》によって竹の中から見つけられたかぐや姫が美しく成長し、五人の貴公子の求婚《きゅうこん》を断り、帝《みかど》の求婚をも断って、最後は月に帰ってしまうというあらすじ。多くの民間伝承や、不思議なものを扱《あつか》う伝奇的《でんきてき》要素を取り入れた作り物語である。

現存する最古の歌物語

伊勢物語《いせものがたり》

成立・作者

九世紀の終わり頃《ごろ》に書かれていた**在原業平**《ありわらのなりひら》の和歌とそれにまつわる物語を原型として、十世紀半ば（平安時代中期）に成立した。作者は六歌仙《ろっかせん》の一人で、美男としても有名な在原業平らが考えられるが、未詳《みしょう》である。

紹介

百二十五段から成る、在原業平と思われる男の一生の物語。男の元服《げんぷく》（＝成人の儀式《ぎしき》）から始まり、臨終《りんじゅう》までを描《えが》いている。**ほとんどの章段が「昔、男ありけり。」や「昔、男……」で始まるところに**特徴《とくちょう》がある。

各段はそれぞれ独立した物語で、物語の中心に和歌があり、和歌が詠《よ》まれた経緯《けいい》が深い情調で丁寧《ていねい》に記されている最古の**歌物語**である。歌物語の先駆《さきが》けであり、のちの『大和《やまと》物語』や『平中《へいちゅう》物語』に影響《えいきょう》を与《あた》えた。その流れは『源氏物語』で集大成される。

男女の恋《こい》の物語が多く収められており、幼なじみとの純粋《じゅんすい》な恋や、許されない恋などが描《えが》かれている。すべてが史実ではないが、業平自身の逸話《いつわ》とされるものが多い。

第一段冒頭　本文紹介

昔、男《をとこ》、初冠《うひかうぶり》して、平城《なら》の京《みやこ》、春日《かすが》の里にしるよしして、狩《かり》に往《い》にけり。その里に、いとなまめいたる女はらから住みけり。

現代語訳

昔、ある男が元服して、奈良の都の春日の里に所領がある関係で、鷹狩《たかが》りに行った。その里に、とても若々しく美しい姉妹が住んでいた。

第二十三段の和歌

風吹《ふ》けば沖つ白波たつた山夜半《よは》にや
君がひとり越《こ》ゆらむ

歌意

風が吹くと沖の白波がたつが、その「たつ」と同じ名前がついている竜田《たつた》山を、夜中にあの人は一人で越えているのでしょうか。

最初の勅撰《ちょくせん》和歌集

古《こ》今《きん》和《わ》歌《か》集《しゅう》

成立・撰者

平安《へいあん》時代の九〇五年、醍醐《だいご》天皇の勅命によって編纂《へんさん》された、最初の勅撰和歌集。撰者は紀貫之《きのつらゆき》・紀友則《きのとものり》・壬生忠《みぶのただ》岑《みね》・凡河内躬恒《おおしこうちのみつね》の四人。

紹介

全二十巻、約千百首の和歌が、春・夏・秋・冬・恋《こい》などの主題別に歌を分類する部立《ぶだて》という構成でまとめられており、これに「仮名序《かなじょ》」と「真名序《まなじょ》」という序文がつけられている。「仮名序」は紀貫之によって書かれたとされており、初めての歌論として意義が大きい。

歌風は、『万葉集《まんようしゅう》』の素朴《そぼく》で力強い「ますらをぶり」に対して「**たをやめぶり**」と呼ばれ、技巧《ぎこう》を用いた優美で女性的な作品が多い。

仮名序 本文紹介

やまと歌は、人の心を種として、よろづの言《こと》の葉《は》とぞなれりける。世の中にある人、ことわざしげきものなれば、心に思ふことを、見るもの、聞くものにつけて、言ひ出《いだ》せるなり。

現代語訳

和歌は、人の心をもとにして、さまざまな言葉になったものである。世の中に生きている人は、いろいろなことに関わっているので、心に思うことを、見るもの、聞くものに託《たく》して、言葉に表しているのである。

主な和歌

世の中に絶えて桜のなかりせば春の
心はのどけからまし　在原業平《ありわらのなりひら》

歌意

世の中に全く桜というものがなかったなら、春の人の心はどんなにのどかなものだろうに。

袖《そで》ひちてむすびし水のこほれるを春
立つけふの風やとくらむ　紀貫之《きのつらゆき》

歌意

袖を濡《ぬ》らして手ですくった水が冬の間凍《こお》っていたのを、立春の今日の風がとかしているのだろうか。

秋来《き》ぬと目にはさやかに見えねども
風の音にぞおどろかれぬる　藤原敏行《ふじわらのとしゆき》

歌意

秋がやってきたと、目ではっきりと見えないが、風の音を聞くと、はっと気づかされたことだ。

思ひつつ寝《ぬ》ればや人の見えつらむ夢と知りせば覚めざらましを　小野小町《おののこまち》

歌意

あなたを思いながら寝《ね》たから、夢にあなたが現れたのでしょうか。夢だとわかっていたら目覚めなかっただろうに。

最古の随筆《ずいひつ》

枕草子《まくらのそうし》

成立・作者

一〇〇一年頃《ごろ》成立した、日本の最初の随筆である。作者**清少納言**《せいしょうなごん》が一条《いちじょう》天皇の中宮**定子**《ちゅうぐうていし》に仕えていたときに書き始めたとされる。

清少納言は、学者、歌人として名高い清原元輔《きよはらのもとすけ》の娘《むすめ》で、学問や和歌に優《すぐ》れた家系で育ち、古典的教養を身につけた。

十代で結婚《けっこん》し子供をもうけるが、やがて離婚《りこん》し、定子に仕えることになった。定子は当時の実力者であった藤原道隆《ふじわらのみちたか》の娘で、身分や家柄《いえがら》はもちろんのこと、容姿、教養、心構えなどにおいても一流のすばらしい女性として『枕草子』に登場する。定子も、教養があり才気に満ちた清少納言を重用し、信頼《しんらい》で結ばれた主従関係であった。一〇〇〇年に定子が亡《な》くなると、清少納言は宮仕えを辞《や》めて再婚したが、晩年は没落《ぼつらく》し、不遇《ふぐう》であったともいわれている。

紹介

作者が約十年間の華《はな》やかな宮廷《きゅうてい》生活の中で心に感じたことや体験したことを書きつづった随筆で、鎌倉《かまくら》時代の『方丈記《ほうじょうき》』『徒然草《つれづれぐさ》』とともに三大随筆とされている。約三百の章段から成り、その内容によって次の三つに分類されている。

①類聚《るいじゅう》的章段

・「～もの」型

「うつくしきもの」「にくきもの」など、「形容詞＋もの」という形で始め、それにあたるものを列挙する形式が多い。「ものづくし」といわれる。

・「～は」型

「山は」「木の花は」など「名詞＋は」という形で始め、筆者の好みに合う具体的なものを列挙する形式が多い。いずれも作者の感性に触《ふ》れる物事が主観的に反映されている。

②随想的章段

「春はあけぼの」「五月《さつき》ばかりなどに山里にありく」など、自然や身の回りのことに関する感想を自由に述べたもの。

③日記的（回想的）章段

「雪のいと高《たこ》う降りたるを」「宮にはじめてまゐりたるころ」など、作者が宮中で実際に体験した事柄《ことがら》が述べられている。多くの人たちが描《えが》かれているが、中宮定子への賛美に結びつくものが多い。

「をかし」の文学

全段を通して知的で明るい趣《おもむき》であり、作者の鋭《するど》い美意識が働いている。**『源氏物語《げんじものがたり》』が「あはれ」の文学と言われるのに対し、『枕草子』は「をかし」の文学といわれる。**

「をかし」…明るく知性的な情趣《じょうしゅ》。対象を客観的に観察することで感じる趣。

「あはれ」…しみじみとした感動。自己の内面を見つめながら自然や人生のさまざまな物事を見ることで感じる趣。

日本最大の説話集

今昔物語集《こんじゃくものがたりしゅう》

成立・編者

平安時代の後期、一一二〇年頃《ごろ》に成立したと考えられる。編者は未詳《みしょう》。

紹介

全三十一巻から成る、日本で最大の説話集（現存しない巻もある）。説話とは、神話や伝説など、人々の間で語り伝えられてきた話のことである。

「天竺《てんじく》（＝インド）」「震旦《しんたん》（＝中国）」「本朝（＝日本）」の三部に分けて収められており、それぞれの説話は、**「今は昔」で始まり「となむ語り伝へたるとや」でしめくくる形**が多く見られ、『今昔物語集』という書名の由来になっている。

各説話は、仏教説話と世俗《せぞく》説話に分類され、特に世俗説話では、貴族・僧《そう》侶《りょ》・農民・武士・医者・商人・盗人《ぬすびと》など、さまざまな身分の人物に加え、妖《よう》怪変化《かいへんげ》なども登場し、当時の人々のリアルな姿が生き生きと描《えが》かれている。

本文は漢字片仮名《かたかな》交じりで書かれ、漢文を読み下したような文体（＝漢文訓読体）に漢語や和語を交えてつづられている。この文体は、鎌倉《かまくら》時代の『平家物語《へいけものがたり》』などの軍記物語の表現につながっていく。

八番目の勅撰《ちょくせん》和歌集

新古今和歌集《しんこきんわかしゅう》

成立・撰者

後鳥羽上皇《ごとばじょうこう》が一二〇一年に和歌集を作ることを命令し、一二〇五年に一応完成した。その後も後鳥羽上皇が修正や和歌の削除《さくじょ》・追加を行い、最終的には一二一〇年以降に完成したとされている。

撰者は、源通具《みなもとのみちとも》、藤原有家《ふじわらのありいえ》、**藤原《ふじわら》**

定家《さだいえ》、藤原家隆《ふじわらのいえたか》、藤原《ふじわらの》（飛鳥井《あすかい》）雅経《まさつね》、寂蓮《じゃくれん》（途中《とちゅう》で死去）の六人であったが、後鳥羽上皇の強い意向が反映されたとされる。

紹介

全二十巻、約二千首から成り、すべて短歌で構成されている。

貴族文化が衰《おとろ》える中で成立した『新古今和歌集』の歌風は、「**幽玄**《ゆうげん》」「**有心**《うしん》」といわれる非現実的かつ幻想的な美の世界を象徴《しょうちょう》的に表現している点が特徴である。この意識は観阿弥《かんあみ》・世阿弥《ぜあみ》の能や松尾芭蕉《まつおばしょう》の俳諧《はいかい》に受け継《つ》がれていく。

修辞法の面では『古今和歌集』と違《ちが》って掛詞《かけことば》や縁語《えんご》は少なく、古歌の語句や趣向《しゅこう》などを取り入れて作歌する**本歌取り**が中心となり、体言止めが多用されている。リズムは**七五調**で、初句切れ、三句切れの和歌が多い。

主な和歌

春の夜《よ》の夢の浮《う》き橋とだえして峰《みね》に別《わか》るる横雲《よこぐも》の空　藤原定家

歌意　春の夜の浮き橋のようにはかない夢から覚めると、横にたなびく雲が山の峰から離《はな》れようとしている明け方の空だよ。

心なき身にもあはれは知られけりしぎ立つ沢《さは》の秋の夕暮《ゆふぐれ》　西行《さいぎょう》

歌意　情趣《じょうちょ》を解《げ》さない、出家した私のような身でもしみじみとした情趣が感じられることだ。しぎが飛び立つ秋の夕暮れよ。

昔思ふ草のいほりのよるの雨に涙《なみだ》な添《そ》へそ山ほととぎす　藤原俊成《ふじわらのとしなり》

歌意　（しみじみと）昔のことを思い出している粗末《そまつ》な住まいに降る夜の雨に、（これ以上鳴いて）涙を添えてくれるな、（悲しげに鳴く）山ほととぎすよ。

山深み春とも知らぬ松の戸にたえだえかかる雪の玉水　式子内親王《しょくしないしんのう》

歌意　山奥《やまおく》なので、春が来たともわからない（山の家の粗末《そまつ》な）松の戸に、とぎれとぎれに落ちかかる（日光を受けて輝《かがや》く）玉のような雪解け水よ。

軍記物語の代表作

平家物語《へいけものがたり》

成立・作者

鎌倉《かまくら》時代中期、十三世紀前半に成立したと考えられる。作者未詳《みしょう》。『徒然《つれづれ》草《ぐさ》』第二百二十六段に信濃前司行長《しなののぜんじゆきなが》が作って盲目《もうもく》の生仏《しょうぶつ》に教えて語らせたとあるが、はっきりしていない。原形は三巻だったと推定されるが、それが次《し》第《だい》に増補・改訂《かいてい》され、十二巻になったようである。**琵琶法師**《びわほうし》が琵琶に合わせて「平曲《へいきょく》」として語り伝え、広められた。琵琶法師とは、盲目の僧形《そうぎょう》をした芸人で、諸国《しょこく》を巡《めぐ》り、寺社縁起譚《えんぎたん》や合《かっ》戦《せん》物語を語った人たちである。

紹介

約七十年に及《およ》ぶ平家の興亡《こうぼう》と源平《げんぺい》の合戦の様子を描《えが》いた軍記物語。一巻の冒頭《ぼうとう》で、物語全体の基調となる**無常観**を提示している。内容は平清盛《たいらのきよもり》の死を境として、前半と後半に分けられる。

・前半…平清盛を中心とした平家一門の出世と栄華《えいが》が描《えが》かれる。しかし、その栄華もやがて下り坂になり、以《もち》仁王《ひとおう》の命令を受けて各地で平家打倒《だとう》の軍が挙がる中、清盛が亡《な》くなる。

・後半…まず木曽義仲《きそよしなか》の活躍《かつやく》と平家一門の都落ちが語られる。その義仲は源義経《みなもとのよしつね》に討《う》たれ、義経を中心とする源氏軍と平家軍が戦い、ついに壇《だん》ノ浦《のうら》で平家が滅亡《めつぼう》する。

作者は、平家に同情的な立場で物語を進めているが、同時に源氏の武士の活躍《かつやく》も生き生きと描き、貴族から武士へと時代の中心が移っていく激動の時代であることを印象づけている。

文体は、漢語が多く使われた**和漢混交文**が主体となっている。

本文紹介

祇園精舎《ぎをんしやうじや》の鐘《かね》の声、諸行無常の響《ひび》きあり。沙羅双樹《しやらさうじゆ》の花の色、盛者必《じやうしやひつ》衰《すい》の理《ことわり》をあらはす。おごれる人も久しからず、ただ春の夜《よ》の夢のごとし。たけき者もつひには滅《ほろ》びぬ、ひとへに風の前の塵《ちり》に同じ。

現代語訳

(釈迦《しゃか》が説法したという)祇園精舎の鐘の音は、諸行無常(=この世のすべてのものは絶えず変化してとどまることはない)の響きをたてる。(釈迦入滅《にゅうめつ》のときに白色に変じたという)沙羅双樹の花の色は、勢いが盛《さか》んな者も必ず衰《おとろ》えるという道理を表している。驕《おご》り高ぶっている人(の栄華)も長くは続かず、ただ春の夜の夢のようにはかない。権勢の盛んな者もついには滅びてしまうが、それはただもう風の前の塵と同じである。

中世を代表する名随筆《ずいひつ》

徒然草《つれづれぐさ》

成立・作者

鎌倉《かまくら》時代末期の一三三一年頃《ごろ》成立されたとされる。筆者の**兼好法師**《けんこうほうし》(俗名《ぞくみょう》は卜部兼好《うらべかねよし》)は、若い頃後二条《ごにじょう》天皇に仕えたが、三十歳《さい》前後で出家し、名を「兼好《けんこう》」と音読みするようになった。出家後は、修学院《しゅがくいん》（現在の京都市左京区）や比叡山《ひえいざん》の横川《よかわ》に住んで仏道修行と和歌に励《はげ》む。出家後も歌人・知識人として、武家や貴族と幅広《はばひろ》く交流していた。二条派歌人の四天王の一人で、歌集『兼好法師集』がある。

紹介

序段と二百四十三段から成り、各段はそれぞれ独立・完結した随筆である。序段の冒頭《ぼうとう》「つれづれなるままに、日暮らし、すずりに向かひて」という表現が書名の由来とされる。内容は、**仏教的無常観**、人生論、人間論、自然観、説話的なものなど多方面にわたっており、作者の深い学識と教養がうかがえる。

長短さまざまな段で構成されている形式は、『枕草子《まくらのそうし》』に似ているが、内容は多彩《たさい》で、秩序《ちつじょ》だって考えを深めたようなものも多く含《ふく》んでいる。兼好の無常の美学は、「さび」の世界に通じるものと評価され、江戸《えど》時代には、浄《じょう》瑠璃《るり》や浮世草子《うきよぞうし》にも影響《えいきょう》を与《あた》えたとされている。現代でも、小林秀雄《こばやしひでお》が『無常といふ事』で扱《あつか》っている古典論の要《かなめ》をなしているといわれている。

文体は、内容に合わせて**和漢混交文**と**和文**とを使い分けている。

- 自然や王朝的な内容、宮廷《きゅうてい》のしきたりなどを述べた段…主に和文
- 人生論や無常観など思想的な内容の段…主に和漢混交文
- 説話的な内容や人物の逸話《いつわ》…和文でありながら、俗語《ぞくご》や漢語も使用。全体に平易で読みやすい文で、会話文や反語が効果的に用いられている。

本文紹介　第百三十七段

花は盛《さか》りに、月は隈《くま》なきをのみ見るものかは。雨に向かひて月を恋《こ》ひ、垂れこめて春の行方《ゆくへ》知らぬも、なほあはれに情け深し。咲《さ》きぬべきほどの梢《こずゑ》、散りしをれたる庭などこそ見どころ多《おほ》けれ。

現代語訳

桜の花は満開のときにのみ、また月は満月のときにのみ見るべきものであろうか、いや、そうではない。雨に向かって月を恋《こい》しく思い、簾《すだれ》を垂らして部屋にこもり、春が過ぎていくのを知らないのも、やはりしみじみとして趣《おもむき》深いものである。今にも咲《さ》くであろう桜の梢や、花が散り敷《し》いた庭などにこそ見所は多いのだ。

紀行文学の最高峰《さいこうほう》

おくのほそ道

成立・作者

一七〇二年刊。作者は**松尾芭蕉《まつおばしょう》**（一六四四〜一六九四）。伊賀国上野《いがのくにうえの》

(＝三重県北西部)の下級武士の家に生まれた。俳人・北村季吟《きたむらきぎん》から俳諧《はいかい》の指導を受ける。それまでの俳諧に限界を感じて、独自の俳風を模索《もさく》し、**蕉風俳諧**の理念を確立した。芭蕉の俳風として挙げられるのは、「**わび**」「**さび**」「**しをり**」「**ほそみ**」「**軽み**」などで、「軽み」は芭蕉が最後に到達《とうたつ》した境地で、深い思いをさらりと表現したものをいう。

紹介

一六八九年三月二七日に門人の河合《かわい》曾良《そら》を伴《ともな》って江戸《えど》を発《た》ち、奥州《おうしゅう》の平泉《ひらいずみ》に至ったあと、日本海側に出て東北・北陸の各地の歌枕《うたまくら》(和歌の題材とされた日本の名所・旧跡《きゅうせき》)を巡《めぐ》った。八月二十一日頃《ごろ》、美濃《みの》の大垣《おおがき》(＝岐阜県大垣市)に着き、さらに九月六日に伊勢《いせ》へ出発するまでの、総距離《そうきょり》約二千四百キロメートル、約百五十日間におよぶ旅を題材とする**俳諧紀行文**である。文章は簡潔な**和漢混交文**で、漢語や対句《ついく》が効果的に使われ、リズミカルである。文中の俳句は地の文と呼応しており、詩的で風雅《ふうが》な世界を構成している。芭蕉はこの旅で、**不易流行論**(＝新しさを求めて変化していく流行の中から俳諧の永遠の価値は生まれるとする考え)に至ったといわれ、これが蕉風俳諧の中心的な理論となった。

主な俳句

五月雨《さみだれ》を集めて早し最上川《もがみがわ》

意味

降り続く梅雨《つゆ》の長雨を一つに集めたように、すさまじい速さで流れ下る最上川だなあ。

儒教《じゅきょう》のおおもと

論語《ろんご》

成立・作者

中国の春秋《しゅんじゅう》時代の思想家、**孔子**《こうし》(前五五一?〜前四七九年)とその門弟たちの言葉や問答を集めたもの。

紹介

孔子の思想の中心は「仁《じん》」(人間としての愛情)で、「仁」が態度や行動として外にあらわれたものを「礼」という。孔子の教えは日本の文化にも影響《えいきょう》を与《あた》えた。

孔子の名言

義を見てせざるは、勇無きなり。

意味

人として行うべきことと知りながら、それを実行しないのは、勇気がないからである。

過《あやま》ちて改めざる、是《こ》れを過ちと謂《い》ふ。

意味

過ちを犯《おか》して改めない、これを真の過ちという。

清少納言《せいしょうなごん》と紫式部《むらさきしきぶ》

平安時代を代表する二人の作家といえば、清少納言《せいしょうなごん》と紫式部《むらさきしきぶ》ですね。二人は、どちらも中宮《ちゅうぐう》(天皇の后《きさき》)に仕えて、その教育係として働いていた優秀《ゆうしゅう》な女性たちです。

ここでは、二人の作風や、個性を見てみましょう。

▼二人とも中宮の家庭教師だった

清少納言は、三十歳《さい》の頃《ころ》から、一条天皇の中宮定子《ていし》(藤原《ふじわらの》道隆《みちたか》の娘)に仕えはじめたといわれ、定子にはその豊かな才知が愛され信頼《しんらい》されました。宮中で見聞したことや、そのとき心に抱《いだ》いた感想などを書いた随筆《ずいひつ》が『枕草子《まくらのそうし》』です。やがて定子が若くして亡《な》くなると、清少納言は宮仕えを退きました。

その後、一条天皇の中宮彰子《しょうし》(藤原道長《みちなが》の娘)に仕えたのが、紫式部です。紫式部も漢詩文に通じた聡明《そうめい》な女性で、宮中生活の体験をもとに『源氏物語《げんじものがたり》』を書きました。

▼正反対の二人の個性

清少納言は、幼い頃から和歌や漢詩文に親しみ、深い教養を身につけていました。また、機知に富み、宮中でも誰《だれ》はばかることなくその才能を発揮しました。

一方の紫式部も、清少納言と同様、深い教養を身につけていましたが、それを表に出すのははしたないと考えて、ひたすら隠《かく》していました。漢詩や漢字の知識があってもひけらかさないのが、当時は女らしいとされていたのですね。

そんな二人の性格が作品にも反映され、清少納言は理知的な『枕草子』を、紫式部は心情的な『源氏物語』を、後世に残しました。

▼清少納言にライバル心を燃やす紫式部

紫式部は、清少納言のことを快く思っていなかったらしく、『紫式部日記』には、次のような文章があります。

> 清少納言こそ、したり顔にいみじうはべりける人。さばかりさかしだち、真名《まな》書きちらしてはべるほども、よく見れば、まだいと足らぬこと多かり。……

つまり、〝清少納言は偉《えら》そうにしていた人で、利口ぶって漢字を書き散らしているが、よく見れば不十分な点が多かった〟、と書いているのです。

ただ、二人がそれぞれ宮中にいた時期には開きがあり、面識はなかったようです。

あなたは、清少納言と紫式部のどちらが好きですか?

7 漢文・漢詩

入試重要度 ★★★

かつて日本語は文字をもたなかったが、中国から漢字が伝来すると、漢字を用いて言葉を記すようになった。そのため、日本では古くから**漢字で書かれた中国語の文献《ぶんけん》を日本語の文章のように読み**、日本国内においても**正式な文章は中国語のように漢字だけで書く**伝統が長く続いた。このような中国の古い文献や、日本人がそれらをまねて書いた文章を**漢文**という。

漢文とはどのような文章なのか

漢文では、漢字だけで書かれた文章（**白文**《はくぶん》）を、**訓点**《くんてん》**という印**を施《ほどこ》し、**訓読**《くんどく》**という読み方**をすることで、**書き下し文という日本語として通じる形**にして読んでいく。漢文の文章には、**歴史書や思想書**の類《たぐい》と**詩**とがあるが、このうち文章を狭義《きょうぎ》の意味での漢文、詩を**漢詩**と呼んで、和文や和歌と区別している。

学習内容を例文でチェック

1 次の漢文は、「蛍雪《けいせつ》の功《こう》」という故事成語のもとになった文章の一節である。

孫氏世録ニ曰ハク、康、家貧シクシテ無シレ油。
常ニ映ラシテレ雪ニ読ムレ書ヲ。

〔書き下し文〕
孫氏世録《そんしせいろく》に曰《い》はく、康《かう》、家貧《いへまづ》しくして油《あぶら》無《な》し。
常《つね》に雪《ゆき》に映《て》らして書《しょ》を読《よ》む。

参考 漢字・漢文の伝来

伝承では、漢字は、弥生《やよい》時代頃《ごろ》に、朝鮮《ちょうせん》半島の百済《くだら》という国から渡来《とらい》した王仁《わに》という学者が、『論語《ろんご》』と『千字文《せんじもん》』をもたらすことで伝わったといわれている。この伝承を記した日本最古の歴史書である『日本書紀』は、漢文で書かれている。

論語…中国の思想家孔子《こうし》の教えを、孔子の死後、弟子たちがまとめたもの。孔子は儒教《じゅきょう》の祖。（→222・232ページ）

千字文…中国で編まれた漢字習得のための書物。四字の句から成る言葉を二五〇集め、合計千字の手本とした。

① 訓読のきまり →226ページ

訓点…漢字の下につけられた文字や記号。主に返り点と送り仮名《がな》を指す。

返り点…日本語として読める語順に入れ替《か》えるためにつける符号《ふごう》。「レ点」「一・二点」「上・中・下点」などがある。必ず漢字の左下につける。

送り仮名…活用語の活用語尾《ごび》や、助詞（て・に・を・は など）を示すために片仮名《かな》で表す。歴史的仮名遣《づか》いを用いて、必ず漢字の右下につける。

少小ニシテ清介、交遊不《ず》レ雑ナラ。
後ニ至ル二御史大夫ニ一。

少小《せうせう》にして清介《せいかい》、交遊雑《かういうざつ》ならず。
後《のち》に御史大夫《ぎよしたいふ》に至《いた》る。

〔現代語訳〕
孫氏世録（という本）によると、康は、家が貧しくて（明りをともす）油が買えなかった。いつも雪を明りにして書物を読んでいた。若い頃《ころ》から清く正しい人で、交友もしっかりしていた。のちに（位が）御史大夫（という官職）にまで上った。

2 次の漢詩は、中国の詩人高啓《こうけい》の書いた「胡隠君《こいんくん》を尋《たず》ぬ」という詩の全文である。

渡リレ水ヲ復タ渡リレ水ヲ
看レ花ヲ還タ看ルレ花ヲ
春風江上ノ路
不《ず》レ覚エ到ル二君ガ家ニ一

〔書き下し文〕
水を渡《わた》り復《ま》た水を渡り
花《はな》を看還《みま》た花を看る
春風江上《しゅんぷうかうじゃう》の路《みち》
覚えず君が家に到《いた》る

〔現代語訳〕
川を渡り、また川を渡り
花を見、また花を見る
春風の吹《ふ》く川沿いの道（を来たら）
いつのまにか君の家に着いてしまった

② 漢詩の形式と技法をつかむ
↓228ページ

漢詩には、古体詩と近体詩があり、近体詩には、句数や押韻《おういん》、構成・対句《ついく》などに細かなきまりがある。

「胡隠君を尋ぬ」は、**五文字（五言）の句が四句で成っている〈五言絶句《ごごんぜっく》〉**に分類される近体詩で、〈起承転結〉の構成をもち、**二句目末（「花《カ》」）と四句目末（「家《カ》」）**で押韻されている。

③ 場面・出来事をつかむ
↓230ページ

いつ、どこで、誰《だれ》が、何をしているか、どんなことがあったかをとらえる。

④ 情景・感動の中心をつかむ
↓233ページ

場面や出来事の中心となることをとらえる。

ここでは、美しい春の情景に誘《さそ》われた、ぶらぶら歩きの楽しさを表している。

① 訓読のきまり

1 訓点

訓点(返り点や送り仮名《がな》)にしたがって漢文を読むことを**訓読**という。また、**訓読したものを日本語の文章として書いたもの**を**書き下し文**という。漢文を読むには、訓読と書き下し文のきまりを知り、訓点のついた文章を読めるようにすることが大事である。

2 返り点

漢字の左下についている符号《ふごう》のこと。下から上の字に返って読むときに使う。

①レ点　すぐ上の一字に返る。

例　①春 ②眠 ⑤不《ず》レ ④覚エレ ③暁ヲ。→春眠暁《しゅんみんあかつき》を覚えず。 訳 春の眠《ねむ》りは朝が来たことにも気づかない。

②一・二点、一・二・三点　二字以上隔《へだ》てた上の字に返る。

例　⑦送ル三 ①孟 ②浩 ③然ノ ⑥之クヲ二 ④広 ⑤陵ニ一。→孟浩然《まうかうねん》の広陵《くわうりよう》に之《ゆ》くを送る。 訳 孟浩然が広陵に行くのを見送る。

③上・下点、上・中・下点　一・二点を用いた句をはさんで、さらに上の字に返る。

例　⑦不《ず》下 ③為ニ二 ①児 ②孫ノ一 ⑥買ハ中 ④美 ⑤田ヲ上。→児孫《じそん》の為《ため》に美田《びでん》を買はず。 訳 子孫のために財産を残さない。

④レ、上レ　レ点とほかの返り点との併用《へいよう》。レ→一・二(上・下)点の順に返る。

例　①遂ニ ⑤為ル二 ②楚ノ ④所トレ ③敗ル。→遂《つひ》に楚《そ》の敗《やぶ》る所と為《な》る。 訳 とうとう楚の国に敗れてしまった。

くわしく　その他の返り点

「甲《こう》・乙点《おつ》」(上下点をはさんで返る)や「天・地・人点」(甲乙点をはさんで返る)もあるが、ほとんど出てこない。

参考　漢文の文型

●**主語-述語(日本語と同じ)**
国破レテ山河在リ。→国破《くにやぶ》れて山河《さんが》在《あ》り。

●**主語-述語-目的語(目的語があと)**
王好ムレ戦ヲ。→王戦《わうたたかひ》を好む。

●**主語-述語-補語(補語があと)**
良薬ハ苦シレ口ニ。→良薬《りやうやく》は口《くち》に苦《にが》し。

●**主語-述語-目的語-補語**
王問フ二政ヲ於孔子ニ一。→王政《わうまつりごと》を孔子《こうし》に問《と》ふ。

●**主語-述語-補語-目的語**
我与フ二彼ニ書ヲ一。→我彼《われかれ》に書《しよ》を与《あた》ふ。

くわしく　再読文字

一つの字を二度読む文字のこと。最初は右側を読み、二度目は返り点にしたがい漢字の左側につけられた助動詞(または動詞)の部分を読む。書き下し文では、最初は漢字で書き、二度目は平仮名で書く。

●**未**《いまダ》ず　いまダ〜ず(まだ〜ない)

●**将**《まさニ》す(**且**《まさニ》す)　まさニ〜(ントす)(今にも〜しようとする)

3 書き下し文

書き下し文にはいくつかのきまりがある。

①文語文法にしたがい、歴史的仮名遣《づか》いで書く。

例 有レバ㆑備ヘ無シ㆑憂ヒ。→備へ有れば憂《うれ》ひ無し。（×「備え」「憂い」）

②文語文法で助詞・助動詞にあたる漢字は平仮名《ひらがな》で書く。

例 可ベシ㆑読ム。→読むべし。（×「読む可し」）

③再読文字で二度目に読む部分は平仮名で書く。（下段参照）

例 未《ず》ダ㆓嘗テ敗北㆒セ。（①⑤未 ②嘗 ③敗 ④北）→未《いま》だ嘗《かつ》て敗北《はいぼく》せず。 訳 まだ敗れたことがない。

④置き字は読まない。（下段参照）

例 良薬ハ苦ケレドモ㆓於口㆒ニ而利アリ㆓於病㆒ニ。

→良薬《りやうやく》は口に苦《にが》けれども病《やまひ》に利あり。 訳 良い薬は口に苦いけれども病気によく利《き》く。

例題

1 次の各文を、返り点と送り仮名にしたがって、書き下し文に改めなさい。

(1) 低《た》レテ㆑頭《かうべ》ヲ思㆓フ故郷㆒ヲ。

(2) 百聞ハ不《ず》㆑如《し》カ㆓一見㆒ニ。

(3) *趙《てふ》且《まさニ》《す》㆑伐《う》タント㆑*燕《えん》ヲ。

*「趙」「燕」はいずれも国名。

(4) 子《し》曰《い》ハク、「過《あやま》チテ而不《ざ》ル㆑改メ、是《これ》ヲ謂《い》フト㆑過チト」。

●当《まさニ》《べシ》 まさニ～ベシ（当然～すべきだ）

●宜《よろシク》《べシ》 よろシク～ベシ（～するのがよい）

●猶《なホ》《ごとシ》 なホ～（ガ・ノ）ごとシ（まるで～のようだ）

くわしく 置き字

訓読では読まない字のこと。文中で用いられる「**而・於・于・乎**」や、文末で用いられる「**矣・焉・也**」など。

解答

1 (1)頭を低れて故郷を思ふ。 (2)百聞は一見に如かず。 (3)趙且に燕を伐たんとす。 (4)子曰はく、「過ちて改めざる、是を過ちと謂ふ」と。

解説

1 (1)「思ふ」の仮名遣いに注意。 (2)「不」は打ち消しの助動詞。 (3)レ点が二つ続くことに注意。「趙」のあとは「燕を伐たんと」と読み、そのあと「且」の左側の「す」を読む。 (4)「而」は置き字。「謂《いフト》」の送り仮名の末尾《まつび》「と」は、会話の「　」を受けて、「～と(言った)」と用いられる。

② 漢詩の形式と技法をつかむ

漢詩は、作られた時期によって、古くからある**古体詩**と、唐《とう》(六一八〜九〇七)の時代の初期に完成した**近体詩**に分類される。ここでは近体詩について学習する。

1 漢詩の形式(詩形)

近体詩は形式(句数と各句の文字数)の違《ちが》いによって、次の四つに分けられる。

絶句《ぜっく》
- **一句が五文字で、四句から成る**……**五言《ごごん》絶句**
- **一句が七文字で、四句から成る**……**七言《しちごん》絶句**

律詩《りっし》
- **一句が五文字で、八句から成る**……**五言律詩**
- **一句が七文字で、八句から成る**……**七言律詩**

2 漢詩の構成

漢詩は二句でひとつのまとまりをもち、展開によって次のような構成をもつ。

絶句

○○○○○……**起句《きく》**(一句目。うたい起こす)
○○○○●……**承句《しょうく》**(二句目。起句の内容を承《う》ける)
○○○○○……**転句《てんく》**(三句目。それまでの内容を一転させる)
○○○○●……**結句《けっく》**(四句目。全体をまとめて結ぶ)

律詩

○○○○○　○○○○●……**首聯《しゅれん》**(一・二句目。うたい起こす)
○○○○○　○○○○●……**頷聯《がんれん》**(三・四句目。首聯を承ける。対句《ついく》になる)

参考 古詩

古詩は古体詩に分類される詩形だが、近体詩の成立以後も長く作り続けられた。古い形は四言で、『詩経《しきょう》』に収められている。次はその一部。

桃之天夭《タル》
灼灼《タリ》其《ノ》華
之《ノ》子于《キ》帰《グ》
宜《シカラン》二其《ノ》室家《ニ》一

桃《もも》の夭夭《えうえう》たる
灼灼《しやくしやく》たり其《そ》の華《はな》
之《こ》の子《こ》于《ゆ》き帰《とつ》ぐ
其《そ》の室家《しつか》に宜《よろ》しからん

訳 桃の木の若々しさよ
輝《かがや》くようなその花よ
この子が嫁《とつ》いでいったら
その嫁ぎ先によいことでしょう

解答

1 (1)五言律詩
(2)深・心・金・簪
(3)第一句と第二句、第三句と第四句、第五句と第六句

解説

1 (1)一句が五文字から成る、八句の詩である。
(2)五言の詩は原則として偶数句末で押韻する。この詩では、第二、四、六、八句末の字が「深(shin)」、「心(shin)」、「金(kin)」、「簪(shin)」

○○○○○　○○○○●……**頸聯**《けいれん》（五・六句目。一転させる。対句になる）
○○○○○　○○○○●……**尾聯**《びれん》（七・八句目。全体をまとめて結ぶ）
※右は、五言詩の場合。●は**押韻**《おういん》の位置、　は**対句**を示す。（左参照）

3 漢詩の技法

押韻　**漢字の母音をそろえること**を「**押韻する**（韻を踏《ふ》む）」という。原則として、**五言詩では偶数**《ぐうすう》**句末、七言詩では一句末と偶数句末**で押韻する。

対句　**隣**《とな》**りあう二つの句**（第三句と第四句のように、奇数《きすう》句と偶数句から成る）**の語構成が同じで、意味的にも対になっているもの**を**対句**という。**律詩では、第三句・第四句、第五句・第六句をそれぞれ対句にしなければならない**きまりがある。ただし、それ以外にも用いられている場合があるので注意する。

例題 1　**次の漢詩の、(1)詩の形式、(2)押韻されている字、(3)対句をそれぞれ答えなさい。**

春望《しゅんぼう》　杜甫《とほ》

国破レテ山河在リ　城春ニシテ草木深シ
感ジテハレ時ニ花ニモ濺ギレ涙ヲ　恨ンデハレ別レヲ鳥ニモ驚カスレ心ヲ
烽火連ナリ二三月一ニ　家書抵タル二万金一ニ
白頭搔ケバ更ニ短ク　渾テ欲スレ不ざランレ勝ヘレ簪ニ

※書き下し文は下段参照。

となり、母音がすべて「in」の音を踏んでいる。

(3)律詩では原則として、第三句と第四句、第五句と第六句が対句になるが、この詩では、第一句と第二句も、

国　敗　山河　在
城㊟春㊤草木㊟深㊤

のように対になっている。

書き下し文
国破《くにやぶ》れて山河《さんが》在《あ》り　城春《しろはる》にして草木《さうもく》深し
時に感じては花にも涙《なみだ》を濺《そそ》ぎ
別れを恨《うら》んでは鳥にも心を驚《おどろ》かす
烽火三月《ほうくわさんげつ》に連《つら》なり　家書万金《かしよばんきん》に抵《あ》たる
白頭《はくとう》搔《か》けば更《さら》に短《みじか》く　渾《すべ》て簪《しん》に勝《た》へざらんと欲《ほつ》す

訳　都は破壊《はかい》されたが山河はそのまま在り、城内には春が来て草木が生い茂《しげ》っている。世の推移を思えば花を見ても涙が流れ、別れを思えば鳥の声にも心が乱れる。戦いののろしは三月になっても続き、家族からの手紙は万金にも値する。白髪《しらが》頭をかけば（髪《かみ》は）さらに薄《うす》く、もう冠《かんむり》をとめるかんざしもさせないほどだ。

③ 場面・出来事をつかむ

漢文は、中国の長い歴史を背景に、**政治のあり方**や**人間としての生き方**を語るものが多い。故事成語（↓500ページ）もそこから生まれてきた。読解の際には、①**いつ**、②**誰**《だれ》**が**、③**どこで**、④**何をしているか（出来事）**、⑤**その出来事がどのように変化しているか**、をとらえるだけでなく、それを通して筆者が何を言おうとしているのかという、⑥**出来事に託**《たく》**された意味や教訓**を把握《はあく》することが重要である。

例
宋人《そうひと》に田《た》を耕《たがや》す者《もの》有《あ》り。田中《でんちゅう》に株《くひぜ》有《あ》り。兎走《うさぎはし》りて株《くひぜ》に触《ふ》れ、頸《くび》を折《を》りて死《し》す。因《よ》りて其《そ》の耒《すき》を釈《す》てて株《くひぜ》を守《まも》り、復《ま》た兎《うさぎ》を得《え》んことを冀《こひねが》ふ。兎復《うさぎま》た得《う》べからずして、身《み》は宋国《そうこく》の笑《わら》ひと為《な》れり。今先王《いませんわう》の政《まつりごと》を以《もつ》て当世《たうせい》の民《たみ》を治《をさ》めんと欲《ほつ》するは、皆株《みなくひぜ》を守《まも》るの類《たぐひ》なり。（「韓非子《かんぴし》」）

宋の国の人で畑を耕す者があった。畑の中に木の切り株があった。兎が走ってきて切り株にぶつかり、頸の骨を折って死んだ。そこで（農夫は）持っていたすきを捨てて切り株を見張り、もう一度兎を手に入れようと願った。（しかし）兎は二度と手に入らず、農夫は宋国の笑い者になった。今昔の王の政治で現在の民を治めようとするのは、皆でこの株を見張ることと同類である。

①**いつ**…宋の国があった時代　②**誰が**…畑を耕していた者（農夫）
③**どこで**…畑の中で　④**出来事**…何もしないで兎を手に入れた
⑤**出来事の変化**…兎を待って株を見張っていた→兎はこない→笑い者になった
←⑥**出来事に託された意味や教訓**
昔のやり方で現在の民は治められない＝**旧風にとらわれることの愚**《おろ》**かさ**

参考 漢文の文章の主な種類と代表作

史伝…歴史や人物の伝記を記したもの。後世の歴史書の手本となった司馬遷《しばせん》の『史記《しき》』を初めとして、『戦国策《せんごくさく》』『資治通鑑《しじつがん》』『十八史略《じゅうはっしりゃく》』『三国志《さんごくし》』など。

思想…思想家の教えを説くもの。孔子《こうし》から始まる儒家《じゅか》の『論語《ろんご》』『孟子《もうし》』のほか、道家《どうか》の『老子《ろうし》』『荘子《そうじ》』、法家《ほうか》の『韓非子《かんぴし》』、墨家《ぼっか》の『墨子《ぼくし》』など。

参考 守株《しゅしゅ》

上段の例は「株を守る」という故事。この話から「守株」という故事成語が生まれた。

例題 1 次の書き下し文を読んで、あとの問いに答えなさい。

今日臣《こんにちしん》の来《き》たるとき、易水《えきすい》を過《す》ぐ。蚌《ばう》方《まさ》に出《い》でて曝《さら》す。而《しか》して鷸其《いつそ》の肉《にく》を啄《ついば》む。蚌合《ばうがつ》して其《そ》の喙《くちばし》を箝《はさ》む。鷸《いつ》曰《い》はく、「今日《こんにち》雨ふらず、明日雨《みやうにちあめ》ふらずんば、即《すなは》ち死蚌《しばう》有《あ》らん。」と。蚌《ばう》も亦《また》鷸《いつ》に謂《い》ひて曰《い》はく、「今日《こんにち》出《い》でず、明日《みやうにち》出《い》でずんば、即《すなは》ち死鷸《しいつ》有《あ》らん。」と。両者相舎《りやうしやあひす》つるを肯《がへ》んぜず。漁者《ぎよしや》得《え》て之《これ》を并《あは》せ擒《とら》ふ。

今日私が来たとき、易水という川を通りかかった。どぶ貝が(川から)出て日に当たっていた。するとシギがその肉をつついた。どぶ貝は殻《から》を閉じてそのくちばしをはさんだ。シギが言った、「今日雨がふらず、明日も雨がふらなければ、お前(どぶ貝)は死ぬだろうよ」と。どぶ貝もまたシギに言った、「今日(くちばしが)抜《ぬ》けず、明日も抜けなければ、お前(シギ)は死ぬだろうよ」と。両者は互《たが》いに(相手を)離《はな》すことを承知しない。

(劉向《りゆうきやう》「戦国策《せんごくさく》」)

(1) この話の舞台《ぶたい》はどこか。書き下し文中の語を用いて答えなさい。
(2) この話の登場人物(生物も含《ふく》む)をすべて、書き下し文から抜《ぬ》き出して答えなさい。
(3) ――線部は具体的にどういうことか。簡潔に答えなさい。
(4) この話は、中国の戦国時代、趙《ちよう》の国が燕《えん》の国を攻《せ》めようとしているのを知った蘇《そ》代《だい》という人物が、趙の王に語ったものとして伝えられている。蘇代が言いたいのはどういうことか。簡潔に答えなさい。
(5) この話から生まれた故事成語を四字で答えなさい。

解答 1

(1) 例 易水の川辺。
(2) 臣・蚌・鷸・漁者
(3) 例 漁師が通りかかって、どぶ貝とシギを両方とも捕《と》ってしまったこと。
(4) 例 二国で争っているうちに、二国とも他の強国に奪《うば》われてしまうということ。
(5) 漁夫《ぎよふ》の利《り》

解説 1

(1) 場所を示す語は「易水」しかない。
(2) 「臣」は自分を謙遜《けんそん》して言う語。「漁者」とは別の人物であることに注意。
(3) 「之」は、どぶ貝とシギをさす。
(4) 「漁者」は、どぶ貝やシギ(趙と燕のたとえ)を奪《うば》ってゆく、強力な第三者をたとえたもの。(具体的には、のちに天下を統一する、強国の秦《しん》を指す。)
(5) 両者が争っているうちに第三者が利益を横取りすること。

問答《もんどう》によって思想を語る

漢文には、先生と弟子の会話、王と臣下の会話など、**問答を通して考えを述べていくものが多い。**そのような漢文の読解では、**誰と誰の会話か、会話にあたるのはどの部分か**を意識して読むことがたいせつである。会話の部分は、**〈～曰《い》はく、「　」と。〉**のような表現に注意して、会話文であることをとらえていく。

例　子曰《ハク》、学《ビテ》而不《ざレバ》レ思《ハ》則《チ》罔《シ》。思《ヒテ》不《ざレバ》レ学《バ》則《チ》殆《シト》。（「論語」）

〔書き下し文〕子曰《い》はく、「学びて思はざれば則《すなは》ち罔《くら》し。思ひて学ばざれば則《すなは》ち殆《あやふ》し。」と。

〔現代語訳〕孔子は言った、「学んでも自分で考えなければ、ものの道理はわからない。考えても学ぶことをしなければ、（独断に陥《おちい》って）危険である。」と。

参考　孔子
春秋時代の思想家、儒学《じゅがく》の祖。「仁《じん》」（思いやりの心）を道徳の根本とし、政治を行う徳治主義を唱えた。『論語』はその言行録。

例題 2　次の漢文を読んで、あとの問いに答えなさい。

＊子《し》貢《こう》問《ヒテ》曰《いハク》、有《あり》下一《いち》言《げんニシテ》而可《べキ》二以《もつテ》終《しゅう》身《しん》行《フ》レ之《これヲ》者上乎《やト》。子曰《いハク》、其《そレ》＊恕《じょ》乎《か》。己《おのれノ》所《ハ》レ不《ざル》レ欲《セ》、勿《なカレ》レ施《ほどこスコト》二於人《ニ》一。（「論語」）

＊子貢＝孔子《こうし》の弟子の名。　＊恕＝他人を思いやる心。

〔書き下し文〕子貢《しこう》問《と》ひて曰《い》はく、「一言《いちげん》にして以《もつ》て終身之《しゅうしんこれ》を行《おこな》ふべき者有《ものあ》りや。」と。子曰《しい》はく、「其《そ》れ恕《じょ》か。［　　　　］」と。

〔現代語訳〕子貢が（孔子に）尋《たず》ねて言った、「一言で言って一生行うのがよいことがあるでしょうか。」と。孔子は言った、「それは恕だよ。自分がしてほしくないことは、人にしてはならない。」と。

(1)　――線部「其」が指している内容を、子貢の問いの中から漢字十字で抜《ぬ》き出しなさい。

(2)　［　］に入る言葉を漢文の中から探し、書き下し文に改めて答えなさい。

解答 2
(1) 一言而可以終身行之者
(2) 己の欲せざる所は、人に施すこと勿かれ。

解説 2
(1) 「有りや」の部分は不要。
(2) 返り点にしたがって読む。「不」は助動詞のため平仮名《ひらがな》で書き、「於」は置き字なので読まない。「施すこと勿かれ」までが会話文であることに注意。

④ 情景・感動の中心をつかむ

漢詩は、中国の広大な国土や激動の歴史を背景に、**風景の美しさ**、**人生の喜びや悲しみ**、**家族や友人との別れ**、**社会の変動など**についてのさまざまな感慨《かんがい》を表現したものである。読解に際しては、**音読してリズムを味わう**とともに、形式や構成（→228ページ）にも留意して、**①場面の情景と②作者の思い**をとらえることがたいせつである。

例

送ル三元二ノ使ヒスルヲ二*安西ニ一　王維《わうゐ》

*渭《ゐ》城《じやう》ノ朝雨浥シ二軽塵ヲ一
*客舎青青柳色新タナリ
勧ムレ君ニ更ニ尽クセ一杯ノ酒
西ノカタ出ヅレバ二*陽関ヲ一無カラン二*故人一

*安西＝長安の都から遠い北西の町の名。
*渭城＝長安の北、旅人を見送った町。
*客舎＝旅館。宿屋のこと。
*陽関＝西域地方への要衝《ようしょう》。関所の名。
*故人＝旧友。昔なじみ。

〔書き下し文〕

元二《げんじ》の安西《あんせい》に使《つか》ひするを送《おく》る　王維

渭《ゐ》城《じやう》の朝雨《てうう》軽塵《けいじん》を浥《うるほ》し
客舎青青柳色《かくしやせいせいりうしよく》新《あら》たなり
君《きみ》に勧《すす》む更《さら》に尽《つ》くせ一杯《いつぱい》の酒《さけ》
西《にし》のかた陽関《やうくわん》を出《い》づれば故人《こじん》無《な》からん

〔現代語訳〕

元二が安西へ旅立つのを見送る　王維

渭城の朝の雨は土ぼこりを湿《しめ》らせ
旅館のそばの柳《やなぎ》は青青として鮮《あざ》やかだ
さあ君、もう一杯この酒を飲んでくれ
西の陽関を出たらもう友もいないのだから

・詩の形式＝**七言絶句**　押韻《おういん》＝**塵・新・人**　対句《ついく》＝なし

①情景（第一・二句）…雨の朝、季節は春、柳の緑が美しい。
②思い（第三・四句）…遠く旅立つ元二の身の上を思いやる。
↓
友との別れを惜《お》しむ気持ち。

参考　唐代の詩人たち

近体詩が成立した唐《とう》の時代（六一八～九〇七）は四期に分けられ、多くのすぐれた詩人を輩出《はいしゅつ》した。

初唐	盛唐	中唐	晩唐
陳子昂《ちんすごう》	李白《りはく》（「詩仙《しせん》」と呼ばれる） 杜甫《とほ》（「詩聖」と呼ばれる） 王維《おうい》・孟浩然《もうこうねん》（自然詩人）	白居易《はくきょい》（白楽天《はくらくてん》ともいう） 韓愈《かんゆ》・柳宗元《りゅうそうげん》	杜牧《とぼく》・李商隠《りしょういん》

例題

1 **次の漢詩とその書き下し文を読んで、あとの問いに答えなさい。**

早ニ発二ス*白帝城ヲ一　李白《りはく》
朝ニ辞ス白帝*彩雲ノ間
千里ノ*江《かう》陵《りよう》一日ニシテ還ル
両岸ノ猿声啼イテ不《ざ》ルニレ尽キ
軽舟已ニ過グ万重ノ山

〔書き下し文〕
早《つと》に白帝城《はくていじやう》を発《はつ》す　李白
朝《あした》に辞《じ》す白帝彩雲《はくていさいうん》の間《かん》
千里の江陵《かうりよう》一日にして還《かへ》る
両岸の猿声《えんせい》啼《な》いて尽《つ》きざるに
軽舟《けいしう》已《すで》に過《す》ぐ万重《ばんちよう》の山

〔現代語訳〕
朝早く白帝城を発《た》って　李白
朝別れを告げて、白帝城の朝焼け雲の間を出発し、
千里もの（距離《きより》のある）江陵まで、たった一日で下ってきた。
（川の）両岸で啼く猿《さる》の声が（耳から）離《はな》れないうちに、
小さな舟《ふね》はあっという間に幾重《いくえ》にも重なる山々を通りすぎた。

＊白帝城＝揚子江《ようすこう》の北岸、白帝山の山上にあったとりでの名。
＊彩雲＝朝焼け雲。
＊江陵＝長江《ちようこう》を下った所にある町の名。

(1)　この詩の形式を次から選び、記号で答えなさい。
ア 五言絶句　**イ** 七言絶句　**ウ** 五言律詩　**エ** 七言律詩
(2)　押韻《おういん》されている字をすべて抜《ぬ》き出しなさい。
(3)　作者は、白帝城から、何に乗ってどこへ行ったのか。簡潔に答えなさい。
(4)　場面が大きく変化しているのは、第何句か。漢数字で答えなさい。
(5)　作者の感動の中心はどのような点にあるか。簡潔に答えなさい。

解答

1
(1) **イ**
(2) 間・還・山（「an」の音が共通）
(3) 例（小さな）舟に乗って江陵へ行った。
(4) 第三句
(5) 例大自然を駆《か》け抜ける爽快感《そうかいかん》。

解説

1
(2) 七言の詩は第一句も押韻する。
(3) 「両岸」「軽舟」から想像できる。
(4) 視覚の世界を聴覚《ちようかく》に転じている。
(5) 感動の中心は第四句にある。
「白」と「彩雲」、「千」と「一」、色彩と「猿声」、「軽」と「万重」などの対比に注意して、大自然の中での、スピード感に満ちた展開を味わいたい。

例題 2 **次の漢詩とその書き下し文を読んで、あとの問いに答えなさい。**

登ル二*岳陽楼一　杜《と》甫《ほ》

昔聞ク*洞庭ノ水
今上ル岳陽楼
*呉*楚東南ニ坼ケ
*乾《けん》坤《こん》日夜浮カブ
親朋無ク二一字一
老病有リ二孤舟一
*戎馬関山ノ北
憑リテ レ軒ニ涕泗流ル

〔書き下し文〕

岳陽楼《がくやうろう》に登る　杜甫

昔聞く洞庭《どうてい》の水
今上《のぼ》る岳陽楼《がくやうろう》
呉楚《ごそ》東南に坼《さ》け
乾坤《けんこん》日夜浮《う》かぶ
親朋《しんぽう》一字無く
老病《らうびやう》孤舟《こしう》有り
戎馬《じゆうば》関山《くわんざん》の北
軒《けん》に憑《よ》りて涕泗《ていし》流る

＊岳陽楼＝洞庭湖のほとりの建物。
＊洞庭＝中国南東部の湖の名。
＊呉・楚＝春秋戦国時代の国名。
＊乾坤＝天と地。世界のすべて。洞庭湖の水面に影《かげ》が映っているのである。
＊戎馬＝軍馬。転じて、戦《いくさ》のこと。

〔現代語訳〕

岳陽楼に登る　杜甫

昔、洞庭湖のことは聞いたが、
今、初めて岳陽楼に登った(洞庭湖を見た)。
呉と楚は(湖によって)東南に裂《さ》け、
天と地は日夜(影を水面に)浮《う》かべている。
親戚《しんせき》や友からは一通の便りもなく、
老いて病《や》む身には一艘《いっそう》の小舟があるだけだ。
戦争が関所の山の北側で今も続き、
(私は)楼の手すりにもたれてただ泣いている。

(1) 対句は、第何句と第何句に用いられているか。すべて答えなさい。
(2) ――線部とあるが、なぜ泣いているのか。その理由を答えなさい。

解答 2

(1) 第一句と第二句、第三句と第四句、第五句と第六句。
(2) 例 心細い身の上と、戦争が終わらないことへの悲しみ、嘆《なげ》きのため。

解説 2

(1) 五言律詩である。ここでは第一・二句も対になっていることに注意。
(2) この詩では前半四句で眼前の壮大《そうだい》な眺《なが》めを描《えが》き、後半四句で自分と社会の、苦しみの続く境遇《きょうぐう》を訴《うった》えている。

練習問題

解答→538ページ

1 **次の漢文を読んで、あとの問いに答えなさい。**

蘇《そ》秦《しん》曰《い》ハク、臣聞ク、古《いにしへ》之《の》善《よ》ク制スルレ事ヲ者ハ、転ジテレ禍《わざわ》ヒヲ為《な》シレ福ト、因《よ》リテレ敗ニ為《な》ストレ功ト。（司馬遷《しばせん》「史記《しき》」）

〔書き下し文〕

蘇秦《そしん》曰《い》はく、「臣聞《しんき》く、古《いにしへ》の善《よ》く事《こと》を制《せい》する者《もの》は、［　　］、敗《はい》に因《よ》りて功《こう》と為《な》す。」と。

〔現代語訳〕

蘇秦は言う、「私は『昔の、うまく世の中を治める者は、災《わざわ》いをうまく処理して福とし、失敗をもとに成功に導くようにする。』ということを聞いています。」と。

(1) ［　］に入る言葉を、書き下し文で答えなさい。

(2) 「蘇秦《そしん》」は、災《わざわ》いに遭《あ》ったり失敗したときどうするのがよいと考えているか。最も適切なものを次から選び、記号で答えなさい。

ア むやみに騒《さわ》がず、落ち着いて迅速《じんそく》に行動する。
イ たくみに処理して、幸福や成功のきっかけにする。
ウ 幸福や成功が訪《おとず》れるまで、じっと我慢《がまん》する。
エ 被害《ひがい》の広がりを防ぎ、立て直しを最優先する。

---

2 **次の漢文は、海辺に住む男について述べた話である。これを読んで、あとの問いに答えなさい。**

*毎旦之キ二海上ニ一、従ツテ*漚鳥ニ游ブ。漚鳥之《の》至ル者、百*住ニシテ而不《ず》レ止マ。其ノ父曰ハク、吾聞ク、漚鳥皆従ツテレ*汝ニ游ブト。汝取リ来レ。吾*玩バントレ之ヲ。明日之クニ二海上ニ一、漚鳥舞ヒテ而不《ざ》ルレ下ラ也《なり》。（「列子《れっし》」）

〔書き下し文〕（設問の都合上、「　」や。を省略してある。）

毎旦《まいたん》海上に之《ゆ》き、漚鳥《おうちょう》に従つて游《あそ》ぶ。漚鳥の至る者、百住《すう》にして止《や》まず。其《そ》の父曰《い》はく、吾《われ》聞く、漚鳥皆汝《みななんぢ》に従つて游ぶと。汝取り来《きた》れ。吾之《これ》を玩《もてあそ》ばんと。明日海上に之くに、漚鳥舞《ま》ひて下らざるなり。

*毎旦＝毎朝。　*漚鳥＝カモメ。　*住＝「数」と同じ意味。
*汝＝お前。　*玩＝自分のものとし、思いのままに扱《あつか》う。

(1) ═線部「従ツテ漚鳥ニ游ブ」に、書き下し文の読み方になるように返り点をつけなさい。

(2) ──線部「其ノ父曰ハク」とあるが、男の父親の言葉は漢文中のどこまでか。終わりの三文字として最も適切なものを次から選び、記号で答えなさい。なお、選択《せんたく》肢《し》では送り仮名《がな》や返り点は省略してある。

ア 従汝游　**イ** 汝取来
ウ 吾玩之　**エ** 不下也

(3) この漢文からどのようなことが言えると考えられるか。最も適切なものを次から選び、記号で答えなさい。

ア 仲間の多さを誇《ほこ》ると、周囲から激しく非難されてしまうものだということ。

イ 良からぬことを考えたりすると、相手に伝わってしまうものだということ。

ウ 親の言いつけを守れば、多くの人が必ず自分の味方になるものだということ。

エ 他人の考えを尊重することは、最終的に自分のためになるものだということ。

〔群馬—改〕

---

3 **次の漢詩を読んで、あとの問いに答えなさい。**

＊次ル二＊北固山下一ニ　＊王湾《わうわう》

客路青山ノ外
行舟［A］ノ前
潮平ラカニシテ両岸闊ク
［B］正シウシテ一帆懸カル
海日生ジ二残夜一ニ
＊江春入ル二＊旧年一ニ
郷書何レノ処ニカ達セン
帰雁洛陽ノ辺

〔書き下し文〕

北固山《ほくこさん》下に次《やど》る　王湾

客路青山の外
行舟［A］の前
潮平らかにして両岸闊《ひろ》く
［B］正しうして一帆《いっぱん》懸《か》かる
海日残夜に生じ
江春旧年に入る
郷書《きやうしよ》何《いづ》れの処《ところ》にか達せん
帰雁《きがん》洛陽《らくやう》の辺《ほとり》

＊次る＝宿泊《しゅくはく》する。　＊北固山＝長江《ちょうこう》下流にある山。
＊王湾＝唐《とう》の詩人。洛陽の人。　＊江＝長江のこと。
＊旧年＝年が改まらないうちに。

(1) 漢詩の形式を次から選び、記号で答えなさい。

ア 五言律詩　**イ** 五言絶句
ウ 七言律詩　**エ** 七言絶句

(2) 押韻《おういん》している漢字を、漢詩からすべて抜《ぬ》き出しなさい。

(3) ［A］・［B］に入る語を次から選び、記号で答えなさい。

ア A紅山　B水　**イ** A緑水　B風
ウ A江岸　B月　**エ** A客舎　B道

(4) ——線部に表現された作者の心情として最も適切なものを次から選び、記号で答えなさい。

ア 洛陽から渡《わた》ってきた雁《かり》の姿を見ると、故郷からの手紙は今どこまできているかと待ち遠しく感じる。

イ 故郷に宛《あ》てた私の手紙が届いているのか確かめるため、雁となって洛陽まで飛んでいきたい思いだ。

ウ 北へ帰る雁が、今頃《いまごろ》は洛陽のあたりだろうかと思うにつけ、故郷に宛《あ》てた私の手紙の行方《ゆくえ》が気がかりだ。

エ 北へ帰る雁同様、私の手紙もきっと洛陽まで届いているだろうと思うと、旅の寂《さび》しさも紛《まぎ》れる気がする。

〔兵庫—改〕

章末問題

解答↓540ページ

1 次の古文を読んで、あとの問いに答えなさい。

＊法性寺殿《ほっしやうじどの》に会（歌会）ありける時、＊俊頼《としより》①まゐりたりけり。＊兼昌《かねまさ》＊講師《かうじ》にて歌よみ上ぐるに、俊頼の歌に名を書かざりければ、見合はせて、うちしはぶきて（せきばらいをして）、②「御名《みな》はいかに」と忍《しの》びやかにいひけるを、「ただよみ給《たま》へ」と言はれければ、よみける歌に、

＊卯《う》の花の身の白髪《しらが》とも見ゆるかな＊賤《しづ》が垣根《かきね》（わが家の垣根）もとしよりにけり

と書きたりけるを、兼昌下泣きして（しのび泣きして）、しきりにうちうなづきつつ、賞《め》で感じけり。殿《との》聞かせ給ひて（忠通殿もお聞きになって）、召《め》して御覧《ごらん》じて、③いみじう（たいそう）興ぜさせ給ひけりとぞ。

（『無名抄《むみょうしょう》』）

＊法性寺殿＝藤原忠通《ふじわらのただみち》。平安後期の摂政《せっしょう》・関白・太政《だじょう》大臣。歌人でもある。ここでは、その邸《やしき》のこと。

＊俊頼＝源《みなもとの》俊頼。平安後期の有名な歌人。

＊兼昌＝源兼昌。平安後期の歌人。

＊講師＝歌会などで和歌をよみ上げる役。

＊卯の花＝ウツギの花。ここでは、その白い花をわが身の白髪にたとえている。

＊賤＝身分の低い者。ここでは謙遜《けんそん》の表現。

(1) ——線部①「まゐり」を現代仮名遣《づか》いに直しなさい。

(2) ——線部②「御名はいかに」とあるが、この言葉についての説明として最も適切なものを次から選び、記号で答えなさい。

ア 和歌に作者の名前が書かれていなかったので、講師がそれとなくおうかがいを立てた。

イ 和歌に名前を書きそびれたので、和歌の作者がどうしたらよいか困って講師に尋《たず》ねた。

ウ 和歌の作者名が書かれていなかったので、困った講師が目立たぬように作者を戒《いまし》めた。

エ 和歌の作者の名を聞きそびれたので、歌会の参加者がこっそりとそれを講師に尋ねた。

(3) ——線部③「いみじう興ぜさせ給ひけりとぞ」とあるが、このことについて述べた次の文の□に入る言葉を答えなさい。ただし、a は古文中から二字で抜《ぬ》き出し、b と c はそれぞれ七字以内で答えること。

歌会で、講師が披露《ひろう》しようとした歌に名前がなかったが、言われたとおりそのまま歌を披露すると、実はその歌には[a]の名がよみ込《こ》まれていた。歌の、卯の花が咲《さ》く垣根に[b]の境地を重ねるというしみじみとした内容に加え、作者名を書かなくても、歌が[c]ことで誰《だれ》の歌かがわかる仕掛《しか》けを作った、作者の作歌の巧《たく》みさ、歌の心の深さに、講師のみならず、あるじの殿も、とても感激したということ。

〔千葉〕

2 **次の漢文を読んで、あとの問いに答えなさい。設問の都合で返り点を省いたところがある。**

孔子曰ハク、「吾①有リレ所レ恥ヅル、有リレ所レ鄙シトスル、[A]。

夫レ幼ニシテ而不ずレ能ハレ強ムルレ学ヲ、老イテ而無キハ二以テ教フル一、

吾恥ヅレ之ヲ。去リテ二其ノ郷ヲ一、事ヘテレ君ニ而達シ、卒カニ遇ヒテ二

故人ニ一、②曽テ無キハ＊旧言、吾鄙シトス之ヲ。与と二＊小人一

処リテ、而不ざルハレ能ハレ親シムレ賢ヲ、吾殆フシトストレ之ヲ。」

〔書き下し文〕

孔子曰《い》はく、「吾《われは》恥づる所有り、鄙《いや》しとする所有り、[　]。夫《そ》れ《そもそも》幼《えう》にして学を強《つと》むる能《あた》はず《ことができず》、老いて以《もつ》て教ふる無きは、吾之《これ》を恥づ。其《そ》の郷を去りて、君《きみ》《君主》に事《つか》へて達し《栄達し》、卒《には》かに故人に遇《あ》ひて、曽《かつ》て《全然》旧言無きは、吾之を鄙しとす。小人《せうじん》と処《を》りて、賢《賢人》を親しむ能はざるは、吾之を殆《あや》ふしとす。」と。

＊旧言＝昔と変わらない言葉。　＊小人＝つまらない人物。

(1) ――線部①「有《リ》レ所レ恥《ヅル》」とあるが、孔子が恥《はじ》としている内容を漢文中から読み取って、現代の言葉で三十五字程度で答えなさい。

(2) [　]に入る最も適切な漢文を、漢字三字で答えなさい。ただし、送り仮名《がな》・返り点は書かないこと。

(3) ――線部②「曽《かつテ》無《キハ》旧言、吾鄙《シトス》之《ヲ》」に、書き下し文の読み方になるように返り点をつけなさい。

(4) 「昔なじみの友人」という内容を表す言葉は何か。最も適切な言葉を、漢文中から抜《ぬ》き出しなさい。ただし、送り仮名・返り点は書かないこと。

〔大阪〕

3 次の古文を読んで、あとの問いに答えなさい。

実否《じつぷ》《事実かどうか》を知らざれども、*故持明院《こぢみやうゐん》の中納言《ちゆうなごん》入道、或《ある》時、秘蔵の太刀《たち》を盗《ぬす》まれたりけるに、*侍《さぶらひ》の中に犯人ありけるを、余《よ》の侍《他の》沙汰《さた》し出《いだ》して《調べ出して》、①参らせたりしに《お持ちしたところ》、入道の云《い》はく、「これは、我《わ》が太刀にあらず、僻言《ひがこと》《間違い》なり」とて、②返したり。決定《けつぢやう》《まさしく》、その太刀なれども、侍の恥辱《ちじよく》を思うて返されたりけりと、人皆《みな》、これを知りけれども、その時は無為《ぶゐ》にて過《す》ぎし《何ごともなく済んだ》。③ゆゑに、子孫も繁盛《はんじやう》せり《栄えているのである》。④俗《ぞく》《俗世間の人》なほ、心あるは、かくの如《ごと》し《このようである》。況《いは》んや《ましてや》、出家人《出家した人》は、必ず、この心あるべし。

（古典文学解釈《かいしゃく》講座『正法眼蔵随聞記《しょうぼうげんぞうずいもんき》』より）

*故持明院の中納言入道＝一条基家《いちじょうもといえ》のことであり、入道はここでは僧《そう》の姿でありながらも世俗的生活を行っている人。

*侍＝貴人の家に仕える従者。ここでは中納言入道に使える者。

(1) ――線部①「参らせたりし」の主語として最も適切なものを次から選び、記号で答えなさい。

ア 入道　**イ** 太刀　**ウ** 犯人　**エ** 余の侍

(2) ――線部②「返したり」とあるが、人々はなぜ中納言入道が太刀を返したと考えたのか。その理由として最も適切なものを次から選び、記号で答えなさい。

ア 犯人の侍に恥《はじ》をかかせたくなかったから。
イ 見たところ自分のものではなかったから。
ウ 侍に盗《ぬす》まれたことが恥ずかしかったから。
エ 本物かどうか見分けがつかなかったから。

(3) ――線部③「ゆゑに」を現代仮名遣《づか》いに直しなさい。

(4) ――線部④「俗」と対比されている言葉を、古文中から抜《ぬ》き出しなさい。

(5) 古文の趣旨《しゅし》に合うことわざとして最も適切なものを次から選び、記号で答えなさい。

ア 論より証拠《しょうこ》　**イ** 知らぬが仏　**ウ** 急がば回れ　**エ** うそも方便

〔富山〕

4 次の古文と漢詩を読んで、あとの問いに答えなさい。

村上《むらかみ》の先帝《せんだい》の御時《おほんとき》《村上天皇が治めていらっしゃった時代》に、雪のいみじう《ひどく》降りたりけるを、*様器に盛らせ①たまひて《なさって》、梅の花をさして、月のいと明かきに《明るい時》、「これに歌よめ《これについて》。いかが言ふべき《どういうふうに詠《よ》むのがよいか》」と兵衛《ひやうゑ》の*蔵人《くらうど》に給《たま》はせ《お与《あた》えに》

たりければ《なつたところ》、「雪月花の時」と奏したりける《申し上げた》をこそ、いみじうめでさせたまひけれ《おほめになった》。「歌などよむは世の常《ありきたり》なり。かくをりにあひたる《このように場の状況《じやうきやう》に合った》ことなむ言ひがたき《言うことは難しい》」とぞ仰《おほ》せられける。

（「枕草子《まくらのそうし》」）

*様器＝儀式《ぎしき》の際に用いる食器。　*蔵人＝宮中に仕える官職の一つ。

*殷協律《いんけふりつ》に寄す　白居易《はくきよい》

五歳優《いう》游《いう》シテ同《おな》ジク過ゴスレ日ヲ
②一朝消散似タリ浮雲ニ
琴詩酒ノ伴《とも》ハ皆《みな》擲《なげう》テリレ我ヲ
雪月花ノ時最モ憶《おも》フレ君ヲ
幾《いく》度《たび》カ聴キレ鶏《けい》ヲ歌ヘル二白日ヲ一
亦《ま》タ曾《かつ》テ騎《の》リレ馬ニ詠《えい》ジキ二紅《こう》裙《くん》ヲ一
呉《ご》娘《ぢやう》暮雨ニ蕭《せう》蕭《せう》タル曲
自《よ》リレ別レテ二江《かう》南《なん》ニ一更ニ不《ず》レ聞カ

（新釈《しんしやく》漢文大系「白氏文集」）

*殷協律＝白居易のかつての部下。

〔現代語訳〕

君とは江南の地で任官していた五年間、遊び楽しむすばらしい日々を過ごしたが、ある日急に、その日々は浮雲《うきぐも》のようにはかなく消えてしまった。
管弦《かんげん》と詩作を楽しみ、酒を酌《く》み交わしたお供は私を放り出したが、
今、雪の朝、明月の夜また花の季節に君のことが最も慕《した》わしく思われる。
われら二人、幾度か時を告げる鶏《とり》の声を聞きながら、朝早くから白日の曲を歌い、
ある時は馬に乗りながら、美しい歌姫《うたひめ》を詩に詠《えい》じたことか。
呉の国の美しい女性が「暮《ぼ》雨《う》蕭蕭（夕暮の雨はものさびしい）」と歌った曲は、
江南の地から離《はな》れ、北の地へ赴任《ふにん》してから、もう二度と聞いてはいない。

(1) ――線部①「たまひて」を音読するとおりに平仮名《がな》で書きなさい。（現代仮名遣《づか》いで書くこと。）

(2) ――線部②「一朝消散似タリ浮雲ニ」は、「一朝消散浮雲に似たり」と読む。読み方にしたがって、返り点をつけなさい。

(3) 漢詩の内容についての説明として最も適切なものを次から選び、記号で答えなさい。

ア 今の立場から江南にいた当時を振《ふ》り返り、君と過ごした五年間の楽しい日々を懐《なつ》かしく思い出している。

イ つらいことも多くあった江南での日々が、周囲の人々に支えられていたことをしみじみと感じている。

ウ 歌姫と一緒《いっしょ》に歌った曲も歌わなくなり、任官の終わりとともに自分の恋《こい》も終わったことを暗示している。

エ 任官中の幸せな日々はある日突然《とつぜん》終わったが、不運な運命に屈《くっ》せず、現在を生き抜こうと決意している。

(4) 次の文は、古文のいみじうめでさせたまひけれについて説明したものである。[a]～[d]に入る言葉を、次の[a]～[c]はそれぞれ漢字一字で、[d]は十字以上、十五字以内で答えなさい。ただし、[a]～[c]の順序は問わない。

[a]・[b]・[c]という三つの要素がすべてそろっている状況《じょうきょう》で兵衛の蔵人が口にした漢詩の一節は、漢詩の情景とその場の情景との一致《いっち》を表現しているだけでなく、[d]も表現しており、兵衛の蔵人の機転のきいた受け答えに村上天皇は感心し、賞賛している。

〔山梨〕

5 **次の古文は、兎《うさぎ》が餅《もち》をついている絵に添《そ》えられた文章の一節である。これを読んで、あとの問いに答えなさい。**

よすがらごとごとものひびく音しければ、あやしくて立出《たちい》で見るに、古寺の広庭に、老いたるをのこの＊麦を舂《つ》くにて有りけり。予もそこら徘徊《はいくわい》しけるに、月＊孤峯《こほう》の影《かげ》を倒《たお》し、風＊千竿《せんかん》の竹を吹《ふ》きて、＊朗夜のけしきいふばかりなし。此《この》をのこ、[　]をいとひて、かく営むなめりと。やがて立ちよりて、名は何といふぞと問へば、宇兵衛《うへゑ》と答ふ。

涼《すず》しさに麦を月夜《つくよ》の卯兵衛《うへゑ》哉《かな》

（与謝蕪村《よさぶそん》の文章）

＊麦を舂く＝麦を杵《きね》などで強く打って殻《から》を取り除くこと。
＊孤峯＝一つそびえ立っている峰《みね》。
＊千竿＝竹林のたくさんの竹。　＊朗夜＝月の美しい夜。

(1) [　]に入る言葉を次から選び、記号で答えなさい。

ア 山中の里　**イ** 風吹く音　**ウ** 秋の涼しさ
エ 昼の暑さ　**オ** 古寺の月

(2) 「涼しさ」の句について、

①切れ字をそのまま抜《ぬ》き出しなさい。

②この句では「宇兵衛」の名が「卯兵衛」と書かれている。その理由を答えなさい。

〔大阪教育大附高(平野)―改〕

第2編　文法の力

02

ここからスタート！

第2編 文法の力

START!

ここで言う文法とは、日本語の文を組み立てているルールのこと。目の前の文の主語が何で述語が何か、この修飾《しゅうしょく》語はどの言葉を修飾しているのかなど、文の要素を正確にとらえられるようになろう。文法を身につければ、より精密に一文一文の意味を理解できる。そのことが、ひいては第１編の読解の力をさらに確かなものにしてくれるだろう。

つまりやっているがやっているじゃなくて
僕《ぼく》はやっているってことが言いたかったんだけど
？？？
なるほど「やっている」の意味を継続《けいぞく》している動作と完了《かんりょう》した動作で取り違《ちが》えてしまったんだね
どういうこと？
こういうことさ「やっている」は「やっ」「て」「いる」と分解できる
動詞
やっ
助詞
て
補助動詞
いる
ふむふむ
補助動詞の「いる」には「主体の動きが継続中である」という意味と「過去に完了した動作を表す」という意味がある君たちはこの二つを取り違えたってことさ
なるほど～！
こういうことは他の品詞にもあるよ例えば「先生に話しかけられる」といったら？
先生から声をかけられるってことでしょ？
先生に声をかけることができるってことでしょ？
助動詞「られる」にもいろいろな意味があって
この場合は「受け身」と取るか「可能」と取るかで意味が違ってくるのさ
帰り際
ん？
雨が降りそうだね
うん今日は雨が降るそうだよ天気予報によると
どよ～ん
今の助動詞「そうだ」も「するようだ」の様態「するらしい」の伝聞の二つの意味があるね
かさだよ
さすが！

第1章 文法の基礎《きそ》

1 言葉の単位

入試重要度 ★☆☆

① 言葉の単位

会話や文章で使われる言葉は、ある決まりにしたがって組み立てられている。この決まりのことを**文法**という。組み立てられたそれぞれの言葉はあるまとまった単位でとらえられ、大きいほうから順に次のように分けられる。

文章 談話

- それだけで一つの完結した内容のまとまりを表す、最も大きな言葉の単位。
- **文字**で書き表したものを**文章**といい、**音声**で表したものは**談話**という。
- 多くの場合、複数の文が集まってできている。

段落

- 文章を内容のまとまりごとに分けたもの。
- 段落の初めは改行し、一字下げる。

文

- 一つのまとまった意味を表す一続きの言葉。
- 文を書き表すときは、終わりに「。」(句点)をつける。
- 句点の代わりに、「!」(感嘆符《かんたんふ》)や「?」(疑問符)をつける場合もある。

参考 文の種類

文は、それの表す意味によって、およそ四種類に分けられる。

①平叙文《へいじょぶん》…断定・推量・決意などの意味を表す文。
例 私は、朝早く出かけた。

②疑問文…疑問・反語などの意味を表す文。「?」をつけることがある。
例 きみは何時に起きたのか。
誰《だれ》が言うものか。

③感動文…感動・詠嘆《えいたん》・呼びかけなどの意味を表す文。「!」をつけることがある。
例 なんと美しい鳥なのだろう。
おお、寒い。
田中君、一緒《いっしょ》に行こうよ。

④命令文…命令・禁止・願望などの意味を表す文。
例 すぐに起きなさい。
芝生《しばふ》の中に入るな。
私にも教えてください。

文節

・発音や意味が不自然にならないように、できるだけ細かく区切ったまとまり。
・文節に区切るには、「**ネ**」「**サ**」などを入れて、不自然でないところで区切る。

例 さわやかな(ネ)風が(ネ)山の(ネ)ほうから(ネ)吹《ふ》いて(ネ)くる。

単語

・文節をさらに細かく分けて、意味や働きをもつ最小の部分に区切った言葉。
・単語は、最も小さな言葉の単位である。

例 [さわやかな]｜[風]｜[が]｜[山]｜[の]｜[ほう]｜[から]｜[吹い]｜[て]｜[くる]。

※｜は文節の切れ目、□は単語を表す。

例題

1 次の文章に句点をつけなさい。

昨夜から降り出した雨も今朝起きてみるとすっかりあがっていた今日は楽しみにしていた校外学習の日だいつもより早く家を出て学校に向かった

2 次の文は、いくつの文節に分けることができるか。漢数字で答えなさい。

(1) 私が飼っている犬の名前はケンだ。
(2) 明日は予定どおり一時から研究の成果を発表する。

3 単語が正しく区切られていないものを次からすべて選び、記号で答えなさい。

ア 突然《とつぜん》｜一｜羽｜の｜鳥｜が｜舞《ま》い降りた。
イ 父｜と｜一緒《いっしょ》｜に｜公園｜まで｜散歩する。
ウ 雲｜一つ｜ない｜青空｜を｜見上げる。
エ 水｜の｜きれい｜な｜小川｜が｜さらさら｜流れる。

解答

1 ……あがっていた。……日だ。……向かった。
2 (1)六 (2)六
3 **ア・エ**

解説

2 (1)私が｜飼って｜いる｜犬の｜名前は｜ケンだ。
(2)明日は｜予定どおり｜一時から｜研究の｜成果を｜発表する。
3 **ア**の「舞い降りた」は「舞い降り｜た」の二つの単語。**エ**の「きれいな」は一つの単語。

練習問題

解答↓544ページ

1 **次の文章はいくつの文からできているか。文の数を漢数字で答えなさい。**

今朝早く目が覚めると、すばらしい天気だった。今日は、野球の地区大会の決勝戦の日だ。緊張《きんちょう》してる？ 僕《ぼく》は自分自身に問いかけた。大きく息を吸って、身支度《みじたく》を整えているうちに、熱いものがふつふつと胸の奥《おく》からこみあげてきた。よし、やってやる。今までの練習の成果をすべて出しきるんだ。がんばるぞ！

2 **次の文を、例にならって文節に区切りなさい。**

例 きれいな｜赤い｜花が｜庭に｜咲《さ》いた。

(1) 休日のスーパーマーケットは多くの買い物客で混み合っている。

(2) 犬と一緒《いっしょ》に川沿いの道を散歩するときが私にとってやすらぎの時間だ。

(3) 長年待ち望んでいた夢のようなひとときを過ごすことができてとても幸せだ。

(4) 得意なはずの国語の試験でつまずいてしまい中間試験の成績が不安だ。

3 **次の文章はいくつの文からできているか。また、文節の数は全部でいくつか。それぞれ漢数字で答えなさい。**

いつしか森の中に迷いこんでいた。そして、一緒に歩いていたはずの友人の姿も見えない。どうしよう。胸の鼓動《こどう》がどんどん速くなる。あみちゃん！ どこ？ 私は足がすくんで立ちつくしてしまった。

4 **次の文は、いくつの文節からできているか。漢数字で答えなさい。**

(1) スタートを知らせるピストルの音とともに選手たちが一斉《いっせい》に走り出すと、母と私は、兄の姿を見つけ出そうと、必死で集団を目で追い始めた。

(2) 長年あこがれていたピアニストの演奏会がいよいよ翌日に迫《せま》り、うれしさと興奮のあまり目がさえてしまい、何度も寝返《ねがえ》りを打ってはため息をついていた。

(3) 友人に貸してもらった本は僕《ぼく》の好みにぴったりで、寝《しん》食《しょく》を忘れるほど熱中し、相当のページ数の本であったが、二日間で読み終えたのだった。

5 **次の各文節を例にならって単語に分けなさい。**

例 小鳥｜が　小枝｜の｜上｜で　さえずる。

(1) 毎朝　七時には　家を　出ます。

(2) 兄は　アメリカに　二年間　留学中です。

(3) 丘《おか》の　上に　二軒《けん》の　家が　建って　いる。

(4) 小川に　沿って　歩いて　いくと、夜空に　月が　こうこうと　照って　いた。

(5) 彼《かれ》が　いつの　間にか　眠《ねむ》り込《こ》んで　いた　ことに、私の　ほうは　まったく　気づかなかった。

6 **次の文を正しく単語に分けたものとして最も適切なものをあとから選び、記号で答えなさい。**

家の庭には赤や黄色の夏の花が色あざやかに咲《さ》いていた。

ア 家｜の｜庭｜に｜は｜赤｜や｜黄色｜の｜夏｜の｜花｜が｜色｜あざやかに｜咲い｜て｜い｜た。

イ 家｜の｜庭｜に｜は｜赤｜や｜黄色｜の｜夏｜の｜花｜が｜色あざやか｜に｜咲い｜て｜い｜た。

ウ 家｜の｜庭｜に｜は｜赤｜や｜黄色｜の｜夏｜の｜花｜が｜色｜あざやかに｜咲いて｜いた。

エ 家｜の｜庭｜には｜赤｜や｜黄色｜の｜夏の花｜が｜色｜あざやかに｜咲い｜て｜い｜た。

オ 家｜の｜庭｜には｜赤｜や｜黄色｜の｜夏の花｜が｜色あざやかに｜咲い｜て｜い｜た。

7 **次の文のうち、単語の数が五つであるものを選び、記号で答えなさい。**

ア 蒸《む》し暑い日々が続く。

イ 小さくかわいい犬を見かけた。

ウ すてきなドレスでパーティーに出る。

エ 悩《なや》んでいることはない。

オ わかりやすい説明をした。

8 **次の文章を読んで、あとの問いに答えなさい。**

並んで歩きはじめた。中学校までは結構距離《きょり》があって、二十分から二十五分ぐらいはかかりそうだった。道はいくつかのルートがあったが、私と岳《がく》はそのうちの一番近いと思われる家庭菜園を横切っていく小道を選んだ。岳がいつも犬のガクを散歩させるときに通っていく道だった。

（椎名誠《しいなまこと》「続 岳物語」）

(1) ――線部の文は、いくつの文節からできているか。漢数字で答えなさい。

(2) 〰〰線部の文は、いくつの単語からできているか。漢数字で答えなさい。

2 文の組み立て

入試重要度 ★★☆

① 文の成分

文節を、文の中での働きにより分類したものを、**文の成分**という。

①主語

文の中で「何が」「誰《だれ》が」にあたる部分。**文の主体**を表す。

「〜が」の形だけでなく、「〜は」「〜も」「〜だけ」などの形をとる場合もある。

例 犬が走る。　妹は歌う。　妹も歌う。　妹だけ歌う。

②述語

文の中で「どうする」「どんなだ」「何だ」「ある(いる・ない)」にあたる部分。**主語の動作や様子、存在など**を表す。

例 鳥が鳴く。(＝どうする)　空が青い。(＝どんなだ)

弟は小学生だ。(＝何だ)　机がある。(＝ある)

③修飾《しゅうしょく》語

「何の・どんな」「いつ・どこで・何を・どのように・どのくらい」などにあたる部分。**ほかの文節の意味を補い詳《くわ》しく説明する働きをもつ。**

例 遠くの　山が　きれいに　見える。

祖父は　早朝　庭で　体操を　する。

くわしく　主語の見つけ方

主語を見つけにくいときは、まず述語を探し、「そうするのは何(誰)か」のように、述語との関係を手がかりにするとよい。

例 きみこそ、この役にふさわしい。(述語)

↓「ふさわしい」のは誰か。

↓「ふさわしい」のは、「きみ」

↓主語は「きみこそ」

くわしく　文の主体とは

①文中に示される動作や作用を実際に行う人や動物、または組織や集団など。

例 赤ん坊《ぼう》がはいはいする。

(「はいはいする」という動作を行うのは赤ん坊)

②文中に示される何らかの性質や状態を持っているそのもの。

例 壁《かべ》は白い。

(「白い」という状態を持っているのは「壁」)

注意!　倒置《とうち》文と省略文

倒置文…主語(主部)と述語(述部)の位置を入れかえた文。強調する場合などに用いられる。

④接続語

文と文、文節と文節を接続して、その関係（順接・逆接など）を示す。

例 疲《つか》れた。しかし、走り続けた。　疲れたので、走るのをやめた。

⑤独立語

ほかの文節と直接関わりがなく、単独で働く。

例 やあ、元気だったかい。　はい、私が発表します。

② 文節どうしの関係

①主・述の関係

主語の文節と、述語の文節との関係のこと。次の四種類がある。

主語	述語		主語		述語
何（誰《だれ》）が	どうする。	例	飛行機が	空を	飛ぶ。
何（誰）が	どんなだ。	例	花が	とても	きれいだ。
何（誰）が	何だ。	例	これが	私の	宝物だ。
何（誰）が	ある（いる・ない）。	例	山小屋は	山頂に	ある。

②修飾《しゅうしょく》・被《ひ》修飾の関係

修飾する文節と修飾される文節との関係のこと。次の二つに分けられる。

- **連体修飾語…体言（名詞）を修飾**する。　例 静かな→部屋。
- **連用修飾語…用言（動詞・形容詞・形容動詞）を修飾**する。　例 静かに→歩く。

例 見ましたか、この記事を。
すばらしいな、この景色は。

省略文…前後の表現から意味がわかる場合に、文の成分の一部を省略した文。

例
- この景色は美しい。そして、（この景色は）広大だ。（主部の省略）
- 「山本君が来たよ。」「え、山本君が（来たって）。」（述語の省略）
- ぼくは野球場に行くけど、きみも（野球場に）行かないか。（修飾語の省略）
- あっ、気球が（空に浮《う》かんでいる）。（修飾語と述部の省略）

参考 連体修飾語と連用修飾語

連体修飾語は、**体言を修飾する**（体言に連なる）から連体修飾語という。同じように、連用修飾語とは、**用言を修飾する**（用言に連なる）もののことである。

③接続の関係

接続語によってつながれる文と文、接続語とあとに続く文節の関係のこと。

- 文と文をつなぐ。 例 とても暑い。だから、海に行こう。
- 文節と文節をつなぐ。 例 忙《いそが》しいけれど、今日こそは行きます。

④独立の関係

独立語と、それとは直接関係しないほかの文節との関係のこと。

独立語には、**呼びかけ**、**提示**、**応答**、**感動**などを表すものがある。

例 田中さん、お元気でしたか。(呼びかけ) 東京、ここは私の第二の故郷だ。(提示)

いいえ、それは違《ちが》います。(応答) ああ、なんてすばらしい景色だろう。(感動)

⑤並立《へいりつ》の関係

複数の文節が対等に並んでひとまとまりになっている関係のこと。

例 私と　あなたは　友人だ。　北海道の原野は、広くて　美しい。

⑥補助の関係

下の文節が、主な意味を表す上の文節の意味を補う関係のこと。

例 公園に　行って　みる。　この本は、おもしろく　ない。

③ 連文節

意味や働きのうえで互《たが》いに強く結びついて、ひとまとまりになっている二つ以上の文節を、**連文節**という。連文節には、**主部**、**述部**、**修飾部《しゅうしょく》**、**接続部**、**独立部**がある。

くわしく 文の構造上の種類

文は、その構造から単文・複文・重文《じゅうぶん》に分けられる。

①単文…主・述の関係が一つだけで成立している。

例 雨が　一日中　降っていた。(主語　述部)

②複文…主・述の関係が、**二つ以上の対等ではない関係**で成立している。

例 彼《かれ》らは　天候が　回復するのを　待った。(主語　主語　述語　修飾部　述語)

③重文…主・述の関係が**二つ以上**あり、それらが**対等(並立)の関係**である。

例 雨が　降り、風が　吹《ふ》いた。(主語　述語　主語　述語)

くわしく 文節どうしの関係と連文節

並立の関係・補助の関係の文節は、ひとまとまりで連文節を作る。上段の例でいえば、

例・私と　あなたは　友人だ。(主部)

例

主部　述部

こわそうな　犬が、　あちらに　いる。（主部と述部）
庭に　赤くて　大きな　花が　咲《さ》く。（修飾部）
夕方に　なったので、　家に　帰る。（接続部）
こちらに　いらっしゃる　みなさん、　しばらく　お待ちください。（独立部）

例題

1 **次の文の中で、——線部が述語では<u>ない</u>ものを選び、記号で答えなさい。**

ア この音楽はとても軽《かろ》やかだ。
イ 決してそのことを忘れない、ぼくは。
ウ 明日はきっと晴れるでしょう。
エ ここに置いたはずの財布《さいふ》がない。

2 **次の文の——線部の文節は、どんな関係か。**

(1) 昨日　駅前の　店で　買った　柔《やわ》らかくて　おいしい　パンを　食べた。
(2) 私は　今までに　何度も　失敗したが、　そのたびに　立ち直った。
(3) おもちゃを　渡《わた》された　赤ちゃんは　うれしそうに　にっこりと　笑った。
(4) 手に　汗《あせ》　握《にぎ》る　勝負の　結果、　勝ったのは、　ほかならぬ　きみだ。

3 **次の文から修飾《しゅうしょく》部を抜《ぬ》き出しなさい。**

私は先日買った本を読み始めた。

・北海道の原野は、　広くて　美しい。（述部）
・公園に　行って　みる。（述部）
・この本は、　おもしろく　ない。（述部）

となる。

解答

1 イ
2 (1)並立の関係
(2)接続の関係
(3)修飾・被修飾の関係
(4)主・述の関係
3 先日買った本を

解説

1 イの文は、主語と述語の位置が逆の「倒置《とうち》」になっており、——線部は主語。
3 「先日買った本を」という修飾部が、「読み始めた」という述語を修飾している。

練習問題

解答➡545ページ

1 **次の――線部の文節どうしの関係として最も適切なものをあとから選び、記号で答えなさい。**

(1) 近くの　公園に　子どもたちが　集まった。
(2) この　バッグは　軽くて　じょうぶだ。
(3) 私だって　そんな　洋服を　着たい。
(4) 兄が　サッカーを　教えて　くれる。
(5) 明日は　教科書と　ノートを　持って　いく。
(6) 遠くの　ほうから　先生の　声が　聞こえた。
(7) その　本は　とても　難しかった。
(8) あれが　公民館で　ある。

ア 主・述の関係　**イ** 修飾《しゅうしょく》・被《ひ》修飾の関係
ウ 補助の関係　**エ** 並立《へいりつ》の関係

2 **次の――線部の連文節の種類として最も適切なものをあとから選び、記号で答えなさい。**

(1) 寒くて暗いので、出かけるのをやめた。
(2) 楽しそうな笑い声が聞こえてきた。
(3) 地球温暖化の問題は、これからの世界の課題だ。
(4) 努力と忍耐《にんたい》、これが成功へと導いてくれる。
(5) たくさんの料理をテーブルに並べた。

ア 主部　**イ** 述部　**ウ** 修飾《しゅうしょく》部
エ 接続部　**オ** 独立部

3 **次の文章を読んで、あとの問いに答えなさい。**

竹の子ご飯、という張り紙が目に入る。①知らない店だが、これにしようときめる。

だいぶ待たされて出てきたのを見るに、竹の子がどこにあるのかよくわからない。②行儀《ぎょうぎ》が悪いとは思いながら掘《ほ》りおこすと、それらしいかけらが出てきた。これはサガノだ。

サガノとは京都の嵯峨野《さがの》である。③だいぶ前のこと、春、あのあたりをそぞろ歩きしていると、竹林の中に竹の子ご飯の旗が立っているから足をとめた。④竹の子がほとんど入っていないからあきれたけれども、竹の親にかこまれた縁台《えんだい》で食べたから気分だけは満喫《まんきつ》した。サガノにはそんな思い出がある。


（外山滋比古《とやましげひこ》「竹の子」）

(1) ――線部①の連文節の種類を漢字で答えなさい。
(2) ――線部②の文の種類を、文の構造上から答えなさい。
(3) ――線部③の連文節の種類を漢字で答えなさい。
(4) ――線部④の述部を答えなさい。

4 次の文を読んで、あとの問いに答えなさい。

①昨夜からの ②ものぐるおしく ③ふりしきった ④雨も ⑤けさは ⑥からりと ⑦あがった。

(1) 右の文全体における主語の文節はどれか。番号で答えなさい。

(2) 右の文全体における述語の文節はどれか。番号で答えなさい。

(3) ⑦「あがった。」を修飾《しゅうしょく》しているものをすべて選び、番号で答えなさい。

(4) 右の文中で、連体修飾語として用いられている文節をすべて選び、番号で答えなさい。

5 次の文の主語（主部）と述語（述部）を、それぞれの――線部から一つずつ選び、記号で答えなさい。

(1) ア祖母の イ家の ウ犬は、エ白くて オかわいい。

(2) ア英語の イ先生が ウ教科書を エ持ってくるように オ言った。

(3) アもしも イ明日が ウ雨だったら、エ体育大会は オ来週に カ延期される。

(4) ア弟は イ将来 ウ宇宙飛行士に エなりたいと オ絵日記に カ書いた。

〔奈良文化高〕

6 次の文章を読んで、あとの問いに答えなさい。

人間が道具を使うことで「進歩」してきたことは周知のことだが、私たちの身のまわりも、道具は人間の肉体の延長である。①ハサミは指の延長だし、ハンマーは腕《うで》の延長である。ところで、電話やテレビは、これは言うまでもなく、聴覚《ちょうかく》や視覚の延長である。②こういう「遠距離《えんきょり》感覚器」の発明によって、文明をより複雑にしてきたのが、人間の「進歩」というものであった。こうした道具、機械となって③「延長」できない感覚は、逆に、おとしめられ、④排除《はいじょ》されてきた。それは、「進歩」のためにはいかがわしい感覚とされてきたのである。

（多田《ただ》道太郎《みちたろう》「しぐさの日本文化」―一部改）

(1) ――線部①の文の種類を次から選び、記号で答えなさい。

ア 単文　イ 複文　ウ 重文

(2) ――線部②～④の文の成分を次から選び、記号で答えなさい。

ア 主語（部）　イ 述語（部）
ウ 修飾語《しゅうしょく》（部）　エ 接続語（部）
オ 独立語（部）

3 単語の分類

入試重要度 ★★★

① 自立語と付属語

1 自立語とは

①**単独で文節を作る**ことができる。
②一文節に自立語は**一つ**しかない。
③**文節の初め**には、必ず自立語がくる。

2 付属語とは

①**単独では文節を作ることができず**、自立語とともに文節を作る。
②一文節の中に、付属語が複数ある場合や、もしくは、ない場合もある。
③文節の中では、自立語のあとにつく。

例 今朝（自）は（付）、｜朝（自）から（付）｜雨（自）が（付）｜降っ（自）て（付）｜い（自）た（付）ので（付）、｜いつも（自）より（付）｜
早く（自）｜家（自）を（付）｜出（自）まし（付）た（付）。

（自…自立語　付…付属語）

※右の例から、すべての文節の初めに自立語がきているとわかる。また、付属語が自立語のあとに複数つく場合があることと、「早く」の文節で、自立語が単独で文節を作ることも確かめられる。これらの性質を理解していれば、より確実に文節を区切ることができる。

くわしく 自立語と付属語の種類

自立語…動詞・形容詞・形容動詞・名詞・副詞・連体詞・接続詞・感動詞
付属語…助動詞・助詞

参考 単語の活用の例

●自立語

例 流れる（動詞）

流れ—ない	未然形
流れ—た	連用形
流れる—。	終止形
流れる—とき	連体形
流れれ—ば	仮定形
流れよ—。	命令形

例 冷たい（形容詞）

冷**たかろ**—う	未然形
冷**たかっ**—た 冷**たく**—て	連用形
冷**たい**—。	終止形
冷**たい**—とき	連体形
冷**たけれ**—ば	仮定形

※形容詞に**命令形はない。**

② 単語の活用

文の中で単語が使われるとき、**単語の終わりの部分の形が変化すること**を活用という。活用の仕方は、単語のあとにどのような語が続くかによる。**活用する語**は、自立語の**動詞**・**形容詞**・**形容動詞**と、付属語の**助動詞**の四種類である。

〈自立語〉**動詞**…聞く・見る・得る・起きる・上げる・来る・する　など
形容詞…楽しい・長い・美しい・赤い・寒い　など
形容動詞…静かだ・元気だ・立派です・暖かです　など
〈付属語〉**助動詞**…た・らしい・そうだ・られる・させる・ます　など

●付属語

例 れる(助動詞)

呼ばれ	—ない	未然形
呼ばれ	—た	連用形
呼ばれる	—。	終止形
呼ばれる	—とき	連体形
呼ばれれ	—ば	仮定形
呼ばれろ(れよ)	—。	命令形

例題

1 **次の文の自立語に——線を引きなさい。**

(1) 春になり暖かな日が続くと、心もうきうきする。
(2) 図書館で本を探し、鉄道に関する調べものをする。
(3) 休日になると、私と姉はテニスに出かけることが多い。

2 **次の文の——線部の単語が、自立語か付属語か答えなさい。**

(1) あの山は険しく、登るのが難しい。
(2) 古い寺に興味があり、あちこちに出かけている。
(3) 姉は、歌を歌うのがとても上手だ。

解答

1 (1)春・なり・暖かな・日・続く・心・うきうきする
(2)図書館・本・探し・鉄道・関する・調べもの・する
(3)休日・なる・私・姉・テニス・出かける・こと・多い

2 (1)自立語
(2)自立語
(3)付属語

練習問題

解答→546ページ

1 **次の文から、自立語と付属語を順に抜《ぬ》き出しなさい。**

(1) 予習をしっかりやっていたので、講師の質問に挙手して答えることができてうれしかった。

(2) なぜあのような初歩的な失敗をしてしまったのか、自分でもわからず、途方《とほう》にくれる。

(3) 実験の準備をやり終えると、職員室にいらっしゃる先生を呼びに行った。

(4) 残り時間がわずかになったところで、逆転のシュートが鮮《あざ》やかにきまり、我々のチームが決勝に進んだ。

2 **次の文から、自立語を順に抜《ぬ》き出しなさい。**

(1) 春になっても、いっこうに暖かくならず、桜の開花も遅《おく》れそうだ。

(2) 毎週道場に通って、剣道《けんどう》の練習をしているが、なかなか上達せず、やる気が出ない。

(3) 青く広い空を眺《なが》めていると、ちっぽけな悩《なや》みなんてどうでもよい気分になってくる。

(4) ある人から聞いた話だが、あのビルはまもなく取り壊《こわ》されるそうだ。

(5) ああ、あなたが山田さんですね。お待ちしていました。どうぞこちらへ。

(6) 犬が近くに寄ってきた。すると、彼《かれ》はじりじりと後ずさりをした。

3 **次の文から、付属語を順に抜《ぬ》き出しなさい。**

(1) 明日は天気が悪いそうなので、今日のうちに買い物に行った方がよいだろう。

(2) 彼女《かのじょ》はとても真面目《まじめ》なので、そんなことをするはずはあるまい。

(3) そんなに楽しい旅行だったのなら、僕《ぼく》も行きたかったなあ。

(4) 向こうからやってくるのは、どうやら知り合いの田中さんのようだ。

(5) 努力を重ねてきたのに、結果が思わしくなく、がっかりしてしまった。

(6) さて、この話はこれで終わりですが、次はどんな話をしましょうか。

4 **次の単語を、□にあてはまるように活用させて答えなさい。**

(1)〈走る〉
ここから駅まで□ば、何分で着きますか。

(2)〈着る〉
寒いのでコートを□ないと、かぜをひきますよ。

(3)〈片づける〉
お客さんが来るので、部屋を□よう。

(4)〈難しい〉
その問題はきみには□う。

(5)〈きれいだ〉
春に植えた苗《なえ》が生長し、□花が見頃《みごろ》を迎《むか》えている。

5 **次の——線部の単語を言い切りの形に直して答えなさい。**

(1) この夏に登った山の登山道は険しかった。
(2) 波が穏《おだ》やかなら、船を出そう。
(3) 大きな白い鳥が大空を飛んでいる。
(4) 長い時間待っているのに、なかなかバスが来ない。
(5) そんなことは心配せずに、相談しなさい。

6 **次の文章から、自立語をすべて順に抜《ぬ》き出しなさい。**

昨夜は一晩中雨が降っていたようだが、今朝起きてみると、空は青く澄《す》みわたっていた。散歩をせがむポチにせかされて、朝食も食べずに外に出てみると、木々の緑が目に鮮《あざ》やかに感じられ、朝の新鮮《しんせん》な空気を大きく吸いこんだ。軽《かろ》やかな足取りで歩き始めると、どこからか、おいしそうなにおいが漂《ただよ》ってくる。ああ、おなかがすいたなあ。小さく独り言をつぶやくと、黒いつぶらな瞳《ひとみ》がふっと私を見上げた。

7 **次の——線部の単語から活用のあるものをすべて選び、番号で答えなさい。**

①今日 ②は ③とても ④暑い ⑤一日 ⑥だっ ⑦た ⑧が、⑨夕方 ⑩に
⑪なる ⑫と ⑬やっと ⑭涼《すず》しい ⑮風 ⑯が ⑰吹《ふ》い ⑱て ⑲き ⑳た。

4 品詞の分類

入試重要度 ★★☆

① 品詞とは

単語を、文法上の働きや性質の違《ちが》いによって分類したものを、**品詞**という。品詞には**十種類**ある。

まず、**自立語か付属語か**で分ける。さらにそれぞれについて、**活用するかしないか**で分ける。

自立語で活用する単語は、**言い切りの形が「ウ段」の音で終われば**動詞、**「い」で終われば**形容詞、**「だ・です」で終われば**形容動詞という。

自立語で活用しない単語は、**主語になるものは**名詞、**主に用言(動詞・形容詞・形容動詞)を修飾《しゅうしょく》するものは**副詞、**体言(名詞)を修飾するものは**連体詞という。また、**接続語になるものは**接続詞、**独立語になるものは**感動詞という。

付属語で活用する単語は助動詞、**活用しない単語は**助詞という。

② 体言と用言

①体言…活用しない自立語で、**単独で文節を作ったり、「が・は・も」などを伴《ともな》って主語になったりする**ことができる単語。品詞でいう**名詞**である。

②用言…活用する自立語で、**単独で述語になる**ことができる単語。品詞でいう**動詞・形容詞・形容動詞**である。

参考 複合語と派生語

複合語…二つ以上の単語が組み合わされて、一つの単語になったもの。

例 秋(名詞)+風(名詞)
↓秋風(名詞)
心(名詞)+細い(形容詞)
↓心細い(形容詞)
泣く(動詞)+声(名詞)
↓泣き声(名詞)

派生語…一つの単語に接頭語や接尾語《せつび》がついて、一語になったもの。

接頭語 例 真正面・お手伝い・素顔・ず抜《ぬ》ける・か弱い・なま温かい・打ち消し

接尾語 例 美しさ・重み・暑さ・あきっぽい・悲しがる・えらぶる・悲しげ

くわしく 品詞の転成

ある品詞の活用した形や、接尾語をつけたものが、もとの品詞とは異なるほかの品詞になることを、**品詞の転成**という。

●**名詞への転成**
- 歩く(動詞)↓歩き(名詞)
- 遠い(形容詞)↓遠く(名詞)

③ 品詞分類表

①の手順で分けたものをまとめると次のようになる。

自立語	活用する	述語になる(用言)	「ウ段」の音で終わる……	動詞 例 動く
			「い」で終わる……	形容詞 例 激しい
			「だ・です」で終わる……	形容動詞 例 静かだ
	活用しない	主語になる(体言)……事物の名称《めいしょう》を表す……		名詞 例 山・川
		用言を修飾《しゅうしょく》する……		副詞 例 しばらく
		体言を修飾する……		連体詞 例 この・あの
		接続語になる……		接続詞 例 しかし
		独立語になる……		感動詞 例 こんにちは
付属語	活用する	用言・体言・ほかの助動詞に付属して、意味を添《そ》える……		助動詞 例 させる
	活用しない	語と語の関係を示したり、意味を添えたりする……		助詞 例 が・と

●動詞への転成
・こわい(形容詞)→こわがる(動詞)
・大人(名詞)→大人ぶる(動詞)

例題

1 次の――線部の単語の品詞名を答えなさい。

昨夜①から②降り続いてい③た雪が、今朝起きてみると、④すっかりやんでいた。庭に積もった⑤真っ白な雪に太陽の光が反射して、⑥美しく輝《かがや》いている。⑦そこで、弟を誘《さそ》って、⑧大きな雪だるまを作る⑨ことにした。

解答

1 ①助詞 ②動詞 ③助動詞 ④副詞 ⑤形容動詞 ⑥形容詞 ⑦接続詞 ⑧連体詞 ⑨名詞

解説

1 ①付属語で活用しない。
②言い切りの形は「降り続く」。
③「降り続いていたら」などと活用する。
④「やん(やむ)」(用言)を修飾している。
⑤言い切りの形は「真っ白だ」。
⑥言い切りの形は「美しい」。
⑦接続語になっている。
⑧「雪だるま」(体言)を修飾し、活用しない。
⑨形式名詞。

練習問題

解答→548ページ

1 **次の説明にあてはまる品詞名をそれぞれ答えなさい。**

(1) 自立語で、活用があり、言い切りの形が「ウ段」の音で終わる。

(2) 自立語で、活用があり、言い切りの形が「い」で終わる。

(3) 自立語で、活用がなく、体言を修飾《しゅうしょく》する。

(4) 自立語で、活用がなく、主に用言を修飾する。

(5) 付属語で、活用がある。

(6) 付属語で、活用がない。

2 **次の文から、体言と用言をすべて抜《ぬ》き出しなさい。また、用言は品詞名をあとから選び、記号で答えなさい。**

(1) 向かいの家の犬は、穏《おだ》やかで人なつこいので、近所の人からもかわいがられている。

(2) 大会での優勝に向けて、部員全員が心を一つにしてがんばることを誓《ちか》った。

(3) なかなか解決に向かわなかったある問題に対して、ふといい考えが頭に浮《う》かんだ。

(4) 昨日から気温が急に下がって、冬がすぐそこまで来ているのを実感した。

ア 動詞　**イ** 形容詞　**ウ** 形容動詞

3 **次の――線部の品詞名をあとから選び、記号で答えなさい。**

①空から②ひらひらと、粉雪が女の子の黒髪《くろかみ》に③舞《ま》い降り④た。雪は⑤すぐに⑥とけてしまい、とても⑦小さな水玉⑧に⑨なって⑩いた。

ア 動詞　**イ** 形容詞　**ウ** 形容動詞　**エ** 名詞
オ 副詞　**カ** 連体詞　**キ** 感動詞
ク 接続詞　**ケ** 助動詞　**コ** 助詞

4 **次の文章を読んで、あとの問いに答えなさい。**

梅雨《つゆ》の合い間のある日、都心のアパートを抜け出して、海へと向かう電車にふらっと乗りこんだ。特に目新しい目的があったわけでもなく、ふと思いついた気まぐれな小旅行だった。

途中《とちゅう》の駅でどんどん乗客が降りていき、海沿いの駅に近くなると、自分の車両に乗っているのは、ほんの数人となった。わずかに開けられている窓から、潮の香《かお》りをかすかに含《ふく》んだ、なまぬるい風が吹《ふ》きこんできて、頬《ほお》をなでる。

ひなびた駅に降り立つと、日常の生活ですっかり固まっていた心がゆっくりやわらぐのを感じた。駅を出て数分も歩くと、突然《とつぜん》目の前に真っ青な海が現れた。

砂浜《すなはま》に着くと、そこはまるで貸し切りの特等席のようだった。騒《さわ》がしい都会の暮らしから解放され、遠くの水平線を見ているだけで、静かに満たされていくのを感じた。

(1) ——線部の文を単語に分け、それぞれの品詞名を答えなさい。

(2) 本文中から、次の種類にあたる単語をすべて抜《ぬ》き出しなさい。

①複合語　②派生語

(3) 本文中から、転成名詞を四つ抜き出しなさい。

(4) 本文中から、転成形容詞を一つ抜き出しなさい。

5 次の文章を読んで、あとの問いに答えなさい。

ぼくはまた目をつむった。ぼくが目をつむったというより、瞼《まぶた》の方で、もう、①ひと眠《ねむ》りしようと垂れ下がってきたのだ。もちろん、ぼくは眠ることには賛成だった。眠くて眠くて、もう、②座敷《ざしき》わらしなんかどうでもいいような気持ちになっていたのだ。それでぼくは、大きな息を一つして、眠ろうとした。

すると、③鼻先に、ぷんといやな④においが、におってきた。ぼくはまた目を開けてみた。何も見えない。けれども、確かにぷんと嫌《いや》なにおいがしたのだ。いったい、何のにおいだろう？　このにおい、前にもどこかで嗅《か》いだことがあるような気がするが……。

もし、ここが⑤離《はな》れの座敷でなかったら、ぼくはすぐ、指で鼻をつまんだだろう。こんな厭《いや》なにおいをいつまでも嗅いでいたくない。でも、ここは離れの座敷の中だ。しかも、さっき眠りに落ちる前までは、こんな厭なにおいなんかしなかった。


（三浦哲郎《みうらてつお》「ユタとふしぎな仲間たち」）

(1) ——線部①〜⑤の単語の種類を次から選び、記号で答えなさい。

ア 複合語　イ 派生語　ウ 転成語

(2) 〰〰線部の中から、付属語で活用がある単語と、付属語で活用がない単語を、それぞれ順に抜き出しなさい。

章末問題

解答→549ページ

1 **次の――線部の主語となる文節として最も適切なものをあとから選び、記号で答えなさい。**

迷いの多い少年期こそ、周囲の人々の助言が必要な時期である。

ア 多い　**イ** 少年期こそ
ウ 人々の　**エ** 助言が

〔群馬〕

2 **次の――線部の文節どうしの関係として最も適切なものをあとから選び、記号で答えなさい。**

(1) 歩いて　街外れの　公園まで　行って　みる。
(2) 子供たちの　明るい　笑い声が　校庭に　あふれる。
(3) とても　感動的な　映画の　結末に　彼《かれ》も　私も　涙《なみだ》した。
(4) 寒いので　温かい　お茶を　飲みたい。

ア 並立《へいりつ》の関係　**イ** 主・述の関係
ウ 補助の関係　**エ** 修飾《しゅうしょく》・被《ひ》修飾の関係

〔岡山〕

3 **次の文の――線部から、〰〰線部「大きな」と修飾・被修飾の関係にあるものを選び、記号で答えなさい。**

ア水族館の　イ水槽《すいそう》の　ウ中で　大きな　エくらげが　オゆらゆらと　カ泳いで　キいる。

〔北海道〕

4 **次の文章の――線部から、活用する語を選び、記号で答えなさい。**

アある日のことです。自分がイちょっと姿勢を崩《くず》したら、先生は「今日はこれでやめにしましょう」と言って帰ってしまわれた。先生にそう言われて、彼女《かのじょ》は非常に恥《は》ずかしく、情けないウ思いになり、一人で部屋に戻《もど》って泣いたとエいうのです。

（齋藤孝《さいとうたかし》「日本人は何を考えてきたのか」）〔富山―改〕

5 **次の文章の――線部から、二つの文節の関係がほかと異なるものを選び、番号で答えなさい。**

今回お話をうかがったのは、社会科の中村先生です。中村先生は、わが中学校の「もの知り博士」として知られている方です。先生は、大学時代に世界史を学ばれました。先生はこの頃《ころ》から読書がお好きで、部屋に①置いてあるものの多くは本だったそうです。ご自分の専門に加え、中国文学に関わる書物も数多く読まれていて、多様な話題を取り入れた授業をしてくださいます。

先生の好きな言葉は、「少年老い易《やす》く学成り難《がた》し、一寸の光陰軽《こういんかろ》んずべからず。」だそうです。若草中学校のみなさんに、「時間の流れは、みんなが思っているほど②遅《おそ》くない。豊かな人生を送るために、③学校にいる間、いろいろなことに④挑戦《ちょうせん》してみる姿勢を大事にしてほしい。」とおっしゃっていました。

〔千葉(前)〕

6 次の文の——線部を、例にならって品詞に分け、その品詞名を答えなさい。

僕《ぼく》は心の中で大いに違和《いわ》感を抱《いだ》いていたのであるが、それでも彼《かれ》の意向に従うしかなかったのである。

例

名詞	助詞	動詞
空	を	飛ぶ

〔大阪教育大附高(平野)—改〕

7 次の文章の——線部の品詞の説明として適切でないものをあとから選び、記号で答えなさい。

ようやくア明けはじめた空に向《む》こうの山々が鋭《するど》い剣《けん》のような姿をみせ、今日も白い濁《にご》った雲には烏《からす》の群れが嗄《しわが》れた声をあげて舞《ま》っています。

丘《おか》の頂に来た時、足をとめ、眼下を見おろしました。褐《かっ》色《しょく》の一握《ひとにぎ》りの土塊《つちくれ》のように藁《わら》屋根と藁屋根との集まった部落。泥《どろ》と木とでねりあわせた小屋。道にも黒い浜辺《はまべ》にも人影《ひとかげ》はイない。一本の木に靠《もた》れ、私は谷あいにたちこめる乳色の靄《もや》を眺《なが》めます。朝の海ウだけが綺麗《きれい》でした。海は幾《いく》つかのエ小さな島をその沖《おき》あいに点在させて、うす陽《び》をうけて針のように光り、浜を嚙《か》む波がオ白く泡《あわ》だっていました。

〔遠藤周作《えんどうしゅうさく》「沈黙《ちんもく》」〕

ア ——線部ア「明けはじめ」の品詞は、動詞である。
イ ——線部イ「ない」の品詞は、助動詞である。
ウ ——線部ウ「だけ」の品詞は、助詞である。
エ ——線部エ「小さな」の品詞は、連体詞である。
オ ——線部オ「白く」の品詞は、形容詞である。

〔熊本〕

第2章 自立語の働き

1 動詞

入試重要度 ★★★

① 動詞の性質

1 動詞とは

動詞とは、人・ものなどの**動作・存在・作用を表す単語**である。

例 さっと右に動く。→**動作**

目の前に山がある。→**存在**

火山灰が激しく吹《ふ》き出る。→**作用**

※「動作」は「何かをするために体を動かすこと」で、「作用」は「ほかに影響《えいきょう》を及《およ》ぼすこと」。「存在」は、「ある」のほか「いる・おる」がある。

2 動詞の性質

①単独で述語の文節を作ることができる**自立語**である。

例 車が猛《もう》スピードで走る。

明日の予定を決める。

くわしく 段と行

五十音の表で、「段」は横の列を、「行」は縦の列を意味する。例えば、「な行のウ段」と言えば、「ぬ」を指す。

段＼行	あ	か	さ	た	な	は	ま	や	ら	わ	
ア	あ(a)	か(ka)	さ(sa)	た(ta)	な(na)	は(ha)	ま(ma)	や(ya)	ら(ra)	わ(wa)	ん
イ	い(i)	き(ki)	し(si)	ち(ti)	に(ni)	ひ(hi)	み(mi)	(い)	り(ri)	(い)	
ウ	う(u)	く(ku)	す(su)	つ(tu)	ぬ(nu)	ふ(hu)	む(mu)	ゆ(yu)	る(ru)	(う)	
エ	え(e)	け(ke)	せ(se)	て(te)	ね(ne)	へ(he)	め(me)	(え)	れ(re)	(え)	
オ	お(o)	こ(ko)	そ(so)	と(to)	の(no)	ほ(ho)	も(mo)	よ(yo)	ろ(ro)	を(wo)	

②活用する。つまり、あとに続く言葉によって、形が変化する。

例 「書く」の活用　作文を書|かない。　作文を書き|ます。　作文を書こ|う。
作文を書く|。　作文を書く|時間。　作文を書け|ば勉強になる。
作文を書け|。

③言い切りの形（終止形）はウ段の音で終わる。

例 立つ|tu・受ける|ru

④述語以外にもさまざまな文節を作る。

例 泳ぐのが｜好きです。→主語（「の・が」は助詞）
これから｜本を｜買いに行く。→修飾《しゅうしょく》語（「に」は助詞）
とっさに｜身を｜かわして、｜難を｜避《さ》けた。→接続語（「て」は助詞）

例題

1 次の文中から動詞をすべて抜《ぬ》き出しなさい。

(1) 昨日、水泳の検定試験を受けて、合格した。
(2) 道を歩きながら、春が来る気配を感じた。
(3) チューリップの真っ赤な花がたいそう美しく咲《さ》いた。
(4) 強い風が吹《ふ》き、窓がガタガタと音を立てた。

2 次の文の（　）に入る平仮名《がな》一字をそれぞれ書きなさい。

(1) 目が覚（　）たら、もう起（　）なければならない時間だった。
(2) 全力で走（　）ば、学校に間に合うだろう。
(3) 明日のテストのために夜遅《おそ》くまで勉強（　）た。
(4) 風船が飛（　）でいくのが見（　）た。

解答

1 (1)受け・合格し　(2)歩き・来る・感じ　(3)咲い　(4)吹き・立て

2 (1)め・き　(2)れ　(3)し　(4)ん・え

解説

1 自立語で、言い切りの形がウ段で終わるものを抜き出す。言い切りの形は、(1)「受け」→「受ける」・「合格し」→「合格する」、(2)「歩き」→「歩く」・「来る」→「来る」・「感じ」→「感じる」、(3)「咲い」→「咲く」、(4)「吹き」→「吹く」・「立て」→「立てる」。

② 動詞の活用と活用の種類

1 活用と活用の種類

活用とは、**あとに続く言葉や文の中の働きによって、単語の終わりの部分が規則的に変化すること**をいう。

続く言葉の種類によって、次の六種類の**活用形**に分かれる。

- **未然形**…「**ない(ぬ)**」「**よう(う)**」などに続く形。 例 ひらく→ひらか**ない**・ひらこ**う**
- **連用形**…「**ます**」「**た**」などに続く形。 例 ひらく→ひらき**ます**・ひらい**た**
- **終止形**…「—。」となる言い切りの形。 例 ひらく→ひらく**。**
- **連体形**…名詞(体言)に続く形。 例 ひらく→ひらく**扉**《とびら》
- **仮定形**…「ば」などに続く形。 例 ひらく→ひらけ**ば**
- **命令形**…「—。」(「!」)で命令する形。 例 ひらく→ひらけ**!**

また、活用の変化のしかたには、**五段活用**(↓269ページ)・**上一段活用**(↓270ページ)・**下一段活用**(↓271ページ)・**カ行変格活用(カ変)**(↓272ページ)・**サ行変格活用(サ変)**(↓273ページ)の五種類がある。

「ひらく」という動詞では、続く言葉が変わっても、「ひら」の部分は変化せず、そのあとが「か(こ)・き(い)・く・く・け・け」と変化している。変化しない部分を**語幹**、変化する部分を**活用語尾**《ごび》という。(↓下段) また、活用語尾がカ行のア段〜オ段の五段で変化していることから、**活用の種類**は**カ行五段活用**であると表す。

注意! 活用形と活用の種類の違《ちが》い

活用形→「○○形」
例 連用形

活用の種類→「××活用」
例 五段活用

※「活用形は?」「活用の種類は?」と問われたとき、しっかり区別して答えるようにしよう。

くわしく 語幹と活用語尾

語幹…活用形のうち、**形の変わらない部分**。

活用語尾…語幹に続く、**形が変わる部分**。

例 読む

語幹	活用語尾	
よ	ま	(ない)
よ	み	(ます)

注意! 形が似ている動詞

形は似ているが、活用の種類が異なる動詞がある。注意しよう。

例
- 禁じる…上一段活用
- 禁ずる…サ行変格活用
- 信じる…上一段活用
- 信ずる…サ行変格活用

2 五段活用

五段活用とは、活用語尾が「**ア・イ・ウ・エ・オ**」の五段にわたって変化する活用である。この種類の活用をする単語は、打ち消し(否定)の助動詞「ない」をつけたとき、直前の音が**ア段**の音になる。

例 歩く→歩か|ない（ka）　歌う→歌わ|ない（wa）

五段活用動詞の活用表

基本形	行	語幹	未然形	連用形	終止形	連体形	仮定形	命令形
書く	カ	か	か こ	き い	く	く	け	け
走る	ラ	はし	ら ろ	り っ	る	る	れ	れ
主な続き方			ない(ぬ) よう(う)	た て ます	―。	こと とき	ば	―。

例題

1 次の文の――線部①・②の動詞の活用形を答えなさい。

(1) もっと大きな声で①話せば、「はっきり②話せ。」とは注意されなかっただろう。

(2) ①入ってはいけない場所に②入ることはルール違反《いはん》だ。

(3) ①乗ろうとしたバスに②乗れなかったが、一限目には間に合った。

くわしく 音便

五段活用の連用形に「た」「て」がつくとき、発音しやすいように、活用語尾が次のような**音便**の形になる場合がある。

イ音便…カ・ガ行の五段活用(終止形が「く・ぐ」になる)動詞で、「**い**」に変わる。

例 歩きた➡歩いた

※例外　行きた➡行った

促音便《そくおんびん》…タ・ラ・ワ行の五段活用(終止形が「つ・る・う」になる)動詞で、「**っ**」に変わる。

例 すわりた➡すわった

撥音便《はつおんびん》…ナ・バ・マ行の五段活用(終止形が「ぬ・ぶ・む」になる)動詞で、「**ん**」に変わる。

例 やみた➡やんだ

解答

1 (1)①仮定形　②命令形
(2)①連用形　②連体形
(3)①未然形　②未然形

3 上一段活用

上一段活用とは、活用語尾《ごび》が「イ」段の音を中心に**「イ・イ・イル・イル・イレ・イロ(イヨ)」**と変化する活用である。この種類の活用をする単語は、打ち消し(否定)の助動詞「ない」をつけたとき、直前の音が**イ段**の音になる。

例 落ちる→落ち|ti ない　着る(きる)→着|ki ない

上一段活用動詞の活用表

基本形	行	語幹	未然形	連用形	終止形	連体形	仮定形	命令形
起きる	カ	お	き	き	きる	きる	きれ	きろ きよ
見る	マ	(み)	み	み	みる	みる	みれ	みろ みよ
主な続き方			ない(ぬ) よう(う)	た て ます	―。	こと とき	ば	―。

例題

1 次の――線部の動詞を文中の□に入るように直しなさい。

(1) 着る…このドレスを□ば、みんなの注目を集めるだろう。

(2) 落ちる…今にも空から雨が□てきそうだ。

参考 連用中止法

用言の連用形には、文を途中《とちゅう》で止め、あとに続けるという用法(連用中止法)がある。

例 雨が降り、風も吹《ふ》く。(動詞)
日差しは温かく、気持ちがよい。(形容詞)
妹は元気で、明るい性格だ。(形容動詞)

注意! 語幹と語尾の区別がない動詞

上一段活用の動詞や下一段活用の動詞の中には、語幹と語尾の区別がないものがある。その場合には、活用表の語幹の欄《らん》に( )をつける。

例 上一段活用…見る・射る・似る・煮《に》る・着る
下一段活用…得る・寝《ね》る・経る・出る

※同じ読みでも「着る」は上一段活用、「切る」は五段活用であったり、「寝る」は下一段活用、「練る」は五段活用であったりするので、注意すること。

解答

1 (1)着れ (2)落ち

4 下一段活用

下一段活用とは、活用語尾が「エ」段の音を中心に**「エ・エ・エル・エル・エレ・エロ(エヨ)」**と変化する活用である。この種類の活用をする単語は、打ち消し(否定)の助動詞「ない」をつけたとき、直前の音が**エ段**の音になる。

例 流れる→流れ(re)ない　出る→出(de)ない

下一段活用動詞の活用表

基本形	行	語幹	未然形	連用形	終止形	連体形	仮定形	命令形
受ける	カ	う	け	け	ける	ける	けれ	けろ けよ
得る	ア	(え)	え	え	える	える	えれ	えろ えよ
主な続き方			ない(ぬ) よう(う)	た て ます	―。	こと とき	ば	―。

例題

1 **次の――線部の動詞のうち、下一段活用のものを選び、記号で答えなさい。**

ア ジェットコースターに乗っているときは、生きた心地《ここち》がしなかった。

イ 授業中、先生に指名されて、みんなの前で答えた。

ウ 妹はいつも朗《ほが》らかで、笑った顔はとても愛くるしい。

参考 「ある」の活用

あろ(う)　未然形
あり(ます)　連用形
あっ(た)　連用形
ある(。)　終止形
ある(とき)　連体形
あれ(ば)　仮定形
あれ(。)　命令形

動詞の「ある」には、「あらない」という言い方はないため、「ない」をつけたときの形で活用の種類を見分けられないが、五段活用の動詞であることを覚えておこう。

くわしく 上一段・下一段という呼び方

それぞれ、活用語尾が、上一段はイ段一段、下一段はエ段一段の音を中心に変化することに由来する。

解答

1 イ

解説

1 まず言い切りの形に直してから、「ない」をつけて判断する。**ア**は上一段活用、**ウ**は五段活用。

5 カ行変格活用

カ行変格活用（カ変）は、**カ行の「イ・ウ・オ段」**で変化する特殊《とくしゅ》な活用である。この種類の活用をする単語は、「**来る**」の一語のみである。

カ行変格活用動詞の活用表

基本形	行	語幹	未然形	連用形	終止形	連体形	仮定形	命令形
来る	カ	（く）	こ	き	くる	くる	くれ	こい
主な続き方			ない(ぬ) よう(う)	た て ます	―。	こと とき	ば	―。

例題

1 **「来る」を、次の文中の□に入るように〔　〕の活用形にして、平仮名《がな》で答えなさい。**

(1) 今年は春が□のが遅《おそ》い。〔連体形〕
(2) 兄に「こっちへ□。」と言われた。〔命令形〕
(3) 明日までに手紙が□ばいいのになあ。〔仮定形〕
(4) 昨日、突然《とつぜん》友達がうちに□た。〔連用形〕
(5) 君が□ないなら、計画を中止にしよう。〔未然形〕

注意！ **動詞の活用の種類の見分け方**

①まず、「来る」＝カ行変格活用、「(〜)する」＝サ行変格活用、「ある」＝五段活用であることを覚える。
②カ変、サ変、「ある」でなければ、動詞の下に「ない」をつけ、その直前の音によって活用の種類を見分ける。
例 行か(ア段)ない…五段活用
起き(イ段)ない…上一段活用
受け(エ段)ない…下一段活用

解答

1 (1)くる (2)こい (3)くれ (4)き (5)こ

解説

1 (1)「こと」の意味を表す助詞「の」は、連体形に続くことをおさえておこう。

6 サ行変格活用

サ行変格活用(サ変)は、**サ行の「ア・イ・ウ・エ段」**で変化する特殊な活用である。この種類の活用をする単語は、「**する**」(「〜する」)のみである。ほかの言葉と結びついて複合動詞(→下段参照)を作る。これらの動詞もサ行変格活用の動詞である。

サ行変格活用動詞の活用表

基本形	行	語幹	未然形	連用形	終止形	連体形	仮定形	命令形
する	サ	(す)	し せ さ	し	する	する	すれ	しろ せよ
主な続き方			ない(ぬ) よう(う) せる・れる	た て ます	―。	こと とき	ば	―。

※未然形「し」は「ない」「よう」に、「せ」は「ぬ(ず)」に、「さ」は「せる」「れる」に続く。

例題

1 次の――線部の動詞の活用形を答えなさい。

①予定している計画を②実行すれば、クラスのみんなに協力を③するように頼《たの》む必要がある。

くわしく サ行変格活用の複合動詞

サ行変格活用の動詞(＝する)は、ほかの語と結びついて、**サ行変格活用の複合動詞**をつくる。

●名詞＋する
例 運動する・安心する

●動詞＋する
例 お聞きする

●擬《ぎ》態《たい》語(副詞)＋する
例 どきどきする

●外来語(名詞)＋する
例 ドライブする

解答

1 ①連用形 ②仮定形 ③連体形

解説

1 ①「て」に続いているので連用形。
②「ば」に続いているので仮定形。
③「こと」に続いているので連体形。

③ 自動詞・他動詞／可能動詞／補助動詞

1 自動詞・他動詞

例えば、「開く」という動詞がある。「窓が開く。」という場合は、「開く」は「窓」自身の動作を表している。このように、**それ自身の動作・作用を表す**動詞のことを**自動詞**という。自動詞の上には助詞の「が」などを伴《ともな》う、主語を示す語がくる。

また、「(私が)窓を開く。」という場合は、「開く」は「私」が「窓」に対して働きかける動作を表している。このように、**ほかに対する働きかけとしての動作・作用を表す**動詞のことを**他動詞**という。他動詞の上には助詞の「を」を伴《ともな》う、対象を示す語がくる。

ただしすべての動詞に自動詞と他動詞があるわけではない。

自動詞と他動詞の見分け方

①動詞の上に「を」を補うことができれば、他動詞であることが多い。

例 兄が起きる。(自動詞) → 兄を起こす。(他動詞)

②その動作が自分だけですむのか、相手が必要なのかを考える。

例 家を出る。(自動詞)→「出る」のは自分だけの動作。
金を出す。(他動詞)→「出す人」と「出すもの」が必要。

自動詞だけの動詞 例 ある・来る・あこがれる

他動詞だけの動詞 例 読む・投げる・殺す

注意! 主語が紛《まぎ》らわしい動詞

他動詞の中には、対応する主語が一見するとわかりにくいものがある。

例 僕《ぼく》も釣《つ》りが好きです。

この場合、「好きです」は述語になるが、それに対する主語は「釣りが」ではない。「釣り」はあくまでも「好き」の対象であって、この場合の主語は「僕も」である。

注意! 可能動詞にならないもの

「起きる」「食べる」「来る」のように、**五段活用以外の動詞は、可能動詞にすることはできない**。「起きれる」「食べれる」「来れる」は「ら抜《ぬ》き言葉」と呼ばれ、書き言葉では一般《いっぱん》的ではない。「起きられる」「食べられる」「来られる」が正しい。

2 可能動詞

「〜できる」という意味をもつ動詞を**可能動詞**という。

五段活用の動詞が変化して下一段活用動詞となったもので、命令形はない。

例 「話す」（五段活用）＋可能の意味→「話せる」（下一段活用）

泳ぐ→泳げる　走る→走れる　立つ→立てる

3 補助動詞（形式動詞）

動詞本来の意味が薄《うす》れて、補助的な役割をする動詞を**補助動詞**という。

① 「動詞〈連用形〉＋て（で）＋補助動詞」の形をとることが多い。

② 補助動詞は平仮名《ひらがな》で書くことが多い。

③ 二文節であることに注意する。

例 鳥がいる。（本来は「存在」を表す動詞）→鳥が鳴いている。（補助動詞）

絵を見る。→絵を描《か》いてみる。

友達が来る。→友達が走ってくる。

例題

1 次の――線部の動詞を可能動詞に直しなさい。

(1) 難しい本を読む。　(2) テストの問題を解く。

2 次の――線部の動詞を他動詞に直しなさい。

(1) 木の葉が落ちる。　(2) 歯が抜《ぬ》ける。

くわしく 補助動詞と複合動詞との違《ちが》い

複合動詞は主に「動詞（連用形）＋動詞」の語が一単語となったもので、文節に分けられないことに注意する。（サ変活用の複合動詞も一単語である。）

例 食べ過ぎる・やり残す・勉強する

注意！ 「である」とは何であるか？

補助動詞「ある」は、**「名詞＋で＋ある」「形容動詞の連用形＋ある」**という形をとる場合もある。

例 兄は大学生である。（名詞）

例 波は穏《おだ》やかである。（形容動詞（連用形））

解答

1 (1) 読める　(2) 解ける

2 (1) 落とす　(2) 抜く

解説

2 「〜を」に続く形に変えればよい。

練習問題

解答→550ページ

1 **次の――線部①・②の動詞の活用形をそれぞれ答えなさい。**

(1) コーヒーは①飲まないが、紅茶なら②飲む。
(2) 「①帰れ。」と言われたら、②帰ればいい。
(3) 兄が①買ったノートを、僕《ぼく》も②買おう。
(4) 駅に①行く前に、書店に②行きます。

2 **次の――線部の言葉から、ほかと活用の種類が異なるものを選び、記号で答えなさい。**

ア 厚手のセーターを着る。
イ 机の上の本を手に取る。
ウ 商品を割引価格で売る。
エ 桜の花がはらはらと散る。

3 **次の文の――線部に含《ふく》まれる動詞について、その終止形と活用の種類を答えなさい。**

体質改善のためにも、適度に運動したほうがよいと医師に言われた。

4 **次の――線部の動詞と活用の種類が同じものをあとから選び、記号で答えなさい。**

あそこに見える建物は何ですか。

ア 野球の試合を見た。
イ コップの縁《ふち》が欠けた。
ウ どこに書けばよいのですか。
エ 紙を半分に折る。

5 **次の――線部から自動詞をすべて選び、記号で答えなさい。**

ア ノートの代金を払《はら》う。
イ 勢いよく水を流す。
ウ いつもより早く来る。
エ 皿をうっかり落とす。
オ 私は朝早く起きる。

6 **次の――線部の動詞を他動詞に直しなさい。**

(1) 風車がくるくる回る。
(2) 花の色が変わる。
(3) ろうそくの火が消える。
(4) 人がたくさん集まる。

7 **次の動詞から可能動詞をすべて選び、記号で答えなさい。**

ア 話せる　**イ** 受ける　**ウ** 登れる
エ 答える　**オ** 聞ける　**カ** 止める

8 **次の文から、補助動詞をすべて抜《ぬ》き出しなさい。**

家を出てしばらく歩いていったところで、財布《さいふ》を忘れてきたことに気づき、戻《もど》ってみると、机の上に置いてあった。

9 **次の文章を読んで、あとの問いに答えなさい。**

〔Ⅰ〕人気のない乾《かわ》いた道に午後の陽《ひ》が真上から照りつけ[A]ていた。左側は高台で、木立《こだち》のあいだに邸《やしき》が点在し[B]ていた。右側には道に沿っ[C]て小さな川が流れ[D]ており、川向こうにも乾いた道が続い[E]ていた。その向こうは家がならん[F]でいた。

〔Ⅱ〕周子《かねこ》は、日傘《ひがさ》を持っ[=]てでなかったことを悔《く》いながらハンカチで顔の汗《あせ》をふいた。

（立原正秋《たちはらまさあき》「八月の午後」）

(1) 〔Ⅰ〕の文章中の――線部A～Fの動詞の活用の種類を答えなさい。

(2) 〔Ⅱ〕の文中から動詞をすべて抜き出し、**例**にならって活用形を答えなさい。

例 持っ（連用形）

10 **次の文章を読んで、あとの問いに答えなさい。**

ある夜、一匹《いっぴき》の小えびが岩屋の中へまぎれ込《こ》ん[A]だ。この小動物は今や産卵《さんらん》期の真っただ中にあるらしく、透明《とうめい》な腹いっぱいにあたかも稗草《ひえくさ》の種子に似[B]た卵をかかえて、岩壁《がんぺき》にすがりつい[C]た。そうして細長いその終わりを見届ける[D]ことができないように消え[E]ている触手《しょくしゅ》を振《ふ》り[F]動かしていたが、どういうつもりか、今度は宙返りを試み[G]て山椒魚《さんしょううお》の横っ腹に飛び乗っ[H]た。

（井伏鱒二《いぶせますじ》「山椒魚《さんしょううお》」）

――線部A～Hの動詞について、その活用の種類・音便の種類をそれぞれあとから選び、記号で答えなさい。

〈活用の種類〉
ア 五段活用　**イ** 上一段活用　**ウ** 下一段活用
エ カ行変格活用　**オ** サ行変格活用

〈音便の種類〉（音便がない場合には、×と答えなさい。）
a イ音便　**b** ウ音便　**c** 促《そく》音便　**d** 撥《はつ》音便

2 形容詞

入試重要度 ★★☆

① 形容詞の性質

1 形容詞とは

形容詞とは、**事物の性質や状態を表す単語**である。

例 水平線から昇《のぼ》る朝日がまぶしい。

2 形容詞の性質

①単独で述語の文節を作ることができる**自立語**である。

例 この一薬は一とても一苦い。

②**活用する**(左ページ参照)。

③**言い切りの形(終止形)は「い」で終わる。**

例 大きい・明るい・うれしい・そうぞうしい

④体言(名詞)に連なって**連体修飾《しゅうしょく》語**となったり、用言(動詞・形容詞・形容動詞)に連なって**連用修飾語**となったりする。

例 美しい星。→**名詞を修飾する連体修飾語**
たくましく育つ。→**動詞を修飾する連用修飾語**

参考 **補助形容詞(形式形容詞)**
「寂《さび》しいのは君ひとりでない。(体言+「で」につく)」、「今日は寒くない。(形容詞の連用形につく)」、「あまり穏《おだ》やかでない。(形容動詞の連用形につく)」などの「ない」は、「勇気がない。」のような、「ある」に対する「ない」と異なり、**前の文節を打ち消す働きだけをする。**このように本来の形容詞の意味をもたないものを、補助形容詞(形式形容詞)という。平仮名《がな》で書くことが多い。
ほかに、「待ってほしい。」「もう帰ってよい。」などがある。

解答
1 (1)高い・つらく (2)悪けれ・遅い

解説
1 自立語で、言い切りの形が「い」で終わるものを抜き出す。

例題 1 **次の文中から形容詞をすべて抜《ぬ》き出しなさい。**

(1) 高い山に登るのは、つらくて困った。
(2) 都合が悪ければ、遅《おそ》い時間で構いません。

② 形容詞の活用

1 活用形・活用の種類

形容詞の活用形は、動詞と異なり**命令形がない**。

活用の種類は、**「かろ／かっ・く・う／い／い／けれ／〇」**の一種類。語幹に「し」がつくものとつかないものがある。

形容詞の活用表

基本形	語幹	未然形	連用形	終止形	連体形	仮定形	命令形
広い	ひろ	かろ	かっ く う	い	い	けれ	○
美しい	うつくし	かろ	かっ く う	い	い	けれ	○
主な続き方		う	た ない なる	―。	こと とき	ば	

くわしく 形容詞の音便

形容詞の連用形が「ございます」「存じます」などに続くとき、「く」が「う」に変わる。（ウ音便）

①寒くございます。→寒うございます。
②早く来い。→早《はよ》う来い。
③うれしく存じます。→うれしゅう存じます。
※②③は語幹も変化する。

注意！ 「ない」に続く活用形

「ない」に続く活用形が、形容詞と動詞とで違《ちが》うことに注意する。

・形容詞 楽しくない→連用形
・動詞 書かない→未然形

参考 形容詞の語幹の用法

● 語幹だけで名詞として用いられる。
例 赤が勝った。丸をもらう。
● 語幹だけで言い切る。
例 おお、寒《さむ》！ あっ、痛《いた》！
● 接尾語《せつび》がついて名詞になる。
例 暖かさ 苦しみ 太め

例題

1 **次の表の[A]〜[C]に適切な語を入れて、形容詞の活用表を完成させなさい。**

基本形	未然形	連用形	終止形	連体形	仮定形	命令形
強い	かろ	かっ [A] う	い	[B]	[C]	○

2 **次の――線部の形容詞の活用形を答えなさい。**

(1) つらければやめても構わない。
(2) 先日見た映画はおもしろかった。
(3) あの高い山に登りたい。
(4) 日ごとに涼《すず》しくなってきた。
(5) その荷物は重かろう。

3 **次の文の[　]に入るように、〔　〕内の形容詞を適切に活用させて答えなさい。**

(1) [　]空を見上げる。〔青い〕
(2) 昨日は一日中[　]た。〔忙《いそが》しい〕
(3) それで[　]う。〔よい〕
(4) [　]ば、また作ってあげよう。〔おいしい〕
(5) [　]てみずみずしい桃《もも》を食べた。〔甘《あま》い〕

4 **次の――線部の形容詞のうち、性質がほかと違《ちが》うものを選び、記号で答えなさい。**

ア あの人の歌声は人一倍よい。
イ 解答には青のボールペンを使ってよい。
ウ よい行いをすることを心がけなさい。
エ 暑い日は水をこまめに飲むとよい。

解答

1 A く　B い　C けれ
2 (1)仮定形　(2)連用形　(3)連体形　(4)連用形　(5)未然形
3 (1)青い　(2)忙しかっ　(3)よかろ　(4)おいしけれ　(5)甘く
4 イ

解説

2 (1)「ば」に続くので仮定形。(2)「た」に続くので連用形。(3)「山」という名詞(体言)に続くので連体形。(4)「なっ」(動詞「なる」の連用形)に続くので連用形。(5)「う」に続くので未然形。

3 (1)「空」(名詞)に続くので、連体形の「青い」が入る。(2)「た」に続くので、連用形の「忙しかっ」が入る。(3)「う」に続くので、未然形の「よかろ」が入る。(4)「ば」に続くので、仮定形の「おいしけれ」が入る。(5)「て」に続くので、連用形の「甘く」が入る。

4 イは補助形容詞。ほかは「悪い」に対する意味の「よい」である。

練習問題

解答↓551ページ

1 **次の――線部の形容詞の活用形を、それぞれ答えなさい。**

(1) この本がほしければ、あげるよ。
(2) その服は妹には小さかろう。
(3) 先週は忙しくて遊びに行けなかった。
(4) 山頂から美しい景色を眺《なが》める。
(5) 久しぶりに旧友に会えて懐《なつ》かしかった。

2 **次の――線部の形容詞の中で、ほかと性質が異なるものを選び、記号で答えなさい。**

ア このスープは熱くはない。
イ ここにはノートはないだろう。
ウ きみと一緒《いっしょ》なら寂《さび》しくない。
エ 図書館に探している本がなかった。

3 **次の文から形容詞を抜《ぬ》き出し、その活用形と合わせて答えなさい。**

あなたが作ってくださったお料理はおいしゅうございます。

---

4 **次の――線部の形容詞の語幹の用法の説明として最も適切なものをあとから選び、記号で答えなさい。**

(1) あちらから大きな犬が走って近づいてきた。
(2) 「おお、寒」、外に出て私は思わず叫《さけ》んだ。
(3) このグラウンドの広さは、どのくらいなのだろう。
(4) アルプスの山頂には、いつも真っ白い雪がある。
(5) このところわが家では、油っこい食事が続いている。
(6) 白い看板に黒のペンキで大きく字を書いた。
(7) 開会式でトランペットの音が高々と響《ひび》いた。
(8) 五月の空は、とても気持ちのいい青空だった。

ア 語幹だけで言い切ったもの。
イ 語幹が名詞として用いられたもの。
ウ 語幹に体言がついて、名詞として用いられたもの。
エ 語幹に用言(動詞)がついて、用言(動詞)として用いられたもの。
オ 語幹を繰《く》り返して、副詞として用いられたもの。
カ 語幹に接尾語《せつび》をつけて、名詞として用いられたもの。
キ 接頭語がついたもの。
ク 形容詞の前に他の品詞がついて、形容詞となったもの。

3 形容動詞

入試重要度 ★★☆

① 形容動詞の性質

1 形容動詞とは

形容動詞とは、**事物の性質や状態を表す単語**である。

例 学校の裏山の斜面《しゃめん》はなだらかだ。

2 形容動詞の性質

①単独で述語の文節を作ることができる**自立語**である。

例 山頂に｜通じる｜ロープウェイは｜便利だ。

②**活用する**（左ページ参照）。

③**言い切りの形（終止形）は、「だ」「です」の二種類**がある。

例 元気だ・元気です　静かだ・静かです

④体言に連なって**連体修飾《しゅうしょく》語**となったり、用言に連なって連用修飾語となったりする。

例 真面目《まじめ》な学生。→**名詞を修飾する連体修飾語**

真面目に勉強する。→**動詞を修飾する連用修飾語**

くわしく 接頭語や接尾《せつび》語がついた形容動詞

- 接頭語がついたもの 例 お元気だ
- 接頭語と接尾語がついたもの
  例 ご苦労さまだ・お疲《つか》れさまだ
- 「的」がついたもの 例 健康的だ

参考 形容動詞の語幹の用法

- 語幹だけで名詞として用いられる。
  例 快適そのものだった。
- 語幹だけで言い切る。
  例 まあ、すてき。ああ、愉快《ゆかい》。
- 語幹に接尾語がついて名詞になる。
  例 立派さ・新鮮《しんせん》み
- 疑問の意味を表す「か」に語幹が直接つく。
  例 波は穏《おだ》やかか。

解答

1 (1)退屈で・むだです (2)立派な・静かに

例題 1 次の文中から形容動詞をすべて抜《ぬ》き出しなさい。

(1) 退屈《たいくつ》でつまらない時間はむだです。
(2) 立派な紳士《しんし》が、静かに語り始めた。

② 形容動詞の活用

1 活用形・活用の種類

形容動詞の活用形は、動詞と異なり**命令形がない。丁寧《ていねい》な形の活用には仮定形もない。**活用の種類は、普通の形は**「だろ／だっ・で・に／だ／な／なら／○」**の一種類。丁寧な形も一種類ある。用言の中で形容動詞だけが、終止形と連体形の形が異なる。

形容動詞の活用表

基本形	語幹	未然形	連用形	終止形	連体形	仮定形	命令形
静かだ	しずか	だろ	だっ・で・に	だ	な	なら	○
静かです	しずか	でしょ	でし	です	(です)	○	○
主な続き方		う	た ない なる	—。	こと とき	ば	

解説 1 自立語で、言い切りの形が「だ」で終わるものを抜き出す。(1)「むだです」は丁寧《ていねい》な言い方の形容動詞。

くわしく 連体形のない形容動詞
こんなだ・そんなだ・あんなだ・どんなだ・同じだ

●右の形容動詞には連体形がなく、体言に続く場合は、語幹そのものを用いる。
例 こんなもの　同じもの

●「同じだ」の場合には、「の」「ので」「のに」に続くときは、「—な」がつく。
例 同じなの(が)　同じなので　同じなのに

注意! 「名詞＋だ(助動詞)」との区別

①彼《かれ》は元気だ。〈形容動詞〉
②たいせつなのは元気だ。〈名詞＋だ〉

①、②の「元気だ」は、形は同じであるが、①は形容動詞、②は名詞の「元気」に「だ」がついたものである。
前に連用修飾語《しゅうしょく》の「とても」を入れてみて、入る場合は形容動詞、入れると不自然になる場合は「名詞＋だ」というように区別するとよい。

例題

1 次の表の[A]～[C]に適切な語を入れて、形容動詞の活用表を完成させなさい。

基本形	未然形	連用形	終止形	連体形	仮定形	命令形
便利だ	だろ	だっ A B	だ	C	なら	○

2 次の――線部の形容動詞の活用形を答えなさい。

(1) 大自然の雄大《ゆうだい》な景色を眺《なが》める。
(2) ここまで来れば大丈夫《だいじょうぶ》だろう。
(3) 迷惑《めいわく》ならば、私は帰ります。
(4) この通りはいつもにぎやかである。
(5) 久しぶりに会った友人はとても元気だった。

3 次の文の□に入るように、〔　〕内の形容動詞を適切に活用させて答えなさい。

(1) 全世界が□あることを望んでいる。〔平和だ〕
(2) 地元の人が□案内してくれた。〔親切だ〕
(3) 兄はとても□性格だ。〔慎重《しんちょう》だ〕
(4) 波が□ば、出航しよう。〔穏《おだ》やかだ〕
(5) 飼い犬のいる生活は□た。〔幸せだ〕

解答

1 Aで　Bに　Cな〈A・B順不同〉
2 (1)連体形　(2)未然形　(3)仮定形　(4)連用形　(5)連用形
3 (1)平和で　(2)親切に　(3)慎重な　(4)穏やかなら　(5)幸せだっ

解説

2 (1)「景色」という名詞(体言)に続くので連体形。
(2)「う」に続くので未然形。
(3)「ば」に続くので仮定形。
(4)動詞の「ある」に続くので連用形。
(5)「た」に続くので連用形。

3 (1)動詞「ある」に続くので、連用形の「平和で」が入る。
(2)「案内して」を修飾《しゅうしょく》するので、連用形の「親切に」が入る。
(3)「性格」という名詞に続くので、連体形の「慎重な」が入る。
(4)「ば」に続くので、仮定形の「穏やかなら」が入る。
(5)「た」に続くので、連用形の「幸せだっ」が入る。

練習問題

解答➡552ページ

1 **次の――線部の形容動詞の活用形を、それぞれ答えなさい。**

(1) 携帯《けいたい》電話はとても便利である。
(2) 教室の中が静かになった。
(3) 新鮮《しんせん》な気持ちで新学期を迎《むか》える。
(4) この装備で登山をするのは危険だろう。
(5) 昨日のパーティーは華《はな》やかだった。
(6) 合唱団の歌声はとてもすてきでした。

2 **次の――線部のうち、ほかと品詞が異なるものを一つ選び、記号で答えなさい。**

ア 夜空に星がかすかに見える。
イ 私はパンケーキが大好きだ。
ウ 山の上に建っている城は大きい。
エ のどかな農村の絵を描《えが》く。
オ このたびは丁寧《ていねい》な説明をありがとうございました。

3 **次の文章中から形容詞と形容動詞をすべて抜《ぬ》き出し、その活用形を答えなさい。**

十月になると高く澄《す》んだ空に、涼《すず》しい風が吹《ふ》き始め、季節の深まりをしみじみと感じるようになってきた。穏やかで豊かな実りの季節の到来《とうらい》である。

4 **次の――線部の形容動詞の用法の説明として適切なものをあとから選び、記号で答えなさい。**

(1) 財布《さいふ》をなくしたのは、お気の毒様と言うしかない。
(2) 彼《かれ》の態度は立派と言うしかない。
(3) あの人は、いつもこぎれいな洋服を着ている。
(4) 姉は満開の桜を見て、「ああ、きれい。」と言った。
(5) 彼女《かのじょ》は友情のたいせつさをかみしめていた。

ア 語幹だけで言い切ったもの。
イ 語幹が名詞として用いられたもの。
ウ 語幹に接尾《せつび》語をつけて、名詞として用いられたもの。
エ 接頭語がついたもの。
オ 接頭語と接尾語がついたもの。

4 名詞

入試重要度 ★☆☆

① 名詞の性質

1 名詞とは

名詞とは、**事柄《ことがら》や事物の名称《めいしょう》を表す単語**である。特に**体言**とも呼ばれる。

2 名詞の性質

名詞は、主語や述語になり、単独で文節を作ることができる**自立語**である。**活用しない**。また、「の」「で」「を」などを伴《ともな》って、体言（名詞）を修飾《しゅうしょく》する**連体修飾語**となったり、用言（動詞・形容詞・形容動詞）を修飾する**連用修飾語**となったりする。

例 先生の教科書を借りた。→**「教科書」（名詞）を修飾する連体修飾語**
キャプテンにボールを渡《わた》す。→**「渡す」（動詞）を修飾する連用修飾語**

また、単独で独立語の文節を作ることができる。

例 田中さん、この問題についてどう思いますか。
日本、それがこの島国の名前だ。

例題

1 次の文から、名詞をすべて抜《ぬ》き出しなさい。

(1) サッカーの試合に出るので、僕《ぼく》はここを朝の八時に出発する。

(2) 昨日は夜遅《おそ》い時間まで友達と電話で話してしまい、寝《ね》不足だ。

参考 代名詞の用語

自称…自分のこと。
対称…自分と一緒《いっしょ》にいる相手。
他称…自分と相手以外の人。
不定称…わからない場合。
近称…自分に近い。
中称…相手に近い。
遠称…自分からも相手からも遠い。

くわしく 代名詞と他の品詞との区別

●連体詞…この・その・あの・どの
↓あとに「**もの**」をつけられる。
●副詞…こう・そう・ああ・どう
↓あとに「**する**」をつけられる。
●形容動詞…こんなだ・そんなだ・あんなだ・どんなだ
↓「**ーなもの**」という形になる。

解答

1 (1) サッカー・試合・僕・ここ・朝・八時
(2) 昨日・夜・時間・友達・電話

② 名詞の種類

普通《ふつう》名詞	一般《いっぱん》的な物事の名前を表す。	例 犬・山・海・植物・戦争・テレビ
固有名詞	特定の人や国や地域など、一つしか存在しない物事の名前を表す。	例 東京・フランス・福沢諭吉《ふくざわゆきち》
数詞	数量や順序を数字を使って表す。	例 一本・二時・三番目・四パーセント
形式名詞	もとの意味が薄《うす》れ、補助的・形式的に用いられる。	例 おもしろいこと・困ったとき・私の書いたもの・暑いため
代名詞	物事の名称《めいしょう》を言う代わりに、その物事を指し示す働きをする。	例 わたし・あなた・これ・それ・どれ・こっち・あっち

注意したい名詞

①複合名詞…**二つ以上の単語が合わさって一語になった**名詞。
例 腕《うで》＋時計→腕時計　落ちる＋葉→落ち葉　近い＋道→近道

②転成名詞…**動詞・形容詞の連用形や語幹から転じた**名詞。
例 遊ぶ→遊び　考える→考え　近い→近く

③接頭語や接尾《せつび》語がついて一語になった名詞。
例 接頭語…お菓子《かし》・ご夫妻・全世界・当銀行・諸事情
接尾語…山本君・君たち・美しさ・温かみ・人間性

参考 形式名詞の表記
形式名詞は平仮名《がな》で書くのが一般的である。
例 遠い所へ行く。〈普通名詞〉
今出かけるところだ。〈形式名詞〉

くわしく 形式名詞の働き
●上に連体修飾語をつけて使われる。
例 大変なことになった。
きっと来るはずです。
●助詞や「だ(です)」などをつけないでそのまま使われる。
例 出かけるとき、鍵《かぎ》を閉める。〈連用修飾語をつくる〉
忙《いそが》しいため、会えない。〈接続部をつくる〉

くわしく 人称《にんしょう》代名詞と指示代名詞
人称代名詞…人を指し示す。
例 私・僕《ぼく》・君・あなた・彼《かれ》・彼女《かのじょ》
指示代名詞…物事や場所を指し示す。
例 これ・それ・あれ・どれ・ここ・そこ

例題

1 次の――線部の名詞の種類を答えなさい。

(1) 兄はドイツに留学している。
(2) テストのときに役に立つ。
(3) 前から四番目にすわる。
(4) グラウンドを走り回る。

2 次の――線部が代名詞である文をすべて選び、記号で答えなさい。

ア 母は、ピアノが得意です。
イ 彼女《かのじょ》は、ピアノが得意です。
ウ どのメニューを食べるか、迷う。
エ どれを食べるか、迷う。

3 次の文章中の――線部の名詞の種類を答えなさい。

A中学校に入ったとき、BKという友人ができた。
C私はその中学に、同じ私学の小学校（当時は国民学校と呼ばれ、私はそのD第一回卒業生に当《あた》る）から進学したのだったが、小学校のころは、まともに十日間とつづけて登校できなかったひ弱な子供だった。……もっとも、両親がうるさくなかったのをいいEことに、宿題をサボっては腹が痛いといい、寝坊《ねぼう》しては頭痛を訴《うった》え、といった怠《なま》け癖《ぐせ》からの欠席も多かったが、とにかく、私は勉強もせず、といって運動好きの暴れん坊でもなく、しょっちゅう風邪《かぜ》ばかり引いている、ぐうたらで気の弱い子供だった。

（山川方夫《やまかわまさお》「Kの話」）

解答

1 (1)固有名詞 (2)形式名詞 (3)数詞 (4)普通名詞
2 イ・エ
3 A普通名詞 B固有名詞 C代名詞 D数詞 E形式名詞

解説

1 (1)国名を表すので固有名詞。
(2)「とき」という語のもとの意味が薄《うす》れて形式的に用いられている。
(3)順序を数字で表している。
(4)一般《いっぱん》的な事物を表すので普通《ふつう》名詞。

2 **ア**は普通名詞、**イ**は(人称《にんしょう》)代名詞、**ウ**は連体詞、**エ**は(指示)代名詞。

3 ――線部Bの「K」は人物名なので、普通名詞ではなく固有名詞であることに注意する。

練習問題

解答→553ページ

1 **次の文中から、名詞をすべて抜《ぬ》き出しなさい。**

今年の夏は暑い。暑さで体が溶けてしまいそうだ。今日の最高気温は、三十五度。かつて日本はここまで暑くなかった気がする。

2 **次の名詞の中で、一つだけ種類の異なるものを選び、記号で答えなさい。**

(1) **ア** 体操　**イ** 桜　**ウ** 遊園地　**エ** 彼女《かのじょ》　**オ** ペン
(2) **ア** 沖縄　**イ** 佐渡《さど》　**ウ** 首都　**エ** 黄河《こうが》　**オ** パリ
(3) **ア** 三月　**イ** いくつ　**ウ** 20年　**エ** 何時間　**オ** 今夜
(4) **ア** ひと　**イ** こと　**ウ** ところ　**エ** もの　**オ** ため
(5) **ア** どちら　**イ** どの　**ウ** どなた　**エ** どれ　**オ** どこ

3 **次の文中の――線部から、(1)普通《ふつう》名詞・(2)固有名詞・(3)数詞・(4)代名詞を選び、記号で答えなさい。**

海からの風が、［A］初夏の匂《にお》いを運んでいた。左に瑠璃《るり》色の［B］太平洋、右に乳牛が草を食《は》む牧場を見ながら、山は山峡《さんきょう》に向かった。［C］五月の末で、樹々《きぎ》はまばゆいばかりの黄緑色に輝《かがや》いていた。［D］ぼくがまだ［E］弁護士になって［F］三年目ぐらいの、二十代後半の［G］頃《ころ》の［H］ことだった。

その日、ぼくを含《ふく》めた裁判所の関係者たちは、東京から、空路はるばる［I］北海道へ交通事故の現場検証にやってきたのだ。［J］慰安《いあん》旅行の老人たちを乗せた［K］マイクロバスが、函館近《はこだてきん》郊《こう》のカーブになった山道で崖下《がけした》に転落した。その現場を、見に行く［L］ためである。

（加茂隆康《かもたかやす》「海からの風」）

4 **次の文中から代名詞を抜き出し、a人称代名詞とb指示代名詞に分けて、記号で答えなさい。**

(1) あなたの家には、こんなに広い庭があるのですね。
(2) こう暑いと、ここよりも涼《すず》しい場所に行きたくなるよ。
(3) どなたか傘《かさ》を持っておられる方はありませんか。
(4) その方がずっと探しておられたのはどちらですか。
(5) あなたは、この中でどれを選ぶつもりですか。
(6) そして、この連中の中で上下がつくとすれば、それはあくまで釣魚術《ちょうぎょじゅつ》の上手下手によるものだった。こういう世界は常にそのようなものだ。

5 副詞

入試重要度 ★★☆

① 副詞の性質

1 副詞とは

副詞とは、主として**用言（動詞・形容詞・形容動詞）を修飾《しゅうしょく》する単語**である。

2 副詞の性質

単独で文節を作ることができる**自立語**で、**活用しない**。また、**主語にも述語にもならない**。

副詞は、主として用言を修飾する。また、ほかの副詞を修飾することもある。

例 寝《ね》る前に本を少し読む。→**「読む」（動詞）を修飾。**

今日の人出はかなり多い。→**「多い」（形容詞）を修飾。**

この店は、いつもはもっとにぎやかだ。→**「にぎやかだ」（形容動詞）を修飾。**

昨日の夕立はもっとザアザア降った。

→**「もっと」は「ザアザア」（副詞）を修飾。「ザアザア」は「降った」（動詞を含《ふく》む文節）を修飾。**

例題

1 次の文から副詞をすべて抜《ぬ》き出しなさい。

昨夜は風がびゅうびゅう吹《ふ》いて、帰り道はすこぶる寒かった。

くわしく 副詞の特別な用法

● 「の」を伴《ともな》って**連体修飾語**になる。

例 彼《かれ》をしばらくの間待っていた。

● 「だ」「です」を伴って**述語**になる。

例 駅まではもうすぐだ。

● 時・場所・数などを表す体言を修飾する。

例 彼女《かのじょ》とはずっと昔に出会った。

くわしく 擬声《ぎせい》語・擬態語

擬声語…**物音や声の感じ**を音でまねた言葉。擬音語ともいう。

例 犬がワンワンほえる。

擬態語…**物の状態や動作の感じ**を表した言葉。

例 赤ちゃんがすやすや眠《ねむ》る。

擬声語・擬態語は**状態の副詞**で、片仮《かたか》名《な》で表記される場合もある。

解答

1 びゅうびゅう・すこぶる

解説

1 「びゅうびゅう」は「吹いて」、「すこぶる」は「寒かった」の文節を修飾する。

② 副詞の種類

①状態の副詞

主に動詞を修飾して、その状態を説明するもの。

例 姉がいきなり笑い出した。　祖父は毎朝のんびり散歩する。
夕立がザーザー降ってきた。　夜空に星がきらきら光る。

②程度の副詞

用言を修飾して、被《ひ》修飾語の程度を示すもの。ほかの副詞や体言を修飾することもある。

例 友達をずいぶん待った。**↓動詞を含む文節を修飾**
この問題はやや難しい。**↓形容詞を修飾**
部屋はたいへん静かだった。**↓形容動詞を含む文節を修飾**
もっとゆっくり話そう。**↓ほかの副詞を修飾**
入場料はわずか百円です。**↓体言を修飾**

③陳述《ちんじゅつ》の副詞

あと(文末など)に、必ず決まった言い方がくるもの。「**呼応の副詞**」「**叙述《じょじゅつ》の副詞**」ともいう。**話し手の判断や気持ちなどを表す。**

• **おそらく・たぶん・さぞ…推量**の言い方と呼応する。

例 おそらく雨は降らないだろう。

• **決して・まったく・少しも…打ち消し**の言い方と呼応する。

例 彼《かれ》の気持ちがまったくわからない。

参考 陳述の副詞で呼応しないもの

「あいにく」「もちろん」のように、特定の語と呼応しないが、話し手の判断や気持ちなどを表す陳述の副詞もある。

例 あいにく都合が悪く、欠席します。
私はあなたの意見にもちろん賛成します。

注意! 他の品詞の副詞的用法

●**名詞**の副詞的用法
遊園地に明日行きます。

●**形容詞**の副詞的用法
とても懐《なつ》かしく思われる。

●**形容動詞**の副詞的用法
とてもにぎやかに行われた。

※形容詞や形容動詞の連用形と副詞との区別に注意しよう。形容詞や形容動詞は活用するが、副詞は活用しない。

●まさか・よもや…打ち消しの推量の言い方と呼応する。
例 まさか彼女《かのじょ》は断らないだろう。
●どうして・なぜ…疑問や反語の言い方と呼応する。
例 どうして悲しくなるのか。
●どうか・どうぞ・ぜひ…願望の言い方と呼応する。
例 来年はぜひ海外旅行をしたい。
●ちょうど・まるで・あたかも…たとえの言い方と呼応する。
例 まるで夢のような一日だった。
●もし・たとえ・かりに…仮定の言い方と呼応する。
例 もし雨が降れば、試合は中止になる。
●むろん・当然・もちろん…断定の言い方と呼応する。
例 もちろん私の責任だ。

例題

1 次の――線部の副詞が修飾《しゅうしょく》している文節を抜《ぬ》き出しなさい。
(1) その対策の効果がはっきりと現れたのは、すばらしい。
(2) 先生のお話にはかなりの生徒が心を動かされていたようだ。
(3) 朝から日差しが強く、とても気温が上がっている。

2 次の(　)に入る副詞をあとから選び、記号で答えなさい。
(1) (　)失敗しても、くじけない。
(2) (　)彼《かれ》の活動に協力したい。
(3) (　)約束を破らないと誓《ちか》った。
(4) (　)母は許してくれるだろう。
ア たぶん　イ たとえ　ウ 決して　エ ぜひ

くわしく 副詞の位置

副詞は、すぐあとの文節だけではなく、文節を隔《へだ》てて修飾する場合もあるが、できるだけ修飾する文節(被修飾語)の近くに置くほうが、修飾・被修飾の関係がはっきりする。
例 もっと大きな箱をたくさん持ってきてください。
→「たくさん」を修飾したつもりであったとしても、「大きな」を修飾するものと解釈《かいしゃく》される可能性が高い。「大きな箱をもっとたくさん持ってきてください。」とするとよい。

解答
1 (1)現れたのは　(2)生徒が　(3)上がって
2 (1)イ　(2)エ　(3)ウ　(4)ア

解説
1 副詞は基本的に用言(動詞・形容詞・形容動詞)を修飾するが、(2)のように体言(名詞)を修飾する場合もある。
2 (1)は仮定、(2)は願望、(3)は打ち消し、(4)は推量の言い方に呼応する陳述《ちんじゅつ》の副詞を選ぶ。

練習問題

解答→553ページ

1 **次の——線部の副詞が修飾《しゅうしょく》している文節を答えなさい。**

(1) かなり強い雨が午後から降るらしい。

(2) この活動にぜひご協力をお願いします。

(3) 大きな犬にほえられて少しこわかった。

(4) たとえこれに失敗したとしても、くじけないことだ。

(5) 休日にはかなりの人出が予想される。

2 **次の——線部が程度の副詞であるものを選び、記号で答えなさい。**

ア 出かけるときには鍵《かぎ》をきちんとしめなさい。

イ 父は先生よりもずっと若い。

ウ じっと海を見ていると、心が落ち着く。

エ ハンカチをそっと差し出した。

3 **次の——線部の副詞の性質がほかと異なるものを選び、記号で答えなさい。**

ア 人にじろじろ見られる。

イ 雨がざあざあ降る。

ウ 牛がのろのろ歩く。

エ 楽しみでわくわく胸がおどる。

4 **次の文章の——線部から副詞をすべて選び、記号で答えなさい。**

庄兵衛《しょうべえ》は心の内に思った。Aこれまでこの高瀬舟《たかせぶね》の宰領《さいりょう》(監督官《かんとく》)をしたことは、幾《いく》たびだか知れない。しかし、乗せていく罪人は、いつもBほとんど同じように、目も当てられぬ気の毒な様子をしていた。それにこの男はどうしたのだろう。遊山船《ゆさんぶね》(遊覧船)にでも乗ったような顔をしている。罪は弟を殺したにせよ、よしやその弟が悪いやつで、それをCどんな行きがかりになって殺したにせよ、人の情としていい心持《こころもち》はせぬはずである。この色の蒼《あお》いやせ男が、その人の情というものがDまったく欠けているほどの、世にもEまれな悪人であろうか。Fどうもそうは思われない。Gひょっと気でも狂《くる》っているのではあるまいか。いやいや。それにしては、何一つ辻褄《つじつま》の合わぬ言葉や挙動がない。この男はHどうしたのだろう。

(森鷗外《もりおうがい》「高瀬舟《たかせぶね》」)

6 連体詞

入試重要度 ★☆☆

① 連体詞の性質

1 連体詞とは

連体詞とは、主として**体言を含《ふく》む文節を修飾《しゅうしょく》する単語**である。

2 連体詞の性質

単独で文節を作ることができる**自立語**で、**活用しない**。また、**主語にも述語にもならず**、単独で**連体修飾語**になる。

例外的に、体言以外に続く場合もある。

例 そのようだ…「ようだ」は助動詞　そのぐらい…「ぐらい」は助詞

② 連体詞の種類

- **「～の」の型** 例 この・その・あの・どの・例の・ほんの
- **「～な」の型** 例 大きな・小さな・おかしな・いろんな
- **「～た(だ)」の型** 例 たいした・たった・ばかげた・とんだ
- **「～る」の型** 例 あらゆる・いかなる・いわゆる・ある・さる・きたる
- その他のもの 例 わが(国)・あらぬ(疑い)

くわしく ほかの品詞から生まれた連体詞

連体詞は、ほかの品詞から転成したものが多い。

①**代名詞**からの転成
これ・それ・あれ・どれ（代名詞）
↓この・その・あの・どの（連体詞）

②**形容詞**からの転成
大きい・小さい・おかしい（形容詞）
↓大きな・小さな・おかしな（連体詞）

③**動詞**からの転成
ある・去る・来《きた》る・明ける（動詞）
↓ある・さる・きたる・あくる（連体詞）

④**名詞＋助動詞**からの転成
単（名詞）＋なり（助動詞）
↓単なる（連体詞）

⑤**名詞＋助詞**からの転成
わ（名詞）＋が（助詞）↓わが（連体詞）

参考 連体詞の特別な用法

指示語として用いられる連体詞は、名詞のほかに、助動詞(ようだ)や助詞(くらい)を修飾することがある。

例 このように考えられる
そのくらいの高さ

ほかの品詞との区別

・代名詞との区別

例 この花は美しい。（連体詞）　これは美しい花だ。（代名詞）

・動詞との区別

例 ある人のものです。（連体詞）　たいせつな話がある。（動詞）

・形容詞との区別

例 小さな出来事だ。（連体詞）　小さい出来事だ。（形容詞）

・形容動詞との区別

例 とてもおかしな話だ。（連体詞）　とても愉快《ゆかい》な話だ。（形容動詞）

・副詞との区別

例 この前の事件のことだ。（連体詞）　少し前の事件のことだ。（副詞）

例題

1 次の文から連体詞をすべて抜《ぬ》き出しなさい。

弟は小さな体だが、足がとても速くて、先週ある競技会で優勝した。

2 次の――線部が連体詞のものをすべて選び、記号で答えなさい。

ア 有名な人物と会ってみたい。　イ いろんな経験をしてきた。

ウ おかしな人だと思われた。　エ いろいろな本を読んでいる。

くわしく 連体詞と形容動詞の見分け方

上段の例にある「とてもおかしな話だ。」と「とても愉快な話だ。」の「おかしな」「愉快な」は、同じような形をしているため、一見するとどちらも形容動詞の連体形のように見える。これらの語を活用させてみると、その違《ちが》いがはっきりする。

おかしな→×おかしだ（活用がない）

愉快な→○愉快だ（活用がある）

「おかしな」は形容動詞の言い切りの形にしようとするとまさしく「おかしな」形になってしまう。したがって、「おかしな」は形容動詞ではないことがわかる。

解答

1 小さな・ある

2 イ・ウ

解説

1 「小さな」は「小さい」という形容詞から転成したもの。活用しないので連体詞である。

2 アは「有名だ・有名なら」、エは「いろいろだ・いろいろなら」のように活用するので形容動詞。

練習問題

解答↓554ページ

1 **次の――線部が連体詞のものをすべて選び、記号で答えなさい。**

ア あちらの店をのぞいてみよう。
イ あの店をのぞいてみよう。
ウ おかしい話を聞いた。
エ おかしな話を聞いた。
オ 小さな子供が公園で遊んでいる。
カ 小さい子供が公園で遊んでいる。

2 **次の――線部が連体詞のものをすべて選び、記号で答えなさい。**

ア ほんの気持ちの品を受け取ってください。
イ みんなの望んでいた結果になった。
ウ あそこの島は何という島ですか。
エ どの本があなたのものですか。

3 **次の文の――線部が直接修飾《しゅうしょく》している文節を抜《ぬ》き出して答えなさい。**

この美しい星は、私たちのかけがえのない地球だ。

4 **次の文章中の――線部から連体詞でないものをすべて選び、記号で答えなさい。**

昨夜蜘蛛《くも》を殺してしまった。体長四、五センチ、足を広げると大人の男性の手のひらほどもある、A大きな蜘蛛である。

庭にいるのならB少しもかまわないのだが、Cどういうわけか D この種の蜘蛛は、人間と同居して天上などを這《は》いまわる。網状《あみじょう》の巣はかけない。毎年、夏ごとに、かならず三度か四度は姿を見かけ、Eそのつど大騒《おおさわ》ぎをして気味悪い思いをする。きのう殺した一匹《いっぴき》も、じつは一週間ほど前、電話中にFすぐそばへバタッと落下して来たのであった。

蜘蛛の不思議さは、間違《まちが》いなく抑《おさ》え込《こ》んだはずなのに、こわごわ箒《ほうき》を上げてみると、どこへGどうやって逃《に》げたか、姿が消えている点にある。毎年、この手で見失うので、昨夜の私は懸命《けんめい》に箒を叩《たた》きつけた。ゾンビの再生を恐怖《きょうふ》するような心境だった。

（杉本苑子《すぎもとそのこ》「蜘蛛《くも》を殺す」）

超《ちょう》簡単な？連体詞

先生　かいさんは、文法が大嫌《きら》いって言ってたよね。

かい　そう。でも、連体詞だけは大好きだよ。

先生　えっ、どうして？

かい　だって、「連体詞」って、つまり、体言に連なる品詞っていうことでしょ？　超簡単じゃん。

先生　ま、それはそうだけど。じゃ、例えばどんな言葉があるか、例を挙げてみて。

かい　「この本・その話」の「この」や「その」とか、「あらゆる問題・いかなる国」なんかの「あらゆる」や「いかなる」とかでしょう。それに、「静かな人・小さい花」の「静かな」や「小さい」なんかもそうだよね。体言に連なっているし。

先生　ちょっと待って！　かいさん、連体詞のもう一つの特《とく》徴《ちょう》を忘れてない？

かい　「体言に連なる」以外に、何かあるんだっけ？

先生　「活用がない」ということだよ。「この」や「その」、「あらゆる」などは、体言に連なるし活用しないから、確かに連体詞だけど、「静かな」や「小さい」は活用するから、連体詞ではないんだよ。

例えば「静かな人」の「静かな」の終止形は、「静かだ」。「静かだ」は、次のように活用します。
「静かだ」の活用
静かだろう。（未然形）
静かで、暗い。（連用形）
とても静かだ。（終止形）
静かな人。（連体形）
静かならばいいのに。（仮定形）
「う」につくときは「静かだろ」に変わっているな。つまり活用があるから、連体詞じゃないってことか。

かい　なるほど、わかりました、先生。

先生　ついでに言えば、「小さい花」の「小さい」は形容詞の連体形だけれど、「小さな」は連体詞なのです。

かい　え～っ、もういいよ。難しくて連体詞も嫌いになりそうだから。

7 接続詞・感動詞

入試重要度 ★☆☆

① 接続詞の性質

1 接続詞とは

接続詞とは、**単独で接続語となり、文と文、文節と文節・単語と単語とを結びつけてその関係を示す単語**である。

2 接続詞の性質

単独で文節を作ることができる**自立語**で、**活用しない**。また、**主語**、**述語**、**修飾語《しゅうしょく》にはならない**。

用法	働き・語例と用例
順接	前に述べた事柄《ことがら》が原因・理由となり、あとにその順当な結果や結論がくる。 例 だから・それで・そこで・したがって・ゆえに・すると・よって 懸命《けんめい》に練習した。だから、優勝できた。
逆接	前に述べた事柄から予想されるのとは逆の関係にある事柄があとにくる。 例 だが・しかし・でも・けれども・ところが・が・しかしながら 懸命に練習した。だが、予選で敗退した。
並立《へいりつ》・累加《るいか》	前の事柄に、あとの事柄を並べたりつけ加えたりする。 例 そして・それから・また・しかも・そのうえ・なお 山に行った。そして、海にも行った。

注意! 接続詞と紛《まぎ》らわしい語

- **あるいは**…「ひょっとすると」「もしかしたら」という意味であれば、副詞。
  例 彼《かれ》はあるいは来ないかもしれない。
- **また**…「この次」「再び」という意味であれば、副詞。
  例 気をつけていたのにまた忘れ物をしてしまった。
- **が**…ほかの自立語といっしょに文節を作っているときは、助詞。
  例 傘《かさ》を持っていったが雨は降らなかった。
- **けれども**…ほかの自立語といっしょに文節を作っているときは、助詞。
  例 がんばったけれども負けてしまった。

※ほかの語の修飾語になっているか、単独で文節を作っているかどうかを確認《かくにん》する。

説明・補足	前の事柄について、あとで説明を補ったり、言い換《か》えをしたりする。 例 すなわち・ただし・なぜなら(ば)・つまり 休んでください。ただし、十分間だけです。
対比・選択《せんたく》	前とあとの事柄とを比べたり、どちらかを選択したりする。 例 あるいは・もしくは・それとも・または・一方 朝から行きますか、それとも、昼からにしますか。
転《てん》換《かん》	話題を変える。 例 ところで・さて・では・ときに ゲームは楽しかった。さて、次は勉強するとしよう。

例題

1 次の文章から接続詞をすべて抜《ぬ》き出しなさい。

昨日はかぜで、学校を欠席した。すると、夕方、友達が心配して家に来てくれた。しかも、授業のノートを貸してくれた。が、僕《ぼく》は、かぜをうつすと悪いので、直接お礼を言うことができなかった。

2 次の――線部が接続詞のものをすべて選び、記号で答えなさい。

ア 今日は一日中雨だった。明日もまた雨が降るらしい。
イ 兄は英語が得意だ。また、数学もよくできる。
ウ コンビニに買い物に行った。そこで偶然《ぐうぜん》友人と出会った。
エ どうしても見たいテレビ番組があった。そこで、早めに勉強を終えた。

くわしく 副詞との区別

副詞は文中でその語の位置を変えることができるが、接続詞は語の位置を変えることができない。

例 太郎《たろう》は、今日もまた来た。
「また」は、「また今日も来た。」と語の位置を変えられるので、**副詞**。

例 太郎も来たし、また、次郎も来た。
「また」を「次郎もまた来た」とすると文意が変わるので、**接続詞**。

解答
1 すると・しかも・が
2 **イ・エ**

解説
1 「ので」は接続助詞。
2 **ア**は、「降るらしい」という動詞を含《ふく》む文節を修飾する副詞。**イ**は、並立の働きをする接続詞。**ウ**は、代名詞「そこ」＋助詞「で」。**エ**は、順接の働きをする接続詞。

② 感動詞の性質

1 感動詞とは

感動詞とは、**単独で一つの文節や文を作る独立語であり、感動・呼びかけ・応答・挨拶《あいさつ》などの意味を表す単語**である。

2 感動詞の性質

感動詞は、単独で文節を作ることができる**自立語**で、**活用はない**。また、**主語・述語・修飾語《しゅうしょく》・接続語にはならない**。

種類	語例と用例
感動	例 ああ・あれ・えっ・おお・おや・まあ・あら・わあ まあ、かわいい子猫《こねこ》だこと。
呼びかけ・注意	例 おい・こら・さあ・ねえ・もしもし・やあ・よう ねえ、一緒《いっしょ》に行こうよ。
応答	例 はい・うん・いいえ・いや・ええ・なに はい、これから始めます。
挨拶	例 おはよう・こんにちは・こんばんは・さようなら こんにちは、皆《みな》さん。
かけ声	例 えいっ・それ・よいしょ・わっしょい・どっこいしょ よいしょ、この荷物は重いなあ。

くわしく 一単語でも一文になる感動詞

例
- 「まあ。」母はそれを見て、目を丸くして言った。
- 「おはよう。」朝の教室に、その言葉が明るく飛びかった。
- 「わっしょい。」みこしをかつぐ声が町中に響《ひび》きわたった。

注意! 文末にも用いられる感動詞

例
- いったいどうしたんだ、ええっ。
- しっかりしろよ、おい。
- 遊園地に行こうよ、ねえ。

右のように文末に感動詞を用いると、**文意を強調する**ことができる。

参考 挨拶の感動詞

挨拶の感動詞には、複数の語が組み合わさってできたものがある。

例
- 今日＋は→こんにちは
- 左様《さよう》＋なら(ば)→さようなら
- 申す＋申す→もしもし

3 ほかの品詞との区別

・副詞との区別

ああ、なんて美しい景色だ。（感動詞）

ああするより仕方がなかったんだ。（副詞）→「する」を修飾している。

・代名詞との区別

あれ、なんだか変だなあ。（感動詞）

あれはなんですか。（代名詞）→主語を形成している。

・助詞（感動を表す終助詞）との区別

ねえ、もう帰ろうよ。（感動詞）　それは大変だったねえ。（助詞）

なあ、この辺で休もう。（感動詞）　遠くまで来たなあ。（助詞）

例題

1 次の文中から感動詞をすべて抜《ぬ》き出しなさい。

さあ、ご飯にしましょう。あら、太郎《たろう》さんがいないわ。ちょっと、洋子さん、太郎さんを呼んできて。

2 次の――線部が感動詞のものをすべて選び、記号で答えなさい。

ア おや、誰《だれ》かが来たみたいだ。

イ 先生がそうおっしゃいました。

ウ いいえ、それは私のものではありません。

エ パリ、一度は訪《おとず》れてみたいものだ。

解答

1 さあ・あら・ちょっと

2 **ア・ウ**

解説

2 **イ**は、「おっしゃいました」を修飾する副詞。**エ**は、独立した文節だが、固有名詞。**ア・ウ**はそれぞれ感動と応答を表す感動詞。

練習問題

解答↓554ページ

1 **次の――線部が接続詞のものをすべて選び、記号で答えなさい。**

ア 疲《つか》れたけれども、楽しい一日だった。
イ 来年もまた会いましょう。
ウ 洋食、あるいは中華《ちゅうか》料理のどちらが食べたいですか。
エ 彼《かれ》は才能があり、また、努力家である。
オ 十分休んだが、まだ元気が出ない。
カ 先生にうかがえば、あるいはわかるかもしれない。

2 **次の――線部が感動詞のものをすべて選び、記号で答えなさい。**

ア ああ、おもしろかったね。
イ ああするより仕方がなかった。
ウ あれ、あなたも来ていたのですか。
エ あれは、誰《だれ》の帽子《ぼうし》ですか。
オ もう、しょうがないなあ。
カ もう締《し》め切りが過ぎてしまったよ。

3 **次の――線部の感動詞の意味をあとから選び、記号で答えなさい。**

(1) あら、なんてすばらしい景色でしょう。
(2) さようなら、また明日ね。
(3) おうい、早くおいでよ。
(4) はい、それは私のものです。

ア 挨拶《あいさつ》　**イ** 呼びかけ　**ウ** 感動　**エ** 応答

4 **次の――線部の接続詞と同じ働きをするものをあとから選び、記号で答えなさい。（同じものは二度選べない。）**

(1) お久しぶりです。ところで、ご家族はお元気ですか。
(2) 頂上までの道のりは困難だ。だが、あきらめない。
(3) これにしますか。それとも、あれにしますか。
(4) デザートはりんごとみかんだった。つまり、果物だ。
(5) 昨年はアメリカに行った。また、イギリスにも行った。
(6) 詳《くわ》しく説明した。それで、みんなに納得《なっとく》してもらえた。

ア しかし　**イ** そのうえ　**ウ** もしくは
エ それゆえ　**オ** すなわち　**カ** さて

章末問題

解答→555ページ

1 **次の――線部の語の活用形と同じ活用形で使われている動詞をあとから選び、記号で答えなさい。**

しっかりと練習したから試合に勝つことができた。

ア 明日友達に話そう。
イ 眠《ねむ》くて起きられない。
ウ 窓を開けました。
エ 五時までには帰ってこい。

〔和歌山〕

2 **次の――線部の動詞の中で、活用形がほかと異なるものを選び、記号で答えなさい。**

ア ゴール直前で抜《ぬ》かれて悔《くや》しかったです。
イ 四月になり桜がきれいに咲《さ》きました。
ウ 祖母は抽選《ちゅうせん》に当たって大喜びしました。
エ のどが渇《かわ》いたのでお茶を飲みたいです。
オ 今まで聞いた話の中でいちばん感動しました。

〔福島〕

3 **次の――線部「聞く」と活用の種類が同じ動詞をあとから選び、記号で答えなさい。**

先日、五年ぶりに帰国した叔父《おじ》と会って話を聞く機会があった。海外で事業を成功させた人物だけあって、話題は多岐《たき》にわたり、会話は示唆《しさ》に富むものであった。

ア 海外から、多くの留学生が日本に来ている。
イ 雪が降りつもる様子を、窓から眺《なが》めている。
ウ 美術の授業で、二色の絵の具を混ぜる。
エ 目を閉じて、中学校での生活を振《ふ》り返る。

〔新潟―改〕

4 **次の――線部と同じ働きをしている「いる」をあとから選び、記号で答えなさい。**

一年後には高校に入学している自分を想像して、胸がわくわくする。

ア 君の力がどうしてもいる。
イ この湖の水は澄《す》んでいる。
ウ この音色は胸にしみいる。
エ 私の兄はロンドンにいる。

〔奈良―改〕

5 **次の文の□に入るように、「よい」という形容詞の活用語尾《ごび》を答えなさい。**

博士は資料を見ながら、どうしたらよ□うと考えていた。〔北海道〕

6 **次の——線部「確かに」と品詞が同じものをあとから選び、記号で答えなさい。**

私のノートは、確かに昨日までこの机の上に置いてあったはずだ。

ア 大きな意味を持つ。
イ 静かな環境《かんきょう》で過ごす。
ウ 直ちに出発する。
エ 実におもしろい本だ。

〔三重—改〕

7 **次の文章を読んで、あとの問いに答えなさい。**

〔Ⅰ〕汽船は、ゆっくりした速度で岸壁《がんぺき》を離《はな》れてゆく。エンジンは、①強い②たくましい音をひびかせている。その音と音との間隔《かんかく》が③こまかく④滑《なめ》らかにひびきはじめたときには、汽船は⑤白い飛沫《ひまつ》を散らしながら、水を分けて⑥勢いよく進んでゆくことになる筈《はず》だ。

〔Ⅱ〕そうなるのを待たず、彼女《かのじょ》は船室の壁《かべ》にもたれてコンパクトの蓋《ふた》を開いた。蓋の裏側の小さな鏡に顔を映す。顔は青い。

〔吉行淳之介《よしゆきじゅんのすけ》「島へ行く」〕

(1) 〔Ⅰ〕の文章中の①〜⑥の品詞名を答えなさい。
(2) 〔Ⅱ〕の文章中の形容詞と形容動詞を抜《ぬ》き出し、活用形を答えなさい。ただし、ない場合は×と答えなさい。

8 **次の文の□に入る言葉として最も適切なものをあとから選び、記号で答えなさい。**

彼《かれ》がこの本に興味をもったのは、□友人の影響《えいきょう》だろう。

ア とっくに　**イ** もしも　**ウ** おそらく
エ なくなく

〔滋賀〕

9 **次の文の□に入る言葉として最も適切なものをそれぞれあとから選び、記号で答なさい。**

(1) □今は別れても、きっと会える日が来るだろう。
ア たとえ　**イ** どうか　**ウ** かなり
エ あまり

(2) □実際に見てきたかのような話しぶりであった。
ア さっぱり　**イ** あたかも　**ウ** ぜひとも
エ めったに

〔岡山〕

10 **次の文章を読んで、あとの問いに答えなさい。**

彼《かれ》らはカニをとっているのだった。なるほど砂浜《すなはま》にはポツポツと棒で突《つ》いたような小穴があり、そこを掘《ほ》ってゆくと、白っぽい四角い甲羅《こうら》をした小ガニが見つかる。彼らの遊びにしても、そんなふうに［A］限られているのだろう。退屈《たいくつ》していた私はしばらく彼らとカニを掘り、それからぐるりと子供たちを坐《すわ》らせて、東京という都会の話をしたが、彼らは［B］興味を示さなかった。

（北杜夫《きたもりお》「どくとるマンボウ小辞典」―一部改）

(1) 本文中の［A］・［B］に入る語の組み合わせとして最も適切なものを次から選び、記号で答えなさい。

ア A＝ごく　B＝あまり
イ A＝ただ　B＝少しも
ウ A＝全然　B＝たとえ
エ A＝常に　B＝しかも

(2) ［A］・［B］に入る語は同じ品詞である。それと同じ品詞の語を次から選び、記号で答えなさい。

ア その美しさを、自分たちなりの表現で書き記す。
イ 自然界の作り出す形の影響《えいきょう》が深くかかわっていると思われる。
ウ やがて日本人の目指す自然主義的な感性に共感しはじめたのである。
エ カエル、カニなどの小動物、また水草、タンポポなどの野草。

---

11 **次の文の□に入る表現をあとから選ぶとき、どれにもいらない表現を一つ選び、記号で答えなさい。**

(1)
・彼《かれ》は雄弁《ゆうべん》ではないが、□語る姿に誠実さを感じる。
・決められた手順に従って□処理を進めていくだけだ。
・まばゆいばかりのネオンが夜の街を□照らしていた。

ア こうこうと　イ しゅくしゅくと
ウ さんさんと　エ とつとつと

(2)
・画家としての才能は、祖父の代から□受け継《つ》がれている。
・彼が自身の過《あやま》ちに気づくよう、□言って聞かせた。
・入学試験に合格した喜びが□沸《わ》き起こってきた。

ア みゃくみゃくと　イ じゅんじゅんと
ウ ふつふつと　エ ばくばくと

〔中央大杉並高〕

12 **次の文章中の[A]～[E]に入る語をあとから選び、記号で答えなさい。**

場内が暗くなる。皆神妙《みなしんみょう》な顔をしている。外国人にとって日本の映画を見るということは、自分の語学力を試すような気持ちになるのだろう。[A]私達《たち》が字幕スーパーなしの洋画を見る時のように。しかしこの映画は他のものに比べて、肌《はだ》あいがちょっと違《ちが》う。毎年「一年のごぶさた」の後、共にめでたい正月を過ごそうと映画館に集まる人たちには、寅《とら》さん一家に対する共通な認識《にんしき》がある。いわば映画館にいる観客全部が、意識するにしろ、しないにしろ、仲間意識で結ばれているとも言えるのだ。その中に私はアウトサイダーたちをつれて乗りこんだことになる。これは映画が始まって[B]我々が異質な存在だということに気づいた。周りの人たちが笑ったり、溜息《ためいき》をついたり、拍手《はくしゅ》をする場面で、ちらっと顔を見合わせることが多いからだ。

もちろん、言葉の問題もある。[C]テンポの早い下町ことばは私にだって聞きとりにくい。[D]留学生たちにとっては、授業中と違って[E]私にきく訳《わけ》にもいかず、腹立たしい思いだろう。北海道からつれてきた身よりのない少女を、定時制高校に入れてあげようと必死な思いの寅さん。場内はシーンとしている。

（佐々木《ささき》瑞枝《みずえ》「留学生と見た日本語」）

ア いちいち　**イ** じっと　**ウ** まして
エ おめおめと　**オ** ちょうど　**カ** かなり
キ すぐに　**ク** きっぱりと

〔慶應義塾高―改〕

13 **次の文章中の[A]～[C]に入る語をそれぞれあとから選び、記号で答えなさい。**

生まれる前のことを記憶《きおく》していると主張する人もいる。そこまでいくと眉唾《まゆつば》ものではないかと疑いたくもなるが、ふつうは覚えていないはずの一歳《さい》とか二歳の頃《ころ》の自分のエピソードを記憶していると言う人については、もしかしたらほんとうに覚えているのかなと思ったりもする。それについて語らせると、かなり詳細《しょうさい》にわたって、その場面の様子を描写《びょうしゃ》できる。

[A]、そのようなケースでさえも、本人が実際に保持しつづけてきた記憶である保証はない。本人がそのときのことを直接記憶していたのではなく、後に親からそのときの様子を繰《く》り返し聞かされることによって、いつのまにか自分が体験し、直接記憶していることのような気がしてきただけかもしれない。

[B]、ヨチヨチ歩きの頃の自分が、チョウチョを追い

かけて草原をうれしそうに歩き回っていたときに、子猫《こねこ》が目の前にひょっこり現れ、お互《たが》いにびっくりしてしばし見つめ合っていたが、突然《とつぜん》泣き出して、猫もびっくりして逃《に》げていったというエピソードを記憶していたとする。このエピソードを思い出す際に、ヨチヨチぎごちなく歩き回っている自分の愛らしい姿や猫と見つめ合っているときの自分のキョトンとした表情、しばらくして泣き顔に移行するときの表情の変化などについてのイメージが浮《う》かぶとする。

そこまではっきりしたイメージがあるのだから、ほんとうの記憶だと信じるのがふつうかもしれない。だが、ここでちょっと考えてみよう。自分自身のぎごちないヨチヨチ歩きの姿やキョトンとした表情、［C］泣き顔に移行する表情の変化などは、いったいだれの視点から見られたものなのだろうか。自分自身の視点ではあり得ない。

（榎本博明《えのもとひろあき》「〈ほんとうの自分〉の作り方―自己物語の心理学」）

ア たとえば　イ しかも　ウ あるいは

エ だが　オ したがって

〈同志社高―改〉

14 **次の文章の――線部A～Eから、接続詞と副詞をそれぞれすべて選び、記号で答えなさい。**

それにしても、今年の夏は暑かった。会う人ごとに暑い暑いと口にしていた。私は山の家にいて暑さ知らずの日もあったが、旅先の炎天下《えんてんか》の道を汗《あせ》だくで歩いていた日もAかなりあれば、東京の家で汗をしたたらせて本を読んだり原稿《げんこう》を書いたりしていた日も多かった。Bただし、その暑さはたいして不快ではなかった。Cたぶん、風のおかげであろう。

野辺山《のべやま》の駅で暑さをぼやいていたのは、そのときの気温が高原にしては高かったというだけではなく、風が止まっていたためだろうと思う。旅先では、たとえば熊野《くまの》の海辺を歩いていたとき、気温は三十五度とかそれ以上で、汗が絶え間なく流れていたDけれども、海風が吹《ふ》いてくるので不快ではなかった。Eむしろ、暑さが爽快《そうかい》でさえあった。

（高田宏《たかだひろし》「風という自然」）

第3章 付属語の働き

1 助動詞

入試重要度 ★★☆

① 助動詞の性質と種類

1 助動詞とは

助動詞とは、**用言や体言やほかの助動詞などについて、意味をつけ加えたり、話し手(書き手)の気持ちや判断を表したりする単語**である。

例 雨が｜降っ｜た。（用言　助動詞）　弟は｜小学生｜だ。（体言　助動詞）

2 助動詞の性質と種類

助動詞は、単独で文節を作ることができない**付属語**のうち、**活用する**ものである。

受け身	ほかからの動作を受けることを表す。	れる・られる
可能	「〜できる」という意味を表す。	
自発	「自然に〜になる」という意味を表す。	
尊敬	動作主への敬意を表す。	

参考 助動詞の活用の型による分類

助動詞は、活用の型によって五つに分類される。

①**動詞活用型**
れる・られる(下一段型)
せる・させる(下一段型)
たがる(五段型)

②**形容詞活用型**
たい　ない　らしい

③**形容動詞活用型**
ようだ・ようです
そうだ・そうです〈推定・様態〉
だ〈断定〉

④**特殊《とくしゅ》活用型**
ぬ(ん)　た(だ)〈過去〉　ます
そうだ・そうです〈伝聞〉　です

⑤**語形不変型**
う・よう　まい

使役《しえき》	他者に何かをさせることを表す。	せる・させる
希望	希望・期待の意味を表す。	たい・たがる
否定(打ち消し)	物事や動作を打ち消すことを表す。	ない・ぬ(ん)
意志	話し手の意志・考えを表す。	う・よう
推量	推測したことを表す。	
勧誘《かんゆう》	一緒《いっしょ》にしようと誘《さそ》うことを表す。	
過去	今より前のことを表す。	た(だ)
存続	ある状態が続いていることを表す。	
完了《かんりょう》	物事が終わって変化しなくなることを表す。	
想起	思い出すことを表す。	
丁寧《ていねい》	相手への丁寧な気持ちを表す。	ます
推定	根拠《こんきょ》に基づいて推《お》し量ることを表す。	らしい
比喩《ひゆ》	物事をほかの何かにたとえることを表す。	ようだ・ようです
推定	根拠に基づいて推し量ることを表す。	
伝聞	人から聞いたことを表す。	そうだ・そうです
推定・様態	物事の状態や様子から推し量ることを表す。	
否定の推量	そうならないという予想を表す。	まい
否定の意志	そうするつもりはないという気持ちを表す。	
断定	物事を確かなこととして言い切ることを表す。	だ・です

くわしく **助動詞の接続による分類**

助動詞は、どのような単語、また、その単語のどのような活用形に接続するかで分類できる。

- **用言の未然形への接続**…れる・られる・せる・させる・ない・ぬ(ん)・う・よう・まい
- **用言の連用形への接続**…たい・たがる・た(だ)・ます・そうだ(推定・様態)・そうです(推定・様態)
- **用言の終止形への接続**…らしい・そうだ(伝聞)・そうです(伝聞)・まい・だ・です
- **用言の連体形への接続**…ようだ・ようです
- **用言の語幹への接続**…らしい・そうだ・そうです(推定・様態)・です
- **体言への接続**…らしい・だ・です
- **連体詞への接続**…ようだ・ようです
- **助詞「の」への接続**…らしい・ようだ・ようです・だ・です
- **一部の助動詞への接続**…たい・たがる・ない・ぬ(ん)・う・よう・た・ます・らしい・そうだ・そうです

② れる・られる

1 意味

●**受け身＝ほかから動作を受ける**こと。

例 友人に誤解される。 父に叱《しか》られる。

●**可能＝「〜できる」**という意味。

例 やっと少しは歩かれるようになった。 どこででも寝《ね》られる。

※五段活用動詞は、「少しは歩かれる」のように「れる」をつけて可能の意味を表すよりも、「少しは歩ける」のように可能動詞を使うことが多い。

●**自発＝自然に起こる**こと。心情を表す動詞に接続することが多い。

例 昔のことが思い出される。 望郷の念が感じられる。

●**尊敬＝動作主を敬う**こと。

例 お客様が帰られる。 先生が会議に出られる。

「れる・られる」の意味の識別の仕方

① **「思う」「感じる」など心の動きを表す動詞**に接続し、**「自然と」「何となく」「ふと」**などの語をその動詞の前に入れられる。→ほぼ「**自発**」

② **主語が「先生」「お客様」など敬意を表す相手**である。→ほぼ「**尊敬**」

③ **「〜できる」**に言い換《か》えられる。→ほぼ「**可能**」

④ **「(〜に)…される」**という意味を表す。→「**受け身**」

注意！ ら抜《ぬ》き言葉

×見れる→○見られる
×食べれる→○食べられる
×来れる→○来られる

「見る」(上一段)、「食べる」(下一段)、「来る」(カ変)の動詞には「られる」が接続する。「れる」は、五段活用とサ行変格活用の動詞しか接続しないので、右のような「ら」抜き言葉は、文法上は誤りとされている。

注意！ 可能動詞との区別

●「走れる」「行ける」
↓全体で一語＝可能動詞

●「走られる」「行かれる」
↓「走る」「行く」に助動詞「れる」がついたもの。

2 活用

動詞活用型(下一段型)

基本形	未然形	連用形	終止形	連体形	仮定形	命令形
れる	れ	れ	れる	れる	れれ	れろ れよ
られる	られ	られ	られる	られる	られれ	られろ られよ

3 接続

• れる…五段・サ行変格活用の動詞の未然形に接続。

例 名前を呼ばれる。↓五段活用の動詞「呼ぶ」の未然形に接続

先生に注意される。↓サ行変格活用の動詞「注意する」の未然形に接続

• られる…上一段・下一段・カ行変格活用の動詞や一部の助動詞(せる・させる)の未然形に接続。

例 顔を見られる。↓上一段活用の動詞「見る」の未然形に接続

先生が向こうから来《こ》られる。↓カ行変格活用の動詞「来る」の未然形に接続

例題

1 **次の――線部の意味として最も適切なものをあとから選び、記号で答えなさい。**

(1) 学生時代のことが懐《なつ》かしく思い出される。 (2) 校長先生がお話をされる。

(3) 先輩《せんぱい》に声をかけられる。 (4) これ以上のことは覚えられない。

ア 受け身 **イ** 可能 **ウ** 自発 **エ** 尊敬

解答

1 (1)**ウ** (2)**エ** (3)**ア** (4)**イ**

解説

1 (1)直前に「思い出す」という動詞があり、「自然と思い出される」と言えるので、「自発」。

(2)校長先生の「する」という動作を敬う表現なので、「尊敬」。

③ せる・させる

1 意味

● 使役《しえき》＝**ほかのものに動作をさせる**という意味。

例 ノートに名前を書か**せる**。　荷物を届け**させる**。

2 活用

動詞活用型（下一段型）

基本形	未然形	連用形	終止形	連体形	仮定形	命令形
せる	せ	せ	せる	せる	せれ	せろ せよ
させる	させ	させ	させる	させる	させれ	させろ させよ

3 接続

- **せる…五段・サ行変格活用の動詞の**未然形に接続。
- **させる…上一段・下一段・カ行変格活用の動詞の**未然形に接続。

例題

1 次の文から助動詞を一つずつ抜《ぬ》き出しなさい。

(1) 彼《かれ》はいつもおもしろい話をして、友人たちを笑わせる。

(2) 工事を一週間以内で完了《かんりょう》させるのは難しい。

くわしく 「せる」「させる」の接続の例

例
- 弟に本を読ませる。↓五段活用動詞「読む」の未然形に接続。
- 部屋のそうじをさせる。↓サ行変格活用動詞「する」の未然形に接続。
- 五時に起きさせる。↓上一段活用動詞「起きる」の未然形に接続。
- 窓を閉めさせる。↓下一段活用動詞「閉める」の未然形に接続。
- 一人で来させる。↓カ行変格活用動詞「来る」の未然形に接続。

解答

1 (1) せる　(2) させる

解説

1 (1) 「笑わ」は「笑う」の未然形。
(2) 「完了さ」は「完了する」の未然形。

④ たい・たがる

1 意味

●希望＝そうすることを望むという、**希望や期待**の意味を表す。

たい…話し手（書き手）が望むこと。 例 ゆっくり休みたい。

たがる…話し手（書き手）以外が望むこと。 例 犬が散歩に行きたがる。

2 活用

たい…形容詞活用型／たがる…動詞活用型（五段型）

基本形	未然形	連用形	終止形	連体形	仮定形	命令形
たい	たかろ	たかっ たく	たい	たい	たけれ	○
たがる	たがら たがろ	たがり たがっ	たがる	たがる	たがれ	○

※「たい」は、「ございます」に続くとき、「とう」と音便の形になる。

3 接続

動詞・一部の助動詞（れる・られる／せる・させる）の連用形に接続。

例 今年の夏は海に行きたい。↓五段活用の動詞「行く」の連用形に接続

例題

1 次の□には、「たい」「たがる」のどちらが入るか、答えなさい。

(1) 彼《かれ》はプールで泳ぎ□。　(2) 私はプールで泳ぎ□。

注意！ 「たい」の識別

●直前が動詞＝助動詞

遊園地に行きたい。↓直前が動詞なので、「たい」は助動詞。

●直前が動詞以外＝形容詞の一部

水が冷たい。↓直前が動詞ではないので、形容詞「冷たい」の一部。

参考 希望の主体

「たい」は話し手の希望を表すが、使《し》役《えき》の助動詞「せる」「させる」につく場合、話し手以外の希望の実現を望む気持ちを表す。

例 夢をかなえさせたい。

くわしく 「たい」の接続の例

例 僕《ぼく》はプールで泳ぎたい。↓**五段活用動詞「泳ぐ」の連用形に接続。**

母が弟に宿題をさせたがる。↓**助動詞「せる」の連用形に接続。**

解答

1 (1)たがる　(2)たい

解説

1 (1)は話し手以外の人の希望、(2)は話し手（私）の希望。

⑤ ない・ぬ(ん)

1 意味

●否定(打ち消し)＝**直前の物事や動作を打ち消す**意味。

例 そんなことは知らない。　知らぬ顔をして通り過ぎる。

2 活用

ない…形容詞活用型／ぬ…特殊活用型

基本形	未然形	連用形	終止形	連体形	仮定形	命令形
ない	なかろ	なかっ なく	ない	ない	なけれ	○
ぬ(ん)	○	ず	ぬ(ん)	ぬ(ん)	ね	○

※「ぬ」が助動詞「ます」に接続するときは、「ません」の形になる。例 誰《だれ》も来ません。

3 接続

動詞・一部の助動詞(れる・られる／せる・させる／たがる)の未然形に接続。

例 新聞を読まない(ぬ)。↓五段活用の動詞「読む」の未然形に接続

例題

1 **次の――線部の語から助動詞を一つ選び、記号で答えなさい。**

ア 机を置く場所がない。　**イ** まったくおもしろくない。

ウ 車が止まらない。　**エ** 朝からずっとせわしない。

注意! 「ない」の識別

「ない」を同じ打ち消しの助動詞「ぬ」に言い換《か》えられる場合は助動詞、言い換えられない場合は補助形容詞。

例・雨が降らない。↓○降らぬ

↓「ぬ」に言い換えられるので助動詞

・外は明るくない。↓×明るくぬ

↓「ぬ」に言い換えられないので補助形容詞

くわしく 助動詞に接続する例

例・そんなにたくさん食べられない(ぬ)。

↓**助動詞「られる」の未然形に接続。**

・悲しい思いはさせない(ぬ)。↓**助動詞「せる」の未然形に接続。**

・弟は本を読みたがらない(ぬ)。↓**助動詞「たがる」の未然形に接続。**

解答

1 ウ

解説

1 アは形容詞、イは補助形容詞、エは、形容詞「せわしない」の一部。

⑥ う・よう

1 意味

●意志＝話し手の「〜しよう」という意志や考え。

例 次の大会こそ優勝しよう。

●推量＝「〜だろう」と想像・予想すること。

例 そのうちよい知らせも来よう。

●勧誘《かんゆう》＝一緒《いっしょ》にしようと相手に誘《さそ》いかけること。

例 みんなで協力して作ろう。

2 活用

語形不変型

基本形	未然形	連用形	終止形	連体形	仮定形	命令形
う	○	○	う	（う）	○	○
よう	○	○	よう	（よう）	○	○

3 接続

- う…五段活用の動詞・形容詞・形容動詞・一部の助動詞の未然形に接続。
- よう…上一段・下一段・カ変・サ変活用の動詞・一部の助動詞の未然形に接続。

例 家に帰ろう。↓五段活用の動詞「帰る」の未然形に接続

例題

1 次の――線部の助動詞は、意志・推量・勧誘のうち、どの意味を表すか。

明日は雨が降るだろう①な。みんな、明日は体育館で練習しよう②。僕《ぼく》が先生に使用許可を取りにいこう③。

くわしく 「う」「よう」のほかの用法

●あることが起きかけていることを表す。

例 飛行機が飛び立とうとしている。

●「たとえ〜ても（でも）」という意味を表す。

例 何が起ころうと、最後までやる。

くわしく 「う」「よう」の接続の例

例 校庭を走ろう。↓五段活用動詞「走る」の未然形に接続。
早く寝《ね》よう。↓下一段活用動詞「寝る」の未然形に接続。
五時までに終わらせよう。↓助動詞「せる」の未然形に接続。

解答

1 ①推量　②勧誘　③意志

解説

1 ①は、雨が降ることを予想しているので「推量」。②は、みんなに体育館で練習することを誘いかけているので「勧誘」。③は、話し手の「僕」の考えを表しているので「意志」。

⑦ た(だ)

1 意味

●過去＝過去に起きたこと。 例 今年の冬は寒かった。

●存続＝ある状態が現在でも続いていること。 例 机の上に置いた本。

●完了《かんりょう》＝動作・作用がちょうど終わったこと。 例 今まさに課題を終えた。

●想起(確認《かくにん》)＝あることを確認したり思い出したりしていること。

例 この公式を使えばよかったのだね。

2 活用

特殊《とくしゅ》活用型

基本形	未然形	連用形	終止形	連体形	仮定形	命令形
た(だ)	たろ(だろ)	○	た(だ)	た(だ)	たら(だら)	○

3 接続

動詞・形容詞・形容動詞・一部の助動詞〈ぬ(ん)・う・よう・まい以外〉の連用形に接続。

例題

1 **次の――線部と同じ意味のものをあとから一つ選び、記号で答えなさい。**

授業が終わったところだ。

ア 昨年は海外へ行った。

イ このペンはあなたのでしたね。

ウ ようやく部屋の中が整った。

エ 壁《かべ》にかけた絵を鑑賞《かんしょう》する。

くわしく 「た」の意味の識別

●すでに終わっている意味の場合
・今よりも**確実に前のこと**＝過去
・今**終わったばかりのこと**＝完了

●終わってもその状態が続いている場合
・**「～ている」「～てある」に置き換《か》えられる**＝存続

くわしく 「た」の接続の例

例 絵を描《か》いた。→**五段活用動詞「描く」の連用形(イ音便)に接続。**
きれいだった。→**形容動詞「きれいだ」の連用形に接続。**

解答

1 ウ

解説

1 設問文の「た」は、完了の意味。アは「過去」、イは「想起(確認)」、ウは「完了」、エは「存続」の意味を表している。

⑧ ます

1 意味

● 丁寧《ていねい》＝話し手の聞き手に対する丁寧な気持ち。

例 これからお宅にうかがいます。

2 活用

特殊《とくしゅ》活用型

基本形	未然形	連用形	終止形	連体形	仮定形	命令形
ます	ませ ましょ	まし	ます	ます	ますれ	(ませ) (まし)

3 接続

動詞・一部の助動詞(れる・られる／せる・させる／たがる)の連用形に接続。

例 学校に行きます。↓五段活用動詞「行く」の連用形に接続

幼い頃《ころ》が思い出されます。↓助動詞「れる」の連用形に接続

例題

1 次の文から、丁寧の助動詞「ます」をすべて抜《ぬ》き出しなさい。

これから出かけませんか。一緒《いっしょ》にゆっくり散歩しましょう。

参考 「ます」の命令形

「ませ」「まし」という命令形は、尊敬の意味を含《ふく》む敬語動詞の命令形だけにつく。(↓367ページ)

例 いらっしゃいませ。

お気をつけなさいまし。

解答

1 ませ・ましょ

解説

1 「ませ」も「ましょ」も、「ます」の未然形。

⑨ らしい

1 意味

●**推定**＝何らかの**根拠《こんきょ》に基《もと》づき、「どうやら～のようだ」と推《お》し量る**意味。

例 天気予報によると、明日は雪が降るらしい。

2 活用

形容詞活用型

基本形	未然形	連用形	終止形	連体形	仮定形	命令形
らしい	○	らしかっ らしく	らしい	らしい	(らしけれ)	○

3 接続

動詞・形容詞・一部の助動詞の終止形、体言、形容動詞の語幹、一部の助詞に接続。

例 この花は日本では珍《めずら》しいらしい。→形容詞「珍しい」の終止形に接続
父が帰ってくるのは、明後日らしい。→体言「明後日」に接続
今日は波が穏《おだ》やからしい。→形容動詞「穏やかだ」の語幹に接続
このペンは彼《かれ》のらしい。→助詞「の」に接続

例題

1 **次の――線部から推定の助動詞を一つ選び、記号で答えなさい。**

ア 中学生らしい服装で出かける。　**イ** 涼《すず》しい風が吹《ふ》いて、秋らしい一日だった。

ウ これを送ってくれたのは、彼らしい。

注意! 「らしい」の識別

●**上に「どうやら」を補える。**

例 あの子は彼女《かのじょ》の子供らしい。

→助動詞の「らしい」

●**上に「どうやら」を補うと不自然。**

例 子供らしい表情だ。

→形容詞「子供らしい」の一部

くわしく 接続する助動詞

「らしい」は、**れる(られる)・せる(させる)・ない(ぬ)・た・たい(たがる)**といった助動詞の終止形にも接続する。

参考 「推定」と「推量」の違《ちが》い

推定＝**はっきりとした根拠に基づいている。**→「らしい」「ようだ」

推量＝**根拠がはっきりせず、不確定な状況《じょうきょう》である。**→「う・よう」

解答

1 **ウ**

解説

1 前に「どうやら」を補えるのは**ウ**。**ア**は「中学生にふさわしい」、**イ**は「秋にふさわしい」と言い換えられるので、ともに形容詞の一部。

⑩ ようだ・ようです

1 意味

●**比喩《ひゆ》＝物事をほかの何かにたとえること。** 例 雲の形が羊のようだ。

●**推定＝根拠《こんきょ》に基づき、推《お》し量る**意味。 例 彼《かれ》は知っていたようだ。

2 活用

形容動詞活用型

基本形	未然形	連用形	終止形	連体形	仮定形	命令形
ようだ	ようだろ	ようだっ ようで ように	ようだ	ような	ようなら	○
ようです	ようでしょ	ようでし	ようです	（ようです）	○	○

3 接続

用言・一部の助動詞の連体形、助詞「の」、連体詞「この」などに接続。

例題

1 次の——線部と同じ意味のものをあとから一つ選び、記号で答えなさい。

彼女《かのじょ》の瞳《ひとみ》が星のように輝《かがや》く。

ア 彼《かれ》は遅刻《ちこく》するように思う。

イ 先輩《せんぱい》のように上手になりたい。

ウ 飛ぶように走って帰っていった。

エ 試合に勝つように練習する。

参考 「ようだ」のそのほかの意味

●**例示＝「たとえば〜のように」と、例を挙げて表す。**
例 兄のようになりたい。

●**引用＝引用すること**を表す。
例 以上のように決まった。

●**目的＝目的であること**を表す。
例 寝坊《ねぼう》しないようにする。

注意！ 「ようだ」の意味の識別

●**「どうやら〜らしい」と言い換《か》えられる。**→推定
例 彼女《かのじょ》には悩《なや》みがあるようだ。

●**「まるで〜のようだ」と言い換えられる。**→比喩
例 風景が絵画のようだ。

解答

1 ウ

解説

1 設問文の「ように」は、比喩の意味。アは推定、イは例示、ウは比喩、エは目的の意味を表す。

⑪ そうだ・そうです

1 意味

●伝聞＝ほかの人から伝え聞いたこと。

例 今夜は寒くなる**そうだ**。

●推定・様態＝状態や様子から推《お》し量ること。

例 今度の試合には勝て**そうだ**。

2 活用

特殊《とくしゅ》活用型

基本形	未然形	連用形	終止形	連体形	仮定形	命令形
そうだ（伝聞）	○	そうで	そうだ	○	○	○
そうです（伝聞）	○	そうでし	そうです	（そうです）	○	○

形容動詞型

基本形	未然形	連用形	終止形	連体形	仮定形	命令形
そうだ（推定・様態）	そうだろ	そうだっ そうで そうに	そうだ	そうな	そうなら	○
そうです（推定・様態）	そうでしょ	そうでし	そうです	（そうです）	○	○

注意！ 「そうだ」「そうです」の意味の識別

●直前が**終止形**＝「。」で切れる。
→伝聞

例 彼女の兄は医師になるそうだ。

●直前が**連用形**＝「。」で切れない。
→推定・様態

例 今なら電車に間に合いそうです。

参考 形容詞「よい」「ない」に接続するとき

推定・様態の「そうだ」「そうです」が形容詞の「よい」「ない」に接続するとき、**語幹の「よ」「な」**に**「さ」**がついて、「よさ」「なさ」となる。

例 天気がよさそうだ。
元気がなさそうです。

くわしく 助動詞との接続

●「れる（られる）」「せる（させる）」「たがる」の**連用形**に接続する。（推定・様態）

例・先生に指名されそうだ。＝**受け身の助動詞「れる」**の連用形**に接続**。

・彼の行動は先生を困らせそうです。＝**使役《しえき》の助動詞「せる」**の連用形に接続。

3 接続

・**伝聞の「そうだ」「そうです」**…**動詞・形容詞・形容動詞・一部の助動詞の**終止形に接続。

例 新聞によると、来週台風が来るそうだ。↓カ行変格活用動詞「来る」の終止形に接続

今年は冬の寒さが厳しいそうです。↓形容詞「厳しい」の終止形に接続

・**推定・様態の「そうだ」「そうです」**…**動詞・一部の助動詞の連用形、形容詞・形容動詞の語幹**に接続。

例 この値段なら買えそうだ。**↓下一段活用動詞「買える」の連用形に接続**

今日は風が強そうです。**↓形容詞「強い」の語幹に接続**

彼女《かのじょ》はいつも幸せそうだ。**↓形容動詞「幸せだ」の語幹に接続**

例題

1 次の――線部①・②は、伝聞、推定・様態のどちらの意味を表すか。

この道具は使うのが難しそうだ①が、彼《かれ》は使うそうだ②。

2 次の――線部と同じ意味のものをあとから二つ選び、記号で答えなさい。

駅までの道を間違《まちが》えそうです。

ア 新しい店ができるそうです。

イ 母はとてもうれしそうです。

ウ 先生がいらっしゃるそうです。

エ 明日には完成しそうです。

●「たい」「ない」に接続するときは、活用しない部分の「た」「な」に接続する。

例・何かやりたそうだ。＝「たい」の活用しない部分「た」に接続。

・まったくわからなそうだ。＝「ない」の活用しない部分「な」に接続。

解答

1 ①推定・様態 ②伝聞

2 **イ・エ**

解説

1 ①は、形容詞の語幹に接続しているので、推定・様態。②は、動詞の終止形に接続しているので、伝聞。

2 設問文の「そうです」は、推定・様態。**ア・ウ**は、終止形接続で伝聞の意味。

⑫ まい

1 意味

●**否定（打ち消し）の推量＝「〜しないだろう」という推量。**

例 これ以上天気は悪くなるまい。

●**否定（打ち消し）の意志＝「〜しないつもりだ」という自分の意志。**

例 そんな失敗は二度と繰《く》り返すまい。

2 活用

語形不変型

基本形	未然形	連用形	終止形	連体形	仮定形	命令形
まい	○	○	まい	（まい）	○	○

3 接続

・**動詞や一部助動詞（れる・られる／せる・させる）終止形**に接続。

例 過《あやま》ちは二度と繰り返すまい。↓五段活用動詞「繰り返す」の終止形に接続

・**上一段・下一段・カ変・サ変活用の動詞の場合**には**未然形**にも接続。

・**サ行変格活用の動詞**では、**未然形**の「し」に接続。

例題

1 次の――線部を「まい」を使って書き換《か》えなさい。

(1) あの店にはもう行かないつもりだ。

(2) 父の帰りはそんなに遅《おそ》くならないだろう。

参考 「まい」のほかの用法

「〜ならともかく」「〜ならまだしも」という**当然の判断**の意味を表す場合がある。

例 初心者じゃあるまいし、こんなこともできないのか。

注意！ 「う・よう」「まい」は活用しない。いつも、「う・よう」「まい」の形で現れる。

くわしく 「まい」の接続の例

例 もう話すまい。↓**五段活用動詞「話す」の終止形に接続。**

例 意志を曲げまい。↓**下一段活用動詞「曲げる」の未然形に接続。**

解答

1 (1)行くまい (2)遅くなるまい

解説

1 (1)は否定の意志を、(2)は否定の推量を、「まい」を使って表す。

⑬ だ・です

1 意味

●断定＝**確かなこととして言い切る。**「**です**」は丁寧《ていねい》な断定。

例 今日は私の誕生日だ。　この店の定休日は火曜日です。

2 活用

形容動詞活用型・特殊《とくしゅ》活用型

基本形	未然形	連用形	終止形	連体形	仮定形	命令形
だ	だろ	だっ で	だ	（な）	なら	○
です	でしょ	でし	です	（です）	○	○

3 接続

体言・助詞「の」「から」などに接続。例 あの人は木村さんだ。→名詞「木村さん」に接続

・「**だろ**」「**で**」「**なら**」「**でしょ**」…動詞・形容詞の終止形に接続。

・「**です**」…形容詞の終止形にも接続。

例題

1 **次の――線部から断定の助動詞を選び、記号で答えなさい。**

ア 赤ちゃんの手が紅葉《もみじ》のようだ。
イ この小説はすばらしい作品だ。
ウ 朝の空気はさわやかだ。
エ プールに飛び込《こ》んだ。

くわしく 「だ」「です」の接続の例

例 彼《かれ》は私の兄だ。→**体言「兄」に接続。**
それは私のです。→**助詞「の」に接続。**

注意! 「だ」の識別

●**「である」に言い換《か》えられる場合**

①「**そうだ**」「**ようだ**」→助動詞の一部

②「**な」に置き換えて、名詞に続けることができる**→形容動詞の一部
例 きれいだ→きれいな花

③**直前が名詞・助詞「の」「から」など**
→断定の助動詞「だ」
例 遅刻《ちこく》は寝坊《ねぼう》したからだ。

●**「である」に言い換えられない場合**

動詞「―ん・―い」＋「だ」
→過去の助動詞「た」の濁音《だくおん》形
例 休んだ→「休む」の連用形「休ん」（撥《はつ》音便）＋過去の助動詞「た」の濁音形「だ」

解答

1 **イ**

解説

1 **ア**は比喩《ひゆ》の助動詞「ようだ」の一部。**イ**は断定の助動詞「だ」。**ウ**は形容動詞の活用語尾《ごび》。**エ**は過去の助動詞「た」の濁音《だくおん》形。

練習問題

解答→557ページ

1 **次の――線部の語と同じ意味・用法のものをあとから選び、記号で答えなさい。**

旧友のことが懐《なつ》かしく思い出されます。

ア 先生が前に立たれます。
イ 彼《かれ》はみんなから好かれています。
ウ この席には誰《だれ》でも座《すわ》れます。
エ 明日の天気が心配されます。

2 **次の――線部の語の意味が使役《しえき》であるものを選び、記号で答えなさい。**

ア 大勢の人が押《お》し寄せる。
イ 証拠《しょうこ》の写真を見せる。
ウ 町の現状を調査させる。
エ この洗剤《せんざい》を使えば汚《よご》れを落とせる。

3 **次の――線部の語の意味・用法が同じものを二つ選び、記号で答えなさい。**

ア 花の命はとてもはかない。
イ 朝早く出かけなければならない。
ウ そんな話は聞いたこともない。
エ 私は普段《ふだん》あまりテレビを見ない。

4 **次の文から希望の意味を表す助動詞をそれぞれ抜《ぬ》き出し、その活用形も答えなさい。**

(1) 今度の試合の先発メンバーに選ばれたい。
(2) 委員に立候補したい人は手を挙げてください。
(3) そんなに走りたければ、走ってきなさい。
(4) この仕事は誰《だれ》もやりたがらない。

5 **次の――線部の語の意味・用法がほかと異なるものを選び、記号で答えなさい。**

ア あそこに見えるのは先輩《せんぱい》らしい。
イ これから練習があるらしい。
ウ 弟は子どもらしい無邪気《むじゃき》な性格だ。
エ どうやらこちらが正解らしい。

6 **次の――線部の語の意味・用法がほかと異なるものを選び、記号で答えなさい。**

ア 試合には勝てそうだ。
イ 姉は留学するそうだ。
ウ 部屋の外は寒そうだ。
エ 彼《かれ》は元気そうだ。

7 次の——線部の語の意味・用法が同じものを二つ選び、記号で答えなさい。

ア 彼女《かのじょ》のように真面目《まじめ》に取り組みなさい。
イ もうみんな帰ってしまったようだ。
ウ 猫《ねこ》が飛ぶように逃《に》げていった。
エ 明日は風が強いように思う。

8 次の——線部の語の意味・用法がほかと異なるものを選び、記号で答えなさい。

ア 高原の朝は爽《さわ》やかで気持ちがいい。
イ それは探していたものであるに違《ちが》いない。
ウ 毎朝早起きするのは難しいことではない。
エ この本は私のもので、あなたのではありません。

9 次の——線部の語と同じ意味・用法のものをあとから選び、記号で答えなさい。

よく太った犬が昼寝《ひるね》をしている。

ア 昨日習ったことを思い出してください。
イ 宿題がたった今終わったところだ。
ウ 曲がりくねった道を歩いていく。
エ 大きな勘違《かんちが》いをしていたことを許してください。

10 次の——線部の語の意味・用法をあとから選び、記号で答えなさい。

(1) 彼《かれ》の行動には何かわけがあろう。
(2) この計画は必ず成功させよう。
(3) 今度新しくできた博物館に行こうよ。

ア 勧誘《かんゆう》　イ 推量　ウ 意志

11 次の——線部の語の意味をあとから選び、記号で答えなさい。

(1) そんなにたくさんのことを覚えられまい。
(2) このことは誰《だれ》にも言うまいと心に誓《ちか》った。
(3) この荷物は一人では運べまい。
(4) 彼《かれ》の言うことはもう承知しまい。

ア 否定の推量　イ 否定の意志

12 次の——線部の語の意味・用法がほかと異なるものを選び、記号で答えなさい。

ア こんな日に出かける人はいまい。
イ 駅はそんなに遠くではあるまい。
ウ あの店には決して行くまい。
エ 明日までに準備は終わるまい。

13 **次の文中から助動詞を抜《ぬ》き出し、その助動詞の意味をあとから選び、記号で答えなさい（同じものは二度選べない）。**

(1) 妹と今度の休日に遊園地に行こうと思っている。
(2) 今にも雨が降り出しそうな感じがする。
(3) 始業式で、校長先生がお話をされる。
(4) 山里のあちらこちらに春の気配が感じられる。
(5) 今度発売のゲームソフトを手に入れたい。
(6) 休日なので、家族とドライブに出かける。
(7) 母は毎日、弟に音読の練習をさせる。
(8) ポケットのついたジャケットを購入《こうにゅう》する。
(9) 天気予報では、週末の天候は雨になるらしい。
(10) テスト勉強をさぼったことを後悔《こうかい》する。

ア 可能　**イ** 存続　**ウ** 推定・様態
エ 打ち消し　**オ** 推定　**カ** 断定
キ 受け身　**ク** 尊敬　**ケ** 伝聞
コ 意志　**サ** 否定の推量　**シ** 自発
ス 希望　**セ** 過去　**ソ** 使役《しえき》

---

14 **次の文の□に入る助動詞をあとから選び、適切に活用させて答えなさい（同じものは二度選べない）。**

(1) この本は、以前から手に入れ□と思っていた。
(2) 子どもたちがプールに行き□ので、連れていった。
(3) 明日は遠足なので、明朝六時には起き□ものだ。
(4) 次回はこのような失敗は絶対にし□と思っている。
(5) ピアノの演奏会で先生にほめ□た。
(6) 外はひどい雨の□たので、出かけないことにした。
(7) ここから駅までは、歩いては行け□距離《きょり》だ。
(8) 次の試合で、田中君に二塁《るい》を守ら□ことになった。
(9) 美術館の絵は、ゴッホの絵□あろうと思う。
(10) このところ雨が続いているが、明日は晴れる□。

せる　させる　れる　られる
たい　たがる　ない　だ
そうだ　ようだ　う　よう　まい　た

15 **次の══線部「ない」と同じ品詞のものとして、最も適切なものを──線部ア～オから選び記号で答え、その品詞名も答えなさい。**

清《きよ》が物をくれるときには、必ずおやじも兄もいないときに限る。俺《おれ》は何が嫌《きら》いだと言って、人に隠《かく》れて自分だけ得をするほど嫌いなことはアない。兄とはむろん仲がよくイないけれども、兄に隠して清から菓子《かし》や色鉛筆をもらいたくはウない。なぜ、俺一人にくれて、兄さんにはやらエないのかと清に聞くことがある。

（夏目《なつめ》漱石《そうせき》「坊《ぼ》っちゃん」）〔埼玉〕

16 **次の──線部と、同じ意味・用法の助動詞を含《ふく》む文として、最も適切なものをあとから選び記号で答え、その助動詞の意味も答えなさい。**

(1) 友人から励《はげ》ましの言葉をかけられる。

ア お客さんがもうすぐ家に来られる。
イ 頬《ほお》をなでる風が快く感じられる。
ウ 向こうの扉《とびら》からも外に出られる。
エ 先生に発表態度をほめられる。

(2) 体調が悪く、今日は学校を休んだ。

ア 彼《かれ》の性格はとても穏《おだ》やかだ。
イ 伝統工芸の技術を学んだ。
ウ 明日は両親の結婚《けっこん》記念日だ。
エ 今晩は流星群が見えるそうだ。

〔徳島―改〕

17 **次の文から助動詞をすべて抜《ぬ》き出しなさい。また、抜き出した助動詞の意味も答えなさい。ただし、同じ意味・用法の助動詞が複数ある場合、答えるのは一度だけでよい。**

(1) 先生によれば、大会初戦の相手は、ライバルのA高校に決まったらしい。これまでの戦績は一勝一敗だ。次こそ決着をつけようと話しており、対戦が決まりそうな予感がしていた。必ず勝ちたいという思いを抱《いだ》きながら、メンバー全員をグラウンドに集合させた。

(2) 今、地球温暖化が進んでいるようで、よくニュースなどで報じられている。私たちに何ができるだろう。私は、使っていない部屋の電気を消し忘れることがよくある。そうしたことに注意するだけでも、温暖化の防止につながるそうだ。そんなことでは変わるまいと思う人もいるかもしれないが、できることから取り組むことが大切だと私は思う。

2 助詞

入試重要度 ★★☆

① 助詞の性質

1 助詞とは

助詞とは、**体言や用言などの自立語や助動詞などの付属語について、語と語の関係を示したり、一定の意味を添《そ》えたりする単語**である。

2 助詞の性質

助詞は、単独で文節を作ることができない**付属語**のうち、**活用しない**ものである。

●自立語のみの文の場合…意味をはっきり表せない。

例 妹 料理 作る。

●自立語に助詞をつけた文の場合…意味や関係がはっきりする。

例 妹が料理を作る。＝**料理を作るのは**妹

妹と料理を作る。＝**料理を作るのは**自分と妹

妹に料理を作る。＝**料理を作るのは**自分

くわしく 付属語の助詞と助動詞の違《ちが》い

助詞も助動詞も付属語で、自立語のあとにつくが、**助詞はそのあとにどんな語がきても、語形が変化しない。**

＝**助動詞には活用があるが、助詞には活用がない。**

例 弟（自立語）が（助詞）パン（自立語）を（助詞）食べ（自立語）ます（助動詞）。

↓助詞は自立語のあとにつく。（付属語）

弟（自立語）が（助詞）あまい（自立語）パン（自立語）を（助詞）食べ（自立語）て（助詞）いる（自立語）の（助詞）が（助詞）見え（自立語）まし（助動詞）た（助動詞）。

↓あとにどんな語がきても、助詞の形は変化しない（活用しない）。

3 助詞の種類

助詞は、働きと性質によって、次の四つに分類できる。

種類	働き	接続	語例
格助詞	あとに続く言葉とどのような関係にあるかを示す。	主に体言につく。	が・を・で・へ・に・と・から・より・の・や
副助詞	意味をつけ加えたり、述語の意味を限定したりする。	いろいろな語につく。	は・も・こそ・でも・しか・さえ・か・まで・だけ・ばかり・ほど・やら・だって・くらい・など
接続助詞	いろいろな関係で前後の語句をつなぐ。	活用する語(用言や助動詞)につく。	が・と・ば・ても(でも)・けれど・のに・て(で)・から・ので・ながら・し・たり
終助詞	話し手・書き手の気持ちや態度を示す。	文や文節の末尾《まつび》につく。	か・な・なあ(な)・ぞ・かしら・ね(ねえ)・よ・の・わ・とも・さ・や・こと

例題

1 次の文章から助詞をすべて抜《ぬ》き出しなさい。

来週、留学中のいとこがアメリカから日本に戻《もど》ってくる。ずっと会っていなかったので、会うのがとても楽しみだ。いろんな土産《みやげ》話を聞きたいなと待ち望んでいる。

参考 格助詞の覚え方

語呂《ごろ》合わせで覚えると覚えやすい。

鬼《おに》が戸より出、空の部屋
＝を・に・が・と・より・で・から・の・へ・や

※「と」「から」「が」については、接続助詞との区別が必要。

解答

1 (順に)の・が・から・に・て・て・ので・の・が・を・な・と・で

解説

1 「会うのが」の部分は、「の」「が」がそれぞれ格助詞。「待ち望んで」の「で」は、接続助詞「て」が濁音《だくおん》化したもの。

② 格助詞

1 格助詞とは

格助詞とは、**主に体言について、あとに続く言葉との意味関係（格）を示す助詞**である。

例 ペンが 売れる。（主語を示す。）　ペンを 買う。（連用修飾語《しゅうしょく》を示す。）　ペンの 値段。（連体修飾語を示す。）　ペンと ノート。（並立《へいりつ》の関係を示す。）

2 格助詞の意味・用例

	意味	用例
が	主語を表す。 対象を表す。	犬がほえる。 野球が好きだ。
を	動作の対象を表す。 動作の起点を表す。 動作の場所を表す。	荷物を運ぶ。 朝早く家を出る。 近所の山を登る。
で	手段を表す。 原因・理由を表す。 場所を表す。 原料・材料を表す。 数量を表す。	ペンで手紙を書く。 用事で来られない。 運動場で練習する。 紙でできた皿。 これは五百円で買った。
へ	方向を表す。 帰着点を表す。 相手を表す。	車は西へ向かった。 駅へ歩いていく。 友人へ手紙を出す。

くわしく 格助詞の接続

●主に体言に接続する。

例・六時（名詞）に起きる。

※体言以外に接続する場合もある。

・行く（動詞（連体形））の行かない（助動詞（連体形））のともめる。

・走るの（格助詞（体言の代用））が好きだ。

・「さあ、始めるぞ。」（会話や引用を表す語句）と言う。

注意! 「が」の識別

格助詞と接続助詞の区別に注意する。

●**格助詞**の「が」

↓直前が体言

●**接続助詞**の「が」

↓直前が用言や助動詞

例 夜が明ける。

↓直前が「夜」（名詞）↓格助詞

寝坊《ねぼう》したが間に合った。

↓直前が「た」（助動詞）↓接続助詞

助詞	意味	例
に	場所・時間・帰着点を表す。 相手を表す。／変化の結果を表す。 目的を表す。／対象を表す。	机の上に置く。十時に寝《ね》る。東京に着く。 先生に質問する。／兄が高校生になった。 本を買いに行く。／スポーツに打ち込《こ》む。
と	相手を表す。 変化の結果を表す。 引用を表す。 並立《へいりつ》を表す。	母と出かける。 作曲家となる。 「一緒《いっしょ》に行こう。」と言った。 犬と猫《ねこ》を飼う。
から	起点を表す。 原因・動機を表す。 原料・材料を表す。	ここから出発する。 不注意から起こった事故だ。 バターは牛乳から作られる。
より	比較《ひかく》の基準を表す。 限定を表す。 起点を表す。	私より姉のほうが運動が得意だ。 ああするより仕方がなかった。 会議は十時より行う。
の	連体修飾語を表す。 主語を表す。 体言の代用をする。 並立を表す。	それは私のかばんです。 君の言うことは正しい。 その傘《かさ》は私のです。 行くの行かないのともめる。
や	並立を表す。	赤や黄色の花が咲《さ》く。

例題

1 次の——線部と同じ意味のものをあとから一つ選び、記号で答えなさい。

みんなの応援《おうえん》する声が胸に響《ひび》いた。

ア チケットを友人のも買っておく。　**イ** 姉の読んだ本を借りる。

ウ 明日の天気を調べる。

くわしく 「の」の意味の識別

まずは「が」に言い換《か》えてみる。

●**「が」に言い換えられる場合**

→主語を表す「の」

例 子どもの笑う声→子どもが笑う声

●**「が」に言い換えられない場合**

①「もの・こと」に言い換えられる。

→体言（名詞）の代用をする「の」

例 それは私のだ。→それは私のものだ。

②「もの・こと」に言い換えられない。

→連体修飾語を作る「の」

例 鳥の声が聞こえる。→「の」を「もの」「こと」に言い換えられない。

参考 限定の意味の「より」

あとに打ち消しの語を伴《ともな》って使われる。

例 中止するよりほかはない。

解答

1 イ

解説

1 設問文の「の」は、主語を表す。**ア**は体言の代用をする「の」、**イ**は主語を表し、**ウ**は連体修飾語をつくる。

③ 副助詞

1 副助詞とは

副助詞とは、**いろいろな語について、意味をつけ加えたり、述語の意味を限定したりして、副詞的な働きをする助詞**である。

例

限定する。
これは許せない。

強意を表す
完成に五年もかかる。

程度を表す
泣きたいほどうれしい。

最低限度を表す
人数さえそろえばいい。

極端《きょくたん》な例を表す
夢にまで見た出来事。

不確実を表す
何やら変な音がする。

2 主な副助詞の意味・用例

	意味	用例
は	ほかと区別して限定する。	彼《かれ》は無実だ。
も	類似するほかのものを類推させる。 並立《へいりつ》を表す。 強意を表す。	私も行きます。 草も木も生えていない。 五回も優勝した。
こそ	強意を表す。	明日こそ早起きしよう。
でも	極端な例からほかを類推させる。 例示を表す。	そんなことは子供でもできる。 お茶でも飲もうか。
しか	打ち消しの語を伴《ともな》って限定する。	三人しか来なかった。

くわしく 副助詞の接続

副助詞はいろいろな語に接続する。

例
- 弟（名詞）は（副助詞）ひょうきん者だ。
- 泣く（動詞）ほど（副助詞）痛かった。
- 夢に（格助詞）まで（副助詞）見た優勝旗を手にした。
- 今終わった（助動詞）ばかり（副助詞）だ。
- うれしい（形容詞）やら（副助詞）照れくさい（形容詞）やら（副助詞）で困った。
- 励《はげ》ますくらい（副助詞）しか（副助詞）できなかった。

参考 そのほかの副助詞

だって…代表的な例を挙げてほかを類推させる。
例 私にだってできる。

くらい(ぐらい)…**程度**を表す。
例 手のひらくらいの大きさ。

ずつ…**割り当てる**意を表す。
例 二人ずつ組を作る。

とか…**例示**・**並立**を表す。
例 肉とか野菜とかを煮込《にこ》む。

さえ	一例を挙げてほかを類推させる。 添加《てんか》を表す。 最低限度を表す。	話すことさえできない。 寒いうえに雪さえ降りだした。 これさえあれば満足だ。
か	不確実を表す。 並立して選択《せんたく》させることを表す。	誰《だれ》かやってくれるだろう。 行くか戻《もど》るかを決めよう。
まで	時間的・空間的な範囲《はんい》、限度を表す。 極端な例からほかを類推させる。 添加を表す。 程度や限度を表す。	五時まで遊んだ。遠くまで行く。 妹にまで注意された。 財布《さいふ》までなくしてしまった。 そんな話は断るまでだ。
だけ	限定を表す。 程度を表す。	一度だけ行ったことがある。 これだけやればいいだろう。
ばかり	程度を表す。 限定を表す。 物事の直後であることを表す。	少しばかりお金が必要だ。 彼女《かのじょ》ばかり見ていた。 終わったばかりだ。
ほど	程度を表す。／比較《ひかく》する基準を表す。	半分ほど仕上げた。／昨日ほど寒くない。
やら	不確実を表す。 並立を表す。	何やら叫《さけ》ぶ声が聞こえる。 料理やら飲み物やらを並べる。

例題

1 **次の――線部の副助詞の文法的な意味をあとから一つずつ選び、記号で答えなさい。**

(1) 今年こそ大会で優勝したい。　(2) あれもこれもほしい。
(3) 完成までに一年ほどかかった。　(4) 今回だけは許してあげよう。

ア 限定　**イ** 強意　**ウ** 並立　**エ** 程度

なり
- **およその一例**を示す。
  例 電話でなり連絡《れんらく》してほしい。
- **並立して選択させること**を表す。
  例 今日なり明日なり、好きなときにやりなさい。
- **相応であること**を表す。
  例 私なりに努力する。

くわしく 「が」と「は」の違《ちが》い

- 大事な内容が主語の部分にある…「が」
- 大事な内容が述語の部分にある…「は」

例 ・どなたが山本さんですか。
↓私が山田です。↓格助詞「が」
・あなたはどなたですか。
↓私は山田です。↓副助詞「は」

解答

1 (1)**イ**　(2)**ウ**　(3)**エ**　(4)**ア**

解説

1 (1)「今年」を強調しているので、**イ**「強意」。(2)二つの事柄《ことがら》を並べているので、**ウ**「並立」。(3)「くらい」で言い換《か》えられるので、**エ**「程度」。(4)「だけ」は程度か限定を表すが、これは「今回のみ」ということなので、**ア**「限定」。

④ 接続助詞

1 接続助詞とは

接続助詞は、**用言や助動詞につき、前後をつないでいろいろな関係を示す助詞**である。

例 暑いので、上着を脱《ぬ》いだ。（原因・理由 → 結果）　暑いのに、上着が脱げない。（逆の事柄《ことがら》）

- **仮定**…**まだ起こっていないこと**を表す。　例 あと二点取ると、逆転だ。
- **確定**…**すでに起こったことや確実に起こること**を表す。　例 疲《つか》れても、頑張《がんば》る。
- **順接**…前後を**順当**につなぐ。　例 天気が悪いから、出発を遅《おく》らせよう。
- **逆接**…前後を**逆の関係**でつなぐ。　例 天気が悪いが、出発しよう。
- **並立《へいりつ》**…前後を**同等の関係**で並べる。　例 雨も降るし、風も強い。

2 主な接続助詞の意味・用例

	意味	用例	接続
と	仮定の順接 仮定の逆接 確定の順接	今、誰《だれ》か来ると困る。 どうなろうと知ったことではない。 夜になると辺りは真っ暗だ。	終止形
ば	仮定の順接 確定の順接 並立の関係	ちょっと考えればわかる。 夏になれば暑い。 黒もあれば白もある。	仮定形

くわしく そのほかの接続助詞

ながら…**連用形**に接続
①**動作の並行（連用修飾《しゅうしょく》語）**
例 歌いながら踊《おど》る。
②**確定の逆接**
例 知っていながら教えない。

し…**並立の関係**。**終止形**に接続
例 疲れたし、おなかもすいた。

たり（だり）…**連用形**に接続
①**並立の関係**
例 読んだり書いたりする。
②**例示（連用修飾語）**
例 本を読んだりする。

ものの…**確定の逆接**。**連体形**に接続
例 勝ったもののうれしくない。

つつ…**連用形**に接続
①**確定の逆接**
例 悪いと思いつつさぼってしまう。
②**動作の並行（連用修飾語）**
例 考えつつ行動する。

ところで…**仮定の逆接**。**連体形**に接続
例 悔《く》やしがったところで仕方がない。

参考 「ても」「て」「たり」が濁音《だくおん》になる場合

ても（でも）	仮定の逆接 確定の逆接	たとえ失敗してもくじけない。 読んでもよくわからない。	連用形
が	確定の逆接 単純な接続 並立の関係	苦しいがこのまま続けよう。 あの件ですが、どうしますか。 本もほしいがCDも買いたい。	終止形
けれど けれども	確定の逆接 並立の関係	苦しいけれどこのまま続けよう。 本もほしいけれどCDも買いたい。	終止形
のに	確定の逆接	細心の注意をはらっていたのに失敗した。	連体形
て（で）	確定の順接 並立の関係 単純な接続 確定の逆接 補助の関係	雨が降って行けなかった。 彼女《かのじょ》は明るくて優《やさ》しい。 靴《くつ》を履《は》いて玄関《げんかん》を出る。 わかっていてなかなかできない。 ピアノの音が聞こえてくる。	連用形
から	確定の順接	足が痛いから歩くのがつらい。	終止形
ので	確定の順接	彼《かれ》は誰《だれ》にでも親切なので皆《みな》に頼《たよ》られる。	連体形

例題

1 次の——線部の「て(で)」の意味をあとから選び、記号で答えなさい。

(1) 赤くて美しい花が咲《さ》いている。
(2) 知っていて知らないふりをする。
(3) とても寒くてコートを着て出かけた。
(4) 夏が過ぎて秋になる。

ア 並立の関係　イ 確定の順接　ウ 単純な接続　エ 確定の逆接

ガ行・ナ行・バ行・マ行の五段活用動詞の音便形に接続する場合は、濁《にご》って「でも」「で」「だり」になる。

例 呼んでも答えない。
鳥が飛んでいる。
食べたり飲んだりする。

くわしく 連用修飾語としての働き

接続助詞には接続の関係をつくる働きのほかに、連用修飾語をつくる働きもある。

例 テレビを見ながら食事する。（動作の並行）
笑ったりしてごめんね。（例示）

解答

1 (1)ア　(2)エ　(3)イ　(4)ウ

解説

1 (1)「赤い」と「美しい」を同等に並べているので並立の関係。(2)「知っているにもかかわらず知らないふりをする。」と同義なので確定の逆接。(3)「とても寒い」がコートを着る理由なので確定の順接。(4)「夏が過ぎ」「秋になる」という時間の経過に沿って接続しているので、単純な接続。

⑤ 終助詞

1 終助詞とは

終助詞とは、**文末や文節の終わりについて、話し手や書き手の気持ちや態度を示す助詞**である。

例 お元気ですか。（質問）　絶対に勝つぞ。（強意）　大声でしゃべるな。（禁止）　これでいいね。（念押《ねんお》し）

2 主な終助詞の意味・用例

	意味	用例
か	疑問・質問を表す。 反語を表す。 勧誘《かんゆう》を表す。 感動・詠嘆《えいたん》を表す。	パンは好きですか。 そんなことがあるものか。 一緒《いっしょ》に買い物に行かないか。 なんと美しい景色だろうか。
の	疑問・質問を表す。 軽い断定を表す。	何時頃《ごろ》出発するの。 私はそうしたいの。
なあ（な）	感動・詠嘆を表す。	もうすっかり秋だなあ。
わ	感動・詠嘆を表す。 断定を表す。	このスカーフはすてきだわ。 あなたに手伝ってもらうわ。
ね（ねえ）	念押しを表す。 感動・詠嘆を表す。 語調を整える。	準備は大丈夫《だいじょうぶ》だね。 あのときは楽しかったねえ。 僕《ぼく》ね、とても怖《こわ》かったんだよ。

くわしく 終助詞の接続

終助詞は主に文末につくが、文節の末尾《まつび》につく場合もある。

例 昨日はね、（文節の末尾）友達と映画に行ったの。（文末）

参考 そのほかの終助詞

かしら
●疑問・質問
例 彼《かれ》はどうしたのかしら。
●願望
例 誰《だれ》か来てくれないかしら。

や
●軽く言い放つ。
例 私には関係ないや。
●念押し
例 これはすごいや。

とも
●強意
例 もちろんですとも。

こと
●感動・詠嘆
例 本当に残念なこと。

よ	念押しを表す。 勧誘を表す。 呼びかけを表す。 命令を表す。	明日は試合だよ。 映画を見に行こうよ。 風よ、吹《ふ》け。 早く歩けよ。
さ	軽く言い放つ。 強意を表す。 反語を表す。 問いただす。 語調を整える。	まあ、いいさ。 なんとかなるさ。 いったい何ができるのさ。 どうして食べないのさ。 だけどさ、しかたがないさ。
な	禁止を表す。 念押しを表す。 軽い命令を表す。	勝手に立ち上がるな。 集合は十時だったな。 泣きたいなら泣きな。
ぞ	強意を表す。	明日もがんばるぞ。

例題

1 次の――線部の意味として最も適切なものをあとから選び、記号で答えなさい。

(1) ここから海がよく見えるなあ。
(2) よし、そうじを始めるぞ。
(3) もう食べてもいいですか。
(4) 一緒に食事をしようよ。

ア 勧誘　イ 強意　ウ 感動　エ 質問

2 次の――線部の意味として最も適切なものをあとから選び、記号で答えなさい。

(1) 楽しみだな、もうすぐ夏休みだ。
(2) 用事が終わったら早く帰りな。
(3) 本当にこれでいいんだな。
(4) 敷地《しきち》の外には出るな。

ア 禁止　イ 感動　ウ 念押し　エ 軽い命令

解答

1 (1)ウ (2)イ (3)エ (4)ア
2 (1)イ (2)エ (3)ウ (4)ア

解説

1 (1)海がよく見えることに感動している。(2)そうじを始めることを強調して言っている。(3)食べてもいいかと問いかけている。(4)一緒に食事をすることを誘《さそ》っている。

2 (1)楽しみであることに対して感動を込《こ》めて言っている。(2)帰ることを促《うなが》している。(3)これでいいのかどうか念を押している。(4)出てはいけないと禁止している。

練習問題

解答↓559ページ

1 **次の――線部の助詞の種類をあとから選び、記号で答えなさい。**

(1) 高層ビルが立ち並んでいる。
(2) 努力を重ねたが、結果を残せなかった。
(3) 疲《つか》れているから、今日は早めに帰ろう。
(4) どこからともなく、奇妙《きみょう》な音が聞こえる。
(5) どなたか手伝ってくださいませんか。
(6) 明日の予定はどうなっていますか。
(7) 同じ目標に向かって歩んでいこう。
(8) この作品は一か月で完成した。
(9) 玄関《げんかん》を開けると、友人が立っていた。
(10) やがて彼《かれ》は有名な研究者となった。

ア 格助詞　**イ** 副助詞　**ウ** 接続助詞
エ 終助詞

2 **次の――線部の助詞の種類がほかと異なるものを一つ選び、記号で答えなさい。**

ア 母の言葉には、温かみが感じられた。
イ 迷ったが、自分の意思で決断した。
ウ 弟がもうすぐ目を覚ましそうだ。
エ 珍《めずら》しく勘《かん》が働いた。

3 **次の――線部と同じ意味・用法のものをあとから選び、記号で答えなさい。**

父は土曜日に出張先から帰ってきた。

ア ちょっとした油断から大事故が起こる。
イ パンは小麦粉から作られる。
ウ 教科書の初めから復習する。
エ 練習の厳しさから脱落《だつらく》者が出てきた。

4 **次の――線部の助詞の中で、意味・用法が同じものを二つ選び、記号で答えなさい。**

ア 刈《か》り取った雑草が山と積まれた。
イ 嫌《いや》だと言う者がいれば、計画を変更《へんこう》する。
ウ 兄は猛《もう》勉強の末、弁護士となった。
エ たくさんの協力者と研究が進められた。

5 **次の――線部の意味・用法がほかと異なるものを一つ選び、記号で答えなさい。**

ア 彼《かれ》ほど優秀《ゆうしゅう》な人物はそうはいない。
イ 三日ほど時間をください。
ウ 思わず飛び上がるほどうれしかった。
エ 安ければ安いほどありがたい。

6 **次の――線部の助詞が表す意味として適切なものをあとから選び、記号で答えなさい。**

(1) 立ち上がることさえできない。
(2) 暑いうえに水分さえ十分とれない。
(3) 本一冊さえあれば半日過ごせる。

ア 最低限度を表す。　イ 添加《てんか》を表す。
ウ 一例を挙げてほかを類推させる。

7 **次の――線部と同じ意味・用法のものをあとから選び、記号で答えなさい。**

この本は小さな子どもでも読める。

ア 平らでもない道をすたすた歩く。
イ この仕事はどんな小さなミスでも許されない。
ウ いくら水を飲んでも渇《かわ》きがいやされない。
エ この夏はキャンプでもしようか。

8 **次の――線部と同じ意味・用法のものをあとから選び、記号で答えなさい。**

友人にまで見捨てられてしまった。

ア そんなことは誰《だれ》かに聞くまでもないことだ。
イ 徒歩で行けるところまで行ってみようと思う。
ウ 難しい曲が弾《ひ》けるまで上達した。
エ こんな苦労をしてまでやる価値はあるのか。

9 **次の――線部の助詞の中で、意味・用法が同じものを二つ選び、記号で答えなさい。**

ア 春にも秋にも旅行に行く。
イ 水深が三メートルもあるプール。
ウ 友人も私の意見に賛成してくれた。
エ 五分もあれば出かけられる。

10 **次の文の――線部から接続助詞を選び、記号で答えなさい。**

ア コーヒーと紅茶のどちらを飲まれますか。
イ ちらちらと雪が舞《ま》い落ちる。
ウ 門が開くと人々が一斉《いっせい》に入ってきた。
エ 生徒会のメンバーと協議する。

11 次の――線部の助詞と異なる働きをするものをあとから一つ選び、記号で答えなさい。

必死に頼《たの》んだけれど、断られた。

ア あちこち探してみたが、見つからなかった。

イ わかっていながら、実行できない。

ウ 説明されても、よくわからないだろう。

エ たくさん食べたのに、もう空腹になってきた。

12 次の――線部の助詞と同じ働きをするものをあとから選び、記号で答えなさい。

あれからもう二年がたったのか。

ア こんなことを許しておけるか。

イ この花はなんとすてきな香《かお》りだろうか。

ウ そろそろ家に帰ろうか。

エ これを書いたのはいったい誰《だれ》だろうか。

13 次の――線部の助詞が表す意味として最も適切なものをあとから選び、記号で答えなさい。

(1) もっと大きな声で話せよ。

(2) お茶でも飲もうよ。

(3) 明日は七時に家を出るよ。

(4) 友よ、くじけるな。

ア 勧誘《かんゆう》　イ 命令　ウ 念押《ねんお》し　エ 呼びかけ

14 次の各文の□に適切な助詞を入れて、文を完成させなさい。

(1) 登校にはバス□も自転車のほうが便利だ。

(2) 昨日、故郷の母□小包《こづつみ》が送られてきた。

(3) この家は、国産の材木□建てられている。

(4) 雨が降っ□、試合は続けられた。

(5) このテーブルは、色もいい□、サイズもいい。

(6) 必ず約束の時間□には来てほしい。

(7) これは、おおよそ五万円□で買えるそうだ。

(8) 旅行かばん□、洗面用具□を準備している。

(9) どうしてあの約束を守ってくれなかったの□。

(10) いい□、SF映画のDVDを貸してあげる。

15 次の――線部の助詞の種類をあとから選び、記号で答えなさい。

(1) 食事をしながらテレビを見るのはよくないことだ。

(2) 日本アルプスは雪が多く、登るのがとても難しい。

(3) 今日は天気がいいから、遊園地に行こうよ。
(4) 弟だけでなく、妹までがかぜをひいてしまった。
(5) それは、とても星のきれいな夜だった。
(6) 新聞なり、テレビなり多くの情報を集めたい。
(7) 来週の土曜日、演劇を見に行くつもりだ。
(8) 木曜日に図書館に一緒《いっしょ》に行こうよと誘《さそ》われた。
(9) この映画は、来月一日から公開されます。
(10) 明日までに、この仕事だけは済《す》ませる予定だ。
(11) 本当にこの花瓶《かびん》にいけられた花は美しいなあ。
(12) こんなことは、小さい子どもでもできるはずだ。

ア 限定を表す副助詞　イ 並立・選択《せんたく》を表す副助詞
ウ 詠嘆《えいたん》を表す終助詞　エ 動作の起点を表す格助詞
オ 添加《てんか》を表す副助詞　カ 動作の対象を表す格助詞
キ 理由を表す接続助詞　ク 体言の代用をする格助詞
ケ 類推を表す副助詞　コ 勧誘《かんゆう》を表す終助詞
サ 動作の並行《へいこう》を表す接続助詞
シ 主語を表す格助詞

16 **次の文章中から助詞をすべて抜《ぬ》き出し、その種類を答えなさい。**

メロスは、村の牧人である。笛を吹《ふ》き、羊と遊んで暮らしてきた。けれども邪悪《じゃあく》に対しては、人一倍敏感《びんかん》であった。

（太宰治《だざいおさむ》「走れメロス」）

17 **次の文章を読んで、あとの問いに答えなさい。**

ノミをつかまえて、小さな丸いガラス玉に(A)入れる。彼《かれ》は得意の脚《あし》で(ア)跳《は》ねまわる。だが、範囲《はんい》は鉄壁《てっぺき》だ。さんざん跳ねた末、もしかしたら跳ねるということは(B)間違《まちが》っていたのではないか(C)と思いつく。試《ため》しにまた一つ跳ねてみる。やっぱり無駄《むだ》だ。彼はあきらめておとなしくなる。すると、仕込《しこ》み手で(イ)ある人間が(D)、外から(E)彼を脅《おびや》かす。本能的に彼は跳ねる。だめだ、逃《に》げられない。人間がまた脅かす、跳ねる、無駄だというノミの自覚。この繰《く》り返しで(ウ)、ノミは、どんなことがあっても、跳躍《ちょうやく》をせぬようになるという。そこで(エ)初めて芸を習い、舞台《ぶたい》に立たされる。

（尾崎一雄《おざきかずお》「虫のいろいろ」）

(1) ――線部A～Eの助詞の種類を次から選び、記号で答えなさい。
ア 格助詞　イ 接続助詞　ウ 副助詞
エ 終助詞

(2) 〰線部ア～エから助詞を二つ選び、記号で答えなさい。

章末問題

解答↓560ページ

1 **次の――線部の語から、受け身の意味(用法)で使われている助動詞を二つ選び、記号で答えなさい。**

来週の日曜日、市民ホールで、地元出身のピアニストのコンサートが開催《かいさい》さ**れる**（ア）。情感が満ちあふ**れる**（イ）彼女《かのじょ》の演奏を聴《き》くと、自分の幼い頃《ころ》が思い出さ**れる**（ウ）。そして、いつも涙《なみだ》がはらはらと頰《ほお》を伝って流**れる**（エ）。有名なコンクールで最優秀賞《ゆうしゅうしょう》を受賞した功績をたたえ、近々、彼女に市民栄誉賞《えいよしょう》が授与《じゅよ》さ**れる**（オ）ようだ。

〔埼玉〕

2 **次の――線部の語と同じ意味で使われているものをあとから選び、記号で答えなさい。**

秋の体育祭のときにクラスメートと撮《と》っ**た**写真を見て、やる気を奮い立たせてきました。

ア 空にかかっ**た**虹《にじ》の美しさに見とれる。
イ たった今家を出**た**と電話で連絡《れんらく》する。
ウ 昨日見**た**番組について友達と語る。
エ 風景が描《えが》かれ**た**カレンダーを飾《かざ》る。

〔千葉―改〕

3 **次の――線部の語と同じ意味で使われているものをあとから選び、記号で答えなさい。**

待ち時間が長く感じ**られる**。

ア 空梅雨《つゆ》で水不足が案じ**られる**。
イ 観光客から道を尋《たず》ね**られる**。
ウ 好き嫌《きら》いなく食べ**られる**。
エ 社長が出張先から戻《もど》って来**られる**。

〔神奈川〕

4 **次の――線部の語と同じ意味で使われているものをあとから選び、記号で答えなさい。**

一週間前にささいなことから口げんかをして以来、互《たが》いに顔も合わせないようにしていた友人と、ほんの一瞬《いっしゅん》目が合った。そのとき、彼女がかすかにほほえんだように見えた。私は心の中にぱっと花が咲《さ》いた**ような**気持ちになった。

ア 彼《かれ》はまだ決心できない**ような**表情をしている。
イ 土手に線香《せんこう》花火の**ような**彼岸花《ひがんばな》が咲《さ》いている。
ウ あなたとは以前にお会いした**ような**気がする。
エ 時間通り到着《とうちゃく》できる**ような**計画を立てている。

〔千葉―改〕

5 **次の——線部の語と同じ意味で使われているものをあとから選び、記号で答えなさい。**

計画的に勉強していなかったせいで、今回の期末試験の結果はさんざんだった。これからは気を引《し》き締めて、遅《おく》れを取り戻《もど》してばんかいしようと決意した。

ア まるで他人事のように言う。
イ 来月になれば雪も消えよう。
ウ 明日はどうやら雨のようだ。
エ 早めに宿題をしようと思う。

〔香川—改〕

6 **次の——線部「自分の方ばかりに見えた」の「ばかり」と同じ用法のものをあとから選び、記号で答えなさい。**

善吉《ぜんきち》は傷ついた。その背後には、母親と文《ふみ》の軋轢《あつれき》があり村の人の批評などもあって結婚《けっこん》というものがこんなに窮屈《きゅうくつ》でギクシャクするものかとの想《おも》いがあった。彼《かれ》には、結婚で変《かわ》ることを要求されているのは自分の方ばかりに見えた。文は何時《いつ》どこにいても結婚前の文なのだ。歌を歌いたくなるとよく透《とお》る声で歌った。音楽家になりたかったというだけあって、彼が聞いてもなかなか上手だった。

（辻井喬《つじいたかし》「終《お》わりなき祝祭」）

ア 集合時刻に十分ばかり遅《おく》れました。
イ 今にも降り出さんばかりの空模様だ。
ウ 夜更《よふ》かししたばかりに、寝坊《ねぼう》してしまいました。
エ 開かずの踏切《ふみきり》ばかりが渋滞《じゅうたい》の原因ではありません。
オ 先週も医者に注意されたばかりではありませんか。

〔東京学芸大附高〕

7 **次の——線部の語と同じ意味・用法のものをあとから選び、記号で答えなさい。**

私はそれがいちばんいいものだと思った。

ア 明日は雨が降るそうだ。
イ 朝の商店街は静かだ。
ウ 友人と会話を楽しんだ。
エ これは弟の自転車だ。

〔栃木〕

8 **次の——線部の語と同じ意味で使われているものをあとから選び、記号で答えなさい。**

本を読んで感想を書く。

ア 上着を脱《ぬ》いで手に持つ。
イ あまりに立派で驚《おどろ》いた。
ウ 自転車で坂道を下る。
エ 五分で外出の準備をする。

〔神奈川〕

9 **次の――線部の語の意味がほかと異なるものを選び、記号で答えなさい。**

ア 彼《かれ》の行いは決して許されるものではない。
イ 紅葉の美しさはたとえようがない。
ウ 「仏の顔も三度までだ。」と父は言った。
エ 雨の降る日は傘《かさ》の置き忘れに気をつける。
オ 明日の持ち物は、筆記用具と受験票だ。

〔多摩大学目黒高〕

10 **次の――線部①・②の語と同じ意味・用法のものをあとから選び、記号で答えなさい。**

皆《みな》さんのような年齢《ねんれい》になれば、友達同士でキャンプに行こう①と、計画を立てることもあるでしょう。少し険しい道のりも、友達②と一緒《いっしょ》なら、頑張《がんば》って歩き通すことができたりするから不思議です。

（汐見稔幸《しおみとしゆき》「人生を豊かにする学び方」）

ア 私は妹と協力して料理をした。
イ 二人で取り組むと勉強がはかどる。
ウ 姉が帰ってきたと妹が教えてくれた。
エ 姉と妹のどちらも勉強熱心だ。

〔岐阜―改〕

11 **次の――線部の語と同じ働きのものをあとから選び、記号で答えなさい。**

もう一度、一礼すると久樹《くき》さんの後を追う。
廊下《ろうか》に出て、一瞬《いっしゅん》、振《ふ》り向く。
藤原《ふじわら》さんがため息を吐《つ》いていた。その横で、菰池《こいけ》くんも息を吐《は》き出していた。
久樹さんに追い付いたのは、昇降口《しょうこうぐち》の手前だった。なかなかに足が速い。追い付いて、あたしは数秒息を整えなければならなかった。

（あさのあつこ「アレグロ・ラガッツァ」）

ア 鳥の鳴く声が聞こえる。　**イ** 桜のつぼみがほころんだ。
ウ 彼《かれ》は走るのが速い。　**エ** どんな本が好きなの。

〔兵庫―改〕

12 **次の――線部の中で、同じ働きをするものの組み合わせをあとから選び、記号で答えなさい。**

友達と①山道を登っていくと②山が紅葉に彩《いろど》られており、山頂から遠くの景色を眺《なが》めると③、晴れ晴れと④した気分になった。

ア ①と②　**イ** ①と④　**ウ** ②と③　**エ** ③と④

〔神奈川〕

13 **次の文章中の――線部①・②の語の働きとして最も適切なものをあとから選び、記号で答えなさい。**

ふと窓の外に目を向けると、白い小鳥がしきりにさえずり①ながら赤く色づいた木の実をついばんでいた。その無心な姿に、どうしようもないことだとわかってい②ながら落ちこんでいた気持ちがわずかになごむのだった。〔山形―改〕

ア 順接　イ 逆接　ウ 並列《へいれつ》・同時
エ 原因・理由

14 **次の――線部の語の働きがほかと異なるものを選び、記号で答えなさい。**

私と兄は、幼い頃《ころ》、よく近所の川原で遊んだ。色も形もさまざまな石①がごろごろしている川原で、飽《あ》きもせず何時間でも石を探し、たわいもないことだ②が、どちらの石③がいかに貴重そうに見えるかなどと競《きそ》い合ったりしていた。〔大阪―改〕

15 **次の――線部の語と同じ意味で使われているものをあとから選び、記号で答えなさい。**

芸術とは、伝達不可能とも思えるイマジネーションを何とかして、というか、あらゆる手段を使って、他者に伝えていこうとする行為《こうい》のことです。

〔千住博《せんじゅひろし》「芸術とは何か」〕

ア 図書館へ行く道を友人に尋《たず》ねる。
イ 食事の前には手をきれいに洗う。
ウ 四季の中では特に春が好きだ。
エ 桜は週末に見頃《ごろ》になるだろう。
〔新潟〕

16 **次の――線部が文法的に正しいものをすべて選び、記号で答えなさい。**

ア ここのところ夜遅《おそ》くまで勉強しているので、ちゃんと起きれるか心配だ。
イ 友達を訪《たず》ねたら出かけていたので、帰ってくるまで待たさせてもらった。
ウ この包丁は、さびてしまって、すっかり切れなくなっている。
エ 父は、老眼鏡をかけないと新聞が読めれなくなってしまった。
オ すぐに答えを教えるよりも、まず学生に考えさせたほうがよい。
〔桐蔭学園高〕

第4章 紛《まぎ》らわしい語の識別

1 紛《まぎ》らわしい語

入試重要度 ★★★

品詞や意味・用法が紛らわしい語は、次の点に注意して識別するとよい。

●**自立語か付属語か**で見分ける。

例 ・寒い。**が**、コートは着ない。↓自立語

・今日は寒い**が**、コートは着ない。↓付属語

●**活用するかしないか**で見分ける。

例 ・**大変**な事件が起こった。↓活用する（終止形は「大変だ」）

・**大変**おもしろい。↓活用しない

●**特徴**《とくちょう》**・働き**で見分ける。

例 ・**あまり**を分配する。↓物事の名前を表す

・**あまり**無理をしない。↓「しない」を修飾《しゅうしょく》する

●**意味**で見分ける。

例 ・みんなに笑**われる**。↓受け身の意味を表す

・先生が笑**われる**。↓尊敬の意味を表す

くわしく 紛らわしい語の識別の仕方

●**自立語か付属語かで見分ける例**

・天候が悪い。けれども、試合は行われる。

・天候が悪いけれども、試合は行われる。

単独で一文節＝自立語→接続詞

自立語とともに一文節を作る＝付属語→助詞

●**活用するかしないかで見分ける例**

・ある日、私は決心した。

活用しない（「あろ」「あり」とはならない。）→連体詞

・未来には希望がある。

活用する（「あら（ず）」「あり（ます）」と変化する。）→動詞

●**特徴・働きで見分ける例**

・たとえを用いて表現する。

物事の名前を表す＝名詞

・たとえつらくても、やり遂《と》げる。

「たとえ（〜ても）」＝副詞（陳述《ちんじゅつ》）

① 「が」の識別

●**接続詞**

例 走った。**が**、電車に乗り遅《おく》れた。

単独で文節を作る（＝自立語）。文と文を**逆接の関係**で接続している。

●**接続助詞**

例 地味では（動詞）ある**が**、実力はある。　ノートも（動詞）買う**が**、ペンも買う。

自立語のあとにつき、ともに一文節を作る。前後を**逆接や並立《へいりつ》の関係**でつなぐ。

●**格助詞**

例 （名詞）飛行機**が**上空に見える。　（名詞）音楽**が**好きだ。

自立語のあとにつき、ともに一文節を作る。**主語や対象**を表す。

例題

1 **次の――線部の助詞の種類をあとから選び、記号で答えなさい。**

(1) 足は速いが、球技は不得意だ。　(2) 昨夜から頭が痛い。

(3) 窓を開けた。が、涼《すず》しくならなかった。

ア 接続詞　**イ** 格助詞　**ウ** 接続助詞

2 **次の――線部の品詞がほかと異なるものを選び、記号で答えなさい。**

ア 悪天候だったが、大会は決行された。

イ 手紙を送った。が、返事は来なかった。

ウ このメニューの中では、オムライスが食べたい。

●**意味で見分ける例**

・とてもうれしそうだ。
「とてもうれしい」ように見える＝推定・様態の助動詞

・とてもうれしいそうだ。
「とてもうれしい」と聞いた＝伝聞の助動詞

解答

1 (1)**ウ**　(2)**イ**　(3)**ア**

2 **イ**

解説

1 (1)は確定の逆接の意味の接続助詞。(2)は対象を表す格助詞。(3)は逆接の意味の接続詞。

2 **ア**は接続助詞、**イ**は接続詞、**ウ**は格助詞なので、**イ**だけが品詞が異なる。

②「ない」の識別

●形容詞

例 今日は何も予定がない。（形容詞）

単独で文節を作り、活用がある。存在を表す「ある」に対応する意味を表す。

※「私は全然寂《さび》しくない。」のように、単独で文節を作り、活用があるが、存在を示す「ある」に対応する意味ではない場合は、補助(形式)形容詞。また、補助(形式)形容詞の場合は、「寂しくはない」のように「は」を入れても意味が通じる。

●助動詞

例 私は明日学校に行かない。（動詞）

自立語のあとにつき、ともに一文節を作る。活用する。打ち消しの意味を表し「ぬ」に言い換《か》えられる。

●形容詞の一部

例 今日は宿題が少ない。（形容詞）

直前の部分とのつながりが強く、「ぬ」に言い換えられない。

例題

1 次の――線部の語から助動詞を選び、記号で答えなさい。

ア 勉強する時間が全くない。
イ 寒くないようにコートを着ていきなさい。
ウ さりげない言葉が心にしみる。
エ 困難があってもくじけない。

参考 「ない」の簡単な見分け方

まず、「ない」を「ぬ」に言い換えられるかどうかを確かめ、「ない」が助動詞かどうかを見極《きわ》める。

書かない→書かぬ○→助動詞

こわくない→こわくぬ×→助動詞ではない(補助形容詞)

解答

1 エ

解説

1 ――線部を「ぬ」に言い換えて、意味が通じるのはエだけなので、エが助動詞。アは形容詞。イは「寒くはない」と言い換えられるので補助形容詞。ウは形容詞の一部。

③「でも」の識別

●**接続助詞**（接続助詞「ても」が、イ音便化・撥《はつ》音便化した動詞を受けて「でも」になった。）

例 いくら｜騒《さわ》いでも｜いい。（動詞）　今から｜並んでも｜間に合わない。（動詞）

付属語で活用しない。前後を**確定の逆接や仮定の逆接**の関係でつなぐ。

●**副助詞**

例 子供でも｜知っていることだ。（名詞）　コーヒーでも｜飲もうか。（名詞）

付属語で活用しない。ほかを類推させる意味を表し、**「でさえ」に言い換えられる。**

または、**例示の意味**を表し、**「たとえば～でも」に言い換えられる。**

●**形容動詞の活用語尾《ごび》と副助詞**

例 図書館は、それほど｜静かでも｜なかった。（形容動詞）

「も」を削除《さくじょ》しても意味が通じ、直前の単語が活用（連用形）できる**自立語。**

●**断定の助動詞と副助詞**

例 彼《かれ》は、書道の｜先生でも｜ある。（助動詞）

「も」を削除しても意味が通じ、直前の単語が活用（連用形）できる**付属語。**

例題

1 **次の――線部の語から文法的に同じ用法のものを二つ選び、記号で答えなさい。**

ア バーベキューでもしようか。　**イ** 寒さが緩《ゆる》んでも人出が少ない。

ウ 妹でも読める本を探す。　**エ** 薬を飲んでもかぜが治らない。

くわしく　「でも」のそのほかの識別

●格助詞「で」（場所・時）＋副助詞「も」（並立《へいりつ》）

例 この花は春でも夏でも咲《さ》く。

●形容動詞連用形の活用語尾《ごび》＋副助詞「も」（ほかを類推）

例 そんなに平和でもない。

●助動詞「だ」の連用形＋副助詞「も」（ほかを類推）

例 彼《かれ》は作家でもある。

●接続助詞「で（て）」＋副助詞「も」（並立）

例 雨がやんでもいないのに外出する。

解答

1 **イ・エ**

解説

1 **ア**は例示を表す副助詞。**イ**は確定の逆接の接続助詞。**ウ**はほかを類推させる副助詞。**エ**は確定の逆接の接続助詞。

④「らしい」の識別

●形容詞の一部

例 先生から褒《ほ》められて｜誇《ほこ》らしい。

直前とのつながりが強く、**「誇らしい」で一文節を作る。接尾語《せつび》の「らしい」**

例 人間**らしい**｜生き方をしよう。

この「らしい」は、**体言を形容詞化する接尾語**で、「〜にふさわしい」と言い換《か》えられる。この場合の「らしい」も**形容詞の一部**といえる。

●助動詞

例 あの計画はうまく｜いったらしい。
（動詞 助動詞）

付属語で、**活用する。前に「どうやら」を補うことができ、推定の意味**を表す。

例題

1 次の——線部の語から助動詞をすべて選び、記号で答えなさい。

ア 最近は夏らしい天気が続いている。
イ 彼《かれ》が帰国するのは冬らしい。
ウ 彼女《かのじょ》の歌声はすばらしい。
エ この飲み物はとても甘《あま》いらしい。
オ このかばんは兄のらしい。
カ 来年は合唱コンクールが開かれるらしい。
キ その動きはいかにもわざとらしい。

解答

1 **イ・エ・オ・カ**

解説

1 アとイの違《ちが》いに注意。**ア**は、**「いかにも夏にふさわしい」**という意味を表す形容詞「夏らしい」の一部。**イ**は、「(帰国は)**どうやら冬ということらしい**」という推定を表す助動詞。**エ**は、形容詞「甘い」の終止形につく助動詞。**オ**は、体言を代用する格助詞「の」につく助動詞。**カ**は、「(開か)れる」という助動詞の終止形につく助動詞。**ウ**の「すばらしい」、**キ**の「わざとらしい」は形容詞。

⑤「だ・です」の識別

●**形容動詞の一部**

例 この部屋は涼《すず》しくて快適だ(です)。

自立語で、言い切りの形が「だ」「です」で終わる**形容動詞の活用語尾**。**「な」に置き換《か》えて体言に続けることができる**。→快適な部屋

●**助動詞**

例 あれが私たちの学校（名詞）だ(です)。

付属語で、**活用する**。**体言・助詞「の」「から」などに接続し、断定**の意味を表す。

例 この雑誌は、きのう読ん（動詞）だ。

付属語で、**活用する**。**過去の意味を表す助動詞「た」**が、撥音便《はつおんびん》化した動詞を受けて濁音《だくおん》「だ」になった。

例題

1 次の——線部の語から文法的な用法がほかと異なるものを選び、記号で答えなさい。

ア 彼《かれ》はいつも誠実だ。
イ 私の信条は正直だ。
ウ 姉はとても朗《ほが》らかだ。

くわしく 「です」の識別

●形容動詞の一部(活用語尾)

例 自分で考えることが重要です。

「重要です」は「重要な」と置き換えて体言に続けることができる。

●助動詞(丁寧《ていねい》な断定)

例 もうすぐ小学校に入学です。

「入学です」は「入学な」と言い換えることができない。名詞＋助動詞。

解答

1 イ

解説

1 **ア**は「誠実な」、**ウ**は「朗らかな」と言い換えられるので、形容動詞の活用語尾。**イ**は文意から**「信条」**＝**「正直」**なので、断定の助動詞「だ」である。「正直だ」の部分だけを見ると、「正直な」と言い換えられそうだが、「正直だ」の前に「とても」をつけてみると、「私の信条はとても正直だ。」となり、文意が通らなくなるので、この場合の「正直だ」は形容動詞ではないことがわかる。

⑥「に」の識別

●**形容動詞の一部**

例 やっと静かに　なった。

「な」に置き換えて体言に続けられる。 →静かな部屋

●**副詞の一部**

例 小鳥がしきりに　さえずる。

「しきりに」で一文節を作り、「しきりな」と言い換えられない。

●**格助詞**

例 九時（名詞）に　待ち合わせをする。

付属語で、活用しない。 この例文では**時間**を表す。

●**助動詞「ように」「そうに」の一部**

例 友達のように　遊んでいる。

助動詞「ようだ」の連用形「ように」の活用語尾《ごび》。

●**接続助詞の一部**

例 疲《つか》れているのに　眠《ねむ》れない。

「のに」が**前とつながって一文節を作り、活用しない。**

例題

1 **次の——線部の語から文法的に同じ用法のものを二つ選び、記号で答えなさい。**

ア 氷のように冷たい手。　**イ** あまりに重すぎる荷物だ。

ウ ついに自分の出番となった。　**エ** 相手に確実に伝える。

くわしく 格助詞「に」の識別

・台の上に乗る。＝場所
　場所を示す語に接続する。
・友達に電話する。＝相手
　「に対して」に置き換えられる。
・姉は教師になった。＝変化の結果
　「と」と置き換えられる。
・プールへ泳ぎに行く。＝目的
　「〜のために」の意を表す。
・サッカーに熱中する。＝対象
　「に気持ちを向けて」と置き換えられる。

解答

1 **イ・ウ**

解説

1 **ア**は比喩《ひゆ》の助動詞「ようだ」の連用形「ように」の一部。**イ**は「あまりに」、**ウ**は「ついに」という副詞の一部。**エ**は形容動詞「確実だ」の連用形「確実に」の活用語尾。

⑦「な」の識別

●**形容動詞の一部**

例 軽《かろ》やかな｜リズムを刻む。

形容動詞「軽やかだ」の連体形の活用語尾《ごび》。

●**連体詞の一部**

例 おかしな｜事件が起こった。

「おかしな」が**単独で文節を作り活用せず、体言を修飾《しゅうしょく》**する。

●**助動詞**

例 冬（名詞）な（助動詞）のに｜暖かい。

自立語のあとにつき、ともに一文節を作る。活用し（「だ」に言い換えられる）、断定の意味を表す。

●**終助詞**

例 一人では絶対に｜行く（動詞）な。

自立語のあとにつき、ともに一文節を作り、活用しない。禁止の意味を表す。

例題

1 **次の――線部の語から文法的に同じ用法のものを二つ選び、記号で答えなさい。**

ア まだ午前中なのに眠《ねむ》い。　**イ** この通りは大きな車がよく通る。

ウ 彼《かれ》は立派な功績を残した。　**エ** 今にも降りそうな空模様だ。

オ さわやかな風が吹《ふ》き抜《ぬ》ける。

くわしく 「な」のそのほかの識別

●助動詞「そうだ」の連体形「そうな」の一部

例 明日は彼《かれ》も参加しそうな気がする。

●助動詞「ようだ」の連体形「ような」の一部

例 まるで嵐《あらし》のような天候の中を出かける。

解答

1 ウ・オ

解説

1 **ア**は断定の助動詞「だ」の連体形。**イ**は連体詞の一部。**エ**は推定・様態の助動詞「そうだ」の連体形の一部。**ウ・オ**は形容動詞の連体形の活用語尾。

⑧「で」の識別

●形容動詞の一部

例 表面はとても／なめら**かで**／ある。

形容動詞「なめらかだ」の連用形の活用語尾《ごび》。

●助動詞

例 父は／教師**で**／ある。（名詞：教師）

自立語のあとにつき、ともに一文節を作る。活用し、断定の意味を表す。

●格助詞

例 電車**で**／通学する。

自立語のあとにつき、ともに一文節を作る。活用せず、この例文では**手段**を表す。

●接続助詞

例 急な知らせを聞いて、／飛ん**で**／家に帰る。（動詞：飛ん）

自立語のあとにつき、活用せず、前後の文節をつなぐ。接続助詞「て」が、撥音《はつおん》便《びん》化した「飛ん」を受けて濁音《だくおん》化し、「で」になった。

例題

1 次の——線部の語から文法的に同じ用法のものを二つ選び、記号で答えなさい。

ア 医者であることを誇《ほこ》りに思う。
イ 彼《かれ》は穏《おだ》やかで優《やさ》しい人だ。
ウ 病気で学校を休む。
エ こちらが先攻《せんこう》で、あちらが後攻だ。

くわしく 格助詞「で」の識別

- バスで旅行する。＝手段
「〜を使って」に置き換《か》えられる。
- けがで試合に出られない＝原因・理由
「〜のため」に置き換えられる。
- 校庭で練習する。＝場所
場所を示す語に接続する。
- 木材で作る。＝原料・材料
「〜によって」に置き換えられる。
- 三個で三百円のおかし。＝数量
「〜につき」に置き換えられる。

解答

1 ア・エ

解説

1 イは形容動詞の連用形の活用語尾。ウは原因・理由を表す格助詞。ア・エは断定の助動詞「だ」の連用形。

⑨「ある」の識別

● **動詞** 例 聞いたことがある。
自立語で、**活用があり**、**言い切りの形がウ段の音で終わる**。

● **連体詞** 例 ある夏の日の出来事を思い出す。
自立語で、**体言を修飾《しゅうしょく》**し、**活用がない**。

例題

1 **次の——線部の品詞名をそれぞれ答えなさい。**

(1) ある本を読んで、とても感動した。　(2) ここにある本は誰《だれ》のですか。

⑩「また」の識別

● **副詞** 例 やんでいた雨がまた降り始めた。
自立語で、**活用がなく**、**用言を修飾《しゅうしょく》**する。

● **接続詞** 例 雨が降り、また、風も吹《ふ》き始めた。
自立語で、**活用がなく**、前後を**並立《へいりつ》の関係**でつなぐ。

例題

1 **次の——線部の品詞名をそれぞれ答えなさい。**

(1) 今回もまた実験に失敗した。　(2) 彼女《かのじょ》は友人であり、また恩人でもある。

参考 補助動詞の「ある」
例 チケットは買ってある。
「動詞(連用形)＋て(で)」に続く「ある」は、動詞本来の意味が薄《うす》れた補助動詞である場合が多い。

解答
1 (1)連体詞　(2)動詞

解説
1 (1)は「本」を修飾し、活用しないので連体詞。(2)は存在することを表す動詞の連体形。

解答
1 (1)副詞　(2)接続詞

解説
1 (1)は「また→失敗した」と用言を修飾するので、副詞。(2)は前後の「友人であり」と「恩人でもある」を並立の関係でつないでいるので、接続詞。

練習問題

解答↓561ページ

1 次の――線部の語から助動詞を選び、記号で答えなさい。

ア　昨夜からの頭痛で、今日は仕事を休むことにした。
イ　小さな子どもが、積み木を高く積んで遊ぶ。
ウ　今日の波は穏《おだ》やかで、海水浴にはうってつけだ。
エ　今日は私が当番で、ペットの世話をする。
オ　あと二時間で、名古屋に到着《とうちゃく》する。

2 次の――線部の語から打ち消し（否定）の助動詞を選び、記号で答えなさい。

ア　あどけない笑顔《えがお》に、心を奪《うば》われた。
イ　悪気はないようなので、許してあげよう。
ウ　僕《ぼく》は大会に出る選手ほど、速くは走れないよ。
エ　一点のくもりもない美しい心の持ち主だ。

〔岡山〕

3 次の――線部の語と同じ意味・用法のものをあとから選び、記号で答えなさい。

僕《ぼく》には君が必要なのだ。

ア　段差につまずいて転んだ。
イ　明日の演奏会は中止するそうだ。
ウ　空が澄《す》みわたってきれいだ。
エ　それは妹のかばんだ。

4 次の――線部の語から意味・用法がほかと異なるものを選び、記号で答えなさい。

ア　こちらのほうが当たりらしかった。
イ　少女の笑顔はとても愛らしかった。
ウ　試験に遅刻《ちこく》するなんて、山田君らしい。
エ　朝晩の冷えこみがめっきり冬らしくなってきた。

5 次の――線部の語と同じ品詞を含《ふく》む文をあとからすべて選び、記号で答えなさい。

校庭にサッカーゴールがある。

ア　これはある人から聞いた話だ。
イ　ある晴れた日の出来事を日記に書く。
ウ　特徴《とくちょう》のある商品を販売《はんばい》する。
エ　向こうの棚《たな》に新着図書がある。

〔福井〕

6 次の――線部の語からほかと品詞が異なるものを選び、記号で答えなさい。

ア どこを見渡《みわた》しても山また山だ。
イ 楽しいひとときだったので、また明日会おう。
ウ 見方によっては正しくもあるし、また誤りにもなる。
エ 苦しい練習もまたやりがいがある。

7 次の――線部の語から意味・用法がほかと異なるものを選び、記号で答えなさい。

ア 私でも答えられる問題だ。
イ 雨天でもバザーは決行される。
ウ 彼《かれ》は親友だがライバルでもある。
エ 子どもでも手加減はしない。

8 次の――線部の語と同じ意味・用法のものをあとから選び、記号で答えなさい。

まだ中学生なのに、実力はプロ顔負けだ。

ア いろんな花が咲《さ》き乱れている。
イ 大変なのはわかるが、がんばってほしい。
ウ 夏なのに気温が上がらず作物の出来がよくない。
エ できあがるまで集中力を切らすな。

9 次の――線部の語と同じ意味・用法のものをあとから選び、記号で答えなさい。

彼《かれ》はつねに緊張《きんちょう》感をもって練習にのぞんでいる。

ア 道をきれいに掃除《そうじ》する。
イ 会議は夜までに終わる。
ウ さらに一年が経過する。
エ 道ばたに花が毎年咲《さ》く。

〔香川〕

10 次の――線部の語から働きがほかと異なるものを選び、記号で答えなさい。

たとえば、みなさんの住んでいる地元に、子どもの頃《ころ》によく遊んだりして慣れ親しんだ川があったとしましょう。もし、桃《もも》が流れてきた川がア、その川だったら、「桃太郎《ももたろう》」の話にとても親しみをもつと思うんですね。しかし、もしこれがイ、行ったこともなければ聞いたこともない、遠い川での話だとしたら、興味は湧《わ》かないとまでは言いませんがウ、それほどは親しみを感じないのではと思います。

（山泰幸《やまよしゆき》「だれが幸運をつかむのか」）

〔大阪〕

11 **次の――線部の語と同じ意味で使われているものをあとから選び、記号で答えなさい。**

厳しい寒さの中で試合が行われた。

ア 彼女《かのじょ》は誰《だれ》もが認める努力家である。
イ 昼休みに子どもたちが遊んでいる。
ウ 天候が穏《おだ》やかで春の気配を感じる。
エ 高校の同窓会で同級生に再会する。

〔新潟〕

12 **次の――線部の語から品詞が接続詞のものをすべて選び、記号で答えなさい。**

ア なおいっそうの努力を彼《かれ》に望む。
イ 開場は九時半、なお開演は十時からになります。
ウ この企画《きかく》はあるいは中止になるかもしれない。
エ 土曜日あるいは日曜日にうかがいます。
オ 忘れ物がないか確認《かくにん》し、それから家を出た。
カ 昨年彼女の家を訪ねたが、それからは行っていない。
キ しばらくおさまっていた風が、また吹《ふ》き始めた。
ク 雨が降り、また風も強くなってきた。

13 **次の――線部の語の説明として最も適切なものをあとから選び、記号で答えなさい。**

(1) そんなことは子どもでも知っている。
(2) 人間の価値は、金でも、地位でもない。
(3) 読んでもいない本を批評する。
(4) この花は、たいしてきれいでもない。
(5) あちらでも、こちらでも、雑談の花が咲《さ》く。
(6) いくら呼んでも返事がない。
(7) 行きたいなあ。でも、やめておこう。

ア 助動詞「だ」の連用形「で」＋副助詞「も」
イ 形容動詞の連用形の活用語尾《ごび》「で」＋副助詞「も」
ウ 副助詞「でも」
エ 接続助詞「て」が濁音化《だくおん》した「で」＋副助詞「も」
オ 接続詞「でも」
カ 格助詞「で」＋副助詞「も」
キ 接続助詞「ても」が濁音化した「でも」

14 次の——線部の語から品詞がほかと異なるものを選び、記号で答えなさい。

歴史の中で、言葉が誤って用いられ、定着してしまうことがア**ある**。「あらたし」が正しいのに「あたらしい」に変化してしまったとか、「しだらない」が「だらしない」になったというのがそれだ。言葉は間違《まちが》いによって変わっている一面がイ**ある**のだ。

ところがその逆もある。ウ**ある**時期、言葉の誤りを正しく直すことが流行することがエ**ある**のだ。

「順風満帆」という言葉は、今から十五年くらい前に、正しく読むことがはやった。その前はこれを「じゅんぷうまんぽ」と誤って読むことが多かったのだ。アナウンサーでさえ間違えてる人がいた。

「じゅんぷうまんぽは変だよね。帆をほと読むのは訓読みだもの。それだけを訓読みにするのは大間違いで、帆船のときの、はんと読まなきゃおかしい。だからあれは正しくは、じゅんぷうまんぱんなのさ」と言って偉《えら》そうな顔をすることがはやって、急速に「じゅんぷうまんぱん」に戻《もど》ったのでオ**ある**。間違いの流行もあるが、間違いを直すことの流行もカ**ある**のだ。

（清水義範《しみずよしのり》「はじめてわかる国語」）

15 次の——線部の語から品詞がほかと異なるものを選び、記号で答えなさい。

良平《りょうへい》はしばらく無我《むが》夢中に線路の側《そば》を走り続けた。そのうちに懐《ふところ》の菓子《かし》包みが、邪魔《じゃま》になることに気がついたから、それを路端《みちばた》へほうり出すついでに、板草履《いたぞうり》もそこへ脱《ぬ》ぎ捨ててしまった。すると薄《うす》い足袋《たび》の裏へじかに小石が食いこんだが、足だけは遥《はる》かア**に**軽くなった。彼《かれ》は左イ**に**海を感じながら、急な坂路《さかみち》を駆《か》け登った。時々涙《なみだ》がこみ上げてくると、自然ウ**に**顔が歪《ゆが》んでくる。——それは無理エ**に**我慢《がまん》しても、鼻だけは絶えずくうくう鳴った。

（芥川龍之介《あくたがわりゅうのすけ》「トロッコ」）

章末問題

解答➡563ページ

1 **次の――線部の語と同じ意味・用法で用いられているものをあとから選び、記号で答えなさい。**

このところ、朝晩の気温が下がり、吹《ふ》く風も爽《さわ》やかで、めっきり秋らしくなってきた。

ア 数日後には開花するらしく、桜のつぼみがふくらんでいる。
イ 学生らしく、清潔感のある髪型《かみがた》や服装で登校する。
ウ その人はしおらしく、下を向いて黙《だま》って座《すわ》っている。
エ 残念ながら明日は雨らしく、予定を立て直す必要がある。

2 **次の――線部①・②の「ある」と同じ品詞の言葉を、あとから一つずつ選び、記号で答えなさい。**

①ある人が、発した言葉一語によって他から尊敬のまなざしで見られた場面、逆に、非難を浴びた場面を見たことが②ある。

ア かなり　**イ** 走る　**ウ** 小さな　**エ** 無い

〔秋田〕

3 **次の――線部の語と同じ意味・用法のものをあとから選び、記号で答えなさい。**

議論を重ねるうちに、さらに問題の核心《かくしん》へと迫《せま》っていった。

ア マラソンランナーが、風のように走り抜《ぬ》けた。
イ 昨日は遅《おそ》かったので、今日は明るいうちに帰ろう。
ウ 球技大会では、クラスのために頑張《がんば》るつもりだ。
エ 誕生日のプレゼントを、友人の家まで届けに行った。
オ 家族で遊園地へ行き、一日中大いに楽しんだ。

〔福島〕

4 **次の――線部の語と同じ働きの語を含《ふく》む文をあとから選び、記号で答えなさい。**

姉の部屋はいつもきちんと片付いている。

ア 最後までやり抜こうと心に誓《ちか》った。
イ 仲のいい友人と公園に遊びに行った。
ウ 屋根からぽたりとしずくが落ちた。
エ 家に帰ると食事の用意ができていた。

〔岡山―改〕

5 次の――線部「に」の品詞として最も適切なものを、あとのⅠ群から選び、記号で答えなさい。また、同じ意味・用法で「に」が用いられている文を、あとのⅡ群から選び、記号で答えなさい。

彼《かれ》は選手兼《けん》コーチという難しい立場にありながら、懸命《けんめい》にチームに貢献《こうけん》していた。

〈Ⅰ群〉

ア 動詞　**イ** 形容動詞　**ウ** 助動詞　**エ** 助詞

〈Ⅱ群〉

カ 春なのにまだ寒い。

キ 彼女《かのじょ》は湖のほとりに住んでいる。

ク 彼は新しい靴《くつ》をうれしそうに履《は》いた。

ケ さわやかに風が吹《ふ》いている。

〔京都―改〕

6 次の――線部の語と同じ品詞のものをあとから選び、記号で答えなさい。

これだけ準備したのだから、抜かりはないはずだ。

ア さりげない　**イ** 忘れ物がない

ウ もったいない　**エ** 変わらない

〔岐阜―改〕

7 次の――線部の語から意味・用法がほかと異なるものを一つ選び、記号で答えなさい。

ア 準備ができ次第できるだけ急いで帰ります。

イ 彼女《かのじょ》はいつも兄のことを先生と呼んでいた。

ウ 洗濯物《せんたくもの》を畳《たた》んでから出かけることにしよう。

エ 辺りはとても静かで作業がはかどりそうだ。

〔都立産業技術高専〕

8 次の――線部の語と文法的に同じものをあとから選び、記号で答えなさい。

昨日とはあまりにも兄の態度が違《ちが》うので、何か裏があるのではないかと考えないではいられなかった。

ア 学校を一日も休まない。

イ 今日の青空には雲ひとつない。

ウ 信号無視は危ない。

エ 話がおもしろくない。

オ どこにも正解はない。

〔城北埼玉高〕

第5章 敬語

1 敬語

入試重要度 ★★★

① 敬語の性質

1 敬語とは

敬語とは、**自分（話し手・書き手）が、相手（聞き手・読み手）や話題になっている人物に対して、敬意を表したり丁寧《ていねい》に語りかけたりするために用いられる言葉**のことである。

敬語を使うと、改まった気持ちや敬意を表すことができる。そのため、**目上の人やあまり親しくない相手、初対面の人、不特定多数の人に対して用いられる**ことが多い。

例 あれが私の通う学校です。（丁寧語）

お茶でも飲もう。（美化語）

お客様がいらっしゃる。（尊敬語）

先生から本をいただく。（謙譲《けんじょう》語）

私が司会をいたします。（丁重《ていちょう》語）

注意! 間違《まちが》えやすい敬語表現

①尊敬語と謙譲語の混同

×仙台へはどなたがお行きしますか。

↓謙譲語

○仙台へはどなたがお行きになりますか。

↓尊敬語

×いつでもご連絡してください。

↓謙譲語＋尊敬語

○いつでもご連絡ください。

↓尊敬語

②立場の混同

×お父さんがおっしゃっていました。

↓自分側の人物を高めている。

○父が申しておりました。

↓自分側の人物に謙譲語を使う。

③過剰《かじょう》な敬語の使用

×先生が私の作文をご覧になられる。

○先生が私の作文をご覧になる。

2 敬語の種類

敬語は、次の三つに分類される。

丁寧語	丁寧な言葉遣《づか》いで述べることによって、**相手(聞き手・読み手)への敬意**を表す。
尊敬語	**相手や話題の主の動作を高める**ことで、**その人物に対する敬意**を表す。
謙譲語	**自分や自分側の人物の動作をへりくだる**ことで、動作の向かう相手を高め、**その人物に対する敬意**を表す。

例題

1 **次の文の中で敬語が使われていない文を選び、記号で答えなさい。**

ア 先生がコーヒーを召《め》しあがる。
イ 私はいつも社内におります。
ウ 先輩《せんぱい》はいつも後輩の指導に尽力《じんりょく》している。
エ 先生の描《か》かれた絵を拝見する。

解答

1 **ウ**

解説

1 **ア**は、「召しあがる」が先生に対する尊敬語。**イ**は、「おり・ます」が読み手・聞き手に対する丁重《ていちょう》語・丁寧語。**エ**は、「描かれた」が先生に対する尊敬語、「拝見する」が先生に対してへりくだる謙譲《けんじょう》語。

② 丁寧《ていねい》語

1 丁寧語とは

丁寧語は、改まった場面などで、丁寧な言葉遣《づか》いで述べることによって、**相手（読み手・聞き手）への敬意を表す**。敬う対象の有無《うむ》にかかわらず、幅《はば》広く用いられる。

①助動詞「です」「ます」を用いる。

例 これが私の読みたい本です。
このビルの屋上から町の景色がとてもよく見えます。

②「ございます」を用いる。

例 おはようございます。
たしかにこれは私の本でございます。

2 美化語

美化語は、**接頭語「お」「ご」**などを使った上品な言葉遣いによって、**相手（読み手・聞き手）への配慮《はいりょ》を示して高める**。敬意の向かう先の有無にかかわらず、幅広く用いられる。

例 今日のご飯は何が食べたいですか。
ごほうびとしてたくさんの本をもらった。
この泉から湧《わ》き出るお水はおいしい。

参考 最もよく使われる敬語

敬語のうち、尊敬語・謙譲《けんじょう》語・丁重語は、丁寧語と組み合わせて使われることが多いので、丁寧語は、最もよく使われる敬語と言える。

参考 丁寧語の使い方

先輩《せんぱい》や年上の知人など、尊敬語を使うにはやや大げさになってしまうような関係の人には、丁寧語を使うだけで軽い敬意を表すことができ、印象がよくなる。

例 この映画をご覧になりましたか。
→尊敬語＋丁寧語で大げさに聞こえる。
⬇
この映画を見ましたか。
→丁寧語だけで、かた苦しくない。

注意！ 美化語の使い方

美化語は、丁寧に美しく表現する言葉だが、使い方を誤ると誰《だれ》に対して丁寧に話しているのかわからなくなるので、注意が必要である。

・自分にも相手にも関連している事柄《ことがら》には「お」や「ご」をつけてよい。
○本日は貴重なお時間をいただきまし

※美化語として「お」や「ご」を用いても、はっきりした敬意を表すわけではない。
しかし、「飯」「菓子《かし》」などと言うとぞんざいな印象を与《あた》えるので、**相手への配慮として丁寧な表現をするために美化語を用いる。**

美化語の「お」と「ご」の使い分け

- 「お」は主に和語につく。

例　お酒・お参り・お宮・おみやげ・お皿・お寺・お祝い　など

- 「ご」は主に漢語につく。

例　ご近所・ご挨拶《あいさつ》・ご機嫌《きげん》・ご来光・ご飯・ご縁《えん》　など

例題

1 次の文をそれぞれ丁寧語を用いて書き換《か》えなさい。

(1) 私は夕食後に勉強する。
(2) みんなで協力しよう。
(3) 決勝戦は来週の水曜日だ。
(4) おはよう。
(5) 昨日は塾《じゅく》に行かなかった。
(6) 遅刻《ちこく》の原因は寝坊《ねぼう》だった。

て、ありがとうございました。
相手と一緒《いっしょ》に過ごした時間を指すので、「お時間」と言える。

- 外来語、天候・場所を表す言葉などには「お」や「ご」をつけない。

×おジュース

- 自分だけに関わる物事には「お」や「ご」をつけない。

×おかばんをここに置かせてください。
自分だけの荷物を指すので、「おかばん」とは言わない。

解答

1
(1) 私は夕食後に勉強します。
(2) みんなで協力しましょう。
(3) 決勝戦は来週の水曜日です。
(4) おはようございます。
(5) 昨日は塾に行きませんでした。
(6) 遅刻の原因は寝坊でした。

③ 尊敬語

1 尊敬語とは

尊敬語は、相手（聞き手・読み手）や話題にしている人の動作や物事を、直接高めて表すことで敬意を表す。

①尊敬の意を表す特別な動詞を用いる。（→左ページの表参照）

例 先生は職員室にいらっしゃる。　お客様がお茶を召《め》しあがりました。

②尊敬の助動詞「れる」「られる」を用いる。

例 もうすぐ校長先生が来られます。　先生が黒板に明日の予定を書かれる。

③「お(ご)～になる」を用いる。

例 先生がご家族をお連れになる。　来賓《らいひん》の方が施設《しせつ》をご見学になります。

※「お(ご)～なさる」という形をとることも多い。

例 先生がご家族をお連れなさる。　来賓の方が施設をご見学なさる。

※「お(ご)～になる(なさる)」の「～」の部分が**和語の場合は「お～になる(なさる)」、漢語の場合は「ご～になる(なさる)」**とする場合が多い。

●**尊敬の意を表す接頭語**を用いる。

〈名詞・形容詞・形容動詞などにつく〉

例 お客様のご住所をうかがう。　先生からお手紙をいただく。
お父様はお忙《いそが》しいのですね。　くれぐれもお健《すこ》やかにお過ごしください。

〈特定の名詞につく〉

例 貴校　御社《おんしゃ》　芳名《ほうめい》　尊父　令息

くわしく 敬語を使う対象と程度の関係

敬語を使うときは、「誰《だれ》の」動作・事《こと》柄《がら》なのかを常に考える。自分から遠い関係であったり、相手との親しさの度合いが低かったりする場合、敬意を強めるのが一般《いっぱん》的である。

参考 尊敬語の度合い

尊敬語の度合いは次の順に高い。
①尊敬の意を表す特別な動詞を使う。
②「お(ご)～になる」を使う。
③助動詞「れる・られる」を使う。

くわしく 補助動詞としての用法

尊敬の意を表す特別な動詞には、補助動詞として使われるものがある。

例 先生が採点をしていらっしゃる。

注意！ 敬意を表す接頭語の使い方

自分のものであっても、相手に関することには「お」や「ご」をつける。
○ご返答が遅《おそ》くなり、申し訳ありません。
○先生にお手紙をお送りしました。

● **尊敬の意を表す接尾《せつび》語**を用いる。

例 山本様はいらっしゃいますか。

2 尊敬の意を表す特別な動詞

尊敬の意味を表す特別な動詞には主に次のようなものがある。これらの語については覚えておくようにしよう。

普通《ふつう》の言葉	尊敬動詞
来る・行く	いらっしゃる・おいでになる・おこしになる
いる	いらっしゃる・おいでになる
食べる・飲む	召しあがる　※「いただく」は謙譲《けんじょう》語
言う・話す	おっしゃる
見る	ご覧になる
くれる	くださる
する	なさる・あそばす

例題

1 次の文で尊敬語にすべき部分を抜《ぬ》き出し、適切な尊敬語に直しなさい。

(1) 校長先生があちらから来ます。　(2) お客様がお料理を食べます。

(3) 先生が言うことをノートに書く。

注意! 尊敬語と美化語の「お」の区別

使われ方によって、敬語の種類が異なる。敬意を示す相手に関するものにつく「お」は尊敬語である。

・先生のお話をよく聞く。＝尊敬語

・おもしろいお話を読んだ。＝美化語

解答

1 (1)来ます→いらっしゃいます(来られます)

(2)食べます→召しあがります(食べられます)

(3)言う→おっしゃる

④ 謙譲語《けんじょうご》

1 謙譲語とは

謙譲語は、**自分や自分の側の人物の動作や物事をへりくだって言うことで、動作の向かう相手を高めて敬意を表す。**

①謙譲の意を表す特別な動詞を用いる。（→左ページの表参照）

例 先生のお宅へ伺《うかが》う。　先生から本をいただく。

②「お(ご)〜する(いたす・申し上げる)」を用いる。

例 費用はこちらでお支払《しはら》いします。

先生に委員会活動のまとめをご報告する。

私がお客様をご案内いたします。

③謙譲の意を表す接頭語・接尾語《せつびご》を用いる。

例 粗品《そしな》　拙宅《せったく》　弊社《へいしゃ》　愚見《ぐけん》　薄謝《はくしゃ》　私ども

2 丁重語

丁重語は、**自分や自分の側の人物の動作をへりくだって言うことで、相手(聞き手・読み手)を高めて敬意を表す。**

例 私は山本と申します。　明日から家族で旅行をいたします。

これから買い物に参ります。

3 謙譲の意を表す特別な動詞

謙譲の意味を表す特別な動詞には主に次のようなものがある。これらの語については覚えておくようにしよう。

注意！ 身内への敬語

身内に関する事柄《ことがら》は、尊敬語ではなく、謙譲語を用いる。

×お母さんが先生にお会いになる。

○母が先生にお会いする。

くわしく 「伺う」と「参る」

「伺う」は行く先に敬う人がいる場合のみに使われるが、「参る」はいてもいなくても使える。

○先生のお宅に伺う。

○先生のお宅に参る。

×明日京都に伺う。

○明日京都に参る。

くわしく 謙譲語と丁重語の違い

・**動作の向かう相手を高める。** ＝謙譲語

例 先生のところに伺います。

・敬うべき相手は存在せず、**読み手・聞き手を高める。** ＝丁重語

例 講演会に参ります。

普通の言葉	謙譲語
行く	参る・伺う
来る	参る
いる	おる
食べる・飲む	いただく・頂戴《ちょうだい》する
言う・話す	申し上げる・申す
聞く	伺う・承《うけたまわ》る・拝聴《はいちょう》する
会う	お目にかかる
思う・知る	存じ上げる・存じる(存ずる)
見る	拝見する
やる	差し上げる
もらう	いただく・頂戴する
する	いたす

例題

1 次の文で謙譲語にすべき部分を抜《ぬ》き出し、適切な謙譲語に直しなさい。

(1) 明日初対面のお客様に会う。　(2) 先生からノートをもらう。

(3) 私は院長先生のことを知っています。

注意! 敬語に直す際のポイント

・文の主語が書かれていない場合

×お客様からお土産《みやげ》をくださった。

○お客様からお土産をいただいた。

もらったのは自分なので、自分をへりくだる謙譲語の「いただく」を使う。

・身内の動作が主体の場合

×父がそのようにおっしゃっていた。

○父がそのように申し上げていた。

主語は「父」で身内なので、謙譲語の「申し上げる」を使う。

・尊敬語や謙譲語は、人間以外には使わない。

×犬にえさをあげる。

○犬にえさをやる。

「あげる」は目上の人をたてる謙譲語であり、動物である犬には使えない。「やる」を使う。

解答

1 (1)会う→お目にかかる(お会いする)

(2)もらう→いただく(頂戴する)

(3)知って→存じ上げて(存じて)

練習問題

解答↓564ページ

1 **次の――線部の語の敬語の種類をあとから選び、記号で答えなさい。**

(1) どうぞ召《め》しあがってください。

(2) これはたしかに私の本でございます。

(3) 校長先生のお話を拝聴《はいちょう》しました。

(4) お客様をご案内します。

(5) 監督《かんとく》が突然《とつぜん》席を立たれた。

ア 尊敬語　**イ** 謙譲《けんじょう》語　**ウ** 丁寧《ていねい》語

2 **次の言葉の意味の敬語として最も適切なものをあとから選び、記号で答えなさい。**

(1) 来る

ア 校長先生は今、体育館にいらっしゃる。

イ 校長先生は明日の遠足に一緒《いっしょ》にいらっしゃる。

ウ 校長先生が、私たちの教室にいらっしゃる。

(2) 聞く

ア 先輩《せんぱい》からのアドバイスをうかがい、感激した。

イ いつお宅にうかがえばよろしいでしょうか。

ウ 明日、お客様のところにうかがいます。

3 **次の――線部の語を適切な敬語に直しなさい。**

(1) 今晩お泊《と》まりのお客様は、十時には寝《ね》るということだ。

(2) お世話になった先生にお礼の言葉を言う。

(3) 先生がお茶会で和服を着る。

(4) お客様から結構なお土産《みやげ》をもらう。

(5) 初めて会うお客様にご挨拶《あいさつ》する。

4 **次の□に入る最も適切な敬語をあとから選び、記号で答えなさい。**

(1) 先ほど先生は何と□ましたか。

(2) 片付けは私たちで□ます。

(3) お客様に案内書を□ます。

(4) 先生が展覧会の絵をじっくりと□ました。

ア 拝見し　**イ** さしあげ

ウ いただき　**エ** ご覧になり

オ いたし　**カ** おっしゃい

5 **次の文中の――線部の(1)敬語表現が誤っている理由をあとから選び、記号で答えなさい。また、(2)正しい敬語表現に改めなさい。**

A　いま、父は外出していて、おられません。
B　先日の同窓会に、先生が参られた。
C　先生に母がぜひ話がしたいとおっしゃってました。
D　兄が帰ったら、お伝えしておきます。
E　父が私の子供におもちゃを買ってあげた。

〔理由〕
ア 尊敬語ではなく、謙譲《けんじょう》語を用いなくてはならない。
イ 謙譲語ではなく、尊敬語を用いなくてはならない。
ウ 尊敬語や謙譲語ではなく、丁寧《ていねい》語を用いなくてはならない。
エ 敬語表現を用いる必要はない。

6 **次の[A]～[P]に入る適切な敬語を答えなさい。**

日本語の敬語は、全体として中国語以上に複雑なものです。それは相手の動作、あるいは、自分の動作の表現に対する敬語にみられます。

たとえば「する」という動詞。相手の場合には「なさる」とか「[A]」とか申します。あるいは、「行く」「[B]」「居る」という動詞がありますと、「[C]」「おいでになる」という表現をとります。「言う」に対しては「[D]」、あるいは「仰《おお》せになる」というような言葉もあります。「見る」は「[E]」。「着る」「[F]」「呼ぶ」「求める」、これらは一緒《いっしょ》になって「[G]になる」。「くれる」というのは「[H]」となりまして、みんなこのように不規則で大変難しい。

これまでお話しした敬語は、動作をする人に対する敬語の表現でしたが、動作を受ける人に対する敬語――謙遜《けんそん》の表現と言っておりますが――たとえば「言う」は「[I]」、これは言われる人に対する敬意です。「見る」は「[J]」。「聞く」は「[K]」、「やる」は「上げる」とか「[L]」という言い方があります。「もらう」は「[M]」、「見せる」は「[N]にかける」と、複雑であります。また、動作をする人が二人同時の場合は大変困ります。たとえば、社長さんと一緒にどこかへ出かけることになって、車を待っている。そうして車が来た。その時どう言うか。ちょっと考えますと、「車が参りました、それでは参りましょう」とおっしゃるかたが多いと思います。これは本当はいけない。それではどう言うべきか。「車が参りました。お乗り[O]（これは社長さんに対する敬意）、私もお供を[P]いただきます」と言わなければ正しい使い方にならないわけです。

（金田一春彦《きんだいちはるひこ》「日本語の特質」）

章末問題

解答→565ページ

1 **次の「知る」と「存じ上げる」の関係と同じ関係の組み合わせのものをあとから選び、記号で答えなさい。**

知る ―― 存じ上げる

ア する ―― なさる
イ 言う ―― おっしゃる
ウ 行く ―― うかがう
エ 食べる ―― 召《め》し上がる

〔都立産業技術高専〕

2 **次の文の□に入る敬語表現として誤っているものをあとから選び、記号で答えなさい。**

先生もこのお店をよく□のですか。

ア ご利用する　**イ** ご利用になる
ウ 利用なさる　**エ** 利用される

〔大阪〕

3 **次の文の□に入る表現をあとから選び、記号で答えなさい。**

演奏会の発表順については、受付で□ください。

ア 伺《うかが》って　**イ** 申し上げて
ウ おおせられて　**エ** お尋《たず》ねになって

〔群馬〕

4 **次の会話は、ある中学校の文化祭で、来賓《らいひん》として訪《おとず》れた川田さんと受付係の生徒である山中さんが話した内容の一部である。――線部ア～オから、敬語の使い方が正しくないものを一つ選び、記号で答えなさい。**

川田さん「こんにちは。受付はここですか。」
山中さん「はい、こちらです。私は受付を<ア>担当いたします山中です。恐《おそ》れ入りますが、お名前を<イ>うかがってもよろしいでしょうか。」
川田さん「川田製作所の川田です。」
山中さん「ようこそおいでくださいました。こちらが本日のプログラムです。どうぞ<ウ>拝見してください。控《ひか》え室は、校長室です。昼食もそちらで<エ>召《め》し上がってください。」
川田さん「ありがとう。」
山中さん「それでは、案内係の生徒が<オ>おりますので、校長室までご案内します。」

〔福島〕

5 **会社での外部からの電話の応対について、次の――線部の表現のうち、適切でないものを一つ選び、記号で答えなさい。**

「申し訳ございません。ア課長の山田は、イあいにく外出しております。ウ折り返しお電話を差し上げるよう伝えますので、恐《おそ》れ入りますが、エお電話番号を頂戴《ちょうだい》できますか。」

〔兵庫〕

6 **次の文章は、吹奏楽部《すいそうがく》の部長の挨拶原稿《あいさつげんこう》である。――線部の敬語の使い方が正しいものの組み合わせを選び、記号で答えなさい。**

皆様《みなさま》、本日は演奏会に①ご来場くださいまして、ありがとうございます。部員を代表してひとこと②ご挨拶申し上げます。私たちは、この日のために練習を重ねてきました。その成果をたくさんの方々に披露《ひろう》できることを大変うれしく③お思いになっています。一生懸命《けんめい》演奏しますので、どうぞ私たちの演奏を④お聞きしてください。

ア ①と②　**イ** ①と②と③　**ウ** ①と③と④
エ ②と③

〔栃木〕

7 **次は、職場体験学習を振《ふ》り返る【話し合いの一部】である。①～③に入る言葉の組み合わせをあとから選び、記号で答えなさい。**

北野さん　職場の方から「お客様にお茶とコーヒーのどちらにするか、聞いてきて。」と言われました。
内村さん　北野さんは、お客様にどのように尋《たず》ねたのですか。
北野さん　「お茶とコーヒーのどちらにいたしますか。」と尋ねました。
杉本《すぎもと》さん　その表現には少し違和感《いわかん》があります。どちらがいいのかを選ぶ動作主を［①］と考えると［②］を使うのは変だと思うからです。
内村さん　では、どのような尋ね方がよいと思いますか。
森田さん　「お茶とコーヒーのどちらになさいますか。」ではどうでしょうか。動作主を［①］と考えれば、ここでは［③］を使う方がよいと思うからです。

ア ①北野さん　②謙譲《けんじょう》語　③尊敬語
イ ①北野さん　②尊敬語　③謙譲語
ウ ①お客様　②謙譲語　③尊敬語
エ ①お客様　②尊敬語　③謙譲語

〔大分〕

敬語には気をつけよう

今日の練習を終わります。みんな片付けてください。
はい、部長。
では、みんなで片付けましょう。
あ、先生。それ、重いですから体育館の倉庫までお持ちになりましょう。
えっ！こんなに重い物を、ひ、一人で？
あ、違《ちが》います。私たちがそれを体育館に運ぶのです。
えっ、私が運ぶんじゃなかったの？

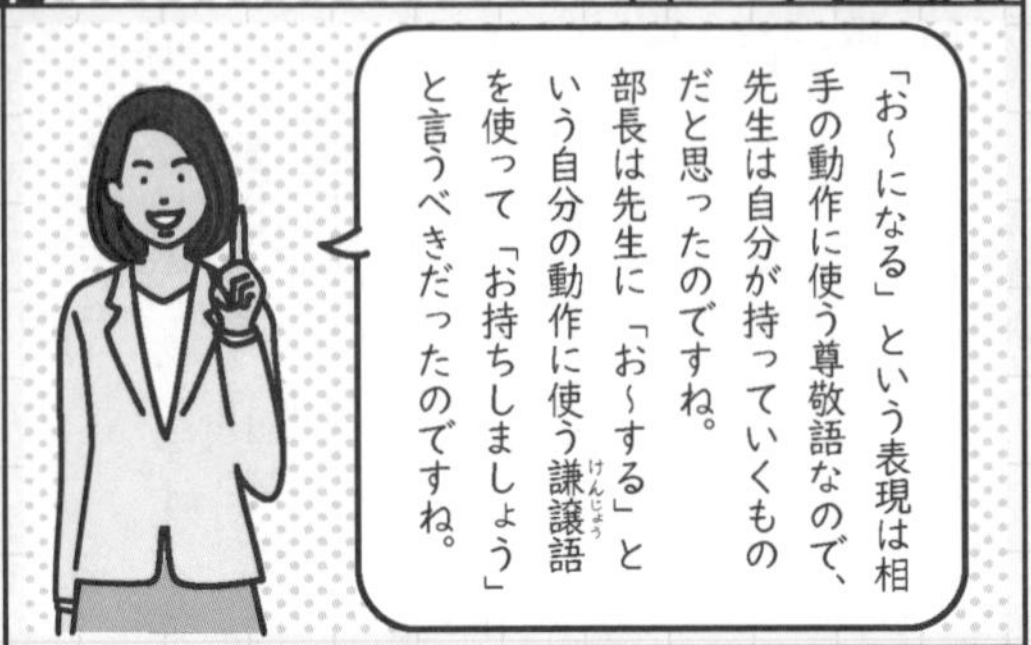
「お～になる」という表現は相手の動作に使う尊敬語なので、先生は自分が持っていくものだと思ったのですね。部長は先生に「お～する」という自分の動作に使う謙譲語《けんじょう》を使って「お持ちしましょう」と言うべきだったのですね。

ポイント

「お(ご)——になる」は尊敬語
「お(ご)——する」は謙譲語

例 お客様がお書きになる。（尊敬語）
先生にご相談する。（謙譲語）

第3編　表現する力

03

ここからスタート！

第3編　表現する力

START!

表現する力は、最近、特に求められる能力だ。読書感想文や課題作文、手紙や電子メールなどで、自分の考えをどう表現するのか。自分の考えをきちんと人に伝えるためには、おさえておくべき基本的な知識がある。また、他者の考えをきちんと聞き取ることも必要だ。ここではさまざまな例をとおして、その方法を学んでいこう。

学校にて
はあ…
おっ
おい ため息なんてついて どうしたのさ
あっ先輩《せんぱい》
実は 次の文化祭実行委員会で 会議をすることになって…
司会に選ばれたんですけど
正直言って 司会のやり方が 全然わからない んですよね
司会＝進行役という のは知ってますけど…
なんだ そんなことか
俺《おれ》も去年やったが あんなのは簡単だ
会議は結論を導く ための話し合いの 方法だ それは知って いるか？
は、はい…
会議では、みんながお互《たが》いに 人の意見を聞き、自分の意見を 言うことで、全体の意見を作り、 結論を出すんだ
じゃあその進行役に 必要なものは何だ？
えーっと…
愛だよ、愛！ 愛をもって、人が意見を 言ったり聞いたり しやすいように 進めればいいのさ！
そんな感じだ！ じゃあ明日 頑張《がんば》れよ！
え〜っ それだけ？

会議当日
緊張《きんちょう》する… 先輩からのアドバイスを思い出そう…
これから会議を始めます 議題は文化祭開会式のプログラムをどうするかです
何を話し合うのか議題を明確にすべし!
意見がある人は手を挙げてください
司会はまず聞き役! 参加者に意見を求める!
シーーン
アレ…？
では去年のプログラムから何を変えるべきかと言う視点ではいかがですか？
議論が止まったら発言のきっかけを作る!
ガヤ ガヤガヤ
今の発言は、開会式とは関係がないようです 開会式についての意見はありますか？
時には厳しく軌道《きどう》修正! だがあくまで丁寧《ていねい》に!
会議は勝ち負けを競《きそ》うディベートではない! ある人が自分の考えを一方的に話すスピーチでもない!
…では一つ前の意見と合わせて委員の挨拶《あいさつ》は無くさないまま各委員の持ち時間を短くしてみるというのはどうでしょう
みんなが納得《なっとく》できる「合意」を目指すもの!
決定したことは委員の持ち時間を短くすることです。
次回は具体的に何分間とするかを決めましょう
決定事項《じこう》を確認《かくにん》し、次回の課題をはっきりさせれば完璧《かんぺき》!
終了後
司会めちゃくちゃうまいじゃん! すごかったよ
ありがとう!
…
みんなが聞き取りやすいよう早口にならないようにはっきりとしゃべったのもよかったな
みんなのことを考えながら進められた気がする
おっ 司会どうだった？
…
「愛が必要」実は結構あたってるのかも

第1章 書くこと

「書くこと」や「話すこと」は、自分の気持ちや考えを言葉にして他者に伝える方法である。「読むこと」と同様に、これらの技術も身につけていくことが望まれる。

1 文章を書く基本

入試重要度 ★★★

ここでは、「書くこと」として**作文**を取り上げ、例を挙げて詳《くわ》しく説明する。

① 文章を書く手順

1 主題を決める

• 文章を通して、**何を伝えたいか**という「**主題**」を決め、一～二文程度で表現する。短い文で表現すると、ポイントが明確になる。以降の過程でも常に主題に立ち返り、**書こうとしている内容が主題からずれていないかを確認する**ことが大切である。

2 材料を集める

• 主題を相手に伝えるための**材料**を集める。最初はあまり制約を設けずに、関連しそうな資料を集めたり、自身の体験を振《ふ》り返ったりしながら、思いつくものをどんどん挙げていくとよい。

くわしく　文章構成の基本形

大きく、二つの構成のしかたがある。

四段構成…感想や心情をつづる文章などに使うことが多い。

起	話題や問題点などを示す。
承	「起」を受けて、一つの考え方や意見を示す。
転	「承」とは別の角度や視点からの考え方や意見を示す。
結	全体のまとめを述べる。

三段構成…事実を正確に伝える文章や、自分の主張を述べる文章などに使うことが多い。

序論	導入としての論を述べる。
本論	「序論」の課題に関して、考え方や意見を述べる。
結論	まとめの論を述べる。

・集めた材料は、まとまりごとに**分類**しておく。

3 構成を考え、材料を取捨選択《せんたく》する

・主題をわかりやすく伝えるために、どんな**構成**がよいかを考える。分類した材料を参考に、**序論・本論・結論**をどんな段落構成にして、どんな**具体例やまとめ**を用いると、読者に対する説得力が増すかを考え、材料を選択していく。
・構成が決まったら、各段落の内容を一文程度で記す**構成メモ**を作り、主題からずれていないかを、いま一度確認《かくにん》する。この構成メモには文章の骨子が端的《たんてき》に表されるので、下書きや**推敲**《すいこう》の際の大切な立ち返り先になる。

4 下書きをする

・構成メモをもとに**わかりやすい表現、的確な表現**を心がけ、**文体を統一**して書く。
・内容面に問題がなければ、文章の表現をチェックすることを重視し、細かな書き直しは、のちの**推敲**で行う心づもりで進めるとよい。

5 推敲する

・内容が構成メモから逸脱《いつだつ》していないか、意図が伝わっているかをチェックする。
・誤字脱字《だつじ》、主述のねじれがないかを見直す。
・**主語・述語の関係や表現の呼応関係、段落どうしの接続の関係**を正しくして、意味がはっきりした文章にする。
・一文を長くしすぎないようにして、**わかりやすく簡潔な表現**を心がける。
・文体にかかわらず、口語などの崩《くず》した表現を使わずに、**きちんとした文章**にする。

6 清書する

・原稿《げんこう》用紙の使い方にしたがって、丁寧《ていねい》に書く。

三段構成で主張を述べる際には、大きく三つの方法がある。
①頭括《とうかつ》型…結論を最初に示す方法。**課題提示・主張（結論）→根拠**《こんきょ》**（本論）**という形で、実質的には二段構成となる。
②尾括《びかつ》型…結論を最後に示す方法。**課題提示（序論）→根拠（本論）→主張（結論）**となる。
③双括《そうかつ》型…結論を最初と最後に示す方法。**課題提示・主張（序論・結論）→根拠（本論）→主張（結論）**となる。

くわしく 文体（文末の形）
・常体…「**だ**」「**である**」など。
・敬体…「**です**」「**ます**」など。

② 原稿《げんこう》用紙の使い方

作文を書く際には、テストなどでの作文も含《ふく》めて**原稿用紙の使い方**にしたがうことが求められる。ここでは、原稿用紙の基本的な使い方をおさえておく。

●**タイトルまわり**…題名と氏名を書く。

・題名は、基本的に原稿用紙の**一行目の、四字目**から書く。

・氏名は、**題名の次の行に下が一字分空く**ように書く。テストなどでは、氏名を書くことが求められない場合もある。

●**書き出し**…**氏名の次の行に、一字下げて**書き始める。

●**段落**…段落を変える場合は**改行し、一字下げて**書く。

●**会話・引用**…**「」で囲む**。会話は行を変えて書くのが一般《いっぱん》的だが、短いものは、改行しない場合もある。

●**句読点・符号《ふごう》**…**一字分として扱《あつか》う**。行の冒頭《ぼうとう》に来る場合は、前の行の末尾《まつび》に、文字とともに書く。

例

　　　❶私の好きな場所

　　　　　　　　二年一組　❷宮崎　さくら

❸　私はよく図書館に行く。本を読むの
が好きだということもあるが、図書館
にいると気持ちが落ち着くからだ。
❹　苦手な数学の難しい問題を解こうと
するときも、迷わず図書館へ足を運ぶ。❺
静かな空間でじっくり問題に向き合う
と、複雑に見えていた部分がときほぐ
されて、一つ一つの関係性が見えてく
ることがある。そうなればこちらのも
ので、一つ一つを丁寧《ていねい》に解いていけば
よい。最終的に解答にたどり着くこと
ができる。
❻「いつもがんばって勉強しているね。」❼
　知らない人から、声をかけてもらう
こともある。図書館は、私の第二の部
屋のようだ。これからも、マナーを守
りながら、図書館を利用していきたい
と考えている。

❶題名は**上を三字程度空けて書く**。

❷氏名は、**下が一字程度空くようにして書く**。

❸書き出しは**一字下げる**。

❹段落の初めは**一字下げる**。

❺句点が行の始めに来る場合は、前の行の**末尾に、文字とともに書く**。

❻会話は**行を変えて、「」で囲む**。

❼句点と会話を閉じるかぎ(。」)は**一ますに入れる**。

③ 推敲《すいこう》のしかた

文章を書いたら、よりよくするために推《すい》敲《こう》して修正する。推敲は、次の観点に注意して行う。また、推敲の際に使う記号も覚えておくとよい。

全体構成のわかりやすさ

- 主題をわかりやすく伝える構成になっているか。
- 内容のまとまりごとの段落になっているか。
- 段落どうしのつながりは適切か。
- 段落の長さは適切か。

各文のわかりやすさ

- 各文の内容はわかりやすいか。
- 文どうしのつながりは適切か。
- 文の長さは適切か。
- 文体は統一されているか。

表記の確認

- 誤字・脱字《だつじ》はないか。
- 呼応表現などの文法的な誤りはないか。
- 句読点や符号の使い方は適切か。

例

時間とのつきあい方

三年二組　山中　あゆむ

時間の感覚は不思議だ。時には矢のように早❸速く過ぎ去り、時には川の水が一か所でどんよりとよどむふちのように、とどまったまま流れていかない。

例えば、好きなゲームに熱中しているとき、気づくとあっという間に一時間が過ぎていることもある。逆に、部活動のつらい基礎《きそ》練習は、一分でも長く感じる。❶祖母にこの話をしたら、「時間に流されるのではなく、主体的に捉《とら》えてみたら。」と❸トルツメ祖母に言われた。良いアイデアをもらった❸気が❷します　する。

つらい練習のときはこれが上達につながるのだと思う。ゲームに熱中しすぎたときは、一歩引いて自分の姿を見る。そうやって上手に時間とつきあい、自分も成長していきたい。

❶全体構成を検討する。例の文章は起承転結の四段構成としているために「**承**」と「**転**」**の間に改行を入れている。**

❷常体の文章なのに文体が統一されていないため、**敬体の「します」を「する」に修正している。**

❸以下の三点を修正している。

- 「**早く**」**を**「**速く**」**に修正**する。
- 「**祖母に**」**が重なっているため、一方を削除《さくじょ》**する。
- **文の意味をはっきりさせるために、読点を加える。**

参考　よく使う訂正《ていせい》表現

- 誤りは――で消し、主に右横に赤字で正しく書き直す。
- 加える場合は、加える位置に⌒や＜を差し込む。
- 取る場合は、取る部分を――で消し、赤字でトル(詰《つ》める場合はツメ)と書き込む。片仮名《かな》で表記するのは、「取る」と直してしまうのを避《さ》けるため。
- 改行は⌐⌙と表記する。

2 手紙

入試重要度 ★★☆

① 手紙の書き方

1 手紙とは

手紙とは、**ある人からほかの人に宛《あ》てた文書**のことである。広い意味では、書かれた言葉によるコミュニケーション全般《ぜんぱん》を指すが、ここでは、主に**郵便**によって取り交わされる、定型化された書状について扱《あつか》う。

メールやSNS(=ソーシャル・ネットワーキング・サービス)が普及《ふきゅう》した現在においても、改まった機会や、心からの気持ちを伝える際には、手紙が有効な手段である。書き方を間違《まちが》えては、その気持ちが伝わらないどころか、相手に対しても失礼にあたるので、形式をしっかりと身につけたい。

2 手紙の構成

①前文…手紙の始めに書く挨拶《あいさつ》。次のものから成る。

ア 書き出しの言葉(=頭語)

イ 時候の挨拶　**季節**を感じさせる事柄《ことがら》を話題にする。

ウ 安否の挨拶　こちらの様子を伝えることもある。

②主文…手紙に書いて**伝えたい用件**。最も重要な部分。

③末文…手紙を締《し》めくくる挨拶。次のものから成る。

ア 結びの挨拶　**イ** 結びの言葉(=結語)

①前文	②主文	③末文
ア拝啓《はいけい》 **イ**新緑の候 **ウ**お変わりありませんでしょうか。	先日は……をお送りいただき、……	**ア**ご健康をお祈《いの》りしております。 **イ**敬具

参考 封筒《ふうとう》の書き方

【表書き】宛先を書く。

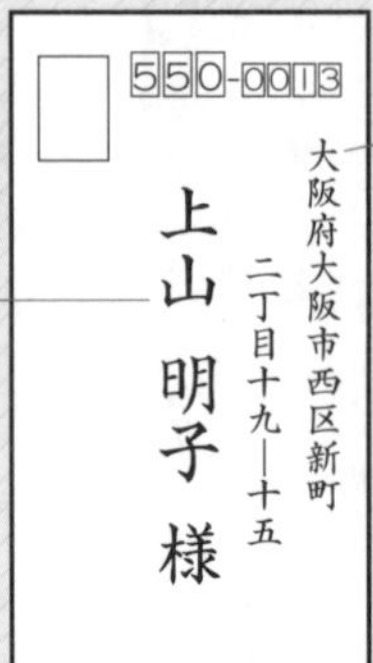

宛先の住所　端《はし》に寄りすぎないように。一行で収まらないときは区切りのよいところで改行する。

宛名　封筒の中央にバランスよく書く。文字の大きさは、住所よりは大きくする。

【裏書き】差出人情報を書く。

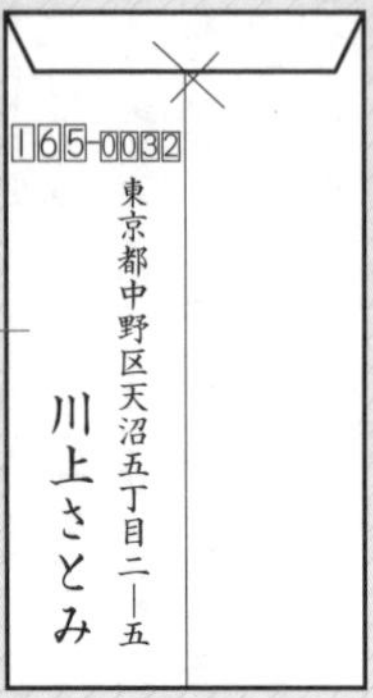

差出人の住所・氏名　表よりも文字の大きさは小さめに。**はがきの表書きの場合は**、差出人の住所・氏名を左下に書く。

④**後付け**…いつ誰《だれ》が誰に向けて書いた手紙なのか。
書く順や位置を守って書く。
ア 日付　**イ** 署名(自分の氏名)
ウ 宛名《あてな》(相手の氏名)

⑤**添《そ》え書き**…主文につけ足したいことがある場合は、
「**追伸《ついしん》**」と書いたあとにここに書き添える。

④後付け	⑤添え書き
ア五月十三日 **イ**川上さとみ **ウ**上山明子様	追伸 おじさんにもよろしくお伝えください。

3 手紙を書くときの注意点

①誰に対して出す手紙かをきちんと意識する

・目上の人に対しては正しい敬語をきちんと用いる。
・相手を意識して、後付けに書く宛名の敬称《けいしょう》を適切なものにする。
個人…「様」が一般《いっぱん》的だが、親しい友人などに対しては「さん」「ちゃん」などでもかまわない。相手が先生の場合は「先生」とする。そのほか「殿《どの》」もある。

団体…御中《おんちゅう》　多人数…各位・皆様《みなさま》　など

②手紙を書く目的をはっきりさせ、それがうまく相手に伝わるように書く

・何を伝えたいのか?
例　何かを連絡《れんらく》する→連絡事項《じこう》をもらさず、わかりやすく書く。
何かを頼《たの》む→相手に対しての謙虚《けんきょ》さが表れるようにする。
自分の近況《きんきょう》を伝える→相手にも様子が目に浮《う》かぶように具体例など交える。

③落ち着いて書き、出す前に必ず読み直す。誤字・脱字《だつじ》に注意する

くわしく　時候の挨拶の例

一月　厳寒の候・厳しい寒さが続いております。
二月　立春の候・三寒四温のころ
三月　春雪の候・暑さ寒さも彼岸《ひがん》までと申します。
四月　陽春の候・うららかな春の訪《おとず》れです。
五月　新緑の候・青い空には鯉《こい》のぼりが泳ぎ

くわしく　書き出しと結びの対応

結びの言葉は、書き出しの言葉に対応させる。
書き出し　→　結び
・拝啓《はいけい》　→　敬具／敬白
…一般的によく使われる。
・謹啓《きんけい》　→　謹白／謹言
…「拝啓」よりも改まった使い方。
・拝復　→　敬具／敬白
…返信を書くときに使う。
・前略　→　草々／不一
…前文イ・ウを省略するときに使う。

② 手紙の例

前文

拝啓《はいけい》
　青葉の美しい季節となりましたが、いかがお過ごしでしょうか。私は、元気に学校に通っております。

主文

　早いもので、小学校を卒業してから一年が過ぎました。中学一年生のときは、学校に慣れるのが精いっぱいでしたが、二年生になると日々の生活にゆとりができたように思います。

　来月の四日は、中学校の創立記念日で学校が休みになります。この機会に、久しぶりに小学校に伺《うかが》いたいと思っています。その日は先生のご都合はいかがでしょうか。一度お電話しますので、そのとき、先生のご都合を教えてください。お目にかかれればとてもうれしいです。

末文

　末筆ながら、先生のご健康をお祈《いの》り申し上げます。

敬具

後付け

五月十日
古田守
大木功一先生

書き方のポイント

●誰《だれ》に出す手紙か

中学二年生が、かつての小学校の恩師に宛《あ》てたもの。

(個人から個人へ)

　⬅ 親しい気持ちを抱《いだ》く相手であっても目上の人のため、**敬語**を使い丁寧《ていねい》な言葉遣《づか》いで、相手を気遣う必要がある。

例
- いかがお過ごしでしょうか。
- 伺いたいと思っています。
- ご都合はいかがでしょうか。
- お目にかかれればとてもうれしいです。
- 末文で相手の健康を願う。

※なつかしい先生に対して、自分の近況《きんきょう》も伝えているのは、失礼のない親しさになり、よい印象を与《あた》える。

●手紙で伝えたい用件がきちんと伝わっているか

来月(六月)四日に、小学校に伺って、先生にお目にかかりたい。

　⬅ いつ、という情報にもれがないように。

(日時が書かれていないと、相手はいつ来るのかということがわからずに困ってしまう)
※事前に、電話で当日の相手の都合を聞くのは、相手を敬う気持ちが表れていてよい。

●後付けの各要素は書く位置に注意

- 日付は本文より二、三字下げる。
- 自分の名前はへりくだった気持ちの表れとして下に。
- 相手の名前は敬う気持ちの表れとして上のほうに。

前文

拝啓

初霜《はつしも》の候、皆様《みなさま》方におかれましては毎日お忙《いそが》しくお過ごしのことと存じます。

主文

先日は、急なお願いにもかかわらず、御社《おんしゃ》のお仕事を見学させていただき、本当にありがとうございました。

おかげさまで、文化祭の発表は大成功でした。見に来られた人たちがとても興味をもってくださり、私たちは、「北山織」がこの町に欠かせないものであることを再認識《にんしき》しました。それも、作業にあたって糸を厳しい目で選別し、機械の音の変化にもすばやく反応される皆様《みなさま》のお力があってのことだと思います。

クラスの出し物を「町に伝わる伝統産業の紹介《しょうかい》」にして、本当によかったと思います。

発表風景を写した写真を同封《どうふう》しました。どうぞご覧になってください。

末文

これからもお体に気をつけて、お仕事を頑張《がんば》ってください。

敬具

後付け

十一月三十日

北山中学校二年四組一同

株式会社北山織物　御中《おんちゅう》

書き方のポイント

●誰に出す手紙か

北山中学校二年四組の生徒たちが、北山織物という会社に宛てたもの。（団体から団体へ）

⬅ 個人的な関係ではなく代表としての手紙なので、**敬語**を使い、改まった丁寧な言葉遣いにする必要がある。

●手紙で伝えたい用件がきちんと伝わっているか

先日、会社を見学させてもらったお礼。

⬅ 最初にきちんとお礼の言葉を述べる。

※儀礼《ぎれい》的にお礼を言っているのではなく、感謝の気持ちが本当であることがよく伝わるように、どのようにうれしかったか、具体的に伝えるとよい。

●個人の手紙との後付けの違《ちが》いに注意

・差出人は「クラス」なので、「二年四組一同」などとする。手紙文を書いた個人名を併記《へいき》する場合もある。

・宛名《あてな》が団体や会社の場合は、敬称《けいしょう》を「様」とせず、「御中」とするように注意する。差出人の場合と同様に、会社名のあとに会社の代表者の名前を併記してもよい。その場合は、会社には敬称を付けない。

例　株式会社北山織物
　　代表　木村様

●書き出しと結びの言葉

「拝啓——敬具」が最も標準的な使い方で失礼もない。中学生が書く場合でも、手紙は少し改まった気持ちで、相手を思いやる気持ちを表現に込《こ》めるようにしたい。

3 電子メール

入試重要度 ★★★

① 電子メールの書き方

1 電子メールとは

電子メールには、自分や相手の都合のよい時間に読むことができ、送ってから届くまでに時間がかからないといった利点がある。これらを生かして、私的な用件のほか、公的な連絡《れんらく》や、依頼《いらい》、データの送付など、さまざまな形で活用されている。

2 電子メールの構成

①**宛先《あてさき》/(To)**…**送信先のメールアドレス**を入力する。一度送ってしまうと、取り消しができないため、間違《まちが》っていないか、注意深く見直すことが大変重要である。

・宛先に複数のアドレスを入力すれば、同じ書面を複数の人に送ることもできる。

②**件名**…**メールの用件**を書く。一目で内容がわかるような簡潔なものにする。

③**本文**…メールの用件や送付先によって書き方はさまざまである。

・一行目に宛名を書くのが一般《いっぱん》的。「様」などの敬称《けいしょう》をつける。

・友達へ私的な内容を送る場合…絵文字などを使った気軽な形でもよい。

・目上の人へ依頼・報告・連絡などを送る場合…相手との関係性にもよるが、手紙と同様に、前文・主文・末文の構成とし、相応の書き方が必要となる。

④**署名**…本文の最後に、**送信者の名前やメールアドレス**などを書く。

⑤**添付《てんぷ》ファイル**…依頼する参考資料や写真など、さまざまなデータを送ることができる。

くわしく 電子メールのマナー

送信時

・一行の文字数は三十～四十字程度で、きりがよいところで**改行**する。相手の読みやすさを考えることが大切。

・メール本文の長さも長くなりすぎないようにする。

・添付ファイルは、容量があまり大きくなりすぎないように配慮《はいりょ》する。

受信時

・必要なものには**返信**をする。

・添付ファイルは、悪意があるものが添付されている場合もあるので、信頼できる送信者以外から送られてきたものは、安易に開かないようにする。

くわしく Cc(カーボン・コピー)とBcc(ブラインド・カーボン・コピー)

Cc…同時に送信する宛先。直接宛《あ》てた相手ではないが、参考として見てもらいたい人がいる場合などに用いる。

Bcc…Ccと同じだが、相手からはほかの宛先を見ることができない。個人情報保護の観点から伏《ふ》せたい場合などに用いる。

② 電子メールの例

To： k-kobayashi@jmail.com ①
Cc/Bcc：
件名： 6年生へのアンケートのご依頼 ②

⑤添付ファイル1個
アンケート用紙

〇〇小学校　小林香織先生：

△△中学校1年2組の佐藤です。
先日は、急なお願いにもかかわらず、
快く6年生へのアンケートをお引き受けくださり、
ありがとうございました。

さっそく、アンケートを添付しております。
中学校進学にあたって、楽しみにしていることや
不安に思っていることを調査できればと考えており
ます。結果は、みなさんにフィードバックするつも
りです。

アンケートをプリントアウトした後、1週間以内に
クラスのみなさんに回答していただくようお願いし
ます。その後、メールなどでご連絡をいただければ、
私が受け取りにうかがいます。

運動会前のお忙しいところ、
小林先生を始め、クラスのみなさんに
ご協力いただいて、感謝しております。
どうぞよろしくお願いいたします。
＊－＊－＊－＊－＊－＊－＊
佐藤俊樹
sato_toshiki@jmail.com

①宛先は正しく書く。
- Cc／Bcc には参考として伝えたい人のアドレスを書く。Cc は送付者全員のアドレスがわかるので、個人情報保護の観点から伏《ふ》せたい場合は Bcc にする。

②わかりやすい件名をつける。

③本文の最初に相手の名前を書き、公的な依頼なので、前文を書く。

- 字下げは行わなくてよいが、1行が長くなりすぎないよう区切りがよいところで改行する。

- 内容のまとまりごとに1行空けるとよい。

④最後に自分のメールアドレスを記した署名を入れる。

⑤添付ファイルを受信した場合は、安全が確認《かくにん》できなければ開かないようにする。

4 感想文

入試重要度 ★★★

① 感想文の書き方

1 感想文とは

感想文とは、**自分が見聞きしたり、体験したり、本を読んだりしたことについての感想を述べた文章**である。広い意味では、作文や随筆《ずいひつ》、紀行文も含《ふく》まれる。

ここでは、読書感想文の書き方を説明する。

2 読書感想文を書く手順

①本の内容を正確に読み取る

・作品の主題（テーマ）は何かを読み取る。複数回読むことで、読み取りも深まる。

②自分の感想をメモしておく

・心ひかれた部分と、そこについての自分の感想、考えたことなどをメモしておく。

③何を中心に書くかを決める

次のような観点で考えを深め、読書感想文の中心部分を決める。

・作品の主題は何か。また、その主題に対してどのように考えたのか。

・自分の経験と似ている点はあるか。

・どんな点に疑問を感じたり、感銘《かんめい》を受けたりしたか。また、なぜそのように感じたのか。

・どんな発見があったか。また、それについてどのように感じたか。

参考　本の主題の読み取り

本の主題は、一回読んだだけでは表面的にしか読み取れていないことが多い。表現に注目し、その意味を考えるなどしながら二回、三回と読み直していくと、新しい発見をすることができる。読書感想文を書く際には、何度か読み返して、読み取りを深めることが大切である。

くわしく　読書感想文の構成

読書感想文に決まった文章構成の型はない。**四段構成**でも**三段構成**でもよく、また、**頭括《とうかつ》型・尾括《びかつ》型・双括《そうかつ》型**のどれを採ってもよい（→378・379ページ）。次に示すのは各構成部に書くとよい要素の例である。ただし、すべてを書く必要はない。

①序論／起

・その作品を取り上げた理由

・作品の紹介《しょうかい》

・作品の主題

・最も伝えたい感想（一文程度で簡潔に表現すること）

・どんなイメージを描《えが》いたか

・作品を読んだことで、自分の考え方や行動に変化があったか。
・作者のほかの作品と比較《ひかく》してどうか。また、ほかの作家の作品と比較してどうか。

④構成を考える

・書きたいことの優先順位を決めて、内容が散漫《さんまん》にならず読み手に伝わるように、メモを絞《しぼ》り込《こ》む。
・書きたいことが効果的に伝えられるように、メモの順番を入れ替《か》えたりしながら構成を工夫する。

⑤書き終わったら推敲《すいこう》し、清書する

3 読書感想文を書くうえでの注意点

●あくまで自分の感想を書く。

・多くの本には作品のあとに解説があるが、その内容に引きずられたり、解説を自分の考えのように書いたりしてはいけない。自分の考えをしっかり書くようにする。

●論点を絞る。

・多くの感想を持っても、あまり論点を広げすぎると焦点《しょうてん》がぼやけてしまう。感想の中心を一つか二つに絞って書くのがよい。

●感想の根拠《こんきょ》を明確にする。

・感想文ではあるが、主観的になりすぎないことにも注意。その本を読んだことのない読者からも共感を得られるよう、感想の根拠を明確に示す。

●あらすじは必要最小限にする。

・作品のあらすじを追うだけでは、要約文になってしまう。文章の大半があらすじとならないよう、自分が感じたことや考えたことを中心に伝えるようにする。

②本論／承・転
・主題に対する感想
・作品の構成や表現方法についての感想
・自分の体験などと重ねて共感した点
・疑問を感じた部分とその理由
・感動した部分とその理由
・発見があった部分とその感想
・自分にとって、この作品が持つ意味
・読書の前後で変化した自分の考え方
・作者のほかの作品との比較
・ほかの作家の作品との比較
・作品への肯定《こうてい》意見と否定意見

③結論／結
・全体のまとめ
・作品の評価
・読書を通して得たもの
・今後の読書や自分の生き方について

② 感想文の例

この例は、夏目漱石《なつめそうせき》『坊《ぼ》っちゃん』の冒頭《ぼうとう》部分の感想文である。例文では、自分の体験と重ねながら「愛情」について考えている。読書を通して考えたこと、得たものなどをまとめるとよい。

例

愛情とは何だろう

二年一組　今井ゆりか

「坊っちゃん」こと「おれ」と清《きよ》との関係は不思議だ。清が「おれ」をかわいがり、その人間性を好んでいることはわかる。おそらく、一本気で不器用な「おれ」が、家族みんなにうとまれているのをかわいそうに感じたのだろう。「おれ」の言動はずいぶん無鉄砲《むてっぽう》に思えるが、その一つ一つを認め、肯定《こうてい》している清は、とても愛情深い女性に思える。

しかし、「おれ」はどうなのか。描写《びょうしゃ》されている「おれ」の考えをたどる限りでは、「おれ」の清への愛情はあまり感じられない。むしろ、清をもてあまし、迷惑《めいわく》に感じているようにさえ見える。

書き方のポイント

● 題名を書く。
- 題名は、「○○を読んで」のような形でもよいが、読み手をひきつけるために、感想文の中心がわかるようなものだとさらによい。

● 書き出しを工夫する。
- 読み手が興味をもてるようにする。
- 疑問を投げかける形で書き始める。
- 本の中で印象に残った言葉を書く。
- 自分と本との出会いや感想文を書くに至った経緯《けいい》など、自分とのかかわりを書く。

● 適切な箇所《かしょ》で段落分けをしながら、段落どうしの関係をわかりやすく示す。
- 構成メモにしたがって、段落分けをして書いていく。
- 接続詞などを工夫しながら、それぞれの段落の関係をわかりやすく伝えられるようにする。

● 根拠《こんきょ》を示しながら、感想を書く。
- 感想は、ともすればひとりよがりなものになりやすいので、根拠を示すことが大切。
- 話の筋を追ったり、引用したりして、根拠を示しながら自分の考えを述べる。

→主人公の行動を追いながら、実際には描写されていない、「おれ」が抱《いだ》く清への深い気持ちにまで思いをはせていただ、それでも「おれ」は清を突《つ》き放したりはしない。父が亡《な》くなって家をたたんだときは、離《はな》れようと思えば、清と離れるチャンスだった。しかし、「おれ」は、行き場がなく甥《おい》の家で暮らす清のところへと顔を出すのである。兄とはお金をもらったあと、二度と会わなかったのに。

「おれ」と清は、まるで本当の親子のようだと、私には思えた。私も、両親からの愛情は毎日感じるが、正直に言えば、それを重荷に感じるときもある。もう放っておいてほしいと声を荒《あら》げてしまうときもある。心の奥底《おくそこ》では両親を大切に思っているけれど、それを態度として表すことはできない。―中略―

四国への出立《しゅったつ》の日、停車場でもいつもの「おれ」と清とのやり取りが続く。いよいよ別れる場面では、母親のような清に心を残し振《ふ》り返る「おれ」の気持ちを感じて、私も泣きそうになった。そして、私も両親に対して日頃《ひごろ》の感謝を伝えるなど、もう少し素直《すなお》に愛情を伝えたほうがよいかなと思った。

る。

↓兄への態度との対比で、主人公の清への気持ちを強調している。

●自分の体験を書く。

・自分の体験と重ね合わせて、感想に深みを持たせる。

↓自分と両親との関係性に思いをはせ、愛情とはどんなものなのかを深く考えている。

※本を読んでどんな感想を抱《いだ》くかは、自分のそれまでの体験によるところが大きい。主人公に自分を重ね合わせ、自分ならどうするだろうと考えるのは、読書感想文の基本ともいえる。

●まとめを書く。

・書き出しに対応して、どのように考えたかを述べる。

●読書によって変化した思いや考えを書く。

・読書をする前とあとで、考えに変化があれば、それを書く。

↓自分の両親との関係と重ね合わせているので、そこに対して変化した気持ちを述べている。例文では、自分の体験と重ねながら「愛情」について考えている。このように、読書を通して考えたこと、得たことなどをまとめるとよい。

5 記録文・報告文

入試重要度 ★★★

① 記録文・報告文の書き方

1 記録文・報告文とは

記録文とは、**調べたことを客観的に書いた文章**である。報告文とは、**調べた内容やそこから考えたことを、他者に伝わるように筋道を立てて書いた文章**である。

2 記録文・報告文を書く手順

①テーマを決める

②調べる項目《こうもく》と方法を決める

- 調べる方法には、新聞や書籍《しょせき》など情報を得る方法、博物館などを利用する方法、インターネットで検索《けんさく》する方法、アンケートをとる方法などがある。

③調べて記録に残す

- 調べた内容は、あとで整理しやすいように項目分けなどをして、記録する。
- 資料や協力先は、その名称《めいしょう》を載《の》せる必要がある。資料は**書名・著者名・発行年月日・発行所**などの出典を、協力先は**取材日、取材相手**などをメモしておく。

④構成を考える

- **序論・本論・結論の三段構成**が一般《いっぱん》的。わかりやすく読み進められるように、**テーマ・調査方法・調査結果・考察・参考文献《ぶんけん》**のように項目を立てて示す。

くわしく 記録文・報告文のテーマ設定

何をテーマとするかは、記録文・報告文の書きやすさだけでなく、調べる意欲などにも直結する。自分の興味のあるテーマを設定することが大切である。

記録文・報告文の構成

①序論

- テーマ

自分が取り上げるテーマについて、理由とともに説明する。課題提起のような形で、問いかけで始めてもよい。

②本論

- 調査方法

どのように調査したかを、できるだけ具体的に説明する。

それにより、記録文・報告文の内容が、主観的な思い込《こ》みではなく客観的な結果であることを示す。

- 調査結果

文章だけでなく、必要に応じて表やグラフなどで示す。結果が長文になる場合は、項目に分け、見出しをつけて説明するとわかりやすい。なお、ここでは事実を中心に述べる。

・事実、引用、わかったこと、考えたことなどを明確に示すことが重要。

⑤書き終わったら推敲《すいこう》し、清書する

3 記録文・報告文を書くうえでの注意点

●読み手を意識して書く。

・読者が記録・報告する内容をどの程度知っているかによって、文章の書き方は変わってくる。伝わりやすくなるよう、難しい内容はかみくだいて表現する。

●簡潔でわかりやすい表現で書く。

・記録文・報告文は事実に基づき、考えや意見を伝える文章である。凝った修飾《しゅうしょく》表現は必要ない。簡潔でわかりやすい表現を心がける。

●資料収集は入念に行う。

・より正確な記録文・報告文を書くためには、偏《かたよ》った内容にならないようにしなければならない。一つの資料、情報に頼《たよ》るのではなく、幅広《はばひろ》く収集し、それぞれに対して批判的な視点で見直すことが必要。

・実験等を行った場合は、信頼《しんらい》できる結果かどうかをしっかり検証する。

●事実と意見を区別する。

・事実と意見の区別をはっきりさせなければ、正しい記録・報告はできない。事実と意見の項目を分け、かつ、意識して書き分けるようにする。

●引用部分を明示する。

・引用する部分は、短ければ「　」でくくり、長ければ行を改めて行頭を一字下げるなどして、**自分の文章との違《ちが》いがわかるようにする。**

・引用した書籍などの資料は、参考資料として、最後に**出典を明記**する必要がある。

③結論

・考察

調査結果を踏《ふ》まえて、分析《ぶんせき》、考察したことを書く。何を根拠《こんきょ》にそのように考えたかを明確にすることが重要。また、序論で問いかけをした場合には、それに答える形にする。

・参考文献

引用した資料、参考にした資料の出典を書く。また、取材をした場合は、協力先を書く。

② 記録文・報告文の例

1 記録文の例

文化祭実行委員会（第３回）　　　　　　　　○月○日

１　第２回の持ち帰り課題を受けての検討

◎体育館を使用するクラスの決定方法

体育館を使える枠《わく》５⇒希望クラス７

〈意見〉

・くじ引き〈手っ取り早い〉

・投票制―希望クラスのプレゼンを聞いて

―希望クラスのポスターを見て

・申し込み順〈不公平か〉

〈決定事項〉

投票制が望ましいが、プレゼン資料やポスター作りに時間がかかり、日程的に余裕《よゆう》がない。

→今回は公開でくじ引きをする。

投票制は来年度以降の申し送りにする。

２　次回委員会の課題（○月□日予定）

◎体育館使用のタイムテーブル作り、ポスター作り、校内マップ作りなどの分担について

書き方のポイント

●記録文の意義。

・記録文は、あとで報告文にまとめたり、人に伝えたりするために、見聞きした事柄《ことがら》を記録しておくための文章である。目的に応じて書き分けることが必要となる。

●書く内容を選ぶ。

・自分が見聞きした事実をすべて書くのではなく、必要な情報を選んで書く。

・自分が見るだけの覚え書きか、ほかの人に見せる場合もあるかによって、情報量や書き方が違《ちが》ってくる。ほかの人に見せる場合は、事柄の意味がわかるように言葉を足したり、事柄の関係性がわかるように見出しを変えたりするとよい。

●わかりやすく書く。

・順序を整理して、要点をまとめて書く。

・項目《こうもく》を立てて、箇条《かじょう》書きにする。

・重要な部分があれば、線などを引く。

・気づいたことや考えたことがあれば、書き加えてもよい。ただし、あとで見てわかるように、事実とは区別して書くようにする。

・図やイラストを加えてもよい。

2 報告文の例

片仮名《かな》表記と平仮名表記の境界線

○○年○月○日　一年二組　山﨑　卓人

1 テーマ設定の理由

最近は、英語などの外来語が混じった文章をよく見かけるようになった。だが、よく見ていると、「ゴミ」のように、外来語でなくても片仮名で書かれる言葉も多くあり、それはなぜかについて、考えてみたいと思った。

2 調査方法

①文化庁による平成三十年度「国語に関する世論調査」の結果を読み解く。

②○月○日の新聞から、外来語ではない片仮名表記をピックアップする。

3 調査結果

①（質問）言葉の書き方はどちらがよいか。

- 「ゴミ」が73％、「ごみ」は20.8％
- 「けが」も同じような傾向《けいこう》がある。

（グラフ参照）

―中略―

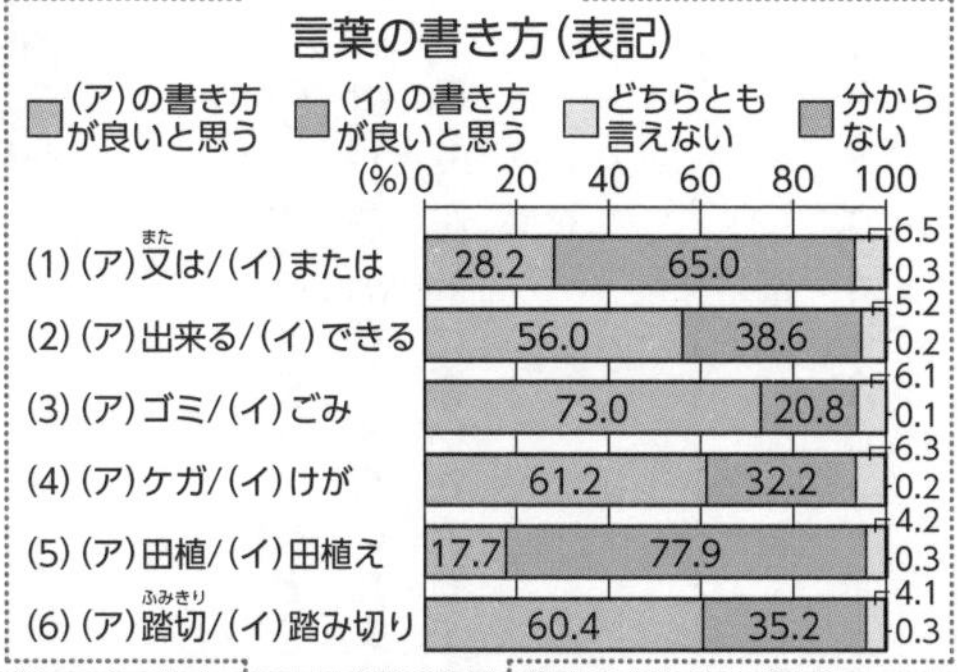

4 考察

片仮名表記の外来語でない言葉は、目立つ言葉であることがわかった。例えば、「ゴミ」「ケガ」のようにマイナスイメージがあって注目させたい言葉や、何かの目的で愛称《あいしょう》として広めたい言葉などだ。これを機会に自分も、言葉の表記に込《こ》められた意図を深く考えていきたいと思った。

5 参考資料

- 文化庁／平成三十年度「国語に関する世論調査」

●テーマを書く。
- 内容についての想像をかきたてるテーマ名にするとよい。
- この例は縦書きだが、横書きで書いてもよい。

●テーマ設定の理由を書く。
- 項目立てをして、番号をつけていくとわかりやすい。
- テーマ設定の理由は、きっかけや問題意識を書くとよい。
- わかりやすく、簡潔に書くことを心がける。

●調査方法を書く。
- 何をどのような方法で調べたのかを書く。日付などが関係する場合は、正確な内容を書く。
- 複数調査を組み合わせた場合は、番号をつけるとよい。
- 政府の統計資料も、インターネットなどで簡単に入手できる。信頼《しんらい》できるので、活用するとよい。
- ほかに、アンケートを実施《じっし》する方法などもある。

●調査結果を書く。
- 調査をしてわかった事実を書く。
- 小見出しをつけて示すとわかりやすい。
- 結果は表かグラフを用いると効果的。

●考察を書く。
- 調査結果をどのように捉《とら》え、今後どのようにしたいかなど、調査をして考えたことや感想などをまとめる。
- 事実と考えが区別できるように、文末表現を使い分ける。
- 事実を伝える表現…「〜だ。」「〜ている。」など。
- 考えを伝える表現…「〜と考える。」「〜だろう。」など。

●参考資料を書く。
- 参考にした資料、引用した資料の出典を正確に書く。

6 意見文・批評文

入試重要度 ★★☆

① 意見文・批評文の書き方

1 意見文・批評文とは

意見文とは、**体験したことや、身の回りの出来事やメディアなどを通して見聞したことに対して、自分が抱《いだ》いた賛同、疑問、批判などの意見を書いた文章**である。批評文とは、**ある対象について、よしあしの判断を説得的に書いた文章**である。

2 意見文・批評文を書く手順

①テーマを決める

・身の回りの出来事や、新聞や本、テレビ、インターネットなどのメディアを通して知ったことを振《ふ》り返り、興味を抱いたものを選ぶ。単におもしろそうというだけでなく、**深く調べたり、考えたりできるものを選ぶ**ことが重要である。

②テーマに関する情報を収集する

・テーマに関する情報をさらに集める。新聞から得たテーマであれば、インターネットでの扱《あつか》いを調べてみるなど、**別の角度からも調べてみる**。

・批評文の場合は、**同じようなテーマで書かれたほかの作品や、ほかの人が書いた批評文など**が手に入れば、読んでみる。

③自分の意見や批評の方向性を決める

・集めた情報を分類し、いくつかの観点から分析《ぶんせき》する。

くわしく 意見文のテーマ設定

例えば「スマートフォン」に関するテーマを考えた場合、学校での必要性なのか、使い方なのか、便利さなのかなど、さまざまな関連情報がある。最も関心が持てるものに絞《しぼ》ることが大切である。

くわしく 説得力のある意見文の構成

双括型《そうかつ》でのモデルとなる構成は次の通りである。

①序論・結論

・**テーマと自分の意見の提示**

テーマ設定の理由や現状などを説明して、自分の意見を述べる。賛成・反対が求められる場合は、自分の立場をはっきりと示す。

②本論

・**意見の根拠**

あいまいなものや、根拠となる箇所《かしょ》が部分的なものは、あれもこれもと詰《つ》め込《こ》みすぎず思いきって捨て、自分の意見を強く支えるものだけにする。数値的な根拠があるものは示すとよい。

・**想定される反論とそれに対する意見**

さまざまな観点から反論を考え、その中から自分の意見を最も揺《ゆ》るがしそ

・その結果をもとに自分の意見を決め、できるだけ**簡潔に一文で表してみる。**

④意見を支えるための根拠《こんきょ》を集め、反論を想定する

・必要であればさらに情報を集めて、意見や批評を支える**根拠をそろえる。**

・**反論を想定してそれに応える論を考えると**、意見や批評を深めることができる。

⑤書き終わったら推敲《すいこう》し、清書する

3 意見文・批評文を書くうえでの注意点

●**読み手を意識して書く。**

・記録文・報告文と同様に、テーマの内容について、読者がどの程度知っているかを意識しながら書く。よく知らないことが想定される場合は、簡潔にわかりやすく説明することも必要になる。

●**読者が納得《なっとく》できるように、論理の展開を工夫する。**

・記録文・報告文と同様に、**序論・本論・結論の三段構成**が一般《いっぱん》的である。序論で意見を述べたあとに、本論で肉付けをし、結論で再度意見を述べるというように、読者への説得力が増す形で文章をまとめるとよい。

●**事実と意見を区別する。**

・文末表現などに気をつけて、**事実や調べたことなどの内容と、意見との区別をはっきりさせて**文章を書く。

●**引用部分を明示する。**

・引用する部分は、短ければ「　」でくくり、長ければ行を改めて行頭を一字下げるなどして、**自分の文章との違《ちが》いがわかるようにする。**

・引用した書籍《しょせき》などの資料は、参考資料として、最後に**出典を明記**する。

うなものを選んで、それに対する意見を述べる。

③**結論**

・**自分の意見の再提示**

本論を受けて、再度自分の意見を述べ、文章に説得力を持たせる。

くわしく 批評文に説得力を持たせるための分析の方法

批評は好き嫌《きら》いが関係しやすいので、意見文の中でも主観的なりやすい。読者に共感してもらえるように、できるだけ多くの観点を挙げて分析したい。

●観点ごとに長所と短所をまとめる。

〈観点の例〉

立場(視点)／具体性(抽象《ちゅうしょう》性)／イメージ／メッセージ性(うったえる力の度合い)／時代性／インパクト(衝撃《しょうげき》の度合い)など

●逆の立場で仮定したり、類似のものと比較《ひかく》したりして、特徴《とくちょう》を明らかにする。

●分析結果のうち、最も説得力のあるものを選んで文章化する。

② 意見文・批評文の例

1 意見文の例

食品ロスの削減《さくげん》は家庭から

〇〇年〇月〇日　一年二組　佐藤しおり

年間六一二万トン――。二〇一九年に日本で食品ロスとなった食べ物の量だ。世界で飢餓《きが》に苦しむ人々に援助《えんじょ》される食糧《しょくりょう》の二倍にあたる。しかも、そのうち約四六%が家庭からのものだという。廃棄《はいき》された食べ物は処分が必要だ。焼却《しょうきゃく》すればエネルギーが使われ、環境《かんきょう》にも影響《えいきょう》が出る。私たちはこうした食品ロスを身近な問題と捉《とら》え、自分ができることから考えていかなければと思う。

では、私たちに何ができるのか。

まず、毎回の食事を残さないことが挙げられる。体によいものを食べるということを考えると、毎回好きな物ばかりというわけにはいかない。作ってくれた人への感謝をこめて残さずに食べる。これがいちばん大きいだろう。

それから、買ってきた物を使いきること。実際に私も、買ってきたことを忘れて冷蔵庫に入れたままにしてしまうこともある。――中略――

こうしたことを、一人が気をつけるだけでは効果が薄《うす》いという声もあるだろう。私の家でも家族全員ができるかというと、好き嫌《きら》いが多い弟には難しい部分もあった。そこで、母と相談して毎日のごみの量をはかり、グラフに表して、減らした分を目に見える形で示すようにした。すると、減っているという事実が弟を動かし、家族全員で取り組めるようになりつつある。

私が提案しているのは小さな活動だが、その積み重ねが大事なのではと感じている。この文章も配布するなどしてクラスや学校にも提案を広げ、自分たちで食品ロスを解決するという流れを作っていきたいと考えている。

書き方のポイント

●テーマを書く。
- **意見の内容を簡潔に伝える**テーマ名にするとよい。

●序論…**テーマの概要《がいよう》と自分の意見**を書く。
- 書き出しに**数値を提示**するなどして、印象を強められるとよい。
- テーマ設定の理由や概要を、自分の意見と関連することに絞《しぼ》って書く。
- 自分の意見を書く。例では「食品ロスを身近な問題ととらえ、自分ができることから考えていかなければと思う」という意見を提示している。本論では、それをどのように実行していくかを重点的に述べることになるので、序論のテーマ設定の理由や概要では、意見の根拠《こんきょ》となることを述べる形となっている。

●本論…意見をどのように実行していくかということと、**想定される反論、それに対する意見**を書く。
- 接続詞などを使って、自分の意見をわかりやすく述べる。例では、接続詞により優先順位を表している。
- 想定される反論とそれに対する意見を書く。例では、一人では効果が薄いという反論に対し、自らの成功体験を書くことで、内容に説得力を持たせている。

●結論…**自分の意見を再度提示**する。
- 本論の内容を受ける形でまとめる。例では、活動を広げるための方策を述べることで、**今後の展望**も示している。
- 例にはないが、必要に応じて参考資料を書く。

2 批評文の例

県で行われる青少年スポーツ大会で、最終候補に残った二つの標語です。どちらがふさわしいか、県民の意見が求められています。

A 練習は裏切らない。自信を胸に精いっぱい楽しもう！

B 頑張《がんば》る姿はカッコイイ。We make the future.

批評文

ぼくはBを推《お》したいと思う。どちらがふさわしいかを考えるにあたり、標語として大切な要素である①わかりやすさ、②かっこよさ、③語感のよさ、④メッセージ性の観点から両者を比較《ひかく》した。

①わかりやすさ…A。実際に、テニス部としてスポーツ大会に参加するので、練習で培《つちか》った自信の大切さには共感できた。

②かっこよさ…B。英語が入ることで、かっこよく感じられた。

③語感のよさ…甲乙《こうおつ》つけがたく、同点とした。

④メッセージ性…迷ったが、Bとした。最初はわかりやすく、共感できるAがよいと思った。しかし、単にかっこよさにひかれたBの英語部分を訳してみると「未来を創る」という意味だとわかった。そのうえで内容を考えると、頑張ることが自分の未来を創ることであり、後輩《こうはい》へと引き継《つ》ぐ未来を創ることでもあり、ひいてはテニスというスポーツの未来を創ることにもつながるというメッセージがこめられていると感じたため、Bを選択《せんたく》することにした。

以上から、標語としてはBがふさわしいと考えている。標語はわかりやすさも重要だが、それ以上にメッセージ性を重視したい。スポーツ大会は、青少年が参加する大会なので、考えを深められる標語がよいと思う。

書き方のポイント

●**序論**…**自分の意見と、その根拠である観点**の説明を書く。

・二つから一つを選ぶための文章なので、**自分の立場をはっきりさせる意味で、結論を最初に述べる**。

・内容に説得力を持たせるために、**根拠となる観点と、その観点を選んだ理由**を述べる。例では標語を選ぶための観点なので、わかりやすさ、かっこよさ、語感のよさ、メッセージ性の四つになったが、何を観点とするかはテーマによって変化するものであり、よりよい観点を選択することも大切である。なお、観点の数は三～五程度が適正である。

●**本論**…**観点ごとに比較**する。

・序論で挙げた観点ごとに、二つの標語を比較する。どんな理由でどちらを選んだかをわかるように書く。なお、例では考えをわかりやすく伝えることを重視して、観点ごとに分けているが、必ずしもこの形でなくてよく、文章で論を展開してもよい。

・観点は、例のように対等の場合もあるが、優先順位がつく場合もある。優先順位がつく場合は、その関係性を明らかにしながら、論を展開することが大切である。

●**結論**…**自分の意見を再度提示**する。

・本論の内容を受ける形でまとめる。例では、四つの観点のうちBを選ぶ根拠となったものが多かったので、そのままでも違和《いわ》感なく受け入れられるが、特にメッセージ性を重視した理由を述べている。このようにして、読者が**納得**《なっとく》できるようにしている。

7 条件作文・課題作文

入試重要度 ★★☆

① 条件作文・課題作文の書き方

1 条件作文・課題作文とは

条件作文とは、主に**グラフや図表などの与《あた》えられた課題に対して、条件に沿って意見などを書いた文章**のことである。課題作文とは、条件作文の一種で、主に**与えられた課題に対して、自分の体験などに基づいた意見を書いた文章**のことである。

2 条件作文・課題作文を書く手順

①課題の内容を理解する

・まず、**何を求められているのか、各課題のねらいを正確につかむ**。課題としてグラフや図表が出されている場合は、内容を正しく読み取る。また、課題としてテーマやことわざなどが挙げられている場合は、それらの意味を正しく捉《とら》える。

②意見の根拠《こんきょ》になる例を考えながら、自分の意見を明確にする

・与えられた課題にふさわしい例をいくつか考える。多くの条件作文・課題作文は新たに調べる手段はなく、課題と自分が持っている知識で文章を作ることになるので、**日頃《ひごろ》からニュースなどに目を通し、見聞を広げておく**ことも大切である。

・いくつか挙げた例の中から、最も課題にふさわしく、自分の考えをまとめやすいものを選び、意見を組み立てる。

くわしく　課題の種類

近年は、活用力が試《ため》されるような、グラフや図表を読み取って作文を書く問題が増えている。グラフや図表以外にも、テーマやことわざ、あるいは文章が与えられるものもある。できるだけ知見を広げて、どんな種類の課題にも対応できるようにしておきたい。

●グラフや図表などの資料が与えられる場合

資料が複数ある場合は、それらがどのように関連しているかを読み取る。

例　次は、ある作文問題で提示された資料である。ここからどのような分《ぶん》析《せき》ができるだろうか。

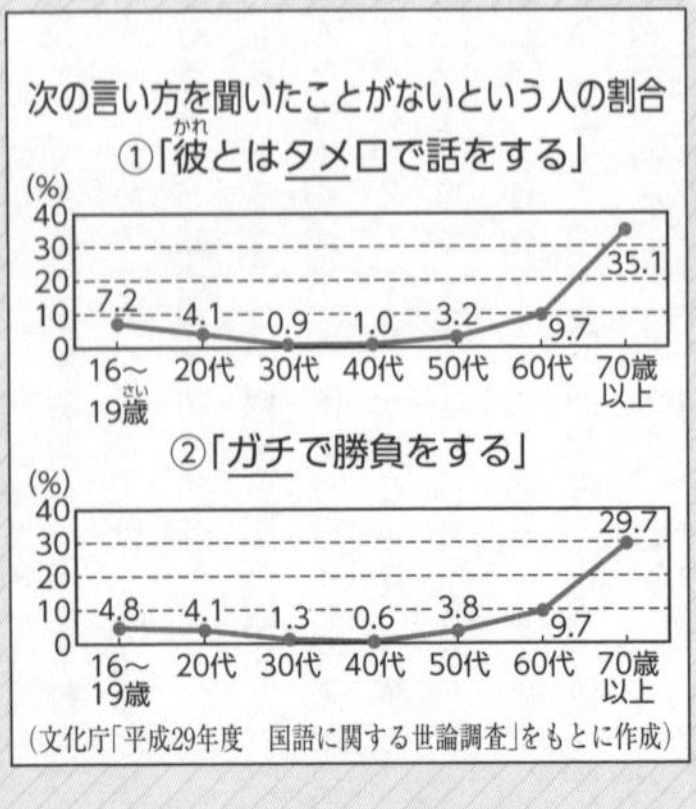

（文化庁「平成29年度　国語に関する世論調査」をもとに作成）

③文章の組み立てを考える

・どのような論の組み立てにするかは、条件として与えられている課題の内容や制限文字数、段落構成などによっても変わってくる。

・段落構成に条件がない場合は、**序論・本論・結論の三段構成**が書きやすい。制限文字数が少ない場合は、**前段に事実(自分の体験も含《ふく》む)、後段に意見を書く二段構成**が書きやすい。

・自分の意見だけでなく、反論も想定して書くと、説得力のある文章になる。

④書き終わったら推敲《すいこう》し、必要に応じて修正する

3 条件作文・課題作文を書くうえでの注意点

●条件を満たしているかに気をつける。

・多くの条件作文・課題作文の場合、**制限文字数や段落構成に関する条件**がある。それらにしたがって文章を完成させる。

●適切な根拠を選ぶ。

・説得力のある文章にするには、**はっきりした根拠に基《もと》づいていること**が鍵《かぎ》になる。抽象度《ちゅうしょうど》が高いものよりも具体性があるほうが伝わりやすいため、より具体性のある身近な事柄《ことがら》から選ぶとよい。

●自分の意見を明確に伝える。

・文章を書く際に最も大切なことは、**自分の意見が明確に表現できているか**である。複数の課題から選ぶ場合には、できるだけ関心の高いもの、印象の強いものから選ぶとよい。そして、**最初と最後に意見を述べる形**で、論を展開するとよい。

二つのグラフは同じ傾向《けいこう》を持っている。70歳《さい》以上の人は、ほかの世代に比べて「聞いたことがない」という人の割合が多い。このことから、「高齢《こうれい》者と交流する際は、用いる言葉に注意する必要がある」という分析が考えられる。

●テーマやことわざ、標語などが与えられる場合

与えられたものをもとに、自分の体験や考え、印象などを交えて書く。

●課題文が与えられる場合

▼課題文と出題の意図を理解する。

・課題文のテーマや、キーワードは何か。

・出題者は、課題文のどこに着目しているのか。

▼課題文の内容に対して、自分の立場を決める。どの立場を選んでもよいが、自分がそう考える理由を明確に説明できることが大切である。

・課題文に賛成か、反対か。

・課題文に条件つきで賛成か、反対か。

② 条件作文・課題作文の例

1 条件作文の例

次の資料は、相手との伝え合いにおいて、「言葉に表す」ことと「互《たが》いに察し合う」ことのどちらを重視するかについての調査結果をまとめたものである。この資料をもとに、相手との伝え合いで重視することについてのあなたの考えを〈条件〉A～Dにしたがって書きなさい。

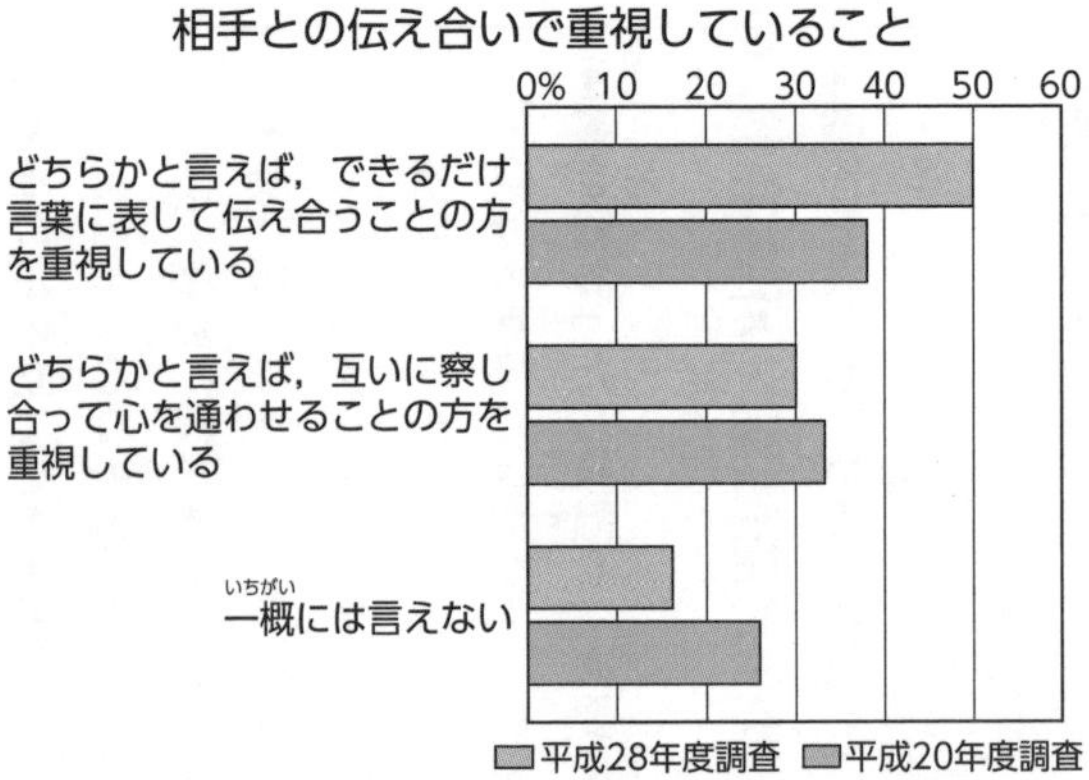

(平成28年度「国語に関する世論調査」より作成)

〈条件〉

A 題名などは書かないで、本文を一行目から書き始めること。

B 二段構成とし、前の段落では、資料から読み取ったことを六行以内で書くこと。あとの段落では、前の段落を踏《ふ》まえて、相手との伝え合いで重視することについて、あなたが「言葉に表す」、「互いに察し合う」、「一概《いちがい》には言えない」のどの立場であるかを明確にして、その根拠《こんきょ》となる考えを書くこと。

C 全体が筋の通った文章になるようにすること。

D 漢字を適切に使い、原稿《げんこう》用紙の正しい使い方にしたがって、十～十三行の範囲《はんい》におさめること。

書き方のポイント

●グラフや図表を読み取る。

・読み取りが作文の基本となることを念頭に置き、グラフの項目《こうもく》に注意して、丁寧《ていねい》に読み取る。

→例のグラフは、「相手との伝え合いで重視していること」を、平成二〇年度と平成二八年度で比較《ひかく》したものである。「言葉に表す」「互いに察し合う」「一概には言えない」の各項目が、年度によってどのように変化しているかに着目し、内容を読み取る。

●条件にしたがって、構成を考える。

・条件を整理する。

→二段構成で、十～十三行以内。

前段…グラフから読み取ったことを六行以内で書く。

後段…相手との伝え合いで重視することを、自分の立場を明確にして、根拠となる考えを書く。

漢字を適切に使って、筋の通った文章にする。

・簡単なメモなどを書きながら、条件に沿った形で、具体的な構成を考える。

→自分の日頃《ひごろ》の行動や、先生や友人とのやり取りなどを思い出して、考えをまとめるとよい。

●実際に書く。

・前段を書く。

→まずは文字数をあまり意識することなく、前段のグラ

例①

グラフからは、平成二十八年度調査のほうが、「互いに察し合う」よりも「言葉に表す」を重視していることが読み取れる。「一概には言えない」の数も減っており、以前と比べて、言葉や態度ではっきり伝え合うことが求められていると言えるのではないか。

　私は、伝え合いの際には「言葉に表す」ことが大切だと考える。人には個性があり、同じ物を見ても感じ方はさまざまだ。それらを言葉で伝え合うことにより、自らの表現する力を育て、誤解をなくし、違《ちが》う考え方を知るという学びが生まれる。言葉で表せば、こうしたよいことの連鎖《れんさ》が起こると考える。

例②

グラフからは、平成二十八年度調査のほうが、「互いに察し合う」よりも「言葉に表す」を重視していること

められていると言えるのではないか。

　しかし、私は「互いに察し合う」ことを支持したい。「察する」とは人の気持ちに寄り添《そ》うことであり、相手の立場を思いやることである。日本には「以心伝心」という言葉もある。互いに察し合い、相手を思いやって、よりよい協働社会をつくっていけたらと思う。

フの読み取り部分を書いてみる。条件から、四～六行でまとめるようにする。

↓グラフの表面的な読み取りだけでなく、グラフが何を伝えようとしているかがわかる場合は、書くとよい。

↓短すぎる場合は、グラフの見落としがないかを考える。

↓長すぎる場合は、後段の考えを述べる際に必要でないことや、冗長《じょうちょう》な表現をそぎ落とす。

・前段の読み取りを受けて、後段を書く。

↓どの立場を取る場合も、最初に自分の立場を明らかにし、その理由を書く形にするとよい。また、一文も長すぎないほうがよい。特に試験の場合は、わかりやすく、論理的に、歯切れよくまとめられていることが望ましい。

↓例①…読み取り結果の傾向《けいこう》と同じ立場での意見。

↓例②…読み取り結果の傾向とは異なる立場での意見。

● 推敲《すいこう》し、必要に応じて修正する。

★推敲のポイント

・課題の要求に応じる形で書かれているか。
・結論部分では、自分の考えがはっきり述べられているか。
・論理に飛躍《ひやく》はないか。
・文脈は乱れていないか。
・原稿用紙の使い方は正しいか。
・誤字・脱字《だつじ》はないか。

2 課題作文の例

次は、「一期一会《いちごいちえ》」、「温故知新」、「十人十色」という四字熟語のそれぞれの意味を示したものである。三つの言葉のうち、あなたが最も大切にしたいと思う言葉はどれか。あとの条件1〜3にしたがって、あなたの考えを原稿《げんこう》用紙に書きなさい。

一期一会…生涯《しょうがい》にただ一度会うこと。一生に一回限りのこと。
温故知新…昔のことをよく学び、新しい知識や見解を得ること。
十人十色…好みや考え方などが、人それぞれ違《ちが》っていること。

条件1　右に示した三つの言葉から一つを選ぶこと。
条件2　条件1で選んだ言葉について、その言葉を大切にしたいと思う理由を書くこと。
条件3　百八十字以内で書くこと。

例①

　私が大切にするのは「一期一会」だ。
　私は母の影響《えいきょう》で、小さい頃《ころ》から華道《かどう》をたしなんでいる。花を生けるときは、毎回が真剣《しんけん》勝負だ。静かに畳《たたみ》に座《すわ》り、花と向き合い、どうすれば美しく輝《かがや》かせられるのか、花と対話をしながら生けていく。満足できる仕上がりになることは少ないが、同じ花との出会いは二度とない。一

書き方のポイント

●課題を選ぶ。
・課題が複数ある場合は、自分の知識と照らし合わせるなどして、書きやすいものを選ぶ。
↓各課題の意味が書かれているので、自分に経験があったり、日頃《ひごろ》の考えを最も表していたりするものを選ぶとよい。

●条件にしたがって、構成を考える。
・条件を整理する。
↓構成の仕方に条件はない。百八十字以内。三つの課題から一つを選んで、その言葉を大切にしたいと思う理由を書く。段落数の指定はないが、字数を踏《ふ》まえて二段落程度でまとめるとよい。
・簡単なメモを書きながら、条件に沿った形で、具体的な構成を考える。
↓選んだ理由は、なぜその課題を選ぶのかという根拠《こんきょ》とともに書くことが望ましい。自分の経験などから根拠となるような内容を書き出し、課題との関係を矢印などで簡単に図示しながら、構成を考えるとよい。

期一会を胸に、精一杯《いっぱい》つくしていくことの意味を、日々かみしめている。

例②

僕《ぼく》は「温故知新」という言葉が好きだ。

現代は変化が激しく、先の見えない時代だといわれる。確かに未来のことは誰《だれ》にもわからない。しかし、過去は学ぶことができる。僕は歴史小説をよく読むが、歴史上の人物が未来を切りひらくために取った行動や考え方は、参考になることが多い。こんな時代だからこそ「温故知新」を大切にして、自分の未来を描《えが》いていきたいと考える。

例③

最近、私は「十人十色」を意識している。

クラスでは四人チームで調べ学習をすることが多い。毎回違《ちが》う四人だ。結果を出すためには全員が協力することが必要だが、みんなが同じことをできなくてもいいと気づいた。それぞれの得意分野を組み合わせることで、意外な好結果を生む経験をしたからだ。十人の十色を消すのではなく、生かすことの大切さを知ることができた。

●実際に書く。

・どの課題を選ぶかを書く。

↓最初に、どの課題を選ぶかを書く。選ぶことに関する書き方にもさまざまなバリエーションがあるので、工夫するとよい。ただし、全体の文字量が限られているので、凝《こ》りすぎないようにする。

・課題を選んだ理由を書く。

↓根拠とする見聞を軸《じく》に、論を展開する。

↓例①…華道の経験をもとに「一期一会」を選んだ意見。

↓例②…歴史上の人物の行動や考え方を本で読んだ経験をもとに、「温故知新」を選んだ意見。

↓例③…調べ学習で個性が生かされた経験をもとに、「十人十色」を選んだ意見。

★意見の述べ方のポイント

・前向きに、積極的に意見を述べる。
・自分の体験などを踏まえて、具体的に書く。
・自分の立場を明確にし、結論は最初に述べる。
・一文は短く、歯切れよくする。
・接続詞を適度に使い、論理をわかりやすく、明確に示す。

●推敲《すいこう》し、必要に応じて修正する。

章末問題

解答↓565ページ

解答↓565ページ

1 天山中学校では、三年生の郷土学習の一環《いっかん》として、郷土歴史博物館館長の葉隠太郎《はがくれたろう》さんを招いて講演会を実施《じっし》することになった。そこで、佐賀花子さんが学年の代表として、準備した【メモ】の内容をすべて用いて、正式に講演の依頼《いらい》状を書くことになった。あなたが花子さんになったつもりで、あとの問いに答えなさい。

【依頼状】

拝啓《はいけい》　暑い日が続きますが、いかがお過ごしでしょうか。私は、先日お電話しました天山中学校三年生の佐賀花子と申します。葉隠様に改めてお願いするため、お手紙を差し上げました。

天山中学校では郷土学習の一環として講演会を行うことになりました。つきましては、　Ⅰ　

講演会は、平成三十年十一月二十一日(水)五時間目に行う予定で、時間は、十三時から十三時五十分までの五十分間です。場所は天山中学校の体育館を使い、三年生百二十名が参加します。

　Ⅱ　

当日の打ち合わせにつきましては、改めてお電話を差し上げます。

最後になりましたが、暑さで体調を崩《くず》されませんよう、お体を大事になさってください。

敬具

平成三十年七月十日

天山中学校　佐賀花子

郷土歴史博物館館長
葉隠太郎様

(1) Ⅰ に入る、葉隠太郎さんに講演を依頼する文を四十字以内で答えなさい。ただし、【メモ】をもとにして、葉隠太郎さんに依頼しようと考えた理由を含《ふく》め、一文で書くこと。

(2) Ⅱ に入る、葉隠太郎さんに伝えなければならないことを答えなさい。ただし、内容は【メモ】を踏《ふ》まえることとし、二文で書くこと。

〔佐賀〕

【メモ】

講　師	：葉隠太郎さん ・郷土歴史博物館館長をされており、郷土の歴史にとても詳《くわ》しい方
テーマ	：「佐賀県の魅力《みりょく》について」
ねらい	：館長さんの話を聞いて、郷土の魅力を再発見する
日　時	：平成30年11月21日（水）　5時間目（13：00～13：50）
場　所	：天山中学校体育館
参加者	：天山中学校3年生 120人
その他	：講演の資料は事前に送ってもらう

2 **あなたのクラスでは、国語の授業で、次の[　]の中の文に表された考えについて、それぞれが賛成、反対の立場に立って意見を発表し、交流することになった。あなたなら、どちらの立場で、どのような意見を発表するか。具体的な根拠《こんきょ》を含《ふく》めて、あなたの意見を、百五十字以上、百八十字以内で書きなさい。ただし、次の条件1、2にしたがうこと。**

条件1　一マス目から書き始め、段落は設けないこと。
条件2　字数は、百五十字以上、百八十字以内とすること。

> 子曰《い》はく、「道同じからざれば、相《あ》ひ為《ため》に謀《はか》らず。」と。
>
> 〔現代語訳〕
> 孔子《こうし》さまが言われたことには、「進む道が同じでないならば、お互《たが》いに話し合いはしない方がいい。」と。
>
> （『論語』による。）

〔静岡〕

3 **「仕事をするうえで大切なこと」として、次の[　]の中から、最も大切だと思うことを一つ選び、あなたの考えを、あとの〔注意〕にしたがって書きなさい。**

> ・協調性
> ・責任感
> ・積極性

〔注意〕
①題名は書かずに本文から書き出しなさい。
②何が最も大切だと思うかを最初に示し、そのあとに、選んだ理由がわかるように書きなさい。
③あなたの考えが的確に伝わるように書きなさい。
④原稿《げんこう》用紙の使い方にしたがい、全体を百六十字以上二百字以内にまとめなさい。

〔三重〕

4

ある中学校では、毎年参加者を募《つの》り、地域の公園の清掃《せいそう》活動に参加している。生徒会役員の中川さんは、今年の清掃活動の日時や活動内容についての案内を、生徒会新聞に掲載《けいさい》することにした。より多くの生徒に参加してもらうために、日時や活動内容のほかに、参加を呼びかける文章も加えようと考え、その内容についてほかの生徒会役員と話し合った。

次のA案は、話し合いの前に中川さんが作成した文章であり、B案は、話し合いをもとに改めた文章である。A案とB案を比較《ひかく》したうえで、あとの条件にしたがってあなたの考えを書きなさい。

A案

私たちの学校では長年にわたって、地域の清掃活動に協力しています。昨年も多くの生徒が参加してくれました。作業は簡単な内容ですので、あまり負担を感じることはないと思いますし、そんなに長い時間もかかりません。清掃活動に参加することで、きっと大きな充実感《じゅうじつ》を味わうことができると思います。この活動をきっかけに、奉仕《ほうし》活動について興味をもつようになった人もいます。皆《みな》さんもぜひ、積極的に参加してください。

B案

私たちの学校が取り組んできた地域の清掃活動への協力も、今年で十五年目を迎《むか》えます。昨年は全学年合わせて三十名が参加しました。難しい作業はないので、初めて参加する人でも大丈夫《だいじょうぶ》です。昨年は地域の方から、「本当にきれいになったね。」と声をかけていただき、とても充実した気持ちになりました。この活動をきっかけに、他の奉仕活動に参加するようになった先輩《せんぱい》方もいます。皆さんもぜひ、積極的に参加してください。

条件

1 二段落構成とし、前段ではA案と比較してB案はどのように工夫されているかについて書き、後段では前段を踏《ふ》まえて、文章を書くうえで大切なことについてのあなたの考えを書くこと。
2 全体を百五十字以上、二百字以内でまとめること。
3 氏名は書かないで、本文から書き始めること。
4 原稿《げんこう》用紙の使い方にしたがって、文字や仮名遣《かなづか》いなどを正しく書き、漢字を適切に使うこと。

〔福島〕

5 次の資料A・Bは、内閣府が全国の十五歳《さい》以上の男女を対象に行った「バリアフリー・ユニバーサルデザインに関する意識調査」(平成二十八年三月)から作成したものである。資料A・Bを見て、あなたの意見をあとの注意にしたがって書きなさい。

【資料A】日常生活や社会生活を送るうえで，どの程度バリアフリーやユニバーサルデザインが進んだと思いますか。

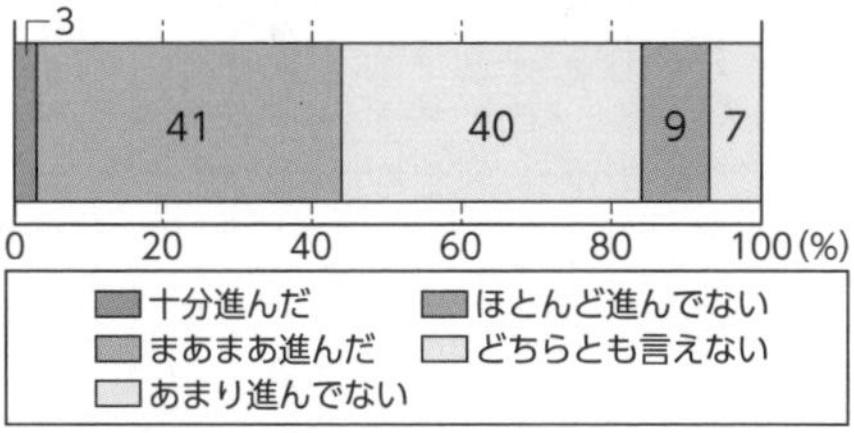

※調査対象：15～79歳

【資料B】今後，特にどの施設《しせつ》を重点的にバリアフリーやユニバーサルデザインとしていくことが必要だと思いますか。(複数回答)

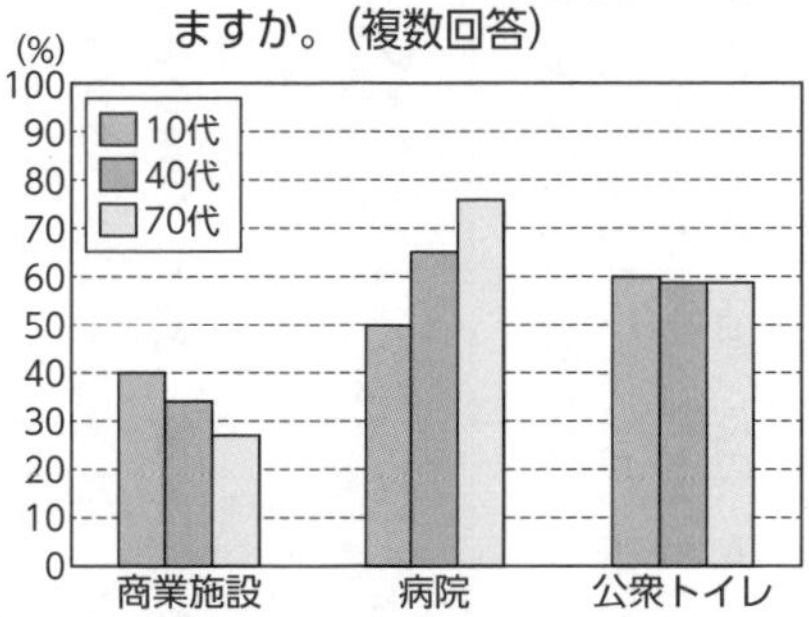

※商業施設：百貨店，スーパーマーケット等
※10代：15歳～19歳

バリアフリー……障がいのある人や高齢《れい》者などが，社会の中で安全・快適に暮らせるよう，身体的，精神的，社会的な障壁《しょうへき》(バリア)を取り除こうという考え。

ユニバーサルデザイン……言語や文化，国籍《こくせき》，性別，年齢，障がいの有無などにかかわらずに，だれでも使えるように設計するという考え。

注意
1 本文は二段落構成にし、二百字以上、二百四十字以内で書くこと。
2 第一段落には、資料A・Bからそれぞれ読み取れることを書くこと。
3 第二段落には、あなたが今後、重点的にバリアフリーやユニバーサルデザインとしていくことが必要だと思う施設を資料Bの項目《こうもく》から一つ選び、体験をもとにあなたの意見を書くこと。ただし、どの項目を選んでもかまわない。
4 題名や氏名は書かないで、直接本文から書き始めること。
5 原稿用紙の正しい使い方にしたがい、文字や仮名遣いなどを正しく書くこと。また、漢字を適切に使用すること。なお、資料の中の数値を使用する場合は、次の例にならって書くこと。

例 | 二 | 十 | 五 | % |

〔福井〕

6 中学生の吉川《よしかわ》さんは、次の【雑誌の記事】から「アバター技術」を知り、興味を持った。これを読んで、あとの問いに答えなさい。なお、答えに字数制限がある場合は、句読点や「　」などの記号も一字と数えなさい。

（【雑誌の記事】は実際に進められている実証実験を参考に作成）

【雑誌の記事】

「アバター技術」が世界を変える!?

今、各地で実証実験が進められている「アバター技術」。まだ、実用化には至っていないが、近い将来には、この技術が世界のあり方を大きく変えるかもしれない。研究の最先端に迫るため、A社を取材した。

「これを装着してみてください。」

訪問したA社で担当のKさんから手渡されたのは、ヘッドマウントディスプレイとグローブ。装着してみると、目の前には広い体育館のフロアが広がっていた。顔を向けた方向になめらかに映像が動いていく。それはあたかも「仮想現実（バーチャル・リアリティー）」のようだが、「アバター技術」が画期的なのは、現実の世界に利用者の「アバター」となるロボットがいて、そのロボットにリアルタイムで自分と同じ動きをさせることができる点だ。今、見えている世界は、現実の別空間に存在しているロボットの目（カメラ）を通して見えている。試しに目の前に落ちているバスケットボールを拾ってみる。グローブを通して、ボールの確かな感触が伝わってきた。

ヘッドマウントディスプレイを外すと、Kさんがにこやかに声をかけてきた。

「いかがでしたか？『アバター技術』はまだ実験段階です。今は限定された一部の動きしか実現できていませんが、現在、改良を重ねています。家にいながら釣りもできるんですよ。海辺に設置したロボットを自宅から操作して、海の風景、波の音、釣りざおに伝わる魚の引きまで感じることができます。現段階では釣りざおを遠隔操作できる装置といった感じで、人型ロボットとまではいきませんがね。『アバター技術』では、別空間にある現実世界を体感し、そこに主体的にかかわることができます。将来的には、この技術を、単なる娯楽のためだけではなく、観光、農業、医療、教育など、さまざまな分野で活用させていきたいと考えています。SF映画のように、人型ロボットが人間と共存する世界が実現するかもしれませんよ。」

技術革新は日進月歩だ。この「アバター技術」はどのように進化し、世界を変えていくのだろうか。想像の中では、すでに私の「アバター」が、確かな手ごたえで魚を釣り上げていた。

「アバター技術」の概念図

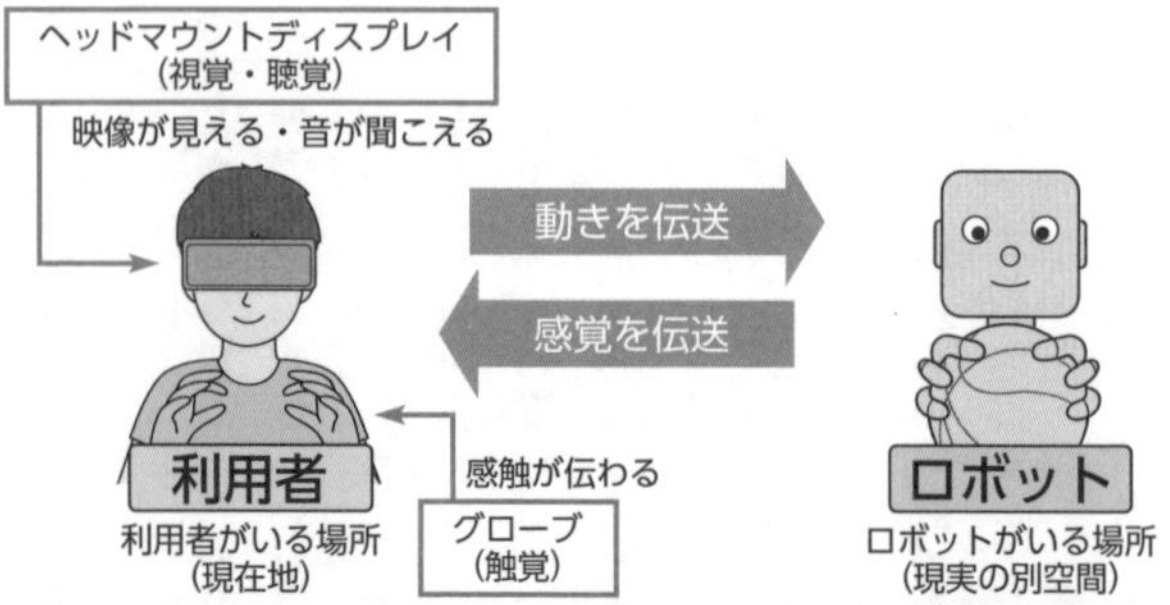

(1) 【雑誌の記事】における挿《さ》し絵（釣《つ》りざおを持っている人間とロボットのイラスト）の効果として最も適切なものを次から選び、記号で答えなさい。

ア 人間とロボットの滑稽《こっけい》な動きを対比させ、「アバター技術」を体験した筆者の高揚《こうよう》感と期待感を読者に伝える効果。

イ 表情豊かな人間の姿に無表情なロボットの姿を対比させ、「アバター技術」の非人間的な側面を風刺《ふうし》的に表す効果。

ウ 利用者の動きと別空間に存在するロボットの動きを一致《いっち》させ、「アバター技術」の画期的な特徴《とくちょう》を端的《たんてき》に表す効果。

エ 現実空間の猫《ねこ》と仮想空間のバケツを対比させ、「アバター技術」では物質の形状を変えることもできることを表す効果。

(2) 次の文の□に入る内容を、【雑誌の記事】の言葉を使って、三十字以上四十字以内で答えなさい。

「アバター技術」とは、利用者が□技術。

---

(3) 吉川さんは、【雑誌の記事】の――線部の部分に着目し、「アバター技術」が実用化されることによって、社会的な問題が解決できるのではないかと考えた。あなたが吉川さんであるとしたら、「アバター技術」の実用化によって、どのような社会的な問題が解決できると考えるか。次の条件にしたがって、あなたの意見を書きなさい。

条件
- 前半には、社会的な問題について、具体例を一つ取り上げて書くこと。
- 後半には、前半で取り上げた問題を解決するのに「アバター技術」が効果的である理由について、具体的に書くこと。
- 「アバター技術」でのロボットは人型であり、自在に動くことができると仮定して考えること。
- 常体（「だ・である」）で、八十一字以上百二十字以内で書くこと。
- 本文を一行目の一マス目から書き始め、行は改めないこと。
- 「アバター技術」、「アバター」などの表記については、「 」を省略してもよい。

〔大分〕

第2章 話すこと

1 話し方の基本

入試重要度 ★★☆

日本語には話し言葉と書き言葉がある。話すことで伝える際には、文章に書く場合とは違《ちが》った注意点がある。ここでは、話すこと全体に共通する事柄《ことがら》を説明する。

1 話す態度

●**話をする相手や場を意識して、話の構成を考える。**

• どんな相手に話をするか、どんな場で話をするかによって、同じテーマでも構成や使用する言葉などが違ってくる。ふさわしい話し方をすることが大切である。

◇話をする相手の例…友達／先生などの目上の人／小学生などの年齢《ねんれい》が下の人

◇話をする場の例…一対一／大勢の人に対してのスピーチ／会議・討論

●**聞いている人のほうを向いて話す。**

• 顔を上げて、相手が複数なら一人一人に届けるように聞き手を見ながら話す。

●**相手が聞き取りやすいように、はっきりとした声で話す。**

• アクセントやイントネーションに気をつけて、意味がきちんと伝わるようにする。

●**聞いている人の反応を確かめながら、感情を込《こ》め、伝わるように話す。**

• 常に聞いている人の反応を確かめながら、感情を込めて話し、伝わっていないと

くわしく 日本語の音声のしくみ

日本語の音声のしくみを知ると、聞き取りやすく話すための手助けになる。

母音と子音…日本語の音は母音と子音でできている。例えば「言葉(kotoba)」と言う際は、o・o・aという母音を意識して話すと聞き取りやすくなる。

母音	a・i・u・e・o
子音	k・g・s・z・t・d・n・h・b・p・m・y・r・w等

アクセント…**一つの言葉を発音するときの音の高低**を、アクセントという。アクセントを変えると、同じ音の言葉でも、意味が違って受け取られることがある。また、同じ言葉でも、方言による違いもあるので注意が必要である。

感じたら、言い換《か》えたり、補足したりする。

2 わかりやすく話すコツ

●大前提として、話の内容が伝わるように話すことが大切である。具体的には、次のポイントを意識する。

・**言葉のまとまり**…日本語には同じ音や訓をもつ言葉が多いため、話す際には特に気をつける。意味が伝わるよう、言葉のまとまりで区切りながら話す。
・**話す速さ**…速すぎず、遅《おそ》すぎず、聞き取りやすい速さを心がける。
・**間《ま》の取り方**…一気に話すのではなく、適切な間を入れる。
・**声の強弱**…聞き取りやすい大きさで話すことが前提だが、単調にならないように、強調したい部分などを意識して、強弱をつける。

●**最も伝えたい部分をわかるように話す。**

・相手にどんなことを伝えたいかを意識して、そこを強調して伝えることが重要である。
・少し間を取る、ゆっくり話す、大きな声で話す、繰《く》り返すなどが、強調する際に効果的な話し方となる。相手の反応によって、アレンジできるとさらによい。

●**相手に合わせた話し方をし、内容を盛り込む。**

・話をする相手が小学生や、クラブの集まりなど、決まった特徴《とくちょう》があることがあらかじめわかっている場合は、相手に伝わる言葉を使い、相手がよく知っている内容を盛り込むと伝わりやすくなる。

●**具体例を入れる。**

・相手が不特定多数の場合であっても、具体例を入れることで理解が深まる。

・はし…「は」を強く発音→箸
　「し」を強く発音→橋
　同じように発音→端
・ありがとう…
「あ」を強く発音→標準語の発音
「とう」を強く発音→関西方面の発音

イントネーション…**文全体での音の高低**をイントネーションという。例えば、文の最後を上げると疑問形になるように、イントネーションによって、文の意味や調子が変わることがある。

くわしく **話し言葉とは**

書き言葉との違いを踏《ふ》まえながら、話し言葉の特徴を示す。

・「こちら」などの**指示語**を用いて、その場にあるものや様子を示して、相手と共有することができる。
・相手やそのときの状況《じょうきょう》に応じて、内容を省略したり、逆に繰り返して詳《くわ》しく伝えたりできる。
・重要な部分を強調するなど、音声を調整しながら伝えることができる。
・同意を求めたり、念を押《お》したりして、相手の反応を確かめることができる。

2 スピーチ

入試重要度 ★★★

スピーチとは、**まとまった内容を聞き手に向かって話す表現**である。初めて顔を合わせる際や、研究結果の発表など、スピーチを求められる場面は意外に多い。

① スピーチの種類

1 自己紹介《しょうかい》

自己紹介では、次のようなポイントを踏《ふ》まえてあらかじめ準備しておくとよい。

● **主題(最も伝えたいこと)を決める。**

・趣味《しゅみ》や性格など、**自分の個性を最も伝えられる主題**を中心に述べる。

● **構成を考え、スピーチメモを作る。**

・スピーチの要点や流れを簡潔に示したメモを作る。結論や自分のアピールポイントを最初に話し、あとで補足や理由を述べるなど、わかりやすい構成にする。

・聞き手が興味を持てるよう、具体的な内容にして、わかりやすい言葉を使う。

◇スピーチメモの例

①**主題**…ラグビーに詳《くわ》しいこと。②**きっかけ**…ワールドカップでの観戦。

③**具体的体験**…試合に感動して、ルールや選手のことを猛《もう》勉強した。

④**変化や考え**…クラスのラグビー博士になりたい。観戦仲間を募集《ぼしゅう》。

● **事前に練習する。**

・話す内容と構成が決まったら、事前に練習するとよい。わかりやすいスピーチに

くわしく スピーチメモだけでは不安な場合は

内容が複雑だったり、改まった場でのスピーチだったりする場合は原稿《げんこう》を作ってもよいが、下を向いて原稿を棒読みするスピーチは好ましくないので、注意する。

くわしく わかりやすいスピーチにするために

事前準備はもちろんたいせつだが、実際にスピーチをするときにも次の点に気をつける。

・**声の大きさ**、**発音**、**話す速さ**に気をつけて、聞き取りやすいスピーチを意識する。

・**視線や表情**、**身振《みぶ》り**などを工夫しながら話す。

・スピーチメモは基本だが、それに縛《しば》られすぎず、**聞き手の反応を見ながら、臨機応変に対応する。**聞き手の理解に合わせて、話の間を取ったり、繰《く》り返したり、内容を細かくして伝えたりしてもよい。

するには、一分間に三百～三百五十字程度を話すスピードが目安である。

2 プレゼンテーション

プレゼンテーション(プレゼン)とは、**あるテーマについて自分の考えや調べたことを示して、効果的に説明・提案すること**である。次のようなポイントで準備をする。

●提案する相手と目的を確認《かくにん》し、テーマを決める。

・相手が学校の生徒・先生か、小学生か、地域のお年寄りかなど、誰《だれ》に、何のためにプレゼンするのかを考えて、テーマを決めることがたいせつである。

●材料を集める。

・材料は、できるだけ多様な方法で集めるとよい。

◇集める場所の例…図書館・インターネット・身の回りの人への聞き取り調査など。

●材料を整理して、進行案を作る。

・提案する相手に合わせて、表現や構成を考える。

・写真・イラスト・図表・プレゼンテーションソフトなどを活用して、視覚にも訴《うった》える。その際は、すべての人に見えるように文字の大きさなどにも留意する。

◇進行案の例…テーマ「お手軽体操のススメ」(制限時間3分)

対象…地域のお年寄り　**目的**…手軽に体を動かせて楽しめる方法を提案する。

・初めに／提案の理由／お手軽体操の内容と効果／アピールの四項目《こうもく》に分ける。

・項目ごとに、資料のイメージ／分担／説明の概要《がいよう》／時間を記す。

●プレゼンの結果を評価する。

・プレゼンの際に出された質問や感想をもとに、わかりやすく説得力のあるプレゼンができたかどうか、結果を評価する。次回へと生かしていくとよい。

くわしく　スピーチの基本九か条

・焦点《しょうてん》がぼけないよう話題を絞《しぼ》る。
・聞き手一人一人を見て、姿勢よく。
・体全体で表現する。
・強調とメリハリをつける。
・ややゆっくりめで語尾《ごび》まで明瞭《めいりょう》に。
・一文の長さは五十字以内に。
・基本は敬体。
・わかりやすい話し言葉で。
・俗語《ぞくご》や略語を使わない。

くわしく　プレゼンテーションの評価

次の観点で評価する。複数のグループでプレゼンを行った場合は、互《たが》いに評価し合うとよい。

・集めた材料は十分だったか。
・材料を工夫して提示できたか。
・聞き手は内容を理解できたか。
・聞き手に納得《なっとく》してもらえたか。

3 話し合い

入試重要度 ★★☆

話し合いには、さまざまな方法がある。アイデアを広げたいとき、結論を出したいとき、多角的に捉《とら》え考えを深めたいときなど、目的や話し合う人数に応じて使い分ける。

① 話し合いの方法

1 会議

会議とは、**課題を解決することや何かを決定することを目的に、集団として合意できる結論を目指して行われる話し合い**のことである。

●会議の構成者と役割

- **司会**…会議の進行者。会議が滞《とどこお》りなく進むように、時間の管理をしながら、意見を求め、ときに道筋を正し、最終的に構成員の総意をまとめる。
- **書記**…会議の内容を記録する。
- **構成員**…会議の場で、議題を討論する。

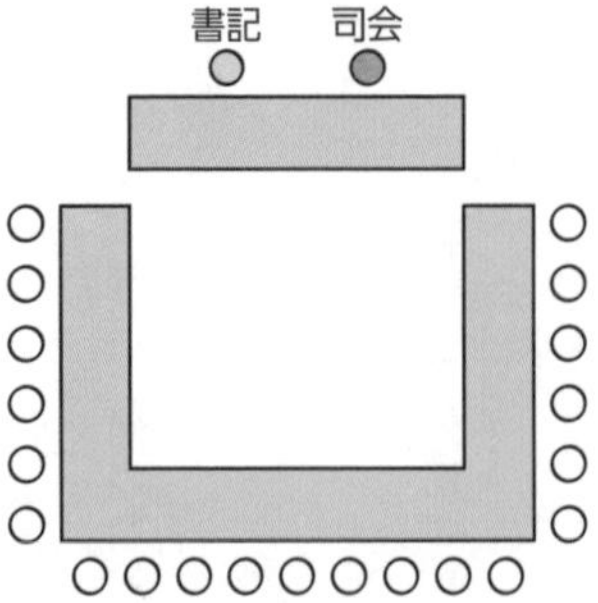

●会議の手順

①司会と書記をする人を決め、司会が議題を提示する。
②議題について、司会の進行に沿って構成員が討論する。
③議題ごとに、必要であれば採決をする。
④会議の終了《しゅうりょう》時には、司会と書記によって、決定事項《じこう》を確認《かくにん》する。

くわしく 会議をするときの配置

活発な意見交換《こうかん》を促進《そくしん》する意味でも、コの字型にするなど、構成員が互《たが》いに向かい合う形がよい。

くわしく 討論時の構成員の心得《こころえ》

- 相手の意見を頭ごなしに否定せず、立場や考えを踏《ふ》まえたうえで、自分の意見を述べるようにする。
- 自分の意見や一つの見方にこだわらず、会議の目的や流れに応じて考えを変えていく柔軟《じゅうなん》さを持つ。
- 意見の共通点や相違点《そういてん》を整理し、まとめたり新たな提案を加えたりしながら、よりよい結論に導けるように協力する。

くわしく 合意形成の観点

- 複数の意見の中で類似《るいじ》している点はないか。
- 目的を解決するものになっているか。
- 優先度が高いものはあるか。
- 実現性はあるか。

●会議の議題例

・クラス目標や、文化祭の演目など、クラス全体で行うことの内容の決定。
・「校則違反が増えていることをどう解決するか」「SNSとどう向き合うべきか」など、学校生活で課題に挙がっていることへの解決策。

●会議例

司会 ①山崎さんから提案された「クラスのSNSルールを作ろう」について、話し合いを始めます。まず、山崎さん、提案理由を話してください。

山崎 はい。最近、クラスのSNSから頻繁《ひんぱん》に発信が来るようになり、家でほかのことに割《さ》ける時間が少なくなっています。そこで、SNSを発信できる時間を夜の七時から八時の間などと、決めたいと思ったのです。

司会 ②皆《みな》さんの意見はどうですか。

石野 今は、運動会の練習日程の相談などもあるから、増えているのだと思います。ルールを決めると窮屈《きゅうくつ》になり、情報共有が遅《おく》れるなどの弊害《へいがい》がありそうです。

安西 でも、この間の川田さんからの発信は、リレー練習の相談をしていたのに、関係のないテレビの話が書かれていました。

中原 そうそう、SNSって話がそれてしまうんだよね。

司会 ③山崎さんからの提案はSNSをする時間のルールについてでしたが、SNSの内容も含《ふく》めて話し合ったほうがよいということでしょうか。――中略――

司会 ④それでは、ここまでに出た意見をまとめます。「SNSの発信は夜十時までとする。ただし内容には踏《ふ》み込《こ》まない」書記の三島さん、何か補足はありますか。

三島 はい。緊急《きんきゅう》時のことを含《ふく》める必要があると思います。――後略――

くわしく 採決

多数決を基本としつつ、少数意見は以降の課題とするなど、全員の総意とできる形を目指すことが望ましい。

くわしく 会議例から

●司会の役割
①話し合いの開始と、本日の議題を宣言する。
②全員での討論を促《うなが》す。
③会議の流れからずれた発言があった場合は、意図をくみつつ流れを修正する。
④それまでの意見をまとめる(必要であれば採決する)。

●提案者
・誰《だれ》かの提案で開催《かいさい》された会議であれば、提案理由を述べる。

●書記
・会議の流れを記録しながら、必要な際には補足情報などを述べて、合意形成に関与《かんよ》する。

2 ブレーンストーミング

ブレーンストーミング（ブレスト）は、**あるテーマや課題に関して、アイデアを出すための話し合い手法**の一つ。五、六人で行うことが多い。多くのアイデアを出すことを目的とするため、**思いつきでもよく、互《たが》いのアイデアを批判せずに自由に述べられるようにする**。終わったあとに、拡散したアイデアをまとめて整理することが必要になる。

●ブレストの構成者と役割

- 司会…会議の司会と同様。ただし、ブレストは少人数のグループで行うため、厳密な役割分担をしない場合も多い。
- 書記…司会と同様に役割分担せず、全員で行ってもよい。
- 構成員…アイデアを出し合う。

●ブレストの手順

①必要に応じて、司会と書記をする人を決める。
②ブレストのテーマを確認《かくにん》し、全員でアイデアを出し合う。
③アイデアを出す際には、一人に偏《かたよ》らず、全員が多くの意見を出せるようにする。
④アイデアが出つくしたら、内容を分類、整理する。

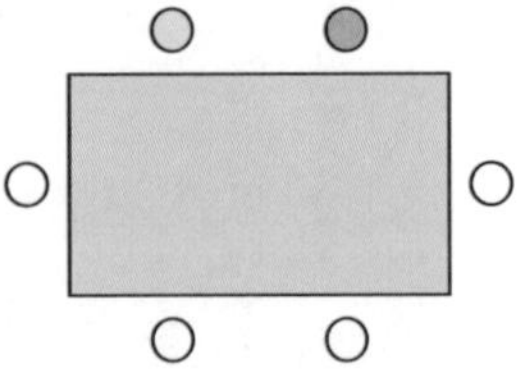

●ブレストのテーマ例

- 学校をよくするアイデアなど、複数の多面的な意見が求められるもの。

3 パネルディスカッション

パネルディスカッションは、討論方法の一つ。**あるテーマや課題について、司会の**

◆ブレーンストーミング

くわしく 全員がアイデアを出すためのコツ

一人に偏ることなく、全員が多くのアイデアを出せることが望ましい。そのために、次の点に留意する。

- ほかの人のアイデアを批判しないというルールを徹底《てってい》し、話しやすい雰囲気《ふんいき》を作る。
- 互いに指名し合うなど、ゲーム的要素を入れて楽しく話す。
- 似た内容でも、それぞれの言葉で話す。

くわしく 内容の分類、整理

- 付箋《ふせん》紙などにアイデアを書き、同類のものはまとめるなど、あとで内容を分類、整理しやすいようにする。
- 同類としたものの内容を簡潔な言葉で表し、それぞれの関係性を考える。

◆パネルディスカッション

くわしく 司会とパネリストによる事前打ち合わせ

パネルディスカッションでは、パネリストの意見をわかりやすくフロアに伝え

コーディネートの下、異なる立場の複数のパネリスト（発表者）が討論をする。そのあと、それぞれの立場のフロア（聴衆《ちょうしゅう》）が加わり、さらなる意見交換《こうかん》や質疑応答を行う。

パネルディスカッションの構成者と役割

- **司会**…討論全体の進行を担《にな》う。パネリストの発言を促《うなが》したり、論点を整理したりして、討論を活発にする。
- **書記**…討論の内容を記録する。
- **パネリスト**…ある立場の代表者として、意見とその根拠《こんきょ》を発表する。司会の進行のもと、パネリストどうしで互いの意見について質問や反論などの討論をする。
- **フロア**…自分と同じ立場の意見に同意や補足をしたり、ほかの立場の意見に質問や反論をしたりする。

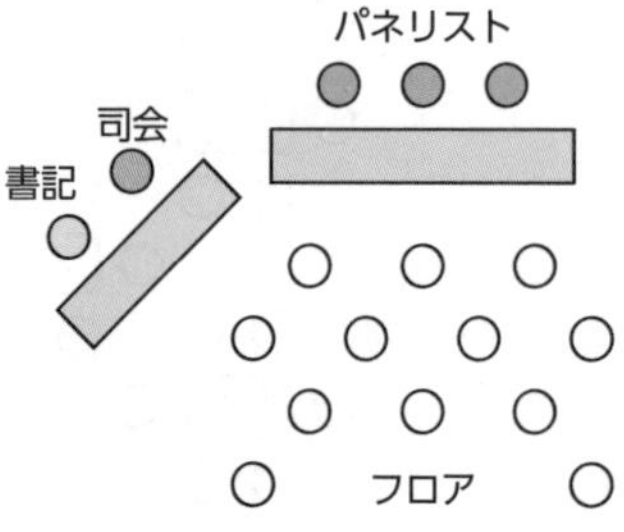

パネルディスカッションの手順

①テーマについて考えられる具体例を出し合って、三〜五の立場に分かれる。
②各グループで話し合い、自分たちの立場の意見と、それを支える根拠を考える。また、想定される反論への対策も立てる。内容を固めたら、パネリストを決める。
③司会を決め、司会とパネリストで論点を確認するための事前打ち合わせをする。
④フロアを含《ふく》めた全体でテーマを確認し、各立場のパネリストが意見を発表する。
⑤司会の進行の下、パネリストが討論し、立場の違《ちが》いや論点を明らかにする。
⑥フロアも加わり、全体でテーマに関する議論を深める。

パネルディスカッションのテーマ例

- 「再生可能エネルギーの活用を進める方策」など、複数の立場が想定できるもの。

ることが重要である。事前打ち合わせでは、各立場のパネリストの意見を聞き、拡散させずに論点を絞《しぼ》って展開できるよう、**意見発表→質問と応答→反論と応答→整理**などのように、構成を作り上げる。

くわしく フロアとして能動的に討論に参加するための心得

パネルディスカッションでは、パネリスト任せにせず、フロアがいかに討論にかかわれるかが、討論を深める鍵《かぎ》になる。フロアとしてパネリストの討論を聞く際にも、次の点を意識していきたい。

- パネルディスカッションが始まる前に、自分の立場の意見に問題点がないかを振《ふ》り返っておく。
- パネリストを含めて他者の意見を聞くときには、メモなどをとりながら、自分の意見との共通点や相違《そうい》点を整理する。
- 意見を述べるときは、根拠を明確にし、筋道を立てて話す。
- それぞれの意見の長所や短所を比較《ひかく》、分析《ぶんせき》して、よい点は柔軟《じゅうなん》に取り入れながら、自分の意見をまとめ直す。

4 グループ・ディスカッション

グループ・ディスカッションは、グループで行う討論方法の一つ。**あるテーマや課題を四〜六人程度に分かれてグループで話し合い、その結果を代表者が全体に報告する。** 何かを決定する場合や、課題を解決するために考えを広げたり深めたりする場合に用いられる。全体で討論する際に、一人一人の意見がより反映されやすいという特《とく》徴《ちょう》がある。

●グループ・ディスカッションの構成者と役割

- **グループの司会**…グループの討論の進行を担う。グループが少人数の際は、厳密な役割分担をしない場合も多い。
- **グループの書記**…討論の内容を記録する。
- **構成員**…テーマや課題の内容を討論する。

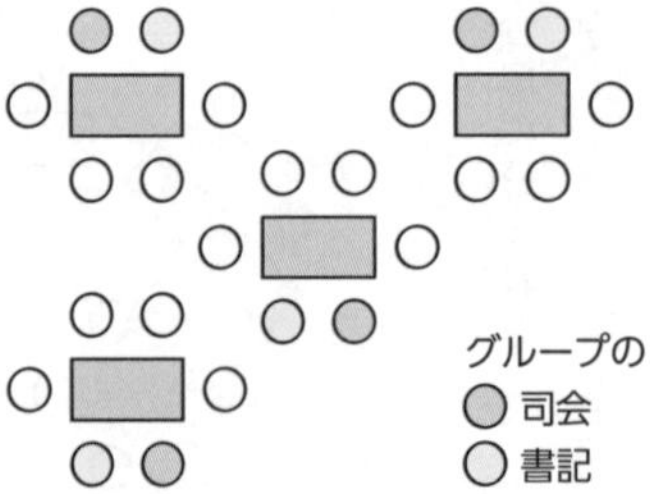

●グループ・ディスカッションの手順

①必要に応じて、司会と書記をする人を決める。
②テーマや課題を確認《かくにん》し、グループの全員で討論する。
③必要に応じて採決などをしながら、討論内容をまとめる。
④グループの代表者を決め、全体にグループで討論した内容を発表する。

●グループ・ディスカッションのテーマ例

- 「勉強する意味」「理想の学校とは」などの大きなテーマで、全体で討論する前に、一人一人の理解を深めたり、個別の意見を吸い上げたりしたほうがよいもの。

くわしく グループ・ディスカッションの意味

全体での討論は、どうしても発言が一部の人に偏《かたよ》りやすい。グループ・ディスカッションでは構成員の数が少ないため、**討論を成立させるために一人一人の発言の機会が多くなる。結果、気づきを得て、考えも深まりやすくなる。** そうして十分に討論できるため、グループでまとまった結論は、一人一人の考えがきちんと反映されたものになることが多い。

こうしたグループ・ディスカッションの良さが最大限に発揮《はっき》されるよう、次の点に気をつけて、討論の活性化を目指そう。

- ほかの人の意見を傾聴《けいちょう》し、受け止め、考える態度を示すことで、誰《だれ》もが意見を言いやすい雰囲気《ふんいき》を作る。
- わからないことがある場合は、恥《は》ずかしがらずに質問する。
- 自分の意見を積極的に発信して、ほかの人とともに考えを深めるようにする。
- 各意見を整理し、よりよい結論を出せるように協力する。

5 シンポジウム

シンポジウムは、パネルディスカッションと同様に討論方法の一つである。**複数の専門家があるテーマについて意見を述べ、その後、フロアを含《ふく》めた全体で質疑応答を主とした討論を行う。**行政機関や大学で多く開催《かいさい》されている。

● シンポジウムの構成者と役割

- **司会**…パネルディスカッションと同様、討論全体を通した進行を担う。
- **書記**…討論の内容を記録する。
- **発言者**…専門家として、意見を発表・解説する。司会の進行のもと、ほかの発言者やフロアと討論する。
- **フロア**…発言者の意見に質問などをして、考えを深める。

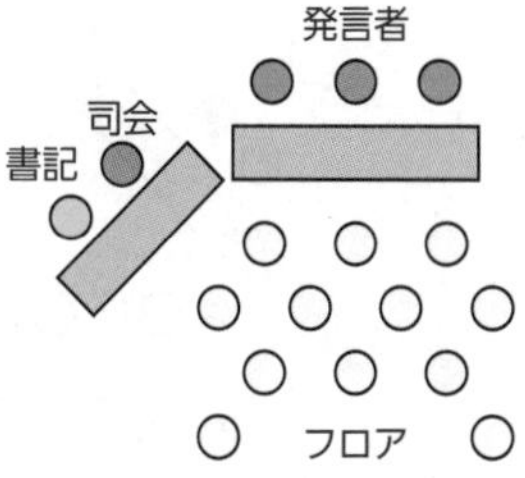

● シンポジウムの手順

①フロアを含《ふく》めた全体でテーマを確認し、各発言者が専門家として意見を発表する。

②司会の進行のもと、発言者どうしで質疑応答などをして、互《たが》いの意見への理解を深める。

③フロアも加わり、全体で質疑応答して、テーマに関する理解を深める。

● シンポジウムのテーマ例

- 「町の人口を増やすにはどうしたらよいか」などの解説が必要な内容で、専門家の意見を聞いて、考えを深めたり広げたりする必要があるもの。

くわしく シンポジウムとパネルディスカッションの違《ちが》い

シンポジウムは、主として専門的な内容理解を扱《あつか》うものである。そのため、発言者はテーマについての専門家であり、フロアは専門的な内容の理解を求められる。その点が、自分と同じ立場の代表者がパネリストとして発表するパネルディスカッションとは異なる。

くわしく シンポジウムやパネルディスカッションで能動的に討論に参加するための心得

発言者の意見を理解し、有意義な討論とするために、次の点を意識していきたい。

- シンポジウム開催前にある程度の予習をし、参加の目的や意見を持っておく。
- 発言者の意見はメモなどをとり、自分の意見の妥当《だとう》性を考えながら聞く。
- わからないことは積極的に質問をする。
- 意見を述べるときは、根拠《こんきょ》を明確にし、筋道を立てて話す。
- 発言者の意見のよい点を取り入れながら、自分の意見をまとめ直す。

6 ディベート

ディベートとは、**あるテーマについて肯定《こうてい》と否定などの二つの対立する立場に分かれて、相手を説得するために討論する**こと。テーマ、チーム、主張や反論の順番、制限時間を定めて勝敗を決める競技ディベートもある。

●ディベートの構成者と役割

- **司会**…ディベートの進行を担《にな》う。
- **書記**…ディベートの内容を記録する。
- **肯定チーム**…テーマに関して肯定の立場で討論する。
- **否定チーム**…テーマに関して否定の立場で討論する。
- **聴衆《ちょうしゅう》**…ディベートを聞き、勝敗を決定する。

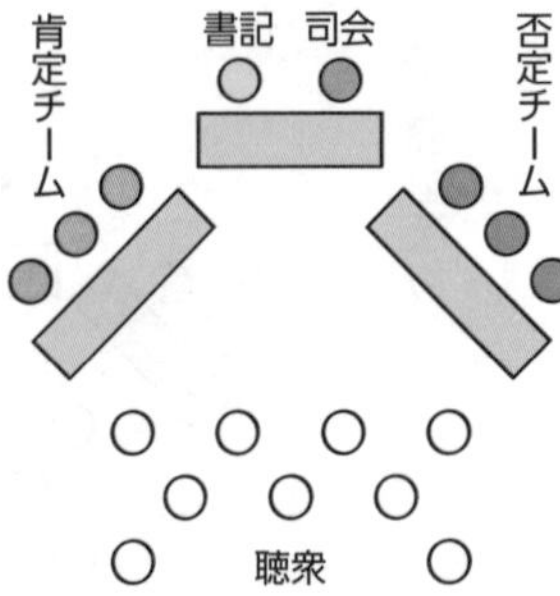

●ディベートの手順

①司会と書記をする人を決める。
②テーマに関して、肯定、否定の二チームに分ける。
③チーム内で相談し、反論を想定しながら、主張の内容をまとめる。
④両チームが、それぞれの立場で順に主張を述べる。
⑤両チームが、相手チームへの質問や反論を述べる。
⑥討論を踏《ふ》まえて両チームが最終的な主張を述べ、聴衆が勝敗を判定する。

●ディベートのテーマ例

- 「教科書は紙の本ではなくタブレットを使うべきか」など、肯定と否定に分かれるもの。

くわしく 論理的な意見を述べるために

ディベートでは、自分の立場に応じた主張をする必要がある。また、感情的にならず、論理的な主張ができなければならない。日頃《ひごろ》から、さまざまなニュースを肯定的にも否定的にも捉《とら》えてみて、それぞれの論拠《ろんきょ》を考える訓練をしておくとよい。

くわしく 聴衆による判定

聴衆は、両チームの主張が論拠に基《もと》づくものになっているかで勝敗を判断する必要がある。そして、なぜそう判断したかを説明できなければならない。聴衆にも論理性が求められる。

第4編　語《ご》彙《い》の力

04

ここからスタート!

第4編　語彙《ごい》の力

START!

日本語には、ひらがな・かたかな・漢字という三種類もの表記があり、漢字の組み合わせによる多数の熟語がある。また、その他にもことわざ・慣用句・故事成語など、広大な言葉の世界がある。これらの知識を豊かにしていくことが、言語表現の幅《はば》を広げ、第３編の表現する力を高めることにつながる。自分の考えを上手く表すためにも、多くの言葉を自分のものにしていこう。

テストで赤点を
取ってしまって
絶体絶命のピンチだ

見せられない…
ああ～テスト前も
私の注意を聞かずに

遊んでいたからね

自分のせい

だって一日千秋《いちじつせんしゅう》の思いで
やっと手に入れた
ゲームだったんだもん
なるかなと思って
みんなそう思うものだけど…
油断大敵!
一朝一夕《いっちょういっせき》で
知識は身につく
ものじゃないわ
そんなこともわかってない
なんて全く呆《あき》れる
もう青息吐息《といき》だ…
どうにでもなれって気分
自暴自棄《じき》だよ

「せめてテスト前はちゃんと勉強した方がいいんじゃない？」って**再三再四**言ったのに
○○会社
全く、**馬耳《ばじ》東風**なんだから
いややいや 僕《ぼく》は**大器晩成**型だから そのうち何とかなるのさ
一生懸命《けんめい》、**試行錯誤《さくご》**して努力しないと、そうはいかないと思うけど
僕はいつか成功する
もうどうなっても知らないよ
わかったわかった **心機一転**、気持ちを入れかえるってば この失敗に挫《くじ》けず **七転八起**の精神で これから頑張《がんば》るよ
でもその前にこのテストをなんとかしないと
とりあえず隠《かく》そう 漫画《まんが》にでも挟《はさ》んでおくか
本当に隠してごまかすつもり？
か、母さん！ いつからそこに？
一部始終聞いていました さあテストを見せなさい！
ひい！ 姉さん助けて！
ギュー
あきらめなさい **因果応報**よ
周りには敵ばかり この状況は正しく **四面楚歌《そか》**…！
そう言われても…
よし！
隠そうとして ごめんなさい！ 今からこの**自由自在**で 勉強しなおします！
自由自在中学
これにて **一件落着**！

第1章 漢字の知識

1 漢字の成り立ち

入試重要度 ★★★

① 漢字とは

漢字とは、今から約三千年以上前の中国で用いられていた「甲骨文字《こうこつ》」を起源とする文字である。**中国をはじめ日本や朝鮮《ちょうせん》半島、ベトナム**などでも用いられた。

日本では、**五世紀頃《ごろ》**から漢字を用いるようになった。文字を持っていなかった私たちの祖先は、**漢字の意味を生かして日本語として読む**「**訓**」や、**漢字の形を変化させて日本語の音を表す**「**平仮名《がな》**」「**片仮名**」を作り出すなど、中国語の文字である漢字を使って日本語を表そうと、さまざまな工夫を重ねてきた。

② 漢字の成り立ち

1 六書《りくしょ》

漢字は、成り立ちや使い方によって六種類に分類できる。これを「**六書**」という。

参考 大和言葉《やまと》

漢語や外来語に対して、日本にもとからあった日本固有の言葉を大和言葉という。漢字の訓で読む言葉や、ほとんどの助詞・助動詞などがそれにあたる。

参考 万葉仮名《まんよう》

平仮名が用いられるようになる前、奈良時代の日本では、漢字の音を借りて日本語を表していた。これを万葉仮名という。『万葉集』で用いられた方法なのでこの名がある。

例 植物の「はな」→「波奈《はな》」

このように、日本語の音を表すための字を仮名(仮の字)という。もとは真名《まな》(真の字。漢字のこと)に対する呼び方である。

①**象形**…**物の形をかたどった文字。**

例

②**指事**…形を表すことができないものを、**記号などで指し示した文字。**

例

③**会意**…象形文字や指事文字を組み合わせて、**新しい意味を持たせた文字。**

例 林（木＋木）　明（日＋月）　鳴（口＋鳥）

④**形声**…**意味（形）を表す部分と音（声）を表す部分とを組み合わせた文字。**漢字の中で最も多い。

例 猿《エン》（犭〔けもの〕＋袁）　園《エン》（囗〔かこい〕＋袁）　遠《エン》（辶〔すすむ〕＋袁）

⑤**転注**…**元の意味と関係のある別の意味に使われるようになった文字。**

例 楽（「音楽」の意の字。あとから「楽しい」の意が加わった。）

⑥**仮借《かしゃ》**…元の意味に関係なく、**音だけ借りて他の意味に使われるようになった文字。**

例 豆（「トウ」という、「足のある器《うつわ》」の意の字。あとから同じく「トウ」という、「まめ」の意が加わった。）

※**国字《こくじ》**…**日本で作られた漢字。**多くは会意である。日本で作られたので、ほとんどの国字は訓しかない。また、「六書」には分類できない。

例 畑《はたけ》（火＋田）　峠《とうげ》（山＋上＋下）

参考 **『説文解字《せつもんかいじ》』と六書**

『説文解字』は、中国の許慎《きょしん》が編集した最古の漢字字典。西暦《せいれき》一〇〇年頃に成立。許慎は、約一万字にもおよぶ漢字を集め、それらを分析《ぶんせき》し、整理した。「六書」は、このとき許慎が見出《いだ》した漢字の分類法である。

なお、六書の分類は、あくまで研究によるものであり、辞書によっては異なる分類が示されている場合もある。

2 字体と書体

漢字そのものの形のグループを**書体**、ある漢字の字画《じかく》の違《ちが》いによる形を**字体**という。

書体は、漢字のもとになった**甲骨文字**《こうこつ》から、より書きやすく判別しやすいように変化してきた。主に**秦**《しん》**の時代**（紀元前三世紀頃《ごろ》）以前に用いられた**篆書**《てんしょ》、**漢の時代**（紀元前二～紀元三世紀頃）に用いられた**隷書**《れいしょ》、それ以降に用いられている**草書**・**行書**《ぎょうしょ》・**楷書**《かいしょ》がある。現在主に使われているのは楷書であるが、書道など手書きの場合には、草書や行書を、印鑑《いんかん》や芸術の分野では、篆書や隷書を用いることもある。

	楷書	行書	草書
印象	直線的・角張っている。	曲線的・やわらかい。	曲線的・やわらかい。
点画の特徴	点画《てんかく》がはっきりしている。崩《くず》したり、省略したりしない。	点画が連続したり、変形したり、省略されたりすることがある。	点画を崩したり、省略したりすることが目立つ。
筆順	一定。	楷書とは異なる場合がある。	楷書とは異なる場合が多い。
特《とく》徴《ちょう》	読みやすいが、書くのに時間がかかる。	速く書ける。読むのに不都合がない。	速く書けるが、知識がないと読むのは困難。
例	書	書	書

例題

1 次の［ ］の中の漢字で、一つだけ六書の分類が異なるものはどれか。

(1)［川 象 日 森］ (2)［江 汗 下 板］

参考 新字体と旧字体

人名などで、「沢《さわ》」を「澤」、「高」を「髙」と表記することがあるのを知っているだろうか。これらは字体の異なる同じ漢字であり、前者の字体を新字体、後者の字体を旧字体という。新字体は、もとは略した書き方だったが、戦後に正式に用いる字体として定められたものである。日本以外でも、中国大陸では、日本とは異なる略し方をした書き方が、第二次世界大戦後に正式な字体として定められた。漢字の変化は今も続いているのである。

解答

1 (1)森 (2)下

解説

1 (1)「森」は会意文字、ほかの三文字は象形文字である。
(2)「下」は指事文字。ほかの三文字は形声文字である。

練習問題

解答↓567ページ

1 楷書《かいしょ》と比べた場合の行書の特徴《とくちょう》として適切でないものを次から二つ選び、記号で答えなさい。

ア 点画が連続する場合がある。
イ 筆順が変わることがある。
ウ 点画がはっきりしている。
エ 点画を省略することがある。
オ 直線的で角張った印象を受ける。

2 会意文字ではないものを次から三つ選び、記号で答えなさい。

ア 宿　イ 業　ウ 馬　エ 男
オ 信　カ 鳥　キ 析　ク 林

3 国字を次から三つ選び、記号で答えなさい。

ア 桃　イ 楽　ウ 峠　エ 屈
オ 畑　カ 働　キ 末　ク 明

4 次の行書や草書で書かれた漢字を、楷書《かいしょ》で書きなさい。

(1) 終　(2) 覚
(3) 種　(4) 宝
(5) 妙　(6) 孫
(7) 植　(8) 泳

5 次の漢字はいずれも会意文字である。元の漢字の組み合わせは何と何か答えなさい。

(1) 明　(2) 鳴
(3) 看　(4) 岩

6 次の[A]・[B]には、上の漢字が音を表す部分となる形声文字を入れると熟語ができる。適切な漢字を例にならって答えなさい。

例 才　[A]産　木[B]　答え…A＝財　B＝材
(1) 寺　[A]歌　[B]参
(2) 工　[A]白　成[B]
(3) 責　体[A]　成[B]

2 漢字の読み書き

入試重要度 ★★★

① 漢字の音と訓

1 音と訓

●**音（読み）…中国から伝わった漢字の発音をまねて日本風にしたもの。**

漢字が伝わったとき、当時の日本人は中国語の発音を聞き、その発音に似せて漢字を読んだ。例えば「水」という漢字の中国語は、当時の日本人には「スイ」と聞こえたので、**「水」を「スイ」と読む**ことにした。それが定着したものが**音**である。

●**訓（読み）…漢字の意味と同じ意味の日本語を読みとしてあてはめたもの。**

漢字が伝わった当時の日本人は、その漢字の意味を考え、同じ意味の日本語の言葉をその漢字の読み方とした。例えば「水」という漢字は、中国語で「みず」を意味していたので、**「水」を「みず」と読む**ことにした。これが**訓**である。

2 複数の音訓をもつ漢字

●**複数の音読みがある漢字**

漢字は、長い間に何代にもわたって、さまざまなルートで日本に伝わってきた。伝わってきた時期や地域によって、次のような複数の音がある漢字がある。

- 呉音《ご》…もっとも古く日本に入ってきた音。 例 **行**列《ぎょうれつ》
- 漢音…遣唐使《けんとうし》、遣隋使《けんずいし》によって伝えられ、平安時代に推奨《すいしょう》された音。 例 **行**動《こうどう》

くわしく 呉音・漢音・唐音

呉音…仏教の経典《きょうてん》とともに、最も古く日本に入ってきた。当時の中国は、南部の「呉」と呼ばれる地方に文化の中心があったためこう呼ばれる。主に仏教の言葉に残っている。

漢音…当時の都であった中国北方の長安の音が伝えられたもの。当時の中国の標準語だったため、平安時代の日本では漢籍《かんせき》を読むのに、漢音が推奨《すいしょう》された。

唐音…禅僧《ぜんそう》や商人の往来で伝わってきた、中国の宋《そう》・元・明《みん》・清《しん》時代の音の総称《そうしょう》。中国の現代の音に近い発音のものもある。

例

	呉音	漢音	唐音
外	外科《げか》	外国《がいこく》	外郎《ういろう》
行	修行《しゅぎょう》	行進《こうしん》	行脚《あんぎゃ》
明	明日《みょうにち》	明白《めいはく》	明朝体《みんちょうたい》
頭	頭痛《ずつう》	先頭《せんとう》	饅頭《まんじゅう》
請	勧請《かんじょう》	申請《しんせい》	普請《ふしん》

くわしく さまざまな漢字の読み

●**二つ以上の音がある漢字の例**

依（依頼《いらい》・帰依《きえ》）　**遺**（遺産《いさん》・遺言《ゆいごん》）

右（右折《うせつ》・左右《さゆう》）　**下**（下流《かりゅう》・上下《じょうげ》）

・唐音…鎌倉《かまくら》時代初期から江戸《えど》時代にかけて伝わってきた音。例 行灯《あんどん》

これ以外にも、中国での使い分けや日本の慣習的な区別のため、意味によって読み方の異なるものがある。例 重（重量《じゅう》…重い　重複《ちょう》…重なる）

●**複数の訓読みがある漢字**

漢字は、もともと中国語の文字であるから、日本語ではその意味にあてはまるような語が一つだけとは限らない。そこで複数の訓がある漢字がある。

例 **映**（映《うつ》る・映《は》える）　**汚**（汚《よご》す・汚《けが》す・汚《きたな》い）　**空**（空《そら》・空《あ》ける・空《から》）

3 熟語の読み方

二字以上の熟語は一般的《いっぱん》に、**「音＋音」「訓＋訓」**というように、音だけ、または訓だけで読むが、次のような読み方もある。

●**音と訓が交じる読み方**

重箱読み…音＋訓　例 重箱《じゅうばこ》（音「ジュウ」＋訓「はこ」）

湯桶《ゆとう》読み…訓＋音　例 湯桶《ゆとう》（訓「ゆ」＋音「トウ」）

●**一つ一つの漢字の読みと関係なく、全体をまとめて特別な訓読みをする読み方**

熟字訓　例 昨日《きのう》（一字ずつ分解して読むことはできない。×昨《きの》・日《う》　×昨《き》・日《のう》）

例題

1 **「重箱読み」「湯桶読み」の熟語を次から二つずつ選び、記号で答えなさい。**

ア 進歩　**イ** 先手　**ウ** 荷物　**エ** 吹雪　**オ** 並木
カ 店番　**キ** 親子　**ク** 楽屋　**ケ** 牧場　**コ** 野原

有（有効《ゆうこう》・有無《うむ》）　**化**（化学《かがく》・化粧《けしょう》）
夏（夏季《かき》・夏至《げし》）　**会**（会見《かいけん》・会得《えとく》）
解（解決《かいけつ》・解熱《げねつ》）　**虚**（空虚《くうきょ》・虚空《こくう》）
供（供給《きょうきゅう》・供養《くよう》）　**強**（強弱《きょうじゃく》・強引《ごういん》）
献（献上《けんじょう》・献立《こんだて》）　**役**（配役《はいやく》・使役《しえき》）

●**重箱読みの例**
仕事（シごと）　毎朝（マイあさ）
本物（ホンもの）　台所（ダイどころ）

●**湯桶読みの例**
見本（みホン）　夕食（ゆうショク）
合図（あいズ）　消印（けしイン）

●**熟字訓の例**
梅雨（つゆ）　雪崩（なだれ）
二十歳（はたち）　息子（むすこ）
七夕（たなばた）　土産（みやげ）

解答

1 重箱読み…**イ・ク**
湯桶読み…**ウ・カ**

解説

1 **エ**の「吹雪」（ふぶき）は熟字訓。ほかは「音＋音」あるいは「訓＋訓」である。**ケ**の「牧場」は「音＋音」なら「ぼくじょう」、「訓＋訓」なら「まきば」である。

② 送り仮名《がな》のつけ方

送り仮名《がな》は、**漢字の読みを明らかにするために、漢字につける仮名**のことである。例えば「冷」という漢字の訓読みは、「**つめ**たい・**ひ**える・**ひ**や・**ひ**やす・**ひ**やかす・**さ**める・**さ**ます」と、多数ある。送り仮名を正しくつけることで、それぞれの読み方がはっきり決まる。

例
始めた頃《ころ》の熱い気持ちが冷《さ》める。
仲がいい二人をみんなが冷《ひ》やかす。
初夏の山間の水はまだ冷《つめ》たい。

これら複数の読み方をうまく使い分けることによって、次のように意味が定まる。

例
コーヒーが冷める。
コーヒーを冷ます。

活用のある語

①活用のある語は原則として**活用語尾**《ごび》を送る。
例 集《あつ》めない・集めよう・集めて・集める・集めれば・集めろ
集《つど》わない・集おう・集って・集う・集えば・集え

②語幹が「し」で終わる**形容詞**は「し」から送る。
例 美しい・著《いちじる》しい

③活用語尾の前に「か」「やか」「らか」を含《ふく》む**形容動詞**はその部分から送る。
例 静かだ・健《すこ》やかだ・明らかだ

参考 複合語の送り仮名

その複合語を書き表す漢字の、それぞれの音訓を用いた単独の語の送り仮名のつけ方による。

●**活用のある語の例**
申し込《こ》む・若返る・向かい合わせる
心細い・待ち遠しい・望み薄《うす》

●**活用のない語の例**
後ろ姿・田植え・雨上がり
教え子・落ち葉・伸《の》び縮み・早起き
立ち居振《ふ》る舞《ま》い・休み休み

ただし、読み間違《まちが》えるおそれのない場合には、「申し込み」を「申込み」「申込」のように送り仮名を省くことも許容されている。

慣用にしたがって送り仮名をつけないもの

●**地位・身分・役職の名**
関取《せきとり》・取締役《とりしまりやく》

●**工芸品の名に用いられた「織」「染」「塗」など**
博多織《はかたおり》・型絵染《かたえぞめ》・春慶塗《しゅんけいぬり》・備前焼《びぜんやき》

●**活用のある語の名詞形の一部**
話・係・恥《はじ》・光

●**その他**
書留《かきとめ》・切手《きって》・小包《こづつみ》・組合《くみあい》・献立《こんだて》・日付《ひづけ》、

※活用語尾以外に他の語を含むものは、含んでいる語の送り仮名のつけ方にそろえる。

例 動かす(原則どおりなら「動す」だが、「動く」にそろえる。)
重たい(「重い」にそろえて「重たい」とする。)

活用のない語

①**名詞**は送り仮名をつけない。 例 月《つき》・鳥《とり》・花《はな》・山《やま》・男《おとこ》・女《おんな》・彼《かれ》・何《なに》

②次の語は最後の音節を送る。 例 辺り・勢い・後ろ・幸せ・幸い

③数をかぞえる「つ」を含む名詞は「つ」を送る。 例 一つ・幾《いく》つ

④活用のある語から転じた名詞や「さ」「み」「げ」などの接尾語がついて名詞になったものは、もとの語の送り仮名のつけ方による。

例 動き・大きさ・重み・惜《お》しげ

⑤**副詞・連体詞・接続詞**は最後の一文字を送る。

例 必ず・再び・最も・来《きた》る・去る・但《ただ》し

⑥他の語を含むものは、含んでいる語の送り仮名にそろえる。

例 従って(原則通りなら「従て」だが、「従う」にそろえる。)

例題

1 **原則どおりに送り仮名をつける次の漢字の、送り仮名を答えなさい。**

(1) 考↓かんがえる (2) 承↓うけたまわる (3) 短↓みじかい
(4) 潔↓いさぎよい (5) 遊↓あそぶ (6) 話↓はなす
(7) 快↓こころよい (8) 志↓こころざす

植木《うえき》・建物《たてもの》・振替《ふりかえ》

送り仮名のきまりは、社会生活に混乱がないよう、正しい訓読みをするためにある。ただし、**慣用で定着している語は、原則を外れていてもそのまま通用するの**で例外も多い。原則を理解したうえで、多くの文章に触《ふ》れて送り仮名の感覚を理解しよう。

解答

1 (1)える (2)る (3)い (4)い (5)ぶ (6)す (7)い (8)す

解説

1 原則は活用語尾を送るのであるから、それぞれの活用語尾を考えて解答すること。

(2)「承る」(4)「潔い」は、間違えやすいので覚えておこう。

(3)「短い」は「短かい」という誤用が多いので気をつけよう。

(6)「話」(8)「志」は、名詞では送り仮名をつけない。

③ 部首

漢字を共通する形によって分類するとき、分類するめやすとなるものを「**部首**」という。部首は古くから漢字の分類に使われ、漢字の意味や成り立ちを理解するのにも役立つ。

部首は、その位置によって次のようにまとめられる。

①**偏**《へん》…漢字の**左側**の部分。

例 亻(にんべん)仁・信・代　木(きへん)板・林・柱
糸(いとへん)紙・細・緑　氵(さんずい)泳・注・深

②**旁**《つくり》…漢字の**右側**の部分。

例 刂(りっとう)列・刷・刻　阝(おおざと)都・部・郊
頁(おおがい)顔・順・額　攵(のぶん・ぼくづくり)牧・救

③**冠**《かんむり》…漢字の**上**の部分。

例 宀(うかんむり)安・守・官　雨(あめかんむり)雪・雲・雷
癶(はつがしら)発・登　穴(あなかんむり)空・究・窓

④**脚**《あし》…漢字の**下**の部分。

例 灬(れんが・れっか)点・照　貝(かい・こがい)貨・貸
心(こころ・したごころ)思・悲・意　衣(ころも)袋・装

⑤**垂**《たれ》…漢字の**上から左側**に続く部分。

例 厂(がんだれ)厚・原・厘　广(まだれ)広・店・庭
疒(やまいだれ)病・痴・疲　戸(とだれ・とかんむり)戻・扇・房

参考 **同じ形の部首**

漢字は、長い間使われる中で、字体が簡略化されたり、使い方の制限が定められたりしてきた。そのため、形が似ている部首の中には、元は別の漢字だったが、今では同じように書かれるようになったものもある。

例
匚(はこがまえ)…匠
四角の箱を横に見た形の象形文字。
匸(かくしがまえ)…区
物を入れておく所におおいをかけた指事文字。

月(つきへん)…朗・期
欠けた月の形の象形文字。
月(にくづき)…脂・胸
体を意味する「肉」が漢字の偏や脚になる時の形。

⑥繞《にょう》…漢字の**左側から下**に続く部分。

例 辶(しんにょう)近・返・通　走(そうにょう)起・越・超
廴(えんにょう)延・建・廷　麦(ばくにょう)麺

⑦構《かまえ》…漢字の**周りを囲む**ようにある部分。

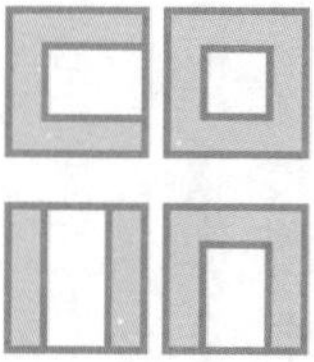

例 囗(くにがまえ)国・図・囲
門(もんがまえ)開・間・関
匸(かくしがまえ)区・匹・匿
行(ぎょうがまえ・ゆきがまえ)術・衛・衝

※部首の呼び名や分類の仕方は、辞書によって、違《ちが》うこともある。

例題

1 次の漢字の部首を抜《ぬ》き出し、部首名をあとから選び、記号で答えなさい。

(1) 仰　(2) 冷　(3) 徒　(4) 床　(5) 神
(6) 稲　(7) 紅　(8) 頭　(9) 郊　(10) 写

ア にすい　**イ** いとへん　**ウ** しめすへん
エ ころもへん　**オ** にんべん　**カ** ぎょうにんべん
キ ぎょうがまえ　**ク** おおがい　**ケ** おおざと
コ まだれ　**サ** りっしんべん　**シ** うかんむり
ス わかんむり　**セ** こざとへん　**ソ** のぎへん

参考 占《し》める位置で形が変わる部首

例
人 … 亻(にんべん)…休・使
　　 𠆢(ひとやね)…会・今
　　 人(ひと)…人・以
心 … 心(こころ)…志・愛
　　 忄(りっしんべん)…快・憤

解答

1
(1) 亻・オ　(2) 冫・ア
(3) 彳・カ　(4) 广・コ
(5) ネ・ウ　(6) 禾・ソ
(7) 糸・イ　(8) 頁・ク
(9) 阝・ケ　(10) 冖・ス

解説

1 似た形の部首に気をつけよう。
ネ(しめすへん)と衤(ころもへん)
阝(こざとへん)と阝(おおざと)

④ 筆順・画数

1 筆順

筆順とは、**一文字を書き上げるまでの点画を書く順番**である。漢字の筆順は、一字につき一つとは限らず、字体によって、また、時代や国によっても違《ちが》いがあり、明確なルールがあるわけではない。しかし、学校では混乱しないよう、正しく早く書ける筆順を統一して教えている。

楷書《かいしょ》の筆順には次のような原則がある。

●大原則1　上から下へ

・上の点画から書いていく。　例 三→三 三 三

・上の部分から書いていく。　例 言→言 言 言 言

●大原則2　左から右へ

・左の点画から書いていく。　例 川→川 川 川

・左の部分から書いていく。　例 羽→羽 羽 羽 羽 羽

〈原則1〉横画がさき（横画と縦画が交差したとき、横→縦）　例 土→土 土 土

〈原則2〉横画があと（横画と縦画が交差したとき、縦→横）　例 王→王 王 王 王

〈原則3〉中がさき（中と左右があって左右が1、2画である場合）　例 小→小 小 小

（例外…火・忄）

〈原則4〉外側がさき（囲む形をとるもの）　例 国→国 国 国（例外…区・医）

〈原則5〉左払《はら》いがさき（左払いと右払いが交差するか、接した場合）　例 入→入 入

参考　漢和辞典の引き方

漢字の読み方、意味、画数、成り立ちを調べたり、その漢字を含《ふく》んだ熟語を集めたりしたいときには、**漢和辞典**を使う。引き方には、次のようなものがある。

●「部首」がわかるとき
→部首索引《さくいん》を使う。

表紙の裏（見返し）に書いてある部首一覧から部首を探し、さらにその部首のページから画数順に探す。漢和辞典は基本的に、部首別、画数順に並んでいる。同じ部首の漢字を集めるときにも便利。

●「読み」がわかるとき
→音訓索引を使う。

音でも訓でもよいので、わかっている読み方で引く。音は片仮名で、訓は平仮名で表記されて五十音順に、同じ読み方では画数順に並べられている。同じ音、同じ訓をもっている漢字を調べるときにも便利。

●「部首」も「読み」もわからないとき
→総画索引を使う。

総画索引は画数順に並んでいる（同じ画数では部首別になっている）ので、その字の全体の画数（総画）をかぞえて引く。

〈原則6〉つらぬく縦画は最後 例 中→中 中

〈原則7〉つらぬく横画は最後 例 女→女 女 女（例外…世）

〈原則8〉横画が長く左払いが短い字では、左払いがさき 例 右→右 右 右

横画が短く左払いが長い字では、横画がさき 例 左→左 左 左

2 画数《かくすう》

楷書で漢字を書くとき、**筆記具を紙から離《はな》さずにひと筆で書いた点や線**を「画《かく》」といい、**それを合計した数**を「画数」という。印刷物では、「明朝体《みんちょうたい》」や「ゴシック体」などの活字が多く使われているが、読みやすくするために画を分けたり、つなげたりしたものがある。画数を確認《かくにん》するときは、筆画を正確に表現している「教科書体」を参考にするとよい。

例題

1 次の漢字の筆順として正しいものを選び、記号で答えなさい。

(1) 弊
ア 丨 丷 尚 尚 尚 敝 敝 敝 弊
イ 丶 丷 尚 尚 尚 敝 敝 敝 弊
ウ 丨 丷 尚 尚 尚 敝 敝 敝 弊

(2) 粛
ア ㇕ ⺕ 彐 肀 聿 隶 粛 粛 粛
イ ㇕ ⺕ 彐 肀 聿 隶 粛 粛 粛
ウ ㇕ ⺕ 彐 尸 肀 聿 粛 粛 粛

(3) 魅
ア ′ 亻 白 白 由 鬼 鬼 鬼 魅
イ ′ 亻 白 白 由 鬼 鬼 鬼 魅
ウ ′ 亻 白 白 由 鬼 鬼 鬼 魅

(4) 縛
ア ㄑ 幺 糸 紅 紳 紳 縛 縛 縛
イ ㄑ 幺 糸 紅 紳 紳 縛 縛 縛
ウ ㄑ 幺 糸 紅 紳 紳 縛 縛 縛

2 次の漢字の総画数は何画か、算用数字で答えなさい。

(1) 葉　(2) 強　(3) 仰　(4) 狩　(5) 好

参考 康熙字典《こうきじてん》

中国清《しん》朝の康熙帝《こうきてい》（在位1661～1722年）の勅撰《ちょくせん》によって編まれた字典。漢字が部首の画数順、同部首内では画数順に配列されており、今日の漢和辞典の部首索引の規範《きはん》となった。また、コンピューターで漢字を使用するための共通のコードを作成する際も、参考資料の一つとなった。

解答

1 (1) ア　(2) ア　(3) ウ　(4) イ

2 (1) 12　(2) 11　(3) 6　(4) 9　(5) 6

解説

2 総画数を正しく知るためにも、漢字の部首ごとの画数は正しく覚えておこう。

⑤ 同訓異字

1 同訓異字とは

同じ訓読みをするが、表す意味が異なる漢字を、同訓異字（異字同訓）という。

例えば、次のようなものがある。

例 つとめる
- 会社に**勤める**。（組織や場所で働く。）
- リーダーを**務める**。（役割にあたる。）
- 目標達成に**努める**。（力を尽《つ》くす。）

これらの漢字はどれも「つと（める）」と訓読みするが、表す意味は異なっているので、文脈によって使い分けることが必要である。

その漢字が表す意味は、音読みの熟語を手掛《てが》かりにすることができる。例えば、

- 勤……勤労・出勤
- 務……任務・業務
- 努……努力

このように、その漢字を使った熟語を想像すると、使い分けの助けになるだろう。

例題

1 次の——線部の言葉を、漢字と送り仮名《がな》に直しなさい。

(1) 鏡に姿をうつす。

(2) 教科書の文章を書きうつす。

(3) 容器の水をコップにうつす。

くわしく 同訓異字が生じる理由

同訓異字が多いのは、中国語を表すために作られた漢字という文字で、日本語という別の言語を書き表しているからである。例えば日本語の「つとめる」は、「はたらく・（役割に）あたる・つくす」を含《ふく》む意味の広がりを持った語である。しかし漢字では、それらの意味はそれぞれ別の字で書き表す。このような言語間のずれが同訓異字を生んでいるのである。同訓異字の使い分けは、漢字の意味によるものであり、辞書によっては使い分けを明確に記さない方針のものもある。

文化庁文化審議《しんぎ》会国語分科会は、『「異字同訓」の漢字の使い分け例（報告）』という文書を発表している。インターネットで閲覧《えつらん》できるので、興味があれば検索《けんさく》してみよう。

解答

1 (1)映す　(2)写す　(3)移す

解説

1 (1)は「映像」、(2)は「書写」、(3)は「移動」などの熟語を思い浮《う》かべるとよい。

同訓異字一覧

- 時間があう。　合
- 友人とあう。　会
- 天災にあう。　遭
  - 災難に出くわす…遭

- 夜があける。　明
- 席をあける。　空
- ドアをあける。　開

- 物を棚《たな》にあげる。　上
- たこをあげる。　揚
- 例をあげる。　挙

- あたたかい部屋。　暖
- あたたかいお湯。　温

- あつい本。　厚
- あついお湯。　熱
- あつい夏。　暑

- 昔の城のあと。　跡
- 三時間あと。　後
- 傷のあと。　痕
  - なくならないあと…痕

- あぶらで揚《あ》げる。　油
- 肉のあぶら身。　脂

- あやしい行動。　怪
- あやしい魅力《みりょく》。　妖
  - なまめかしい…妖

- 判断をあやまる。　誤
- 罪をあやまる。　謝

- 気性《きしょう》があらい。　荒
- 精度があらい。　粗

- 姿をあらわす。　現
- 図にあらわす。　表
- 論文をあらわす。　著
- 世に名をあらわす。　顕

- 時間をあわせる。　合
- 二社をあわせる。　併

- 野菜がいたむ。　傷
- 関節がいたむ。　痛
- 故人をいたむ。　悼

- 観客がいる。　居
- 道具がいる。　要
- 矢をいる。　射

- ボールをうつ。　打
- 大将をうつ。　討
- 鉄砲《てっぽう》をうつ。　撃

- 字を書きうつす。　写
- 鏡にうつす。　映
- 場所をうつす。　移

- 犯人をおう。　追
- 責任をおう。　負

- 罪をおかす。　犯
- 権利をおかす。　侵
- 危険をおかす。　冒
  - 他者の領分に入り込《こ》む…侵
  - あえて困難を行う…冒

- 荷物をおくる。　送
- 礼品をおくる。　贈

- 流行におくれる。　後
- 時間におくれる。　遅

- 紙をおさえる。　押
- 怒《いか》りをおさえる。　抑

- 国をおさめる。　治
- 会費をおさめる。　納
- 本を棚《たな》におさめる。　収
- 学問をおさめる。　修
  - 混乱が起こらないようにする…治
  - 自分を高めるために努力する…修

ボタンをおす。 押
彼《かれ》を会長におす。 推
すすめる、おしはかる…推

舞台《ぶたい》でおどる。 踊
心がおどる出来事。 躍

貯金をおろす。 下
乗客をおろす。 降
品を小売店におろす。 卸

自らをかえりみる。 省
過去をかえりみる。 顧

姿形をかえる。 変
挨拶《あいさつ》にかえる。 代
空気を入れかえる。 換
人を入れかえる。 替

人かげが見える。 影
日かげで休む。 陰

資質にかける。 欠
橋をかける。 架
迷惑《めいわく》をかける。 掛
大金をかける。 賭
命をかける。 懸
草原をかける。 駆

結束がかたい。 固
手がかたい商売。 堅
表現がかたい。 硬
しっかりしている…堅

洗濯《せんたく》物がかわく。 乾
のどがかわく。 渇

話し声をきく。 聞
講演をきく。 聴
薬がきく。 効

峠《とうげ》をこえる。 越
百万円をこえる額。 超
目がこえる。 肥

地下水脈をさがす。 探
迷子《まいご》の妹をさがす。 捜
なくなったものをさがす…捜

布をさく。 裂
時間をさく。 割

評価をさげる行い。 下
かばんを手にさげる。 提

矢印が北をさす。 指
窓から光がさす。 差
針で布をさす。 刺
花瓶《かびん》に花をさす。 挿

声をしずめる。 静
石を池にしずめる。 沈

ドアをしめる。 閉
ねじをしめる。 締
首をしめる。 絞
市場の大半をしめる。 占

車を前へすすめる。 進
車の購入《こうにゅう》をすすめる。 勧
彼を担当にすすめる。 薦
相手がそうするようにさそう…勧
相手に取り上げてもらうよう促《うなが》す…薦

失敗をせめる。 責
敵陣《てきじん》をせめる。 攻

川にそう道路。 沿
弟に付きそう。 添

仏壇《ぶつだん》に花をそなえる。 供
非常食をそなえる。 備

息がたえる。 絶
揺《ゆ》れにたえる構造。 耐
読むにたえる文章。 堪
そうする価値がある…堪

古都をたずねる。 訪
道順をたずねる。 尋

敵とたたかう。 戦
病気とたたかう。 闘

席をたつ。 立
家がたつ。 建
ロープをたつ。 断
消息をたつ。 絶
布をたつ。 裁
連絡《れんらく》がとれなくなる…絶

条件がつく。 付
目的地につく。 着
職につく。 就

ルールをつくる。 作
高層ビルをつくる。 造
会社をつくる。 創

言葉をつつしむ。 慎
師匠《ししょう》の前でつつしむ。 謹
ひかえる…慎 かしこまる…謹

目標達成につとめる。 努
司会をつとめる。 務
会社につとめる。 勤

鳥が空をとぶ。 飛
とび箱をとぶ。 跳

列車の運行がとまる。 止
目にとまる。 留
旅館にとまる。 泊

獲物《えもの》をとらえる。 捕
要旨《ようし》をとらえる。 捉

メモをとる。 取
会社が人材をとる。 採
猫《ねこ》がねずみをとる。 捕
写真をとる。 撮
チームの指揮をとる。 執

香水《こうすい》がにおう。 匂
腐《くさ》った魚がにおう。 臭

立身出世をのぞむ。 望
海にのぞむ窓。 臨

試合時間がのびる。 延
身長がのびる。 伸

川をのぼる船。 上
山にのぼる。 登
日がのぼる。 昇

電車にのる。 乗
新聞にのる。 載

時間をはかる。 計
解決をはかる。 図
体重をはかる。 量
水深をはかる。 測
会議にはかる。 諮

池に氷がはる。 張
手紙に切手をはる。 貼

大工が腕《うで》をふるう。 振
地面がふるう。 震
勇気をふるう。 奮

絵の具がまじる。 混
漢字と仮名《かな》がまじる。 交
見分けがつかなくなる…混

身のまわりの整理。 回
学校のまわりを走る。 周

医者が患者《かんじゃ》をみる。 診
映画をみる。 観

法のもとの平等。 下
火のもとを確かめる。 元
情報をもとに考える。 基
政治のもとを正す。 本

勝負にやぶれる。 敗
紙がやぶれる。 破

⑥ 同音異義語

1 同音異義語とは

同じ音を持つ漢字をそれぞれ「同音異字」といい、そのような漢字を組み合わせて作られた、**同じ音で意味の異なる語(の組み合わせ)**を「同音異義語」という。

漢字の音は、中国から伝わった音をもとにして作られたが、中国語の音は日本語より多かったので、中国では違《ちが》う読み方をした漢字も、日本では同じ音で読むことになってしまった。そのため、日本語には同音異義語が数多くある。

同音異義語の例

感心《かんしん》(心が動かされ感服する)	すばらしい成果に感心する。
関心《かんしん》(注意を向けること。興味)	事件の成り行きに関心がある。
歓心《かんしん》(うれしく思う気持ち)	上司の歓心を買う。
寒心《かんしん》(心配や恐《おそ》れでぞっとする)	寒心に堪《た》えない出来事だ。

例題

1 次の――線部の片仮名《かな》を漢字にするとき、正しいのはどちらか、[ ]から選んで、記号で答えなさい。

(1) 芸術をカンショウするのが、趣味《しゅみ》だ。 [ア 鑑賞　イ 観賞]
(2) キセイ事実があるので、なかなか禁止できない。 [ア 規制　イ 既成]
(3) 多くの人々のシジを集めた政治家が当選した。 [ア 指示　イ 支持]
(4) この業界は年々キョウソウが激しくなっている。 [ア 競争　イ 競走]

参考 意味の似た同音異義語(使い分けに注意)

紹介《しょうかい》…未知の人どうしを引き合わせること。
照会…問い合わせて確かめること。

対象…行為《こうい》の目標や目的となるもの。
対照…他と照らし合わせて比べること。
対称《たいしょう》…二つのものが対応して釣《つ》り合っていること。

保証…間違いないと認めること。
補償《ほしょう》…金や物で損害を埋《う》め合わせること。
保障…地位や状態に害が無いように、何かの行動によって良い状態を保つこと。

追及《ついきゅう》…どこまでも追いつめて責任や欠点を問いただすこと。
追究…不明なことをどこまでも深く調べて明らかにしようとすること。
追求…目的物を手に入れるため、どこまでも追い求めること。

解答

1 (1)ア　(2)イ　(3)イ　(4)ア

同音異義語一覧

案にイギを唱える。　異議
同音イギ語。　異義
イギのある行い。　意義

イシの強い人だ。　意志
イシが伝わる。　意思
故人のイシを継《つ》ぐ。　遺志

イジョウ気象。　異常
館内イジョウなし。　異状
普通とは違《ちが》う悪い状態…異状

机をイドウする。　移動
営業部へのイドウ。　異動
字句のイドウ。　異同

少年時代のカイコ。　回顧
カイコ趣味《しゅみ》の老人。　懐古
従業員のカイコ。　解雇

カイシンの作品。　会心
カイシンした悪者。　改心

窓をカイホウする。　開放
人質のカイホウ。　解放
病人のカイホウ。　介抱
自由にすること…解放

カクシンをつく。　核心
カクシンをもつ。　確信
カクシン的な考え。　革新

事実とカテイする。　仮定
製造カテイの見学。　過程
教育カテイ。　課程

音楽カンショウ。　鑑賞
カンショウ用の魚。　観賞
他国のカンショウ。　干渉
動植物の美を楽しむこと…観賞

カンシンを持つ。　関心
カンシンな行いだ。　感心
カンシンを買う。　歓心
カンシンに堪《た》えぬ。　寒心

キウンが高まる。　気運
キウンが到来《とうらい》する。　機運

農業のキカイ化。　機械
絶好のキカイ。　機会
キカイ体操の練習。　器械

消化キカンの検査。　器官
蒸気キカンの発明。　機関
国のキカン産業。　基幹
キカンの雑誌。　季刊
キカンの書物。　既刊

品質のキジュン。　基準
行動のキジュン。　規準
手本として守るべき規則…規準

故郷へキセイする。　帰省
速度をキセイする。　規制
キセイの概念《がいねん》。　既成
キセイ品の服。　既製
キセイを上げる。　気勢

キトクな人物。　奇特
キトク権益を守る。　既得

キョウイ的な回復。　驚異
戦争のキョウイ。　脅威

採決のキョウコウ。　強行
キョウコウな態度。　強硬

キョウセイ労働。　強制
歯並びのキョウセイ。　矯正

徒キョウソウ。　競走
販売《はんばい》キョウソウ。　競争

社長のケッサイ。　決裁
売買のケッサイ。　決済

対策のケントウ。　検討
ケントウをたたえる。　健闘
ケントウをつける。　見当

彼《かれ》にコウイを抱《いだ》く。　好意
コウイに感謝する。　厚意
正しいコウイ。　行為

情報コウカイ。　公開
契約《けいやく》コウカイ。　更改
遠洋コウカイ。　航海
深いコウカイの念。　後悔

コウガク心がある。　向学
コウガクの士。　好学
コウガクのために。　後学
後日役立つ知識…後学

部品のコウカン。　交換
新年コウカン会。　交歓
コウカン神経。　交感
コウカンを持つ。　好感

大学のコウギ。　講義
判定にコウギする。　抗議
コウギに解釈《かいしゃく》する。　広義

人数コウセイ。　構成
原稿《げんこう》のコウセイ。　校正
福利コウセイ。　厚生
悪人のコウセイ。　更生
コウセイな裁判。　公正
健康を保ち生活を豊かにする…厚生
良い状態に戻《もど》る…更生
公平で偏《かたよ》りのないこと…公正

コウハイした土地。　荒廃
文明のコウハイ。　興廃

議案のサイケツ。　採決
サイケツを下す。　裁決

列のサイゴに並ぶ。　最後
サイゴを看取《みと》る。　最期

ジキ会長が決まる。　次期
選挙のジキになる。　時期
桜が見頃《みごろ》のジキだ。　時季
ジキをうかがう。　時機
よい機会、チャンス…時機

シコウを巡《めぐ》らす。　思考
シコウ錯誤《さくご》する。　試行
法律のシコウ。　施行
本物シコウを持つ。　志向
東をシコウする。　指向

弟にシジを出す。　指示
国民にシジされる。　支持
先生にシジする。　師事

ジッタイの調査。　実態
ジッタイがない。　実体

シュウシの計算。　収支
シュウシ安定する。　終始

事態のシュウソク。　収束
紛争《ふんそう》のシュウソク。　終息

シュウチの事実。　周知
シュウチを集める。　衆知

友人のショウカイ。　紹介
残高ショウカイ。　照会
古典のショウカイ。　詳解

ショウガイ物。　障害
ショウガイ罪。　傷害
ショウガイ教育。　生涯

シンキ一転する。　心機
シンキに開いた店。　新規
シンキなデザイン。　新奇

敵のシンニュウ。　侵入
水のシンニュウ。　浸入
シンニュウ禁止。　進入

絵画のセイサク。　制作
機器のセイサク。　製作
芸術作品などをつくる…制作

借金のセイサン。　清算
経費のセイサン。　精算
セイサンがある。　成算
貸し借りに結末をつける…清算

セイシを振《ふ》り切る。　制止
セイシ画像を見る。　静止

子供のセイチョウ。　成長
牧草のセイチョウ。　生長

ゼッタイ的な権力。　絶対
ゼッタイ絶命。　絶体

選手のセンコウ。　選考
政治学センコウ。　専攻
センコウのチーム。　先攻

未来のソウゾウ図。　想像
新文化のソウゾウ。　創造

進行をソガイする。　阻害
仲間からのソガイ。　疎外

ソクセイ栽培《さいばい》。　促成
ソクセイ講座。　速成
ソクセイの料理。　即製

左右タイショウ。　対称
中学生タイショウ。　対象
タイショウ的な案。　対照
タイショウ療法《りょうほう》。　対症

彼はタイセイする。　大成
社会のタイセイ。　体制
タイセイを崩《くず》す。　体勢
受け入れタイセイ。　態勢
タイセイが決する。　大勢
体の構え…体勢
物事に対する構え…態勢

利潤《りじゅん》のツイキュウ。　追求
責任のツイキュウ。　追及
真理のツイキュウ。　追究
探《さぐ》って明らかにする…追究

経済のドウコウ。　動向
姉にドウコウする。　同行
ドウコウ会に入る。　同好

トクイな才能。　特異
トクイな教科。　得意

トクチョウを探《さぐ》る。　特徴
トクチョウを育む。　特長

フキュウの名作。　不朽
電話のフキュウ。　普及

フシンな人物。　不審
成績がフシンだ。　不振
政治フシンを抱《いだ》く。　不信

フヘン的な原理。　普遍
フヘンの伝統。　不変
フヘンの立場。　不偏

ヘイコウ線を引く。　平行
ヘイコウする作業。　並行

ホケン所に行く。　保健
損害ホケンの給付。　保険

品質のホショウ。　保証
安全ホショウ問題。　保障
損失のホショウ。　補償
確かだと請《う》け合う…保証
保護して守る…保障

ヤセイの動物。　野生
ヤセイ的な人物。　野性

ヨウケンを済《す》ます。　用件
応募《おうぼ》のヨウケン。　要件

練習問題

解答→567ページ

1 **次の――線部の漢字の読み方を答えなさい。**

(1) 汚

①学校の名を汚すような行動をした学生は許せない。

②汚い水を、ここに流さないでください。

③洗濯《せんたく》したばかりのシャツをもう汚すなんて、いったいどんなことをしたのですか。

(2) 外

①晴れた日は外で元気に遊びましょう。

②不正が発覚して選手名簿《めいぼ》から外されてしまった。

③期待していなかったが、思いの外、楽しいイベントだった。

(3) 映

①テレビがよく映らない。

②色づいたイチョウの葉が秋空に映えている。

(4) 集

①先生が宿題のプリントを集めた。

②世界の科学者が集う国際的な会議が開かれた。

---

2 **熟語の読み方として、音と訓の組み合わせ方が「見本」と同じであるものを次から二つ選び、記号で答えなさい。**

ア 小説　**イ** 合図　**ウ** 番組　**エ** 献立《こんだて》

オ 野原　**カ** 夕食　**キ** 目下　**ク** 牧場

3 **次の――線部の漢字と同じ読みをするものをあとから選び、記号で答えなさい。**

(1) 開会式の選手入場の行進曲を選ぶ。

ア 行列　**イ** 修行　**ウ** 旅行　**エ** 行事

(2) 頭巾をかぶった盗人《ぬすびと》が峠《とうげ》を越《こ》えて逃《に》げて行った。

ア 頭領　**イ** 頭痛　**ウ** 頭頂　**エ** 頭角

(3) 彼《かれ》が生涯を捧《ささ》げた研究成果がこの本に書いてある。

ア 人生　**イ** 一生　**ウ** 生糸　**エ** 生水

(4) 不明な点があったら、すぐに問い合わせてください。

ア 光明　**イ** 明日　**ウ** 明朝体　**エ** 鮮明

(5) お坊《ぼう》さんが読経する。

ア 経済　**イ** 看経　**ウ** 経度　**エ** 経典

(6) 毎朝、近所の境内を散策するのが日課だ。

ア 内情　**イ** 内裏　**ウ** 内縁　**エ** 家内

(7) 肩凝《かたこ》りがひどいので整形外科に診《み》てもらった。

ア 外道　**イ** 外野　**ウ** 外患　**エ** 外聞

4 **次の漢字はそれぞれ①・②の二つの音を持っている。①・②それぞれの音で読む熟語をあとからすべて選び、記号で答えなさい。**

(1) 流 ①りゅう ②る
ア 流派 **イ** 流布 **ウ** 流転
エ 流言 **オ** 流浪

(2) 有 ①ゆう ②う
ア 有無 **イ** 有利 **ウ** 有数
エ 有頂天 **オ** 有名

(3) 化 ①か ②け
ア 感化 **イ** 化身 **ウ** 浄化
エ 化粧 **オ** 化学

(4) 望 ①ぼう ②もう
ア 本望 **イ** 人望 **ウ** 所望
エ 野望 **オ** 有望

5 **次のA群とB群の漢字を一つずつ使い、部首が同じ漢字の組み合わせを五つ作り、その部首の名前を答えなさい。**

A **ア** 秋 **イ** 読 **ウ** 聞 **エ** 宙 **オ** 流
B **カ** 聴 **キ** 稲 **ク** 泳 **ケ** 説 **コ** 字

6 **次の――線部の言葉を漢字と送り仮名で書きなさい。**

(1) 花壇《かだん》の雑草をはえるままにしていたら、肝心《かんじん》の花が隠《かく》れてしまった。
(2) こちら側に手落ちがあったことを先方にあやまる。
(3) 時と場合を考えて言葉をつつしむことにした。
(4) 暑い夏でも、ここには、こころよい風が吹《ふ》き抜《ぬ》ける。
(5) 入院生活は、自らをかえりみる良い機会となった。
(6) 昨日は風が吹き荒《あ》れていたが、今日はおだやかな天気だ。
(7) 罠《わな》に気づかず、敵の術中におちいる。
(8) 新しい生活に目前にして、期待に胸をふくらませる。
(9) 心をゆさぶる映画を見た。

7 **次の――線部の漢字を漢和辞典の総画索引《さくいん》を使って調べたい。それぞれの漢字の総画数を答えなさい。**

神①秘的な②湖の③風景にみとれているうちに、バスは森の④奥《おく》のホテルに着いた。

8 **次の漢字を漢和辞典の部首索引を使って調べたい。例にならって、部首を抜《ぬ》き出し、その部首の名前を答えなさい。**

例 信…［亻］・［にんべん］

(1) 被 (2) 社 (3) 郡 (4) 陸
(5) 胃 (6) 憤 (7) 越 (8) 広

9 次の漢字の部首の名前をあとから選び、記号で答えなさい。（同じものを二度以上選んでもよい）

(1) 列　(2) 聞　(3) 間　(4) 聴
(5) 延　(6) 術　(7) 往　(8) 花

ア りっとう　イ たけかんむり
ウ ぎょうにんべん　エ ゆきがまえ
オ みみ（へん）　カ もんがまえ
キ そうにょう　ク しんにょう
ケ えんにょう　コ うかんむり
サ くさかんむり　シ にんべん

10 次の漢字をそれぞれ画数の多い順に並べ、記号で答えなさい。

(1) ア 焼　イ 競　ウ 信　エ 志　オ 熱
(2) ア 災　イ 以　ウ 資　エ 慕　オ 港
(3) ア 泉　イ 快　ウ 就　エ 会　オ 泰

11 次の漢字の太いところは何画目にあたるか。漢数字で答えなさい。

(1) 緩　(2) 誘
(3) 隣　(4) 殻

12 次の――線部の言葉を漢字で表すには〈　〉の中のどちらを用いるか、答えなさい。

(1) 朝はやい時間に集合するので、遅《おく》れてはいけない。〈速い・早い〉
(2) この土地の面積を正確にはかるのは難しい。〈量る・測る〉
(3) 風雨にさらされた建物がいたむのは、避《さ》けられない。〈痛む・傷む〉
(4) 大けがをしたので鏡に自分の顔をうつすのが怖《こわ》かった。〈写す・映す〉
(5) 台風にそなえるため、食料の買い出しに行った。〈備える・供える〉
(6) ガラスの割れる音ですぐに現場に行ったが、犯人は、すでにかげも形も無かった。〈陰・影〉
(7) 前髪《まえがみ》がのびると、目にかかるので切ったほうがいい。〈延びる・伸びる〉
(8) 祖母は、髪《かみ》の生え際《ぎわ》に白髪《しらが》がまじるのを嫌《いや》がっていた。〈混じる・交じる〉
(9) 恋心《こいごころ》がさめると大したことのない人だと思えてきた。〈覚める・冷める〉

13 **次の——線部の言葉を漢字で表すには〈 〉の中のどちらを用いるか、答えなさい。**

(1) 目撃《もくげき》者が話した犯人のとくちょうは、目の下のほくろだ。〈特徴・特長〉

(2) 成長してやせいに目覚めたライオンが飼育員を襲《おそ》った。〈野生・野性〉

(3) 運動会の徒きょうそうで一等になったのが、小学生のときのいい思い出だ。〈競争・競走〉

(4) 医者は、くじゅうに満ちた顔で余命を告げた。〈苦汁・苦渋〉

(5) この大学は、多くの学者をはいしゅつしている。〈排出・輩出〉

(6) アンケートのかいとう用紙は、この箱に入れてください。〈解答・回答〉

(7) きせい服では体に合うサイズが無いので困る。〈既成・既製〉

(8) 彼《かれ》は、体力がきょくげんに達するまで訓練をやめない。〈極限・局限〉

(9) 電化製品の無料修理のためにほしょう書を取っておく。〈保障・保証〉

14 **次の□に入る漢字を、下の〈 〉の中から選びなさい。**

(1) 世界情勢に□心がある。〈関・感・歓〉

(2) 相手の意見に異□を唱えた。〈義・議・儀〉

(3) 医療《いりょう》保□に加入する手続きをした。〈健・険・験〉

(4) 畑で珍《めずら》しい野菜を□培《ばい》する。〈裁・栽・載〉

(5) 狭《せま》い道で、車が□行する。〈除・徐・叙〉

15 **次の——線部の片仮名《かな》を漢字で書くとき、正しいものを〈 〉の中から選びなさい。**

(1) 書類作成のため役所から、戸籍《こせき》トウ本を一通取り寄せる。〈謄・騰〉

(2) レン金術のようなもうけ話を信じてはいけない。〈練・錬〉

(3) 議論を進めるため、今はザン定的に決めておく。〈漸・暫〉

(4) 自国の貨ヘイの価値を決めるのは、世界の市場の動向だ。〈弊・幣〉

(5) 模ギ試験の結果をみてから志望校を決めるつもりだ。〈擬・凝〉

(6) 合格者は、チク次ホームページに公表します。〈逐・遂〉

章末問題

解答↓569ページ

1 **次の文章は、「三」という漢字の成り立ちに関して述べたものである。[A]・[B]に入る言葉を、[A]はあとのI群から、[B]はII群から選び、記号で答えなさい。**

形のない事柄《ことがら》を、記号やその組み合わせで表すことによって作られた漢字は[A]文字に分類される。「三」という漢字は、「[B]」と同じく、一般《いっぱん》にこの[A]文字に分類される。

I群　ア 象形　イ 指事　ウ 会意　エ 形声

II群　カ 河　キ 馬　ク 林　ケ 上

〔京都〕

2 **「開」という漢字を楷書《かいしょ》で書いた場合の総画数と、次の行書の漢字を楷書で書いた場合の総画数が同じものを選び、記号で答えなさい。**

ア 翌　イ 暖　ウ 勤　エ 種

〔福岡〕

3 **次の漢字は、行書で書いたものである。この漢字の○で囲まれた部分には行書のどのような特徴《とくちょう》が見られるか。その特徴として適切なものをあとから二つ選び、記号で答えなさい。**

ア 楷書とは違《ちが》う筆順となっている。
イ 楷書でははねる部分を止めている。
ウ 楷書に比べて点画が連続している。
エ 楷書に比べて点画が省略されている。
オ 楷書で左に払《はら》う部分を横画に変えている。

〔群馬〕

4 **次の行書で書かれた漢字を楷書で書いたときの画数と同じ画数の漢字をあとから選び、記号で答えなさい。また、この漢字の偏《へん》の名前を答えなさい。**

扱

ア 沈　イ 机　ウ 礼　エ 卵

〔山口―改〕

5 次の行書で書かれた漢字を楷書で書いたとき、総画数が最も多いものを次から選び、記号で答えなさい。〔岡山〕

ア 起　イ 税　ウ 推　エ 馬

6 次は、「歓」「風」という漢字をそれぞれ楷書体で書いたものである。黒ぬりのところは何画目になるか。数字で答えなさい。〔山口―改〕

7 次の行書で書かれた漢字の部首の名称《めいしょう》を、平仮名《がな》で書きなさい。また、部首の部分に見られる行書の特徴を説明しなさい。〔高知―改〕

緑

---

8 次の――線部の片仮名《かな》を漢字に直したとき、「説」と部首が同じになるものはどれか。次から選び、記号で答えなさい。〔大阪―改〕

ア 沖縄ショ島の地図
イ セイ密な機械
ウ 経済指ヒョウの発表
エ 人権の保ショウ

9 「歌」と「吹」の漢字には、「欠」が含《ふく》まれている。この「欠」は、体のどの部分と関係した意味を持つか。関係するものとして適切なものを次から選び、記号で答えなさい。〔静岡―改〕

ア 目　イ 耳　ウ 頬　エ 口

10 「影」を楷書で書いたときの総画数を次から選び、記号で答えなさい。〔茨城〕

ア 十一画　イ 十三画
ウ 十五画　エ 十七画

11 「陽」という漢字を漢和辞典で調べると、次の【漢和辞典の一部】のように出ていた。【例】にならって、[Ⅰ]の部分には、「陽」の漢字から部首にあたる部分を抜《ぬ》き出し、[Ⅱ]の部分には、「陽」の総画数を書きなさい。

〔漢和辞典の一部〕

[Ⅰ]

陽

[総画 [Ⅱ]]

音 ヨウ

訓 ―

なりたち

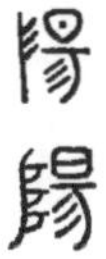

〔形声〕意味を示す（山）と、音を示す（ヨウ。日がのぼってかがやいている）を合わせた字。山の日の当たる側の意味。

例

𠆢 今 [総画 4]

部首 𠆢

総画数 4

〔熊本〕

---

12 次は漢和辞典の一部である。[　]で囲んだ熟語に使われている「柔」の意味として最も適切なものを、「漢和辞典の一部」の意味の①～④から選び、記号で答えなさい。また、[　]で囲んだ熟語の読みを書きなさい。

「漢和辞典の一部」

[柔和]

柔 9画 常用

訓 やわ(らか)・やわ(らかい)

意味
①やわらかい。しなやか。
②よわよわしい。もろい。
③おだやか。心やさしい。おとなしい。
④安心させて手なずける。やわらげる。

〔北海道〕

13 次の――線部の片仮名《かな》を漢字に直したとき、適切なものをそれぞれあとから選び、記号で答えなさい。

(1) 大型客船が長崎にキコウする。
ア 寄稿　**イ** 寄港　**ウ** 紀行　**エ** 帰校

(2) 卒業写真をトる。
ア 執　**イ** 研　**ウ** 採　**エ** 撮

(3) 異ク同音に反対を唱える。
ア 区　**イ** 句　**ウ** 口　**エ** 苦

〔長野〕

14 **次の——線部の片仮名を漢字に直したとき、その漢字と同じ漢字が使われている熟語をそれぞれあとから選び、記号で答えなさい。**

(1) 会長の座にツく。
ア 突破《とっぱ**》** **イ** 就寝《しゅうしん》 **ウ** 尽力《じんりょく》 **エ** 継承《けいしょう》

(2) キュウリョウに向かう人影《ひとかげ》が見える。
ア 緩急《かんきゅう》 **イ** 追及《ついきゅう》 **ウ** 宮殿《きゅうでん》 **エ** 砂丘《さきゅう》

(3) ユーモアをマジえて話す。
ア 交通 **イ** 効果 **ウ** 混然 **エ** 散乱

(4) 図書室のショカに本を戻《もど》す。
ア 仮定 **イ** 架空《かくう》 **ウ** 城下 **エ** 出荷《しゅっか》

(5) 試験の終了《しゅうりょう》時間がセマっている。
ア 背景 **イ** 接近 **ウ** 迫真《はくしん》 **エ** 研究

〔青森—改〕

15 **次の——線部の漢字と同じ漢字を含《ふく》むものをあとから選び、記号で答えなさい。**

(1) 頑丈《がんじょう》
ア よく肥えた土ジョウ。
イ 時流に便ジョウする。
ウ 涙《なみだ》を見せない気ジョウな人。
エ 予算に計ジョウする。

(2) 自転車操業
ア 準備体ソウをする。 **イ** ソウ作落語を聴《き》く。
ウ ソウ大な計画。 **エ** 店内を改ソウする。

(3) 病原体
ア 財ゲンを確保する。 **イ** ゲン外の意味をくみとる。
ウ ゲン想的な絵。 **エ** 農耕文化のゲン型を探《さぐ》る。

〔兵庫—改〕

16 **次の文から、誤って使われている漢字一字をそれぞれ抜き出し、同じ読みの正しい漢字を答えなさい。**

(1) 明日の学級活動で、炊事《すいじ》遠足での各班の持ち物を確任することになった。

(2) 夏休みの思い出は、大好きな祖父と一緒《いっしょ》に昆虫《こんちゅう》採集に出掛《でか》けたことだ。

(3) 国際連合では、二〇五五年には世界人口が百憶人を突破すると予測している。

(4) 町内会の総会で審議《しんぎ》された予算案が、反対多数で非決された。

(5) 海外から輸入した商品の売り上げが伸《の》びて、会社の利易が上がった。

〔北海道〕

17 **次の――線部の片仮名《かな》を漢字に直したとき、その漢字と同じ漢字を用いるものをあとから選び、記号で答えなさい。**

(1) この町には、古くから受け継《つ》がれてきた民間デンショウがある。
ア 資料集に掲載《けいさい》されている図版をサンショウする。
イ 皆《みな》のリョウショウを得て、彼《かれ》が委員長を務めることになった。
ウ 休憩《きゅうけい》時間には生徒たちが楽しげにダンショウする姿が見られる。
エ 音楽の授業で「ふるさと」をガッショウした。

(2) 美しい山並みをハイケイに記念写真を撮《と》った。
ア お手紙をハイケンしました。
イ 昨年の優勝校は決勝を前に惜《お》しくもハイタイした。
ウ 海外のニュースが瞬時《しゅんじ》に日本にハイシンされる。
エ ハイスイの陣《じん》で試合に臨《のぞ》んだ結果、勝利を得た。

(3) その場にいる人々は皆イチヨウに賛成した。
ア 私は革の手袋をアイヨウしている。
イ マスクのジュヨウが高まっている。
ウ 幾何《きか》学モヨウのテーブルクロスを買う。
エ これ以上はキョヨウできない。

〔愛知―改〕

---

18 **次の(1)〜(10)の――線部の漢字の読み仮名を答えなさい。また、(11)〜(20)の――線部の片仮名を漢字に直しなさい。**

(1) 惜別の思いをこめて歌う。
(2) 運動は発汗作用を促《うなが》す。
(3) 現代社会への警鐘を鳴らす。
(4) 案件を会議に諮る。
(5) 自然を畏れ敬う。
(6) 正確な人数を把握する。
(7) 私の家は和洋折衷の造りである。
(8) 僅差で勝利する。
(9) 寒さが緩む。
(10) 会の運営は会費で賄う。
(11) 申し込《こ》み用紙にショメイする。
(12) 万国ハクラン会を見学する。
(13) ツウカイな冒険《ぼうけん》小説を楽しんで読む。
(14) 全国制覇《せいは》に向けて闘志《とうし》をモやす。
(15) 姉は銀行にツトめている。
(16) 卒業生の前途《ぜんと》をシュクフクする。
(17) キゲキ映画を鑑賞《かんしょう》する。
(18) レコード会社とセンゾクの契約《けいやく》を結ぶ。
(19) ニガワラいを浮《う》かべる。
(20) 日光をアびる。

〔青森―改〕

19 **次の――線部の片仮名を漢字に直したとき、最も適切なものをそれぞれあとから選び、記号で答えなさい。**

(1) 選挙に立候補するイコウを表明した。
ア 移行　**イ** 意向　**ウ** 威光　**エ** 偉効

(2) 彼は、謝礼をコジし、受け取らなかった。
ア 故事　**イ** 誇示　**ウ** 固持　**エ** 固辞

(3) 二人は、コウシにわたって、親しい間柄《あいだがら》だ。
ア 公私　**イ** 公使　**ウ** 行使　**エ** 講師

(4) 優勝候補とゴ角の実力をもつ。
ア 後　**イ** 悟　**ウ** 護　**エ** 互

(5) 案のジョウ、雪が降ってきた。
ア 状　**イ** 情　**ウ** 定　**エ** 条

〔青森－改〕

20 **矢印の方向に読むと、漢字二字の熟語ができる。□に入る適切な漢字を答えなさい。**

　　　体
　　　↓
自 → □ → 宝
　　　↓
　　　点

〔岩手〕

21 **次の熟字訓の読み方を答えなさい。**

(1) 七五三の時、私に着物を着せてくれた①伯母が、②足袋や③草履の履《は》き④心地に不慣れな幼い私に向けて見せた⑤笑顔が、今でも忘れられない。

(2) 子供の頃《ころ》、⑥竹刀を振《ふ》り回し、私のことを「⑦意気地なし」とけなした⑧田舎の⑨友達は、今ではすっかり⑩白髪の老人になっていた。私は、⑪時雨降る中、⑫最寄り駅まで見送ってくれた彼と⑬名残を惜しんで別れた。

(3) ⑭一人きりで⑮吹雪の中を歩いて、⑯迷子になりかけた時、⑰老舗の旅館から⑱三味線の音が聞こえてきた。

22 **次の同じ部首の漢字の部首名を答えなさい。また、それぞれの部首の元となる漢字はどれか。[　]から選びなさい。**

(1) 被・補　(2) 神・祈　(3) 割・刈
(4) 握・操　(5) 窓・突　(6) 雪・霜

人	衣	水	心	糸	示	手
穴	女	刀	木	雨	土	耳

第2章 語句の知識

1 熟語の構成

入試重要度 ★★☆

① 熟語とは

熟語とは、**複数の漢字を組み合わせた語**のことである。熟語は、漢字の組み合わせ方によって、その構成を分類することができる。

② 二字熟語の構成

二字熟語の構成は、次のように分類できる。

①意味が似た漢字の組み合わせ

身体（身＝体）
悲哀《ひあい》（悲しい＝哀《かな》しい）
言語（言う＝語る）

②意味が対《つい》になる漢字の組み合わせ（↓下段）

内外（内↕外）
善悪（善い↕悪い）
出入（出る↕入る）

参考 さらに詳《くわ》しい分類

●**意味が対になる漢字の組み合わせ**
・**名詞**の組み合わせ……首尾・公私
・**形容詞**の組み合わせ…長短・強弱
・**動詞**の組み合わせ……売買・増減

●**上の漢字が下の漢字を修飾する**
・**連体修飾**…美人（美しい人）
・**連用修飾**…必要（必ず要《い》る）

くわしく 接頭語・接尾語

接頭語…名詞・動詞・形容詞などの上について、意味を添《そ》えたり、語の用法を変えたりする働きをするもの。

例 お土産《みやげ》・ひ弱・第一・貴校

否定や存在の有無《うむ》を表す接頭語

例 否認《ひにん》・無縁《むえん》・非常・未熟・有害

接尾語…接頭語と同様の働きをするが、語の下につくもの。

例 寒さ・春めく・必然・具体的

③上の漢字が下の漢字を修飾《しゅうしょく》する（↓下段）
曲線（曲がった線）
青空（青い空）
暗示（暗に示す）

④上の漢字が主語、下の漢字が述語
雷鳴《らいめい》（雷《かみなり》が鳴る）
国営（国が営む）
人造（人が造る）

⑤下の漢字が目的や対象を表す
投球（球を投げる）
読書（書を読む）
登山（山に登る）

⑥接頭語・接尾《せつび》語がついたもの
不足・未完〈打ち消しの接頭語〉
御恩《ごおん》・貴校・第一〈接頭語〉
急性・私的〈接尾語〉

⑦同じ漢字を重ねる（↓下段）
堂々（堂堂）
刻々（刻刻）
山々（山山）

⑧長い熟語の省略
特急（特別急行）
国連（国際連合）
入試（入学試験）

例題

1 次の熟語について、同じ構成の熟語をあとから一つずつ選び、記号で答えなさい。

(1) 記述
ア 解放　イ 出欠　ウ 国民　エ 立案　オ 頭痛

(2) 自他
ア 無謀《むぼう》　イ 勝負　ウ 新年　エ 豊富　オ 進化

くわしく 「々」という文字
「踊《おど》り字」や「繰《く》り返し符号《ふごう》」と呼ばれるもので、同じ漢字を重ねるときに下の漢字を略したことを示す符号である。

解答
1 (1)ア　(2)イ

解説
1 (1)記述（記す＝述べる）〈似た意味〉
ア 解放（解く＝放つ）〈似た意味〉
イ 出欠（出る↔欠ける）〈意味が対〉
ウ 国民（国の民）〈上が下を修飾〉
エ 立案（案を立てる）〈下が目的や対象〉
オ 頭痛（頭が痛い）〈主語と述語〉
(2)自他（自↔他）〈意味が対〉
ア 無謀（謀《はかりごと》が無い）〈否定の接頭語〉
イ 勝負（勝つ↔負ける）〈意味が対〉
ウ 新年（新しい年）〈上が下を修飾〉
エ 豊富（豊か＝富む）〈似た意味〉
オ 進化（進んでいく）〈接尾語〉

③ 三字熟語の構成

三字熟語の構成は、次のように分類できる。

①上の熟語が下の漢字を修飾《しゅうしょく》する

共通語（共通の語）
感想文（感想の文）
年代順（年代の順）

②上の漢字が下の熟語を修飾する

再調査（再び調査する）
上半身（上の半身）
食生活（食の生活）

③熟語の上に打ち消しの接頭語がついたもの

不可能・不人気
非公開・非常識
無意識・無関心

④熟語の下に接尾《せつび》語がついたもの

可能性・熱帯性
積極的・客観的
自由化・民主化

⑤三字が対等

上中下（上と中と下）
松竹梅（松と竹と梅）
衣食住（衣と食と住）

参考 重要な三字熟語

有頂天《うちょうてん》…喜びで気分が舞《ま》い上がること。
高飛車《たかびしゃ》…頭ごなしに相手を押《お》さえつけること。高圧的なさま。
白昼夢《はくちゅうむ》…真昼に見る夢。また、その夢に似た、現実性を帯びた空想。
未成年《みせいねん》…まだ成年に達していない人。
不祥事《ふしょうじ》…好ましくない事件。忌《い》まわしい事件。
主体的《しゅたいてき》…自分の意思や判断で行動するさま。
利便性《りべんせい》…都合のよさ。便利さ。
真善美《しんぜんび》…認識《にんしき》上の真、倫理《りんり》上の善、審美《しんび》上の美。人間の理想とされる価値。

くわしく 四字熟語の詳《くわ》しい分類

●**対《つい》になる意味の二字熟語の組み合わせ**
半信半疑（半信↔半疑）
質疑応答（質疑↔応答）

●**対になる意味の二字を重ねた二字熟語の組み合わせ**
老若男女《ろうにゃくなんにょ》（老↔若・男↔女）
古今東西（古↔今・東↔西）

●**似た意味の二字熟語の組み合わせ**
自由自在（自由＝自在）
完全無欠（完全＝無欠）

④ 四字熟語の構成

四字熟語の構成は、次のように分類できる。

①四字を対等に並べたもの

春夏秋冬（春と夏と秋と冬）
東西南北（東と西と南と北）
喜怒哀楽《きどあいらく》（喜と怒と哀と楽）

②二字熟語の組み合わせ（↓下段）

日常生活（日常の生活）
自然保護（自然を保護する）
物質文明（物質の文明）

このほかに、**一字の漢字と三字熟語の組み合わせ**（「環《かん》太平洋」など）や、**三字熟語と一字の漢字の組み合わせ**（「市町村長」など）もある。また、四字熟語は、古くから成語として用いられてきたものも多い。（↓494ページ）

例題

1 次の□には、打ち消しの意味の漢字が一字入る。その漢字を答えなさい。

(1)□関係　(2)□解決　(3)□合法　(4)□均衡《きんこう》

2 次の［　］の熟語から、漢字を対等に並べたものをすべて選びなさい。

生態系　共同体　天地人　無邪気《むじゃき》　雪月花
試行錯誤《しこうさくご》　品行方正　花鳥風月　弱肉強食

- **上の二字熟語が下の二字熟語の目的・対象**

責任転嫁《せきにんてんか》（責任を転嫁する）
自画自賛（自画を自賛する）

- **上の二字熟語が下の二字熟語の主語**

満場一致《まんじょういっち》（満場が一致する）
意気投合（意気が投合する）

- **二字熟語を互《たが》い違《ちが》いにした組み合わせ**

東奔西走《とうほんせいそう》（東西を奔走する）
日進月歩（日ごと月ごとに進歩する）

解答

1 (1)無　(2)未　(3)非　(4)不
2 天地人　雪月花　花鳥風月

解説

1 打ち消しの意味を表す字は、熟語ごとに決まっている。普段《ふだん》から関心を持って覚えておこう。

2 「雪月花」と「花鳥風月」は、ともに美しく風流なものを並べた熟語。「天地人」は、宇宙のすべてという意味。

練習問題

解答↓571ページ

1 **次の熟語の組み合わせを説明したものをあとから選び、記号で答えなさい。**

(1) 少量　(2) 腹痛　(3) 開閉
(4) 高校　(5) 劇的　(6) 絵画
(7) 転々　(8) 着陸

ア 意味が似た漢字の組み合わせ
イ 意味が対《つい》になる漢字の組み合わせ
ウ 上の漢字が下の漢字を修飾《しゅうしょく》する
エ 上の漢字が主語、下の漢字が述語
オ 下の漢字が目的や対象を表すもの
カ 接頭語・接尾語《せつび》がついたもの
キ 同じ漢字を重ねたもの
ク 長い熟語の省略

2 **次の熟語のうち、ほかと構成が異なるものを選び、記号で答えなさい。**

ア 悲喜《ひき》　**イ** 当落　**ウ** 添削《てんさく》
エ 温暖　**オ** 凹凸《おうとつ》

3 **次の熟語について、構成が同じ熟語をあとから選び、記号で答えなさい。**

(1) 学習　(2) 明暗　(3) 年長
(4) 砂丘《さきゅう》　(5) 拍手《はくしゅ》　(6) 国連
(7) 緑化　(8) 刻々

ア 乗車　**イ** 日没《にちぼつ》　**ウ** 増減
エ 年々　**オ** 舞台《ぶたい》　**カ** 山岳《さんがく》
キ 突然《とつぜん》　**ク** 特急

4 **次の□に、［　］の中の打ち消しの意味を持つ漢字を一字入れて、二字熟語を作りなさい。**

(1) □凡《ぼん》　(2) □来　(3) □視　(4) □備

［未　不　無　非］

5 **次の言葉は、長い熟語の省略である。もとの語を答えなさい。**

(1) 入試　(2) 図工
(3) 産廃《さんぱい》　(4) 駐禁《ちゅうきん》

6 次の三字熟語の構成を説明したものをあとから選び、記号で答えなさい。

(1) 真善美　(2) 絶対的　(3) 新学期
(4) 関西風　(5) 無関係　(6) 序破急
(7) 満足感　(8) 雪景色

ア 三字を対等に並べたもの
イ 一字＋二字熟語
ウ 打ち消しの意味を表す字＋二字熟語
エ 二字熟語＋一字
オ 二字熟語＋接尾語

7 次の四字熟語の構成を説明したものをあとから選び、記号で答えなさい。

(1) 地方銀行　(2) 陸海空軍
(3) 副委員長　(4) 資源回収
(5) 都道府県

ア 四字を対等に並べたもの
イ 二字熟語の組み合わせ
ウ 一字の漢字と三字熟語の組み合わせ
エ 三字熟語と一字の漢字の組み合わせ

8 次の□に、［　］の中の打ち消しの意味を持つ漢字を一字入れて、三字熟語を作りなさい。

(1) □可能　(2) □意識
(3) □常識　(4) □確認《かくにん》

未　非　無　不

9 次の意味の四字熟語を、［　］から二つの語を選んで作りなさい。

(1) 喜んだり悲しんだりすることを、漢数字と、対になる意味の漢字を組み合わせて表した熟語。
(2) 風流心をおこす自然の美しい風物を、四字を対等に並べて表した熟語。
(3) きわめて危険な状態を、上の二字熟語が下の二字熟語の主語という構成で表した熟語。
(4) 物事の大切でない部分を、似た意味の二字熟語を組み合わせて表した熟語。

花鳥　枝葉《しよう》　風月　危機　末節
一喜　一世　一髪《いっぱつ》　一代　一憂《いちゆう》

2 語句の用法

入試重要度 ★★★

① 類義語・対義語

1 類義語

類義語とは、**互《たが》いに意味が似ている語**のこと。

例 著名＝有名

ただし、まったく同じ意味ではない場合もあり、互いに置き換《か》えられる場合と置き換えられない場合とがある。また、置き換えられたとしても、細かな意味や受ける感じが異なる場合もある。

例 「あける」と「ひらく」

・置き換えられる場合

○窓をあける。
○窓をひらく。
「あける」も「ひらく」もどちらも「障害を無くして開放する」の意味。

・置き換えられない場合

×傘《かさ》をあける。
○傘をひらく。
「あける」は「空間をつくる」の意味。

○穴をあける。
×穴をひらく。
「ひらく」は「ものを広げる」の意味。

参考 類義語のニュアンスの違《ちが》い

類義語には、ほぼ同じ意味ではあるが、微妙《びみょう》に違うニュアンスを表す組み合わせもある。

例 「あがる」と「のぼる」

・共通…低い所から高い所に移動する。
・あがる…移動した結果を強調。
・のぼる…移動する行為《こうい》を強調。

例 「つかむ」と「にぎる」

・共通…物を手で持つ。
・つかむ…手の指を曲げて持つ。
・にぎる…つかんで指に力を入れる。

2 対義語

対義語とは、**意味が反対の関係や対《つい》の関係にある語**のこと。
次のようなパターンがある。

①対立関係

例 右↕左　天↕地　親↕子　男↕女　表↕裏

②程度の差をあらわす

例 長い↕短い　明るい↕暗い　大きい↕小さい　遠い↕近い

③同じことを違う立場からとらえる

例 貸す↕借りる　買う↕売る　やる↕もらう　行く↕来る　上り坂↕下り坂

④対比する観点によって、複数の対義語が対応する

例 姉↕妹・兄　脱《ぬ》ぐ↕着る・履《は》く・かぶる・羽織る

例題

1 次の――線部の言葉の類義語をあとから選び、記号で答えなさい。

(1) 有名な人物　(2) 真剣《しんけん》な態度

ア 賢明《けんめい》　**イ** 著名　**ウ** 真摯《しんし》　**エ** 豪快《ごうかい》　**オ** 適切

2 次の――線部の言葉の対義語を答えなさい。

(1) 高い買い物をしてしまった。
(2) 高い山に登るのは苦しかった。

くわしく 二字熟語の対義語のパターン

- 漢字一字の意味が反対のもの
  例 優等↕劣等《れっとう》　赤字↕黒字
- 否定の字を含《ふく》むもの
  例 平凡《へいぼん》↕非凡　有害↕無害
- 熟語全体として意味が反対のもの
  例 一般《いっぱん》↕特殊《とくしゅ》　開始↕終了《しゅうりょう》

解答

1 (1)イ　(2)ウ
2 (1)安い　(2)低い

解説

1 「賢明」は、かしこくて物事の判断が適切であること。「真摯」は真面目《まじめ》で熱心なこと。
2 「高い」は(1)のように値段を示す場合と、(2)のように位置を示す場合とがあり、それぞれ対義語が異なる。このような語を多義語ともいう。

類義語・対義語一覧

類義語

共通の字を含《ふく》むもの

安易＝安直
案外＝意外
異議＝異存
以後＝以降
委細＝詳細《しょうさい》
医師＝医者
永遠＝永久
応接＝応対
応答＝返答
憶測《おくそく》＝推測
快活＝活発
改善＝改良
回想＝追想
核心《かくしん》＝中心
慣習＝慣例
肝心《かんじん》＝肝要
寛大《かんだい》＝寛容
願望＝希望

企画《きかく》＝計画
帰郷＝帰省
気質＝性質
基準＝標準
機知＝機転
逆境＝苦境
休憩《きゅうけい》＝休息
経験＝体験
計略＝策略
経歴＝履歴《りれき》
結婚《けっこん》＝婚姻《こんいん》
傑作《けっさく》＝名作
限界＝限度
嫌疑《けんぎ》＝容疑
堅実《けんじつ》＝着実
倹約《けんやく》＝節約
原料＝材料
好調＝順調
効能＝効用
考慮《こうりょ》＝配慮

故国＝祖国
才女＝才媛《さいえん》
催促《さいそく》＝督促《とくそく》
時間＝時刻
施策《しさく》＝方策
辞職＝辞任
自然＝天然《てんねん》
就任《しゅうにん》＝着任
承認《しょうにん》＝是認《ぜにん》
将来＝未来
所持＝所有
自立＝独立
信用＝信頼《しんらい》
制圧＝圧制
静養＝休養
設備＝施設《しせつ》
専心＝専念
対照＝対比
貯金＝預金
著名＝有名
丁重《ていちょう》＝丁寧《ていねい》
動作＝挙動

倒産《とうさん》＝破産
統制＝統一
当人＝本人
発展＝進展
判然＝歴然
平生＝平素
名案＝妙案《みょうあん》
命中＝的中
目的＝目標
要所＝要点

全体として類義のもの

安全＝無事
案内＝誘導《ゆうどう》
遺憾《いかん》＝残念
遺品＝形見
内訳《うちわけ》＝明細
腕前《うでまえ》＝技能
運搬《うんぱん》＝輸送
会得《えとく》＝理解
縁者《えんじゃ》＝親類
音信＝消息

穏便《おんびん》＝円満
回想＝追憶《ついおく》
介入《かいにゅう》＝干渉《かんしょう》
介抱《かいほう》＝看病
概要《がいよう》＝大意
価格＝値段
架空《かくう》＝虚構《きょこう》
覚悟《かくご》＝決心
加勢＝援助《えんじょ》
可否＝是非《ぜひ》
我慢《がまん》＝忍耐《にんたい》
寡黙《かもく》＝無口
刊行＝出版
観光＝見物《けんぶつ》
関心＝興味
感嘆《かんたん》＝嘆賞
簡単＝容易
官吏《かんり》＝役人
機構＝組織
危篤《きとく》＝重体
寄与《きよ》＝貢献《こうけん》
苦境＝難局

屈強《くっきょう》＝頑丈《がんじょう》
傾向《けいこう》＝風潮
激励《げきれい》＝鼓舞《こぶ》
欠点＝短所
欠乏《けつぼう》＝不足
原因＝動機
検討＝熟考
厚意＝親切
広告＝宣伝
互角《ごかく》＝対等
指図《さしず》＝命令
賛成＝同意
試験＝考査
失望＝落胆《らくたん》
使命＝任務
収入＝所得
手段＝方法
準備＝用意
書店＝本屋
思慮《しりょ》＝分別《ふんべつ》
進歩＝向上
専念＝没頭《ぼっとう》

達成＝成就《じょうじゅ》
長所＝美点
重宝《ちょうほう》＝便利
沈着《ちんちゃく》＝冷静
手本＝模範《もはん》
道徳＝倫理《りんり》
突然《とつぜん》＝不意
内緒《ないしょ》＝秘密
納得《なっとく》＝了解《りょうかい》
俳優＝役者
薄情《はくじょう》＝冷淡《れいたん》
煩雑《はんざつ》＝面倒《めんどう》
標高＝海抜《かいばつ》
漂泊《ひょうはく》＝放浪《ほうろう》
変遷《へんせん》＝推移
由縁《ゆえん》＝来歴
留守＝不在
礼儀《れいぎ》＝作法

対義語

共通の字を含《ふく》むもの

偉人《いじん》↔凡人《ぼんじん》

韻文《いんぶん》↔散文
益虫↔害虫
遠景↔近景
往信↔返信
横断↔縦断
王道↔覇道《はどう》
応分↔過分
往路↔復路
開会↔閉会
加害↔被害《ひがい》
各論↔総論
可決↔否決
寡作《かさく》↔多作
合唱↔独唱
過度↔適度
幹線↔支線
干潮《かんちょう》↔満潮
起稿《きこう》↔脱稿《だっこう》
奇数《きすう》↔偶数《ぐうすう》
起点↔終点
喜劇↔悲劇
給水↔排水《はいすい》

急性↔慢性《まんせい》
及第《きゅうだい》↔落第
供血↔受血
虚像《きょぞう》↔実像
偶然↔必然
黒字↔赤字
軽視↔重視
経度↔緯度《いど》
原告↔被告《ひこく》
顕在《けんざい》↔潜在《せんざい》
硬化《こうか》↔軟化《なんか》
高価↔廉価《れんか》
公海↔領海
後学↔先学
合憲↔違憲《いけん》
恒星《こうせい》↔惑星《わくせい》
好評↔悪評
合法↔違法
公用↔私用
故郷↔異郷
古参↔新参
債務《さいむ》↔債権

就任↔辞任
自動↔他動
主観↔客観
受信↔送信
出席↔欠席
受動↔能動
順接↔逆接
進化↔退化
清音↔濁音《だくおん》
精算↔概算《がいさん》
正式↔略式
正常↔異常
整然↔雑然
制服↔私服
積極↔消極
節食↔暴食
絶対↔相対
善意↔悪意
専業↔兼業《けんぎょう》
染色↔脱色《だっしょく》
前編↔後編《こう》
達筆↔悪筆

着陸↕離陸《りく》
長所↕短所
直接↕間接
直線↕曲線
直列↕並列《へいれつ》
直流↕交流
直喩《ちょくゆ》↕隠喩《いんゆ》
通例↕異例
点灯↕消灯
得意↕失意
日直↕宿直
入社↕退社
入選↕落選
卑属《ひぞく》↕尊属
微視《びし》的↕巨視《きょし》的
美徳↕悪徳
敏感《びんかん》↕鈍感《どんかん》
復習↕予習
暴騰《ぼうとう》↕暴落
本店↕支店
優遇《ゆうぐう》↕冷遇
優勢↕劣勢《れっせい》

輸出↕輸入
陽気↕陰気《いんき》
溶媒《ようばい》↕溶質
与党《よとう》↕野党
楽観↕悲観
良性↕悪性

否定の字を含《ふく》むもの

安心↕不安
有情《うじょう》↕非情
円満↕不和
快調↕不調
可決↕否決
可能↕不能
完成↕未完
完備↕不備
既知《きち》↕未知
既定《きてい》↕未定
決定↕未定
好況《こうきょう》↕不況
孝行↕不孝
公正↕不正

好調↕不調
肯定《こうてい》↕否定
幸福↕不幸
強力↕非力《ひりき》
在宅↕不在
熟練↕未熟
純粋《じゅんすい》↕不純
信頼《しんらい》↕不信
清潔↕不潔
正当↕不当
是認《ぜにん》↕否認
善行↕非行
通常↕非常
当番↕非番
道理↕無理
必要↕不要
平凡《へいぼん》↕非凡
便利↕不便
豊作↕不作
満足↕不満
明白↕不明
有益↕無益

有害↕無害
有効↕無効
有罪↕無罪
有名↕無名
有利↕不利
愉快《ゆかい》↕不快

言葉全体が対義のもの

曖昧《あいまい》↕明瞭《めいりょう》
暗黒↕光明《こうみょう》
安全↕危険
安楽↕苦痛
遺失《いしつ》↕拾得《しゅうとく》
一般《いっぱん》↕特殊《とくしゅ》
移動↕固定
違反《いはん》↕遵守《じゅんしゅ》
運動↕静止
栄転↕左遷《させん》
栄誉《えいよ》↕恥辱《ちじょく》
演繹《えんえき》↕帰納
延長↕短縮
往復↕片道

臆病《おくびょう》↕大胆《だいたん》
穏健《おんけん》↕過激
温暖↕寒冷
外観↕内容
解決↕紛糾《ふんきゅう》
開始↕終了《しゅうりょう》
快諾《かいだく》↕固辞
開放↕閉鎖《へいさ》
解放↕束縛《そくばく》
快楽↕苦痛
概略《がいりゃく》↕詳細《しょうさい》
画一《かくいつ》↕多様
革新↕保守
拡大↕縮小
獲得《かくとく》↕喪失《そうしつ》
加入↕脱退《だったい》
華美《かび》↕質素
寡黙《かもく》↕多弁
歓喜《かんき》↕悲哀《ひあい》
干渉《かんしょう》↕放任
乾燥《かんそう》↕湿潤《しつじゅん》
寛大《かんだい》↕厳格

簡単↕複雑
陥没《かんぼつ》↕隆起《りゅうき》
緩慢《かんまん》↕機敏《きびん》
記憶《きおく》↕忘却《ぼうきゃく》
起床《きしょう》↕就寝《しゅうしん》
希薄《きはく》↕濃密《のうみつ》
起伏《きふく》↕平坦《へいたん》
義務↕権利
却下《きゃっか》↕受理
凝固《ぎょうこ》↕融解《ゆうかい》
強硬《きょうこう》↕柔軟《じゅうなん》
強制↕自発
許可↕禁止
虚偽《きょぎ》↕真実
拒絶《きょぜつ》↕承諾《しょうだく》
勤勉↕怠惰《たいだ》
近隣《きんりん》↕遠隔《えんかく》
具体↕抽象《ちゅうしょう》
形式↕内容
軽薄《けいはく》↕重厚《じゅうこう》
軽蔑《けいべつ》↕尊敬
軽妙《けいみょう》↕鈍重《どんじゅう》

原因↕結果
謙虚《けんきょ》↕傲慢《ごうまん》
建設↕破壊《はかい》
原則↕例外
賢明《けんめい》↕暗愚《あんぐ》
倹約《けんやく》↕浪費《ろうひ》
故意↕過失
攻撃《こうげき》↕防御《ぼうぎょ》
高尚《こうしょう》↕低俗《ていぞく》
向上↕低下
興奮↕冷静
巧妙《こうみょう》↕拙劣《せつれつ》
興隆《こうりゅう》↕滅亡《めつぼう》
戸外《こがい》↕屋内
国産↕舶来《はくらい》
個人↕社会
固定↕流動
混沌《こんとん》↕秩序《ちつじょ》
困難↕容易
挫折《ざせつ》↕貫徹《かんてつ》
斬新《ざんしん》↕陳腐《ちんぷ》
自然↕人工

質疑↕応答
支配↕従属
自慢《じまん》↕卑下《ひげ》
地味↕派手
集合↕解散
充実《じゅうじつ》↕空虚《くうきょ》
収縮↕膨張《ぼうちょう》
集中↕分散
収入↕支出
出発↕到着《とうちゃく》
需要《じゅよう》↕供給
上昇《じょうしょう》↕下降
勝利↕敗北
新鋭《しんえい》↕古豪《こごう》
親切↕冷淡《れいたん》
慎重《しんちょう》↕軽率《けいそつ》
親密↕疎遠《そえん》
成功↕失敗
生産↕消費
精神↕肉体
正統↕異端《いたん》
精密↕粗雑《そざつ》

設置↕撤去《てっきょ》
前進↕後退
全体↕部分
増加↕減少
総合↕分析《ぶんせき》
創造↕模倣《もほう》
早熟↕晩成
増進↕減退
促進《そくしん》↕抑制《よくせい》
粗野《そや》↕優雅《ゆうが》
大胆《だいたん》↕小心
単一《たんいつ》↕複合
単純↕複雑
中央↕地方
定例↕臨時
添加《てんか》↕削除《さくじょ》
天変《てんぺん》↕地異
統一↕分裂《ぶんれつ》
難解↕平易
排他《はいた》↕協調
迫害《はくがい》↕保護
暴露《ばくろ》↕隠蔽《いんぺい》

発生↕消滅《しょうめつ》
繁忙《はんぼう》↕閑散《かんさん》
平等↕差別
服従↕抵抗《ていこう》
包含《ほうがん》↕除外《じょがい》
放射↕吸収
豊富↕欠乏《けつぼう》
幼稚《ようち》↕老練
利益↕損失
理性↕感情
理想↕現実
理論↕実践《じっせん》

② 多義語

多義語とは、**多くの意味や用法を持つ語**のこと。多義語が実際にどの意味で使われているのかは、前後の語句の意味のつながり（文脈）から判断する必要がある。

例 **甘《あま》い**
- 甘いケーキが好きだ。（糖分《とうぶん》があって甘い。）
- 甘い香りの花。（うっとりと心地《ここち》よい。）
- 甘い言葉にだまされた。（人の心をひきつけて迷わせる。）
- ねじが甘い。（品質に不備がある。）
- 点のつけ方が甘い。（厳しくない。）

ゆるい
- 時計のバンドがゆるい。（すき間やゆとりがある。）
- 靴紐《くつひも》の結び目がゆるい。（締《し》め方や縛《しば》り方が弱い。）
- ゆるい斜面《しゃめん》を登っていく。（角度が小さい。）
- ゆるい感じの会話が続く。（緊張《きんちょう》感がない。ゆったりしている。）

流れる
- 水が流れる。（液体が自然に低い方へ移っていく。）
- 噂《うわさ》が流れる。（電気・音声・情報などが伝わる。）
- 計画が流れる。（物事が不成立になる。）
- 怠惰《たいだ》に流れる。（あるべき状態からそれる。）

取る
- 手に取る。（特定の動作のために何かを手にする。）
- チケットを取る。（その人のものにする。）
- すもうを取る。（動作を抽象《ちゅうしょう》的に表す。）
- 仮面を取る。（身に着けているものを外す。）

参考 **多義語を楽しむ**

「AとかけてBととく。その心は…」でおなじみの「なぞかけ」は、多義語や同音異義語などを利用した、言葉遊びの演芸である。また、日常会話の中で親しまれている「だじゃれ」も、この仲間といえる。これらの遊びが成り立つこと自体が、日本語の多義語・同音異義語の多様さを示している。

多義語の意味を理解することは、社会生活上での適切な言語活動を営むことにとどまらず、娯楽《ごらく》を楽しむことにとっても欠かせない。一語一語の意味を意識して覚えていこう。

手
- 右手を挙げる。（人間の肩《かた》から先の部分。）
- その手があったか。（物事を行う方法。）
- 右手に見えるのが富士山です。（ある方向。）
- 手作りの弁当。（その人が行ったということ。）

道
- 学校へ通じる道を歩く。（人や車が行き来するところ。）
- 車で三十分の道だ。（距離《きょり》。）
- 己《おのれ》の進むべき道を誤らないように気をつける。（人として行うべき道筋。）
- 彼《かれ》はその道のプロだ。（専門的な分野。）

例題

1 **――線部の言葉が同じ意味で使われている文をあとから選び、記号で答えなさい。**

(1) 足取りが弾《はず》む。
　ア ボールが弾む。　**イ** 話が弾む。　**ウ** お金を弾む。

(2) 床《ゆか》にワックスを掛《か》ける。
　ア めがねを掛ける。　**イ** ソースを掛ける。
　ウ 窓にカーテンを掛ける。　**エ** 椅子《いす》に腰《こし》を掛ける。
　オ 苦労を掛ける。　**カ** 覆《おお》いを掛ける。

(3) 今後の見通しを立てる。
　ア 机に鉛筆《えんぴつ》を立てる。　**イ** 新年の誓《ちか》いを立てる。
　ウ 対策案を立てる。　**エ** さかんに煙《けむり》を立てる。
　オ 足音を立てる。

解答

1 (1)**イ**　(2)**カ**　(3)**ウ**

解説

1 (1)それぞれの意味は、**ア**高くはねる。**イ**活気づく。**ウ**気前よくお金を出す。したがって「足取りが弾む」と同じ意味なのは**イ**。

(2)それぞれの意味は、**ア**取り外しできる状態でほかのものにとりつける。**イ**液体や粉末を上から注ぐ。**ウ**物をほかのものにとりつける。**エ**椅子に座る。**オ**ほかに影響《えいきょう》を及《およ》ぼす。**カ**外部に現れないように何かをかぶせる。したがって「ほかの物を覆《おお》うように置く・かぶせる」の意味の「床にワックスを掛ける」と同じなのは**カ**。

(3)それぞれの意味は、**ア**縦にして置く。**イ**決意を表明する。**ウ**考えを定めて示す。**エ**たちのぼる。**オ**聞こえるような音を発生させる。したがって「見通しを立てる」と同じ意味なのは**ウ**。

③ 和語・漢語・外来語

1 和語

和語（大和言葉《やまとことば》）とは、**もともと日本で使われていた語**のこと。日本語の基本的な言葉や、ほとんどの助詞や助動詞は和語である。

和語は、音をそのまま平仮名《がな》で表記するか、意味の近い漢字をあてて表記する。和語にあてる漢字の読み方は**「訓(読み)」**である。

- **基本的な語彙《ごい》の例**…山《やま》・川《かわ》・する・いる・見る・白い
- **助詞・助動詞の例**…の・は・けれども・だ・らしい

2 漢語

漢語とは、**かつて中国から入ってきた語**のこと。昔の中国語の発音をそのまま読む**「音(読み)」**で読む。和語と比べると、抽象《ちゅうしょう》的な語が多く、硬《かた》い語感を持つ。

また、それまでの日本語では表せない内容を表すために、日本で作られたもの（**和製漢語**）もある。

漢字は、それぞれの文字が意味を持つため、新しい概念《がいねん》でも、字を組み合わせて熟語にすることで表すことができる。このような漢字の特性を利用したのが和製漢語で、明治の文明開化の時期に多く作られ、日本語として定着している。

- **漢語の例**……天気・親戚《しんせき》・先生・文具・即位《そくい》・学問・学校
- **和製漢語の例**…社会・政治・経済・時間・郵便・野球・文化

くわしく 和製漢語

和製漢語には、もともとあった和語に漢字をあてて作られたものもある。

- 火事（和語の「ひのこと」）
- 大根（和語の「おおね」）
- 出張（和語の「ではり」）
- 立腹（和語の「腹を立てる」）

3 外来語

外来語とは、**中国語以外の言語から入ってきた語**のこと。基本的に片仮名で書く。明治期以降に英語から入ってきた語が多いが、近世にポルトガル語から入ってきたものなど、分野によっては英語以外の言語からきているものもある。

また、もとの外国語にはなく、日本で作られたもの（**和製英語**）もある。

● **英語以外の言語から入ってきた語の例**

- **ポルトガル語**（近世に入ってきたものが多い）……カステラ・テンプラ・パン
- **フランス語**（美術・服飾《ふくしょく》・料理分野が多い）……デッサン・ズボン・コンソメ
- **ドイツ語**（医学・登山分野が多い）……カルテ・ギプス・ゲレンデ・ヒュッテ
- **イタリア語**（音楽分野が多い）……ドレミファソラシド・オカリナ・フォルテ

● **和製英語の例**…ガソリンスタンド・ゴールデンウィーク・テレビゲーム

4 混種語

和語・漢語・外来語を組み合わせてできた語を**混種語**という。

例 赤鉛筆《えんぴつ》・詰《つ》め込《こ》み教育（和語＋漢語）　初級レベル・自動ドア（漢語＋外来語）
左サイド・お便りコーナー（和語＋外来語）

例題 1 **次の語は、それぞれ和語・漢語・外来語のどれか。**

(1) 出し物　(2) 内容　(3) コンテンツ
(4) フェスティバル　(5) 祭典　(6) お祭り
(7) 旅館　(8) ホテル　(9) 宿

参考 **混種語の例**

- 本箱…漢語＋和語
  音読み＋訓読み（湯桶《ゆとう》読み）
- 古本…和語＋漢語
  訓読み＋音読み（重箱《じゅうばこ》読み）
- レポート用紙…外来語＋漢語
- ガラス窓…外来語＋和語
- 空きスペース…和語＋外来語

解答

1
(1)和語　(2)漢語　(3)外来語
(4)外来語　(5)漢語　(6)和語
(7)漢語　(8)外来語　(9)和語

解説

1
(1)～(3)、(4)～(6)、(7)～(9)は、似たような意味であるが、語感はだいぶ違《ちが》う。
(3)の「コンテンツ」という外来語は、もともと「内容・中身」という意味の英語からきている。コンピューターやインターネットなどの情報通信技術の発達に伴《ともな》い、映画・音楽・番組・ゲームなどの、提供される「情報の中身」を表す語としてよく使われるようになった。

練習問題

解答→572ページ

1 **次の――線部の語の類義語をあとから選び、記号で答えなさい。**

(1) 遠くまで荷物を輸送する。
(2) 旅先で病人を看病する。
(3) 彼《かれ》に事件の嫌疑《けんぎ》がかかっている。
(4) 恋人《こいびと》と結婚《けっこん》の約束をする。
(5) 夏休みの前に期末考査がある。
(6) 海抜《かいばつ》ゼロメートル地帯に住んでいる。
(7) 相手の計略にひっかかってひどい目にあった。
(8) 今の町長は、町の発展に寄与《きよ》した人物だ。
(9) ここは設備が整っているからありがたい。
(10) ふるさとで、子どもの頃《ころ》を追憶《ついおく》する。

ア 運搬《うんぱん》　**イ** 婚姻《こんいん》　**ウ** 試験　**エ** 施設《しせつ》
オ 容疑　**カ** 貢献《こうけん》　**キ** 婚約　**ク** 寄付
ケ 策略　**コ** 介抱《かいほう》　**サ** 標高　**シ** 回想

2 **次の文の――線部の言葉と同じ意味で使われているものをあとから選び、記号で答えなさい。**

(1) 油断したせいで、気づけば一杯《いっぱい》食ってしまった。
ア この映画は、脇役《わきやく》が主役を食っている印象を受けた。
イ 彼は筆一本で食っていこうと決意した。
ウ 前の車はガソリンを食っていたので新車を買った。
エ 彼の家に謝《あやま》りに行ったが、門前払《ばら》いを食ってしまった。
オ いつの間にか年を食っていた。

(2) 彼女《かのじょ》は歴史に明るい。
ア 明るい職場で働く。
イ 私はその道に明るい。
ウ 今日は月の光が明るい。
エ 明るい未来が待っている。
オ この政治家は選挙公約で明るい政治をすると述べた。

3 **「思う」と「考える」について、次の短文を読み、この二語の共通点と相違《そうい》点を答えなさい。**

{この店のケーキは、あの店のよりもおいしいと思う。
　試合に負けてくやしいと思う。
{数学の問題を考える。
　なぜ失敗したのか、原因を考える。

4 **次の□に入る語をあとから選び、記号で答えなさい。(同じものは二度選べない)**

(1)
a ネクタイを□。
b 馬をロープで木に□。
c おみくじを神社の木に□。
d 権力に立ち向かうにあたって腹を□。
e きびしい校則で生徒を□。

ア つなぐ　**イ** ゆわえる　**ウ** しばる
エ むすぶ　**オ** くくる　**カ** ふさぐ

(2)
a □いて待っていたバスに乗り遅《おく》れた。
b 不意の物音に驚《おどろ》いて□皿を落とした。
c いけないと知りながら□やってしまった。
d 不注意で□置いてきてしまった。
e 慣れで□したことです。

ア つい　**イ** ぼんやりして　**ウ** 無意識に
エ すぐに　**オ** 思わず　**カ** うっかり

5 **次の四語と意味が反対の語の組み合わせのものはどれか。あとから選び、記号で答えなさい。**

①赤字　②左遷《させん》　③収入　④集中

ア ①赤貧　②栄転　③損失　④分裂《ぶんれつ》
イ ①黒字　②栄転　③支出　④分散
ウ ①黒字　②右遷　③損失　④分散
エ ①赤貧　②右遷　③支出　④分裂

6 **次のそれぞれについて、否定の字(不・非・否・無・未)を使った対義語を答えなさい。**

例 安心↔不安

(1) 可決↔(　　)　(2) 完備↔(　　)
(3) 既知《きち》↔(　　)　(4) 有害↔(　　)
(5) 有利↔(　　)　(6) 平凡《へいぼん》↔(　　)
(7) 当番↔(　　)　(8) 清潔↔(　　)
(9) 好況《こうきょう》↔(　　)　(10) 決定↔(　　)

7 次の語の対義語をあとから選び、記号で答えなさい。

(1) 一般《いっぱん》　(2) 温暖　(3) 開放　(4) 過失
(5) 許可　(6) 原因　(7) 自然　(8) 需要《じゅよう》
(9) 慎重《しんちょう》　(10) 全体　(11) 解放　(12) 利益

ア 禁止　イ 結果　ウ 供給　エ 軽率《けいそつ》
オ 特殊《とくしゅ》　カ 寒冷　キ 人工　ク 故意
ケ 損失　コ 閉鎖《へいさ》　サ 部分　シ 束縛《そくばく》

8 次のそれぞれについて、対義語の組み合わせとして適切でないものを一つ選び、記号で答えなさい。

(1)
ア 保守↕革新
イ 分析《ぶんせき》↕総合
ウ 客観↕主観
エ 興奮↕冷淡《れいたん》

(2)
ア 理論↕実践《じっせん》
イ 豊富↕欠乏《けつぼう》
ウ 地味↕華美《かび》
エ 起床《きしょう》↕就寝《しゅうしん》

9 次の――線①・②「やさしい」を漢字と送り仮名《がな》に直しなさい。また、それぞれの対義語を漢字と送り仮名で答えなさい。

定期考査では、①やさしい問題ばかり出題されたので、高得点がとれた。しかし、僕《ぼく》は、模擬《もぎ》試験の得点が低かったので、ふだん②やさしい担任の先生も、志望校の変更《へんこう》を提案してきた。

10 ――線部の言葉が同じ意味で使われている文を選び、記号で答えなさい。

(1) 先輩《せんぱい》から誕生日プレゼントをいただく。
ア ご飯を十分にいただくことで、気力がわいた。
イ 頂上に雪をいただくような高い山が連なっている。
ウ 良い品をいただき、ありがとうございます。

(2) 今日はもう仕事を上がろう。
ア 雨が上がったので出かけた。
イ 明日、ご相談に上がりますのでよろしく。
ウ 台の上に上がって、荷物を積んだ。

(3) 委員長はよく気が回る人だ。
ア この町の評判のレストランを回る。
イ 決選投票ではA候補の側に回ろう。
ウ そんなことまで手を回していたとは驚《おどろ》きだ。

11 **次の表は、ほぼ同じ意味を表す、和語・漢語・外来語を並べたものである。①〜④に入る語を答えなさい。**

和語	漢語	外来語
（①）	住居	ホーム
わたくしごと	（②）	プライバシー
幸せ	（③）	ハッピー
明かり	照明	（④）
（⑤）	法則	ルール
踊《おど》り	舞《ぶ》踏《とう》	（⑥）
宿	（⑦）	ホテル

12 **次の文章は、和語・漢語・外来語についてまとめたものである。①〜⑮に入る語をあとから選び、記号で答えなさい。**

もともと（①）で使われていた語を和語という。日本語の基本的な語や助詞や助動詞は和語であり、柔《やわ》らかい感じがする。和語は（②）で書かれることが多いが、中国から漢字が入ってくると、和語に漢字をあてるようになった。このような場合の漢字の読み方を（③）という。

（④）から入って来た語を漢語という。抽象《ちゅうしょう》的な意味を表し、（⑤）感じがするので、公的な物事に使われることが多い。昔の中国の発音である（⑥）で読む。（⑦）は、漢字を使って日本で作った漢語である。

中国語以外の言語から入ってきた語を外来語という。明治期以降に（⑧）から入ってきた語が多いが、使われる分野によっては、「カルテ」や「デッサン」のように、英語以外の言語が元になっているものもある。外来語は（⑨）で書く。「テレビゲーム」のような語は（⑩）といい、もとの言語には無い語を日本で作った外来語である。外来語は、漢語よりも新しく入ってきた語であり、（⑪）感じがするので、商品名に使われることも多い。

「古タイヤ」は、（⑫）と（⑬）の組み合わせ、「花火大会」は、（⑫）と（⑭）の組み合わせである。このように、和語・漢語・外来語が組み合わさってできた語を（⑮）という。

ア 訓読み　**イ** 音読み　**ウ** 英語　**エ** 混種語
オ 日本　**カ** 中国　**キ** 平仮名　**ク** 片仮名
ケ 硬《かた》く改まった　**コ** 新鮮《しんせん》でスマートな　**サ** 和語
シ 漢語　**ス** 外来語　**セ** 和製漢語　**ソ** 和製英語

3 慣用句・ことわざ・四字熟語・故事成語

入試重要度 ★★☆

① 慣用句

1 慣用句とは

複数の言葉が結びついて、ある決まった意味を表す言い方を、慣用句という。

慣用句は、**体の一部や動物、衣食住に関する言葉**を使ったものが多い。

例 本番でセリフを忘れてしまい、**顔から火が出る**ような思いをした。

×文字通り、顔から火が出る。
○顔が真っ赤になるほど恥《は》ずかしい思いをする。

慣用句は、決まった結びつきで意味を持つ言葉なので、一部を似た語に言い換《か》えたり、肯定《こうてい》や否定を変えたりすることはできない。

例 約束を反故《ほご》にしてしまい、**合わせる顔がない**。

×合わせる顔面がない。
×合わせる顔がある。

例題

1 次の言葉はすべて慣用句である。それぞれの□に共通して入る言葉を答えなさい。

(1) □が出る・□をすくう・□を洗う
(2) □に余る・□が肥える・□を疑う
(3) □がすく・□がおどる・□を打つ

参考 **連語（コロケーション）**

複数の単語が固定的につながっている関係を、**連語（コロケーション）**という。例えば、「もうすぐ」という言葉は、「もう（副詞）」と「すぐ（副詞）」という二単語がつながり、一つの単語のように機能する連語である。また、「らちが明かない」という言葉は、この結びつきで「解決しない」という意味を表す連語であり、「らちが明く」とか「らちが終わらない」などと言うことはできない。広い意味では慣用句も連語の一種といえる。

解答

1 (1)足　(2)目　(3)胸

解説

1 (1)「赤字になる」、「相手の隙《すき》を利用して失敗させる」、「今までしていた悪いことをやめる」という意味。
(2)「あまりにひどい」、「価値を見抜《みぬ》く力がある」、「見たことが信じられない」という意味。
(3)「心が晴れる」、「期待でわくわくする」、「感動させられる」という意味。

慣用句一覧

※重要度を★の数で示しています。

●体に関するもの

足

★★揚《あ》げ足を取る…他人の失言やちょっとした失敗をとらえて、言いがかりをつける。

足が重い…行先に出向くのが嫌《いや》だ。

足が地に着かない…何かに心を奪《うば》われてそわそわする。考えや行動が浮《うわ》ついて定まらない。対 足が地に着く

足がつく…犯人の身元や逃《に》げた足どりがわかる。

足が出る…出費が予算を上回り、赤字になる。

足が遠のく…よく行っていたところへ、あまり行かなくなる。

足が早い…①食べ物が腐《くさ》りやすい。②商品の売れ行きが良い。

★足が棒になる…歩き続けたり立ち続けたりして、足が疲《つか》れてこわばる。

足が向く…知らず知らず、そちらのほうに行く。

足並みをそろえる…みんなが同じ行動をする。

足の踏《ふ》み場もない…その場がひどく散らかっている様子。

足元(下)に火がつく…危険なことが迫《せま》る。類 尻《しり》に火がつく

足元(下)にも及《およ》ばない…相手が非常に優《すぐ》れていて、比べものにならない。

足元(下)を見る…相手の弱みにつけ込《こ》んで、自分に有利なようにする。

★足を洗う…今までしていた悪いことをやめる。

足を奪《うば》われる…事故や災害などで交通機関が止まり、利用できなくなる。

足をすくう…相手の隙《すき》を利用して失敗させる。

足を延ばす…予定したところよりも遠くまで行く。

足を運ぶ…わざわざ訪問する。

★足を引っ張る…邪魔《じゃま》をする。妨《さまた》げとなる。

二の足を踏《ふ》む…ためらう。決心がつかず迷う。例 欲しい服があったが、高すぎて二の足を踏んだ。

頭

★頭が上がらない…相手に引け目を感じ、対等な立場に立てない。例 彼女《かのじょ》には恩があって、頭が上がらない。

頭が痛い…心配事や悩《なや》みに苦しんでいる。

頭が固い…考え方に柔軟《じゅうなん》性がない。

頭が切れる…頭の働きが鋭《するど》い。すばやく的確な判断ができる。

頭が下がる…相手の行いや人柄《ひとがら》に感服する。例 彼《かれ》の努力には頭が下がる。

頭が低い…人に対して謙虚《けんきょ》である。

頭に来る…怒《いか》りで興奮する。

頭に(から)湯気を立てる…非常に激しく怒《おこ》る。

頭を抱《かか》える…どうしたらよいかわからずに考え込《こ》む。

頭をはねる…人の利益の一部を勝手に自分のものにする。

頭をひねる…①いろいろ考え、工夫する。②疑問を感じる。

★★頭を冷やす…興奮を静め、冷静さを取り戻《もど》す。

★★頭をもたげる…①はっきりと気づいていなかった考えや疑いが浮《う》かんでくる。②力や勢いなどが目立つようになる。

腕

★腕《うで》が上がる…上手になる。技量などが上達する。 類 手が上がる 対 腕が落ちる

腕《うで》を磨《みが》く…技術や能力をいっそう優《すぐ》れたものにするために努力する。 類 磨きを掛《か》ける

顔

★★顔が利《き》く…信用や力を持っているために、無理を聞いてもらえる。

顔が立つ…面目《めんぼく》や体裁《ていさい》が保たれる。 対 顔がつぶれる

★★顔が広い…知り合いが多い。

★★顔から火が出る…恥《は》ずかしさで顔が赤くなる。

★★顔に泥《どろ》を塗《ぬ》る…人に恥《はじ》をかかせる。

涼《すず》しい顔…自分が関係しているのに無関係であるような態度。

口

★★開いた口がふさがらない…あきれてものが言えない。

口がうまい…相手の気に入るように話すのがうまい。

★口が重い…口数が少ない。また、言いたくない様子。

★★口が堅《かた》い…秘密などを軽々しく話さない。 対 口が軽い

★★口が軽い…秘密などをすぐ話してしまう。 対 口が堅《かた》い

★★口が滑《すべ》る…言ってはいけないことをうっかり話してしまう。

★口が減らない…相手が何と言おうと屁理屈《へりくつ》を並べて言い返す。

口が悪い…悪口などを遠慮《えんりょ》せずずけずけ言う。

★口車に乗る…相手の巧《たく》みな話し方にだまされる。

★口に合う…食べ物や飲み物の味が好みに合う。

★★口火を切る…最初に物事を行い、きっかけを作る。

例 会議の口火を切ったのは新入社員だった。

★口裏を合わせる…示し合わせて同じことを言う。

★口を利《き》く…①話をする。②うまくいくよう間をとりもつ。

★口を酸《す》っぱくする…同じことを何度も繰《く》り返して言う。

口をそろえる…みんなが同じことを言う。

口を出す…話に割り込《こ》んで意見を言う。 類 口を挟《はさ》む

★★口をとがらせる…不満で文句を言いたそうな顔をする。

★★口を挟《はさ》む…他人の話に割り込《こ》む。 類 口を出す

★口を割る…隠《かく》し事を白状する。 例 犯人がついに口を割る。

手

★**大手《おおで》を振《ふ》る**…周りに遠慮《えんりょ》せず、堂々と行動する。
手が上がる…上手になる。技量などが上達する。
類 腕《うで》が上がる 対 腕が落ちる
★**手が空く**…抱《かか》えていた仕事などが終わり、暇《ひま》になる。
★**手が掛《か》かる**…いろいろと世話が掛かる。
★★**手が込《こ》む**…丁寧《ていねい》できめ細かい。また、物事が複雑である。
★**手が足りない**…働く人の数が足りない。
手が出ない…自分の能力ではどうすることもできない。
★★**手が届く**…①注意や世話が十分である。②自分の能力の範囲《はんい》内である。③ある段階に間もなく到達《とうたつ》する。
★**手ぐすねを引く**…十分に準備をして、いつ相手が来てもいいように待ち構える。
★**手塩に掛《か》ける**…自分で面倒《めんどう》をみて大切に育てる。
★**手に汗《あせ》を握《にぎ》る**…物事の成り行きにはらはらする。
類 固唾《かたず》をのむ
★★**手に余る**…自分の能力ではどうしてよいかわからない。
類 手に負えない
手に負えない…自分では解決できない。 類 手に余る
★★**手につかない**…ほかのことが気になり、目の前のことに集中できない。 例 試合結果が気になって、宿題が手につかない。
★★**手に取るように**…まるで自分の手の中にあるかのようにはっきりとわかる様子。
手に乗る…相手の考えている作戦にだまされる。
手も足も出ない…自分の力ではどうすることもできない。
★**手を上げる**…①降参する。②殴《なぐ》ろうと思って手を振《ふ》り上げる。
★**手を打つ**…①話し合いなどをまとめる。②物事がうまくいくように手立てを講じる。
手を貸す…協力する。 対 手を借りる
★**手を借りる**…協力してもらう。 対 手を貸す
★**手を切る**…今まで続けてきた関係を絶つこと。
★★**手を尽《つ》くす**…いろいろな方法・手段を試みる。
★**手を引く**…①今まで取り組んでいたことをやめる。関係を絶つ。②手を取って導く。
例 この件から手を引かせてもらいたい。
手を広げる…以前より仕事の範囲《はんい》を広げる。
★**手を焼く**…扱《あつか》いに困る。

鼻

★**木で鼻をくくる**…人に話しかけられたり、頼《たの》み事をされたりしたとき、冷たくあしらったり無愛想に対応したりする。
鼻息が荒《あら》い…意気込《ご》みが激しく、強気である。
鼻が利《き》く…鋭敏《えいびん》で、ものを探し出すことなどが得意である。

★★**鼻が高い**…得意げな様子である。

鼻であしらう…相手にきちんと返事せず、冷たい対応をする。

★★**鼻に掛《か》ける**…得意になって自慢《じまん》する。

鼻につく…同じ事の繰《く》り返しで嫌《いや》になる。うっとうしい。

★**鼻持ちならない**…言うこと成すことすべてに嫌味《いやみ》があり、我《が》慢《まん》できない。

★**鼻を明かす**…相手を出し抜《ぬ》いてあっと言わせる。

鼻を折る…自慢している相手をやりこめ、恥《はじ》をかかせる。

耳

★**寝耳《ねみみ》に水**…不意の出来事に驚《おどろ》くことのたとえ。 類 藪《やぶ》から棒

耳打ちする…相手の耳に口を近づけてこっそり話す。

★★**耳が痛い**…欠点や弱点をつかれた言葉を聞くのがつらい。

★**耳が早い**…情報を得るのが早い。

★★**耳にたこができる**…同じことばかり言われて嫌《いや》になる。

例 その話は耳にたこができるほど聞いた。

★**耳に挟《はさ》む**…ちらっと聞く。「小耳に挟《はさ》む」ともいう。

類 耳にする、耳に入る。

★★**耳を疑う**…思いがけなくて信じられない。

★**耳を貸す**…話を聞いて、相談に乗る。

耳を傾《かたむ》ける…聞き逃《のが》さないように熱心に聞く。

耳を澄《す》ます…注意を集中して聞く。

★★**耳をそろえる**…必要な金額や品物をそろえて用意する。

目

★**長い目で見る**…将来にわたって気長に見守る。

抜《ぬ》け目がない…手抜かりがなく、ずる賢《がしこ》く立ち回るさま。

★**目が利《き》く**…良し悪しを見分ける力がある。 類 目が高い

★★**目が肥《こ》える**…優《すぐ》れたものをたくさん見るうちに、物の価値を正しく見抜《ぬ》く力がつく。

★**目が高い**…物事の良し悪しを見分ける力がある。

類 目が利《き》く

★**目が届く**…細かいところまで注意が行き届く。

★**目がない**…①とても好きで夢中である。②物事を的確に判断したり評価したりする能力がない。

★★**目から鱗《うろこ》が落ちる**…何かがきっかけになって、物事をよく理解できるようになる。

★★**目から鼻へ抜ける**…大変賢《かしこ》く、物事の判断や理解が早い。

★**目と鼻の先**…距離《きょり》がとても近い。

★**目に余る**…あまりにひどくて黙《だま》っていられない。

目に入れても痛くない…かわいくてたまらない。

★**目に浮《う》かぶ**…様子や姿などが実際に見えるように感じる。

目に角《かど》を立てる…怒《おこ》って、怖《こわ》い目つきになる。

類 目を三角にする・目くじらを立てる・目をつり上げる

★**目にも留《と》まらぬ**…動きがとてもすばやい。

目に物見せる…ひどい目に遭《あ》わせて、思い知らせる。

★**目の色を変える**…驚《おどろ》きや怒《いか》りで、目つきを変える。

目の黒いうち…生きている間。

★**目の毒**…悪い影響《えいきょう》を受けたり、見ると欲《ほ》しくなったりするので見ないほうが良いもの。

★**目星《めぼし》をつける**…見当をつける。ねらいをつける。

目もくれない…見ようともしないほど、興味を示さない。

★★**目を疑う**…あまりに意外なものを見て、信じられない。

★**目を掛《か》ける**…特にかわいがって、世話をする。

★★**目を皿のようにする**…驚《おどろ》いたり、何かをよく見ようとして目を大きく見開いたりする。

★★**目を盗《ぬす》む**…見つからないように、こっそり何かをする。

★★**目を光らす**…厳しく見張る。

★★**目を丸くする**…驚《おどろ》いて目を大きく見開く。 類 目を見張る

その他

顎《あご》で使う…偉《えら》そうな態度で、人に指図《さしず》する。

★**顎《あご》を出す**…疲《つか》れ果ててへたばる。

★★**息が合う**…お互《たが》いの気持ちや調子がぴったりとそろう。

★★**息が長い**…一つのことが長く続く。

息を殺す…音がしないように呼吸を抑《おさ》えて静かにしている。

★★**息をのむ**…はっと驚《おどろ》いて息を止める。

★★**後ろ髪《がみ》を引かれる**…思い残しがあり、断《た》ち切れない。

肩《かた》で風を切る…得意そうに歩く。

★★**肩の荷が下りる**…責任や義務から解放されて楽になる。

★★**肩を並べる**…実力や技術などで対等な地位に立つ。

★★**肩を持つ**…味方をして、助ける。

★**肝《きも》(胆)が据《す》わる**…度胸があり動揺《どうよう》しない。 類 腹が据わる

★**肝《きも》(胆)に銘《めい》じる**…心に深く刻みつける。 類 胸に刻む

★**肝《きも》(胆)を冷やす**…危ない目に遭《あ》って、ひやりとする。

★★**度肝《どぎも》(胆)を抜《ぬ》く**…非常に驚《おどろ》かせる。

★★**首が回らない**…借金などで、どうにもならない。

首を突《つ》っ込《こ》む…興味や関心があり、自分から積極的に関わる。

★★**首を長くする**…心待ちにする。 例 首を長くして人を待つ。

★**真綿《まわた》で首を絞《し》める**…遠回しに責めたり、痛めつけたりする。

★★**腰《こし》が低い**…謙虚《けんきょ》なさま。控《ひか》え目なさま。

腰《こし》を上げる…何かをする決心が固まって動き出す。

★**腰《こし》を据《す》える**…落ち着いて物事に取り組む。

舌が回る…つまることなく、よどみなく話す。

舌を出す…①陰《かげ》で人をばかにする。②自分の失敗に照れる。

★**尻《しり》が重い**…面倒《めんどう》くさがって、すぐに取りかからない。

類 腰が重い 対 尻が軽い・腰が軽い

★**尻《しり》が軽い**…①すぐに物事に取りかかる。②軽はずみな行動をとる。類 腰《こし》が軽い 対 尻が重い・腰が重い

★**尻に火がつく**…物事が差し迫《せま》り、じっとしていられなくなる。類 足元(下)に火がつく

尻をぬぐう…人の失敗の後始末をする。

★**背に腹は代えられない**…大きなことを成し遂《と》げるためには、ほかを犠牲《ぎせい》にすることもやむを得ない。

背を向ける…①無関心な態度をとる。②後ろを向く。③逆らう。

★**血眼《ちまなこ》になる**…目を血走らせて物事に必死になる。

血も涙《なみだ》もない…優《やさ》しさや思いやりがない。

★★**爪《つめ》に火をともす**…とても貧しい。けちである。

★★**爪の垢《あか》を煎《せん》じて飲む**…優《すぐ》れた人にあやかりたいと思うたとえ。

面《つら》の皮が厚い…ずうずうしく、厚かましい。

★★**のどから手が出る**…欲《ほ》しくてたまらない。

★★**歯が立たない**…相手が強くてまったくかなわない。

★★**歯に衣着《きぬ》せぬ**…遠慮《えんりょ》せず、思っていることを包み隠《かく》さず言う。対 奥歯《おくば》に物が挟《はさ》まる

腹が据《す》わる…落ち着いていて、少しも動揺《どうよう》しない。類 肝《きも》(胆)が据わる

★★**腹を決める**…決心する。覚悟《かくご》を決める。

腹を探《さぐ》る…相手の気持ちや考えをうかがう。

★★**腹を割る**…本心を率直《そっちょく》に明かす。

★**ひざを打つ**…急に気づいたり、感心したりしたときの動作。

★**ひざを交《まじ》える**…互《たが》いに打ち解けて話し合う。親しく同席する。

★**へそが(で)茶を沸《わ》かす**…おかしくてたまらない。

★**へそを曲げる**…機嫌《きげん》を悪くする。ひねくれる。類 つむじを曲げる

★**骨が折れる**…物事をするのに時間や手間がかかって苦労する。

★**骨を折る**…目的を達成にするために、あれこれ苦労する。人のために力を尽《つ》くす。

★**眉《まゆ》をひそめる**…心配事や嫌《いや》なことがあり、顔をしかめる。

脈がある…望みや見込《みこ》みがある。

★**身に余る**…与《あた》えられたものが自分の能力や価値以上でふさわしくない。類 身の丈《たけ》に合わない

★**身につまされる**…他人の不幸が自分のことのように思われる。

身の丈に合わない…与《あた》えられたものが自分の能力や価値以上でふさわしくない。類 身に余る

身を砕《くだ》く…大変な苦労をする。力の限り努力する。類 粉骨砕身《ふんこつさいしん》、骨身を削《けず》る・身を削る・身を粉《こ》にする

★★**胸が痛む**…①悲しみや苦しみなどで、つらい気持ちになる。②良心がとがめる。

★**胸が一杯《いっぱい》になる**…悲しみや感動などが心に満ちる。

★胸が躍《おど》る…期待や興奮でわくわくする。

★胸がすく…胸につかえていたものがなくなり、気持ちがすっきりする。 類 溜飲《りゅういん》が下がる

★胸がつぶれる…驚《おどろ》きや悲しみで心が締《し》めつけられる。

★胸に刻む…しっかりと記憶《きおく》に留《とど》める。 類 肝《きも》(胆)に銘《めい》じる

★★胸を打つ…強く感動させる。

★胸をなで下ろす…心配事が解決して安心する。ほっとする。

★★指をくわえる…うらやましく思いながら、虚《むな》しく眺《なが》めている。

◎動物に関するもの

蟻《あり》のはい出る隙《すき》もない…隙間《すきま》もないほど厳重で逃《に》げ場がない。

★★鵜《う》のみにする…よく考えず、人の言葉をそのまま受け入れる。

鵜《う》の目鷹《たか》の目…熱心に物を探し出そうとする様子。

★★馬が合う…気が合う。

★烏《からす》の行水《ぎょうずい》…入浴時間が極端《きょくたん》に短いこと。

閑古鳥《かんこどり》が鳴く…人気《ひとけ》がなく、寂《さび》れてひっそりとしている様子。

★狐《きつね》につままれる…何が何だかわからず、ぽかんとする。

鯖《さば》を読む…自分に都合がいいように数をごまかす。

★★雀《すずめ》の涙《なみだ》…ほんのわずかであること。

★★狸《たぬき》寝《ね》入《い》り…寝たふりをする。

★★鶴《つる》の一声…有力者の一声で物事などが決まること。

とどのつまり…結局のところ。とどとはボラの成魚のこと。

★★猫《ねこ》の手も借りたい…非常に忙《いそが》しく、幾《いく》らでも人手が欲《ほ》しい。

★猫の額…ごく狭《せま》い場所。

★★猫を被《かぶ》る…本性《ほんしょう》を隠《かく》しておとなしそうに振《ふ》る舞《ま》う。

袋の鼠《ねずみ》…逃げ出すことができない状況《じょうきょう》のこと。

★★羽を伸《の》ばす…自由になって思う存分のびのびと行動する。

虫がいい…自分の都合だけを考え、身勝手でずうずうしい。

★虫が知らせる…何となく悪いことが起こりそうな予感がする。

◎衣食住(道具)に関するもの

★青菜に塩…元気なくしょんぼりすることのたとえ。

上げ膳《ぜん》据《す》え膳…自分では何もせず、ほかの人にやってもらうこと。

朝飯前…きわめて簡単なこと。

★★油を売る…無《む》駄《だ》話で時間をつぶしてなまける。

★★板につく…経験を積み、動作や態度が役割にぴったりと合う。

★一矢《いっし》を報《むく》いる…相手の攻撃《こうげき》に対し、わずかながら反撃する。

★芋《いも》(の子)を洗うよう…大勢の人で混み合っている様子。

★★瓜《うり》二つ…顔や姿が非常に似ていることのたとえ。

★★絵に描《か》いた餅《もち》…実際には役に立たないことのたとえ。実現する可能性のないことのたとえ。
類 机上《きじょう》の空論・砂上《さじょう》の楼閣《ろうかく》・畳《たたみ》の上の水練

★襟《えり》を正す…気を引き締《し》めて物事にあたる。

お茶の子さいさい…苦労せず容易にできる。

★★お茶を濁《にご》す…いいかげんにその場をごまかす。

同じ釜《かま》の飯を食う…一緒《いっしょ》に生活して苦楽《くらく》を共にした親しい仲。

★思う壺《つぼ》…思ったとおりになること。

★机上《きじょう》の空論…頭で考えただけで、実際には役に立たない案や意見。類 絵に描《か》いた餅《もち》・砂上《さじょう》の楼閣《ろうかく》・畳《たたみ》の上の水練

★★釘《くぎ》を刺《さ》す…あとで言い逃《のが》れや過《あやま》ちなどが起きないように、あらかじめ強く言い聞かせておく。

胡麻《ごま》をする…人にお世辞を言ったり、機嫌《きげん》を取ったりする。

★★さじを投げる…物事がどうにかなる見込《みこ》みがないと諦《あきら》める。

太鼓判《たいこばん》を押《お》す…(よいことについて)絶対に間違《まちが》いないと保証する。

出しにする…自分の利益のために、何かをうまく利用する。

★★立て板に水…よどみなく、すらすらと続けて言葉が出てくる様子。

★★棚《たな》に上げる…都合の悪いことなどは先に延ばして、あと回しにする。

★月夜に提灯《ちょうちん》…役に立たないもの。不必要なこと。

★無い袖《そで》は振《ふ》れぬ…何とかしてやりたくても、無いものはどうしようもないこと。

梨《なし》のつぶて…便《たよ》りを出しても返事のないこと。

★二足のわらじを履《は》く…同一人物が二種類の職業を兼《か》ねる。

暖簾《のれん》を下ろす…その商売をやめる。その日の営業をやめる。

★★火に油を注《そそ》ぐ…勢いのあるものに、いっそう勢いをつける。

★冷や飯を食う…冷たい扱《あつか》いを受ける。

★棒に振る…それまで努力してきたことを無にする。

類 水泡《すいほう》に帰する・水の泡《あわ》 対 実を結ぶ

★★水と油…性質が違《ちが》うため、互《たが》いに気が合わないこと。

★★水を得た魚《うお》のよう…自分に合う環境《かんきょう》などを得て、いきいきしている状態。

★★水を差す…仲のいい者の間柄《あいだがら》や、うまくいっている物事の邪《じゃ》魔《ま》をする。

★★焼け石に水…わずかな援助《えんじょ》では、ほとんど効果がないこと。

★藪《やぶ》から棒…突然《とつぜん》、物を言ったりやったりすること。

類 青天の霹靂《へきれき》・寝耳《ねみみ》に水

その他

★★味を占《し》める…一度うまくいったことが忘れられなくなる。

★★一か八《ばち》か…運を天に任せて思い切って何かをするさま。

類 伸《の》るか反《そ》るか

★色を失う…驚《おどろ》きや恐怖《きょうふ》で顔が青くなる。

★**固唾《かたず》をのむ**…事の成り行きを案じて見守るさま。
例 試合の行方《ゆくえ》を固唾をのんで見守る。 類 手に汗《あせ》を握《にぎ》る

★★**気が置けない**…遠慮《えんりょ》や気遣《きづか》いせずにつき合える。

★★**気が長い**…焦《あせ》らずゆったりしている。 対 気が短い

★★**気が引ける**…引け目を感じて気後《きおく》れする。

★**煙《けむ》に巻く**…理解しにくいことを言ったりして、相手を惑《まど》わせる。例 人を煙に巻く話術にたけている。

★**言葉を濁《にご》す**…はっきり言わずに、曖昧《あいまい》にすること。
類 口を濁す

★**しのぎを削《けず》る**…同じくらいの力を持つ者が激しく戦う。

白黒をつける…物事の是非《ぜひ》・善悪などをはっきりさせる。

図に乗る…いい気になって、調子に乗る。

★**対岸の火事**…自分には関係がなく、少しも痛みや苦しみを感じないこと。

★★**高をくくる**…たいしたことはないと見くびる。

★**竹を割ったよう**…物事にこだわらず、さっぱりしているさま。
例 彼《かれ》は竹を割ったような性格だ。

帳尻《ちょうじり》を合わせる…①収入と支出を計算し、数字を合わせる。
②物事の始めと終わりの筋道を合わせる。
類 辻褄《つじつま》を合わせる

根掘《ねほ》り葉掘り…しつこく細々《こまごま》と。

★**根も葉もない**…何の根拠《こんきょ》もない。
類 事実無根 例 根も葉もないうわさが広がる。

★**音《ね》を上げる**…困難に耐《た》えられず、弱音を吐《は》く。

★**念を押《お》す**…相手に十分確かめる。重ねて注意する。
類 駄目《だめ》を押す

伸《の》るか反《そ》るか…成功するか失敗するかは天に任せ、思い切って何かをするさま。類 一か八か

ばつが悪い…後ろめたかったり、恥《は》ずかしかったりして、その場にいるのが気まずい。

花を持たせる…手柄《てがら》や名誉《めいよ》などを譲《ゆず》り、相手を立てる。

★**幅《はば》を利《き》かせる**…思い通りに威勢《いせい》よく振《ふ》る舞《ま》う。

★**一泡《ひとあわ》吹《ふ》かせる**…相手の不意をついて、驚《おどろ》き慌《あわ》てさせる。

★**非の打ちどころがない**…完璧《かんぺき》で、欠点がまったくない。

★★**火の車**…お金がなくて、やりくりが大変であること。

★**日の目を見る**…それまで知られていなかったものが、世間に認められる。

★★**墓穴《ぼけつ》を掘《ほ》る**…不利になったり、駄目《だめ》になったりする原因を、自ら作ってしまう。

★**両手に花**…①美しい物や素晴《すば》らしい物を二つ一度に手に入れること。②一人の男性の左右に二人の女性がいること。

輪を掛《か》ける…程度をいっそうはなはだしくする。

② ことわざ

1 ことわざとは

ことわざとは、**古くから言いならわされてきた、生活上の知恵《ちえ》や教訓が込《こ》められた言葉**のこと。短い表現でありながら、人間の心理や社会のあり方を鋭《するど》く指摘《してき》し、人生の知恵を示している。たとえで表されたものが多いので、表面的な意味ではなく、**そこに込められた本来の意味**を知っておく必要がある。

例 鬼《おに》の居ぬ間に洗濯《せんたく》

×気がねする人がいない間に、洗濯などの仕事をする。
○気がねする人がいない間に、のんびりと息抜《ぬ》きをする。

本来の意味を取り違《ちが》える人が多くなった結果、その意味も定着したことわざもある。

例 情けは人の為《ため》ならず

○人に情けをかけておけば、巡《めぐ》り巡って自分に返ってくる。（本来の意味）
△情けをかけることは、その人のためにならない。（本来は誤用）

例題

1 次の――線部の考え方を表したことわざをあとから選び、記号で答えなさい。

太郎《たろう》は、かなわないとわかっているものに抵抗《ていこう》して、いたずらに時間を費《つい》やすのは馬鹿《ばか》げていると考えている。だから、友人に「お前は冷めている」とよく言われる。

ア 石橋をたたいて渡《わた》る　**イ** 長いものには巻かれろ
ウ 果報は寝《ね》て待て　**エ** 能ある鷹《たか》は爪《つめ》を隠《かく》す

参考 ことわざを覚えるコツ

ことわざは、同じ意味のものや反対の意味のものをまとめて覚えるとよい。

● **同じ意味のことわざの例**

急がば回れ
急《せ》いては事を仕損じる

猫《ねこ》に小判
豚《ぶた》に真珠《しんじゅ》

● **反対の意味のことわざの例**

渡《わた》る世間に鬼はない
人を見たらどろぼうと思え

好きこそものの上手なれ
下手の横好き

解答

1 **イ**

解説

1 **ア**は「慎重《しんちょう》に物事を行うこと」。**イ**は「権力のある者には逆らわずに従うほうが得である」。**ウ**は「良い知らせは焦《あせ》らず待っていれば、そのうちやってくる」。**エ**は「実力のある者はむやみにそれを出さない」。

ことわざ一覧

※重要度を★の数で示しています。

あ

★★会うは別れの始め…会えば必ず別れるときがくる。

悪銭《あくせん》身につかず…悪いことをして得たお金は、無駄《むだ》なことに使われがちなので手元に残りにくい。

★浅い川も深く渡《わた》れ…簡単そうなことも注意して行いなさい。類 石橋をたたいて渡《わた》る・念には念を入れよ

★頭隠《かく》して尻《しり》隠さず…悪事や欠点の一部だけを隠《かく》して、全部を隠《かく》せていると思い込《こ》んでいることのたとえ。

当たるも八卦《はっけ》当たらぬも八卦…占《うらな》いは当たることもあれば、外れることもある。「八卦《はっけ》」は占いのこと。

あちらを立てればこちらが立たぬ…一方を満足させると、もう片方が不満を抱《いだ》く。どちらも良いようにするのは難しい。

あとは野となれ山となれ…今さえよければ先のことはどうなってもかまわないという態度。対 立つ鳥跡《あと》を濁《にご》さず

あばたもえくぼ…好きな人であれば、欠点も長所に見える。

★虻蜂《あぶはち》取らず…あれもこれもと欲張ると、何も手に入らなくなる。類 二兎《にと》を追う者は一兎をも得ず 対 一挙両得・一石二鳥

★雨降って地《じ》固まる…争いごとがあったあとは、かえって物事が落ち着く。

★案ずるより産むが易《やす》し…物事は実際にやってみると、心配していたよりはたやすいものだ。

★石の上にも三年…つらくても、辛抱《しんぼう》していれば報《むく》われる。

★石橋をたたいて渡《わた》る…用心に用心を重ねて、慎重《しんちょう》に物事を行うことのたとえ。類 浅い川も深く渡《わた》れ・念には念を入れよ

医者の不養生《ようじょう》…他人には立派なことを言うが、自分では実行しないことのたとえ。類 紺屋《こうや》の白袴《しろばかま》

★急がば回れ…急いでいるときほど、ゆっくりと物事に取り組むべきだ。類 急《せ》いては事を仕損じる 対 思い立ったが吉日《きちじつ》・先んずれば人を制す・先手必勝・善は急げ

一事が万事《ばんじ》…一つのことから他のすべてのことも推測できる。

★一寸先は闇《やみ》…少しでも先のことはどうなるかわからない。

★一寸の虫にも五分《ぶ》の魂《たましい》…小さい者や弱い者にもそれなりの意地や根性《こんじょう》があるから、あなどってはいけない。

犬が西向きゃ尾《お》は東…わかりきったことを、さも新しいことのように言うこと。また、そのわかりきったこと。

犬も歩けば棒に当たる…①余計なことをして、思わぬ災難に遭《あ》ってしまう。②動き回っていれば幸運に出会える。

命あっての物種《ものだね》…何事もまず命があってこそできるということ。

★**言わぬが花**…口に出して言わないほうがいいということ。また、そのほうが、趣《おもむき》があって、奥《おく》ゆかしいことのたとえ。

★**魚心《うおごころ》あれば水心**…相手が自分に好意を示してくれるなら、自分も好意を持って対応しようということ。「水心あれば魚《うお》心《ごころ》」ともいう。例 そちらが信用してくれるなら、魚心《うおごころ》あれば水心でつき合おう。

氏《うじ》より育ち…人間形成には、家柄《いえがら》や血筋よりも、育った環境《かんきょう》などのほうが重要だということ。

嘘《うそ》から出た実《まこと》(誠)…嘘《うそ》や冗談《じょうだん》が本当になってしまうこと。

★**嘘《うそ》も方便**…物事を円滑《えんかつ》に進めるためには、嘘《うそ》をつかなければならないこともあり、ときにはそれも許されるということ。

★**馬の耳に念仏**…意見や忠告をしてもまったく聞き入れないことのたとえ。類 馬耳東風

★**瓜《うり》のつるに茄子《なすび》はならぬ**…平凡《へいぼん》な親からは、優《すぐ》れた才能を持った子は生まれないことのたとえ。類 蛙《かえる》の子は蛙　対 鳶《とんび(とび)》が鷹《たか》を生む

噂《うわさ》をすれば影《かげ》…うわさをすると本人が現れるものだということ。

★**海老《えび》で鯛《たい》を釣《つ》る**…わずかな労力や元手で、大きな利益を得る。

★**縁《えん》の下の力持ち**…見えないところで人のために力を尽《つ》くす人。

大男総身《そうみ》に知恵《ちえ》が回りかね…体ばかり大きくて能力が劣《おと》っている人を馬鹿《ばか》にしていう言葉。類 独活《うど》の大木

★★**鬼《おに》に金棒**…強い者に、さらに強いものが加わるというたとえ。

★**鬼《おに》の居ぬ間に洗濯《せんたく》**…気がねする人がいない間に、のんびりしようということ。この「洗濯《せんたく》」は心を洗《あら》うという意味。

鬼《おに》の霍乱《かくらん》…いつも健康で丈夫《じょうぶ》な人が、珍《めずら》しく病気になること。

鬼《おに》の目にも涙《なみだ》…冷酷《れいこく》な人でも優《やさ》しい態度をとることがある。

★**帯《おび》に短したすきに長し**…中途半端《ちゅうとはんぱ》で役に立たないこと。

★**溺《おぼ》れる者はわらをもつかむ**…窮地《きゅうち》に陥《おちい》った者は、役に立たないようなものにまですがる。「わらにもすがる」ともいう。

★**思い立ったが吉日《きちじつ》**…何かをしようと思ったら、すぐに始めるのがよい。類 先んずれば人を制す・先手必勝・善は急げ　対 急がば回れ・急《せ》いては事を仕損じる

★**親の心子知らず**…子どもを思う親の心を子どもは知らないで、勝手気ままに振《ふ》る舞《ま》うものだ。

か

★**蛙《かえる》の子は蛙**…平凡な親の子は平凡であること。類 瓜《うり》のつるに茄子《なすび》はならぬ　対 鳶《とんび(とび)》が鷹《たか》を生む

蛙《かえる》の面《つら》に水…何をされても、まったく気にしていないように平気な様子。「蛙《かえる》の面《つら》に小便」ともいう。

★**風が吹《ふ》けば桶屋《おけや》がもうかる**…物事が巡《めぐ》り巡《めぐ》って、一見関係ないようなところにまで影響《えいきょう》を与《あた》えること。

風邪《かぜ》は万病のもと…風邪《かぜ》を引くとほかの病気にもかかりやすい。風邪《かぜ》ぐらいと思って軽く見てはいけないという戒《いまし》め。

火中《かちゅう》の栗《くり》を拾う…自分の得にもならないのに、他人のためにわざわざ危険を冒《おか》すことのたとえ。

勝ってかぶとの緒《お》を締《し》めよ…勝ってもいい気にならず、気を引き締《し》めよ。勝って、つい気が緩《ゆる》むのを戒《いまし》める言葉。

★**河童《かっぱ》の川流れ**…どんな名人でも、失敗することもある。
類 弘法《こうぼう》にも筆の誤り・猿《さる》も木から落ちる

勝てば官軍…戦いに勝ったものが正義とされるということ。「勝てば官軍、負ければ賊軍《ぞくぐん》」を短くした言い方。

★**壁《かべ》に耳あり障子《しょうじ》に目あり**…誰《だれ》がどこで見聞きしているかわからず、秘密は漏《も》れやすいから気をつけなさいという意味。

★**果報は寝《ね》て待て**…良い知らせは焦《あせ》らず待っていればそのうちやってくる。
類 待てば海路《かいろ》の日和《ひより》あり 対 まかぬ種は生えぬ

★**亀《かめ》の甲《こう》より年の功(劫《こう》)**…年長者が長い経験で身につけた豊かな知識は尊いということ。

鴨《かも》が葱《ねぎ》を背負《しょ》ってくる…利用されるものが利益になるものを持ってくるように、大変好都合なこと。「鴨葱《かもねぎ》」ともいう。

★**枯《か》れ木も山のにぎわい**…つまらないものでも、ないよりはよいこと。

★**かわいい子には旅をさせよ**…子どもがかわいいなら、むしろ甘《あま》やかさずに、世の中に出して苦労をさせたほうがよい。
類 獅子《しし》の子落とし・若い時の苦労は買ってでもせよ

★**聞くは一時《いっとき》の恥《はじ》、聞かぬは一生の恥《はじ》**…聞かなければずっと知らないままでもっと恥《は》ずかしい思いをするので、一時恥をかいたとしても知らないことは聞くべきだということ。

★**雉《きじ》も鳴かずば撃《う》たれまい**…余計なことをしたために、災難を招くこと。類 口は禍《わざわい》の元・物言えば唇《くちびる》寒し秋の空

★★**清水《きよみず》の舞台《ぶたい》から飛び降りる**…うまくいくかわからないが、死んだつもりになって思い切ってやってみる。

★★**木を見て森を見ず**…細部を気にして、全体を見失うこと。

★**腐《くさ》っても鯛《たい》**…本当に優《すぐ》れているものは、少しばかり質が落ちても、それなりの値打ちがある。

★**口は禍《わざわい》の元(門《かど》)**…うっかりした言葉が災難を招くことがあるから、余計なことは言わないようにしなさいということ。
類 雉《きじ》も鳴かずば撃《う》たれまい

君子危《あや》うきに近寄らず…立派な人は常に身を慎《つつし》み、行いに気をつけるので、危ないことには近寄らない。

★**光陰《こういん》矢のごとし**…月日の経《た》つのが非常に早いことのたとえ。

★**後悔《こうかい》先に立たず**…失敗したあとでは、いくら悔《く》やんでも取り返しがつかない。

★**郷《ごう》に入《い》っては郷《ごう》に従え**…その土地に行ったら、その土地のやり方に合わせたほうがよい。例 郷に入っては郷に従えで、留学先ではそこの習慣にしたがうようにしなさい。

★**弘法《こうぼう》にも筆の誤り**…その道でどんなに優《すぐ》れた人でも、失敗することもある。類 河童《かっぱ》の川流れ・猿《さる》も木から落ちる

★**紺屋《こうや》の白袴《しろばかま》**…他人のことをするのに忙《いそが》しくて、自分のことをしている暇《ひま》がないこと。類 医者の不養生《ようじょう》

★**転ばぬ先の杖《つえ》**…何かをするときには十分注意し、準備することが大切だ。

子を持って知る親の恩…自分が子育てをしてみて、初めて自分を育ててくれた親のありがたさなどがわかる。

さ

★**先んずれば人を制す**…人より早く行動すれば、相手を抑《おさ》えられる。早い者勝ち。類 思い立ったが吉日《きちじつ》・先手必勝・善は急げ 対 急《せ》いては事を仕損じる

★**策士策に溺《おぼ》れる**…作戦を立てるのが上手な人は、自分の策に頼《たよ》りすぎ、かえって失敗する。類 才子才に倒《たお》れる

★**猿《さる》も木から落ちる**…上手な人でも、失敗することもある。類 河童《かっぱ》の川流れ・弘法《こうぼう》にも筆の誤り

★**触《さわ》らぬ神にたたりなし**…物事に関わらなければ災《わざわ》いを招くこともない。対 寝《ね》た子を起こす・藪《やぶ》をつついて蛇《へび》を出す

★**三人寄れば文殊《もんじゅ》の知恵《ちえ》**…一人では良い考えが浮《う》かばなくても、三人集まって考えれば、良い考えが出ること。

★**獅子《しし》の子落とし**…自分の子供にはわざと苦しいことをさせて、その能力を試《ため》したり、鍛《きた》えたりすること。類 かわいい子には旅をさせよ・若い時の苦労は買ってでもせよ

沈《しず》む瀬《せ》あれば浮《う》かぶ瀬《せ》あり…人生には落ちぶれることもあれば、良くなることもある。悪いことばかりは続かない。

★★**親しき仲にも礼儀《れいぎ》あり**…どんなに親しい間柄《あいだがら》でも礼儀《れいぎ》を守るべきであること。

釈迦《しゃか》に説法…よく知っている専門の人に教えること。

蛇《じゃ》の道は蛇《へび》…同類の人がすることは、同類にはすぐわかること。類 餅《もち》は餅屋《もちや》

★**朱《しゅ》に交われば赤くなる**…つき合う友人や環境《かんきょう》によって、人は良くも悪くもなる。

★**知らぬが仏**…知らないでいれば、平気でいられて幸せなこと。

★**好きこそ物の上手なれ**…どんなことでも、好きなことは熱心に取り組むため上手になるものだ。対 下手の横好き

★**住めば都**…長く住むと、どんな場所でもよく思えること。

★**急《せ》いては事を仕損じる**…急いで物事を行うと、失敗しやすい。類 急がば回れ 対 思い立ったが吉日《きちじつ》・先んずれば人を制す・先手必勝・善は急げ

★ **栴檀《せんだん》は双葉《ふたば》より芳《かんば》し**…立派な人物は幼い頃《ころ》から優《すぐ》れている。
対 大器《たいき》晩成

★ **船頭《せんどう》多くして船山《ふねやま》に上る**…指示をする人が多いと、物事が目的とは違《ちが》う方向に進んでしまう。

★ **善は急げ**…よいことは、気持ちが変わらないうちにすぐに始めるのがよい。 類 思い立ったが吉日《きちじつ》・先んずれば人を制す・先手必勝 対 急がば回れ・急《せ》いては事を仕損じる

袖振《そでふ》(す)り合うも多(他)生の縁《えん》…ちょっとした出来事も、実はすべて関連があって起きている。人との出会いは大切にすべきだということ。

た

大(泰)《たい》山鳴動して鼠一匹《ねずみいっぴき》…大騒《おおさわ》ぎした割に、たいしたことのない結果になること。

★ **立つ鳥跡《あと》を濁《にご》さず**…立ち去るときには、あと始末をきちんとしておくべきだということ。 対 あとは野となれ山となれ

★ **蓼食《たでく》う虫も好き好き**…好き嫌《きら》いは人それぞれだ。

★★ **棚《たな》からぼた餅《もち》**…何もしていないのに、思いがけない幸運に恵《めぐ》まれること。

★★ **短気は損気**…短気を起こすと物事はうまくいかず、結局は自分が損をするということ。

★ **提灯《ちょうちん》に釣《つ》り鐘《がね》**…違《ちが》いが大きすぎて比較《ひかく》にならないこと。つり合いがとれないこと。 類 雲泥《うんでい》の差・月とすっぽん

★ **ちりも積もれば山となる**…小さなことでも積み重なれば大きくなる。

★ **月とすっぽん**…二つのものが似ているようでいて、非常に違《ちが》っていること。 類 提灯《ちょうちん》に釣《つ》り鐘《がね》

角《つの》を矯《た》めて牛を殺す…少しの欠点を直そうとして、かえってそのもの自体を駄目《だめ》にする。

★ **鉄は熱いうちに打て**…①若いうちにいろいろ吸収しておくほうがいい。②物事をするのに適切な時機を逃《のが》してはいけない。

★ **出る杭《くい》は打たれる**…出しゃばると、周囲から非難される。優《すぐ》れた者はとかく憎まれる。

★ **灯台下《もと》暗し**…身近なことは、かえってわからないものだ。

豆腐《とうふ》にかすがい…何の反応も効き目もないこと。
類 ぬかに釘《くぎ》・暖簾《のれん》に腕押《うでお》し

★ **年寄りの冷や水**…年を取った人が、若いつもりで無理をすること。 例 祖父が外国で登山なんて、年寄りの冷や水だ。

★ **取らぬ狸《たぬき》の皮算用**…まだ決定していないことを当てにしたり、あれこれ計画したりすること。

★ **どんぐりの背比《せいくら》べ**…程度が同じくらいで、違《ちが》いのないこと。
類 五十歩百歩・大同小異・同工異曲・目くそ鼻くそを笑う

★★**鳶《とんび(とび)》が鷹《たか》を生む**…平凡《へいぼん》な親から優《すぐ》れた子が生まれる。
対 瓜《うり》のつるに茄子《なすび》はならぬ・蛙《かえる》の子は蛙

な・は

長い物には巻かれろ…強い者にはしたがったほうが得である。

★**泣きっ面《つら》に蜂《はち》**…不運の上にさらに不運が重なること。
類 踏《ふ》んだり蹴《け》ったり・弱り目に祟《たた》り目

★**情けは人の為《ため》ならず**…人に親切にすると、いずれ自分によいことが巡《めぐ》ってくる。人には親切にするべきだ。

★**七転《ななころ》び八起《やお》き**…何度失敗しても、あきらめずに奮《ふる》い立つこと。「七転八起《しちてんはっき》」ともいう。（「七転八倒《ばっとう》」と間違《まちが》えないように。）

★**習うより慣れろ**…物事は人に教えられるより、実際に自分で経験したほうが早く身につく。

★**二階から目薬**…思うようにならず、うまくいかないこと。

憎《にく》まれっ子世にはばかる…人から憎《にく》まれるような人に限って、世間で勢いを振《ふ》るうものだ。例 あの人は意地悪なのだが、憎《にく》まれっ子世にはばかるで、大きな会社の社長らしい。

★**二兎《にと》を追う者は一兎《いっと》をも得ず**…欲張って二つのことをうまくやろうとすると、どちらも失敗に終わること。類 虻蜂《あぶはち》取らず 対 一挙両得・一石二鳥

★**ぬかに釘《くぎ》**…何の手応えも効き目もないこと。類 豆腐《とうふ》にかすがい・暖簾《のれん》に腕押《うでお》し

★**猫《ねこ》に小判**…価値のわからない者に高価なものを与《あた》えても無駄《むだ》であること。類 豚《ぶた》に真珠《しんじゅ》

★**能ある鷹《たか》は爪《つめ》を隠《かく》す**…本当に実力がある者はむやみにそれを出したりしない。

★**暖簾《のれん》に腕押《うでお》し**…何の手応えもないこと。類 豆腐《とうふ》にかすがい・ぬかに釘《くぎ》 例 人気ゲーム機の次の入荷日を店員に尋《たず》ねたが、暖簾に腕押しで、全然わからなかった。

★**花より団子《だんご》**…風流などよりも実益を選ぶことのたとえ。

★**早起きは三文《さんもん》の徳**…朝早く起きると、何かと良いことがある。

★**人の口には戸は立てられない**…世間のうわさや評判が広まるのは防ぎようがないということ。

★**人のふり見て我《わ》がふり直せ**…他人の行動の善し悪しをよく見て、自分の行動を改めよということ。

★**火のないところに煙《けむり》は立たぬ**…うわさが立つからには、必ず何らかの原因があるはずだ。

★**ひょうたんから駒《こま》が出る**…思いがけないことが起こる。
類 嘘《うそ》から出た実《まこと》

★**豚《ぶた》に真珠《しんじゅ》**…価値のわからない者に高価なものを与《あた》えても無駄《むだ》であること。類 猫《ねこ》に小判

★**下手の横好き**…下手なのに、そのことをするのが妙《みょう》に好きだということ。対 好きこそ物の上手なれ

★**仏の顔も三度**…温和な人も、何度もひどいことをされれば怒《おこ》る。

★**骨折り損《ぞん》のくたびれもうけ**…苦労しても何の成果も上がらず、疲《つか》れるだけで終わってしまう。類 労多くして功少なし

ま・や・ら・わ

★★**まかぬ種は生えぬ**…何もしなければ、何も起こらない。何か行動をしなければ、結果は生まれない。対 果報は寝《ね》て待て・待てば海路の日和《ひより》あり

★**待てば海路《かいろ》の日和《ひより》あり**…じっと待っていれば、やがて幸運が訪《おとず》れる。類 果報は寝《ね》て待て 対 まかぬ種は生えぬ

★**身から出たさび**…自分のしたことのせいで自ら苦しむこと。類 自業《じごう》自得

★**三つ子の魂《たましい》百まで**…幼いときの性質は一生変わらない。

★**昔取った杵柄《きねづか》**…年を重ねても衰《おとろ》えない技術。

目くそ鼻くそを笑う…欠点のある人が自分の欠点に気づかず、他人の欠点を馬鹿《ばか》にすることのたとえ。類 五十歩百歩・大同小異・同工異曲・どんぐりの背比《せいくら》べ

★★**餅《もち》は餅屋《もちや》**…物事は専門家に任せるべきだ。類 蛇《じゃ》の道は蛇《へび》

★★**柳《やなぎ》の下にいつもどじょうはいない**…たまたまうまくいった方法を続けても、いつもうまくいくとは限らない。類 守株《しゅしゅ》・舟《ふね》に刻みて剣《けん》を求む

★**藪《やぶ》をつついて蛇《へび》を出す**…余計なことをして、かえって災《わざわ》いを招くこと。「藪蛇《やぶへび》」ともいう。対 触《さわ》らぬ神に祟《たた》りなし

★**弱り目に祟《たた》り目**…災難にさらに災難が重なること。類 泣きっ面《つら》に蜂《はち》・踏《ふ》んだり蹴《け》ったり 例 遅刻《ちこく》はするし忘れ物はするしで、弱り目に祟《たた》り目だ。

楽あれば苦あり…楽しいことのあとには苦しいことがある。

★**類は友を呼ぶ**…趣味《しゅみ》や考えの似ている人たちは自然と集まる。

労多くして功少なし…苦労が多い割には、効果が少ないこと。類 骨折り損《ぞん》のくたびれもうけ

★**ローマは一日にして成らず**…大きなことを成し遂《と》げるには、長い年月をかけて努力を積み重ねなければならない。

論語読みの論語知らず…知識はあるが実行が伴《ともな》わないことのたとえ。

★**論より証拠《しょうこ》**…議論をするよりも、証拠《しょうこ》を示せばすぐに解決する。

★**若い時の苦労は買ってでもせよ**…若い時の苦労は貴重な経験となるから、自ら進んで求めていくべきだ。類 かわいい子には旅をさせよ・獅子《しし》の子落とし

★**渡《わた》る世間に鬼《おに》はない**…世の中には、冷酷《れいこく》で薄情《はくじょう》な人ばかりではなく、親切で心の温かい人もいるのだ。

★**笑う門《かど》には福来《きた》る**…笑いが絶えない家には、幸運が訪《おとず》れる。

③ 四字熟語

1 四字熟語とは

四字熟語とは、四字の漢字を組み合わせてできた熟語(↓459ページ)の総称《そうしょう》だが、特に**古くから言いならわされてきたもの**を指す。
そのような四字熟語は、昔からの言い伝えをもとにした慣用句(↓476ページ)や故事成語(↓500ページ)の仲間といえるものである。

例 我田《がでん》引水……自分に都合よく物事を進めること。
米作りのために欠かせない用水の流れを変えて、自分の田んぼ(我田)にだけ水を引く(引水)と、他人の田んぼに水が流れなくなってしまうということから、他人を顧《かえり》みず、自己中心的な振《ふ》る舞《ま》いをすることをいうようになった。

例題

1 次の四字熟語の意味はどれか。あとから選び、記号で答えなさい。
(1) 首尾一貫《しゅびいっかん》 (2) 十人十色《といろ》 (3) 以心伝心 (4) 奇想《きそう》天外
ア 言葉を交《か》わさなくても互《たが》いに意思が通じること。
イ 人の好みや性質はそれぞれ違《ちが》うということ。
ウ 法律や命令がすぐに変わって定まらないこと。
エ 最初から最後まで、筋が通っていること。
オ 想像がつかないほど意外で途方《とほう》もないさま。

参考 日本で生まれた四字熟語
● **昔の生活からできたもの**
手前味噌《てまえみそ》…自分のことをほめること。
手練手管《てれんてくだ》…人をだます方法のこと。
● **戦後にできたもの**
駅弁大学…戦後に多数できた大学をいう。
昭和元禄《げんろく》…戦後昭和の天下太平のさまを、江戸《えど》時代の元禄年間にたとえた言葉。
● **近年の社会情勢からできたもの**
老老介護《かいご》…高齢《こうれい》者が高齢者を介護すること。
地産地消…その土地のものをその土地で消費すること。

解答
1 (1)エ (2)イ (3)ア (4)オ

解説
1 それぞれを使った短文は次の通り。
(1)あの人の言うことは首尾一貫している。
(2)人の個性は十人十色だ。
(3)彼《かれ》とは以心伝心の仲だ。
(4)奇想天外な作戦で勝利を収めた。

四字熟語一覧

※重要度を★の数で示しています。

あ

★悪戦苦闘《くとう》…強敵相手に苦しい戦いをする。また、苦しい状況《じょうきょう》の中で賢明《けんめい》に努力する。

★悪口雑言《あっこうぞうごん》…さまざまな悪口をいうこと。

★暗中模索《もさく》…手掛《てが》かりや見通しもなく、手探《さぐ》りであれこれ試みること。

★意気消沈《しょうちん》…気持ちが落ち込《こ》むこと。

★意気投合…互《たが》いの気持ちや考えが合うこと。

★異口《いく》同音…皆《みな》が同じことを言う。例 何人ものメンバーが異口同音に文句を言う。

★以心伝心…口に出して言わなくても、互《たが》いに意思が通じること。

一言居士《いちげんこじ》…何事にも必ず一言言わないと気が済《す》まない人。

★一期一会《いちごいちえ》…出会いは一生に一度限りであること。

★一日《いちじつ》千秋…非常に待ち遠しいこと。例 兄が留学に旅立って四年。一日千秋の思いで帰りを待つ。

★一念発起《ほっき》…今までの心を改め、事を成し遂《と》げようと決心すること。

★一部始終《しじゅう》…始めから終わりまで。

★一望千里…広大な眺《なが》めを一目で見られること。

一網打尽《いちもうだじん》…悪人などをごっそりと捕《と》らえること。例 アジトを割り出し、犯罪グループを一網打尽にした。

一目瞭然《いちもくりょうぜん》…ひと目見ただけではっきりとわかること。

一利一害…良いところもあるが、悪いところもあること。類 一長一短・一得一失

一攫《いっかく》千金…一度にたやすく大金を得ること。

★一喜一憂《いちゆう》…喜んだり心配したりと、落ち着かないこと。

一騎《いっき》当千…非常に強いこと。飛び抜《ぬ》けて能力が高いこと。

★一挙一動…一つ一つの振《ふ》る舞《ま》い。ちょっとした動作。

★一生懸命《けんめい》…物事を必死にやること。一所懸命。

★一触即発《いっしょくそくはつ》…ちょっとしたことがきっかけで、大事件や大事故が起こる危機に直面している状態。

★一進一退…進んだり退いたり、良くなったり悪くなったりすること。例 一点取っては追いつかれ、一進一退の攻防《こうぼう》が続く。

★一心同体…二人以上の人が心を一つにして行動をすること。

★一心不乱…心を一つのことに集中させ、ほかに気をとられないこと。類 一意専心・脇目《わきめ》も振《ふ》らず

★一世一代…一生に一度だけのこと。例 国立劇場のステージとは、一世一代の大舞台《おおぶたい》だ。

★**一石二鳥**…一つの行為《こうい》から二つの利益を得ること。類一挙両得 対虻蜂《あぶはち》取らず・二兎《にと》を追う者は一兎《いっと》をも得ず

★**一長一短**…良いところも悪いところもあること。類一利一害・一得一失

★**因果応報**《いんがおうほう》…善い行いをすれば善い報《むく》いが、悪い行いをすれば悪い報いがあるということ。

★**右往左往**…慌《あわ》てふためいてあちこち動き回る様子。

有象無象《うぞうむぞう》…平凡《へいぼん》で、取るに足らないものや人。

海千山千…長年経験を積み、世の中の裏も表も知り尽《つ》くしたずる賢《がしこ》い人。

★**栄枯盛衰**《えいこせいすい》…栄えることもあれば、衰《おとろ》えることもあること。

★**傍(岡)目八目**《おかめはちもく》…第三者のほうが当事者たちより、その本質がよくわかるということ。

か

★**我田引水**《がでんいんすい》…自分に都合のいいように説明したり、事を運んだりすること。

感慨無量《かんがいむりょう》…身にしみて、心へ深く感じること。感無量。

★**完全無欠**…欠点が何もないこと。例彼《かれ》は人柄《ひとがら》もよければ能力も優《すぐ》れている。完全無欠な人物だ。

★**危機一髪**《ききいっぱつ》…すぐそばまで危険が迫《せま》っている状態。

★**起死回生**…駄目《だめ》になりそうな危機から立ち直らせること。

奇想天外《きそうてんがい》…普通《ふつう》ではまったく思いつきそうにないほど考えなど奇抜《きばつ》であるさま。

★**急転直下**…物事の成り行きが急に変わって、一気に終わりに近づくこと。

共存共栄《きょうぞんきょうえい》…共に生存し、共に栄えること。

★**空前絶後**…今までもこれから先も例を見ないほど珍《めずら》しいこと。

厚顔無恥《こうがんむち》…恥知《はじ》らずで厚かましいこと。類面《つら》の皮が厚い

★**広大無辺**…広く果てのないこと。例広大無辺な海を眺《なが》める。

荒唐無稽《こうとうむけい》…現実離《ばな》れした、でたらめなこと。

★**公平無私**…私的な感情を交えず公平に対応すること。類公明正大

★**公明正大**…公平で隠《かく》し事がなく、正しく堂々としていること。類公平無私

孤軍奮闘《こぐんふんとう》…味方もなく、たった一人で懸命《けんめい》にがんばること。

★**古今東西**《ここんとうざい》…今も昔も、あらゆるところ。いつでも、どこでも。

★**孤立無援**《こりつむえん》…周囲からの助けがなく、ひとりぼっちであること。

★**言語道断**《ごんごどうだん》…あまりにひどくて言葉も出ないほどであること。

さ

★**三寒四温**…冬に三日ぐらい寒い日が続いたあと、四日ほど暖かい日が続き、これが繰《く》り返されること。

★**自画自賛**…自分で自分のことをほめること。類手前味噌《てまえみそ》

★**時期尚早**《しょうそう》…そのことを実行するには、まだ時が早すぎること。

★**自給自足**…自分に必要なものを自分で生産し、満たすこと。

★**四苦八苦**…非常に悩《なや》み苦しむこと。例 良いアイデアがなかなか浮《う》かばず、四苦八苦しながら作品を作りあげた。

★**試行錯誤**《さくご》…困難な状態にあるときなど、いろいろな方法を試みて、失敗を繰《く》り返しながら解決法を探すこと。

★**自業自得**《じごう》…自分でした悪いことの報《むく》いを受けること。
類 身から出たさび

事実無根…事実に基《もと》づいていないこと。類 根も葉もない

七難八苦…多くの苦難が重なってしまうこと。

★**質実剛健**《ごうけん》…飾《かざ》り気がなく真面目《まじめ》で、心も体もたくましいこと。

疾風迅雷《しっぷうじんらい》…すばやく、激しいこと。例 試合開始直後から、疾風迅雷の攻撃《こうげき》をかける。

★**弱肉強食**…強い者が弱い者をつぶし、栄えること。

縦横無尽《むじん》…自分の思うままにできる様子。類 自由自在

終始一貫《いっかん》…最初から最後まで、考えや態度が変わらないこと。

自由自在…自分の思うままにできる様子。類 縦横無尽
類 首尾《しゅび》一貫

★**十人十色**《といろ》…好みや考えなどが、人それぞれ違《ちが》うこと。

★**主客転倒**《しゅかくてんとう》…物事の順序や立場などが逆になること。
類 本末転倒

★**取捨選択**《せんたく》…不必要なものを捨てて必要なものだけを選び取ること。例 今後の対策を案の中から取捨選択する。

★**首尾一貫**《しゅびいっかん》…初めから終わりまで、考えや行動の筋が通っている。類 終始一貫

★**順風満帆**《まんぱん》…物事が順調に進行すること。

枝葉末節《しようまっせつ》…本質からそれた、取るに足らない事柄《ことがら》。例 枝葉末節にとらわれず、大局を見なければならない。

初志貫徹《かんてつ》…当初の志や思いを最後まで貫《つらぬ》き通すこと。

支離滅裂《しりめつれつ》…筋が通っておらず、滅茶苦茶《めちゃくちゃ》なこと。
対 理路整然 例 最初と最後で言っていることが違《ちが》うなんて、この本は支離滅裂だ。

四六時中…一日中。日夜。いつも。

★**心機一転**…何かのきっかけで心持ちがすっかり変わること。

★**針小棒大**…たいしたことでないことを、おおげさにいうこと。

新進気鋭《きえい》…その分野に新しく出てきて勢いが盛《さか》んで、将来有望であること。また、その人。

森羅万象《しんらばんしょう》…この宇宙に存在する、ありとあらゆるものすべて。

★**晴耕雨読**…晴れた日は田畑を耕し、雨の日は読書をするというように、気ままに生活すること。

★**青天白日**《はくじつ》…①心にやましいことがまったくないこと。②無罪が明らかになること。

清廉潔白《せいれんけっぱく》…心が清らかで、少しも私欲がないこと。例 あの人の悪いうわさは聞いたことがない。清廉潔白な人物だよ。

責任転嫁《てんか》…自分が負うべき責任をほかの者におしつけること。

絶体絶命…逃《のが》れることができないほど、追い詰《つ》められた状態。例 試合終了《しゅうりょう》間際《まぎわ》で相手に逆転され、絶体絶命の窮地《きゅうち》に陥《おちい》った。

千客万来《せんきゃくばんらい》…たくさんの客が、次々にやってくること。

前後不覚…物事のあと先もわからないほど、正常な判断ができないこと。

★**千差万別**《せんさばんべつ》…物事の種類や様子に多くの差があること。例 好きな食べ物は人それぞれ、千差万別だ。

前代未聞《みもん》…これまでに聞いたことがなく珍《めずら》しいこと。

★**先手必勝**…人より先に行動することで、相手より優位に立つこと。「先んずれば人を制す」ともいう。

★**千変万化**《せんぺんばんか》…状況《じょうきょう》や状態が次々と変化し、少しもとどまっていないこと。

★**創意工夫**…誰《だれ》も考えつかなかったことや、それを行う方法を考えること。

た

大言壮語《たいげんそうご》…できそうにもないことをおおげさに言うこと。

★**泰然自若**《たいぜんじじゃく》…落ち着いていて、物事にも動じないこと。例 非難を浴びても動じず、泰然自若に構える。

★**大胆不敵**《だいたんふてき》…恐《おそ》れることなく、思い切ったことをする度胸がある。例 相手の隙《すき》をついて一気に本陣《ほんじん》を狙《ねら》う、大胆不敵な計画だ。

★**大同小異**…少しの違《ちが》いしかなく、ほぼ同じであること。

他力本願《たりき》…他人の力に頼《たよ》って事を成すこと。

猪突猛進《ちょとつもうしん》…あと先の事を考えず、がむしゃらに行動すること。

★**適材適所**…その人の性格や能力に応じて、地位や仕事を与《あた》えること。

★**天変地異**《てんぺん》…天地間に起こる異変。例 地震《じしん》や火山噴火《ふんか》などの天変地異に備えなければならない。

★**当意即妙**《そくみょう》…その場に合わせてすばやく機転を利《き》かせること。

★**東奔西走**《とうほん》…あちこちを忙《いそ》しく走り回ること。

な

★**独立独歩**《どっぽ》…他人に頼《たよ》らず、自分の力で生きていくこと。

内憂外患《ないゆうがいかん》…国内外どちらにも心配の種があること。

★**二束三文**《もん》…数が多くても値段がきわめて安いこと。

★**日進月歩**…技術などがたえず進化すること。例 日進月歩の情報技術。

は

★**破顔一笑**…顔をほころばせて、にっこりと笑うこと。

★**八方《はっぽう》美人**…誰《だれ》からもよく思われようとして調子よく振《ふ》る舞《ま》う人。例 彼《かれ》は八方美人だから、皆《みな》から信用されていない。

波瀾《はらん》(乱)万丈《ばんじょう》…物事の変化が非常に激しいこと。

★**半信半疑**…本当かどうか信じ切れない様子。

百戦錬磨《れんま》…多くの経験を積んで鍛《きた》えられること。

百発百中…予想や計画などがすべてうまくいくこと。

品行《ひんこう》方正…行いや心が正しいこと。類 清廉《せいれん》潔白

★**不言《ふげん》実行**…言わずに実行すること。※「有言実行」は近年の造語。例 不言実行、人知れずボランティア活動を続けてきた。

不即不離《ふそくふり》…関係が深すぎず、離《はな》れすぎもしないこと。例 社長と副社長は不即不離でいい距離《きょり》感を保っている。

★**不眠《ふみん》不休**…休みもしないで物事を一生懸命《けんめい》続けること。

★**本末転倒《ほんまつてんとう》**…重要な事柄《ことがら》とささいな事柄を取り違《ちが》えること。類 主客転倒 例 ゲームに夢中で勉強を疎《おろそ》かにするとは本末転倒だ。

ま

★**満場一致《いっち》**…その場にいる人全員の意見が同じになること。

★**無我《むが》夢中**…我を忘れて、何かに熱中すること。例 明け方まで無我夢中で本を読む。

★**無味乾燥《かんそう》**…何の味わいも面白《おもしろ》みもないこと。

や

★**唯一無二《ゆいいつむに》**…世の中にただ一つだけで、二つとないこと。

★**優柔《ゆうじゅう》不断**…なかなか決断できないこと。例 いつも迷って決められない、優柔不断な性格だ。

★**悠悠《ゆうゆう》(悠々)自適**…世間のわずらわしさから逃《のが》れて、自分の思いのままに暮らすこと。

★**油断大敵**…注意を怠《おこた》ると、とんでもないことが起こるという戒《いまし》め。

★**用意周到《しゅうとう》**…用意が充分《じゅうぶん》で、手ぬかりのないこと。例 あらゆる可能性を想定し、用意周到にして当日を迎《むか》える。

ら・わ

★**利害得失**…利益と損害。得るものと失うもの。例 利害得失を考えて販売《はんばい》戦略を決定する。

離合《りごう》集散…離《はな》れたり、集まったりする。例 選挙に向けて離合集散を繰《く》り返す政治家は信用できない。

立身出世…社会的に高い地位に就《つ》いて、世に認められること。

理路整然…物事や話の筋道がきちんと整っていること。

輪廻《りんね》転生《てんしょう》…霊魂《れいこん》が繰《く》り返しほかのものに生まれ変わること。対 支離滅裂《しりめつれつ》

★**老若男女《ろうにゃくなんにょ》**…老いた人も若い人も、男も女も含《ふく》めたすべての人。

和洋折衷《せっちゅう》…日本風と西洋風とを調和させ取り入れること。

④ 故事成語

1 故事成語とは

故事成語とは、**中国の古典に由来し、歴史的な事実や言い伝えをもとに作られた言葉のこと。**先人の知恵《ちえ》や教訓が込《こ》められた、漢文調の格調高い言葉が多く、適切に使うことによって効果的な表現が可能になる。

言葉の意味と故事(元になった話)を知り、正しい意味で使えるようにしよう。

例 井の中の蛙《かわず》大海を知らず

意味…狭《せま》い世界のことしか知らず、自分のいるところがすべてだと思い込んでいること。見聞きしたことや考えが狭《せま》いことをいう。

故事…『荘子《そうじ》』という書物に、「井の中の蛙と海のことを語ることはできないのは、井戸という狭い場所にとらわれているからだ」とあることによる。

例題

1 次の故事成語の（　）に入る漢数字を［　］から選び、漢字で答えなさい。(組み合わせて使ってもよい。)

(1)（　）聞は（　）見にしかず
(2)（　）歩（　）歩
(3) 白髪《はくはつ》（　）丈《じょう》
(4)（　）将功成って（　）骨枯《か》る
(5)（　）牛の（　）毛

一	二	三	四
五	六	七	八
九	十	百	千
万	億	兆	京《けい》

参考 夏目「漱石《そうせき》」の由来

明治時代の文豪《ぶんごう》、夏目漱石の「漱石」というペンネームは、「漱石枕流《そうせきちんりゅう》」という故事成語から来ている。

晋《しん》の孫楚《そんそ》が、「自然の中でひっそり暮らす」という意味の「枕石漱流」(石に枕《まくら》し流れに漱《くちすす》ぐ)を、間違《まちが》えて「漱石枕流」(石に漱ぎ流れに枕す)と言ってしまった。そのことを指摘《してき》されると、「石に漱ぐとは歯を磨《みが》くことで、流れに枕すとは耳を洗うことだ」と言い張り、ごまかした。この故事から「負け惜《お》しみが強い」ことや、「無理矢理なこじつけ」を「漱石枕流」というようになった。

解答

1 (1) 百・一　(2) 五十・百
(3) 三千　(4) 一・万
(5) 九・一

解説

1 (3)「三千」という語は「極《きわ》めて多い」という意味で使われることが多い。

故事成語一覧

※重要度を★の数で示しています。

あ

圧巻…物事の最も優《すぐ》れた部分。例 圧巻の演技。
故事 昔、中国の試験で最も優れた者の答案をいちばん上に置いたことから。

雨垂《あまだ》れ石を穿《うが》つ…小さな力でも根気強くやり続ければ、成し遂《と》げることができる。

一挙両得…一回の動きで、二つのものを得ること。類 一石二鳥 対 虻蜂《あぶはち》取らず・二兎《にと》を追う者は一兎をも得ず

一炊《いっすい》の夢…人の世の栄華《えいが》ははかないこと。「邯鄲《かんたん》の夢」「盧生《ろせい》の夢」ともいう。

★**一朝一夕《いっせき》**…短い時間。例 知識は一朝一夕には身につかない。

井の中の蛙大海《かわずたいかい》を知らず…自分の狭《せま》い知識や経験に囚《とら》われ、ほかに広い世界があることを知らない。類 針の穴から天をのぞく

★**意味深長**…文章や発言に別の深い意味が隠《かく》されていること。

雲泥《うんでい》の差…天と地ほどの隔《へだ》たり。大変な違《ちが》い。類 提灯《ちょうちん》に釣《つ》り鐘《がね》・月とすっぽん

★★**温故《おんこ》知新**…過去の事柄《ことがら》を研究して、新しい知見や見解を得ること。

か

隗《かい》より始めよ…大きな計画は手近なところから始めるとよい。また、言い出した者から先に立って実行するべきだということ。

臥薪嘗胆《がしんしょうたん》…目的を果たすために、自らに試練を課して、努力を続けること。

瓜田《かでん》に履《くつ》を納《い》れず…人に疑われるような行為《こうい》は慎《つつし》みなさいという戒《いまし》め。類 李下《りか》に冠《かんむり》を正さず

禍福《かふく》はあざなえる縄《なわ》のごとし…悪いと思っていたことがきっかけで幸せが来たり、逆もあったり、というように、幸不幸はより合わせた縄のように代わる代わるやって来る。類 塞翁《さいおう》が馬・人間万事《ばんじ》塞翁が馬・沈《しず》む瀬《せ》あれば浮《う》かぶ瀬あり

★**画竜点睛《がりょうてんせい》を欠く**…物事を成し遂《と》げようとするとき、最後の仕上げともいうべき大事な部分が欠けていること。※「睛」は瞳《ひとみ》、黒目のこと。「晴」とは異なる字。

間髪《かんはつ》を入（容）れず…ほんのわずかな間も置かず反応する様子。※「かんぱつ」と読まないこと。

★**疑心暗鬼《あんき》**…疑い出すと、何もかも疑わしく感じるようになる。

木に縁《よ》りて魚《うお》を求む…手段や方法を間違《ちが》えると、努力しても成功しない。

★★**杞憂《きゆう》**…取り越《こ》し苦労《ぐろう》。余計な心配をすること。例 台風の接近で土砂《どしゃ》災害を心配したが、杞憂に終わってほっとした。
故事 杞の国の人が、天が崩《くず》れて落ちてこないかと心配した。

牛耳《ぎゅうじ》る…団体や組織の中心となり、自分の思い通りに動かす。「牛耳を執《と》る」ともいう。

窮鼠《きゅうそ》猫《ねこ》を噛《か》む…弱い者も追い詰《つ》められると強い者に刃向《はむ》かい、苦しめることができる。

玉石混交（淆《こう》）…素晴《すば》らしいものとつまらないものがまじっていること。例 今回の応募《おうぼ》作品は玉石混交だ。

★★**漁夫（父）の利**…二者が争っている隙《すき》に、第三者が利益を横取りすること。

★**蛍雪《けいせつ》の功**…苦労を重ねて学問に励《はげ》み、成功すること。

逆鱗《げきりん》に触《ふ》れる…目上の人を激しく怒《おこ》らせること。

捲土重来《けんどちょうらい》…失敗したものが、再び勢力を盛り返すこと。

★**呉越同舟《ごえつどうしゅう》**…仲の悪い者どうしが同じ場所にいたり、力を合わせたりすること。

虎穴《こけつ》に入らずんば虎子《こじ》を得ず…危険を冒《おか》さなければ、欲《ほ》しいものは手に入らないということ。
対 君子危《あや》うきに近寄らず

★★**五十歩百歩**…大差のないこと。類 どんぐりの背比べ・大同小異・同工異曲・目くそ鼻くそを笑う・似たり寄ったり

★**五里霧中《むちゅう》**…周囲の状況《じょうきょう》がつかめず、判断がつかないこと。方針や見込《みこ》みが立たないこと。

さ

塞翁《さいおう》が馬…人生の幸不幸は予測できないというたとえ。「人間万事《ばんじ》塞翁が馬」ともいう。
類 禍福《かふく》はあざなえる縄《なわ》のごとし

★**歳月《さいげつ》人を待たず**…年月は人の都合に構わず早くたつものだ。

★**七転八倒《ばっとう》**…苦しみのあまり転げ回ること。

★**四面楚歌《そか》**…助けがなくて、自分の周りがすべて敵ばかりであること。
故事 楚の項羽《こうう》が敵に囲まれたとき、敵軍が自分の故郷楚の歌を歌うのを聞き、楚の民が敵に降伏《こうふく》したと思い、嘆《なげ》いた。

柔《じゅう》よく剛《ごう》を制す…弱い者が強い者を負かしてしまうこともある。類 柳《やなぎ》に雪折れなし

★★**守株《しゅしゅ》**…今までのやり方や古い慣習を守るだけでは、新しい対応ができない。うまくいった方法にこだわり、ほかの方法を試《ため》さないこと。「株《くいぜ》を守りて兎《うさぎ》を待つ」ともいう。
類 舟《ふね》に刻みて剣《けん》を求む・柳《やなぎ》の下にいつもどじょうはいない
故事 昔、ある男が、兎が切り株にぶつかって死んだのを見た。それ以後、また兎が獲《と》れるのではないかと期待して、株で待ち続けたが、二度と兎は獲《と》れなかった。

★**助長**…①成長・発達などを助けること。②手助けをしてかえって害すること。

故事 宋《そう》の人が、自分の植えた苗《なえ》を早く成長させようとして、苗を引っ張り、枯《か》らしてしまったという孟子《もうし》の話による。

神出鬼没《しんしゅつきぼつ》…鬼神のように勝手気ままに現れたり隠《かく》れたりして、居所が知れないこと。

★**推敲**《すいこう》…詩や文章の言葉を何度も直して練り上げること。

故事 唐《とう》の詩人である賈島《かとう》が「僧《そう》は推《お》す月下の門」の詩句の「推す」を「敲《たた》く」にしようか迷っていたところ、韓愈《かんゆ》という都の長官の行列に行き当たってしまった。ところが韓愈は怒《おこ》るどころか、「それは君、『敲く』のほうが良いな。」と言ったという。

杜撰《ずさん》…詩や文章などに間違《まちが》いが多いこと。取り扱《あつか》いがいい加減なこと。

青天の霹靂《へきれき》…予想していなかったような突然《とつぜん》の出来事。

類 寝耳《ねみみ》に水・藪《やぶ》から棒

★**切磋琢磨**《せっさたくま》…学問や人格の向上に励《はげ》むこと。また、友人どうしで互《たが》いに励まし合い競《きそ》い合って、向上を図《はか》ること。

★**千載一遇**《せんざいいちぐう》…ほとんど訪《おとず》れそうもないくらい良い機会。

備えあれば憂《うれ》**いなし**…日頃《ひごろ》からしっかりと準備しておけば、万一のことがあっても心配しなくて済《す》む。

た・な

★**大器晩成**《たいきばんせい》…幼い頃《ころ》は目立たなくても、少しずつ成長し、のちに立派な人物になること。対 栴檀《せんだん》は双葉《ふたば》より芳《かんば》し

★**大は小を兼**《か》**ねる**…大きいものは小さいものの代わりとして使うこともできる。大きいものは小さいものよりも使い道が広い。対 杓子《しゃくし》は耳かきにならず

★**他山の石**…他人の劣《おと》った言動を自分を磨《みが》く戒《いまし》めとして役立てること。類 人こそ人の鏡・人のふり見て我《わ》がふり直せ

★★**蛇足**《だそく》…あっても意味のない無用なもの。無駄《むだ》なつけ足し。

玉に瑕《きず》…立派なものや優《すぐ》れたものにある、わずかな欠点。

★**単刀直入**…前置きなしに、いきなり本題に入ること。

★**朝三暮四**…目先の違《ちが》いにだまされて、結局は同じであることに気づかないこと。また、うまい話で人をだますこと。

故事 狙公《そこう》が飼っている猿《さる》に「とちの実」を朝三個、夜四個やると言ったら猿が怒《おこ》ったので、朝四個、夜三個やると言ったら、猿は大喜びした。

★**朝令暮改**《ぼかい》…規則や命令がころころ変わって定まらないこと。

徹頭徹尾《てっとうてつび》…最初から最後まで。どこまでも。

★**登竜門**…厳しくはあるが、突破《とっぱ》すれば立身出世できる関門。

★**虎**《とら》**の威**《い》**を借る狐**《きつね》…権力のある人物の威力を借りていばる、つまらぬ者のたとえ。

は

敗軍《はいぐん》の将《しょう》は兵を語らず…負けた将軍は、兵法について語る資格がないということで、失敗した者はその件について意見を言う資格がないということ。

★**背水の陣《じん》**…あとがない状況《じょうきょう》の中で、決死の覚悟《かくご》でことにあたること。

★**馬脚《ばきゃく》を露《あらわ》す**…隠《かく》していたものが表に出てしまう。

伯仲《はくちゅう》…実力が釣《つ》り合っていて、優劣《ゆうれつ》がつけにくいこと。

白髪三千丈《はくはつさんぜんじょう》…心配事のために、白髪《しらが》が長く伸《の》びたことを誇張《こちょう》していった言葉。また、長い間憂《うれ》いや悩《なや》みを抱《かか》えていること。

白眉《はくび》…数あるもののうち、最も優《すぐ》れている人やもの。
故事 中国の蜀《しょく》の馬氏《ばし》の子は、五人兄弟だった。みな秀才《しゅうさい》だったが、最も優れていた長男の馬良《ばりょう》には、眉《まゆ》に白い毛があった。

★**馬耳東風《ばじとうふう》**…他人の意見や忠告を、真剣《しんけん》に受け止めず聞き入れないこと。類 馬の耳に念仏

★**破竹《はちく》の勢い**…止めることができないほど、勢いが盛《さか》んで激しい様子。

破天荒《はてんこう》…今まで誰《だれ》もしたことがないことをやってのけること。

針のむしろ…一時も気の休まるところのない、つらい場所。

万事休す…もうどうにもならないこと。

★**百聞《ひゃくぶん》は一見に如《し》かず**…何回も話を聞くよりも、実際に自分の目で確かめるほうがよくわかる。

★**覆水盆《ふくすいぼん》に返らず**…取り返しのつかないこと。
故事 昔、中国の太公望は貧乏《びんぼう》なのに読書ばかりしているので、妻は離縁《りえん》して去った。その後、太公望が出世すると、妻は再婚《さいこん》を願ったが、太公望は盆の水をこぼし、その水を元に戻《もど》せたら再婚しようと言って、断った。

舟《ふね》に刻みて剣《けん》を求む…時代の移り変わりに気づかず、古い考え方やしきたりにこだわること。類 株《くいぜ》を守りて兎《うさぎ》を待つ・守株《しゅしゅ》・柳《やなぎ》の下にいつもどじょうはいない

付和雷同《らいどう》…深く考えず、他人の意見に簡単に賛成すること。類 尻馬《しりうま》に乗る

粉骨砕身《ふんこつさいしん》…力の限り努力すること。苦労を惜《お》しまず働くこと。類 身を砕《くだ》く・骨身を削《けず》る・身を削る・身を粉《こ》にする

傍若無人《ぼうじゃくぶじん》…人前でも遠慮《えんりょ》せず、勝手気ままに振《ふ》る舞《ま》うこと。「傍《かたわ》らに人無きが若《ごと》し」とも読む。

墨守《ぼくしゅ》…古い慣習や自分の説を固く守り、変えないこと。
故事 楚《そ》が宋《そう》を攻《せ》めようとしたとき、墨子《ぼくし》は机上《きじょう》の模擬《もぎ》戦で楚の新兵器による攻撃《こうげき》から九回とも宋の城を守った。これにより、ついに楚王に宋を攻撃させることを断念させた。

ま

枕《まくら》を高くして眠《ねむ》る…安心して眠る。「枕を高くする」ともいう。
例 泥棒《どろぼう》が捕《つか》まったから、枕を高くして眠れるよ。

満を持《じ》す…十分に準備し機会を待つ。

水清ければ魚《うお》すまず…行いが立派で心がきれいすぎる人の元には、あまり人が寄りつかないということ。

身を粉《こ》にする…苦しいことも嫌《いや》がらず、持てる限りの力を出して働く。
類 粉骨砕身《ふんこつさいしん》・身を砕《くだ》く・骨身を削《けず》る・身を削る

★★**矛盾《むじゅん》**…つじつまの合わないこと。
故事 昔、矛《ほこ》(やりのような武器)と盾《たて》を売る商人がいて、「この矛は鋭《するど》くて、どんなものでも突《つ》き通せる。この盾は頑丈《がんじょう》で、どんなものも突き通さない」と言っていた。それを聞いた人が「では、その矛でその盾を突くとどうなるか」と尋《たず》ねた。商人は答えられなかった。

明鏡止《し》水《すい》…心が静かで澄《す》み切っている。

孟母三遷《もうぼさんせん》の教え…子どもの教育には環境《かんきょう》が大切であるという教え。
故事 孟子《もうし》の母は、子どもの教育にふさわしい場所を求めて、墓の側《そば》から市場の近く、そして学校の近くへと家を三回移った。

や・ら・わ

★**有名無実**…名前ばかりで、実質が伴《ともな》わないこと。評判は高いが中身はそれほどの価値がないこと。

羊頭狗肉《くにく》…外見は立派にしているが、中身は劣《おと》っていること。
故事 羊の頭を看板に掲《かか》げ、いかにも羊の肉を売っているように見せながら、実は犬の肉を売っていることから。

李下《りか》に冠《かんむり》を正さず…人から疑われるような、紛《まぎ》らわしい行動は慎《つつし》むべきだということ。類 瓜田《かでん》に履《くつ》を納《い》れず
故事 「李」はすももの木。すももの木の下で冠を直そうと頭に手をやると、すももの実を盗《ぬす》もうとしていると疑われてしまうことから。

★**竜頭蛇尾《りゅうとうだび》**…最初は勢いがいいが、最後は勢いがふるわないこと。

★**良薬は口に苦し**…自分にとってためになる忠告は、なかなか素直《すなお》に聞けない。類 金言耳に逆らう・忠告耳に逆らう

臨機応変…その時の状況《じょうきょう》に応じて適切に対処する。
類 当意即妙《そくみょう》 対 杓子《しゃくし》定規

禍《わざわい》を転じて福となす…自分に降りかかった災難に失望せずに、逆に幸運に変える。類 失敗は成功のもと

和して同ぜず…人と仲良く交際はしても、人に気に入られようとして自説を曲げるようなことはしない。

練習問題

解答→573ページ

1 **次の慣用表現の（ ）には、体に関する語が入る。あてはまる語を□から選んで答えなさい。ただし［ ］内はそれぞれの慣用表現の意味を示している。**

(1)（ ）が早い［食べ物が腐《くさ》りやすい］
(2)（ ）が固い［考え方に柔軟《じゅうなん》性が無い］
(3)（ ）が落ちる［下手になる］
(4)（ ）が軽い［秘密などをすぐに話してしまう］
(5)（ ）に負えない［自分では解決できない］
(6)（ ）を折る［恥《はじ》をかかせる］
(7)（ ）が早い［情報を得るのが早い］
(8)（ ）を光らす［厳しく見張る］
(9)（ ）を持つ［味方をして応援《おうえん》する］
(10)（ ）を長くする［心待ちにする］

目	鼻	口	耳	手	足
頭	首	肩	腕《うで》	胸	腰《こし》

2 **――線部の慣用句の使い方が間違《まちが》っているものを次から選び、記号で答えなさい。**

ア 人の嫌《いや》がる仕事を引き受ける彼《かれ》の行動には、頭が下がる思いだ。
イ 自分のしたことを棚《たな》に上げて、他人を非難するのはどうかと思う。
ウ あんな不正をしたのに、優勝が取り消されないなんて虫の居所が悪い。
エ しばらく会わないうちに彼が引っ越《こ》していったことを風の便りで知った。
オ 祖父は自分の目の黒いうちは、絶対に店をたたまないと言っている。

3 **次の――線部の言葉とほぼ同じ意味の慣用句はどれか。あとから選び、記号で答えなさい。**

> 今日、家に呼んだ友達はみんな、気を遣《つか》う必要のない人ばかりだから、君も気軽に遊びに来てよ。

ア 気が置けない　**イ** 気が気ではない
ウ 気が引ける　**エ** 気が長い

4 次のことわざと同じ内容の教訓を表しているものはどれか。あとから選び、記号で答えなさい。

(1) 思い立ったが吉日《きちじつ》
(2) 猿《さる》も木から落ちる
(3) 月とすっぽん
(4) 泣きっ面《つら》に蜂《はち》
(5) ぬかに釘《くぎ》
(6) 念には念を入れよ
(7) かわいい子には旅をさせよ
(8) 口は禍《わざわい》の元

ア 提灯《ちょうちん》に釣《つ》り鐘《がね》
イ 弱り目にたたり目
ウ 先んずれば人を制す
エ 豆腐《とうふ》にかすがい
オ 弘法《こうぼう》にも筆の誤り
カ 犬も歩けば棒に当たる
キ 石橋をたたいて渡《わた》る
ク 雉《きじ》も鳴かずば撃《う》たれまい
ケ 獅子《しし》の子落とし

---

5 次のことわざと反対の内容の教訓を表しているものはどれか。あとから選び、記号で答えなさい。

(1) 善は急げ
(2) 待てば海路《かいろ》の日和《ひより》あり
(3) 三人寄れば文殊《もんじゅ》の知恵《ちえ》
(4) 触《さわ》らぬ神に祟《たた》りなし
(5) 瓜《うり》のつるに茄子《なすび》はならぬ
(6) あとは野となれ山となれ
(7) 栴檀《せんだん》は双葉《ふたば》より芳《かんば》し
(8) 渡《わた》る世間に鬼《おに》はない

ア 船頭多くして船山に上る
イ 急《せ》いては事を仕損じる
ウ 鳶《とんび》が鷹《たか》を生む
エ 立つ鳥跡《あと》を濁《にご》さず
オ まかぬ種は生えぬ
カ 藪《やぶ》をつついて蛇《へび》を出す
キ 会うは別れの始め
ク 大器晩成
ケ 人を見たら泥棒《どろぼう》と思え

6 **次の――線部の四字熟語から、使い方が正しくないものを選び、記号で答えなさい。**

ア 美辞麗句《れいく》を並べただけでは、人の心には響《ひび》かない。

イ 話を最後まで聞けず、一部始終の理解にとどまった。

ウ どの意見も支離滅裂《しりめつれつ》であり、解決には結びつかない。

エ 天衣無縫《むほう》の彼《かれ》の性格が、その場の雰囲気《ふんいき》を和《やわ》らげる。

オ 友人の助言を参考に、起承転結を意識しながら書き直した。

（福島―改）

7 **次の四字熟語の□に入る数字は何か。漢数字で答えなさい。**

(1) □苦八苦 ［あれこれ苦しむこと］

(2) 二束□文 ［値段が極めて安いこと］

(3) 唯一無□ ［ただ一つだけで二つとないもの］

(4) □客万来《ばんらい》 ［たくさんの客が次々にやって来ること］

(5) 心機□転 ［あることをきっかけに気持ちがすっかり変わること］

(6) □載一遇 ［めったとないまれな機会］

8 **次の――線部の四字熟語から、漢字が間違《まちが》っているものを二つ選び、記号で答えなさい。また、正しい漢字に直してその四字熟語を書きなさい。**

キャプテンがケガで入院してしまった。優勝を狙《ねら》って練習していた僕《ぼく》たちメンバーはア五里夢中の状態に陥《おちい》った。

決勝ではどうしても相手との点差が開かず、イ一進一退の攻防《こうぼう》が続いた。

相手にマッチポイントをとられてウ絶対絶命だと思ったその時、応援《おうえん》席に松葉づえをついたキャプテンの姿が見えた。僕たちはキャプテンの言葉を思い出して、エ一心不乱にボールにくらいついていった。そしてオ逆転勝利をしたのだ。

試合の後で監督《かんとく》からカ前代未聞の快挙だと褒《ほ》められた。

9 **次の（　）に「同」または「異」のどちらかの漢字を入れて、四字熟語を完成させなさい。**

・大（①）小（②）

・（③）口（④）音

・（⑤）工（⑥）曲

10 ——線部の故事成語の使い方として間違っているものを次から選び、記号で答えなさい。

ア 今度の新作映画は、ラストシーンが圧巻だったので、ぜひ最後までしっかり見るといいよ。
イ 社長は前にも嘘《うそ》をついたことがあるから、今回大丈夫《だいじょうぶ》だと言われても、従業員は皆《みな》、疑心暗鬼《あんき》になっている。
ウ 道端《みちばた》で荷物が重くて運べないお年寄りがいたら、助長してあげるべきだ。
エ 祖父に何を言っても馬耳《ばじ》東風なので、説得するのはあきらめた。
オ このコンクールは、プロの映画俳優になるための登竜門なので、若い人がたくさん応募《おうぼ》してくる。

11 「矛盾《むじゅん》」という語を正しく使っている文はどれか。次から選び、記号で答えなさい。

ア 国語の試験と数学の試験の両方で百点を取るなんて、矛盾している。
イ 今年は夏の気温が例年より低く、冬の気温は例年より高いという矛盾した年だった。
ウ 新しいパソコンが欲《ほ》しいけれどもお金は使いたくないという矛盾した欲望がある。

12 次の故事成語の（　）に入る動物の名前を□から選び、漢字で答えなさい。（同じものを二度以上選んでもよい）

・（ ① ）穴に入らずんば（ ② ）子を得ず
・人間万事塞翁《さいおう》が（ ③ ）
・（ ④ ）脚をあらわす
・（ ⑤ ）頭狗肉《くにく》
・竜頭《りゅうとう》（ ⑥ ）尾
・（ ⑦ ）の威《い》を借る（ ⑧ ）

虎　狐　羊　馬　蛇

13 次の故事成語の意味をあとから選び、記号で答えなさい。

(1) 推敲《すいこう》　(2) 杜撰《ずさん》　(3) 白眉《はくび》

ア 数あるもののうち、最も優《すぐ》れている人や物
イ 詩文の言葉を何度も直して練り上げること
ウ 古い考えにこだわること
エ 取り扱《あつか》いがいい加減なこと

章末問題

解答↓575ページ

1 **次の熟語の構成を説明したものとして適切なものをあとから選び、記号で答えなさい。**

(1) 創造　(2) 登山

ア 上の漢字が下の漢字を修飾《しゅうしょく》している。
イ 反対の意味の漢字を組み合わせている。
ウ 下の漢字が上の漢字の対象を表している。
エ 同じような意味の漢字を組み合わせている。
オ 上の漢字と下の漢字が主語と述語の関係にある。

〔群馬〕

2 **次の熟語と構成(組み立て、成り立ち)が同じ熟語をそれぞれあとから選び、記号で答えなさい。**

(1) 絵画
ア 就職《しゅうしょく》　**イ** 日没《にちぼつ》　**ウ** 相違《そうい》
エ 倉庫　**オ** 非常

〔新潟〕

(2) 音声
ア 握力《あくりょく》　**イ** 越境《えっきょう》　**ウ** 合併《がっぺい》　**エ** 伸縮《しんしゅく》

〔石川〕

(3) 開国
ア 営業　**イ** 因果《いんが》　**ウ** 火炎《かえん》　**エ** 必至

〔福井〕

(4) 未来
ア 起伏《きふく》　**イ** 佳作《かさく》　**ウ** 無情　**エ** 打撃《だげき》

〔岐阜〕

(5) 後者《こうしゃ》
ア 穏和《おんわ》　**イ** 緩急《かんきゅう》　**ウ** 執務《しつむ》　**エ** 筆跡《ひっせき》

〔愛媛〕

(6) 共生
ア 投球　**イ** 必着　**ウ** 善悪　**エ** 清潔

〔福岡〕

(7) 決定
ア 独立　**イ** 優劣《ゆうれつ》　**ウ** 入学　**エ** 希望

〔茨城〕

3 **「募金《ぼきん》」という熟語の構成として適切なものを次から選び、記号で答えなさい。**

ア 前と後の漢字が、主語と述語の関係になっている。
イ 前と後の漢字が、似た意味をもっている。
ウ 後の漢字が、前の漢字の目的や対象を表している。
エ 前の漢字が、後の漢字を修飾している。

〔大分〕

4 「利便性」は、二字の熟語に漢字一字の接尾語《せつび》がついて構成されている三字熟語である。「利便性」と同じ構成の三字熟語が〰〰線部に用いられているものを次からすべて選び、記号で答えなさい。

ア 不公平な決定を批判する。
イ あの人はあまりに悲観的だ。
ウ 集団の決まりを明文化する。
エ 人間にとって衣食住は大切だ。
オ その選手は無気力だった。

〔京都〕

5 次の各問いに答えなさい。

(1) 「理に適《かな》う」の「理」と、同じ意味で「理」が使われている熟語をあとから選び、記号で答えなさい。

ア 代理　イ 道理　ウ 整理　エ 心理

〔徳島〕

(2) あとの□の漢字を組み合わせて、次の熟語の類義語をそれぞれ答えなさい。

①名誉《めいよ》　②支援《しえん》　③便利　④作法　⑤専有

独	光	重	助	全	宝
礼	占	拝	栄	儀	力

〔興國高―改〕

6 次の――線部の「明」と、同じ意味で「明」が使われている熟語をあとから選び、記号で答えなさい。

> 真相を解明する。

ア 究明　イ 薄明《はくめい》　ウ 照明　エ 透明《とうめい》

〔高知〕

7 次の――線部と＝＝線部とが反対の意味になるように、あとの漢字を組み合わせてそれぞれ二字の熟語を作る。このとき□に用いない漢字をあとから選び、記号で答えなさい。ただし同じ漢字は一度しか用いない。

> 私の提案は、説明が十分ではなかったために班員から□□されてしまった。しかし、根拠《こんきょ》を明確にして丁寧《ていねい》に説明を重ねたら、今度は□□を得ることができた。

ア 賛　イ 拒　ウ 諾　エ 否　オ 承

〔埼玉〕

8 「偶然《ぐうぜん》」の対義語を漢字で答えなさい。〔山口〕

9 次の熟語について、(1)は類義語、(2)は対義語をあとから選び、記号で答えなさい。

(1) 貢献《こうけん》

ア 介入《かいにゅう》　イ 寄与《きよ》　ウ 躍動《やくどう》　エ 直結 〔福岡〕

(2) 相互《そうご》的

ア 相対的　イ 一方的

ウ 系統的　エ 主体的 〔大阪〕

10 「具体」と「抽象《ちゅうしょう》」のような関係にある語を何というか。適切なものをⅠ群から選び、記号で答えなさい。また、「具体」と「抽象」と同じ関係にある語の組み合わせとして適切なものをⅡ群から二つ選び、記号で答えなさい。

Ⅰ群　ア 多義語　イ 類義語　ウ 対義語

Ⅱ群　カ 巨大《きょだい》―精巧《せいこう》　キ 理論―実践《じっせん》

ク 友人―知人　ケ 刹那《せつな》―瞬間《しゅんかん》

コ 肯定《こうてい》―否定　サ 冷静―猛烈《もうれつ》 〔京都〕

11 「上昇《じょうしょう》」と「下降」の意味における関係と同じ関係にある語の組み合わせを次からすべて選び、記号で答えなさい。

ア 創造―模倣《もほう》　イ 一般《いっぱん》―普通《ふつう》　ウ 促進《そくしん》―抑制《よくせい》

エ 計算―勘定《かんじょう》　オ 熱中―没頭《ぼっとう》 〔岡山―改〕

12 次の熟語の組み合わせのうち、二つの熟語の関係が対義語となっているものを選び、記号で答えなさい。

ア 倹約《けんやく》―節約　イ 恒久《こうきゅう》―永遠

ウ 質疑―応答　エ 消息―音信 〔高知〕

13 次の語は、「和語」「漢語」「外来語」のどれにあたるか答えなさい。

(1) 始まり　(2) 学生　(3) 手袋

(4) 身近　(5) 定着 〔山口―改〕

14 次に示された三つの□には同じ漢字が入る。適切な漢字一字を楷書《かいしょ》で正しく書きなさい。

□を貸す・馬□東風・寝□に水 〔岩手―改〕

15 **次の□に入る言葉を、漢字三字で答えなさい。**

生徒「言葉の中には、本来の意味と異なって使われているものもあることがわかりました。」
先生「例えばどのような言葉がありましたか。」
生徒「『□』という言葉を辞書で調べてみると、『本人の力量に対して役目が軽すぎる』というのが本来の意味であることがわかりました。私は『役目が重すぎる』という意味で理解していました。」

〔埼玉〕

16 **次の慣用句・ことわざのうち、（　）に入る言葉が、ほかの三つと異なるものを選び、記号で答えなさい。なお、【　】の中の説明は、それぞれの慣用句・ことわざの意味を表す。**

ア（　）も杓子《しゃくし》も【何もかも。誰《だれ》も彼《かれ》も。】
イ（　）がいい【自分のことだけ考えてずうずうしいこと。】
ウ（　）に小判《こばん》【価値あるものを与《あた》えても、何の反応も効果もないこと。】
エ（　）の額《ひたい》【面積が非常に狭《せま》いこと。】

〔鳥取〕

17 **次の――線部と同じ意味を表す言葉として適切なものをあとから選び、記号で答えなさい。**

> 彼《かれ》が直面している課題は、ほんの少しの間に解決できるような易しいものではない。

ア 一朝一夕《いっせき》　**イ** 縦横無尽《むじん》
ウ 枝葉《しよう》末節　**エ** 日進月歩

〔埼玉―改〕

18 **次の故事成語とその正しい意味を組み合わせたものとして適切なものをあとから二つ選び、記号で答えなさい。**

ア 温故知新…先人の知恵《ちえ》をそのままの形で保存すること
イ 覆水盆《ふくすいぼん》に返らず…一度したことは取り返しがつかないことのたとえ
ウ 背水の陣《じん》…周到《しゅうとう》に退路を確保して事にあたることのたとえ
エ 竜頭蛇尾《りゅうとうだび》…肉体と精神が並外れて強いことのたとえ
オ 深謀遠慮《しんぼうえんりょ》…はるか先のことまで深く考えて計画を立てること

〔京都〕

19 **次の会話は、和歌子さんが小学校時代の先生と再会したときのやりとりの一部である。会話文中の[a]、[b]に入る適切な言葉を、それぞれあとから選び、記号で答えなさい。**

和歌子「先生、お久しぶりです。お変わりありませんか。」
先　生「やあ、久しぶりだね。私も定年退職してもう三年になるよ。」
和歌子「そうなんですか。今は何をなさっているのですか。」
先　生「市の水泳教室で子供たちに水泳を教えているよ。」
和歌子「泳ぎはお得意なのですか。」
先　生「昔は市の水泳大会で優勝したこともあるんだよ。今でも背泳ぎは得意だよ。[a]ですね。」
和歌子「ほかに、何か仕事をお持ちですか。」
先　生「家で農業もしているよ。この夏は作物が動物に荒《あ》らされて困ったよ。」
和歌子「防ぐ方法はなかったのですか。」
先　生「柵《さく》で囲ったら柵をのぼって入ってくるし、網《あみ》をかけたら土を掘《ほ》って入ってくるし、いくら対策をしても[b]だよ。」

a
ア 立て板に水
イ 昔とった杵柄《きねづか》
ウ 河童《かっぱ》の川流れ
エ まな板の鯉《こい》

b
ア 取らぬ狸《たぬき》の皮算用
イ 鬼《おに》に金棒《かなぼう》
ウ いたちごっこ
エ 蛙《かえる》の子は蛙

〔和歌山―改〕

---

20 **次の対話の[　]に入る言葉として適切なものをあとから選び、記号で答えなさい。**

(1) 夏子さん「冬実と千秋は本当に仲がいいんだね、言葉にしなくても通じ合っている感じだよね。」
冬実さん「千秋とは幼稚園《ようちえん》からずっと一緒《いっしょ》に過ごしてきたから、お互《たが》いのことが[　]でわかるんだ。」

ア 異口同音　**イ** 以心伝心
ウ 自画自賛　**エ** 無我《むが》夢中

(2) 春雄《はるお》さん「先生、作文を書いてきたので、見ていただけますか。」
浅間先生「いいですよ。それでは、職員会議が終わってから[　]読みますね。」

ア 腰《こし》を据《す》えて　**イ** 目を奪《うば》って
ウ 足を棒にして　**エ** 手をこまねいて

〔群馬〕

世界のことわざ

人が生きるうえでの知恵《ちえ》や教えなどを短い言葉で表した「ことわざ」は、日本だけではなく、世界にもたくさんあります。

ここでは、さまざまな地域の、似た意味を持ち、身近な動物が出てくることわざを集めてみました。

▼どんなに貴重なものでも、その価値がわからない者には何の役にも立たない。
・猫《ねこ》に小判・豚《ぶた》に真珠《しんじゅ》（日本）
・熊《くま》に絹を与《あた》えても投げ出す（アラブ）
・驢馬《ろば》にコーランを読む（イラン・アフガニスタン）
・牛に対して琴《こと》を弾《だん》ず（中国）

▼真に優《すぐ》れたものはどんなに悪い状態になっても値打ちがある。
・腐《くさ》っても鯛《たい》（日本）
・名馬は決して駄馬《だば》にならぬ（イギリス）
・蹄《ひづめ》が鈍《にぶ》っても獅子《しし》は獅子（アラブ）

▼どんな名人でも失敗することがある。
・猿《さる》も木から落ちる（日本）
・どんな名馬でもつまずかぬものはない（フランス）
・馬は四つ足でもつまずく（ロシア）
・最良の馬車でもひっくり返ることがある（イギリス）

▼人のあとについて行動するより、指導者となって人を率いるほうがよい。
・鶏口《けいこう》となるも牛後《ぎゅうご》となるなかれ（中国・故事成語）
・ライオンの尾《お》となるよりねずみの頭となれ（スペイン）

▼確実に手にしていないうちにあてにして計算すること。
・捕《と》らぬ狸《たぬき》の皮算用（日本）
・ひよこの孵《かえ》らぬうちにその数を数える（イギリス）
・捕らえる前に熊の皮を売る（アラブ）
・熊を捕らえないうちに熊の皮を売るな（ドイツ）
・ひな鳥は秋に数える（ロシア）

似た意味を持っていても、地域によって出てくる動物が違《ちが》っていて、興味深いものですね。

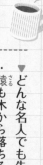

日本の文学史年表

〈 〉内は作者・撰者《せんじゃ》、ないものは不明。
※は成立年不詳の作品。

時代	物語・小説	説話	歌集・連歌・俳諧	随筆	日記	歴史・軍記物	その他
奈良時代（710～794）			万葉集《まんようしゅう》〈大伴家持《おおとものやかもち》ら〉			古事記《こじき》〈太安万侶《おおのやすまろ》〉 日本書紀《にほんしょき》〈舎人親王《とねりしんのう》ら〉	風土記《ふどき》（地誌） 懐風藻《かいふうそう》（漢詩）
平安時代（794～1185）	竹取《たけとり》物語 伊勢《いせ》物語 宇津保《うつほ》物語 落窪《おちくぼ》物語 源氏《げんじ》物語〈紫式部《むらさきしきぶ》〉 堤中納言《つつみちゅうなごん》物語 狭衣《さごろも》物語	※今昔《こんじゃく》物語集	古今和歌集《こきんわかしゅう》〈紀貫之《きのつらゆき》ら〉 和漢朗詠集《わかんろうえいしゅう》〈藤原公任《ふじわらのきんとう》〉 梁塵秘抄《りょうじんひしょう》〈後白河院《ごしらかわいん》〉	枕草子《まくらのそうし》〈清少納言《せいしょうなごん》〉	土佐《とさ》日記〈紀貫之〉 蜻蛉《かげろう》日記〈藤原道綱母《ふじわらのみちつなのはは》〉 和泉式部《いずみしきぶ》日記 紫式部日記 更級《さらしな》日記〈菅原孝標女《すがわらのたかすえのむすめ》〉 讃岐典侍日記《さぬきのすけのにっき》〈藤原長子《ふじわらのながこ》〉	栄花《えいが》物語 大鏡《おおかがみ》 今鏡《いまかがみ》	俊頼髄脳《としよりずいのう》（歌論書）〈源 俊頼《みなもとのとしより》〉
鎌倉時代（1185～1333）		宇治拾遺《うじしゅうい》物語	山家集《さんかしゅう》〈西行《さいぎょう》〉 新古今和歌集《しんこきんわかしゅう》〈藤原定家《ふじわらのさだいえ》ら〉 金槐和歌集《きんかいわかしゅう》〈源 実朝《みなもとのさねとも》〉	方丈記《ほうじょうき》〈鴨長明《かものちょうめい》〉		水鏡《みずかがみ》 愚管抄《ぐかんしょう》〈慈円《じえん》〉	無名草子《むみょうぞうし》（評論）

	江戸時代 (1603～1868)	室町時代 (1336～1573)	鎌倉時代 (1185～1333)
	好色一代男《こうしょくいちだいおとこ》〈井原西鶴《いはらさいかく》〉 日本永代蔵《にっぽんえいたいぐら》〈井原西鶴〉 曾根崎心中《そねざきしんじゅう》〈近松門左衛門《ちかまつもんざえもん》〉 国性爺合戦《こくせんやかっせん》〈近松門左衛門〉 雨月物語《うげつものがたり》〈上田秋成《うえだあきなり》〉 東海道中膝栗毛《とうかいどうちゅうひざくりげ》〈十返舎一九《じっぺんしゃいっく》〉 南総里見八犬伝《なんそうさとみはっけんでん》〈曲亭馬琴《きょくていばきん》〉		
			十訓抄《じっきんしょう》 古今著聞集《ここんちょもんじゅう》〈橘成季《たちばなのなりすえ》〉 沙石集《しゃせきしゅう》〈無住《むじゅう》〉 ※発心集《ほっしんしゅう》〈鴨長明〉
	おくのほそ道〈松尾芭蕉《まつおばしょう》〉 誹風柳多留《はいふうやなぎだる》〈柄井川柳《からいせんりゅう》〉 新花摘《しんはなつみ》〈与謝蕪村《よさぶそん》〉 おらが春〈小林一茶《こばやしいっさ》〉	菟玖波集《つくばしゅう》〈二条良基《にじょうよしもと》ら〉 新撰菟玖波集《しんせんつくばしゅう》〈宗祇《そうぎ》ら〉 閑吟集《かんぎんしゅう》	建礼門院右京大夫集《けんれいもんいんうきょうのだいぶしゅう》
	折《おり》たく柴《しば》の記《き》〈新井白石《あらいはくせき》〉 玉勝間《たまかつま》〈本居宣長《もとおりのりなが》〉		徒然草《つれづれぐさ》〈兼好法師《けんこうほうし》〉
			十六夜日記《いざよいにっき》〈阿仏尼《あぶつに》〉 とはずがたり〈後深草院二条《ごふかくさいんのにじょう》〉
		太平記《たいへいき》 増鏡《ますかがみ》	平家物語《へいけものがたり》 ※源平盛衰記《げんぺいじょうすいき》 ※保元物語《ほうげんものがたり》 ※平治物語《へいじものがたり》
	仮名手本忠臣蔵《かなでほんちゅうしんぐら》(浄瑠璃《じょうるり》)〈竹田出雲《たけだいずも》ら〉 古事記伝・源氏物語玉《たま》の小櫛《おぐし》(国学)〈本居宣長〉	風姿花伝《ふうしかでん》(能楽書)〈世阿弥《ぜあみ》〉	

時代	小説・評論・ノンフィクション	詩・短歌・俳句	海外文学	世の中の出来事
明治時代 (1868〜1912)	学問のすゝめ〈福沢諭吉《ふくざわゆきち》〉 小説神髄《しんずい》〈坪内逍遙《つぼうちしょうよう》〉 当世書生気質《とうせいしょせいかたぎ》〈坪内逍遙〉 浮雲《うきぐも》〈二葉亭四迷《ふたばていしめい》〉 舞姫《まいひめ》〈森鷗外《もりおうがい》〉 五重塔《ごじゅうのとう》〈幸田露伴《こうだろはん》〉 たけくらべ〈樋口一葉《ひぐちいちよう》〉 金色夜叉《こんじきやしゃ》〈尾崎紅葉《おざきこうよう》〉 歌よみに与《あた》ふる書〈正岡子規《まさおかしき》〉 武蔵野《むさしの》〈国木田独歩《くにきだどっぽ》〉 福翁《ふくおう》自伝〈福沢諭吉〉 高野聖《こうやひじり》〈泉鏡花《いずみきょうか》〉 墨汁一滴《ぼくじゅういってき》〈正岡子規〉 吾輩《わがはい》は猫《ねこ》である〈夏目漱石《なつめそうせき》〉 野菊《のぎく》の墓《はか》〈伊藤左千夫《いとうさちお》〉 破戒《はかい》〈島崎藤村〉 坊っちゃん〈夏目漱石〉 草枕《くさまくら》〈夏目漱石〉 蒲団《ふとん》〈田山花袋《たやまかたい》〉 三四郎《さんしろう》〈夏目漱石〉 田舎《いなか》教師〈田山花袋〉 それから〈夏目漱石〉	若菜集〈島崎藤村《しまざきとうそん》〉 みだれ髪《がみ》〈与謝野晶子《よさのあきこ》〉 君死にたまふこと勿《なか》れ〈与謝野晶子〉 海潮音《かいちょうおん》〈上田敏《うえだびん》〉 海の声〈若山牧水《わかやまぼくすい》〉 邪宗門《じゃしゅうもん》〈北原白秋《きたはらはくしゅう》〉	アンナ・カレーニナ〈トルストイ〉 カラマーゾフの兄弟〈ドストエフスキー〉 宝島〈スティーブンソン〉 ハックルベリー・フィンの冒険《ぼうけん》〈トウェイン〉 小公子《しょうこうし》〈バーネット〉 にんじん〈ルナール〉 オズの魔法《まほう》使い〈ボーム〉 桜の園《その》〈チェーホフ〉 ジャン・クリストフ〈ロラン〉 車輪の下〈ヘッセ〉 青い鳥〈メーテルリンク〉 赤毛のアン〈モンゴメリ〉 狭《せま》き門〈ジッド〉 オペラ座の怪人《かいじん》〈ルルー〉	学制公布（1872） 日本で最初の鉄道開通（1872） 国会開設の詔《みことのり》（1881） 大日本帝国《ていこく》憲法公布（1889） 日清戦争（1894〜95） 日露《にちろ》戦争（1904〜05）

明治時代 (1868 ～ 1912)	大正時代 (1912 ～ 1926)
刺青《しせい》〈谷崎潤一郎《たにざきじゅんいちろう》〉 土〈長塚節《ながつかたかし》〉 遠野《とおの》物語〈柳田国男《やなぎだくにお》〉 青年〈森鷗外〉 善の研究〈西田幾多郎《にしだきたろう》〉 元始、女性は太陽であった〈平塚《ひらつか》らいてう〉 お目出たき人〈武者小路実篤《むしゃのこうじさねあつ》〉	彼岸過迄《ひがんすぎまで》〈夏目漱石〉 清兵衛《せいべえ》と瓢箪《ひょうたん》〈志賀直哉《しがなおや》〉 銀の匙《さじ》〈中勘助《なかかんすけ》〉 こころ〈夏目漱石〉 羅生門《らしょうもん》〈芥川龍之介《あくたがわりゅうのすけ》〉 山椒大夫《さんしょうだゆう》〈森鷗外〉 鼻〈芥川龍之介〉 芋粥《いもがゆ》〈芥川龍之介〉 出家とその弟子〈倉田百三《くらたひょくぞう》〉 明暗〈夏目漱石〉 高瀬舟《たかせぶね》〈森鷗外〉 カインの末裔《まつえい》〈有島武郎《ありしまたけお》〉 父帰る〈菊池寛《きくちかん》〉 城《き》の崎《さき》にて〈志賀直哉〉 和解〈志賀直哉〉 生まれ出《い》づる悩《なや》み〈有島武郎〉 田園の憂鬱《ゆううつ》〈佐藤春夫《さとうはるお》〉 或《あ》る女〈有島武郎〉
一握《いちあく》の砂〈石川啄木《いしかわたくぼく》〉	悲しき玩具《がんぐ》〈石川啄木〉 桐《きり》の花〈北原白秋〉 赤光《しゃっこう》〈斎藤茂吉《さいとうもきち》〉 道程《どうてい》〈高村光太郎《たかむらこうたろう》〉 月に吠《ほ》える〈萩原朔太郎《はぎわらさくたろう》〉
マルテの手記〈リルケ〉	失われた時を求めて〈プルースト〉 変身〈カフカ〉 月と六ペンス〈モーム〉
日韓併合条約調印《にっかんへいごうじょうやくちょういん》（１９１０） 大逆事件（１９１０）	辛亥《しんがい》革命（１９１２） 第一次世界大戦（１９１４～１８） ロシア革命（１９１７） シベリア出兵（１９１８） 米騒動《そうどう》（１９１８） 朝鮮三・一独立運動（１９１９）

時代	大正時代 (1912～1926)	昭和時代 (1926～1989)
小説・評論・ノンフィクション	恩讐《おんしゅう》の彼方《かなた》に〈菊池寛《きくちかん》〉 友情〈武者小路実篤《むしゃのこうじさねあつ》〉 杜子春《とししゅん》〈芥川龍之介《あくたがわりゅうのすけ》〉 小僧《こぞう》の神様〈志賀直哉《しがなおや》〉 暗夜行路《あんやこうろ》〈志賀直哉〉 トロッコ〈芥川龍之介〉 蠅《はえ》〈横光利一《よこみつりいち》〉 注文の多い料理店〈宮澤賢治《みやざわけんじ》〉 痴人《ちじん》の愛〈谷崎潤一郎《たにざきじゅんいちろう》〉 檸檬《れもん》〈梶井基次郎《かじいもとじろう》〉	伊豆《いず》の踊子《おどりこ》〈川端康成《かわばたやすなり》〉 セメント樽《だる》の中の手紙〈葉山嘉樹《はやまよしき》〉 河童《かっぱ》〈芥川龍之介〉 放浪記《ほうろうき》〈林芙美子《はやしふみこ》〉 山椒魚《さんしょううお》〈井伏鱒二《いぶせますじ》〉 蟹工船《かにこうせん》〈小林多喜二《こばやしたきじ》〉 夜明け前〈島崎藤村《しまざきとうそん》〉 陰翳礼讃《いんえいらいさん》〈谷崎潤一郎〉 美しい村〈堀辰雄《ほりたつお》〉 蒼氓《そうぼう》〈石川達三《いしかわたつぞう》〉 雪国〈川端康成〉 晩年〈太宰治《だざいおさむ》〉
詩・短歌・俳句	愛の詩集〈室生犀星《むろうさいせい》〉 氷魚《ひお》〈島木赤彦《しまきあかひこ》〉 あらたま〈斎藤茂吉《さいとうもきち》〉 春と修羅《しゅら》〈宮澤賢治〉	第百階級〈草野心平《くさのしんぺい》〉 測量船《そくりょうせん》〈三好達治《みよしたつじ》〉 山羊《やぎ》の歌〈中原中也《なかはらちゅうや》〉 ※私と小鳥と鈴《すず》と〈金子みすゞ〉
海外文学	阿Q正伝《あきゅうせいでん》〈魯迅《ろじん》〉 荒地《あれち》〈エリオット〉 ユリシーズ〈ジョイス〉 魔《ま》の山〈トーマス・マン〉 グレート・ギャツビー〈フィッツジェラルド〉 城〈カフカ〉	恐《おそ》るべき子供たち〈コクトー〉 武器よさらば〈ヘミングウェイ〉 八月の光〈フォークナー〉 風と共に去りぬ〈ミッチェル〉
世の中の出来事	中国五・四運動(1919) 国際連盟成立(1920) 関東大震災《しんさい》(1923) 治安維持《いじ》法公布(1925) 普通《ふつう》選挙法公布(1925)	世界恐慌《きょうこう》(1929) 満州事変(1931) 五・一五事件(1932) 国際連盟脱退《だったい》(1933) 二・二六事件(1936)

昭和時代
(1926 ～ 1989)

風立ちぬ〈堀辰雄〉
濹東綺譚《ぼくとうきたん》〈永井荷風《ながいかふう》〉
路傍《ろぼう》の石〈山本有三《やまもとゆうぞう》〉
夫婦善哉《めおとぜんざい》〈織田作之助《おださくのすけ》〉
走れメロス〈太宰治《だざいおさむ》〉
山月記《さんげつき》〈中島敦《なかじまあつし》〉
無常といふ事〈小林秀雄《こばやしひでお》〉
細雪《ささめゆき》〈谷崎潤一郎〉
白痴《はくち》〈坂口安吾《さかぐちあんご》〉
赤蛙《あかがえる》〈島木健作《しまきけんさく》〉
堕落論《だらく》〈坂口安吾〉
斜陽《しゃよう》〈太宰治〉
ビルマの竪琴《たてごと》〈竹山道雄《たけやまみちお》〉
夏の花〈原民喜《はらたみき》〉
俘虜記《ふりょき》〈大岡昇平《おおおかしょうへい》〉
人間失格〈太宰治〉
夕鶴《ゆうづる》〈木下順二《きのしたじゅんじ》〉
赤い繭《まゆ》〈安部公房《あべこうぼう》〉
真空地帯〈野間宏《のまひろし》〉
ひかりごけ〈武田泰淳《たけだたいじゅん》〉
潮騒《しおさい》〈三島由紀夫《みしまゆきお》〉

智恵子抄《ちえこしょう》〈高村光太郎《たかむらこうたろう》〉
原爆《げんばく》詩集〈峠三吉《とうげさんきち》〉
二十億光年の孤独《こどく》〈谷川俊太郎《たにかわしゅんたろう》〉
睡《ねむ》り椅子《いす》〈新川和江《しんかわかずえ》〉

嘔吐《おうと》〈サルトル〉
怒《いか》りの葡萄《ぶどう》〈スタインベック〉
異邦人《いほうじん》〈カミュ〉
星の王子さま〈サン＝テグジュペリ〉
アンネの日記〈アンネ・フランク〉
ペスト〈カミュ〉
第二の性〈ボーヴォワール〉
１９８４年〈オーウェル〉
ライ麦畑でつかまえて〈サリンジャー〉
ゴドーを待ちながら〈ベケット〉
老人と海〈ヘミングウェイ〉
悲しみよこんにちは〈サガン〉

日中戦争（１９３７）
第二次世界大戦（１９３９～４５）
太平洋戦争（１９４１～４５）
日本国憲法公布（１９４６）
朝鮮《ちょうせん》戦争（１９５０～５３）

時代	小説・評論・ノンフィクション	詩・短歌・俳句	海外文学	世の中の出来事
昭和時代 (1926～1989)	太陽の季節〈石原慎太郎《いしはらしんたろう》〉		蠅《はえ》の王〈ゴールディング〉	
	流れる〈幸田文《こうだあや》〉		指輪物語〈トールキン〉	
	楢山節考《ならやまぶしこう》〈深沢七郎《ふかざわしちろう》〉	記憶《きおく》と現在〈大岡信《おおおかまこと》〉	ロリータ〈ナボコフ〉	国際連合加盟（1956）
	金閣寺《きんかくじ》〈三島由紀夫《みしまゆきお》〉		悲しき熱帯〈レヴィ＝ストロース〉	
	死者の奢《おご》り〈大江健三郎《おおえけんざぶろう》〉	I was born〈吉野弘《よしのひろし》〉	路上〈ケルアック〉	
	海と毒薬〈遠藤周作《えんどうしゅうさく》〉			
	点と線〈松本清張《まつもとせいちょう》〉			
	人間の壁《かべ》〈石川達三《いしかわたつぞう》〉			
	裸《はだか》の王様〈開高健《かいこうたけし》〉		ブリキの太鼓《たいこ》〈グラス〉	
	海辺《かいへん》の光景〈安岡章太郎《やすおかしょうたろう》〉		裸のランチ〈バロウズ〉	
	しろばんば〈井上靖《いのうえやすし》〉	小さなユリと〈黒田三郎《くろださぶろう》〉		
	古都〈川端康成《かわばたやすなり》〉			
	砂の女〈安部公房《あべこうぼう》〉	月曜日の詩集〈高田敏子《たかだとしこ》〉	沈黙《ちんもく》の春〈カーソン〉	
	楡家《にれけ》の人びと〈北杜夫《きたもりお》〉			
	考へるヒント〈小林秀雄《こばやしひでお》〉			東京オリンピック（1964）
	ヒロシマ・ノート〈大江健三郎〉		冷血〈カポーティ〉	
	黒い雨〈井伏鱒二《いぶせますじ》〉		緑の家〈バルガス＝リョサ〉	
	沈黙〈遠藤周作〉		アルジャーノンに花束を〈キイス〉	
	華岡青洲《はなおかせいしゅう》の妻〈有吉佐和子《ありよしさわこ》〉			
	火垂《ほた》るの墓〈野坂昭如《のさかあきゆき》〉	比喩《ひゆ》でなく〈新川和江《しんかわかずえ》〉	百年の孤独《こどく》〈ガルシア＝マルケス〉	大阪万博《ばんぱく》（1970）
	苦界浄土《くがいじょうど》〈石牟礼道子《いしむれみちこ》〉	表札など〈石垣《いしがき》りん〉		札幌《さっぽろ》オリンピック（1972）
	青春の門〈五木寛之《いつきひろゆき》〉	森のやうに獣《けもの》のやうに〈河野裕子《かわのゆうこ》〉		沖縄返還《おきなわへんかん》（1972）

昭和時代（1926 ～ 1989）	平成時代（1989 ～ 2019）	令和時代（2019 ～）
複合汚染《おせん》〈有吉佐和子〉 火宅《かたく》の人〈檀一雄《だんかずお》〉 限りなく透明《とうめい》に近いブルー〈村上龍《むらかみりゅう》〉 螢川《ほたるがわ》〈宮本輝《みやもとてる》〉 コインロッカー・ベイビーズ〈村上龍〉 吉里吉里人《きりきりじん》〈井上ひさし〉 羊をめぐる冒険《ぼうけん》〈村上春樹《むらかみはるき》〉 世界の終わりとハードボイルド・ワンダーランド〈村上春樹〉 スティル・ライフ〈池澤夏樹《いけざわなつき》〉 キッチン〈吉本《よしもと》ばなな〉	TUGUMI〈吉本ばなな〉 文学部唯野《ただの》教授〈筒井康隆《つついやすたか》〉 ぼくは勉強ができない〈山田詠美《やまだえいみ》〉 ねじまき鳥クロニクル〈村上春樹〉 鉄道員《ぽっぽや》〈浅田次郎《あさだじろう》〉 海峡《かいきょう》の光〈辻仁成《つじひとなり》〉 エイジ〈重松清《しげまつきよし》〉 センセイの鞄《かばん》〈川上弘美《かわかみひろみ》〉 博士《はかせ》の愛した数式〈小川洋子〉	
桜花伝承《おうかでんしょう》〈馬場あき子〉 自分の感受性くらい〈茨木《いばらぎ》のり子〉 深呼吸の必要〈長田弘《おさだひろし》〉 サラダ記念日〈俵万智《たわらまち》〉	チョコレート革命〈俵万智〉 倚《よ》りかからず〈茨木のり子〉	
モモ〈エンデ〉 収容所群島〈ソルジェニーツィン〉 重力の虹《にじ》〈ピンチョン〉 はてしない物語〈エンデ〉 薔薇《ばら》の名前〈エーコ〉 存在の耐《た》えられない軽さ〈クンデラ〉 悪童《あくどう》日記〈クリストフ〉	わたしの名は紅《あか》〈パムク〉 恥辱《ちじょく》〈クッツェー〉	
日中国交回復（1972） オイルショック（1973） バブル景気（1986）	冷戦終結（1989） 東西ドイツ統一（1990） 湾岸《わんがん》戦争（1991） ソ連崩壊《ほうかい》（1991） 阪神《はんしん》・淡路《あわじ》大震災《だいしんさい》（1995） 地下鉄サリン事件（1995） 長野オリンピック（1998） アメリカ同時多発テロ（2001） 東日本大震災（2011）	新型コロナウイルスの流行（2020）

解答編

【第1編】読解の力

第1章 現代文

2 論説文

練習問題

1 →62ページ

(1) イ

(2) a 名を付ける　b 言葉によって生まれた精神

(3) 例 広大な時間的、空間的範囲(12字)

解説

1 (1) [A] [1]段落で、他の生物の言葉について説明し、[2]段落では、それに対して人間の言葉は異なると述べているので、逆接の「しかし」が適切。[B] [6]段落の例は、[5]段落の例と並立の関係にあるので、「また」が適切である。

(2) [a] は[3]段落に注目する。「人間は世界の物や現象……などに名を付けることによって、それが実際に目の前になくとも、あたかも身近にあるかのように扱《あつか》うことができる」とある。[b] は[7]段落に、そのようなことができるのは、すべて「言葉によって生まれた精神のおかげ」だと述べている。

(3) 人間の言葉を他の生物の言葉と比較《ひかく》している[2]段落に着目する。人間の言葉が他の生物の言葉と異なるのは、人間の言葉が取り扱う「時間的、空間的範囲《はんい》があまりにも広大である」点だと述べている。

練習問題

2 →63ページ

(1) 草刈りや耕起は　(2) ウ

(3) 光が当たると芽を出しはじめる(14字)

(4) a 逆境　b 増殖する

解説

2 (1) 主部とは「何が」にあたる部分のこと。何が「大事件である」のかといえば、「草刈りや耕起」である。

(2) [　] の前後の関係を確認する。「ちぎれた断片の一つ一つが……再生する」ということは、要するに「増える」ということである。よって、言い換《か》えたり説明を付加したりする「つまり」があてはまる。

(3) ——線部②の「それ」とは、直前にある「草むしりをした」ことを指す。なぜ草むしりが合図になるのか、さらにその前の部分を注意して読む。草むしりとは、ライバルとなる他の植物が取り除かれることでもあるから、そのときに発芽すれば、生き残れる可能性が高まる。雑草は「光が当たると芽を出しはじめる」という性質を持つことで、このチャンスを逃《のが》さないようにしているのである。

(4)この文章は、「逆境」を利用して「増殖《ぞうしょく》する」という、雑草のしたたかな成功戦略について述べたものである。

練習問題 ↓65ページ

3 (1) **ウ**

(2) **例自然界には絶対的な時間の経過を示すものがないから。(25字)**

(3) **ア**　(4) **ア**

(5) **例暦により時間を管理し、事件の記録をとり、そこに因果関係を認めることが、歴史が成立する前提条件だ(と考えている。)(47字)**

解説

3 (1) □の前後を確認する。前の事柄《ことがら》を言い換《か》えた内容があとに述べられているので、「言い換えれば」があてはまる。

(2) ――線部①の直後に注目する。「自然界には、絶対的な時間の経過を示すもの」がないから、「人工的なはかりかたしかできない」のである。

(3) 入れる一文には「それが……時間の自然な感じかただ」とあるので、この文は「時間の自然な感じかた」が述べられた部分のあとに入るとわかる。[ア]の前の部分で、「人間の気持ちによる」という、自然な「時間の感覚」について述べられている。

(4) 7段落は、「こうした時間の感覚は」と、それまで述べてきた「時間の感覚」についての内容をまとめつつ、「歴史」という主題を導入する役割を持っているので、**ア**が正しい。

(5)「時間を一定不変の歩調で進行する」ものと考えることは、直後にあるように、「暦《こよみ》を作り、時間軸《じく》に沿って起こる事件を暦によって管理して、記録にとどめる」ことにつながる。また、16段落にあるように、これらに加えて「ものごとの因果関係の思想」を持つことが、「歴史が成立するための前提条件」なのだと筆者は述べている。

4 小説

練習問題 ↓80ページ

1 (1) **エ**　(2) **エ**

(3) **例作詞者の言葉にならない思いをくみ取って歌うこと。(24字)**

(4) **ウ**

解説

1 (1) 生徒たちは最初、詠子《えいこ》先生の「力量を見定めよう」として、指揮を頼《たの》んだ。いわば、生徒側が先生を試す立場だったのである。ところが、その試す相手から逆に「淡《あわ》い花って、どんなふうに淡いのかしら?」と思いがけない問いを投げかけられ、生徒たちは「困惑《こんわく》し」て答えられなかったのである。

(2)「埋《う》め草」とは、空いたところを補って埋めるもののこと。ハミングは「曲と歌詞とを整えるために間をとった」のだと答えた生徒に対して、詠子先生は、ハミングは「間」を埋めるためだけのものなのかと問い返したのである。
(3)詠子先生の言葉の「その言葉にならない思いをくみ取って、作曲者は八小節ぶんのハミングをここに入れたんじゃないのかしら」に着目する。詠子先生はハミングだからといって流すのではなく、そこに作詞者が込《こ》めた「言葉にならない思いをくみ取って」歌うべきだと生徒たちに伝えようとしているのである。
(4)生徒たちは「淡い花」についての解釈《かいしゃく》を詠子先生に問われ、「困惑した表情」を見せてしまう。次にハミングの歌い方を問われると、生徒の一人の錦野ユカリは、「ピアノに向かったまま思いをめぐらせた」。歌詞に思いをめぐらせて歌うことを伝えようとする詠子先生と、最初は戸惑《まど》いつつも、先生の言葉に真剣《しんけん》に向き合おうとしていく生徒たちの態度の変化を読み取る。

練習問題 →83ページ

2 (1) **持て余す** (2) **エ**
(3) 例俳句に用いられる言葉の違いによって、効果がどう違うのかを議論することの楽しさ。(39字)
例自分の俳句に対するほかの人の思いも寄らない解釈が、新たな発見につながる楽しさ。(39字)
(4) **ア**

解説

2 (1)両チームの議論の流れから、空欄《くうらん》には「飼いならす」の他の案となる言葉が入ると考えられる。少しあとに『持て余す』と『飼いならす』で効果がどう違《ちが》うのか」とある。
(2)直前の「河鹿《かじか》は膨大《ぼうだい》な量の水の向こうにもいて、そこでもやっぱり、自分の障害になる何かにいらだっているのかもしれない」に着目する。航太《こうた》は、自分だけでなく、誰《だれ》もがこの河鹿のように、自分の思う通りにならないものがあって、それをもどかしく思っているのではないかと思いをはせているのである。
(3)俳句についての航太の感想が述べられている部分に注目する。まず、航太は「俳句甲子園《こうしえん》を目指したりしなければ、絶対に知らなかった楽しさだ。……なんて熱くなって議論することは、これから一生ないかもしれない」と、一つめの楽しさを語っている。さらに、「そうだ、これが楽しいんだ……自分の中の、自分でも気づいていなかった何かさえ、見せてくれる」の部分で、二つめの楽しさを語っている。
(4)(赤)の句では、人ではない「ホース」が、「暴れる」と、人であるかのように表現されている。

5 随筆

練習問題 →96ページ

1 (1) **Aウ** **Bエ** (2) **エ** (3) **⑤**

解説

1 (1) [A]の前は、「国境を越《こ》える言葉は、完全な言葉」ではないという内容。あとは(国境を越える言葉は)「不完全な言葉」だという内容。前の内容をあとでさらに強めて言い直す流れになっているので、**ウ**「むしろ」があてはまる。[B]の前後は、前では「心の働き」は「時代遅《おく》れに見え」ると述べ、あとでは「流行は、すべてではありません」と前の内容を否定しているので、**エ**「しかし」があてはまる。

(2)英語とは「地域性」の強い言語であり、「言葉の不完全さを受けいれてきた」言語だから世界の通用語となったのだと筆者は述べている。世界の通用語となるのは、「地域性」に基《もと》づく違《ちが》いを認め、「カタコト言葉と、表情と、身ぶり」のような不完全なコミュニケーションまでも受け入れる器量のある言語だというのである。こうした筆者の考えに最も近いのは**エ**。**ア**は「どの国でも通用する最小限の基準」を満たした言語が世界の通用語になるとする内容が、筆者の考えと合わない。**イ**は「人々をつなぐ基準が世界的に共通になっている」「表情や身ぶりといったコミュニケーションを必要としない」が誤り。**ウ**は「違いを大切にする」が、言い過ぎの内容である。

(3)生徒のまとめの⑤は、本文の第二段落の「自分を確かめる言葉」に基づいていると思われるが、第二段落を探しても「私たちは虚構《きょこう》の世界に自由に心を遊ばせ」に該当《がいとう》する内容は述べられていない。

章末問題 →114ページ

1 (1) 例すべてを一人でこなすもの。(13字)　(2) ウ

(3) ①保存・再現

②例同時代の人だけでなく、過去のすべての人と比較される(25字)

③X存在そのもの　Y例場を共有する

解説

1 (1)2段落と3段落の始めが、「一方」と「他方」というように、並列していることに着目する。3段落の一文め「すべてを一人の人間がこなす」を、条件に合うようにまとめる。

(2)5段落には「身体と共にあること」が「落語の根本的な魅《み》力《りょく》」であると書かれている。7段落では、それを「場の共有」と言い換《か》えて説明している。

(3)①外に記録され定着していくことを指す言葉を探す。「録音・録画」は、□には入るが、その「録音・録画」の影響《えいきょう》について説明する問いなのだから、適切ではない。

②5段落で「噺家《はなしか》」、6段落で「演奏家」を例に挙げて説明されている内容をまとめる。——線部ⓑは「文化のあり方」という広い話題を提示しているので、「噺家」や「演奏家」に限定して解答してしまわないように注意。

③7段落にまとめられている落語の魅力を読み取る。Yは、「場の共有」という言葉を、条件に合う形に書き換えよう。

章末問題 →116ページ

2 (1) a小手先の制度改革(8字)

b根もとから洗いなおす(10字)

(2) 他のプロにじぶんがやろうとしていることの大事

さやおもしろさをきちんと伝え、相手の発言にも耳を傾ける(49字)

(3) 知性をより客観的なものにするために、同時代の社会の微細だが根底的な変化を感知するセンスをもっている(49字)

(4) **ア**

解説

2 (1) [a] は、直後に「解決できないもの」という表現があり、本文七行目にも「解決できるものではなく」という表現があるので、この直前の「小手先の制度改革」が入ることがわかる。[b] は、直後の「要求する」という表現に着目する。本文中に同じ言葉はないが、[1]段落末文に「迫《せま》る」という表現がある。「迫る」には「強い態度で要求する」という意味があるので、「要求する」とほぼ同内容と考えてよく、その直前の「根もとから洗いなおす」が入ることがわかる。

(2) 「ほんとうのプロフェッショナル」がどのような人であるかを具体的に説明している[3]段落に注目する。ここでは、「ほんとうのプロ」について、①他のプロとうまく共同作業ができる人、②彼《かれ》／彼女《かのじょ》(=他のプロ)にじぶんがやろうとしていることの大事さやおもしろさをきちんと伝えられる人、③他のプロの発言にもきちんと耳を傾《かたむ》けることのできる人、という三つの要素が挙げられている。設問文にはこのうちの①の内容がすでに挙げられているので、残る②と③をまとめる。

(3) 「教養人」について説明されている[4]段落に着目する。設問文の書き出しの内容は——線部③直後の、四〜七行目の内容と合致《がっち》する。よってそれ以降の内容を使って説明する。この段落では、「いくつもの異なる視点」から見ることによって、「一つの知性はより客観的なもの」になり、知性を客観的なものにするためには、「感度の高いアンテナ」を張る必要があると述べている。「感度の高いアンテナ」は段落の最終文「要するに」以降で、「同時代の社会の、微細《びさい》だけれども根底的な変化を感知するセンスをもつということ」だと言い換《か》えられている。つまり、「いくつもの異なる視点」をもつことによって知性が客観的になるが、そのためには同時代の社会の変化を感知するセンスをもつ必要があるということである。

(4) ——線部④中の「遠近法」がどのようなものであるかを、[5]段落から読み取る。「遠近法」については、「つまり」以降で、ものごとの要不要を「大括《おおぐく》りに摑《つか》む」こと、「社会のニーズ」に対して、「ほんとうに応えるべきニーズなのか」を問うことだと説明されている。この内容に合致する**ア**が正解。

章末問題

↓118ページ

3 (1) 胸に黒雲　(2) **ウ**　(3) **イ**

解説

3 (1) 鶴《つる》は、福沢の養女となって教育を受け、外国人にも劣《おと》らないほどの教養を身につけられると思い描《えが》き、「夢見心地《ごこち》」という言葉で言い表せないほどの幸せな気持ちになった。こうした幸せな心情とは対照的な心情が「隠喩《いんゆ》（暗喩）」で表現されている部分を探すと、少しあとに「雲に乗った気分だったはずが、胸に黒雲が立ち込めていた」とある。空想から厳しい現実に引き戻《もど》された鶴の心情を「黒雲」にたとえている。

(2)直後の「もしも、わたしが開拓使《かいたくし》仮学校の女学校に入ったら、この家はどうなるんだろう。……女中を増やせるとも思えなかった。」に注目。鶴は自分がいなくなることにより、家には女の働き手が足りなくなってしまうこと、つまり、自分が家にとって欠かせない働き手であることを認識《にんしき》させられたのである。

(3)「でも、鶴や亀吉《かめきち》は……こんな母を持ったばかりに、もっと辛《つら》い思いを、しているのだから……これしきは、辛抱《しんぼう》しなければ」というきぬの言葉に着目する。きぬは鶴が開拓使仮学校に入るという夢を諦《あきら》めることがないように、病の苦しみに耐《た》えようとしていることが読み取れる。したがって、**イ**が適切。**ア**は「家族から離《はな》れた孤独《こどく》な闘病《とうびょう》生活」が誤り。**ウ**は「いしにしか苦しみを訴《うった》えない」とあるが、きぬはいしに対しても弱音をはいてはいない。**エ**は「鶴が将来この家を支えてくれることを夢見ており」が誤りである。

章末問題

4 問a 日本という土地の中の地続き
b 遠くにつながっていること

↓120ページ

c 例当然のことをふだんは忘れているうかつさと、忘れていられる安らかさ(32字)

解説

4 a 名古屋と筆者のいる東京がどうなっていることに気づいたのかをとらえる。

b まず、「私のいるここは、私のいないあそこにつながり、さらに遠いどこかにつながっている。それを知って、あっと思った」に注目。筆者が「あっ」と思った一つ目のことが書かれている。ただし、ここには十二字の指定字数で空欄《くうらん》にあてはまるように抜《ぬ》き出せる部分はない。したがって、同内容の表現をほかに探していくと、最後のほうに「自分のいるここが遠くにつながっていること」とある。

c 最後から二つ目の段落の「忘れているうかつさと、忘れていられる安らかさを、雪が教えてくれた」に注目。この部分をもとに、どのようなことを「忘れている」のかを補って解答をまとめればよい。

第2章 詩・短歌・俳句

1 詩

練習問題

1 (1) 口語自由詩 (2) **イ**

↓132～133ページ

(3) 例時間をかけて進めよう(10字)
(4) a 例昔から受け継いできた(10字)
b 例次の世代も受け継いでいってほしい(16字)

2 (1) 三(連)
(2) 例虫や風が花のおしべからめしべに花粉を運ぶこと。(23字)
(3) a 欠如　b 満たして　(4) エ

解説

1 (2)「空をかついで」は、隠喩《いんゆ》。「少しずつ／少しずつ」は反復法。「のびて。」「つながって。」などは、続く言葉を省略している。
(3)子どもを思いやると、急いでいっぺんに移しかえるのでは大変だから、ゆっくり進めていこうというのである。
(4)「空」は人がみんなでかついでおり、「重たさ」「輝《かがや》き」「暗やみ」があるものだから、人間の世界をたとえたものといえる。「きのう」は過去、「きょう」は現在、「あした」は未来を意味し、人間が過去から長い間受け継《つ》いできた世界を、未来へ手渡《わた》し、これからも世界が続いていってほしいという気持ちを描《えが》いた詩である。

2 (2)「仲立ち」は、二者の間に立って両者をつなぐことを意味する。めしべとおしべの間で受け渡されるものは花粉だから、それがわかるようにまとめる。
(3)・(4)「生命はすべて……満たしてもらうのだ」に着目。

2 短歌

↓140〜141ページ

練習問題

1 (1) B　(2) B・D　(3) C　2 ウ

3 (1) C・D
(2) 足乳根の・母　(3) Bイ　Cイ・ウ
(4) a いのち　b 例桜を見つめている(8字)
(5) Bエ　Cア　Dウ　Eカ　Fオ

解説

1 (2)(3) Aは、森の奥深《おくふか》くの夕暮れの情景を詠《よ》んだもの。Bは、外から帰ってきた子どもを抱《だ》きしめた作者の心情を詠んだもの。Cは、「虫かご」から一斉《いっせい》に逃《に》げていく虫たちの生命力と、緑豊かな自然を詠んだもの。Dは、あすなろの木の梢《こずえ》を吹《ふ》きわたる風の音を聞きながら涙《なみだ》ぐむ作者の心情を詠んだもの。

2 「うしろ」という言葉の繰《く》り返しに着目する。「きつと」は確実にそうであることを期待する様子を表すから、見えないけれどもいるという気持ちを詠んだものといえる。「天使」は「ゐる」だけだから、積極的に救ってくれるわけではないが、見守ってくれる存在として描《えが》かれている。

3 (1)A・Eは句切れなし。Bは二句切れ。C・Dが四句切れ。Fが三句切れ。
(3)B「おとうとよ　天翔ける鳥たちおもき内臓もつを　忘るるなかれ」が普通の語順。C「海にして太古の民のおどろきを大

空のもと　われふたたびす」が普通の語順。また、「もと」と名詞で終わっている。

(4) [a]重ねられている言葉は「いのち」（「いのち」と「生命《いのち》」）。[b]「生命をかけてわが眺《なが》めたり」の部分の解釈《かいしゃく》を入れる。桜は命がけで咲《さ》いているのだから、自分も見ることに真剣《しんけん》であろうという作者の情熱をまとめる。

(5)B軽やかに空を飛ぶ「鳥たち」がもつ「おもき内臓」は、外からは見えないが、生きるためには不可欠である。C「海にして」と、海に出たときの感動を詠んでいる。作者は海を見たことのない太古の民と同様の新鮮《しんせん》な驚《おどろ》きを感じ、気持ちが晴れたのである。D通りすがりの子どもから漂《ただよ》ってきた「蜜柑《みかん》」の香《かお》りをきっかけにして、「冬がまた来る」と季節の到来《とうらい》を感じている。Eこれから生を育んでいくつばめと自らの母の死を対比することで、その悲痛な現実を一層際立《きわだ》たせている。F九十九里を遠景にとらえて、その砂浜を点々と連なり歩いている人々におかし味を感じ、その姿を比喩的に表現している。

3 俳句

練習問題

→150〜151ページ

1 ウ　2 イ　3 イ

4 (1) D　(2) A　(3) ①吹き割る　②ウ

解説

1「鐘《かね》つけば……」の句の季語は「銀杏《いちょう》散る」で、季節は秋。同じ季節を詠《よ》んだ句は、**ウ**で季語は「野菊《のぎく》」。**ア**の季語は「菜の花」で、季節は春。**イ**の季語は「粉雪《こゆき》」で、季節は冬。**エ**の季語は「金魚」で、季節は夏。

2「日傘《ひがさ》」は夏の季語で、体言止めや反復法も用いられていないことから、**ア・ウ・エ**は違う。この句は、かすかに鈴《すず》の音をさせて、日傘を差した女性が涼《すず》やかに歩いて行く様子を詠んでおり、切れ字の「かな」が余韻《よいん》を残している。

3「蕊《しべ》」は、おしべとめしべのこと。向日葵《ひまわり》の蕊を見るということは、近景に焦点《しょうてん》を合わせることになる。すると、背景の海は向日葵の後ろへと消えていくわけだが、海がなくなってしまうのではなく、むしろその海が遠景にあることで、眼前の光景に確かな奥《おく》行きを感じさせている。

4(1)「漠然《ばくぜん》としたあせり」が感じられるのは、Dの「何か急かるゝ」の部分。「何ならむ」は、「何だろう」という自分への問いかけ。

(2)「冷たく乾《かわ》いた風」「吹《ふ》きすさぶ」は、Aの「木がらし」のこと。ここに「や」という切れ字を用いており、風の冷たさが強調されている。一方、「眼前の小さなもの」とは、「目刺《めざし》」を指し、「海のいろ」という色彩を連想している。Cも「暗き空」から吹く「風」を詠んでおり、「元旦《がんたん》や」と切れ字も用いられているが、「眼前の小さなもの」にあたるものがない。

(3)[a]「垂直に流れ落ちる水」は、Eの「滝《たき》」のこと。風が滝をどうするかというと、「吹き割る」とある。[b]滝を「吹き割る」ために「必要な風力は増す」とあることから、風の力強さを表す言葉が入るので、**イ**か**ウ**が適切。[c]「未来からの風」

とあるので、過去を振《ふ》り返るのではなく、時の流れから自由になるというイメージが感じられる。したがって、**ウ**が適切。

章末問題 →160〜163ページ

1 **ウ**

2 (1) **A**むずがゆそうに揺れている　**B**一つの全体　(2) **エ**　(3) **ウ**

3 (1) **B**　(2) **A**　(3) **a**しらしらと氷かがやき　**b**わがこころ燃ゆ

4 (1) **エ**　(2) **イ**

解説

1 逆上がりに成功するまでの一つ一つの動きを丁寧《ていねい》に描写《びょうしゃ》しているが、「コマ送り」のような描写はないから**ア**は違《ちが》う。「僕《ぼく》は収縮する」は体の動きを表したものではあるが、美を表現したものではないし、「僕は赤くなる」は力を込《こ》めた表現で感動の表現ではないから**イ**も違う。「僕は何処《どこ》へ行く」は、不安ではなく、新たな世界への期待を表しているから**エ**も違う。

2 (1) [A] 「風に揺《ゆ》れる森の様子」を表す表現で、森を「身体的な感覚を持つ存在として表現」したものを探す。「森は終日むずがゆそうに揺れている」の「むずがゆい」という身体的な感覚に着目する。[B] 「……として存在するのではなく」とあるので、「始終どこかしらが『停《とま》ってい』たり『動いてい』たりする」存在とは反対の言葉が入る。

(2) 「ざわざわ」は擬音《ぎおん》語ではなく擬態語。木の葉が触《ふ》れ合って音を立てる様子を表す。最後の二行が対句《ついく》になっている。

(3) 森は「自身を一つの全体だと思っているかもしれない」が、実際は「いつも森全体が」揺れていることはなく、「始終どこかしらが停っていて／始終どこかしらが動いている」とある。その「一つの全体」ではない森同様に、「僕」という人間も「一つの全体ではないかもしれない」という気づきをおさえる。

3 (1) Bの「浮環《うきわ》のごとき」は、「月」を「浮環」にたとえた表現で、日中少女たちが泳いでいた情景と呼応している。

(2) Aの「春のあらしの音ぞとよもす」は、春のあらしの激しさを鳴り響《ひび》く音を通して表現している。

(3) 一つめは、「自然の厳しさが作り出した風景」「月が照らし出す印象的な海の情景」とあるので、Dの短歌の鑑賞《かんしょう》文とわかる。視覚的な表現は「しらしらと氷かがやき」、聴覚《ちょうかく》で感じ取った対象は「千鳥《ちどり》なく」の部分である。二つめは、「新たな季節の訪《おとず》れ」とあるので、「夏はきぬ」つまり「夏は来た」とあるCの短歌の鑑賞文とわかる。「力強いリズムを生み出」しているのは、「わが瞳《ひとみ》燃ゆ／わがこころ燃ゆ」の部分。「前の句と対応して」とあるので、「わがこころ燃ゆ」が[b]に入る。

4 (1) 「写生」とは、「もののありのままの姿」ながら「誰《だれ》もが見ているようで気がつかなかったもの」を、「切り取ってみせる」手法であると述べられている。**エ**は、桜の花びらがひとかたまりになって空を流れていく様子を詠《よ》んだもの。誰もが目にする可能性のある情景を、美しく切り取ってみせている。
(2)「薄氷《うすらい》」は、春の季語。同じ季節のものは、「たんぽぽ」が季語のイ。**ア**は「大根」が季語で冬、**ウ**は「コスモス」が季語で秋、**エ**は「かたつむり」が季語で夏の句である。

第3章 古典

1 古文

練習問題 1 →180ページ

(1) 趣がある
(2) ②ようよう ③おかし ④あわれなり
(3) ②だんだん ④しみじみとした趣がある ⑥早朝
(4) ウ
(5) 例秋に日が沈んで辺りが暗くなった中で、風の音や虫の音などが聞こえている様子。
(6) 例雪や霜は降らなくても、たいそう寒い朝に。
(7) ウ

解説

1 (1)この章段では「春はあけぼの」「夏は夜」など、それぞれの季節で、作者が最もよいと思う時間帯を挙げている。それに合う述語を古文中で探すと、「をかし」が適当である。「をかし」は、現代語では、「趣《おもむき》がある」「風情《ふぜい》がある」となる。

(3)②「やうやう」は、だんだん、しだいに、という意味を表す。④「あはれなり」は、しみじみとした趣がある様子を表す。「をかし」が対象を客観的・知的にとらえるのに対して、「あはれなり」は主観的でしっとりとした情感を表す。⑥「つとめて」は、早朝の意。現代語とは意味が異なるので注意する。
(4)aの「ただ一つ二つ」は、蛍《ほたる》が光りながら飛んで行く様子。bの「三つ四つ、二つ三つ」は、からすが飛んで行く様子を表している。数を明示することによって、闇《やみ》にともる蛍の光や、赤い夕日に照らされた黒いからすの姿が、くっきりと眼《め》に見えるように描《えが》かれている。このように、その場の情景を実際に見ているように感じられることを、「臨場感」があるという。
選択肢《せんたくし》の「緊張《きんちょう》感」は、心が張りつめて身体が硬《かた》くなる感じ。「悲愴《ひそう》感」は、悲しく痛ましい感じ。「不安感」は、気がかりで落ちつかない感じ。どれもこの場面には合わない内容である。
(5)文脈をさかのぼると、作者は、まず「からす」の様子に心ひかれ、それ以上に「かり」が飛んで行く姿にひかれている。さらにそれを受けて「日入りはてて、風の音、虫の音など」と続くのであるから、からすやかり以上に、暗くなったあとの、目には見えない音の世界を、すばらしいと感じているのである。
(6)「さらでも」は「さ・あら・でも」が縮まった形で、「そうではなくても」という意味を表す。指示語の「さ」(現代語では「そう」)が指しているのは、直前の、雪や霜《しも》が降ってあたり一面が白くなっている情景であろう。冬の早朝のすばらしさは、第一に雪の情景、次に霜の情景、けれども、そうでなくても、というように文脈が展開していることに注意したい。それを受けて、「いと寒きに」と続くのである。「寒き」は「寒し」の連体形であるから、あとに体言が省略されている。「寒いときに」と考えてもよいが、ここは「つとめて」という時刻が与《あた》えられているので、「寒い朝に」と訳すのが適切。

(7)この章段では、春は春の風情《ふぜい》、夏は夏、秋は秋、そして、冬は寒いのがよい、というのであるから、**ア**は適切。また、夏では光と闇の対比、秋では視覚的な情景と音の世界の対比、冬では、雪や霜の「白」と炭火の「赤」の対比など、対比的な美意識が、時間の推移にしたがって見つめられている。したがって、**イ**と**エ**も適切である。

これに対して、**ウ**の「季節を快適に過ごすための工夫」については、本文に触《ふ》れられていない内容であるから、これが「適切でないもの」となる。

現代語訳

春は夜が明け始める頃《ころ》(が趣がある)。しだいに山ぎわが光を増して、紫《むらさき》がかった雲が細くたなびいている(のは趣がある)。

夏は夜(が趣がある)。月の明るい頃は言うまでもない。闇夜でもやはり、蛍がたくさん飛び交《か》っている(のは趣がある)。また、ほんの一匹《ぴき》二匹などが、かすかに光って飛んで行くのも趣がある。雨などが降るのも趣がある。

秋は夕暮れ(が趣がある)。夕日がさして山の端《は》にとても近くなっている頃に、からすがねぐらに帰るというので、三・四羽、二・三羽と群がってせわしげに羽を動かす姿までしみじみと心ひかれる。まして雁《かり》などが列をつくっているのが、たいへん小さく見えるのはとても趣がある。日がすっかり沈《しず》んで、風の音や虫の音などが聞こえてくるのも、また言うまでもない。

冬は早朝(が趣がある)。雪が降っているのはいうまでもないが、霜が真っ白なのも、またそうでなくてもとても寒い朝に、火など急いでおこして、炭火を(あちこちへ)持って行くのも、(冬の朝に)とても似つかわしい。昼になって、(寒さが)しだいにゆるんで暖かくなっていくと、火鉢《ひばち》の火も白い灰ばかりになってよくない。

練習問題

2 →181ページ

(1) ちょうどにらまえておわしければ
(2) ②(一間にはばかる程の)面　③入道(入道相国)
(3) 例 大木の倒れる音と、大勢の人の笑う声がしたこと。
(4) ウ
(5) 例 (入道が)福原へ都を移したこと。

解説

2 (2)②「面《おもて》いできて」は、面(顔)が出てきて、の意。その出てきた顔が、入道ににらまれて消えた。③「ひきめを射させらるる」は、ひきめを射させなさる、という意味。「ひきめの当番」を集めて化け物を射させようとした人物は、入道である。

(3)直後に「天狗《てんぐ》の所為《しょい》(天狗のしわざ)」とあるので、それにあたる直前の出来事をまとめる。

(4)巨大な面(顔)が現れたとき、少しも騒《さわ》がず、にらみ返して消してしまった。木のないところで木の倒《たお》れる音がし、人の笑うような声がしたときには、番人を集めて矢を射させた。化け物に対してひるむことなく挑《いど》んでいく人物である。**エ**は「化け物の存在を信じずに」が不適切。「ひきめ」という魔除《まよ》けの矢を射させたのだから、やはり化け物のしわざと考えたのであろう。

(5)冒頭《ぼうとう》に、「平家の人々夢見も悪《あ》しう、常は心さわぎのみして」とあり、それが「福原へ都をうつされて後」のことだと明記されている。入道(平清盛《たいらのきよもり》)による福原への遷都《せんと》が原因と考えられる。

現代語訳

福原へ都を移されて以来、平家の人々は夢見も悪く、いつも胸騒《むなさわ》ぎばかりして、化け物どもが(現われることが)多かった。ある晩、入道が寝《ね》ていらっしゃるところに、一間(柱と柱の間の長さ)からはみだすほどの(巨大な)顔が現れて、(入道の顔を)おのぞきする。(けれども)入道は少しも騒がず、(その顔を)はったとにらみつけなさったので、(その顔の化け物は)すぐに消え去ってしまった。岡の御所《ごしょ》と申し上げる(ところ)は、新しく造られたものであるから、それらしい大木もなかったのに、ある晩、大木の倒れる音がして、人間なら二、三十人の声で、どっと笑うということがあった。これはどう考えても天狗のしわざであろうということで、(入道は)「ひきめの当番」と名づけて、夜間は百人、昼間は五十人の番人をそろえて、ひきめを射させなさったが、天狗のいるほうへ向いて射たと思われるときには物音もせず、いないほうへ向いて射たと思われるときには、どっと笑うなどした。

練習問題 3 →182ページ

(1) ①こずえ ②いうなり
(2) A (3) ウ (4) 水
(5) a エ b 例野原にたまった水(8字)

解説

3 (2)主語と述語の関係に注意。A天智《てんじ》天皇が鷹《たか》を探すようにおっしゃった。B野守《のもり》のおきなはかしこまって鷹の居場所を申し上げた。C天智《てんじ》天皇が、「そもそもおまえ(＝野守のおきな)は、頭を地面につけて、他のところを見ていない……」と言った。D天智天皇に問われて、野守のおきなが、「……地面の水を鏡にして、鷹の居場所を知った」と申し上げた。

(3)天智天皇は、野守のおきなが、地面に顔を伏《ふ》せていてほかを見ていないのに、鷹の居場所をすらすら答えたので驚いたということをとらえる。

(4)直前に「しばのうへにたまれる水を、かがみとして」とあるように、野守のおきなは水に映った自分を見て、頭が白くなったことや、顔のしわがふえていることを知るのである。

(5) a 水を鏡として用いることは、おきなの経験から生まれた知恵《ちえ》といえる。 b 本文最終文の「そののち」以降に着目し、「野守のかがみ」として言い伝えられてきた内容を答える。

現代語訳

昔、天智天皇と申し上げた帝《みかど》が、野に出て鷹狩《が》りをしていらっしゃったときに、天皇の鷹が、風に流されていなくなってしまった。昔は、野を守る番人がいたので、(天皇がその人を)お呼びになって、「わたしの鷹がいなくなってしまった。しっかり探しなさい」とお言いつけになったので、(野守は)つつしんで承《うけたまわ》って、「御鷹は、あちらの岡の松の上の枝に、南を向いて、止まっております」と申し上げたので、(天皇は)お驚きになった。「そもそもおまえは、地面にうつむいて、頭を地面につけて、ほかのところを見ていない。どのようにして、木の枝に止まっている鷹の居場所がわかったのか」と(天皇が)お尋《たず》ねになると、野守のおきなは、「人民は君主に向かって顔を上げてお顔を拝見するような(畏《おそ》れ多い)ことはありません。草の生えているあたりにたまっている水を、(ものの姿を映す)鏡として、(自分の)しらが頭にも気づき、顔のしわをも数えるものですから、その鏡を見つめて、(あなたさまの)鷹が木に止まっていることを知ったのです」と申し上げたので、そのとき以来、野の中にたまっている水を、野守のかがみと言うようになったのだ、と言い伝えている。

練習問題

↓183ページ

4 (1) a 例修行のじゃまになっている鳥を追い払う(18字)

b 例鳥たちに一羽ずつ羽を求める(13字)

(2) 例この林にいては、羽がなくなってしまい、生きていけなくなる(28字)

解説

4 (1) 本文前半で、「定《じやう》を修《しゆ》する者」は、修行をしようとしたのに鳥たちが集まってうるさかったことを仏に嘆《なげ》き、仏は「その鳥に、羽一羽《はねいちは》づつ乞《こ》へ。」と助言した。つまり、「修行のじゃまになっている鳥を追い払う」ためには「鳥たちに一羽ずつ羽を求めることをすればよい」と言ったのである。

(2) 「飛び去りぬ」の直前に「この林に住めばこそ、かかる事もあれ。」とある。「かかる事」とは、「みな翼《つばさ》欠けてむず」ということである。なぜそれが困るのかと言えば、その前にあるように、「羽をもちてこそ……命をも助くる」からである。

現代語訳

昔、林の中で精神を集中して修行《しゆぎやう》する者がいた。心を静めて修行しようとすると、林に鳥が集まって、騒々《そうぞう》しかったので、(修行する者が)仏にこのことを嘆《なげ》き申し上げると、(仏は)「その鳥に、羽を一羽ずつ求めよ。」とおっしゃる。さて(修行する者が林に)帰って(鳥に羽を)求めると、(鳥は)一羽ずつ口にくわえて抜《ぬ》き取って、取らせた。また次の日(修行する者が鳥に羽を)求めた時、鳥たちが言うには、「私たちは羽をもっているから、空を飛んで、食べ物を探して、命をつないでいるのに、毎日(羽を)求められては、羽がすべてなくなってしまう。この林に住んでいるから、このようなこともあるのだ。」ということで、飛び去った。

5 和歌・古典俳句

練習問題

1 (1) ①あをによし・奈良　②ぬばたまの・夜

→212ページ

(2) ③「かれ」に「離れ」と「枯れ」がかけられている。
⑤「まつ」に「松」と「待つ」がかけられている。

(3) a ④　b ⑥

解説

1 (2)掛詞《かけことば》として用いられる言葉としては、「まつ」(松・待つ)、「ふみ」(踏み・文(手紙))などが代表的である。③の「かれ」(離れ・枯れ)はやや難。ほかに「よる」(夜・寄る)、「ながめ」(長雨・眺め)、「ふる」(降る・経る)などがある。

(3) aこの中では、「駿河《するが》なる宇津《うつ》の山べの」が、「うつつ」を引き出す序詞として用いられている。イメージの連想、音の連想などによって、言いたい言葉を導きだす働きをする。bここでは「鈴《すず》」を中心に「ふり」と「なり」が縁のある言葉として用いられている。「ふり」は鈴を「振《ふ》る」、「なり」は鈴が「鳴る」を連想しているのである。

練習問題

2 (1) **ア**　(2) **月を弓〜まつれ**　(3) **エ**

→212ページ

解説

2 (1)「帝《みかど》の御時《おほんとき》」とあるので、帝が世の中を治めていた時、という意味で、「治世」が適切である。

(2)基本的に、会話文の終わりは「と」の前まで。そこからさかのぼると、始まりは、「月を弓はりといふは」であろう。帝が、月を「弓はり」というのはなぜか。そのいわれを聞かせよ、と問われたので、躬恒が「照る月を」という歌を詠《よ》んで答えたのである。

(3)歌の後半の「山べをさしていればなりけり」に着目する。それがどういうことかは、「いれ」が掛詞《かけことば》であるという(注)の説明を使って考える。すると、まず、山べを指して「入れば」というのは、「月」が山に沈《しず》むことを指しているのであろうとわかる。また、それを「射れば」というのは、月を弓に見立ててのことであろうから、このときの月は半円形の弓形の月と考えられる。以上を満たしている選択肢《せんたくし》は**エ**である。**ア**は、沈む月を「昇《のぼ》っていく」としている点が不適切。**イ**は「時間の経過」、**ウ**は「夜ごとに月が形を変える」が不適切。

現代語訳

同じ帝の治世に、(帝が)躬恒をお召《め》しになって、月がたいそう美しい夜に、詩歌管弦のお遊びをなさったが、そのとき、(帝が)「月を弓はりというのは、どういう意味か。そのいわれを(私に)聞かせよ」とおっしゃったので、(躬恒は、)階段の下にお控《ひか》えしていて、(歌を)献上《けんじょう》した。

照る月を弓はりと言いますのは山のほうをさして、弓で矢を射るように沈んでいくからなのですよ。

練習問題 ↓213ページ

3 (1) ふみづき(ふづき)・七月
(2) A(季語)文月(季節)秋　B(季語)天河(季節)秋
(3) a七夕　b例普段(平常なども可)
(4) (切れ字)や　(感動の中心)(作者と佐渡とをへだてて流れる)荒海。

解説

3 (2) Aの句は、月名の文月が季語である。Bの句は「天河《あまのがは》」が季語で、文月と同様「秋」を表す。
(3) 「六日」とあるが、翌日は「七日」で「七夕」である、ということを把握《はあく》したい。Aの句の「常の夜には似ず」は、いつもの夜とは違っている、という意味で、[b]には「常」を二字の熟語に言い換《か》えた言葉が入る。
(4) 切れ字は「や」。(作者と佐渡島の間に横たわる、渡ることのできない)「荒海《あらうみ》」に感動の中心がある。

現代語訳

鼠《ねず》の関所を越えると越後《えちご》の国に入る、その地を歩んで越中の国の市振《いちぶり》の関所に到着《とうちゃく》する。この間九日、暑さと湿度《しつど》で心をなやませ、病気になって旅日記も書かなかった。

七月だなあ。(七夕の節句の月だと思うと、一日前の)六日も普段《ふだん》の夜とは違うような気がするよ。

(七日、)荒海を前にして立つと、向こうに佐渡島が浮《う》かんで見える。その空に天の河がかかるのを(佐渡島にまつわる多くの流人の歴史と、七夕の伝承の世界とを思いながら)眺《なが》めていることだ。

7 漢文・漢詩

練習問題 ↓236ページ

1 (1) 禍ひを転じて福と為し　(2) イ

解説

1 (1) [　]には漢文の「転ジテレ禍《わざわ》ヒヲ為《な》シレ福ト」の部分が入る。レ点は下の一字を先に読み、上の一字に返って読む返り点であるから、「禍」→「転」と読み、さらに「福」→「為」と読む。(2) 蘇秦《そしん》の考えは「禍ひを転じて福と為し、敗に因《よ》りて功と為す」の部分に表れている。「禍ひ」は「災い」と同じ。災難や失敗というマイナスの出来事を、幸福や成功への手がかりととらえることが大事だというのである。

練習問題 2 (1)従二漚鳥一游　(2)ウ　(3)イ

→236ページ

解説

2 (1)「従漚鳥游」は、「漚鳥《おうてう》に従つて游ぶ」と読む。「漚鳥」を先に読み、そこから「従」に返って読むので、二字以上を隔《へだ》てて返る「一二点」を使う。「漚鳥」の左下に「一」、そこから返って読む「従」の左下に「二」をつける。

(2)ここでは「と」が二箇所《かしょ》用いられていることに注意する。まず、「其《そ》の父曰《い》はく、」のあとに「吾《われ》聞く」とあり、父親が話の中で、自分の聞いたことを、男（息子）に話している。その内容が、すぐあとの「漚鳥皆汝《みななんじ》に従つて游ぶ」と、である。それに続く「汝取り来れ」は、父親が息子に「お前は（そのカモメ）を取ってこい」と言っている言葉。さらに「吾之《これ》（そのカモメ）を玩《もてあそ》ばん」と、というのであるから、この後者の「と」が、父親の話をすべて受けている「と」である。

文中の「吾（私）」は父親の自称《じしょう》、「汝（お前）」は男を指し、「之」はカモメを指している。

(3)結果は最後の一文に書かれている。父親にカモメを取ってこいと言われて、翌日男が海に行ってみると、カモメは空を舞《ま》うばかりで、下りてこない。ここから導きだされる教訓は何かを考える。

現代語訳

毎朝海に行き、カモメと一緒《いっしょ》に遊んでいる。カモメが（男のもとに）やってくるのは百回で留まらない。男の父親が言うことには、「私は聞いている、『カモメは皆《みな》お前に従って遊ぶ』と。お前は（カモメを）取ってこい。私がそれを自分のものにして、思いのままにしよう。」と。（男が）次の日海に行くと、カモメは空を飛んで下りてこなかった。（カモメにも身の危険がわかるのであろう。）

練習問題 3 (1)ア　(2)前・懸・年・辺　(3)イ　(4)ウ

→237ページ

解説

3 (1)一句が五字からなる詩であるから「五言」。全部で八句からなるので「律詩」。あわせて「五言律詩」となる。

(2)五言律詩は、二・四・六・八句目の最後の字で押韻する。この漢詩では、「前(zen)」「懸(ken)」「年(nen)」「辺(hen)」と、「en」で終わる字で押韻している。

(3)対句に関する問題である。律詩は第三・四句、第五・六句がそれぞれ対になるが、ここでは第一・二句にも対句が用いられている。それぞれ対になる言葉を探すと、A は第一句の「青山」、B は第三句の「潮」と対応する。A は色彩《しきさい》を含《ふく》む「紅山」か「緑水」かだが、ここは「行舟《こうしゅう》」の情景であることから「緑水」が適切。B の「潮」に対応するのは、あとに「一帆」とあるので「風」が適切である。両岸のひらけた広い川面《かわも》を、順風《ふう》に吹かれて一艘《いっそう》の帆掛《ほか》け舟《ぶね》が帆《ほ》を上げる情景である。

(4)第五・六句では今いる場所の様子を描《えが》き、第七・八句で遠い洛陽《らくよう》を思いやっている。第七句の「郷書何《きゃうしよいづ》れの処《ところ》にか達せん」は、手紙の行方《ゆくえ》を心配する心情、第八句の「帰雁《きがん》洛陽の辺《ほとり》」は、北へ帰る雁《かり》が洛陽のあたりにいるのを想像している情景である。

現代語訳

北固山の下に宿る
旅路は青青とした山の向こう(へ続き)、
乗る舟は緑色の水面を(前へ前へと)進んでゆく。
川面は穏《おだ》やかで両岸は広々とひらけ、
順風が吹いて一艘の帆掛け舟が帆を上げる。
海上の日はまだ夜のうちに昇《のぼ》り、
長江の春はまだ年のうち(新年になる前)にやってくる。
郷里への手紙は(今頃《いまごろ》)どこまで行っているか、
帰雁の便りは故郷洛陽のあたりに(届いただろうか)。

章末問題

1 →238ページ

(1) まいり　(2) ア
(3) a 俊頼　b 例 自らの老い(5字)
c 例 よみ上げられる(7字)

解説

1 (2)「御名《みな》はいかに」と問うたのは「講師」。直前の「俊頼《としより》の歌に名を書かざりければ(=俊頼の歌に名前を書いてなかったので)」が理由を表している。講師が俊頼に問うたのであるから、イ・エは誤り。ウは「戒《いまし》めた(=注意した)」が不適切。
(3) a c 名前が書いてないので、講師が俊頼に尋《たず》ねると、俊頼は「ただよみ給《たま》へ」と言った。歌をよみ上げてみるとわかるように、名前は歌の中に詠《よ》み込《こ》まれていたのである。b「卯《う》の花が咲《さ》く垣根《かきね》」に重ねているのは「わが身の白髪《しらが》」、つまり、自分の頭が白くなったことである。

現代語訳

法性寺殿《ほっしょうじどの》で歌会があったとき、俊頼も参上した。兼昌《かねまさ》が講師で歌をよみ上げたのだが、俊頼の歌に名前が書いてなかったので、(兼昌は俊頼と目を)合わせて、せきばらいをして、「お名前はどうされましたか」と言ったところ、(俊頼が)「ただよんでごらんなさい」と言ったので、よみ上げた歌に、
(白い)卯の花が、わが身の白髪のように見えるよ。(このとしよりと同じように)わが家の垣根も古くなって(年をとって)しまったなあ。
と書いていたのを、兼昌はしのび泣きして、しきりにうなずいては、称賛《しょうさん》し感動した。忠通《ただみち》殿もお聞きになって、(歌を)お取り寄せになり御覧《ごらん》になって、たいそう面白《おもしろ》がりなさったと(いうことだ)。

章末問題

2 →239ページ

(1) 例 若いころに学問に励むことができず、年老いて人に教えることがないこと。(34字)

(2) 有所殆　(3) 曾無㆓旧言㆒、吾鄙レ之。
(4) 故人

解説

2 (1)「恥《は》づる所」の説明をしているのは、「夫《そ》れ幼にして～教ふる無き」まで。「強《つと》むる能《あた》はず」は努めることができない、「教ふる無き」は教えることがないという意味。

(2) 直前の「恥づる所有り」「鄙《いや》しとする所有り」に続く三つめの話題が入る。このあとを読むと、「夫れ～吾之《われこれ》を恥づ」が一つめ。「其《そ》の郷を～吾之を鄙しとす」が二つめ。次の「小人と処《お》りて～吾之を殆ふしとす」が三つめの内容であるから、ここをおさえ、「吾之を殆《あや》ふしとす」を前の二つと同じように、「～(する)所有り」の形に直すと、「有レ所レ殆(殆ふしとする所有り)」となる。

(3) ——線部②の書き下し文は、「曽《かつ》て旧言無きは、吾之を鄙しとす」。このうち、「旧言無き」は、「旧」→「言」→「無」で、「言」から「無」へは二字上へ返るので一・二点を使う。「之を鄙しとす」は、「之」から一字上の「鄙」に返るのでレ点を使う。

(4)「故人」は漢文では昔なじみの友人という意味で用いられる。日本語では亡《な》くなった人の意であるから、間違《まちが》えないように注意する。

現代語訳

孔子《こうし》が言うには、「私は恥ずかしいと思うことがあり、卑《いや》しいと思うことがあり、危険だと思うことがある。そもそも幼いころ学問に励《はげ》むことができず、老いては人に教えることがないことを、私は恥ずかしいと思う。(また、)郷里を離《はな》れ、君主に仕えて栄達し、突然《とつぜん》なじみの友人に会っても、昔のように話せないことを、私は卑しいと思う。(また、)つまらない人物と一緒《いっしょ》にいて、賢人《けんじん》と親しむことができないことを、私は危険だと思う。

章末問題

3 →240ページ

(1) エ　(2) ア　(3) ゆえに　(4) 出家人
(5) エ

解説

3 (1)「参らせたりし」の「参らせ」は、謙譲語《けんじょう》「参らす」の連用形で、ここでは「差し上げる、献上《けんじょう》する」という意味。直前に「余の侍《さぶらひ》沙汰《さた》し出《いだ》して」とあるように、「余の侍」(＝犯人ではない他の侍)がいろいろ調べ出して、盗《ぬす》まれた太刀《たち》を入道にお返ししたのである。

(2) 直後に、「決定《けつぢやう》、その太刀なれども、侍の恥辱《ちじょく》を思うて返されたり」とあるように、盗まれた太刀だと言えば、盗みを働いた侍の恥《はじ》になるので、入道は、自分の太刀ではない、とうそを言って、罪を問わなかったのである。

(4) あとに「況《いは》んや、出家人は、」とある。「況んや」は、あるものと他のものとを比較《ひかく》して、「〇〇がそうであるなら、まして、□□はそうだろう」という意味を表す。ここでは入道のような俗世間の人でもこういう心遣いをするのだから、まして「出家人」はそうでなければならないと、筆者が弟子たちに諭《さと》しているのである。

(5)入道は、盗まれた太刀を「我《わ》が太刀にあらず」と言って受け取らなかった。実際には「その太刀」だったのだが、侍の恥になるので、うそを言ったのである。**ア**「論より証拠《しょうこ》」は、議論をするより証拠を出すことで物事が明確になること。**イ**「知らぬが仏」は、知らないから平静でいられること。**ウ**「急がば回れ」は、急ぐときほど遠くても安全な道をとったほうが早く目的が達成できること。「うそも方便」は、よい結果を得るためには時にはうそも必要だということ。

現代語訳

事実かどうかはわからないが、亡くなった持明院《じみょういん》の中納言《ちゅうなごん》入道は、あるとき、秘蔵していた太刀を盗まれたが、従者たちの中に犯人がいることを、他の従者が調べ出して、(入道にその太刀を)献上《けんじょう》したところ、入道が言うことには、「これは私の(盗まれた)太刀ではない。間違《まちが》いである」と言ってお返しになった。まさしくその太刀であるけれども、(盗んだ)侍の不名誉《ふめいよ》を思ってお返しになったのだと(いうことは)、誰《だれ》もが知っているけれども、そのときは何ごともなく済んだ。だから、(その侍の)子孫も栄えているのである。

俗《ぞく》世間の人でも、心持ちのすぐれた人は、このようである。ましてや、出家した人は、必ず、このような心を持つべきである。

章末問題

→240ページ

4 (1) たまいて (2) 一 朝 消 散 似㆓浮 雲㆒
(3) ア (4) a雪 b月 c花(順不同)
d 例 村上天皇に対する親愛の気持ち(14字)

解説

4 (2) ―線部②は「一」→「朝」→「消」→「散」→「浮」→「雲」→「似」の順で読むことがわかる。「散」まではそのまま読み下すので返り点は不要。その後「雲」から二字上の「似」に返るのであるから、二字以上返って読むときの一・二点を使う。

(3) 白居易《はくきょい》の詩は、五年間、江南《こうなん》で友人(君)と過ごしたすばらしい日々を、江南から遠く離《はな》れた北の地で懐《なつ》かしく思い出している内容で、選択肢《せんたくし》の中では**ア**が正解となる。**イ**は「つらいことも多くあった」、**ウ**は「歌姫と一緒《いっしょ》に歌った」「自分の恋《こい》も終わった」が間違《まちが》い。**エ**は前半は合っているが、最後の「現在を生き抜《ぬ》こうと決意している」が間違い。懐旧《かいきゅう》の情に浸《ひた》っているのであって、そのような前向きな決意はどこにも書かれていない。

(4) ―線部は、兵衛《ひょうえ》の蔵人《くろうど》が「雪月花の時」と答えたのを、村上天皇がたいそうおほめになった、という文脈である。「雪月花の時」とは、雪の季節、月の季節、花の季節の折々に、「君を憶《おも》ふ」という意味で、白居易《はくきょい》の漢詩の一節を引用したものである。この場面では、天皇は、雪を器に盛って花を差し、月明かりの下で、「歌よめ」と言った。直後に、「歌などよむは世の常なり〜」とあるように、このとき兵衛が、和歌ではなく、雪と月と花の三つがすべてそろった漢詩の一節を引用したことを、天皇は、すばらしいと称《たた》えたのである。

[a]・[b]・[c]は雪月花の「三つの要素」を指している。

[d]は、直前の「漢詩の情景とその場の情景との一致《いっち》を表現しているだけでなく」に注意して、情景以外の要素を、漢詩の「雪月花の時」に続く「君を憶ふ」という言葉から推測する。

現代語訳

村上天皇が治めていらっしゃった時代に、雪がひどく降ったのを、器に盛らせなさって、(そこに)梅の花をさして、月がたいそう明るい夜に、「これについて和歌を詠みなさい。どういうふうに詠めるか」と(村上天皇が)兵衛の蔵人にお与《あた》えになったところ、(兵衛が)「雪月花の時」と申し上げたのを、(天皇は)たいそうおほめになった。「和歌を詠むのはありきたりのことだ。このように場の状況《じょうきょう》に合ったことを言うことは難しい」と(天皇は)おっしゃった(ということだ)。

章末問題 ↓242ページ

5 (1) エ　(2) ①哉

②例 「月夜」と「麦をつく」から月の中のうさぎを連想し、それが「宇」と同音の「卯」につながったから。

解説

5 (1)直前に「朗夜」、直後に「いとひて、かく営むなめり」とある。「いとふ」は、「嫌《いや》がる」という意味で、何かを嫌がって、夜、麦をついているのであるから、夜と対比される「昼」を避《さ》けてのことと判断できる。

(2)①「かな」は、「けり」「なり」などとともに、切れ字の代表的なものである。

②ごとごとと音がするので、作者が外へ出てみると、古寺の広庭で、「老いたるをのこ(男)が麦をついていた」というのがこのあとの出来事の発端《ほったん》である。月の美しい夜のこと、名前を聞くと「宇兵衛《うへえ》」というので、作者の中で連想が働き、月の中で餅《もち》をつく兎《うさぎ》と、月夜の庭で麦をつく宇兵衛とが結びついたのであろう。

「涼しさに……」の句では、「月夜」の「月」が、「月」と「(もち・麦を)つく」意の「つき」の掛詞《かけことば》になっている。それに合わせて、「宇兵衛」の「う」を、うさぎの「卯」にかけて、「卯兵衛」としたのである。

現代語訳

夜中ごとごとと響《ひび》く音がするので、不思議に思って外へ出てみると、古寺の広い庭で、年老いた男が麦をつく様子でいた。私もあたりを歩き回ったが、月(の光)が一つ高くそびえ立っている峰《みね》の影《かげ》を(地上に)落とし、風が竹林のたくさんの竹に吹《ふ》いて、朗夜の様子はいうまでもない(ほどすばらしい)。この男は、昼の暑さを嫌《きら》って、このように(夜)麦をついているのだと(いう)。すぐさま近寄って名は何というのかと問うと、宇兵衛と答える。

涼《すず》しさの中で麦をつく、月夜の兎のような卯兵衛(宇兵衛)であるなあ。

【第2編】文法の力

第1章 文法の基礎

1 言葉の単位

練習問題 →248・249ページ

1 八

2 (1) 休日の|スーパーマーケットは|多くの|買い物客で|混み合って|いる。
(2) 犬と|一緒に|川沿いの|道を|散歩する|ときが|私に|とって|やすらぎの|時間だ。
(3) 長年|待ち望んで|いた|夢のような|ひとときを|過ごす|ことが|できて|とても|幸せだ。
(4) 得意な|はずの|国語の|試験で|つまずいて|しまい|中間試験の|成績が|不安だ。

3 文…七　文節…二十七

4 (1) 十七　(2) 二十　(3) 十六

5 (1) 毎朝 七時|に|は 家|を 出|ます。
(2) 兄|は アメリカ|に 二年間 留学中|です。
(3) 丘|の 上|に 二軒|の 家|が 建っ|て いる。
(4) 小川|に 沿っ|て 歩い|て いく|と、夜空|に 月|が こうこうと 照っ|て い|た。
(5) 彼|が いつ|の 間|に|か 眠り込ん|で い|た こと|に、私|の ほう|は まったく 気づか|なかっ|た。

6 ア

7 オ

8 (1) 十六　(2) 十七

解説

1 文の終わりには、「。」「!」「?」などがつくので、それらの数を数えれば、文の数を知ることができる。

2 「ネ」や「サ」を入れても不自然ではないところで、文節に区切るようにする。
(1) 「混み合っている」は、「混み合って|いる」のように区切る。
(2) 「私にとって」は、「私に|とって」のように区切る。
(3) 「待ち望んでいた」は、「待ち望んで|いた」のように区切る。「夢の|ような」としないこと。
(4) 「得意なはずの」は「得意な/はずの」、「つまずいてしまい」は「つまずいて|しまい」のように区切る。

3 いつしか|森の|中に|迷いこんで|いた。|そして、|一緒《いっしょ》に

｜歩いて｜いた｜はずの｜友人の｜姿も｜見えない。｜どう｜しよう。｜胸の｜鼓動《こどう》が｜どんどん｜速く｜なる。｜あみちゃん！｜どこ？｜私は｜足が｜すくんで｜立ちつくして｜しまった。

4 (1)スタートを｜知らせる｜ピストルの｜音と｜ともに｜選手たちが｜一斉《いっせい》に｜走り出すと、｜母と｜私は、｜兄の｜姿を｜見つけ出そうと、｜必死で｜集団を｜目で｜追い始めた。

(2)長年｜あこがれて｜いた｜ピアニストの｜演奏会が｜いよいよ｜翌日に｜迫《せま》り、｜うれしさと｜興奮の｜あまり｜目が｜さえて｜しまい、｜何度も｜寝返《ねがえ》りを｜打っては｜ため息を｜ついて｜いた。

(3)友人に｜貸して｜もらった｜本は｜僕《ぼく》の｜好みに｜ぴったりで、｜寝食《しんしょく》を｜忘れるほど｜熱中し、｜相当の｜ページ数の｜本で｜あったが、｜二日間で｜読み終えたのだった。

7 **ア**〜**オ**の文を単語に分けると次のようになる。

ア 蒸《む》し暑い｜日々｜が｜続く。

イ 小さく｜かわいい｜犬｜を｜見かけ｜た。

ウ すてきな｜ドレス｜で｜パーティー｜に｜出る。

エ 悩《なや》ん｜で｜いる｜こと｜は｜ない。

オ わかりやすい｜説明｜を｜し｜た。

8 (1)道は｜いくつかの｜ルートが｜あったが、｜私と｜岳《がく》は｜その｜うちの｜一番｜近いと｜思われる｜家庭菜園を｜横切って｜いく｜小道を｜選んだ。

(2)岳｜が｜いつも｜犬｜の｜ガク｜を｜散歩さ｜せる｜とき｜に｜通っ｜て｜いく｜道｜だっ｜た。

2 文の組み立て

練習問題 →254・255ページ

1 (1)**イ** (2)**エ** (3)**ア** (4)**ウ** (5)**エ** (6)**イ** (7)**ア** (8)**ウ**

2 (1)**エ** (2)**ア** (3)**イ** (4)**オ** (5)**ウ**

3 (1)**接続部** (2)**複文** (3)**独立部** (4)**入っていないから**

4 (1)**④** (2)**⑦** (3)**⑤・⑥** (4)**①・③**

5 (1)**主…ウ 述…オ** (2)**主…イ 述…オ** (3)**主…エ 述…カ** (4)**主…ア 述…カ**

6 (1)**ウ** (2)②**ウ** ③**ア** ④**イ**

解説

3 (1)「〜が」と、逆接の関係であとの部分と接続しているので、接続部である。

(2)「(私が)(主語)掘《ほ》りおこすと(述語)、かけらが(主語)出てきた(述語)」と主語と述語の関係が二度繰《く》り返されているが、並《へい》立《りつ》の関係ではない。よって重文ではない。

(3)この連文節だけ、ほかの文の成分から独立している。

(4)「竹の子が」どうしたのかを考えると、「入っていないから」という連文節が見つかる。

4 まず、文全体の述語を考えると、文末の「あがった」であることがわかる。(→(2))そして、その述語に対する主語はと考えると、「雨も」がとらえられる。(→(1))主語は必ずしも「〜は」「〜が」の形ではないことに注意する。

(3)「あがった」を修飾《しゅうしょく》する連用修飾語は、「けさは」と「からりと」である。

(4)連体修飾語の被《ひ》修飾語は「雨も」と「けさは」が考えられる。「けさは」を修飾する文節はないので、「雨も」を修飾する文節をとらえる。「昨夜からの(雨も)」と「ふりしきった(雨も)」の二つが連体修飾語である。

6 ハサミは指の延長だし、ハンマーは腕《うで》の延長である。

二つの主語と述語の関係が対等の関係にあるので、重文である。

(2)——線部②は「発明」にかかるので、修飾《しゅうしょく》語。——線部③は「何は」を示しているので、主部。——線部④は『延長』できない感覚は」という主部を受けるので、述部。

3 単語の分類

練習問題 →258・259ページ

1

(1) 自立語…予習・しっかり・やっ・い・講師・質問・挙手し・答える・こと・でき・うれしかっ

付属語…を・て・た・ので・の・に・て・が・て・た

(2) 自立語…なぜ・あの・初歩的な・失敗・し・しまっ・自分・わから・途方・くれる

付属語…ような・を・て・た・の・か・でも・ず・に

(3) 自立語…実験・準備・やり終える・職員室・いらっしゃる・先生・呼び・いっ

付属語…の・を・と・に・を・に・た

(4) 自立語…残り時間・わずかに・なっ・ところ・逆転・シュート・あざやかに・きまり・我々・チーム・決戦・進ん

付属語…が・た・で・の・が・の・が・に・だ

2

(1) 春・なっ・いっこうに・暖かく・なら・桜・開花・遅れ

(2) 毎週・道場・通っ・剣道・練習・し・いる・なかなか・上達せ・やる気・出

(3) 青く・広い・空・眺め・いる・ちっぽけな・悩み・どうでも・よい・気分・なっ・くる

(4) ある・人・聞い・話・あの・ビル・まもなく・取り壊さ

(5) ああ・あなた・山田さん・お待ちし・い・どうぞ・こちら

(6) 犬・近く・寄っ・き・すると・彼・じりじりと・

後ずさり・し

3
(1) は・が・そうな・ので・の・に・に・た・が・だろ・う
(2) は・ので・を・は・まい
(3) だっ・た・の・なら・も・たかっ・た・なぁ
(4) から・て・の・は・の・の・ようだ
(5) を・て・た・のに・が・て・た
(6) は・で・です・が・は・を・ましょ・う・か

4
(1) 走れ　(2) 着　(3) 片付け　(4) 難しかろ
(5) きれいな

5
(1) 険しい　(2) 穏やかだ　(3) 飛ぶ　(4) 来る
(5) 心配する

6 昨夜・一晩中・雨・降っ・い・今朝・起き・みる・空・青く・澄みわたっ・い・散歩・せがむ・ポチ・せかさ・朝食・食べ・外・出・みる・木々・緑・目・鮮やかに・感じ・朝・新鮮な・空気・大きく・吸いこん・軽やかな・足取り・歩き始める・どこ・おいしそうな・におい・漂っ・くる・ああ・おなか・すい・小さく・独り言・つぶやく・黒い・つぶらな・瞳・ふっと・私・見上げ

7 ④・⑥・⑦・⑪・⑭・⑰・⑲・⑳

解説

1 まず、各文を文節に分ける。文節の初めにくるのが自立語、文節の中で自立語のあとにつくのが付属語であることを念頭に置き、自立語と付属語を分類していく。自立語は一つで一文節を作ることもあるので注意する。

2 自立語は、動詞・形容詞・形容動詞・名詞・副詞・連体詞・接続詞・感動詞なので、各文からそれらを抜《ぬ》き出す。
(1) 春(名詞)・なっ(動詞)・いっこうに(副詞)・暖かく(形容詞)・なら(動詞)・桜(名詞)・開花(名詞)・遅《おく》れ(動詞)
(2) 毎週(名詞)・道場(名詞)・通っ(動詞)・剣道《けんどう》(名詞)・練習(名詞)・し(動詞)・いる(動詞)・なかなか(副詞)・上達せ(動詞)・やる気(名詞)・出(動詞)
(3) 青く(形容詞)・広い(形容詞)・空(名詞)・眺《なが》め(動詞)・いる(動詞)・ちっぽけな(形容動詞)・悩《なや》み(名詞)・どうでも(副詞)・よい(形容詞)・気分(名詞)・なっ(動詞)・くる(動詞)
(4) ある(連体詞)・人(名詞)・聞い(動詞)・話(名詞)・あの(連体詞)・ビル(名詞)・まもなく(副詞)・取り壊《こわ》さ(動詞)
(5) ああ(感動詞)・あなた(名詞)・山田さん(名詞)・お待ちし(動詞)・い(動詞)・どうぞ(副詞)・こちら(名詞)
(6) 犬(名詞)・近く(名詞)・寄っ(動詞)・き(動詞)・すると(接続詞)・彼《かれ》(名詞)・じりじりと(副詞)・後ずさり(名詞)・し(動詞)

3 付属語は、助動詞・助詞なので、各文からそれらを抜《ぬ》き出す。

(1)は(助詞)・が(助詞)・そうな(助動詞)・ので(助詞)・の(助詞)・に(助詞)・に(助詞)・た(助動詞)・が(助詞)・だろ(助動詞)・う(助動詞)

(2)は(助詞)・ので(助詞)・を(助詞)・は(助詞)・まい(助動詞)

(3)だっ(助動詞)・た(助動詞)・の(助詞)・なら(助動詞)・も(助詞)・たかっ(助動詞)・た(助動詞)・なあ(助詞)

(4)から(助詞)・て(助詞)・の(助詞)・は(助詞)・の(助詞)・の(助詞)・ようだ(助動詞)

(5)を(助詞)・て(助詞)・た(助動詞)・のに(助詞)・が(助詞)・て(助詞)・た(助動詞)

(6)は(助詞)・で(助詞)・です(助動詞)・が(助詞)・は(助詞)・を(助詞)・ましょ(助動詞)・う(助動詞)・か(助詞)

7 活用のある品詞は、動詞・形容詞・形容動詞・助動詞なので、①～⑳の単語の中からそれらの品詞を抜《ぬ》き出せばよい。⑪・⑰・⑲が動詞、④・⑭が形容詞、⑥・⑦・⑳が助動詞。

4 品詞の分類

練習問題 ↓262・263ページ

1 (1)動詞 (2)形容詞 (3)連体詞 (4)副詞 (5)助動詞 (6)助詞

2 (1)体言…向かい・家・犬・近所・人
用言…穏やかで ウ・人なつこい イ・かわいがら ア・いる ア

(2)体言…大会・優勝・部員・全員・心・一つ・こと
用言…向け ア・し ア・がんばる ア・誓っ ア

(3)体言…解決・問題・考え・頭
用言…向かわ ア・対し ア・いい イ・浮かん ア

(4)体言…昨日・気温・冬・そこ
用言…急に ウ・下がっ ア・来 ア・いる ア・実感し ア

3 ①エ ②オ ③ア ④ケ ⑤オ ⑥ア ⑦カ ⑧コ ⑨ア ⑩ア

4 (1)特に(副詞)・目新しい(形容詞)・目的(名詞)・が(助詞)・あっ(動詞)・た(助動詞)・わけ(名詞)・で(助動詞)・も(助詞)・なく(形容詞)・ふと(副詞)・思いつい(動詞)・た(助動詞)・気まぐれな(形容動詞)・小旅行(名詞)・だっ(助動詞)・た(助動詞)

(2)①合い間・抜け出し・乗りこん・目新しい・思いつい・気まぐれな・小旅行・海沿い・吹きこん・降り立つ・砂浜・貸し切り・特等席・水平線
②なまぬるい・ひなび・やわらぐ・真っ青な・騒がしい

(3)海沿い・貸し切り・暮らし・遠く

(4) 騒がしい

5 (1) ①ア・ウ ②ア ③ア ④ウ ⑤ウ

(2) 付属語で活用がある…なかっ・た
付属語で活用がない…に・まで・は・なんか

解説

2 体言は名詞、用言は動詞・形容詞・形容動詞なので、それらを各文から探す。用言の品詞は、言い切りの形にして見分ける。

3 ①～⑩の単語の中で、活用のある自立語は③「舞《ま》い降り」、⑥「しまい」、⑨「なっ」、⑩「い」の四語、活用のない自立語は①「空」、②「ひらひらと」、⑤「すぐに」、⑦「小さな」の四語、活用のある付属語は④「た」の一語、活用のない付属語は⑧「に」の一語である。⑥「しまい」は補助動詞であり、「動詞＋て＋しまう」の形で用いられる。

4 (2)①合う＋間→合い間・抜《ぬ》ける＋出す→抜け出す・乗る＋こむ→乗りこむ・目＋新しい→目新しい・思う＋つく→思いつく・気＋まぐれだ→気まぐれだ・小＋旅行→小旅行・海＋沿う→海沿い・吹《ふ》く＋こむ→吹きこむ・降りる＋立つ→降り立つ・砂＋浜《はま》→砂浜・貸す＋切る→貸し切り・特等＋席→特等席・水平＋線→水平線

②なまぬるい(接頭語)・ひなびる(接尾語)・やわらぐ(接尾語)・真っ青だ(接頭語)・騒《さわ》がしい(接尾語)

(3)「海沿い」は、「海＋沿う」の動詞「沿う」が名詞「沿い」に転成してできた複合語、「貸し切り」は、「貸す＋切る」の動詞「切る」が名詞「切り」に転成してできた複合語であることに注目する。「暮らし」は動詞「暮らす」から、「遠く」は形容詞「遠い」から名詞に転成した語である。

(4)「騒がしい」は動詞「騒ぐ」から形容詞に転成した語である。

5 (1)①ひとつ＋眠《ねむ》る(動詞)→ひと眠り(名詞)。二つの単語が組み合わさり、動詞から名詞に転成もしている。②座敷《ざしき》＋わらし→座敷わらし。③鼻＋先→鼻先。④におう(動詞)→におい(名詞)。⑤離《はな》れる(動詞)→離れ(名詞)。

章末問題

→264・265ページ

1 イ　2 (1)ウ　(2)イ　(3)ア　(4)エ

3 エ　4 エ　5 ③

6

形容詞	助動詞	助詞	助動詞	動詞
なかっ	た	の	で	ある

7 イ

解説

2 (1)主たる意味をもつ「行って」という文節に、「みる」が補助的な意味を添《そ》えているので、補助の関係。

(2)「笑い声が」が主語で、「あふれる」がそれに対する述語なので、主・述の関係。

(3)「彼《かれ》も」「私も」は同等な関係で並んでいるので、並立《へいりつ》の関係。

(4)「温かい」は「お茶を」という文節を詳《くわ》しく説明しているの

で、修飾《しゅうしょく》・被《ひ》修飾の関係。

3 「大きな」は連体詞で、体言を含《ふく》む文節を修飾《しゅうしょく》する。

4 **ア**の「ある」は体言を修飾《しゅうしょく》する連体詞で、活用しない。**イ**の「ちょっと」は主に用言を修飾《しゅうしょく》する副詞で、活用しない。**ウ**の「思い」は名詞で、活用しない。**エ**の「いう」は動詞で、「いわない・いって・いいます・いえば」などのように活用する。

5 ①「置いて―ある」・②「遅《おそ》く―ない」・④「挑戦《ちょうせん》して―みる」は、いずれも補助の関係である。③「学校に―いる」は、「学校に」が「いる」を修飾《しゅうしょく》する修飾・被《ひ》修飾の関係で、これが他と異なる関係である。

6 「なかっ」は「ない」という形容詞が活用したもの。「ので」を一語の助詞と間違《まちが》えないようにする。

7 **ア**の「明けはじめ」の言い切りの形は「明けはじめる」で、ウ段の音で終わるので動詞である。**イ**の「ない」は一文節を作っており、自立語で言い切りの形が「い」で終わるので形容詞である。**ウ**の「だけ」は他の語について限定の意味を表す助詞である。**エ**の「小さな」は活用がなく体言を修飾《しゅうしょく》する連体詞である。**オ**の「白く」は言い切りの形が「白い」で、自立語で言い切りの形が「い」で終わるので形容詞である。よって**イ**が適切ではない。

第2章 自立語の働き

1 動詞

練習問題 →276・277ページ

1 (1)①未然形 ②終止形 (2)①命令形 ②仮定形
(3)①連用形 ②未然形 (4)①連体形 ②連用形

2 **ア** 3 運動する・サ行変格活用

4 **イ** 5 **ウ・オ**

6 (1)回す (2)変える (3)消す (4)集める

7 **ア・ウ・オ** 8 いっ・き・みる・あつ

9 (1)A下一段活用 Bサ行変格活用 C五段活用
D下一段活用 E五段活用 F五段活用
(2)で(未然形)・悔い(連用形)・ふい(連用形)

10 A**ア**・d B**イ**・× C**ア**・a D**ウ**・×
E**ウ**・× F**ア**・× G**イ**・× H**ア**・c

解説

1 (1)①は「ない」に続くので未然形。②は文の終わりの言い切りの形なので終止形。
(2)①は命令の意味を表す言い切りの形なので命令形。②は「ば」に続くので仮定形。
(3)①は「た」に続くので連用形。②は「う」に続くので未然形。
(4)①は「前」という体言に続くので連体形。②は「ます」に続くので連用形。

2 活用の種類は、カ行変格活用、サ行変格活用、「ある」以外は、語の下に「ない」をつけ、その直前の音で判断する。**ア**は「着ない」となり、直前がイ段の音なので上一段活用。**イ**は「取らない」となり、直前がア段の音なので五段活用。**ウ**は「売らない」となり、直前がア段の音なので五段活用。**エ**は「散らない」となり、直前がア段の音なので五段活用。

3 「運動した」は、「運動する」に助動詞「た」が接続した形である。

4 「見える」は下一段活用。**ア**の終止形は「見る」で上一段活用。**イ**の終止形は「欠ける」で下一段活用。**ウ**の終止形は「書く」で五段活用。**エ**の「折る」は五段活用。

5 その動作が自分(主体)だけですむか、相手が必要なものかを考えると、自動詞か他動詞かが見分けられる。**ウ**「来る」、**オ**「起きる」は自分だけの動作なので、これらが自動詞。**ア・イ・エ**は、前に「〜を」という動作を及《およ》ぼす対象が示されているので、他動詞である。

6 「〜を」に続く形に直す。(1)「風車を—回す」、(2)「色を—変える」、(3)「火を—消す」、(4)「人を—集める」のように考える。

7 可能動詞は、五段活用の動詞が変化してできた、「〜できる」という意味をもつ下一段活用の動詞。**ア**は「話す」、**ウ**は「登る」、**オ**は「聞く」という五段活用の動詞が変化してできた可能動詞である。

8 「動詞(連用形)+て(で)+補助動詞」の形になっていることが多いことに注目して補助動詞を見つける。補助動詞も活用している場合があるので、活用形の部分のみを抜《ぬ》き出すようにする。

9 (1)A「ない」をつけると「照りつけない」となるので、下一段活用。B「〜する」という形のサ行変格活用。C「ない」をつけると「沿わない」となるので、五段活用。D「ない」をつけると「流れない」となるので、下一段活用。E「ない」をつけると「続かない」となるので、五段活用。F「ない」をつけると「ならばない」となるので、五段活用。

(2)「でなかった」は、「でる」の連用形に「なかっ(た)」が接続したもの。「悔《く》いながら」は、「悔いる」の連用形に「ながら」が接続したもの。「ふいた」は、「ふく」の連用形(イ音便)に「た」が接続したもの。

10 A五段活用の「まぎれ込《こ》む」に「だ(た)」がついたときに、「まぎれ込み」が「まぎれ込ん」と変化しているので撥《はつ》音便。C五段活用の「すがりつく」に「た」がついたときに、「すがりつき」が「すがりつい」と変化しているのでイ音便。H五段活用の「飛び乗る」に「た」がついたときに、「飛び乗り」が「飛び乗っ」と変化しているので促《そく》音便。

2 形容詞

練習問題 →281ページ

1 (1) 仮定形　(2) 未然形　(3) 連用形　(4) 連体形　(5) 連用形

2 ウ

3 おいしゅう・連用形

4 (1) **エ** (2) **ア** (3) **カ** (4) **キ** (5) **ク** (6) **イ** (7) **オ** (8) **ウ**

解説

1 (1)「ば」に続くので仮定形。(2)「う」に続くので未然形。(3)「て」に続くので連用形。(4)体言に続くので連体形。(5)「た」に続くので連用形。

2 **ウ**は「寂《さび》しく」とつながって連文節を作る補助形容詞。「寂しい」を否定しているだけで、本来の形容詞の意味を持たない。ほかは「ある」に対する「ない」である。

3 「おいしゅう」は、「おいしい」の連用形「おいしく」が「ございます」に続くときに、「く」が「う」に変化し、ウ音便となったもの。

4 (1)近(形容詞「近い」の語幹)＋づい(動詞「つく」の連用形の濁音《だくおん》化したもの)
(2)形容詞「寒い」の語幹の「寒」だけで言い切っている。
(3)広(形容詞「広い」の語幹)＋さ(接尾《せつび》語)
(4)真っ(接頭語)＋白い(形容詞)
(5)油(名詞)＋っこい(形容詞「こい」が「油」に接続するときに促音《そくおん》化したもの)
(6)形容詞「黒い」の語幹「黒」を名詞として用いている。
(7)形容詞「高い」の語幹「高」の繰《く》り返しに「と」をつけて副詞として用いられている。
(8)青(形容詞「青い」の語幹)＋空(名詞)

---

3 形容動詞

練習問題 →285ページ

1 (1) 連用形 (2) 連用形 (3) 連体形 (4) 未然形 (5) 連用形 (6) 連用形

2 **ウ**

3 形容詞…高く・連用形　涼しい・連体形
形容動詞…穏やかで・連用形　豊かな・連体形

4 (1) **オ** (2) **イ** (3) **エ** (4) **ア** (5) **ウ**

解説

1 (1)動詞「ある」に続くので連用形。
(2)動詞「なっ(た)」に続くので連用形。
(3)体言に続くので連体形。(4)「う」に続くので未然形。
(5)「た」に続くので連用形。(6)「た」に続くので連用形。

2 **ア**は形容動詞「かすかだ」の連用形。**イ**は形容動詞「大好きだ」の終止形。**ウ**は言い切りの形が「い」で終わっているので形容詞。**エ**は形容動詞「のどかだ」の連体形。**オ**は形容動詞「丁寧《ていねい》だ」の連体形。

4 (1)お(接頭語)＋気の毒(形容動詞「気の毒だ」の語幹)＋様(接尾《せつび》語)
(2)形容動詞「立派だ」の語幹「立派」を名詞として用いている。
(3)こ(接頭語)＋ぎれいな(形容動詞「きれいだ」の連体形「きれいな」が濁音《だくおん》化したもの)

(4)形容動詞「きれいだ」の語幹「きれい」だけで言い切ったもの。本来は「きれいだ」または「きれいな花」。
(5)大切(形容動詞「大切だ」の語幹)＋さ(接尾語)。

4 名詞

練習問題 →289ページ

1 今年・夏・暑さ・体・今日・最高気温・三十五度・日本・ここ・気
2 (1)エ (2)ウ (3)オ (4)ア (5)イ
3 (1)A・E・J・K (2)B・I (3)C・F (4)D
4 (1)あなた・a (2)ここ・b (3)どなた・a (4)その方・a どちら・b (5)あなた・a どれ・b (6)それ・b

解説

1 「暑い」と「暑く」は形容詞。「暑さ」は名詞。
2 (1)**エ** 「彼女《かのじょ》」は人称《にんしょう》代名詞で、それ以外は普通《ふつう》名詞。
(2)**ウ** 「首都」は普通名詞で、それ以外は固有名詞。
(3)**オ** 「今夜」は普通名詞で、それ以外は数詞。
(4)**ア** 「ひと」は普通名詞で、それ以外は形式名詞。
(5)**イ** 「どの」は連体詞で、それ以外は代名詞。
3 ――線部F「三年目ぐらい」の「ぐらい」は助詞であり、「三年目」のみが数詞である。G「頃《ころ》」・H「こと」・L「ため」は形式名詞。
4 (1)「こんなに」は形容動詞「こんなだ」の連用形なので、指示代名詞と間違《まちが》えないようにする。
(2)「こう」は指示代名詞ではなく、副詞である。
(5)・(6)「この」は指示代名詞ではなく、連体詞である。
(6)「こういう」・「その」は指示代名詞ではなく、連体詞である。

5 副詞

練習問題 →293ページ

1 (1)強い (2)お願いします (3)こわかった (4)しても (5)人出が
2 イ
3 イ
4 B・C・D・F・G・H

解説

1 (5)副詞の中には、「の」を伴《ともな》って名詞を修飾《しゅうしょく》するものがあることに注意しよう。
2 **ア・ウ・エ**は動詞を修飾《しゅうしょく》して動作の状態を表しているが、**イ**は形容詞を修飾して程度を表している。
3 **ア・ウ・エ**は擬態《ぎたい》語で、**イ**は音の様子を表す擬声語である。
4 Aは名詞。Bはどのくらいかを表す程度の副詞。Cは「〜にせよ」に呼応する陳述《ちんじゅつ》の副詞。Dは「欠けて」という打ち消しの意を伴《ともな》う語に呼応する陳述の副詞。Eは形容動詞「まれだ」の連体形。Fは「思われない」という、どう考えてもそのように感じられるという気持ちを表す語に呼応する陳述の副詞。Gは

「ひょっとして」と同義で、「あるまいか」という推量を表す語に呼応する陳述の副詞。Hは「〜だろう」という疑問を表す語に呼応する陳述の副詞。

6 連体詞

→296ページ

練習問題

1 イ・エ・オ　2 ア・エ

3 星は　4 B・F・G

解説

1 **ア**「あちら」は、「が」などをつけると主語になる自立語(名詞)なので、連体詞ではない。**ウ**「おかしい」は、言い切りの形が「い」で終わり、「おかしかろ・おかしく」などと活用するので、形容詞。**カ**「小さい」も「おかしい」と同様に形容詞。

2 **ア**「ほんの」は「ほん」と「の」に分けられず、一語で「気持ち」を修飾《しゅうしょく》するので連体詞。**イ**「みんなの」は「みんな」と「の」に分けられ、名詞＋助詞である。**ウ**「あそこの」は「あそこ」と「の」に分けられ、代名詞＋助詞である。**エ**「どの」は「ど」と「の」に分けられず、自立語で活用がないので、「本」を修飾する連体詞。

4 Aは「蜘蛛《くも》」(名詞)を修飾《しゅうしょく》する連体詞。Bは「かまわない」という動詞を含《ふく》む文節を修飾する副詞。Cは「わけ」(名詞)を修飾する連体詞。Dは「種」(名詞)を修飾する連体詞。Eは「つど」(名詞)を修飾する連体詞。Fは「そば」という名詞を修飾し、時・場所・数などを表す体言を修飾する用法の副詞である。Gは「やって」という動詞を含む文節を修飾する副詞。

7 接続詞・感動詞

→302ページ

練習問題

1 ウ・エ　2 ア・ウ・オ

3 (1) ウ　(2) ア　(3) イ　(4) エ

4 (1) カ　(2) ア　(3) ウ　(4) オ　(5) イ　(6) エ

解説

1 **ウ**が選択《せんたく》を表す接続詞、**エ**が並立《へいりつ》・累加《るいか》を表す接続詞である。**ア・オ**は助詞(接続助詞)。**イ・カ**は副詞。

2 **ア**は独立した文節を作っており、感動詞。**イ**は「する」に係る連用修飾語《しゅうしょく》であり、副詞。**ウ**は独立した文節を作っており、感動詞。**エ**は名詞で主語を形成している。**オ**は独立した文節を作っており、感動詞。**カ**は「過ぎて」に係る連用修飾語《しゅうしょく》であり、副詞。

3 (1)感動を表す感動詞。　(2)挨拶《あいさつ》を表す感動詞。
(3)呼びかけを表す感動詞。　(4)応答を表す感動詞。

4 (1)**カ**「さて」と同様に転換《てんかん》を表す。
(2)**ア**「しかし」と同様に逆接を表す。
(3)**ウ**「もしくは」と同様に選択《せんたく》を表す。
(4)**オ**「すなわち」と同様に言い換《か》えて説明する働きをする。
(5)**イ**「そのうえ」と同様に並立《へいりつ》・累加《るいか》を表す。
(6)**エ**「それゆえ」と同様に原因・理由と結果をつなぐ順接を表す。

章末問題

→303〜307ページ

1 ウ　**2** ア　**3** イ　**4** イ

5 かろ　**6** イ

7 (1) ①形容詞　②形容詞　③形容詞　④形容動詞　⑤形容詞　⑥形容詞

(2) 形容詞…青い・終止形　形容動詞…×

8 ウ　**9** (1) ア　(2) イ

10 (1) ア　(2) ウ　**11** (1) ウ　(2) エ

12 Aオ　Bキ　Cカ　Dウ　Eア

13 Aエ　Bア　Cウ

14 接続詞B　副詞A・C・E

解説

1 「練習し」の言い切りの形は「練習する」なのでサ行変格活用。活用する部分の形が「し」で、「ない」ではなく「た」に接続していることから連用形とわかる。**ア**「話そ」の言い切りの形は「話す」で五段活用。五段活用で活用語尾《ごび》「そ」がオ段なので未然形。**イ**「起き」の言い切りの形は「起きる」で上一段活用。上一段活用で活用語尾が「き」であり、「た・て・ます」などに接続していないので未然形。**ウ**「開け」の言い切りの形は「開ける」で下一段活用。下一段活用で活用語尾が「け」であり、「ない・よう」などに接続していないので連用形。**エ**「こい」の言い切りの形は「くる」でカ行変格活用。命令する意味の形なので命令形。よって同じ連用形の**ウ**が正解。

2 **ア**「抜《ぬ》か」の言い切りの形は「抜く」で五段活用。五段活用で活用語尾「か」がア段なので未然形。**イ**「咲《さ》き」の言い切りの形は「咲く」で五段活用。五段活用で活用語尾「き」がイ段なので連用形。**ウ**「当たっ」の言い切りの形は「当たる」で五段活用。五段活用で活用語尾が促音便《そくおんびん》「っ」なので連用形。**エ**「飲み」の言い切りの形は「飲む」で五段活用。五段活用で活用語尾「み」がイ段なので連用形。**オ**「聞い」の言い切りの形は「聞く」で五段活用。五段活用で活用語尾がイ音便「い」なので連用形。よって一つだけ未然形の**ア**が正解。

3 「聞く」は「ない」をつけると「聞かない」となり、直前の音がア段の音なので五段活用。**ア**は言い切りの形が「来る」でカ行変格活用。**イ**の「降る」に「ない」をつけると「降らない」となり、直前の音がア段の音なので五段活用。**ウ**は「混ぜる」に「ない」をつけると「混ぜない」となり、直前の音がエ段の音なので、下一段活用。**エ**の「閉じる」に「ない」をつけると「閉じない」となり、直前の音がイ段の音なので上一段活用。よって同じ五段活用の**イ**が正解。

4 「入学している」の「いる」は補助動詞。**ア**は必要であるという意味の「いる」という動詞。**イ**「澄《す》んでいる」の「いる」は補助動詞。**ウ**は「しみいる」という動詞の一部。**エ**は存在しているという意味の「いる」という動詞。よって補助動詞であることが共通している**イ**が正解。

5 形容詞が「う」に接続するときは未然形となるので、活用語尾《ごび》は「かろ」となる。

6 「確かに」は「確かだ」という言い切りの形に直すことができるので形容動詞だとわかる。**ア**の「大きな」は「大きだ」とはならず活用がないので連体詞。**イ**の「静かな」は「静かだ」という言い切りの形に直すことができるので形容動詞。**ウ**の「直ちに」は「直ちだ」とはならず、「出発する」(用言)を修飾《しゅうしょく》するので副詞。**エ**の「実に」は「実だ」とはならず、「おもしろい」(用言)を修飾するので副詞。よって**イ**が正解。

7 (1)①〜⑥はすべて自立語で活用がある単語である。①、②、③、⑤、⑥は言い切りの形に直すと「い」で終わるので形容詞。④は言い切りの形に直すと「滑《なめ》らかだ」となり、「だ」で終わるので形容動詞であることがわかる。

8 文末が「影響《えいきょう》だろう」と推量を表す表現になっているので、推量の言い方と呼応する「おそらく」がふさわしい。

9 (1)「別れても」という仮定の言い方と呼応する「たとえ」がふさわしい。

(2)「見てきたかのような」というたとえの言い方と呼応する「あたかも」がふさわしい。

10 (1) A に入る語は動詞を含《ふく》む「限られて」という文節を修飾《しゅうしょく》すること、B に入る語は動詞を含む「示さなかった」という文節を修飾することを考え合わせると、A には「ごく」、B には「あまり」という副詞が入るとわかる。

(2)――線部の品詞は、**ア**は連体詞、**イ**は形容詞、**ウ**は副詞、**エ**は接続詞なので、正解は**ウ**である。

11 (1)一文目には「とつとつと」、二文目には「しゅくしゅくと」、三文目には「こうこうと」があてはまる。

(2)一文目には「みやくみやくと」、二文目には「じゅんじゅんと」、三文目には「ふつふつと」があてはまる。

12 A は、文末が「ように」となっていることから「まるで」に近い語が入ると考えられるので、「ちょうど」がふさわしい。B は、映画が始まってから筆者たちのグループが異質な存在であることに気づくまでの時間が短いことを表す語が入ると考えられるので、「すぐに」があてはまる。C は、「早い」を修《しゅう》飾《しょく》する語が入るので、「かなり」がふさわしい。D は、下町ことばの聞きとりにくさは「私」よりも留学生たちのほうが度合いが強いと考えられるので、「まして」が入る。E は、留学生たちはわからないことがあると授業中はその都度教師の「私」に質問していると考えられるので、「いちいち」があてはまる。

13 A は、あとに「〜でさえも、〜はない」と続いており、逆接の関係でつなぐ語が入ると考えられるので、「だが」が入る。B は、あとの部分が具体例になっていることから、例示を表す語「たとえば」があてはまる。C は、表情についての記述をつないでいることに注目すると、「あるいは」がふさわしい。

14 Aは、「あれば」を修飾《しゅうしょく》する副詞。Bは、前の文を受けてその内容を補足する働きをする接続詞である。Cは、「～のおかげであろう」に呼応する副詞。Dは、前後を逆接の関係でつなぐ接続助詞。Eは、「(爽快《そうかい》でさえ)あった」を修飾する副詞である。

第3章 付属語の働き

1 助動詞

→324～327ページ

練習問題

1 エ　2 ウ　3 イ・エ

4 (1) たい・終止形　(2) たい・連体形　(3) たけれ・仮定形　(4) たがら・未然形

5 ウ　6 イ　7 イ・エ

8 ア　9 ウ　10 (1) イ　(2) ウ　(3) ア

11 (1) ア　(2) イ　(3) ア　(4) イ　12 ウ

13 (1) う・コ　(2) そうな・ウ　(3) れる・ク　(4) られる・シ　(5) たい・ス　(6) な・カ　(7) せる・ソ　(8) た・イ　(9) らしい・オ　(10) た・セ

14 (1) よう　(2) たがる　(3) たい　(4) まい　(5) られ　(6) ようだっ　(7) ない　(8) せる　(9) で　(10) そうだ

15 エ・助動詞　16 (1) エ　(2) イ

17 (1) た・過去／らしい・推定／だ・断定／よう・意志／そうな・推定・様態／たい・希望／させ・使役

(2) ようで・推定／られ・受け身／だろ・断定／う・推量／ない・否定(打ち消し)／そうだ・伝聞／まい・否定の推量

解説

1 例文の「れ」は、自発の「れる」の連用形。アは、尊敬の「れる」の連用形。イは、受け身の「れる」の連用形。ウは、可能の「れる」の連用形。エは、自発の「れる」の連用形。

2 アは、「押《お》し寄せる」という動詞の一部。イは、「見せる」という動詞の一部。エは、「落とせる」という可能動詞の一部。ウが、「調査する」というサ変動詞の未然形「調査さ」に使役《しえき》の助動詞「せる」が接続したもの。

3 アは、「はかない」という形容詞の一部。イは、「ならない」を「ならぬ」と言い換《か》えることができるので、否定の助動詞。ウは、「ない」を「ぬ」に言い換えられないので、形容詞の「ない」。エは、「見ない」を「見ぬ」と言い換えられるので、否定の助動詞。よって、イとエの用法・意味が同じ。

5 ア・イ・エは推定の助動詞の「らしい」。ウは、「子どもらしい」

という形容詞の一部の「らしい」。

6 **ア・ウ・エ**は推定・様態を表し、**イ**は伝聞を表す。推定・様態の場合は、動詞の連用形や形容詞・形容動詞の語幹に接続し、伝聞の場合は、活用語の終止形に接続することに注意する。

7 **ア**は例示、**イ**は推定、**ウ**は比喩《ひゆ》、**エ**は推定を表すので、**イ**と**エ**が同じ意味・用法となる。

8 **ア**は、形容動詞「爽《さわ》やかだ」の連用形「爽やかで」の活用語尾《ごび》。**イ・ウ・エ**は、断定の助動詞「だ」の連用形「で」。

9 例文の「た」は、「〜ている」という存続の意味を表す助動詞「た」の連体形である。**ア**は、過去の意味を表す「た」の連体形。**イ**は、完了《かんりょう》の意味を表す「た」の連体形。**ウ**は、存続の意味を表す「た」の連体形。**エ**は、過去の意味を表す「た」の連体形。

10 (1)は、「おそらく〜だろう」という意味を表しているので推量。
(2)は、「〜するつもりだ」という意味を表しているので意志。
(3)は、「一緒《いっしょ》に〜しよう」という意味を表しているので勧誘《かんゆう》。

11 (1)は、「覚えられないだろう」という意味になるので否定の推量。
(2)は、「言わないつもりだ」という意味になるので否定の意志。
(3)は、「運べないだろう」という意味になるので否定の推量。
(4)は、「承知しないつもりだ」という意味になるので否定の意志。

12 **ア**は、「いないだろう」という意味なので否定の推量。**イ**は、「あることはないだろう」という意味なので否定の推量。**ウ**は、「行かないつもりだ」という意味なので否定の意志。**エ**は、「終わらないだろう」という意味なので否定の推量。

---

13 (1)「行こう」の「う」が、「〜するつもりだ」という意志を表す。
(2)「降り出しそうな」の「そうな」が、「降り出すような様子だ」という推定・様態を表す。
(3)「される」の「れる」が、校長先生の「する」という動作に尊敬の意味を加えている。
(4)「感じられる」の「られる」が、「自然と〜する」という自発を表す。
(5)「手に入れたい」の「たい」が、「手に入れることを望む」という希望を表す。
(6)「休日なので」の「な」(「だ」の連体形)が、「休日であるので」という断定を表す。
(7)「させる」の「せる」が、人にやらせるという使役《しえき》を表す。
(8)「ついた」の「た」が、「ついている」という存続を表す。
(9)「なるらしい」の「らしい」が、「どうやらなるようだ」という推定を表す。
(10)「さぼった」の「た」が過去の出来事を表す。

14 (1)には「たい」と「よう」があてはまるが、(3)に「たい」が入るので、(1)は「よう」。(10)には「そうだ」と「ようだ」があてはまるが、(6)に「ようだ」の連用形「ようだっ」が入るので、(10)は「そうだ」。

15 ═線部は、否定(打ち消し)の助動詞「ない」で、**エ**が適切。**ア・イ・ウ**はともに形容詞。

16 ──線部は、過去の助動詞「た」が、直前の撥音便化した動詞

「休む」を受けて濁音化したものなので、**イ**が適切。**ア**は形容動詞「穏やかだ」の一部、**ウ**は断定の助動詞「だ」、**エ**は伝聞の助動詞「そうだ」の一部。

17 「～だろう」は、断定の助動詞「だ」の未然形と、推量の助動詞「う」が組み合わさった表現。覚えておこう。

2 助詞

練習問題 →338～341ページ

1 (1)ア (2)ウ (3)ウ (4)ア (5)イ (6)エ (7)ウ (8)ア (9)ウ (10)ア

2 イ **3** ウ **4** ア・ウ **5** ア

6 (1)ウ (2)イ (3)ア **7** イ **8** エ

9 イ・エ **10** ウ **11** ウ **12** イ

13 (1)イ (2)ア (3)ウ (4)エ

14 (1)より (2)から(より) (3)で(から) (4)ても (5)し(が) (6)まで (7)ほど(くらい・ぐらい・ばかり) (8)やら(と)・やら(と) (9)か(かしら) (10)よ(わ)

15 (1)サ (2)ク (3)キ (4)オ (5)シ (6)イ (7)カ (8)コ (9)エ (10)ア (11)ウ (12)ケ

16 は・副助詞　の・格助詞　を・格助詞　と・格助詞　で・接続助詞　て・接続助詞　に・格助詞　て・接続助詞　は・副助詞

17 (1) Aア Bウ Cア Dア Eア　(2)ア・ウ

解説

2 **ア・ウ・エ**は直前が名詞なので、格助詞の「が」であり、主語を表す。**イ**は直前が助動詞「た」なので、接続助詞の「が」であり、確定の逆接を表す。

3 例文の「から」は、起点を表す。**ア**は原因、**イ**は原料・材料、**ウ**は起点、**エ**は原因を表すので、正解は**ウ**。

4 **ア**は変化の結果、**イ**は引用、**ウ**は変化の結果、**エ**は動作の相手を表すので、**ア**と**ウ**が同じである。

5 **ア**は「～以上に」と言い換《か》えられ、比較《ひかく》の基準を表す。**イ・ウ・エ**は程度を表すので、**ア**が正解。

7 例文の「でも」は、「～でさえも」と言い換《か》えられ、副助詞「でも」の極端《きょくたん》な例からほかを類推させる用法。**ア**は、形容動詞「平らだ」の連用形活用語尾《ごび》「で」＋副助詞「も」。**イ**は、「～でさえも」と言い換えられる副助詞「でも」。**ウ**は、直前が動詞の連用形で、確定の逆接を表す接続助詞「ても」が濁音《だくおん》化したもの。**エ**は、例示を表す副助詞「でも」。よって、**イ**が正解。

8 例文は、「～さえも」と言い換《か》えることができ、「友人」という例からほかを類推させる用法。**ア**は程度の限度、**イ**は空間的な限度、**ウ**は程度の限度、**エ**は「～さえも」と言い換えられる、類推の用法。よって、**エ**が正解。

9 **ア**は、「春」と「秋」を並べる並立《へいりつ》の用法。**イ**は、「三メートル」を強調している。**ウ**は、「友人」以外のものを類推させる用法。**エ**は、「五分」を強調している。よって、**イ**と**エ**が同じ。

10 **ア**は、並立《へいりつ》を表す格助詞。**イ**は、「ちらちらと」という副詞の一部。**ウ**は、直前が動詞であり、確定の順接を表す接続助詞。**エ**は、動作の相手を表す格助詞。

11 例文の「けれど」は、すでに起こっていることを逆の意味でつなぐ確定の逆接を表す。**ア・イ・エ**も同様に確定の逆接。**ウ**は、「たとえ説明されたとしても」という仮定の逆接を表す。

12 例文の「か」は、感動・詠嘆《えいたん》を表す終助詞。**ア**は、反語、**イ**は感動・詠嘆、**ウ**は勧誘《かんゆう》、**エ**は疑問を表す。

17 (2)**ア**は、手段を表す格助詞。**イ**は、断定の助動詞「だ」の連用形。**ウ**は、原因を表す格助詞。**エ**は、接続詞「そこで」の一部。よって、**ア**と**ウ**が助詞である。

章末問題

→342～345ページ

1 ア・オ　**2** ウ　**3** ア　**4** イ
5 エ　**6** エ　**7** エ　**8** ア
9 エ　**10** ①ウ　②ア　**11** ウ　**12** ウ
13 ①ウ　②イ　**14** ②　**15** ア　**16** ウ・オ

解説

1 **イ**は動詞「満ちあふれる」の連体形の活用語尾《ごび》。**ウ**は自発の意味を表す助動詞の「れる」。**エ**は動詞「流れる」の終止形の活用語尾。**ア**と**オ**が受け身の意味を表す助動詞の「れる」である。

2 設問文中の「撮《と》った」の「た」は過去の意味を表す。**ア**と**エ**は存続、**イ**は完了《かんりょう》、**ウ**は過去の意味を表しているので、**ウ**が正解。

3 説明文中の「感じられる」の「られる」は自発の意味を表す。**ア**は自発、**イ**は受け身、**ウ**は可能、**エ**は尊敬の意味を表しているので、**ア**が正解。

4 文章中の「花が咲《さ》いたような」の「ような」は比喩《ひゆ》の意味を表す。**ア**は推定、**イ**は比喩、**ウ**は推定、**エ**は目的の意味を表しているので、**イ**が正解。

5 文章中の「ばんかいしよう」の「よう」は意志の意味を表す助動詞「よう」の終止形。**ア**は比喩《ひゆ》の意味を表す助動詞「ようだ」の連用形の一部。**イ**は推量の意味を表す助動詞「よう」の終止形。**ウ**は推定の意味を表す助動詞「ようだ」の終止形の一部。**エ**は意志の意味を表す助動詞「よう」の終止形。よって、**エ**が正解である。

6 文章中の「ばかり」は限定を表す用法。**ア**は程度を表す用法、**イ**は物事がすぐにも起こりそうな段階にあることを表す用法、**ウ**は直後に格助詞「に」を伴って、そのことだけが原因であることを表す用法、**エ**は限定を表す用法、**オ**は物事の直後であることを表す用法なので、**エ**が正解。

7 設問文の「だ」は体言についており、断定の助動詞。**ア**は、動詞「降る」の終止形に接続しており、伝聞を表す助動詞「そうだ」の終止形の活用語尾《ごび》。イは、形容動詞「静かだ」の終止形の活用語尾。ウは、過去の助動詞「た」が撥音便《はつおんびん》化した「楽しん」を受けて濁音《だくおん》化したもの。エは、体言について断定の意味を表す助動詞「だ」。よって、エが正解。

8 設問文中の「で」は単純な接続を表す接続助詞「て」が濁音《だくおん》化したもの。**ア**は単純な接続を表す接続助詞「て」が濁音化したもの、**イ**は形容動詞「立派だ」の連用形の活用語尾《ごび》、**ウ**は手段を表す格助詞、**エ**は数量(時間)を表す格助詞なので、**ア**が正解。

9 **ア・イ・ウ・オ**は連体修飾《しゅうしょく》語を表す用法で、**エ**だけが主語を表す用法なので、**エ**が正解。

10 ①の「と」は引用を表す格助詞なので**ウ**が同じ用法。②の「と」は動作の相手を表す格助詞なので**ア**が同じ用法。**イ**は確定の順接を表す接続助詞。**エ**は並立《へいりつ》を表す格助詞。

11 文章中の「の」は体言の代用をする格助詞。**ア**は主語を表す格助詞、**イ**は連体修飾語を表す格助詞、**ウ**は体言の代用をする格助詞、**エ**は疑問を表す終助詞なので、**ウ**が正解。

12 ①は動作の相手を表す格助詞、②は確定の順接を表す接続助詞、③は確定の順接を表す接続助詞、④は副詞「晴れ晴れと」の一部なので、②と③が同じ働きをしている。

13 ①は動作が同時に(並行して)行われていることを表すので**ウ**の「並列《へいれつ》・同時」が適切。②は「分かっているのに落ちこんでいた」という意味になるので**イ**の「逆接」が適切である。

14 ①・③は主語を表す格助詞、②は確定の逆接を表す接続助詞なので、②が正解。

15 文章中の「に」は相手を表す格助詞。**ア**は相手を表す格助詞、**イ**は形容動詞「きれいだ」の連用形の活用語尾《ごび》、**ウ**は副詞「特に」の一部、**エ**は時間を表す格助詞なので、**ア**が正解。**ア・エ**は「ら」抜き言葉。**イ**は「さ」がよけいな語。

第4章 紛《まぎ》らわしい語の識別

練習問題 →356〜359ページ

1 エ　**2** ウ　**3** エ　**4** ア
5 ウ・エ　**6** ウ　**7** ウ　**8** ウ
9 ウ　**10** ウ　**11** エ　**12** イ・エ・オ・ク
13 (1) ウ　(2) ア　(3) エ　(4) イ　(5) カ　(6) キ
(7) オ
14 ウ　**15** イ

解説

1 **ア**は原因を表す格助詞。**イ**は、単純な接続を表す接続助詞「て」が撥音便《はつおんびん》化した「積ん」を受けて濁音《だくおん》化したもの。**ウ**は形容動詞「穏《おだ》やかだ」の連用形「穏やかで」の活用語尾《ごび》。**エ**は、断定の助動詞「だ」の連用形。**オ**は、数量(時間)を表す格助詞。

2 **ア**は、形容詞「あどけない」の一部。**イ**は、文節の先頭にあり自立語なので、形容詞の「ない」。**ウ**は、動詞の未然形についており、「走れぬ」と言い換《か》えられるので、助動詞の「ない」。**エ**は、一語で文節を作っており自立語なので、形容詞の「ない」。

3 設問文の「だ」は、体言の代わりをする格助詞「の」に接続して断定を表す助動詞。**ア**は、過去の助動詞「た」が撥音便《はつおんびん》化した「転ん」を受けて濁音《だくおん》化したもの。**イ**は、動詞「中止する」の終止形に接続しており、伝聞を表す助動詞「そうだ」の終止形の活用語尾《ごび》。**ウ**は、形容動詞「きれいだ」の終止形の活用語尾。**エ**は、体言について断定の意味を表す助動詞「だ」。よって、**エ**が正解。

4 **ア**は体言についているが、「どうやら〜らしい」という推定の意味を表す助動詞である。**イ**は形容詞「愛らしい」の連用形の一部。**ウ**は形容詞「山田君らしい」の終止形の一部。**エ**は形容詞「冬らしい」の連用形の一部。

5 設問文の「ある」は、存在を表す動詞「ある」の終止形。**ア**の「ある」は、「人」を修飾《しゅうしょく》する連体詞。**イ**の「ある」は、「日」を修飾する連体詞。**ウ**の「ある」は、存在を表す動詞の連体形。**エ**の「ある」は、存在を表す動詞「ある」の終止形。よって、例文と同じ品詞のものは、動詞である**ウ**と**エ**。

6 **ア**は、同じ名詞を繰《く》り返して同様のものが続く様子を表す副詞。**イ**は、「会おう」を修飾《しゅうしょく》する副詞。**ウ**は、並列《へいれつ》を表す接続詞。**エ**は、「やはり」という意味で、「ある」を修飾する副詞。

7 **ア**・**イ**・**エ**は、「〜でさえ」と言い換《か》えられ、極端《きょくたん》な例を挙げてほかを類推させる働きをする副助詞。**ウ**は、断定の助動詞「だ」の連用形「で」に副助詞「も」がついたもの。

8 設問文の「な」は、断定の助動詞「だ」の連体形。**ア**は、「いろんな」という連体詞の一部。**イ**は、形容動詞「大変だ」の連体形「大変な」の活用語尾《ごび》。**ウ**は、断定の助動詞「だ」の連体形。**エ**は、禁止を表す終助詞。

9 設問文の「に」は、副詞「つねに」の一部。**ア**は、形容動詞「きれいだ」の連用形の活用語尾《ごび》。**イ**は、時間を表す格助詞。**ウ**は、副詞「さらに」の一部。**エ**は、場所を表す格助詞。よって、**ウ**が正解。

10 **ア**は名詞「川」に接続し、主語を表す働きをしているので、格助詞の「が」。**イ**は名詞「これ」に接続し、主語を表す働きをしているので、格助詞の「が」。**ウ**は否定の助動詞「ん」の終止形に接続し、前と後を逆接の関係でつなぐ働きをしているので、接続助詞の「が」。よって、**ウ**が正解。

11 設問文の「で」は、場面を表す格助詞。**ア**の「で」は、体言につき、断定を表す助動詞「だ」の連用形。**イ**の「で」は、接続助詞「て」が、撥音便《はつおんびん》化した「遊ん」を受けて濁音《だくおん》化したもの。**ウ**の「で」は、形容動詞「穏《おだ》やかだ」の連用形「穏やかで」の活用語尾《ごび》。**エ**の「で」は、場面を表す格助詞で、これが正解。

12 **ア**は、「いっそうの」を修飾《しゅうしょく》する副詞。**イ**は、添加《てんか》の働きをする接続詞。**ウ**は、可能性は低いがそうしたこともありうるという意味を表す副詞。**エ**は、選択《せんたく》を表す接続詞。**オ**は、添加の働きをする接続詞。**カ**は、名詞「それ」＋格助詞「から」。**キ**は、

「吹《ふ》き始めた」を修飾する副詞。**ク**は、並立《へいりつ》を表す接続詞。

13 (1)は、「子どもでさえも知っている」のように、極端《きょくたん》な例からほかを類推させる働きをする副助詞の「でも」。(2)は、「金だということも、地位だということもない」と言い換《か》えられるので、「で」は断定の助動詞「だ」の連用形「で」であり、それに副助詞「も」がついたもの。(3)は、「で」の前に動詞「読む」の連用形の撥音便《はつおんびん》化した「読ん」があるので接続助詞「て」が濁《だく》音《おん》化したものと考えられ、それに副助詞「も」がついたもの。(4)は、形容動詞「きれいだ」の連用形「きれいで」の活用語尾《ごび》「で」に副助詞「も」がついたもの。(5)は、花が咲《さ》く場所として「あちらでも」「こちらでも」と述べているので、場所を表す格助詞「で」に副助詞「も」がついたもの。(6)は、「でも」が前と後を逆接の関係でつなぐ働きをしているので、動詞「呼ぶ」の連用形が撥音便化した「呼ん」を受けて、接続助詞「ても」が濁音化したもの。(7)は、文と文を逆接の関係でつなぐ働きをする自立語なので、接続詞の「でも」。

14 ——線部**ウ**は、物事を指す意味の連体詞「或《あ》る」。他は動詞。

——線部**ア・イ・エ・カ**は、存在するという意味の「有る」。

——線部**オ**は、補助動詞の「ある」。

15 **ア**は、形容動詞「遥《はる》かだ」の連用形の活用語尾《ごび》。**イ**は、場所を表す格助詞「に」。**ウ**は、形容動詞「自然だ」の連用形の活用語尾。**エ**は、形容動詞「無理だ」の連用形の活用語尾。

章末問題

→360〜361ページ

1 イ　**2** ①ウ　②イ　**3** オ　**4** ウ

5 エ・キ　**6** イ　**7** エ　**8** ア

解説

1 文中の「秋らしく」の「らしく」は、「いかにも〜にふさわしい」という意味をつけ足す接尾語《せつび》。「秋らしい」は形容詞となる。**ア**は推定の助動詞。**イ**は「いかにも〜にふさわしい」という意味をつけ足す接尾語。**ウ**は形容詞「しおらしい」の一部。**エ**は推定の助動詞。よって**イ**が正解。

2 ①の「ある」は連体詞。**ウ**の「小さな」と同じ品詞である。②の「ある」は動詞。**イ**の「走る」と同じ品詞である。**ア**の「かなり」は副詞、**エ**の「無い」は形容詞である。

3 「さらに」は副詞であり「に」はその一部である。**ア**は比喩《ひゆ》の助動詞「ようだ」の連用形「ように」の一部。**イ・ウ・エ**は格助詞。**オ**は副詞「大いに」の一部。よって**オ**が正解。

4 「きちんと」は副詞であり、「と」はその一部である。**ア・イ**は格助詞、**ウ**は副詞「ぽたりと」の一部、**エ**は確定の順接を表す接続助詞であり、**ウ**が正解。

5 設問文中の「に」は場所を表す格助詞。**カ**は逆接の接続助詞「のに」の一部。**キ**は場所を表す格助詞。**ク**は推定・様態の助動詞「そうだ」の連用形「そうに」の一部。**ケ**は形容動詞「さわやかだ」の連用形「さわやかに」の一部。よって、**キ**が例文中の「に」と同じ意味・用法である。

6 設問文中の「ない」は形容詞。**ア**の「ない」は形容詞「さりげない」の一部。**イ**の「ない」は形容詞。**ウ**の「ない」は形容詞「もったいない」の一部。**エ**の「ない」は否定の助動詞「ない」。よって**イ**が正解。

7 **ア・イ・ウ**は接続助詞の「て」が濁音《だくおん》化したもの。**エ**は形容動詞「静かだ」の連用形の活用語尾《ごび》。よって**エ**が正解。

8 設問文中の「ない」は助動詞。**ア**は例文中の「ない」と同様、「ぬ」と置き換《か》えられるので助動詞。**イ**は形容詞。**ウ**は形容詞「あぶない」の一部。**エ**は補助形容詞。**オ**は形容詞。よって**ア**が正解。

第5章 敬語

1 敬語

練習問題 ↓370・371ページ

1 (1)**ア** (2)**ウ** (3)**イ** (4)**イ** (5)**ア**

2 (1)**ウ** (2)**ア**

3 (1)お休みになる (2)申し上げる(申す) (3)お召しになる (4)いただく(頂戴する) (5)お目にかかる(お会いする)

4 (1)**カ** (2)**オ** (3)**イ** (4)**エ**

5 A(1)**ウ** (2)おりません
B(1)**イ** (2)いらっしゃいました(いらっしゃった)
C(1)**ア** (2)申しており D(1)**エ** (2)伝えて
E(1)**エ** (2)やった

6 Aされる(あそばす) B来る Cいらっしゃる
Dおっしゃる Eご覧になる F食べる
Gお召し Hくださる I申しあげる
J拝見する Kうかがう Lさし上げる
Mいただく Nお目 Oください Pさせて

解説

1 (1)は「食べる」の尊敬語。(3)は「聞く」の謙譲《けんじょう》語。(4)は「案内する」の謙譲語。(5)は「立つ」の尊敬語。

2 (1)**ア**は「いる」の意味の尊敬語。**イ**は「行く」の意味の尊敬語。
(2)**イ・ウ**は「行く」「訪ねる」の意味の謙譲語。

3 (1)お客様の動作なので、尊敬語に直す。
(2)先生に対して自分がへりくだることで敬意を表すので、謙譲《けんじょう》語に直す。
(3)先生の動作なので、尊敬語に直す。
(4)・(5)お客様に対して自分がへりくだることで敬意を表すので、謙譲語に直す。

4 (1)は「言う」の尊敬語、(2)は「する」の謙譲語、(3)は「やる(与《あた》える)」の謙譲語、(4)は「見る」の尊敬語をあてはめる。

5 A・D・Eは、身内のことを述べており、かつその動作が相手に及《およ》ぶものではないので、尊敬語や謙譲《けんじょう》語を使う必要はない。

ただしAは、話し手の相手に対する敬意を表すために丁重語《ていちょう》を使うようにする。

章末問題

→372・373ページ

1 **ウ**　2 **ア**　3 **エ**　4 **ウ**
5 **エ**　6 **ア**　7 **ウ**

解説

1 「存じ上げる」は「知る」の謙譲語《けんじょう》。**ア**の「なさる」は「する」の尊敬語、**イ**の「おっしゃる」は「言う」の尊敬語、**ウ**の「うかがう」は「行く」の謙譲語、**エ**の「召《め》し上がる」は「食べる」の尊敬語。よって**ウ**が正解。

2 動作主は「先生」なので尊敬語を用いる。**ア**の「ご〜する」は謙譲語《けんじょう》。**イ**の「ご〜になる」、**ウ**の「〜なさる」は尊敬語。**エ**は助動詞「れる」を用いた尊敬語。よって**ア**が誤り。

3 動作主である相手を敬う表現を用いるので、□には尊敬語があてはまる。**ア**「伺《うかが》って」、**イ**「申し上げて」は謙譲語《けんじょう》なのであてはまらない。**ウ**の「おおせられて」は「言う」の尊敬語の「おおす」と尊敬の助動詞「られ」を重ねて用いる二重敬語になっているのでふさわしくない。「聞いて(ください)」の尊敬語としては**エ**の「お尋《たず》ねになって」がふさわしい。

4 **ア**と**イ**は、自分の動作をへりくだって言うことで来賓《らいひん》に対する敬意を表しているので正しい。**ウ**は来賓の「見る」という動作に対して謙譲語《けんじょう》の「拝見する」を用いているので正しくない。**エ**は来賓の「食べる」という動作に対して尊敬語の「召《め》し上がる」を用いているので正しい。よって**ウ**が正解。

5 会社の人が自分の上司であっても、外部の人に対しては身内として謙譲語《けんじょう》を用いて表現すべきなので、**ア・イ・ウ**は応対として適切である。**エ**は、電話番号はもらうものではないので、「ちょうだいできますか」は不適切。「教えていただけますか」などと表現するのがふさわしい。

6 ①は来場者に対する尊敬語が使われているので正しい。②は来場者に対して自分の行為《こうい》をへりくだって述べているので正しい。③は自分の行為をへりくだるべきところに尊敬語を使っているので正しくない。「存じます」などと言うべきである。④は来場者の行為に対して尊敬語ではなく謙譲語《けんじょう》を使っているので正しくない。「お聞きになってください」「お聞きください」などと言うべきである。よって敬語の使い方が正しいものの組み合わせは①と②で、正解は**ア**。

7 動作主は「お客様」なので、尊敬語を使う。

【第3編】表現する力

第1章 書くこと

章末問題

→406〜411ページ

1 (1) 例 郷土歴史博物館館長で郷土の歴史にお詳しい葉隠様に講演をお願いできればと思います。(40字)

(2) 例講演のテーマは「佐賀県の魅力について」で、葉隠様のお話を拝聴することで、郷土の魅力を再発見する機会にしたいと考えております。講演にあたり、資料をご使用になるようでしたら、事前に学校までお送りください。

2

例私は反対の立場で意見を発表したいと思う。私たち人間は、個人が自由に道を選択して生きている。よって、進む道が同じ人など、一人もいないと思うのだ。だから、文のような考え方では、他者との話し合いを閉ざしてしまうことにつながると思う。以上の理由で、私は反対の立場に立ち、誰もが違う道を歩んでいるからこそ話し合いをするべきだという意見を発表したい。（168字）

3

例私が仕事をするうえで大切だと思うのは、協調性だ。仕事は、協調性がなければ成り立たないと考えるからだ。

　たとえ一人で行う仕事であっても、その仕事の結果によって、うれしくなったり、悲しくなったり、利益を得たり、損をしたりする人が出てくるだろう。仕事をするうえでは、これら自分以外の人を思いやることが最も大切だと考える。そして、自分以外の人を思いやることは、協調性があってこそできることだと思うのだ。

4

例A案とB案を比較すると、B案では「十五年目」、「三十名」など、地域の清掃活動にどのくらいの規模で取り組んできたかという具体的な数値が示されている。また、地域の方の声や、先輩たちの行動が紹介され、参加する意義をより強く実感できるようになっている。

　文章を書くときには、抽象的にまとめずに、読み手が自分のこととしてとらえられるよう、具体的な内容を散りばめることが大切だと考える。

5

例資料Aからは、「まあまあ進んだ」と「あまり進んでない」が半々で、評価が二分されていることがわかる。資料Bからは、重点化すべき場所として、病院や公衆トイレを挙げている人が多いことがわかる。ただ、年代による差もあり、公衆トイレは全年代で均等なのに対し、病院は七十代の割合が高い。
私は、三つの中では病院の必要性が高いと思う。先日も、病院の段差で苦労されている車いすの高齢者を見た。バリアフリーやユニバーサルデザインを必要とする人が多く利用する施設が、最も重点化すべき場所だと思う。

6
(1) ウ
(2) 例 別空間にいるロボットにリアルタイムで自分と同じ動きをさせ、その空間を体感できる（39字）
(3) 例 過疎地には、医療体制が不十分な中で暮らす人々がいる。アバター技術があれば、それらの人々の健康状態をチェックし、必要なときには病院に連絡し、車などで連れていくことができる。どんな場所でも安心・安全な暮らしが可能となる。（108字）

【第4編】語彙の力

第1章 漢字の知識

1 漢字の成り立ち

練習問題 →429ページ

1 ウ・オ　**2** イ・ウ・カ　**3** ウ・オ・カ
4 (1)終　(2)覚　(3)種　(4)宝　(5)妙　(6)孫　(7)植　(8)泳
5 (1)日・月　(2)口・鳥　(3)手・目　(4)山・石
6 (1)A詩　B持　(2)A紅　B功　(3)A積　B績

解説
2 会意文字は、二つ以上の漢字が組み合わされてできたものだから、その漢字を分解できるかどうかで判断する。
6 形声文字は、発音が同じ語の意味を区別しやすくするために意味を表す部分（意符《いふ》）を加えてできたものであるから、音を表す部分（音符）が同じなら、音読みが共通することが多い。

2 漢字の読み書き

練習問題 →446〜449ページ

1 (1)①けが　②きたな　③よご
(2)①そと　②はず　③ほか
(3)①うつ　②は
(4)①あつ　②つど
2 イ・カ

3 (1)ウ (2)イ (3)イ (4)エ (5)エ (6)イ (7)ア

4 (1)①ア・エ ②イ・ウ・オ (2)①イ・ウ・オ ②ア・エ
(3)①ア・ウ・オ ②イ・エ (4)①イ・エ・オ ②ア・ウ

5 ア・キ…のぎへん イ・ケ…ごんべん ウ・カ…みみ
エ・コ…うかんむり オ・ク…さんずい(順不同)

6 (1)生える (2)謝る (3)慎む (4)快い (5)省みる
(6)穏やか (7)陥る (8)膨らませる (9)揺さぶる

7 ①十画 ②十二画 ③九画 ④十二画

8 (1)衤・ころもへん (2)礻・しめすへん
(3)阝・おおざと (4)阝・こざとへん
(5)月・にくづき (6)忄・りっしんべん
(7)走・そうにょう (8)广・まだれ

9 (1)ア (2)オ (3)カ (4)オ (5)ケ (6)エ (7)ウ
(8)サ

10 (1)イ・オ・ア・ウ・エ (2)エ・ウ・オ・ア・イ
(3)ウ・オ・ア・イ・エ

11 (1)十三 (2)十三 (3)十六 (4)十

12 (1)早い (2)測る (3)傷む (4)映す (5)備える
(6)影 (7)伸びる (8)交じる (9)冷める

13 (1)特徴 (2)野性 (3)競走 (4)苦渋 (5)輩出
(6)回答 (7)既製 (8)極限 (9)保証

14 (1)関 (2)議 (3)険 (4)栽 (5)徐

15 (1)謄 (2)錬 (3)暫 (4)幣 (5)擬 (6)逐

解説

2 「見本」は「湯桶《ゆとう》読み」(訓＋音)であるから、**イ**「合図」**カ**「夕食」が同じである。**ウ**「番組」・**エ**「献立《こんだて》」は「重箱読み」(音＋訓)。**ア**「小説」は音＋音。**オ**「野原」は訓＋訓。**キ**「目下」(めした＝訓＋訓　もっか＝音＋音)・**ク**「牧場」(まきば＝訓＋訓　ぼくじょう＝音＋音)のように二通りの読み方があることもあるので注意しよう。

3 選択肢《せんたくし》の読みは、
(1)**ア**ぎょうれつ　**イ**しゅぎょう　**ウ**りょこう　**エ**ぎょうじ
(2)**ア**とうりょう　**イ**ずつう　**ウ**とうちょう　**エ**とうかく
(3)**ア**じんせい　**イ**いっしょう　**ウ**きいと　**エ**なまみず
(4)**ア**こうみょう　**イ**みょうにち　**ウ**みんちょうたい
エせんめい
(5)**ア**けいざい　**イ**かんきん　**ウ**けいど　**エ**きょうてん
(6)**ア**ないじょう　**イ**だいり　**ウ**ないえん　**エ**かない
(7)**ア**げどう　**イ**がいや　**ウ**がいかん　**エ**がいぶん

6 (2)「誤る」(「間違《まちが》える」の意)と混同しないこと。
(3)「謹《つつし》む」(「うやうやしくかしこまる」の意)と混同しないこと。

9 (2)「聞」は、「耳」が意味、「門」が音の形声文字で、漢和辞典では、「聴」と同じ「みみ(へん)」に分類される。

(6)「術」は「行」が意味、「朮」が音の形声文字で、「ぎょうがまえ(ゆきがまえ)」に分類される。

12 (4)「写す」はカメラ・コピー・筆記用具などを使ってうつしとること。「映す」は光や光の反射などで物や形を浮《う》き出すようにすること。

(6)「陰」は、物の裏側で見えない部分。「影」は光によってできた物の形。

(8)「混じる」は溶《と》け合って区別できない場合。「交じる」は一つ一つ、一本一本が区別できる場合。

13 (2)「野生」は自然に育つこと。「野生動物」など。「野性」は本能のままに動く性質。

(3)競争のうち、走る競争は「競走」。

(4)「苦汁《くじゅう》」はつらい経験。「苦汁をなめる」のように使う。

(7)「既成《きせい》」はすでにできあがっているものごと。「既製《きせい》」は商品としてすでにできあがっていること。

(8)「極限」は物事の果て。「局限」は範囲《はんい》を限ること。

14 (2)「異議」は違《ちが》った意見。「異義」は違った意味。

章末問題

→450〜455ページ

1 Aイ Bケ　2 ウ　3 ア・ウ

4 イ・てへん　5 イ　6 歓…5　風…7

7 いとへん・例点画を連続させたり、向きを変えたりしている。

---

8 ア　9 エ　10 ウ　11 Ⅰ阝　Ⅱ12

12 意味…③　読み…にゅうわ

13 (1)イ　(2)エ　(3)ウ

14 (1)イ　(2)エ　(3)ア　(4)イ　(5)ウ

15 (1)ウ　(2)ア　(3)エ

16 (1)誤って使われている漢字・任　正しい漢字・認

(2)誤って使われている漢字・租　正しい漢字・祖

(3)誤って使われている漢字・憶　正しい漢字・億

(4)誤って使われている漢字・非　正しい漢字・否

(5)誤って使われている漢字・易　正しい漢字・益

17 (1)イ　(2)エ　(3)ウ

18 (1)せきべつ　(2)はっかん　(3)けいしょう　(4)はか

(5)おそ　(6)はあく　(7)せっちゅう　(8)きんさ

(9)ゆる　(10)まかな　(11)署名　(12)博覧　(13)痛快

(14)燃　(15)勤　(16)祝福　(17)喜劇　(18)専属　(19)苦笑

(20)浴

19 (1)イ　(2)エ　(3)ア　(4)エ　(5)ウ

20 重

21 ①おば　②たび　③ぞうり　④ここち　⑤えがお

⑥しない　⑦いくじ　⑧いなか　⑨ともだち

⑩しらが　⑪しぐれ　⑫もよ(り)　⑬なごり

⑭ひとり　⑮ふぶき　⑯まいご　⑰しにせ
⑱しゃみせん

22 (1)ころもへん・衣　(2)しめすへん・示
(3)りっとう・刀　(4)てへん・手
(5)あなかんむり・穴　(6)あめかんむり・雨

解説

1「河」は形声、「馬」は象形、「林」は会意、「上」は指事。「三」は「上・下」などと同じく、指事文字。

2「翌」は十一画。「暖」は十三画。「勤」は十二画。「種」は十四画。「開」は十二画。「勤」は行書では九画目と十画目が続けて書かれているので注意。

3○で囲まれた「くさかんむり」の部分は、楷書《かいしょ》では横画が一画目、左の縦画が二画目、右の縦画が三画目になる。しかし、行書では、左の縦画、右の縦画、横画という順に続けて書かれている。

4「扱」が行書で書かれている。「扱」と「机」は六画。「沈」「卵」は七画。「礼」は五画。

5 **ア**「起」は十画。**イ**「税」は十二画。**ウ**「推」は十一画。**エ**「馬」は十画。

6「歓」の左側は、左払《はら》いを書いてから縦画を書くため、5画目となる。「風」は「虫」よりも上の左払いを先に書く。

7行書で書かれている漢字は「緑」。いとへんの部分は、楷書とは違《ちが》う形で書かれている。

8 **ア**「諸」、**イ**「精」、**ウ**「標」、**エ**「障」である。部首が「説」と同じ『ごんべん』なのは**ア**。

9「欠」は大きな口をあけてあくびをしているさまをかたどった象形で、部首名は「あくび」。口に関係する漢字に使われることが多い。

10「影」の部首「さんづくり(彡)」は、三画で書く。したがって総画数は十五画。

11 Ⅰ部首はその漢字を構成する要素のうち、意味の上で重要な役割をもつ部分であることが多い。形声文字であるから、意味を表す部分(意符《いふ》)が重要な役割をする。【漢和辞典の一部】の説明では、意味を示すのは左側の部分とあるから、「阝」が部首だとわかる。
Ⅱ「阝」は三画である。したがって総画数は十二画。

12「柔和」の意味は、態度や様子がやさしく、おだやかなさま。

13 (1)「大型客船」が主語であることから「港に寄る」とわかる。
(2)「写真」という言葉がヒントになる。
(3)「異口同音」とは、大勢の人が一致《いっち》して同じことを言うこと。

14 (1)仕事や任務に「つく」ことを「就《つ》く」と書く。
(2)「丘陵《きゅうりょう》」は、「おか」の意味である。
(3)「交(えて)」という漢字が使われているのは「交通」。「混」と間違《まちが》えやすいので注意。
(4)「書架《しょか》」という漢字になるので「架空」を選ぶ。

15 (1)**ア**「壊」 **イ**「乗」 **ウ**「丈」 **エ**「上」
(2)**ア**「操」 **イ**「創」 **ウ**「壮」 **エ**「装」
(3)**ア**「源」 **イ**「言」 **ウ**「幻」 **エ**「原」

16 (1)はっきりと確かめるという意味なので「任」ではなく「認」。
(3)「憶」は「記憶《きおく》」という熟語で使われる「おぼえる」「思う」という意味の漢字。数を表すのは「億」。
(4)「否決」は、議案を承認《しょうにん》しないことを決めるという意味。
(5)「益」は「もうけ」という意味。「易」は「やさしい」「とりかえる」などの意味。

17 (1)**ア**は「参照」、**イ**は「了承《りょうしょう》」、**ウ**は「談笑」、**エ**は「合唱」。「デンショウ」は漢字にすると「伝承」。
(2)**ア**は「拝見」、**イ**は「敗退」、**ウ**は「配信」、**エ**は「背水」。「ハイケイ」は漢字にすると「背景」。
(3)**ア**は「愛用」、**イ**は「需要」、**ウ**は「模様」、**エ**は「許容」。「イチヨウ」は漢字にすると「一様」。

18 (1)「惜別」は「別れを惜《お》しむこと」。
(3)「警鐘」は「危険などを予告し注意を促《うなが》すこと」。
(4)「諮《はか》る」は「相談する」の意味。会議など有識者に意見を求めるときに使う。
(5)「畏《おそ》れ」は「敬い、かしこまった気持ちになること」。
(6)「把握《はあく》」とは「物事をしっかり理解すること」。
(7)「折衷《せっちゅう》」とは「それぞれの良いところをとってまとめること」。「衷」は「まん中」の意味がある。
(8)「僅差《きんさ》」とは「ごくわずかの差」。
(9)「緩」の音は「カン」。「緩急」「緩衝《かんしょう》」などの熟語がある。
(10)「賄」の音は「ワイ」。「賄賂《わいろ》」「収賄《しゅうわい》」などの熟語がある。
(11)「署名」は「本人が自分の名前を書くこと」。
(12)「博覧会」は「広く一般《いっぱん》の人々に公開する会」。
(13)「痛快」は「胸がすくほど愉快《ゆかい》なこと」。
(17)「喜劇」とは「観客の笑いを誘《さそ》うような演劇」。
(18)「専属」とは「一つの会社や団体などに所属し、ほかには属さないこと」。
(20)「浴」は音読みで「ヨク」。「入浴」「浴場」などの熟語がある。

19 (1)「意向」は「考えや気持ちの向かう方向」。
(2)「固辞」は「固く辞退すること」。
(3)「公私」は「おおやけ(公)とわたくし(私)」。
(4)「互角《ごかく》」は「互《たが》いの力に優劣《ゆうれつ》の差がないこと」。
(5)「案の定」は「思った(案の)とおり(定)」。

20 「重」を入れると、「体重」「重宝《ちょうほう》」「重点」「自重《じちょう》」という熟語ができる。

第2章 語句の知識

1 熟語の構成

練習問題

↓460・461ページ

1 (1)**ウ** (2)**エ** (3)**イ** (4)**ク** (5)**カ** (6)**ア** (7)**キ**

(8) オ

2 エ

3 (1) カ (2) ウ (3) イ (4) オ (5) ア (6) ク (7) キ (8) エ

4 (1) 非 (2) 未 (3) 無 (4) 不

5 (1) 入学試験 (2) 図画工作 (3) 産業廃棄物 (4) 駐車禁止（駐輪禁止）

6 (1) ア (2) オ (3) イ (4) オ (5) ウ (6) ア (7) エ (8) イ

7 (1) イ (2) エ (3) ウ (4) イ (5) ア

8 (1) 不 (2) 無 (3) 非 (4) 未

9 (1) 一喜一憂 (2) 花鳥風月 (3) 危機一髪 (4) 枝葉末節

解説

2 悲喜（悲しみと喜び）、当落（当選と落選）、添削《てんさく》（添《そ》えると削《けず》る）、凹凸《おうとつ》（へこんだものと中が高くなったもの）は、対《つい》になる漢字の組み合わせ。温暖（温かいと暖かい）だけが、似た意味の漢字の組み合わせ。

3 (3)「年長（年が長《た》けている）」は、主語＋述語。

(5)「拍手《はくしゅ》（手をたたく）」は、下の漢字が目的語。

(7)「緑化」 キ「突然《とつぜん》」は、どちらも接尾《せつび》語がついたもの。

6 (4)「関西風」の「風」は、名詞について、それらしいという意味を添える接尾語。

(6)「序破急」とは、「起承転結」のように、物事の構成を表す語。もとは雅楽《ががく》の構成を表す言葉。

2 語句の用法

→472〜475ページ

練習問題

1 (1) ア (2) コ (3) オ (4) イ (5) ウ (6) サ (7) ケ (8) カ (9) エ (10) シ

2 (1) エ (2) イ

3 〈共通点〉例 どちらも心を働かせることを表す。

〈相違点〉例「思う」は感情的に心を働かせることを、「考える」は頭を働かせて客観的に判断することを表す。

4 (1) a エ b ア c イ d オ e ウ

(2) a イ b オ c ア d カ e ウ

5 イ

6 (1) 否決 (2) 不備 (3) 未知 (4) 無害 (5) 不利 (6) 非凡 (7) 非番 (8) 不潔 (9) 不況 (10) 未定

7 (1) オ (2) カ (3) コ (4) ク (5) ア (6) イ (7) キ (8) ウ (9) エ (10) サ (11) シ (12) ケ

8 (1) エ (2) ウ

9 ①易しい↔難しい　②優しい↔厳しい

10 (1)ウ　(2)ア　(3)ウ

11 ①住まい　②私事　③幸福　④ライト　⑤決まり　⑥ダンス　⑦旅館

12 ①オ　②キ　③ア　④カ　⑤ケ　⑥イ　⑦セ　⑧ウ　⑨ク　⑩ソ　⑪コ　⑫サ　⑬ス　⑭シ　⑮エ

解説

1 (1)「輸送」は乗り物を使う場合に、「運搬《うんぱん》」は乗り物を使うほか、人が手で移す場合にも使う。「運搬」は物を移す場合に使うが、「輸送」は人を移す場合にも使う。
(3)「嫌疑《けんぎ》」も「容疑」も悪いことをした疑いのあるという意味だが、「容疑」は特に犯罪の疑いのあることをいう。
(4)「婚姻《こんいん》」は法律用語として使われることが多い。
(6)「海抜《かいばつ》」も「標高」も平均海水面からの高さ。「標高」は、山など比較《ひかく》的高いものに使われる。
(9)「設備」は、機械、器具、装置などをいうのに対して、「施《し》設《せっ》」は、建物など大きいものをいう。

2 (1)問題の文と**エ**は「望ましくない行為《こうい》を受ける」という意味を持つ。**ア**は「上位の者の立場を脅《おびや》かしたりする」、**イ**は「暮らしを立てる」、**ウ**は「時間や費用を消費する」、**オ**は「かなりの年齢《ねんれい》になる」という意味を持つ。
(2)問題の文と**イ**は「その物事・方面に通じていて、よく知っている」という意味を持つ。**ア**は「性格・表情・雰囲気《ふんいき》などが朗《ほが》らかである」、**ウ**は「光が強い」、**エ**は「希望が持てるさまである」、**オ**は「不正などがなく、公明である」という意味を持つ。

4 (1)dの「腹をくくる」は慣用句で「覚悟《かくご》を決める」という意味。

5 ②「左遷《させん》」は、「それまでの地位・官職から低い地位・官職に落とすこと」。「右遷」という語は無い。

6 (4)と(5)のように同じ「有」の字が使われていても、対義語につく否定の字が「無害」「不利」のように違うことがある。

7 (3)「開放」は「開け放つ」の意味。(11)「解放」は「束縛《そくばく》から解き放つ」の意味であるから、それぞれ対義語も異なる。

8 (1)「興奮」の対義語は「冷静」。「冷淡《れいたん》」の対義語は「熱心」。
(2)「地味」の対義語は「派手」。「華美《かび》」の対義語は「質素」。

10 (1)**ア**は「食う」、**イ**は「頭の上に載《の》せる」、**ウ**は「もらう」の謙譲語。
(2)**ア**は完了《かんりょう》の意識をもって使う。**イ**は「目上の人のところへ行く」、**ウ**は「低いところから高いところへ移る」。
(3)**ア**は場所を巡《めぐ》る。**イ**は立場を変える。**ウ**は細かいところまで行き届く。

3 慣用句・ことわざ・四字熟語・故事成語

→506〜509ページ

練習問題

1 (1)足　(2)頭　(3)腕　(4)口　(5)手　(6)鼻　(7)耳　(8)目　(9)肩　(10)首

2 ウ

3 ア

4 (1)**ウ** (2)**オ** (3)**ア** (4)**イ** (5)**エ** (6)**キ** (7)**ケ**
(8)**ク**

5 (1)**イ** (2)**オ** (3)**ア** (4)**カ** (5)**ウ** (6)**エ** (7)**ク**
(8)**ケ**

6 **イ** **7** (1)四 (2)三 (3)二 (4)千 (5)一 (6)千

8 **ア** 五里霧中 **ウ** 絶体絶命

9 ①同 ②異 ③異 ④同 ⑤同 ⑥異

10 **ウ** **11** **ウ**

12 ①虎 ②虎 ③馬 ④馬 ⑤羊 ⑥蛇 ⑦虎 ⑧狐

13 (1)**イ** (2)**エ** (3)**ア**

解説

2 **ウ**「虫の居所が悪い」は、普段《ふだん》は気にならないようなことが気にさわり、怒《おこ》りっぽくなっていること。

3「気が置けない」は、遠慮《えんりょ》の必要が無く気軽に付き合うことができる親しい関係を表す言葉。「気を許せない」という反対の意味に誤用しないように注意。

4 (1)何かをしようと思ったら、すぐに始めるのがよい。
(2)上手な人も失敗することがある。
(3)違いが大きいことのたとえ。
(4)不運が重なること。
(5)何の効き目もないこと。
(6)用心して慎重《しんちょう》に物事を行うこと。
(7)子どもは世の中に出して苦労をさせたほうが良い。
(8)余計なことを言って災難に遭《あ》う。

5 (1)良いと思ったらすぐに始めるのが良い。
↕**イ**急いで物事を行うべきではない。
(2)良い知らせは待っていればそのうちやってくるものだ。
↕**オ**何もしないでいたら、何も起こらない。
(3)三人集まって考えれば良い知恵《ちえ》が出る。
↕**ア**指図する人が多いと物事がうまく運ばない。
(4)余計な手出しはしないほうが良い。
↕**カ**余計なことをして災《わざわ》いを招く。
(5)平凡《へいぼん》な親の子は平凡である。
↕**ウ**平凡な親から優《すぐ》れた子が生まれること。
(6)今が良ければあとのことはどうなってもよい。
↕**エ**立ち去るときは後始末をきちんとすべきだ。
(7)立派な人は幼い頃《ころ》から優れている。
↕**ク**大人物は世に知られるまで時間がかかる。
(8)世の中は無情な人ばかりではないということ。
↕**ケ**人を簡単に信用してはいけないということ。

6「一部始終」は、「一冊の書物の始めから終わりまで」の意味から転じて、物事の始めから終わりまでの全ての意味。

8「五里霧《む》中《ちゅう》」も「絶体絶命」も漢字を間違《まちが》えやすい。意識して覚えておこう。

9 「大同小異」は、細かい点は異なるが、全体的には同じであること。「異口同音」は、大勢の人が、一致《いっち》して同じことを言うこと。「同工異曲」は、見かけは違《ちが》っているようでも、中身はほぼ同じであること。

10 「助長」は、手助けしたためにかえって駄目《だめ》にしてしまうこと。

11 「矛盾《むじゅん》」は、つじつまがあわず成り立たないこと。**ア**と**イ**は両方の要素が成り立つことはあり得《う》る。

13 **ウ**の「古い考えにこだわること」を意味する故事成語には、「守株《しゅしゅ》」や「舟《ふね》に刻みて剣《けん》を求む」がある。

章末問題 →510～514ページ

1 (1)**エ** (2)**ウ**
2 (1)**エ** (2)**ウ** (3)**ア** (4)**ウ** (5)**エ** (6)**イ** (7)**エ**
3 **ウ** 4 **イ・ウ**
5 (1)**イ** (2)①**栄光** ②**助力** ③**重宝** ④**礼儀** ⑤**独占**
6 **ア** 7 **ア** 8 **必然** 9 (1)**イ** (2)**イ**
10 Ⅰ**ウ** Ⅱ**キ・コ** 11 **ア・ウ** 12 **ウ**
13 (1)**和語** (2)**漢語** (3)**和語** (4)**和語** (5)**漢語**
14 **耳** 15 **役不足** 16 **イ** 17 **ア** 18 **イ・オ**
19 a**イ** b**ウ** 20 (1)**イ** (2)**ア**

解説

1 (1)「創」も「造」も「つくる」という意味の漢字。
(2)「山に登る」という意味の熟語。「登る」という動作の対象が「山」。

2 (1)「絵画」は似た意味の漢字の組み合わせ。**ア**「職に就《つ》く」。下の漢字が上の漢字の目的語になっている。**イ**「日が没《ぼっ》する」。主述の関係になっている。**ウ**「相違《あいちが》う」(互《たが》いに違う)。上の漢字が下の漢字を修飾《しゅうしょく》している。**エ**「倉庫」は似た意味の漢字の組み合わせ。**オ**「非常」は上の漢字が下の漢字を打ち消している。
(2)「音声」は、似た意味の漢字の組み合わせ。**ア**「握《にぎ》る力」。下の漢字が上の漢字を修飾している。**イ**「境を越《こ》える」。下の漢字が上の漢字の目的語になっている。**ウ**「合併《がっぺい》」は、似た意味の漢字の組み合わせ。**エ**「伸縮《しんしゅく》」は、意味が対《つい》になる漢字の組み合わせ。
(3)「開国」は「国を開く」。下の漢字が上の漢字の目的語になっている。**ア**「業を営む」。下の漢字が上の漢字の目的語になっている。**イ**「原因と結果」。意味が対になる漢字の組み合わせ。**ウ**「火と炎《ほのお》」。似た意味の漢字の組み合わせ。**エ**「必ず至る」。上の漢字が下の漢字を修飾する。
(4)「未来」は「未《いま》だ来《こ》ず」。「来」に打ち消しの意味を表す「未」がついた熟語。**ア**『起きる』と『伏《ふ》せる』。意味が対になる漢字の組み合わせ。**イ**「佳《よ》い作品」。上の漢字が下の漢字を修飾する。**ウ**「情が無い」。「情」に打ち消しの意味を表す「無」がついた熟語。**エ**「打撃《だげき》」は似た意味の漢字の組み合わせ。

(5)「後者」は「後の者」。上の漢字が下の漢字を修飾している。**ア**「『穏《おだ》やか』と『和《なご》やか』」。似た意味の漢字の組み合わせ。**イ**「『緩《ゆる》い』と『急(さしせまる)』」。意味が対になる漢字の組み合わせ。**ウ**「球を投げる」。下の漢字が上の漢字の目的や対象になる。**エ**「筆の跡《あと》」。上の漢字が下の漢字を修飾する。

(6)「共生」は「共に生きる」。上の漢字が下の漢字を修飾している。**ア**「業務を執《と》る」。下の漢字が上の漢字の目的になる。**イ**「必ず着く」。上の漢字が下の漢字を修飾している。**ウ**「善と悪」。意味が対になる漢字の組み合わせ。**エ**「『清い』と『潔《いさぎよ》い』」。似た意味の漢字の組み合わせ。

(7)「決定」は「『決める』と『定める』」。似た意味の漢字の組み合わせ。**ア**「独《ひと》りで立つ」。上の漢字が下の漢字を修飾している。**イ**「『優《すぐ》れる』と『劣《おと》る』」。意味が対になる漢字の組み合わせ。**ウ**「学校に入る」。下の漢字が上の漢字の目的や対象になる。**エ**「『希《のぞみ》』と『望み』」。似た意味の漢字の組み合わせ。

3「募金《ぼきん》」は「金を募《つの》る」。下の漢字が上の漢字の目的や対象を表している。

4 **イ**「悲観・的」**ウ**「明文・化」は、二字熟語の下に一字の接尾《せつび》語がついてできた三字熟語。「利便・性」と同じである。**ア**「不・公平」**オ**「無・気力」は、二字熟語の上に一字の接頭語がついてできた三字熟語。**エ**「衣・食・住」は漢字一字の言葉が対等に三つ並べられた三字熟語である。

6「解明」と**ア**「究明」の「明」は「明らかにする」という意味。**イ**「薄明《はくめい》」**ウ**「透明《とうめい》」の「明」は「明るい」、**エ**「照明」の「明」は「明かり」という意味。

7「説明が十分ではなかったために」というところから――線部には「拒否《きょひ》」が入る。その対義語の「承諾《しょうだく》」が――線部に入るので、用いない漢字は、**ア**「賛」となる。

8「偶然《ぐうぜん》」は予期しないことが起こること。対義語は、必ずそうなると決まっているという意味の「必然」。

9 (1)「貢献《こうけん》」は「何かのために力を尽《つ》くして良い結果をもたらすこと」。「寄与《きよ》」もほぼ同じ意味。

(2)「相互《そうご》的」は「互《たが》いに働きかけがある」という意味。対義語は、互いではなく、一方からだけの働きかけを意味する**イ**「一方的」。

10 Ⅰ「具体」は「はっきりした形や内容をもつ一つ一つのもの」、「抽象《ちゅうしょう》」は「多くのものや事柄《ことがら》から共通の要素や性質を抜《ぬ》き出してひとまとめにしたもの」という意味で、反対の意味になる。

Ⅱ**キ**「理論(筋道を立てて組み立てられた意見)」と「実践《じっせん》(実際に行うこと)」、**コ**「肯定《こうてい》(認めること)」と「否定(認めないこと)」は、対義語。

11「上昇《じょうしょう》」と「下降」は対《つい》の意味をもつ対義語の関係にある。**ア**「創造(人まねでなく作り出すこと)」と「模倣《もほう》(既《すで》にできているものをまねること)」、**ウ**「促進《そくしん》(物事が早く運ぶように促《うなが》すこと)」と「抑制《よくせい》(あばれ出さないように抑《おさ》えとめること)」がそれぞれ対義語の関係である。

12 ウ「質疑（質問すること）」と「応答（答えること）」が対の意味である。ア・イ・エは類義語。

14「耳を貸す」は、「人の話を聞く」。「馬耳《ばじ》東風」は「人の意見や批判を聞き入れない」。「寝耳《ねみみ》に水」は「不意の出来事や知らせに驚《おどろ》く」。

15「役不足」は「その人の能力に対して役目が軽すぎること」という意味。現在では「力不足」と混同し、「役目が重すぎる」という誤った意味で使われることが多くなった。

16 イは「虫がいい」という慣用句。ほかの選択肢《せんたくし》には「猫《ねこ》」が入る。

17「ほんの少しの間」を表す言葉はアの「一朝一夕《いっせき》」。イ「縦横無《む》尽《じん》」は「自由自在に物事を行うこと」。ウ「枝葉《しよう》末節」は、「本質から外れた、取るに足らないこと」。エ「日進月歩」は「絶えず進歩すること」。

18 ア「温故知新」は、古いことを研究して、そこから新しい知識を得ること。イ「覆水盆《ふくすいぼん》に返らず」は、「盆からこぼれた水はもとの盆には戻《もど》らない」ことから「取り返しがつかないことのたとえ」。ウ「背水の陣《じん》」は「川を背に戦うように、自ら退路を無くして必死の覚悟《かくご》で事にあたること」。エ「竜頭蛇尾《りゅうとうだび》」は「はじめはすばらしいが、終わりはつまらないこと」。オ「深謀遠《しんぼうえん》慮《りょ》」は「先のことまでよく考えて計画を立てること」。

19 [a] ア「立て板に水」…よどみなくすらすら話す。イ「昔とった杵柄《きねづか》」…「若い頃《ころ》に身に付けた自信のある技量」。ウ「河童《かっぱ》の川流れ」…「名人でも失敗することがあるということ」。エ「まな板の鯉《こい》」…「相手のなすがままに任せるしかない状態」。

[b] ア「取らぬ狸《たぬき》の皮算用」…「手に入っていない利益をあてにしてあれこれ計画を立てること」。イ「鬼《おに》に金棒」…「強いものがさらに強さを加えること」。ウ「いたちごっこ」…「双《そう》方《ほう》が同じことをし合っていつまでも繰《く》り返すこと」。エ「蛙《かえる》の子は蛙」…「凡人《ぼんじん》の子は凡人にしかならないということ」。

20 (1)「言葉にしなくても通じ合う」のは、「無言のうちに心が通じ合う」という意味のイ「以心伝心」。
ア「異口同音」…大勢の人が一致《いっち》して同じことを言うこと。

ウ「自画自賛」…自分で自分を褒《ほ》めること。

エ「無我《むが》夢中」…我を忘れて一つのことに心をとらわれること。
(2) ア「腰《こし》を据《す》える」…「落ち着いて一つのことに集中する」という意味。先生は職員会議後に集中して読むと言っている。
イ「目を奪《うば》う」…すばらしさに見とれさせる。

ウ「足を棒にする」…くたくたに疲《つか》れるまで歩き回る。

エ「手をこまねく」…（胸の前で腕《うで》を組む〈こまねく〉動作から）何もしないで見ている。

や

ら

わ

は

ま

た

な

さ

作品名

あ

か

ま

や

ら

わ

さ

た

な

は

人名

な

は

た

さ

さくいん

※赤字は説明のくわしいページです。

重要語

あ

か

※QRコードは(株)デンソーウェーブの登録商標です。

中学 自由自在 国語

昭和29年３月10日	第１刷発行	昭和56年３月10日	全訂第１刷発行
昭和34年２月20日	増訂第１刷発行	平成２年３月１日	改訂第１刷発行
昭和37年１月10日	全訂第１刷発行	平成５年３月１日	三訂第１刷発行
昭和43年１月20日	改訂第１刷発行	平成14年３月１日	増訂第１刷発行
昭和45年１月20日	増訂第１刷発行	平成21年２月１日	全訂第１刷発行
昭和47年３月１日	全訂第１刷発行	平成28年２月１日	新装第１刷発行
昭和53年３月１日	改訂第１刷発行	令和３年２月１日	全訂第１刷発行

監修者　石原千秋
編著者　中学教育研究会
発行者　岡本明剛

発行所　受験研究社

〒550-0013 大阪市西区新町２―19―15
注文・不良品などについて：(06)6532-1581(代表)／本の内容について：(06)6532-1586(編集)

Printed in Japan　寿印刷・高廣製本
落丁・乱丁本はお取り替えします。